ARBEITEN AUS DEM IURISTISCHEN SEMINAR
DER UNIVERSITÄT FREIBURG SCHWEIZ

Begründet von Max Gutzwiller – Fortgesetzt von Felix Wubbe
Herausgegeben von Peter Gauch

159

FREIBURGER DISSERTATION
bei Prof. Dr. Nicolas Michel

ARBEITEN AUS DEM IURISTISCHEN SEMINAR
DER UNIVERSITÄT FREIBURG SCHWEIZ

Herausgegeben von Peter Gauch

159

ROMAN SIEBER

Die bauliche Verdichtung aus rechtlicher Sicht

UNIVERSITÄTSVERLAG FREIBURG SCHWEIZ
1996

Die Deutsche Bibliothek – CIP-Einheitsaufnahme

Sieber, Roman:
Die bauliche Verdichtung aus rechtlicher Sicht/Roman Sieber. –
Freiburg, Schweiz: Univ.-Verl., 1996
  (Arbeiten aus dem Iuristischen Seminar der Universität Freiburg Schweiz; 159)
  Zugl.: Fribourg, Univ. Diss., 1996
  ISBN 3-7278-1099-8
NE: Universität ‹Fribourg› / Iuristisches Seminar: Arbeiten aus dem ...

Veröffentlicht mit Unterstützung des Hochschulrates und des Rektorates
der Universität Freiburg Schweiz

Die Druckvorlagen der Textseiten
wurden vom Autor als reprofähige
Vorlage zur Verfügung gestellt

© 1996 by Universitätsverlag Freiburg Schweiz
Paulusdruckerei Freiburg Schweiz

ISBN 3-7278-1099-8
ISSN 1420-3588 (Reihe AISUF)

*Meinen Eltern
und Christine*

Dank

Danken möchte ich an dieser Stelle meinen beiden Doktorvätern Prof. Dr.iur. Nicolas Michel (Universität Freiburg i.Ue.) und em. Prof. Dr.iur. Riccardo Jagmetti, an dessen Lehrstuhl für öffentliches Recht an der ETH Zürich ich eine äusserst lehrreiche Assistenzzeit verbringen durfte, sowie allen, die in irgendeiner Weise zum Gelingen dieser Arbeit beigetragen haben, sei es etwa durch Anregungen, sei es durch Zuspruch oder Verständnis, derer aller Dissertierende gemeinhin von Zeit zu Zeit bedürfen.

Inhaltsübersicht

Inhaltsverzeichnis XIII
Abkürzungsverzeichnis XXVII
Gesetzesverzeichnis XXX
Literaturverzeichnis XXXIV

EINLEITUNG 1
   § 1 Terminologie und Typologie 2
      I. Terminologie 2
      II. Typologie 6
   § 2 Die bauliche Verdichtung als raumplanerische Strategie 12
      I. Das "pays réel" - die Herausforderung 12
      II. Die haushälterische Nutzung des Bodens 21
      III. Die bauliche Verdichtung als Strategie für eine haushälterische
      Nutzung des Bodens 27
   § 3 Die Eingrenzung des Themas 34
      I. Die Eingrenzung in der Breite 34
      II. Die Eingrenzung in der Tiefe 36
      III. Die Gliederung der Arbeit 37

I. TEIL: DAS VERDICHTETE BAUEN 39

   1. Abschnitt: Die Gesetzgebung betreffend die Raumpläne 40
      § 4 Die gesetzlichen Vorgaben betreffend die Richtplanung 41
         I. Die bundesrechtlich bedingte richtplanerische Thematisierung der
         Verdichtungsrelevanz 41
         II. Die Verdichtungsrelevanz der Richtplanung nach kantonalem
         Recht 44
         III. Die verdichtungsrelevanten Wirkungen richtplanerischer
         Vorgaben 49
      § 5 Die gesetzlichen Vorgaben betreffend die Zonenplanung 54
         I. Die Verdichtungsrelevanz der Zonenplanung nach Bundesrecht ... 55
         II. Die Erfassung des verdichteten Bauens durch die kantonale
         Gesetzgebung über die Zonenplanung 56

§ 6   Die gesetzlichen Vorgaben betreffend die Sondernutzungsplanung .. 62
   I. Allgemeines 62
   II. Die Verdichtungsrelevanz der Sondernutzungsplanung 65
   III. Die Verknüpfung von Sondernutzungsplanung und
   Zonenplanung mittels Sondernutzungsplanungs-Pflicht 75

2. Abschnitt: Die materielle Baugesetzgebung 83
   § 7   Die Nutzungsziffern 86
   I. Allgemeines 86
   II. Die Verdichtungsrelevanz der Nutzungsziffern 88
   III. Die Ausrichtung der Nutzungsziffern auf die bauliche Verdichtung ...92
   § 8   Die weiteren unmittelbar baubeschränkenden Vorschriften
   (betreffend Bauweise, Abstände und Volumetrie der Bauten) 105
   I. Allgemeines 105
   II. Die Verdichtungsrelevanz der (nebst den Nutzungsziffern)
   unmittelbar baubeschränkenden Vorschriften 112
   § 9   Die technischen Vorschriften 124
   I. Allgemeines 124
   II. Die Verdichtungsrelevanz der siedlungsökologischen Vorschriften ...126
   III. Die Vorschriften betreffend die verkehrsmässige Erschliessung 141
   § 10 Die Gestaltungsvorschriften 150
   I. Allgemeines 150
   II. Die Gestaltung der Bauten 154
   III. Die Einordnung in die bauliche und landschaftliche Umgebung 157
   IV. Das Verhältnis der Gestaltungsvorschriften zu den
   quantitativen Bauvorschriften 162

**II. TEIL: DAS VERDICHTENDE BAUEN
(DIE BAULICHE NACHVERDICHTUNG) 167**

1. Abschnitt: Die Gesetzgebung betreffend die Raumpläne 168
   § 11 Die Bedeutung der Raumpläne für das verdichtende Bauen 169
   I. Richtplanung 169
   II. Zonenplanung 169
   III. Sondernutzungsplanung 178

2. Abschnitt: Die materielle Baugesetzgebung 187
   § 12 Die Nachverdichtungsrelevanz der Bauvorschriften 188
      I. Die Bedeutung der auf alle baulichen Vorgänge
      anzuwendenden Bauvorschriften 188
      II. Die Sondergesetzgebung für Massnahmen des
      verdichtenden Bauens 204
   § 13 Die Besitzstandsgarantie 215
      I. Allgemeines 215
      II. Die Bestandesprivilegierung 221
      III. Die Grenzen der Bestandesprivilegierung 231

**III. TEIL: DIE ANWENDUNG DES VERDICHTUNGS-
RELEVANTEN RAUMPLANUNGS- UND BAURECHTS** 235

**1. Abschnitt: Die verdichtungsrelevante Ausrichtung der rechtlichen
und planerischen Vorgaben im Rahmen der Rechtsanwendung** 235
   § 14 Die Baubewilligungen 237
      I. Die ordentliche Baubewilligung 238
      II. Die Ausnahmebewilligung 240
   § 15 Die projektbezogenen Sonderinstrumente 255
      I. Allgemeines 255
      II. Die Verdichtungsrelevanz projektbezogener Sonderinstrumente ... 259
      III. Die Anwendbarkeit und Eignung projektbezogener
      Sonderinstrumente für die bauliche Verdichtung 264
   § 16 Konsensuale Systeme zur Festsetzung baulicher
   Nutzungsordnungen 274
      I. Allgemeines 274
      II. Die nachbarliche Vereinbarung 278
      III. Der verwaltungsrechtliche Vertrag 291

**2. Abschnitt: Die Durchsetzung verdichtungsrelevanter rechtlicher
und raumplanerischer Vorgaben** 311
   § 17 Der Ausgleich baulicher Sondervorteile 312
      I. Allgemeines 314
      II. Der Lastenausgleich 316
      III. Die Enteignung von Ansprüchen aus nachbarschützenden
      Bauvorschriften 321

§ 18 Die Baupflicht 332
  I. Allgemeines 332
  II. Die Ausrichtung der Baupflicht auf die bauliche Verdichtung 336
  III. Die Vollstreckung der Baupflicht 352
Sachregister 359

Inhaltsverzeichnis

Abkürzungsverzeichnis XXVII
Gesetzesverzeichnis XXX
Literaturverzeichnis XXXIV

EINLEITUNG 1

§ 1 Terminologie und Typologie 2
    I. Terminologie 2
        1. Die bauliche Dichte 2
        2. Die Verdichtung 3
        3. Die bauliche Verdichtung 4
            A) Das verdichtete Bauen 5
            B) Das verdichtende Bauen 5
    II. Typologie 6
        1. Versuch phänomenologischer Definition und Abgrenzung von verdichtetem und verdichtendem Bauen 6
            A) Merkmale phänomenologischer Definition 6
                a) Für das verdichtete Bauen 6
                b) Für das verdichtende Bauen 7
            B) Gegenüberstellung von verdichtetem und verdichtendem Bauen in phänomenologischer Hinsicht 8
                a) Die Unterscheidung nach der Art der baulichen Massnahmen 8
                b) Die Unterscheidung nach dem Umfang der baulichen Massnahmen 8
                c) Die Unterscheidung nach der Einordnung der baulichen Massnahmen in die Umgebung 8
        2. Typologie des verdichteten Bauens 9
        3. Typologie des verdichtenden Bauens 10
§ 2 Die bauliche Verdichtung als raumplanerische Strategie 12
    I. Das "pays réel" - die Herausforderung 12
        1. Die Ausdehnung der Siedlungsfläche 12
        2. Die Kollision der Siedlungsausdehnung mit anderen Bodennutzungen 15
            A) Die Fruchtfolgeflächen 17
            B) Die Walderhaltung 19
            C) Der Schutz naturnaher Flächen 19

II. Die haushälterische Nutzung des Bodens 21
   1. Der Begriff 22
   2. Die Qualifizierung in rechtlicher Hinsicht 24
   3. Der Anwendungsbereich 25
III. Die bauliche Verdichtung als Strategie für eine haushälterische Nutzung des Bodens 27
   1. Der Beitrag der Rechtssetzung 28
   2. Der Beitrag der Rechtsprechung 29
      A) Entscheide zu planerischen und gesetzgeberischen Massnahmen 29
      B) Entscheide zu baulichen Massnahmen 32

§ 3 Die Eingrenzung des Themas 34
  I. Die Eingrenzung in der Breite 34
    1. In sachlicher Hinsicht 34
    2. In räumlicher Hinsicht 35
  II. Die Eingrenzung in der Tiefe 36
  III. Die Gliederung der Arbeit 37

I. TEIL: DAS VERDICHTETE BAUEN 39

1. Abschnitt: Die Gesetzgebung betreffend die Raumpläne 40

§ 4 Die gesetzlichen Vorgaben betreffend die Richtplanung 41
  I. Die bundesrechtlich bedingte richtplanerische Thematisierung der Verdichtungsrelevanz 41
    1. Die verdichtungsrelevanten Vorgaben 41
    2. Die inhaltliche Ausrichtung 43
  II. Die Verdichtungsrelevanz der Richtplanung nach kantonalem Recht .. 44
    1. Die räumliche Gliederung der Richtpläne 44
    2. Die bauliche Dichte als richtplanerischer Gegenstand kraft kantonalen Rechts 46
  III. Die verdichtungsrelevanten Wirkungen richtplanerischer Vorgaben 49
    1. Der Richtplan als Ausgangspunkt raumplanerischer Erfassung des verdichteten Bauens 49
    2. Die Plausibilisierung behördlicher Entscheide 51
    3. Die Verknüpfung raumplanerischer Vorgaben mit anderen Sachbereichen staatlichen Handelns 53

§ 5 Die gesetzlichen Vorgaben betreffend die Zonenplanung 54
  I. Die Verdichtungsrelevanz der Zonenplanung nach Bundesrecht 55

II. Die Erfassung des verdichteten Bauens durch die kantonale
Gesetzgebung über die Zonenplanung 56
   1. Die Erfassungskriterien 56
   2. Die herkömmlichen Zonentypen dichterelevanter Ausprägung 57
   3. Die Zonen für verdichtetes Bauen 58
      A) Als Grundzonen 59
      B) Als überlagernde Zonen 59
§ 6 Die gesetzlichen Vorgaben betreffend die Sondernutzungsplanung .. 62
I. Allgemeines 62
   1. Definition 62
   2. Funktion 63
   3. Das Verhältnis zur Zonenplanung 64
II. Die Verdichtungsrelevanz der Sondernutzungsplanung 65
   1. Die Ausrichtung der Sondernutzungsplanung auf die bauliche
      Verdichtung 66
   2. Der Rahmen der durch Sondernutzungsplanung zulässigen
      Abweichungen von der baurechtlichen Grundordnung 66
      A) Die umfassenden Abweichungsermächtigungen 67
      B) Die beschränkten Abweichungsermächtigungen 68
         a) Die Beschränkung nach der Art zulässiger Abweichungen 68
         b) Die Beschränkung nach dem Umfang zulässiger Ab-
           weichungen 69
      C) Die Abstufung der Abweichungsermächtigungen 70
   3. Die Durchsetzungskraft sondernutzungsplanerischer Festlegun-
      gen 70
      A) Die Rechtsverbindlichkeit sondernutzungsplanerischer
         Festlegungen 70
      B) Die Bestimmtheit von Sondernutzungsplänen 73
   4. Das Abweichen von sondernutzungsplanerischen Festlegungen 74
III. Die Verknüpfung von Sondernutzungsplanung und Zonen-
planung mittels Sondernutzungsplanungs-Pflicht 75
   1. Begriff 77
   2. Die Arten der Verknüpfung 77
      A) Die normative Verknüpfung 77
      B) Die nutzungsplanerische Verknüpfung 78
         a) Die nicht-zonenspezifische Verknüpfung 78
         b) Die zonenbegründende Verknüpfung 79
           aa) Grundzonen mit Sondernutzungsplanungs-Pflicht 79
           bb) Überlagernde Zonen mit Sondernutzungsplanungs-Pflicht .. 81
   3. Die Bedeutung der Sondernutzungsplanungs-Pflicht für das
      verdichtete Bauen 82

2. Abschnitt: Die materielle Baugesetzgebung...................................... 83
§ 7 Die Nutzungsziffern.. 86
   I. Allgemeines 86
      1. Definition 86
      2. Funktion 86
      3. Typologie 87
         A) Die Unterscheidung nach der normativen Richtung 87
         B) Die Unterscheidung nach dem Regelungsgegenstand 87
   II. Die Verdichtungsrelevanz der Nutzungsziffern 88
      1. Die Ausnützungsziffer 88
      2. Die Baumassenziffer 89
      3. Weitere Nutzungsziffern 91
         A) Die Überbauungs- und die Versiegelungsziffer 91
         B) Die Freiflächen- und die Grünflächenziffer 92
   III. Die Ausrichtung der Nutzungsziffern auf die bauliche Verdichtung .. 92
      1. Die betragsmässige Festsetzung der Nutzungsziffern 93
      2. Die Definition der Variablen 94
         A) Der Zähler: die anzurechnende Nutzungsgrösse 95
            a) Die Dispensation subsidiärer Nutzungsarten 95
            b) Die Dispensation von Gebäudeteilen 96
         B) Der Nenner: die massgebliche Grundfläche 97
            a) Allgemeines 97
            b) Die Nutzungsübertragung 98
      3. Der Nutzungstransport 101
      4. Der Nutzungszuschlag (Nutzungsbonus) 103
§ 8 Die weiteren unmittelbar baubeschränkenden Vorschriften
(betreffend Bauweise, Abstände und Volumetrie der Bauten) 105
   I. Allgemeines 105
      1. Definition 105
      2. Funktion 105
      3. Typologie 106
         A) Die Vorschriften betreffend die Stellung der Bauten
            zueinander: Die Bauweise 106
         B) Die Vorschriften betreffend die Situierung der Gebäude auf
            dem Baugrundstück: Die Abstände 109
         C) Die Vorschriften betreffend die Dimensionierung der Bauten:
            Die Gebäudeabmessungen (Volumetrie) 111

II. Die Verdichtungsrelevanz der (nebst den Nutzungsziffern) unmittelbar baubeschränkenden Vorschriften 112
   1. Die Bauweise 113
      A) Die geschlossene Bauweise 113
      B) Die Zwischenarten 114
   2. Die Abstände... 115
      A) Allgemeines 115
      B) Die Festlegung des Betrags der Abstände........................... 115
      C) Die Messweise der Abstände 117
      D) Die Privilegierung durch gesetzliche Dispensation von Abstandsvorschriften 118
      E) Die Verschärfung durch Abstandszuschläge bei Überschreitung bestimmter volumetrischer Eigenschaften................ 119
   3. Die Volumetrie.. 121
      A) Die Horizontale... 121
      B) Die Vertikale.. 122

§ 9 Die technischen Vorschriften... 124
  I. Allgemeines... 124
    1. Definition 124
    2. Typologie 124
    3. Die Verdichtungsrelevanz der technischen Vorschriften im allgemeinen... 125
  II. Die Verdichtungsrelevanz der siedlungsökologischen Vorschriften.. 126
    1. Luft... 127
    2. Licht und Sonne 128
       A) De lege lata 128
          a) Die Belichtungsvorschriften 128
          b) Die Besonnungsvorschriften.. 129
       B) De lege ferenda: differenzierte Belichtungs- und Besonnungsvorschriften... 129
          a) Allgemeines 130
          b) Die Belichtung... 131
          c) Die Besonnung... 132
              aa) Wohnkomfort... 132
              bb) Passive Nutzung der Sonnenenergie...................... 132
          d) Die Problematik der vorgeschlagenen Normierung............ 133
    3. Der Schutz vor unerwünschten Temperatureinflüssen................. 134

4. Der Lärmschutz.. 135
  A) Der Schutz vor Aussenlärmimmissionen............................ 136
   a) Als Gegenstand von Nutzungs- und Erschliessungsplanung 136
   b) Als Gegenstand von Baubewilligungen........................ 138
  B) Der Schutz vor Innenlärmimmissionen............................. 140
 III. Die Vorschriften betreffend die verkehrsmässige Erschliessung... 141
  1. Die Erschliessung mit öffentlichen Verkehrsmitteln 141
  2. Die Erstellung von Fahrzeug-Abstellplätzen 144
   A) Der Umfang der Erstellungspflicht............................ 145
    a) Der Normbedarf.. 145
    b) Die Beschränkung der Anzahl Fahrzeug-Abstellplätze 146
   B) Die Art der Erfüllung der Erstellungspflicht................. 148
§ 10 Die Gestaltungsvorschriften... 150
 I. Allgemeines... 150
  1. Definition 150
  2. Funktion 150
  3. Verdichtungsrelevanz 152
  4. Typologie 152
 II. Die Gestaltung der Bauten 154
  1. Die gestaltungsrelevanten Merkmale von Bauten.................... 154
   A) Die Dimensionen und Proportionen der Bauten 155
   B) Die Gliederung des Baukörpers 155
   C) Die Fassadengestaltung 156
  2. Die gestalterische Gesamtwirkung der Bauten 156
   A) Das Zusammenwirken der gestaltenden Baumerkmale 157
   B) Das Zusammenwirken von Bauten und Umschwung 157
 III. Die Einordnung in die bauliche und landschaftliche Umgebung... 157
  1. Die massgebliche Umgebung... 158
   A) Die Ausdehnung 158
   B) Die gestalterische Qualität 159
  2. Die einordnungsrelevanten Merkmale von Bauten.................... 160
  3. Die Anforderungen an die gestalterische Einordnung 161
 IV. Das Verhältnis der Gestaltungsvorschriften zu den quantitativen Bauvorschriften.. 162

II. TEIL: DAS VERDICHTENDE BAUEN (DIE BAULICHE NACHVERDICHTUNG) 167

1. Abschnitt: Die Gesetzgebung betreffend die Raumpläne 168
§ 11   Die Bedeutung der Raumpläne für das verdichtende Bauen 169
    I. Richtplanung 169
    II. Zonenplanung 169
        1. Die Auswirkungen des verdichtenden Bauens auf die Dimensionierung der Bauzonen 170
            A) Die Kriterien der Bauzonendimensionierung 170
            B) Die Erfassung der Nutzungsreserven im weitgehend überbauten Gebiet 172
                a) Die Definition der Nutzungsreserve 173
                aa) Die Erscheinungsform der Nutzungsreserven 173
                bb) Die Definition der Referenznutzung 174
                b) Die Art der Verwendung von Nutzungsreserven 175
        2. Die Bauzonentypen für überbaute Siedlungsgebiete 175
            A) Die Erhaltungszonen 176
            B) Die Konzentrationszonen 177
    III. Sondernutzungsplanung 178
        1. Die nachverdichtungsspezifischen Anforderungen an die Sondernutzungsplanung 179
            A) Die Differenzierung der sondernutzungsplanerischen Festlegungen 179
            B) Die bauliche Nachverdichtung bereits nach Sondernutzungsplänen erstellter Überbauungen 181
        2. Die nachverdichtungsrelevanten Überbauungsmerkmale als Inhalt von Sondernutzungsplänen 181
            A) Die Nutzweise 181
                a) Die Nutzungsart 182
                b) Das Nutzungsmass 182
            B) Die Gestaltung 183
        3. Die Gebietssanierung (Exkurs) 183
            A) Definition und Anwendungsbereich 184
            B) Die Arten von Gebietssanierungen 184
                a) Die Gesamterneuerung 185
                b) Die Teilerneuerung 185
            C) Die Gebietssanierung begleitende Anordnungen 186

2. Abschnitt: Die materielle Baugesetzgebung 187
 § 12 Die Nachverdichtungsrelevanz der Bauvorschriften 188
   I. Die Bedeutung der auf alle baulichen Vorgänge anzuwendenden
   Bauvorschriften 188
     1. Allgemeines 188
     2. Die Nachverdichtungsrelevanz der quantitativen Bauvor-
     schriften 189
       A) Die sog. Zonierung auf den Bestand 189
       B) Die sog. Aufzonung 190
       C) Der Verzicht auf Nutzungsziffern 191
     3. Die Nachverdichtungsrelevanz der qualitativen Bauvorschriften 193
       A) Die technischen Vorschriften 193
         a) Die siedlungsökologischen Vorschriften 193
           aa) Im allgemeinen 193
           bb) Der Lärmschutz 194
             aaa) Die emissionsseitige Betrachtungsweise 194
             bbb) Die immissionsseitige Betrachtungsweise 197
           cc) Die Luftreinhaltung 199
         b) Die Vorschriften über die verkehrsmässige Erschliessung... 201
           aa) Die Erschliessung mit öffentlichen Verkehrsmitteln 201
           bb) Die Erstellung von Fahrzeug-Abstellplätzen 202
       B) Die gestalterischen Anforderungen 202
         a) Die ästhetische Bewertung zeitlich gestaffelt erstellter
         baulicher Massnahmen 202
         b) Die Einordnung zeitlich gestaffelt erstellter Bauten in die
         bauliche Umgebung 204
   II. Die Sondergesetzgebung für Massnahmen des verdichtenden
   Bauens 204
     1. Nachverdichtungsspezifische Bauvorschriften als Ausfluss
     der Zonentypologie 205
       A) Nachverdichtungsspezifische Bauvorschriften als Ausfluss
       von Erhaltungszonen 205
       B) Nachverdichtungsspezifische Bauvorschriften als Ausfluss
       von Konzentrationszonen 206
       C) Die Verallgemeinerbarkeit auf überbaute Teile anderer
       Bauzonentypen 207

Inhaltsverzeichnis

    2. Nicht-zonenabhängige nachverdichtungsspezifische Bauvorschriften 208
        A) Die nachverdichtungsspezifische Ausgestaltung der Nutzungsziffern 208
            a) Die betragsmässige Differenzierung 209
            b) Die Dispensation bestimmter Gebäudeteile von der Anrechnung 210
        B) Die nachverdichtungsspezifischen Abstandsvorschriften 211
        C) Die Ausweitung der nachverdichtungsspezifischen Sondergesetzgebung zu einer baurechtlichen Grundordnung für das verdichtende Bauen 212

§ 13 Die Besitzstandsgarantie 215
    I. Allgemeines 215
        1. Definition 215
        2. Typologie 216
        3. Die Auswirkungen der Besitzstandsgarantie auf die bauliche Verdichtung 218
            A) Die Verzögerung der Wirkung geänderter Pläne oder Bauvorschriften 219
            B) Die Förderung von Massnahmen der baulichen Nachverdichtung 220
    II. Die Bestandesprivilegierung 221
        1. Die Abgrenzung der baulichen Veränderungen an Bestehendem vom Neubau 221
            A) Nutzungsänderungen 221
            B) Umbauten und Erweiterungen 222
        2. Die Bestandesprivilegierung für die nachverdichtungsrelevanten Tatbestandsmerkmale 225
            A) Die Nutzungsänderung 226
            B) Der Umbau 228
            C) Die Erweiterung 229
                a) Die Erweiterung zonenwidrig genutzter Bauten 230
                b) Die Erweiterung von Bauten, die den Bauvorschriften nicht entsprechen 230
    III. Die Grenzen der Bestandesprivilegierung 231
        1. Der negative Vorbehalt verstärkter Widerrechtlichkeit 232
        2. Der negative Vorbehalt überwiegender entgegenstehender Interessen 232
        3. Gegenüberstellung der Folgen für das verdichtende Bauen 233

III. TEIL: DIE ANWENDUNG DES VERDICHTUNGS- RELEVANTEN RAUMPLANUNGS- UND BAURECHTS 235

1. Abschnitt: Die verdichtungsrelevante Ausrichtung der rechtlichen und planerischen Vorgaben im Rahmen der Rechtsanwendung 235
 § 14 Die Baubewilligungen 237
  I. Die ordentliche Baubewilligung 238
   1. Definition und rechtliche Qualifizierung 239
   2. Verdichtungsrelevanz 240
  II. Die Ausnahmebewilligung 240
   1. Definition und rechtliche Qualifizierung 240
    A) Definition 240
    B) Abgrenzungen 241
     a) Von den Sonderbestimmungen 242
     b) Vom projektbezogenen Sonderinstrumentarium 243
    C) Die rechtliche Qualifizierung 243
   2. Die Anwendung der Ausnahmebewilligungen 245
    A) Der Tatbestand 246
    B) Die Rechtsfolge 249
   3. Die Verdichtungsrelevanz 250
    A) De usu lato 251
    B) Unter Berücksichtigung bestimmter Entwicklungstendenzen 252
 § 15 Die projektbezogenen Sonderinstrumente 255
  I. Allgemeines 255
   1. Definition 255
    A) Die Projektbezogenheit 255
    B) Die Eigenschaft als Sonderinstrument 256
   2. Der Zweck 257
  II. Die Verdichtungsrelevanz projektbezogener Sonderinstrumente ... 259
   1. Der Abweichungsrahmen 259
    A) Art der Abweichungen 260
    B) Umfang der Abweichungen 261
   2. Vergleich mit der Sondernutzungsplanung 262
   3. Die Abweichungsmöglichkeiten von projektbezogenen Sonderinstrumenten ihrerseits 263

Inhaltsverzeichnis XXIII

III. Die Anwendbarkeit und Eignung projektbezogener Sonder-
instrumente für die bauliche Verdichtung 264
  1. Die Anwendbarkeit für die bauliche Verdichtung im allgemeinen ... 264
    A) Das Beizugsgebiet 265
      a) Die Mindestfläche 265
      b) Die räumliche Anordnung 265
    B) Die qualitativen Anforderungen 266
  2. Die Anwendbarkeit für das verdichtende Bauen im besonderen .. 266
    A) Die Anpassung der Anwendungsvoraussetzungen an die
    Verhältnisse beim verdichtenden Bauen im allgemeinen 267
      a) Die Anpassung der Bestimmungen über das Beizugsgebiet . 267
      b) Die Anpassung der qualitativen Anforderungen 268
    B) Die gesonderte Instrumentierung 269
    C) Die bauliche Nachverdichtung bereits nach projekt-
    bezogenen Sonderinstrumenten erstellter Überbauungen 270
      a) Schwierigkeiten in quantitativer Hinsicht 270
      b) Schwierigkeiten in qualitativer Hinsicht 271

§ 16 Konsensuale Systeme zur Festsetzung baulicher Nutzungs-
ordnungen 274
  I. Allgemeines 274
    1. Die Positionierung konsensualer Nutzungsordnungen im
    Raumplanungs- und Baurecht 274
    2. Das Erfordernis von Verhandlungsspielräumen 275
    3. Die Verdichtungsrelevanz konsensualer Nutzungsordnungen 277
  II. Die nachbarliche Vereinbarung 278
    1. Definition 279
    2. Die Beteiligten 280
      A) Die Nachbarn 280
      B) Die Betroffenen 280
      C) Die Behörden 281
    3. Die verdichtungsrelevanten Anwendungsmöglichkeiten 282
      A) Die Verdichtungsrelevanz 282
      B) Die nachbarlicher Vereinbarung zugänglichen Bauvorschriften 283
        a) Die Abstandsvereinbarungen 286
        aa) Vereinbarungen über die Verteilung der Grenzabstände
        auf anstossende Grundstücke 286
        bb) Vereinbarungen über den Betrag der Abstände 287
        b) Vereinbarungen über die Volumetrie von Bauten 289
        c) Die vereinbarte gemeinsame Erstellung und Nutzung von
        Nebeneinrichtungen (insbes. von Fahrzeug-Abstellplätzen) 290

III. Der verwaltungsrechtliche Vertrag 291
   1. Definition 292
   2. Die Beteiligten 292
      A) Die Vertragsparteien 293
         a) Der Private 294
         b) Das Gemeinwesen 294
            aa) Der Grundsatz der Zuständigkeitsgemässheit 294
            bb) Die inhaltlichen Vorgaben 295
      B) Die Betroffenen 295
   3. Die verdichtungsrelevanten Anwendungsmöglichkeiten 297
      A) Allgemeines 297
      B) Mögliche Anwendungsbereiche im Raumplanungs- und
         Baurecht 300
         a) Die Ausgestaltung der Nutzungsordnung 302
            aa) Die Dimensionierung und Anordnung der Bauzone 303
            bb) Die Festlegung der Nutzungsart 305
            cc) Die Festlegung des Nutzungsmasses 306
            dd) Die Ausgestaltung der Bauvorschriften 308
         b) Die Anwendung der konsensualen Nutzungsordnung auf
            den Einzelfall 309

**2. Abschnitt: Die Durchsetzung verdichtungsrelevanter rechtlicher
und raumplanerischer Vorgaben.. 311**
   § 17 Der Ausgleich baulicher Sondervorteile 312
   I. Allgemeines 314
      1. Typologie 315
      2. Verdichtungsrelevanz 315
   II. Der Lastenausgleich 316
      1. Funktion 316
      2. Die Tatbestandsmerkmale 317
         A) Der Sondervorteil 317
            a) Definition 317
            b) Die rechtlichen Grundlagen 318
            c) Die Auslösung des Lastenausgleichsanspruchs 318
         B) Die Beeinträchtigung nachbarlicher Interessen 319
            a) Die Betroffenheit des Nachbarn 319
            b) Die Erheblichkeit der Beeinträchtigung 320
      3. Die Entschädigung 321

III. Die Enteignung von Ansprüchen aus nachbarschützenden
Bauvorschriften 321
   1. Allgemeines 322
      A) Funktion 322
      B) Die Beteiligten 323
         a) Der Enteigner 323
         b) Der Entschädigungspflichtige 323
         c) Der Enteignete 324
   2. Tatbestandsmerkmale 324
      A) Der Gegenstand der Enteignung 324
      B) Die rechtlichen Grundlagen 325
      C) Das öffentliche Interesse 327
         a) Die allgemeinen öffentlichen Interessen 327
         b) Die planerisch lokalisierten öffentlichen Interessen 328
      D) Die Verhältnismässigkeit 329
   3. Die Entschädigung 330
§ 18 Die Baupflicht 332
  I. Allgemeines 332
   1. Definition und Funktion 332
   2. Arten der Baupflicht 333
      A) Die unmittelbare Baupflicht 333
      B) Die mittelbare Baupflicht 334
   3. Die Verdichtungsrelevanz 335
  II. Die Ausrichtung der Baupflicht auf die bauliche Verdichtung 336
   1. Die unmittelbare Baupflicht 337
      A) Die Neubaupflicht 337
      B) Die Weiterbaupflicht 339
   2. Die mittelbare Baupflicht 342
      A) Aus neubauorientierten Bauvorschriften und Festlegungen
      hervorgehende mittelbare Baupflichten 342
         a) Mindestnutzungsvorschriften 342
         b) Vorschriften betreffend Nutzungsanteile 344
         c) Sondernutzungsplanerische Festlegungen 345
         d) Vorschriften betreffend Nebeneinrichtungen 346
      B) Die Wirkung der Besitzstandsgarantie auf die aus neubau-
      orientierten Bauvorschriften und Festlegungen hervorgehenden
      mittelbaren Baupflichten 347
      C) Aus zonenspezifischen Bauvorschriften und Festlegungen
      für überbautes Gebiet hervorgehende mittelbare Baupflichten 349

3. Die Verknüpfung der Baupflichten mit der baulichen Nutzungs-
ordnung 350
   A) Die unmittelbaren Baupflichten 350
   B) Die mittelbaren Baupflichten 351
III. Die Vollstreckung der Baupflicht 352
   1. Die Vollstreckung unmittelbarer Baupflichten 353
      A) Die Ersatzvornahme 353
      B) Massnahmen, die nicht unmittelbar zum erstrebten Ergebnis
      führen 354
         a) Die Erhebung von Abgaben und die Auferlegung von
         Verwaltungsstrafen 354
         b) Die Aus- bzw. Umzonung 355
         c) Die Enteignung 356
   2. Die Vollstreckung mittelbarer Baupflichten 358
Sachregister 359

Abkürzungsverzeichnis

ABSH	Amtsbericht des Obergerichts an den Grossen Rat des Kantons Schaffhausen
AGVE	Aargauische Gerichts- und Verwaltungsentscheide
a.i.	ab initio
AJP/PJA	Aktuelle Juristische Praxis / Pratique juridique actuelle
a.M.	anderer Meinung
Anm.	Anmerkung
ARGVP	Ausserrhodische Gerichts- und Verwaltungspraxis
AS	Amtliche Sammlung der Bundesgesetze und Verordnungen
BauGB	(deutsches) Baugesetzbuch vom 8. Dezember 1986
BauR	Baureglement
BBl	Bundesblatt
BEZ	Baurechtsentscheide Kanton Zürich
BGE	Entscheidungen des schweizerischen Bundesgerichtes (ohne weitere Angaben: Amtliche Sammlung)
BR/DC	Baurecht / Droit de la construction
BRP	Bundesamt für Raumplanung
bspw.	beispielsweise
BUWAL	Bundesamt für Umwelt, Wald und Landschaft
BVR	Bernische Verwaltungsrechtsprechung
bzgl.	bezüglich
BZO	Bau- und Zonenordnung
BZR	Bau- und Zonenreglement
bzw.	beziehungsweise
desgl.	desgleichen
d.h.	das heisst
DISP	Dokumente und Informationen zur Schweizerischen Orts-, Regional- und Landesplanung des ORL (Institut für Orts-, Regional- und Landesplanung ETH Zürich)
Diss.	Dissertation
E	Entwurf

E.	Erwägung
EDI	Eidgenössisches Departement des Innern
EJPD	Eidgenössisches Justiz- und Polizeidepartement
Fn.	Fussnote
Hrsg.	Herausgeber(in)
hrsg.	herausgegeben
i.a.	im allgemeinen
i.d.F.	in der Fassung
i.d.R.	in der Regel
i.f.	in fine
insbes.	insbesondere
i.V.m.	in Verbindung mit
LGVE	Luzerner Gerichts- und Verwaltungsentscheide
m.a.W.	mit anderen Worten
m.E.	meines Erachtens
m.H.	mit Hinweis(en)
N.	Note
NZZ	Neue Zürcher Zeitung
PVG	Praxis des Verwaltungsgerichts des Kantons Graubünden
RB	Rechenschaftsbericht des Verwaltungsgerichts des Kantons Zürich
RDAF	Revue de droit administratif et de droit fiscal
RDAT	Rivista di diritto amministrativo ticinese
RFJ/FZR	Revue fribourgeoise de jurisprudence / Freiburger Zeitschrift für Rechtsprechung
RJN	Recueil de jurisprudence neuchâteloise
sog.	sogenannt(e/er/es)
SR	Systematische Sammlung des Bundesrechts
usw.	und so weiter
u.U.	unter Umständen
UVP	Umweltverträglichkeitsprüfung
vgl.	vergleiche
VLP	Schweizerische Vereinigung für Landesplanung
VwVfG	(deutsches) Verwaltungsverfahrensgesetz vom 25. März 1976

z.B.	zum Beispiel
ZBJV	Zeitschrift des Bernischen Juristenvereins
ZBl	Zentralblatt für Staats- und Verwaltungsrecht
ZGGVP	Gerichts- und Verwaltungspraxis des Kantons Zug
Ziff.	Ziffer
zit.	zitiert
ZSR	Zeitschrift für Schweizerisches Recht
z.T.	zum Teil

Gesetzesverzeichnis

(in eckigen Klammern die Fundstellen der jeweiligen systematischen oder chronologischen Gesetzessammlungen)

Bund

VwVG	Bundesgesetz über das Verwaltungsverfahren vom 20. Dezember 1968 [SR 172.021]
OG	Bundesgesetz über die Organisation der Bundesrechtspflege (Bundesrechtspflegegesetz) vom 16. Dezember 1943 [SR 173.110]
NHG	Bundesgesetz über den Natur- und Heimatschutz vom 1. Juli 1966 [SR 451]
RPG	Bundesgesetz über die Raumplanung vom 22. Juni 1979 [SR 700]
E ExpK RPG	Entwurf der Expertenkommission Jagmetti für die Revision des Raumplanungsgesetzes vom 8. November 1988
RPV	Verordnung über die Raumplanung vom 2. Oktober 1989 [SR 700.1]
EntG	Bundesgesetz über die Enteignung vom 20. Juni 1930 [SR 711]
USG	Bundesgesetz über den Umweltschutz (Umweltschutzgesetz) vom 7. Oktober 1983 [SR 814.01]
UVPV	Verordnung über die Umweltverträglichkeitsprüfung vom 19. Oktober 1988 [SR 814.011]
LRV	Luftreinhalte-Verordnung vom 16. Dezember 1985 [SR 814.318.142.1]
LSV	Lärmschutz-Verordnung vom 15. Dezember 1986 [SR 814.41]
WEG	Wohnbau- und Eigentumsförderungsgesetz vom 4. Oktober 1974 [SR 843]
WaG	Bundesgesetz über den Wald (Waldgesetz) vom 4. Oktober 1991 [SR 921.0; AS 1992, 2520]

Kantone

Zürich

PBG/ZH	Gesetz über die Raumplanung und das öffentliche Baurecht (Planungs- und Baugesetz) vom 7. September 1975 [GS 700.1], mit Änderung vom 1. September 1991
ABV/ZH	Verordnung über die nähere Umschreibung der Begriffe und Inhalte der baurechtlichen Institute sowie über die Mess- und Berechnungsweisen (Allgemeine Bauverordnung) vom 22. Juni 1977 [GS 700.2], mit Änderungen vom 25. September 1991 und vom 5. August 1992
BVV I/ZH	Verordnung über die ordentlichen technischen und übrigen Anforderungen an Bauten, Anlagen, Ausstattungen und Ausrüstungen (Besondere Bauverordnung I) vom 6. Mai 1981 [GS 700.21]
BBV II/ZH	Verordnung über die Verschärfung oder die Milderung von Bauvorschriften für besondere Bauten und Anlagen (Besondere Bauverordnung II) vom 26. August 1981 [GS 700.22]
ZN/ZH	Normalien über die Anforderungen an Zugänge (Zugangsnormalien) vom 9. Dezember 1987 [GS 700.5]
QPV/ZH	Verordnung über den Quartierplan (Quartierplanverordnung) vom 18. Januar 1978 [GS 701.13]

Bern

SFG/BE	Gesetz über See- und Flussufer vom 6. Juni 1982 [BSG 704.1]
SFV/BE	See- und Flussuferverordnung vom 29. Juni 1983 [BSG 704.111]
BauG/BE	Baugesetz vom 9. Juni 1985 [BSG 721], mit Änderung vom 22. März 1994
BauV/BE	Bauverordnung vom 6. März 1985 [BSG 721.1]
KoG/BE	Koordinationsgesetz vom 21. März 1994 [BSG 724.1]
BewD/BE	Dekret vom 22. März 1994 über das Baubewilligungsverfahren (Baubewilligungsdekret), [BSG 725.1]

BUD/BE	Dekret vom 12. Februar 1985 über die Umlegung von Baugebiet, die Grenzregulierung und die Ablösung oder Verlegung von Dienstbarkeiten (Baulandumlegungsdekret), [BSG 728.1]
PPV/BE	Parkplatzverordnung für lufthygienische Massnahmenplangebiete vom 29. Juni 1994 [BSG 823.113]
(MBR/BE)	Musterbaureglement (Arbeitshilfen für die Ortsplanung) vom März 1988 (mit Nachtrag 1990), Hrsg. Baudirektion des Kantons Bern, Raumplanungsamt

Luzern

PBG/LU	Planungs- und Baugesetz vom 7. März 1989 [SRL Nr. 735], mit Änderungen vom 11. Mai 1993 und vom 20. März 1995
PBV/LU	Vollzugsverordnung zum Planungs- und Baugesetz (Planungs- und Bauverordnung) vom 3. Januar 1990 [SRL Nr. 736], mit Änderung vom 19. Dezember 1995

Solothurn

PBG/SO	Planungs- und Baugesetz vom 3. Dezember 1978 [BGS 711.1], mit Änderung vom 17. Mai 1992
KBV/SO	Kantonale Bauverordnung vom 3. Juli 1978 [BGS 711.61], mit Änderung vom 26. Februar 1992

Basel-Landschaft

BauG/BL	Baugesetz vom 15. Juni 1967 [SGS 400]
E RBG/BL	Entwurf zu einem Raumplanungs- und Baugesetz, Vorlage des Regierungsrates vom 21. Dezember 1993

Aargau

BauG/AG	Gesetz über Raumplanung, Umweltschutz und Bauwesen (Baugesetz) vom 19. Januar 1993 [AGS Bd. 14 S. 309]
ABauV/AG	Allgemeine Verordnung zum Baugesetz vom 23. Februar 1994 [AGS Bd. 14 S. 567]

EPR/AG	Kantonales Reglement über Ersatzabgaben für die Befreiung von der Parkplatzerstellungspflicht vom 23. Februar 1994 [AGS Bd. 14 S. 603]

Thurgau

PBG/TG	Planungs- und Baugesetz vom 16. August 1995
aBauG/TG	(altes) Baugesetz vom 28. April 1977 [RB 700]

Waadt

LATC/VD	Loi sur l'aménagement du territoire et les constructions du 4 décembre 1985 [RSV 6.6]
RATC/VD	Règlement d'application de la loi du 4 décembre 1985 sur l'aménagement du territoire et les constructions du 19 septembre 1986 [RSV 6.6]

Vereinzelt werden sodann als Beispiele Bestimmungen aus folgenden kommunalen Erlassen angeführt:

BZO/Zürich vom 17. Mai 1992 (noch nicht in Kraft)

BZO/Birmensdorf ZH vom 24. September 1993

BZO/Geroldswil ZH vom 20. Juni 1994

BZO/Langnau am Albis ZH vom 10. Juni 1993

BZO/Niederhasli ZH vom 11. Februar 1993

BZO/Wallisellen ZH vom 22. November 1993

BZR/Luzern vom 25. September 1994

BauR/Frauenfeld TG vom 19. März 1986, mit Änderung vom 13. Januar 1993

Literaturverzeichnis

Interdisziplinäre Literatur

BERNATH/SCHLEGEL/GERBER, Haushälterische Bodennutzung bei der Realisierung von Bauvorhaben, Themenbericht zum Nationalen Forschungsprogramm "Boden", Liebefeld-Bern 1991.
(zit.: BERNATH et al.)

BRASSEL/ROTACH (Hrsg.), Die Nutzung des Bodens in der Schweiz, Zürich 1988.

BUNDESAMT FÜR STATISTIK (Hrsg.), Kantone und Städte der Schweiz - Statistische Übersichten, Bern 1992.
(zit.: BFS [Hrsg.], Statistische Übersichten)

BUNDESAMT FÜR STATISTIK (Hrsg.), Die Bodennutzung der Schweiz - Arealstatistik 1979/85, Bern 1993.
(zit.: BFS [Hrsg.], Arealstatistik 1979/85)

BUNDESAMT FÜR STATISTIK (Hrsg.), Statistische Jahrbücher der Schweiz 1994 und 1996, Zürich 1993 bzw. 1995.
(zit.: BFS [Hrsg.], Statistisches Jahrbuch 1994 bzw. 1996)

DEGEN H., Die Bemessung der Bauabstände im Wohnbau, in: Regionalplanung im Kanton Zürich 1967, S. 10 ff.

DOBLER ALTDORFER/VETTORI, Die Erweiterung der Bauzone, Bericht 60 des Nationalen Forschungsprogramms "Boden", Liebefeld-Bern 1990.

GABATHULER Christian, Der neue kantonale Richtplan, in: PBG aktuell - Zürcher Zeitschrift für öffentliches Baurecht Nr. 2/95, S. 5 ff.
(zit.: GABATHULER, Richtplan)

GABATHULER Christian et al., Siedlungsbegrenzung Schweiz, Bericht 57 des Nationalen Forschungsprogramms "Boden", Liebefeld-Bern 1990.
(zit.: GABATHULER et al., Siedlungsbegrenzung)

GEISENDORF/SCHÜEPP/STANESCU/TÖNSHOFF, Dichte individuelle Wohnbauformen, Niederteufen 1983.
(zit.: GEISENDORF et al.)

GOTTSCHALL/REMUND, Verdichtete Wohn- und Siedlungsformen, Schriftenreihe Wohnungswesen Nr. 27, Bern 1983.

HÄBERLI Rudolf, Bodensparen im Siedlungsgebiet, in: Die Nutzung des Bodens in der Schweiz (Hrsg. BRASSEL/ROTACH), Zürich 1988, S. 107 ff.

HERCZOG Andreas, Bodensparen durch verbesserte Wohnumwelt in den Städten, in: Die Nutzung des Bodens in der Schweiz (Hrsg. BRASSEL/ROTACH), Zürich 1988, S. 147 ff.

HUBER Benedikt, Notwendigkeit und Probleme des verdichteten Bauens, in: DISP 92, 24. Jg. (Januar 1988), S. 20 f.

KELLER Beat, Bauzone und Siedlungsgebiet, Bericht 59 des Nationalen Forschungsprogramms "Boden", Liebefeld-Bern 1990.

KOEPPEL et al., Landschaft unter Druck; 1972 - 1983 (Hrsg. BRP/BUWAL), Bern 1991.

LEIBUNDGUT Manfred, Verdichtete Wohnformen, in: Bulletin der kantonalen Planungsgruppe Bern, Nr. 1/84.

LISCHNER Karin Renate, Siedlungsformen der Zukunft - Individuelles verdichtetes Wohnen, VLP-Schriftenfolge Nr. 39, Bern 1985.

LÜTKE-DALDRUP Engelbert, Bestandesorientierter Städtebau, Dortmund 1989.

MICHEL Suzanne, Haushälterische Bodennutzung? - Vorschläge für eine massgeschneiderte Ortsplanung, Themenbericht zum Nationalen Forschungsprogramm "Boden", Liebefeld-Bern 1991.

MOREL Nicolas, L'ensoleillement et l'éclairage naturel dans la réglementation sur l'utilisation du sol, in: ZUPPINGER Urs et al., Vers un nouveau type de règlement du plan d'affectation communal, Bericht 46 des Nationalen Forschungsprogramms "Boden", Liebefeld-Bern 1990.

RAST Rudolf, Verdichten: Erneuerung oder Zerstörung? - Ein Diskussionsbeitrag zum haushälterischen Umgang mit dem Siedlungsraum, Materialien zur Raumplanung (Hrsg. EJPD/BRP), Bern 1990.

REMUND/FUCHS, Hindernisse gilt es zu beseitigen, in: Aktuelles Bauen 19 (1984), April-Heft, S. 40 f.

RINGLI/GATTI-SAUTER/GRASSER, Kantonale Richtplanung in der Schweiz, Bericht Nr. 63 zur Orts-, Regional- und Landesplanung, Zürich 1988. (zit.: RINGLI et al.)

ROTH et al., Landschaft unter Druck; Fortschreibung 1978 - 1989 (Hrsg. BRP/BUWAL), Bern 1994.

SPIEGEL Erika, Dichte als Geissel der Grossstadt - Dichte als Voraussetzung von Urbanität, Manuskript (Maschinenschrift) zu einem am 26. November 1991 in Zürich gehaltenen Referat.

STALDER Felix, Das Bauen auf der grünen Wiese ist vorbei ..., Bericht 26 des Nationalen Forschungsprogramms "Boden", Liebefeld-Bern 1989.

STEIGER Martin, Grenzen baulicher Dichte, in: Regionalplanung im Kanton Zürich 1967, S. 1 ff.

STEIGER/HUBER/BRÜNGGER, Überlegungen zum revidierten Planungs- und Baugesetz des Kantons Zürich aus der Sicht des Planers, Anhang zu: WOLF/KULL, Das revidierte Planungs- und Baugesetz (PBG) des Kantons Zürich, VLP-Schriftenfolge Nr. 58, Bern 1992.
(zit. STEIGER et al.)

STRITTMATTER Pierre, Planerische Instrumente zum Bodensparen im ländlichen Raum, in: Die Nutzung des Bodens in der Schweiz (Hrsg. BRASSEL/ROTACH), Zürich 1988, S. 159 ff.

STRITTMATTER/GUGGER, Der Beitrag von Bund und Kantonen zur haushälterischen Bodennutzung, Themenbericht zum Nationalen Forschungsprogramm "Boden", Liebefeld-Bern 1991.

STÜBBEN Josef, Der Städtebau, 9. Halbband von: Entwerfen, Anlage und Einrichtung der Gebäude, Vierter Teil des Handbuches der Architektur, 3. A., Leipzig 1924.

STÜDELI Rudolf, Verdichtetes Bauen, in: Schweizer Journal 49 (1983) Nr. 12, S. 39 ff.

SUTER Alwin, Innenentwicklung am Beispiel Illnau-Effretikon - Probleme und Lösungsansätze, in: DISP 98, 25. Jg. (Juli 1989), S. 11 ff.

WÜEST/SCHWEIZER/GABATHULER, Bauland Schweiz - Grundlagen und Perspektiven zum Bau- und Baulandmarkt und zur Siedlungsentwicklung der 90er Jahre, Zürich 1990.
(zit.: WÜEST et al.)

WÜRMLI/HÜBSCHLE/BUCHER, Möglich - sinnvoll - machbar: bauliche Verdichtung in verschiedenen Quartieren, Bericht 9 des Nationalen Forschungsprogramms "Stadt und Verkehr", Zürich 1992.
(zit.: WÜRMLI et al.)

Ferner:

AEMISEGGER Heinz, Das Bundesgericht zum Problem "verdichtetes Bauen", in: Informationsblatt RPG-NO 2-3/84, S. 3 ff.

ARBEITSGRUPPE WOHNSIEDLUNGEN CHUR (Hrsg.), Wohnsiedlungen - Verdichtete Wohn- und Siedlungsformen, Chur 1984 (Nachdruck).

BRINCKMANN/ETTINGER, Individuelles Bauen in der Verdichtung, Forschungsbericht 03.092 der Schriftenreihe "Städtebauliche Forschung" des Bundesministers für Raumordnung, Bauwesen und Städtebau, Kassel 1982.

Informationsheft Raumplanung (Hrsg. BRP) 3/89, S. 3 ff., 7, 8, 13 f.; 3/86, S. 6 f.; 3/84, S. 17 f.

NZZ 8./9. Juni 1985 (Nr. 130), S. 77 ff; 29./30. Juni 1985 (Nr. 148), S. 86 ff.

Rechtswissenschaftliche Literatur

Allgemein

BRÜHSCHWILER-FRÉSEY Lukas, Verfügung, Vertrag, Realakt und andere verwaltungsrechtliche Handlungssysteme, Diss. Freiburg 1984.

FLEINER-GERSTER Thomas, Grundzüge des allgemeinen und schweizerischen Verwaltungsrechts, 3. A., Zürich 1980.

GIACOMINI Sergio, Vom «Jagdmachen auf Verfügungen», in: ZBl 94 (1993), S. 237 ff.

GRISEL André, Traité de droit administratif, 2 vol., Neuchâtel 1984.

HÄFELIN/MÜLLER, Grundriss des Allgemeinen Verwaltungsrechts, 2. A., Zürich 1993.

IMBODEN Max, Der verwaltungsrechtliche Vertrag, in: ZSR 77 II (1958), S. 1a ff.

IMBODEN/RHINOW, Schweizerische Verwaltungsrechtsprechung, 2 Bde., 6. A., Basel 1986; RHINOW/KRÄHENMANN, Ergänzungsband, Basel 1991.

KNAPP Blaise, Précis de droit administratif, 4e éd., Bâle/Francfort 1991.

KÖLZ Alfred, Intertemporales Verwaltungsrecht, in: ZSR 102 II (1983), S. 101 ff.

MAURER Hartmut, Der Verwaltungsvertrag - Probleme und Möglichkeiten, in: Verwaltungshandeln durch Verträge und Absprachen (Hrsg. HILL Hermann), Baden-Baden 1990, S. 15 ff.

MOOR Pierre, Droit administratif, 3 vol., Berne 1988/1991/1992.

MÜLLER Georg, Kommentar zur Bundesverfassung der Schweizerischen Eidgenossenschaft vom 29. Mai 1874, Art. 22ter, Basel/Zürich/Bern 1987.
(zit.: MÜLLER Georg, Kommentar Art. 22ter BV)

RHINOW René, Verfügung, Verwaltungsvertrag und privatrechtlicher Vertrag - Zur Problematik der administrativen Handlungsformen, in: Privatrecht, öffentliches Recht, Strafrecht, Festgabe zum Schweizerischen Juristentag 1985, Basel, S. 295 ff.
(zit.: RHINOW, Handlungsformen)

RHINOW René, Wohlerworbene und vertragliche Rechte im öffentlichen Recht, in: ZBl 80 (1979), S. 1 ff.
(zit.: RHINOW, Rechte)

RICHLI Paul, Zu den Gründen, Möglichkeiten und Grenzen für Verhandlungselemente im öffentlichen Recht, in: ZBl 92 (1991), S. 381 ff.

STELKENS/BONK/SACHS, Kommentar zum Verwaltungsverfahrensgesetz [der Bundesrepublik Deutschland], 4. A., München 1993.
(zit.: BONK, Kommentar § 54, 56, 58 VwVfG)

ZWAHLEN Henri, Le contrat de droit administratif, in: ZSR 77 II (1958), S. 461a ff.

Raumplanungs- und Baurecht

BANDLI Christoph, Kommentar zum Umweltschutzgesetz (Hrsg. KÖLZ/MÜLLER-STAHEL), Art. 21 f. und Art. 24, Zürich 1988/89.

BELLANGER/LEBET, De quelques particularités genevoises en matière d'aménagement du territoire, in: BR/DC 1988, S. 46 f.

BIANCHI Manuel, L'économie du sol par la gestion de la zone à bâtir, in: Wirtschaft und Recht 40 (1988), S. 140 ff.

BOVAY Benoît, Le permis de construire en droit vaudois, th. Lausanne 1986.

CARLEN Louis, Baurecht im Schweizer Städten vom 12. - 18. Jahrhundert, in: L'homme dans son environnement/Mensch und Umwelt, Fribourg 1980, S. 3 ff.

CHASSOT Isabelle, La clause d'esthétique en droit des constructions, in: RFJ/FZR 1993, S. 95 ff.

DIGGELMANN/MURI/BARTL, Rechtliche Aspekte der Siedlungserneuerung (Hrsg. Bundesamt für Konjunkturfragen), 3. A., Bern 1992.
(zit.: DIGGELMANN et al., Siedlungserneuerung)

DIGGELMANN Hansruedi, Rechtliche Aspekte der Siedlungserneuerung - Ergänzungsband für den Kanton Zürich (Hrsg. Bundesamt für Konjunkturfragen), Bern 1992.
(zit.: DIGGELMANN, Ergänzungsband ZH)

DILGER Peter, Raumplanungsrecht der Schweiz, Dietikon 1982.

DIREKTION der öffentlichen Bauten des Kantons Zürich, Planungs- und Baugesetz - Revision vom 1. September 1991, Hinweise zur Einführung, Zürich 1992.
(zit.: Baudirektion ZH, Hinweise)

EJPD (Hrsg.), INTERDEPARTEMENTALE ARBEITSGRUPPE "Weiterentwicklung des Bodenrechts", Bausteine zur Bodenrechtspolitik, Bern 1991.
(zit.: EJPD [Hrsg.], Bausteine)

EJPD/BRP, Erläuterungen zum Bundesgesetz über die Raumplanung, Bern 1981.
(zit.: EJPD/BRP, Erläuterungen RPG)

ESCHMANN Stephan, Der Gestaltungsplan nach zürcherischem Recht, Diss. Zürich 1985.

ETTLER Peter, Kommentar zum Umweltschutzgesetz (Hrsg. KÖLZ/MÜLLER-STAHEL), Art. 25, Zürich 1989.

EYMANN Urs (et al.), Die neue Raumplanungsverordnung des Bundes vom 2. Oktober 1989 - Teil 3: Art. 1 bis 3 und 26 RPV: Abstimmung, Interessenabwägung und Planungsbericht bei kommunalen Planungen, VLP-Schriftenfolge Nr. 53c, Bern 1993.

FREY Fritz, Die Erstellungspflicht von Abstellplätzen für Motorfahrzeuge nach zürcherischem Recht, Diss. Zürich, Winterthur 1987.

FRIES David, Reverse in der zürcherischen Baurechtspraxis, Band 1 (Allgemeiner Teil, ohne Grundbuchrecht), Diss. Zürich 1990.

FRITZSCHE/BÖSCH, Zürcher Planungs- und Baurecht, Wädenswil 1992.

GOOD-WEINBERGER Charlotte, Die Ausnahmebewilligung im Baurecht, insbesondere nach § 220 des zürcherischen Planungs- und Baugesetzes, Diss. Zürich 1990.

GYGI Fritz, Expropriation, materielle Enteignung und Lastenausgleich, in: Rechtliche Probleme des Bauens, Bern 1969, S. 81 ff.

HALLER/KARLEN, Raumplanungs- und Baurecht, 2. A., Zürich 1992.

HÄNNI Peter, Gemeindeautonomie und Planungsrecht, in: BR/DC 1991, S. 83 ff.

HESS/WEIBEL, Das Enteignungsrecht des Bundes, Kommentar zum Bundesgesetz über die Enteignung, zu den verfassungsrechtlichen Grundlagen und zur Spezialgesetzgebung des Bundes, Bern 1986.

HUBER Felix, Die Ausnützungsziffer, Diss. Zürich 1986.
(zit.: HUBER Felix, Ausnützungsziffer)

HUBER Felix, Die Ausnützungsziffer gemäss PBG-Revision, in: PBG aktuell - Zürcher Zeitschrift für öffentliches Baurecht Nr. 1/95, S. 5 ff.
(zit.: HUBER Felix, Revision)

HÜBNER Peter, Die Parzellarordnung nach baselstädtischem Recht, Diss. Basel 1991.

IMHOLZ Robert, Der Gestaltungsplan - ein neues Instrument im kantonalzürcherischen Planungs- und Baugesetz, in: ZBl 78 (1977), S. 481 ff.

JACOBS Reto, Lastengleichheit - ein sinnvolles Prinzip bei der Anordnung verschärfter Emissionsbegrenzungen?, in URP 1994, S. 341 ff.

JAGMETTI Riccardo, Die rechtliche Erfassung qualitativer Elemente der Siedlungsplanung, in: Informationsblatt RPG-NO, Nr. 1 + 2/1989, S. 1 ff.
(zit.: JAGMETTI, Siedlungsplanung)

JAGMETTI Riccardo, Kommentar zur Bundesverfassung der Schweizerischen Eidgenossenschaft vom 29. Mai 1874, Art. 22quater, Basel/Zürich/Bern 1988.
(zit.: JAGMETTI, Kommentar)

JAGMETTI/BAUD/FISCHER/KUTTLER/VIERNE, Vereinheitlichung der Baugesetzgebung, Schriftenreihe Wohnungsbau Nr. 7, Bern 1970.
(zit.: JAGMETTI et al.)

JUNOD Charles-André, Commentaire de la Constitution Fédérale de la Confédération Suisse du 29 mai 1874, Art. 34sexies, Basel/Zürich/Bern 1991.

KAPPELER Rudolf, Änderungen bestehender Gebäude, in: ZBl 60 (1959), S. 33 ff. und S. 65 ff.
(zit.: KAPPELER, Änderungen)

KAPPELER Rudolf, Die Ausnützungsziffer, in: ZBl 90 (1989), S. 49 ff.
(zit.: KAPPELER, Ausnützungsziffer)

KARLEN Peter, Planungspflicht und Grenzen der Planung, in: ZBJV 130 (1994), S. 117 ff.
(zit.: KARLEN, Planungspflicht)

KARLEN Peter, Stabilität und Wandel in der Zonenplanung, in: PBG aktuell - Zürcher Zeitschrift für öffentliches Baurecht Nr. 4/94, S. 5 ff.
(zit.: KARLEN, Stabilität und Wandel)

KEISER Andreas, Die Quartiererhaltungszone - ein neues Instrument der zürcherischen Ortsplanung, in: PBG aktuell - Zürcher Zeitschrift für öffentliches Baurecht Nr. 2/94, S. 5 ff.

KREBS Walter, [Verwaltungshandeln durch Verträge und Absprachen im] Bauplanungs- und Bauordnungsrecht, in: Verwaltungshandeln durch Verträge und Absprachen (Hrsg. HILL Hermann), Baden-Baden 1990, S. 77 ff.
(zit.: KREBS, Verträge)

KREBS Walter, Baurecht, in: Besonderes Verwaltungsrecht (Hrsg. VON MÜNCH/SCHMIDT-ASSMANN), 9. A., Berlin, New York 1992, S. 265 ff.
(zit.: KREBS, Baurecht)

KULL Erich, Die Revision des PBG und ihr Vollzug auf kantonaler und kommunaler Ebene, in: Informationsblatt RPG-NO, Nr. 4/1991, S. 27 ff.
(zit.: KULL, Revision)

KULL Erich, Das revidierte PBG - drei Jahre danach, in: PBG aktuell - Zürcher Zeitschrift für öffentliches Baurecht Nr. 3/94, S. 5 ff.
(zit.: KULL, PBG)

KUTTLER Alfred, Zur Problematik der gemischt-rechtlichen Normen im Baurecht, in: ZBl 67 (1966), S. 265 ff.
(zit.: KUTTLER, Problematik)

KUTTLER Alfred, Der Beitrag der Rechtsprechung für Raumplanung und Raumordnung, Manuskript (Maschinenschrift) zu einem am 11. April 1994 in Zürich gehaltenen Referat.
(zit.: KUTTLER, Beitrag)

LENDI Martin, Städtebauliche Gestaltungsvorgaben aus rechtlicher Sicht, in: DISP 103, 26. Jg. (Oktober 1990), Zürich, S. 14 ff.
(zit.: LENDI, Gestaltungsvorgaben)

LENDI Martin, Verdichtetes Bauen - Planungs- und baurechtliche Fragen, in: Lebensraum, Technik, Recht, Schriftenreihe zur Orts-, Regional- und Landesplanung Nr. 38, Zürich 1988, S. 315 ff.
(zit.: LENDI, Verdichtetes Bauen)

LEUTENEGGER Paul B., Das formelle Baurecht der Schweiz, 2. A., Bern 1978.

LIVER Peter, Privates und öffentliches Baurecht, in: Rechtliche Probleme des Bauens, Bern 1969, S. 9 ff.

LOCHER Peter, Die Probleme mit dem Mehrwertausgleich - gibt es neue Erkenntnisse? in: Mehrwertausgleich in der Raumplanung, VLP-Schriftenfolge Nr. 57, Bern 1992, S. 9 ff.

LORETAN/VALLENDER/MORELL, Das Umweltschutzgesetz in der Rechtsprechung 1990 bis 1994, in: URP 1995, S. 165 ff.

LUDWIG Peter, Der Lastenausgleich nach Art. 51 f Baugesetz, in: BVR 1977, S. 314 ff.

MACHERET Augustin, Esthétique et droit public de la construction, in: Gedächtnisschrift für Peter Jäggi, Freiburg i.Ue. 1977, S. 327 ff.
(zit.: MACHERET, Esthétique)

MACHERET Augustin, La dérogation en droit public de la construction - Règle ou exception?, in: Mélanges André Grisel, Neuchâtel 1983, S. 557 ff.
(zit.: MACHERET, Dérogation)

MARTI Jean-Luc, Distances, coefficients et volumétrie des constructions en droit vaudois, th. Lausanne 1988.

MATILE/BONNARD/BOVAY/PFEIFFER/SULLIGER/WYSS, Droit vaudois de la construction, 2e éd., Lausanne 1994.
(zit.: MATILE et al., Kommentar LATC)

MEISSER Urs, Der Nutzungstransport, Diss. Zürich 1987.

MEYLAN Jacques H., Le recours de droit public du voisin contre un plan d'affectation, in: Giurisdizione costituzionale e Giurisdizione amministrativa (Hrsg. BOLLA/ROUILLER), Zürich 1992, S. 279 ff.

MÜLLER Georg, Baupflicht und Eigentumsordnung, in: Festschrift zum 65. Geburtstag von Ulrich Häfelin, Zürich 1989, S. 167 ff.
(zit.: MÜLLER Georg, Baupflicht)

MÜLLER Georg, Bewältigung der Konflikte von Grundeigentums- und Bodenfunktionen durch Raumplanung, in: ZSR 110 I (1991), S. 135 ff.
(zit.: MÜLLER Georg, Konflikte)

MÜLLER Peter, Aktuelle Fragen des eidgenössischen und kantonalen Raumplanungsrechts, in: ZBl 84 (1983), S. 193 ff.

MÜLLER Thomas, Die erleichterte Ausnahmebewilligung (unter besonderer Berücksichtigung der Verhältnisse im Kanton Zürich, Art. 24 Abs. 2 RPG i.V.m. § 357 Abs. 3 PBG), Diss. Zürich 1991.

NEFF Markus, Die Auswirkungen der Lärmschutz-Verordnung auf die Nutzungsplanung, Diss. Zürich 1994.

PERREN Peter, Die Zone mit Planungspflicht und Überbauungsordnung, in: Bulletin der kantonalen Planungsgruppe Bern, Nr. 2/95.

PFENNINGER Hanspeter, Kooperationen zwischen Staat und Privaten als Alternative zu planungs-, umweltschutz- und anderen öffentlichrechtlichen Verfahren, in: BR/DC 1995, S. 79 ff.

PFISTERER Martin, Die Anwendung neuer Bauvorschriften auf bestehende Bauten und Anlagen, Diss. Bern 1979.

PFISTERER Thomas, Die bestehende Überbauung in der bundesrechtlichen Bauzonierung, in: Der Kanton St. Gallen und seine Hochschule, Festschrift, St. Gallen 1989, S. 470 ff.

PIOTET Denis, Rapport sur les conséquences juridiques civiles et les perspectives de droit privé d'un allégement du droit public de voisinage, in: ZUPPINGER Urs et al., Vers un nouveau type de règlement du plan d'affectation communal, Bericht 46 des Nationalen Forschungsprogramms "Boden", Liebefeld-Bern 1990.

RAMISBERGER Martin, Raumplanung wozu?, Diss. Bern/Frankfurt a.M. 1986.

RUDIN Beat, Der Richtplan nach dem Bundesgesetz über die Raumplanung und der Koordinationsplan des Kantons Basel-Landschaft, Diss. Basel 1992.

SCHACHENMANN Heinrich, Der Gestaltungsplan im Siedlungsgebiet nach solothurnischem Recht, in: Mitteilungen des Bau-Departementes (Hrsg. Kantonales Amt für Raumplanung Solothurn), Solothurn 1989.

SCHMID-LENZ Werner, Zur Besitzstandsgarantie baurechtswidriger Gebäude in Bauzonen, in: BR/DC 1990, S. 60 ff.

SCHRADE André, Kommentar zum Umweltschutzgesetz (Hrsg. KÖLZ/MÜLLER-STAHEL), Art. 12, 16, 18, Zürich 1987.

SCHÜRMANN Leo, Bau- und Planungsrecht, 2. A., Bern 1984.

SCHÜRMANN/HÄNNI, Planungs-, Bau- und besonderes Umweltschutzrecht, 3. A., Bern 1995.

SCHWEIZERISCHER BUNDESRAT, Bericht über den Stand und die Entwicklung der Bodennutzung und der Besiedlung der Schweiz (Raumplanungsbericht 1987) vom 14. Dezember 1987 (BBl 1988 I 871 ff., Separatdruck).
(zit.: Raumplanungsbericht)

STAUB Urs, Rechtliche Aspekte der Siedlungserneuerung - Ergänzungsband für den Kanton Schaffhausen (Hrsg. Bundesamt für Konjunkturfragen), Bern 1993.

STEIGER/STÜDELI, Die Ausnützungsziffer, VLP-Schriftenfolge Nr. 17, Bern 1974.

STEINER Marcel, Die Ästhetikgeneralklauseln, in: BR/DC 1994, S. 117 f.

VALLENDER Klaus A., Ausnahmen von der Nutzungsordnung - Theoretische Grundlagen, in: Rechtsfragen der Nutzungsordnung in der Raumplanung, St. Gallen 1986, S. 63 ff.

VOLLENWEIDER Walter, Stadtgestaltung durch Bauvorschriften, in: Rechtsprobleme von Stadtgemeinden, Zürich 1961, S. 139 ff.

VON ARX Peter, Der Ästhetikparagraph (§ 238) im zürcherischen Planungs- und Baugesetz, Diss. Zürich 1983.

WIPFLI Peter, Bauliche Verdichtung - Postulat und Praxis, in: Aktuelle Probleme des privaten und öffentlichen Baurechts (Hrsg. KOLLER Alfred), St. Gallen 1994, S. 369 ff.

WOLF Robert, Führt übermässige Luftverschmutzung zu Baubeschränkungen und Auszonungen?, in: URP 1991, S. 69 ff.

WOLF/KULL, Das revidierte Planungs- und Baugesetz (PBG) des Kantons Zürich, VLP-Schriftenfolge Nr. 58, Bern 1992.

ZÄCH Christoph, Kommentar zum Umweltschutzgesetz (Hrsg. KÖLZ/MÜLLER-STAHEL), Art. 15, 20, 23, Zürich 1987/88.

ZAUGG Aldo, Kommentar zum Baugesetz des Kantons Bern vom 9. Juni 1985, 2. A., Bern 1995.
(zit.: ZAUGG, Kommentar BauG/BE)

ZAUGG Aldo, Kommentar zum Baugesetz des Kantons Bern vom 7. Juni 1970, Bern 1971.
(zit.: ZAUGG, Kommentar aBauG/BE)

ZIMMERLI Ulrich, Enteignungsentschädigung für negative Immissionen? in: BR/DC 1981, S. 9 ff.

ZIMMERLIN Erich, Baugesetz des Kantons Aargau vom 2. Februar 1971, Kommentar, 2. A., Aarau 1985.

ZUPPINGER Urs et al., Vers un nouveau type de règlement du plan d'affectation communal, Bericht 46 des Nationalen Forschungsprogramms "Boden", Liebefeld-Bern 1990.

Einleitung

Die vorliegende Arbeit untersucht das Raumplanungs- und Baurecht darauf hin, was es zur baulichen Verdichtung unmittelbar aussagt und wie es sich darauf auswirkt; gefragt wird m.a.W. danach, auf welche Weise die bauliche Verdichtung durch das Recht erfasst und geleitet wird oder werden könnte.

Die Ausführungen folgen dabei einer argumentativen Ausrichtung, die etwa mit «in dubio pro densitate augenda» umschrieben werden könnte, eingedenk der Tatsache, dass die bauliche Verdichtung mit ihren Auswirkungen städtebaulicher, ökologischer, sozialer, wirtschaftlicher und psychologischer Art zahlreichen Widerständen ausgesetzt ist und Hindernissen topografischer, bautechnischer und wirtschaftlicher Art gegenübersteht: es sollte ihr daher - dort, wo sie als zweckmässig erscheint - zumindest seitens des Raumplanungs- und Baurechts zuverlässige Rückendeckung zuteil werden.

Die Dissertation gliedert sich in einen Einleitungsteil und drei thematische Teile, welche die rechtliche Behandlung des verdichteten bzw. des verdichtenden Bauens erörtern (I. bzw. II. Teil) sowie Instrumente für die Anwendung des verdichtungsrelevanten Raumplanungs- und Baurechts zur Darstellung bringen (III. Teil). - Im Rahmen des folgenden Einleitungsteils gilt es zunächst, die Begriffe des verdichteten und des verdichtenden Bauens terminologisch zu bestimmen und ihre architektonischen Erscheinungsformen typologisch zu ordnen (§ 1). In § 2 wird die bauliche Verdichtung als eine Strategie zur haushälterischen Nutzung des Bodens in einen raumplanungsrechtlichen Zusammenhang gesetzt mit den Grundzügen schweizerischer Raumordnungspolitik. Der Eingrenzung der in dieser Arbeit zu behandelnden Thematik dient sodann § 3.

§ 1 Terminologie und Typologie

Die folgenden Ausführungen bezwecken, die im Zusammenhang mit der baulichen Verdichtung stehenden Begriffe zu definieren (I.) und die darunter zu subsumierenden tatsächlichen Vorgänge typologisch zu systematisieren (II.).

I. Terminologie

Nachstehend werden die Begriffe zur baulichen Verdichtung (3.) ausgehend von jenen der baulichen Dichte (1.) und der Verdichtung (2.) umschrieben. - [1]

1. Die bauliche Dichte

Die statistische Dichte, deren eine Form - die bauliche Dichte - vorliegenden interessiert, bezeichnet das Verhältnis zwischen einem statistischen Mass[2] und einer Flächeneinheit oder einer anderen Bezugseinheit. Aus dieser Definition der baulichen Dichte als Verhältnis zweier Grössen zueinander - der baulichen Nutzung[3] und einer Grundfläche - lässt sich bereits die Regelungsart jener Vorschriften ersehen, welche eigens die Bestimmung der baulichen Dichte bezwekken. Nicht nur durch solche Nutzungsziffern[4] jedoch lässt sich die bauliche Dichte bestimmen: zahlreiche weitere Bauvorschriften[5] wirken sich letzten Endes auch auf die zulässige bauliche Dichte aus, wenngleich sie in erster Linie andere (i.d.R. konkretere und augenfälligere) Normzwecke verfolgen.

Mit der Bezeichnung des statistischen Masses als bauliche Nutzung wird zum Ausdruck gebracht, dass hinsichtlich der baulichen Dichte nicht nur das physische Vorhandensein von Gebautem (als Nutzungspotential) interessiert, sondern auch dessen Verwendung bzw. Verwendbarkeit für bestimmte Tätigkeiten

---

[1] Die hier entwickelte Terminologie wird vom Verfasser in der Folge konsequent verwendet; auf allfällige Bedeutungsunterschiede, die sich aus einem beschränkten oder erweiterten Verständnis der Begriffe in den Rechtsquellen, in Rechtsprechung oder Literatur ergeben, wird hingewiesen, wo sich dies für die Verständlichkeit der Aussagen als unerlässlich erweist.

[2] Z.B. Gebrauchsgegenstände, Stoffmengen, Personen oder - im vorliegenden Zusammenhang - die bauliche Nutzung (in quantitativer Hinsicht).

[3] Dieser Begriff ist auch für das Folgende von der baulichen Dichte dadurch zu unterscheiden, dass er einen absoluten Betrag an Nutzung bezeichnet. - Unter den Begriffen «Ausnützung», «Nutzungsmass», «Nutzungsintensität» o.ä. ist bald ein absoluter Betrag der Nutzung, bald deren Dichte zu verstehen; sie werden daher in der vorliegenden Arbeit nicht verwendet.

[4] Vgl. infra § 7.

[5] Vgl. infra § 8 f.

(Funktionalität)[6]. Ferner bezeichnet auch die bauliche Dichte zwei Grössen, die sich implizit aus der statistischen Dichte ergeben, und zwar zum einen die räumliche Entfernung zwischen den Einheiten des statistischen Masses (z.B. Gebäuden) und zum anderen den Freiraum, der die Einheiten umgibt. Je nach Verteilung der Einheiten des statistischen Masses auf der Bezugsfläche (wobei bezüglich der baulichen Nutzung auch die Anordnung in der Vertikalen zu beachten ist) können die Abstände und Freiflächen - bei gleichbleibender Dichte - sehr unterschiedliche Beträge annehmen[7]; die Verteilung der baulichen Nutzung und die Bemessung der Bezugsfläche sind somit für die räumliche Wahrnehmung einer gegebenen baulichen Dichte von grosser Bedeutung.

2. Die Verdichtung

Der Vorgang der Verdichtung besteht in der Erhöhung einer (gegebenen) Dichte. Sie äussert sich darin, dass der Betrag der Verhältniszahl zunimmt, indem die Masszahl des Zählers (d.h. das statistische Mass) bei gleichbleibendem Nenner (d.h. unveränderter Bezugsfläche) grösser wird.

Die bauliche Dichte kann auf verschiedene Arten erhöht werden, je nach dem zu intensivierenden Aspekt der baulichen Nutzung. Zielt die Verdichtung zur Hauptsache auf eine Erhöhung der Funktionalität ab, so kann sie durch organisatorische Massnahmen erreicht werden. Diese sind darauf gerichtet, die Leistungsfähigkeit bestehender Bauten wirkungsvoller auszuschöpfen, indem etwa deren Nutzung zeitlich ausgedehnt wird (z.B. durch Verlängerung der Ladenöffnungszeiten und weiterer Betriebszeiten oder durch Einschränkung des meist nur spärlich genutzten Zweitwohnungsbestandes zugunsten dauernd ausgeübter Wohn- oder gewerblicher Nutzungen[8]). Eine funktionale Verdichtung ist ferner dadurch zu erzielen, dass Bauten und Anlagen insgesamt oder auch bloss deren Nebeneinrichtungen gleichzeitig oder zeitlich aufeinanderfolgend mehreren, möglicherweise verschiedenartigen Nutzungen zugeführt werden, wie dies etwa durch die Misch- und Mehrfachnutzung öffentlicher oder gewerblicher Bauten oder von Beschäftigtenparkplätzen[9], durch die zwischenzeitliche Nutzung gewerblicher Reserveflächen zur Deckung des zusätzlichen Raumbedarfs aufgrund

---

[6] Vgl. dazu auch den Begriff der Interaktionsdichte (SPIEGEL, S. 5), welcher die Zahl der durch physische Präsenz qualifizierten Wechselbeziehungen zwischen Personen oder Gruppen pro Flächen- (und Zeit-) Einheit bezeichnet. Die Bedeutung der Interaktionsdichte für die Funktionalität einer Siedlung wird allerdings durch Verkehrsverbindungen und Telekommunikation relativiert. Die Substituierbarkeit der Dichte durch Verkehr stösst jedoch an Grenzen, welche durch die individuellen Kosten der Raumüberwindung sowie die volkswirtschaftlichen und die Umweltkosten gesetzt werden; die Mittel der Telekommunikation sodann sind für anspruchsvolle Wechselwirkungen zudem oft ungenügend. Dadurch gewinnt die bauliche Dichte letztlich wieder an Bedeutung (SPIEGEL, S. 9).

[7] SPIEGEL, S. 3 m.H.

[8] RAST, S. 15 f.

[9] RAST, S. 13.

betrieblicher Expansion[10] oder durch die überbetriebliche gemeinschaftliche Bewirtschaftung zusammengelegter Erweiterungsreserven (im Rahmen eines Reservepools)[11] erfolgen kann. Derlei organisatorische Massnahmen können dazu beitragen, dass sich aufwendige und wenig wirtschaftliche Kapazitätssteigerungen für Spitzenzeiten erübrigen.

Soweit sie ohne bauliche Massnahmen auskommt, bildet die funktionale Verdichtung nicht Gegenstand der vorliegenden Arbeit, die sich ausschliesslich mit der baulichen Verdichtung befasst. Es ist immerhin nicht zu verkennen und hier deshalb darauf hinzuweisen, dass durch bauliche Verdichtung bereitgestelltes Nutzungspotential vielfach nur dann wirkungsvoll ausgeschöpft werden kann, wenn im Sinne begleitender Vorkehrungen auch organisatorische Massnahmen getroffen werden.

3. Die bauliche Verdichtung

Mit dem Begriff der baulichen Verdichtung werden Vorgänge bezeichnet, die mittels baulicher Massnahmen eine Erhöhung der baulichen Dichte herbeiführen. Unter baulicher Massnahme ist die Erstellung oder physische Veränderung von «künstlich geschaffenen und auf Dauer angelegten Einrichtungen [zu verstehen], die in bestimmter fester Beziehung zum Erdboden stehen und die Nutzungsordnung zu beeinflussen vermögen, weil sie entweder den Raum äusserlich erheblich verändern, die Erschliessung belasten oder die Umwelt beeinträchtigen»[12]. Im wesentlichen in diesen Auswirkungen auf die Umgebung im weitesten Sinne besteht die rechtliche Bedeutung der baulichen Verdichtung. Rechtliche Fragen sind dabei von desto grösserer Wichtigkeit, je näher beieinander die baulichen Massnahmen getroffen werden und je mehr Raum sie (sei es durch Erstellen neuen oder Nutzbarmachen bestehenden, aber ungenutzten oder unternutzten räumlichen Potentials) erfassen, m.a.W. je höher die Ausgangs- und/oder Zielwerte der baulichen Dichte liegen[13].

---

[10] BERNATH et al., S. 23 ff.

[11] EJPD [Hrsg.], Bausteine, S. 203 f.

[12] Vgl. zur Bewilligungspflicht für Bauten und Anlagen nach Art. 22 Abs. 1 und Art. 24 RPG: BGE 119 Ib 445 E. 3a Cerniat FR (Begräbnisplatz mit Pyramiden-Gruppe), 118 Ib 9 E. 2c Mesocco GR (Baggerschlitze, Sondierbohrungen), 118 Ib 52 E. 2a m.H. Ueberstorf FR (Drahtgitterzaun), 113 Ib 315 f. E. 2b m.H. Unterägeri ZG (Fahrnis-Beton-Aufbereitungsanlage). - Nach BGE 119 Ib 226 E. 3a Ingenbohl SZ (Hängegleiterlandeplatz) kommt es «auf die räumliche Bedeutung eines Vorhabens insgesamt an».

[13] Es sei bereits hier darauf hingewiesen (vgl. sodann infra § 9 eingangs), dass mit der Verdichtung als in erster Linie quantitativem Vorgang oftmals Verbesserungen der Siedlungsqualität einhergehen müssen, sollen die Auswirkungen erhöhter Dichte für die Betroffenen nicht unzumutbare Belastungen mit sich bringen, welche eine intensivierte Nutzung gerade wieder vereiteln (zu den qualitativen Anforderungen an die bauliche Verdichtung vgl. HERCZOG, S. 151 f.; zu den Möglichkeiten einer Verbesserung der Siedlungsqualität im Rahmen des verdichtenden Bauens vgl. BERNATH et al., S. 63 ff.).

Es sind zwei Gattungen von Vorgängen der baulichen Verdichtung zu unterscheiden: das verdichtete (A.) und das verdichtende Bauen (B.).

A) Das verdichtete Bauen

Der Begriff des verdichteten Bauens bezeichnet die ursprüngliche bauliche Verdichtung, welche bisher unüberbaute Gebiete erfasst. Eine Verdichtung im Sinne der Erhöhung einer bestehenden Dichte wird dadurch insofern bewirkt, als die vorhandene bauliche Dichte hinsichtlich der eine ganze Siedlung oder einen grösseren Siedlungsteil umfassenden Bezugsfläche erhöht wird und die bauliche Dichte hinsichtlich der (enger begrenzten) Bezugsfläche der neu errichteten Überbauung einen höheren Betrag aufweist als nach Nutzungsart vergleichbare Überbauungen in der Umgebung[14].

B) Das verdichtende Bauen

Das verdichtende Bauen umfasst bauliche Massnahmen, die - indem sie auf einer mindestens teilweise bereits mit Bauten oder Anlagen überstellten Bezugsfläche getroffen werden - zur Erhöhung deren baulichen Dichte[15] führen (bauliche "Nachverdichtung")[16]. Nach Massgabe der Bezugsfläche können die Massnahmen des verdichtenden Bauens dabei zum baulichen Bestand in einem unter-

---

[14] Dieses Definitionsmerkmal führt dazu, dass das verdichtete Bauen oft als Sondertatbestand behandelt wird, was sich - zumindest aus diesem Grunde - m.E. zunächst keineswegs aufdrängt (vgl. auch die schon 1979 im Bericht der Expertenkommission Wohneigentumsförderung an den Vorsteher des EVD von Masset erhobene Forderung, wonach die Rahmenbedingungen für das verdichtete Bauen zu verbessern seien und dieses verfahrensmässig der Einzelbauweise gleichzustellen sei; desgl. REMUND/FUCHS, S. 40 und STÜDELI, S. 41).

[15] In Massnahmen des verdichtenden Bauens äusserte sich somit die Stadtentwicklung intra muros der mit Mauern und anderen Verteidigungsanlagen bewehrten Städte (bis Mitte des 19. Jahrhunderts). Doch selbst die typisierten, nur auf zwei Seiten bebauten Baublöcke des systematischen und grossräumigen Stadterweiterungsplans für Barcelona von Ildefonso Cerdá (1859) erfuhren in der Folge eine stufenweise, vertikale und horizontale Verdichtung (RODRÍGUEZ-LORES Juan, Ildefonso Cerdá: Die Wissenschaft des Städtebaus und der Bebauungsplan von Barcelona [1859] in: Städtebau um die Jahrhundertwende, Köln 1980, S. 73 f.).

[16] Ob die bauliche Dichte damit im Ergebnis jenen Betrag erreicht, der verdichtetem Bauen entspräche, ist dabei nicht erheblich. Das verdichtende Bauen wird zuweilen vielmehr als Vorgang verstanden und als «graduelle[r] und schrittweise[r] Prozess, der sich an die bestehende Bebauung und Nutzung anlehnt», definiert (so bei WÜRMLI et al., S. 4). Es werden mitunter auch qualitative Anforderungen bereits in die Definition des verdichtenden Bauens aufgenommen, z.B. indem HERCZOG/HUBELI (S. 11 [sowie S. 22 f.]) die («qualifizierte») bauliche Verdichtung umschreiben als «Zusammenfügen von Raum- und Nutzungseinheiten innerhalb mehrheitlich überbauter Gebiete, wobei sowohl eine intensivere Bodennutzung, ein sparsamerer Ressourcenverbrauch als auch eine qualitative Verbesserung des Wohnungsbaus und des städtebaulichen Kontextes ermöglicht werden sollen». - Gemäss Art. 18bis Abs. 2 BauR/Frauenfeld TG gelten als Nachverdichtungsmassnahmen «Um-, An-, Vor-, Auf- und Verbindungsbauten, welche der Vergrösserung der Wohn- oder Arbeitsflächen sowie einer Durchmischung des Quartiers dienen», z.B. (Abs. 3) «die Verbesserung des Altbaubestandes durch Grundrisserweiterungen, Dachausbauten und -aufbauten, Fassadenvorbauten sowie die Erstellung von Nebenbauten mit Aufbewahrungs- und Abstellräumen und dergleichen».

schiedlich engen und unterschiedliche Sachfragen betreffenden Zusammenhang stehen. Die Bedeutung des Bestehenden ist mithin nach Art und Umfang unterschiedlich zu beurteilen, je nachdem, ob die Massnahmen des verdichtenden Bauens ein bereits überbautes Grundstück oder ein (überbautes oder unüberbautes) Grundstück innerhalb des weitgehend überbauten Siedlungsgebiets betreffen. In was für einer Beziehung das verdichtende Bauen zur vorhandenen Überbauung steht, erhellt im folgenden in aller Regel ohne weiteres aus dem Zusammenhang[17] oder ist für die rechtliche Erfassung der baulichen Massnahmen verglichen mit der Abgrenzung zum verdichteten Bauen von geringer Bedeutung.

II. Typologie

Der folgende Grundriss einer Typologie der baulichen Verdichtung bezweckt, die verdichtungsrelevanten baulichen Massnahmen in phänomenologischer Hinsicht zu systematisieren. Dabei werden das verdichtete und das verdichtende Bauen als tatsächliche Vorgänge zunächst zu umschreiben versucht und einander sodann (unter Hinweis auf typischerweise unterschiedliche rechtliche Implikationen) gegenübergestellt (1.), bevor hinsichtlich der jeweiligen baulichen Massnahmen nach verschiedenen Kriterien Typen gebildet werden (2./3.).

1. Versuch phänomenologischer Definition und Abgrenzung von verdichtetem und verdichtendem Bauen

Es gilt im folgenden, für das verdichtete und das verdichtende Bauen typische, als Definitionsmerkmale taugliche Eigenschaften zu bestimmen (A.) und die beiden Gattungen baulicher Verdichtung sodann durch Gegenüberstellung näher zu beschreiben (B.).

A) Merkmale phänomenologischer Definition

a) Für das verdichtete Bauen

Für das verdichtete Bauen[18] als architektonische Erscheinungsform existiert keine einheitliche Definition. Es lassen sich immerhin Gestaltungsmerkmale benennen, die in verschiedenen Begriffsbestimmungen und -umschreibungen zu finden sind[19]. Das verdichtete Bauen wird für die vorliegende Arbeit in phänomenologischer Hinsicht daher wie folgt definiert:

---

[17] Gebietsbezogenheit bei Sachbereichen, die durch Bestimmungen geregelt werden, welche ganze Räume betreffen (z.B. § 11); Grundstücksbezogenheit bei Sachbereichen, deren Regelungen bei bestimmten Baumerkmalen anknüpfen (z.B. § 12 f.).

[18] Vgl. auch die Begriffe «dichte individuelle Wohnbauform», «verdichteter Flachbau», «habitat semi-collectif», «low-rise high-density housing» (bei GEISENDORF et al., S. 12).

[19] Die nachstehende Definition enthält Elemente aus folgenden Texten: Art. 53 lit. B al. 1er RELATeC/FR «habitations individuelles groupées» (Règlement d'exécution du 18 décembre 1984

Unter dem Begriff des verdichteten Bauens ist eine erkennbar flächensparsame[20] Überbauungsart zu verstehen, die sich in baulicher Konzentration[21] mittels Addition[22] mehrerer[23] kubisch kleinteiliger[24], selbständig nutzbarer[25] Baueinheiten äussert.

b) Für das verdichtende Bauen

Die Erscheinungsformen des verdichtenden Bauens lassen sich ebenfalls nur in sehr beschränktem Masse allgemein umschreiben[26]:

Unter dem Begriff des verdichtenden Bauens (bauliche Nachverdichtung) sind bauliche Massnahmen einer nach innen gerichteten Siedlungsentwicklung[27] zu verstehen, die als Ergänzungsbauten innerhalb des weitgehend überbauten Siedlungsgebiets oder auf bereits überbauten Grundstücken unter Bezugnahme auf den baulichen Bestand erstellt werden, sowie solche, die bestehenden Bauten unmittelbar angefügt werden (Anbauten, Verbindungsbauten oder Aufstockungen) oder deren wirkungsvollere Nutzung ermöglichen (Umbauten und Nutzungsänderungen).

---

de la loi sur l'aménagement du territoire et les constructions du 9 mai 1983, RSF 710.11), Art. 18 BauR/Frauenfeld TG «Verdichtete Bauweise» sowie LENDI, Verdichtetes Bauen, S. 317.

[20] Vgl. z.B. Art. 18 Abs. 2 lit. c BauR/Frauenfeld TG («Abstellflächen sind in den Randgebieten der Siedlung oder unter Terrain zusammenzufassen»), LENDI, Verdichtetes Bauen, S. 317 («intensive Bodennutzung», Reduktion des «Flächenaufwand[s] für die Verkehrserschliessung»), oder GOTTSCHALL/REMUND, S. 12 f. («sparsamer Landverbrauch» durch geschlossene Bauweise und gemeinsame Anlagen sowie «sparsame Erschliessung für den Privatverkehr»).

[21] Vgl. z.B. GOTTSCHALL/REMUND, S. 11 («auf einer Gesamtidee [beruhende] konzentrierte[...] Anordnung der Bauten»), sowie LISCHNER, S. 4 («konzentrierte Bauweise»). - Das verdichtete Bauen «concilie les exigences de la concentration de l'habitat avec une certaine indépendance accordée à chacune des unités d'habitation [et constitue une] forme[...] d'habitat de qualité garantissant une utilisation rationnelle du territoire» (vgl. RDAF 1993, 205 E. 5c Prilly VD).

[22] Vgl. z.B. Art. 53 lit. B al. 1er RELATeC/FR («constructions juxtaposées [...] ou partiellement superposées»), Art. 18 Abs. 2 lit. a BauR/Frauenfeld TG («Anwendung der halboffenen und geschlossenen Bauweise für zusammenhängende Gebäudegruppen») oder LENDI, Verdichtetes Bauen, S. 317 («zusammenhängendes Bauwerk, das [...] Raumeinheiten staffelt oder stapelt»).

[23] Vgl. z.B. Art. 53 lit. B al. 1er RELATeC/FR («comprenant au minimum quatre unités») oder die Mindestzahl an Wohneinheiten oder gewerblichen Nutzungseinheiten gemäss Art. 18 Abs. 3 BauR/Frauenfeld TG.

[24] Vgl. z.B. GOTTSCHALL/REMUND, S. 11 («beschränkte[...] Bauhöhe[...]»).

[25] Vgl. z.B. Art. 53 lit. B al. 1er RELATeC/FR («présentant [...] les éléments essentiels d'un logement situé en relation directe et de plain-pied avec un espace extérieur privatif»).

[26] Vgl. etwa die Aufzählungen bei BERNATH et al., insbes. S. 35 ff., 47 ff., 63 ff., RAST, S. 10 ff., SUTER, S. 11 ff.

[27] Die Siedlungsentwicklung nach innen impliziert die Schonung bisher unüberbauter Gebiete, eine stärkere Auslastung bestehender Infrastrukturanlagen, eine wirtschaftlichere Bedienung mit öffentlichen Dienstleistungen (z.B. öffentlichen Verkehrsmittel) sowie eine Verbesserung der Siedlungsqualität.

B) Gegenüberstellung von verdichtetem und verdichtendem Bauen in phänomenologischer Hinsicht

Die typischen phänomenologischen Unterschiede betreffen im wesentlichen die Art (a.) und den Umfang (b.) der baulichen Massnahmen sowie deren Einordnung in die Umgebung (c.).

a) Die Unterscheidung nach der Art der baulichen Massnahmen

Bauvorhaben in verdichteter Bauweise sind auf die Erstellung selbständiger Gebäude gerichtet, denen ein eigenständiges, meist durch repetitive Gestaltung gekennzeichnetes Überbauungskonzept zugrundeliegt. Die Überbauung weist dadurch eine mehr oder weniger ausgeprägt einheitliche Formensprache auf, wobei die Addition einzelner Baueinheiten gestalterisch regelmässig erkennbar bleibt.

Die Massnahmen des verdichtenden Bauens sind in ihrem Verhältnis zum baulichen Bestand dagegen regelmässig von untergeordneter Bedeutung, indem sie auf das bereits Gebaute Bezug nehmen (sei es auf eine bestehende Baute auf dem Baugrundstück, sei es - z.B. beim Ausfüllen einer Baulücke - auf eine solche in der unmittelbaren Umgebung des Bauvorhabens). Das verdichtende Bauen führt sodann auch hinsichtlich Konstruktion, Erschliessung und Nutzungsorganisation - zumindest regelmässig - nicht zu selbständigen Bauten, sondern höchstens zu Baueinheiten, die mit dem Bestehenden zumindest verbunden sind und/oder auf dessen Einrichtungen basieren.

b) Die Unterscheidung nach dem Umfang der baulichen Massnahmen

Das verdichtete Bauen bedingt schon aufgrund repetitiver Gestaltung sowie infolge besonderer Raumanordnung durch Konzentration des Gebauten und Ausscheidung von Freiflächen einen gewissen Umfang[28]. Das verdichtende Bauen hingegen zeichnet sich nicht durch einen bestimmten Umfang der baulichen Massnahmen aus.

c) Die Unterscheidung nach der Einordnung der baulichen Massnahmen in die Umgebung

Das verdichtete Bauen kontrastiert aufgrund des Zusammenwirkens seines Umfangs mit seiner gestalterischen Geschlossenheit in aller Regel mit der baulichen und landschaftlichen Umgebung. Als Standorte für verdichtete Überbauungen kommen damit vornehmlich solche in Frage, von denen ausgehend sich eine gewisse Siedlungsakzentuierung mit der baulichen und landschaftlichen Umgebung verträgt. Die Massnahmen des verdichtenden Bauens sind dagegen zumeist

---

[28] Vgl. z.B. § 41 Abs. 4 Satz 2 PBG/LU, § 51 Abs. 2 E RBG/BL oder Art. 18 Abs. 3 BauR/Frauenfeld TG.

ohne weiteres so auszugestalten, dass sie der baulichen Umgebung angemessen Rechnung tragen. - [29]

2. Typologie des verdichteten Bauens

Verdichtete Überbauungen können unterschiedliche Erscheinungsformen aufweisen, die sich nach der Ausgestaltung des Definitionsmerkmals der Addition von Baueinheiten in Typen gliedern lassen[30]. Die Haupttypen unterscheiden sich nach der geometrischen Ausrichtung des Additionsprinzips in linear (d.h. auf einer Achse), flächenhaft (d.h. auf zwei Achsen) und sowohl horizontal als auch vertikal (d.h. auf drei Achsen) addierte sowie durch Kombination dieser Additionsprinzipien gestaltete Gebäude. Die Additionsachsen müssen dabei nicht geradlinig verlaufen, sondern können Biegungen aufweisen oder die Baueinheiten horizontal und/oder vertikal versetzt anordnen[31], wobei wiederum Kombinationen denkbar sind. Die anhand der Additionsprinzipien unterschiedenen Haupttypen werden nach weiteren Kriterien in Untertypen gegliedert: so etwa nach der Art der Erschliessung der Baueinheiten (in einbündig, zweibündig oder zentral erschlossene Gebäude), nach deren Form (in rechteckige, winkelförmige usw. Grundrissformen mit unterschiedlichen Geschosszahlen) sowie nach der Ausrichtung der Baueinheiten (in ein- oder mehrseitig ausgerichtete Gebäude).

Durch lineare Addition entstehen Reihenhäuser (mit unmittelbar aneinandergefügten Baueinheiten)[32] oder Kettenhäuser (deren Baueinheiten durch untergeordnete Gebäudeteile miteinander verbunden werden)[33]. Aus flächenhafter Addition gehen sog. Teppichsiedlungen[34] hervor, welche - wie im übrigen auch die linear addierten Gebäude - durch vertikal versetzte Anordnung der Baueinheiten terrassiert werden können[35]. Eine besondere Ausgestaltung terrassierter Über-

---

[29] Die Frage nach der Baugestaltung konzentriert sich für das verdichtende Bauen somit im wesentlichen auf die Einordnungsproblematik (vgl. infra § 12 I. 3. B. insbes. b.), während sich die gestalterische Beurteilung des verdichteten Bauens auch auf die Baute insgesamt und die einzelnen Baueinheiten erstreckt (vgl. infra § 10 insbes. II. und III.).

[30] Die nachstehende Typologie wird entwickelt in Anlehnung an GEISENDORF et al., Dichte individuelle Wohnbauformen, Niederteufen 1983, S. 42 ff.

[31] Durch die versetzte Anordnung der Baueinheiten entstehen gestaffelte oder gestufte (terrassierte) Gebäude. - Bei GEISENDORF et al. (S. 42) wird die Terrasse (neben Punkt, Linie, Fläche, Kubus und Mischung) als Haupttyp behandelt, obschon sie hinsichtlich der Axialität an sich kein eigenes Additionsprinzip begründet.

[32] Vgl. z.B. die terrassierten, aus Reihenhäusern gebildeten Siedlungen Halen, Stuckishaus BE (GEISENDORF et al., S. 150 ff., sowie NZZ vom 4. Februar 1994 [Nr. 29] S. 61), Prowoba, Unterägeri ZG (LISCHNER, S. 54 ff.), oder das versetzt angeordnete Reihengewerbehaus Yverdon VD (BERNATH et al., S. 14) sowie die unversetzten Reihengewerbehallen Baar ZG (MICHEL, S. 34).

[33] Vgl. z.B. die Kettenhäuser Sion VS (GEISENDORF et al., S. 70).

[34] Vgl. z.B. die Siedlung Mühleboden, Therwil BL (GEISENDORF et al., S. 108 ff.).

[35] Vgl. z.B. die Siedlung Gartenstrasse, Adliswil ZH (GEISENDORF et al., S. 141 ff.).

bauung stellt dabei das Terrassenhaus[36] dar, welches vereinzelt in die Gesetzgebung Eingang gefunden hat[37]. Die gleichzeitig horizontal und vertikal vorgenommene Addition sodann führt - ausser bei Stapelung unterschiedlich geformter und auf verschiedene Weise erschlossener Baueinheiten[38] - regelmässig zu kompakten Baukuben und fällt für das verdichtete Bauen im eigentlichen Sinne ab einer bestimmten Ausdehnung in der Vertikalen ausser Betracht[39]. Die Mischtypen als Kombination verschiedenster Haupt- und Untertypen[40] begünstigen das Eingehen auf örtliche Gegebenheiten (z.B. Grundstücksform, Topografie, Geländeausrichtung, Immissionssituation), eine räumlich differenzierte Gestaltung sowie eine durchmischte Nutzungsstruktur; sie kommen für verdichtete Überbauungen mithin ohne weiteres in Frage.

3. Typologie des verdichtenden Bauens

Die Massnahmen des verdichtenden Bauens können zunächst danach unterschieden werden, ob sie eine Erweiterung[41] des umbauten Raums bewirken oder nicht[42]. Eine Erweiterung ergibt sich aus Massnahmen, die ausserhalb einer bestehenden Bauhülle getroffen werden: es sind dies Anbauten[43], Aufstockungen[44], Unterkellerungen[45] sowie Verbindungs- und Ergänzungsbauten[46] und schliesslich auch Neubauten in Baulücken[47]. Bei jenen baulichen Massnahmen, die innerhalb eines bestehenden umbauten Raumes durchgeführt werden, ist zwischen

---

[36] Vgl. z.B. die Terrassenhäuser Auenstein AG (GEISENDORF et al., S. 136 ff.). - Zum Begriff des Terrassenhauses vgl. etwa RDAF 1990, 78 Renens VD: «Une "habitation en terrasse" se caractérise par plusieurs niveaux habitables superposés, mais décalés les uns par rapport aux autres en fonction de la pente du terrain, ce décalage permettant de doter chaque niveau d'une terrasse ouverte aménagée sur la dalle qui couvre le niveau immédiatement inférieur»; vgl. ferner BEZ 1995 Nr. 21 E. 4c. Das Terrassenhaus zeichnet sich demgemäss durch eine horizontal versetzte Stapelung von Baueinheiten aus.

[37] Vgl. z.B. § 77 PBG/ZH oder Art. 23 BauV/BE.

[38] Vgl. z.B. die hofbildende Siedlung Lorraine, Burgdorf BE (GEISENDORF et al., S. 207 ff.), oder die Siedlung Les Martelles, Cologny GE (GEISENDORF et al., S. 210 ff.).

[39] Für gewerbliche Nutzungen in Bauzonen, in denen grosse Baukuben zugelassen sind, können solche Überbauungen als Gewerbehäuser allerdings durchaus zweckmässig sein (vgl. BERNATH et al., S. 14 f.).

[40] Vgl. z.B. die Siedlungen Les Pugessies, Yverdon VD, Chriesmatt, Dübendorf ZH, oder Hintere Aumatt, Wohlen BE, bei LISCHNER, S. 64 ff., S. 74 bzw. S. 84.

[41] Vgl. LÜTKE-DALDRUP, S. 219 ff. (vordere, hintere oder seitliche Anbauten, Aufstockungen).

[42] M.a.W. ob sie auf «schlecht genutzte[n] Flächen zwischen den bereits bestehenden Baukörpern» erfolgen oder in «bereits bestehenden Volumen» (WÜEST et al., S. 30 ff.).

[43] Z.B. durch Wintergärten (DIGGELMANN et al., Siedlungserneuerung, S. 28 f.).

[44] Vgl. DIGGELMANN et al., Siedlungserneuerung, S. 35 f. und S. 45 f.

[45] Vgl. DIGGELMANN et al., Siedlungserneuerung, S. 51.

[46] Vgl. DIGGELMANN et al., Siedlungserneuerung, S. 22 (Ergänzungsbauten auf dem gleichen Grundstück), LÜTKE-DALDRUP, S. 231 ff., S. 235 ff. und S. 238 ff. (Neubauten in "zweiter Reihe" bzw. auf sog. Innen- oder Arrondierungsflächen).

[47] Vgl. LÜTKE-DALDRUP, S. 227 ff.

solchen zu unterscheiden, die äusserlich in Erscheinung treten[48], und solchen, die nur eine Veränderung der Nutzungsordnung bewirken, sei es nach der Art der Nutzung[49], nach deren Intensität[50] oder in beiderlei Hinsicht. - [51]

Über die Bedeutung der Auswirkungen des verdichtenden Bauens für die Umgebung ist damit indes noch nichts gesagt; sie kann nur unter Berücksichtigung der konkreten Verhältnisse beurteilt werden. Das verdichtende Bauen zeitigt unterschiedliche, nach Art der verschiedenen Massnahmen immerhin typische Auswirkungen auf die bestehende Siedlungsstruktur: so kann durch Umbauten oder Anbauten wertvolle Bausubstanz beeinträchtigt werden; Anbauten, Verbindungs- und Ergänzungsbauten (bzw. durch erhöhte bauliche Nutzung erforderliche Erweiterungen von Nebeneinrichtungen wie Parkplätzen) können den Bestand von Grün- und Freiflächen gefährden; äusserlich in Erscheinung tretende bauliche Massnahmen können über ihre unmittelbare Umgebung hinaus eine Veränderung des Siedlungsbildes bewirken; schliesslich sind Umnutzungen geeignet, zu Verschiebungen im Funktionsgefüge der Siedlung sowie im Liegenschaftsmarkt zu führen (und damit auch in der sozialen und wirtschaftlichen Struktur eines Quartiers). Diesen möglichen Folgen des verdichtenden Bauens müssen die auf eine bauliche Verdichtung abzielenden raumplanerischen Festlegungen und baurechtlichen Regelungen Rechnung tragen.

---

[48] Z.B. indem beim Ausbau von Dach- oder Untergeschossen (als Massnahmen zur Umnutzung von Gebäudeteilen [LÜTKE-DALDRUP, S. 215 ff.]) oder bei Veränderungen des Grundrisses von Nutzungseinheiten (DIGGELMANN et al., Siedlungserneuerung, S. 39 f.) zusätzliche Gebäudeöffnungen angebracht werden (z.B. durch den Einbau von Dachflächenfenstern, durch Lukarnen oder Dacheinschnitte [DIGGELMANN et al., Siedlungserneuerung, S. 27 f.]).

[49] Die Umwandlung von Wohnräumen in solche, die für Dienstleistungen verwendet werden, ist - wie auch andere Nutzungsänderungen - oft sogar ohne bauliche Massnahmen möglich. - Vgl. zur Umnutzung von Industrieliegenschaften DIGGELMANN et al., Siedlungserneuerung, S. 59 ff., sowie NZZ vom 4. Februar 1994 (Nr. 29) S. 63 («Unitobler», Bern); zur Umnutzung von Gebäuden i.a. siehe LÜTKE-DALDRUP, S. 211 ff.

[50] Z.B. Aufteilung grösserer Gebäude in mehrere selbständige Nutzungseinheiten (DIGGELMANN et al., Siedlungserneuerung, S. 21 f.).

[51] Zur Realisierbarkeit (unterschieden nach den Bezugsrahmen "Gebäude/Parzelle" oder "Fläche") und zur Zweckmässigkeit der verschiedenen Massnahmen des verdichtenden Bauens (mit Hinweisen auf bautechnische und gestalterische Schwierigkeiten und unter Berücksichtigung der Art der bestehenden Überbauung) siehe WÜRMLI et al., S. 42 ff. bzw. S. 72 ff.

§ 2 Die bauliche Verdichtung als raumplanerische Strategie

Der nachstehende Paragraph soll die bauliche Verdichtung mit der schweizerischen Raumordnungspolitik in einen sachlichen Zusammenhang setzen und dessen rechtliche Grundlegung erläutern. Auszugehen ist dabei von einer kurzen Schilderung des "pays réel", worin sich die Herausforderung in tatsächlicher Hinsicht, d.h. das eigentliche "enjeu" der baulichen Verdichtung, äussert (I.). Das Gebot der haushälterischen Nutzung des Bodens als Antwort auf die Herausforderung ist sodann zunächst in allgemeiner Weise darzustellen (II.), bevor die bauliche Verdichtung als Strategie zur Verfolgung haushälterischer Bodennutzung zu erörtern ist (III.).

I. Das "pays réel" - die Herausforderung

Im folgenden wird versucht, das tatsächliche Umfeld ("pays réel") der Verdichtungsproblematik in den Grundzügen darzulegen, um die Bedeutung des in den nachfolgenden Teilen dieser Arbeit zu behandelnden "pays légal" zu veranschaulichen. Dabei gilt es zunächst, die Dynamik der Siedlungsausdehnung, deren Ursachen und Auswirkungen darzustellen (1.). Sodann ist zu erläutern, auf welche Weise diese Dynamik zunehmend mit anderen räumlichen Anliegen kollidiert, was nach einer Begrenzung der Siedlungsausdehnung ruft[1] (2.).

1. Die Ausdehnung der Siedlungsfläche

Die jährliche Flächenbeanspruchung für Siedlungen beträgt ca. 1460 ha, wovon etwas über 750 ha auf die Agglomerationen und ca. 600 ha auf das übrige Mittelland entfallen[2]. Zusammen mit der Flächenbeanspruchung für das überörtliche und lokale Strassen- und Wegnetz ergibt sich gesamtschweizerisch ein mittlerer Jahreswert an Flächenbeanspruchung von ca. 2400 ha -[3], die vorzugsweise auf

---

[1] Die Baugebietsabgrenzung muss daher einerseits «von innen nach aussen» erfolgen, um eine konzentrierte und auf die Erschliessung abgestimmte Besiedlung sicherzustellen, und andererseits «von aussen nach innen», damit genügend Raum für nichtbauliche Nutzungen und Interessen erhalten bleibt (vgl. AGVE 1985, 254 E. 6b/bb Küttigen AG). Vgl. zur Verringerung der Dynamik mit dem Ziel einer gewissen Verstetigung der Raumordnung MÜLLER Georg, Konflikte, S. 141 f. (m.H.).

[2] Zur Stratifizierung nach Landschaftsräumen (Mittelland, Agglomerationen) siehe KOEPPEL et al., S. 132. - Bei den Zahlenwerten handelt es sich um mittlere Jahreswerte aus den Jahren 1978 - 1989 (ROTH et al., S. 52; für den Zeitraum 1972 - 1983 betragen die entsprechenden Jahreswerte ca. 1100 ha bzw. ca. 520 ha und ca. 480 ha, KOEPPEL et al., S. 140; - zur Methode vgl. KOEPPEL et al., S. 8 ff.).

[3] ROTH et al., S. 43; im Zeitraum 1972 - 1983 betrug die jährliche Flächenbeanspruchung noch ca. 2900 ha (KOEPPEL et al., S. 105).

Kosten bestgeeigneten Kulturlandes erfolgt[4]. Dieser Befund einer Stichproben-Auswertung der Veränderungen von Signaturen in den Landeskarten des Massstabs 1 : 25 000 bestätigt die Aussagen des bundesrätlichen Raumplanungsberichts von 1987[5]. Die Neuausrichtung der Landwirtschaftspolitik[6], welche ihrerseits durch die Stillegung von Ackerflächen eine Verkleinerung des landwirtschaftlich genutzten Landes sogar anstrebt und mit Bundesbeiträgen fördert, lässt den Verlust von Kulturland an sich zwar als weniger schwerwiegend erscheinen; die stillgelegten Flächen sollten jedoch nichtbaulichen Zwecken erhalten bleiben[7] und stehen damit angesichts der stetigen Ausdehnung des Siedlungsgebiets gleichermassen unter Druck wie als Landwirtschaftsflächen.

Die tatsächliche Siedlungsentwicklung steht zudem weitgehend in Widerspruch zum raumordnungspolitischen Anliegen einer dezentralisierten Konzentration der Besiedlung[8], bringt sie doch eine Konzentrierung der Bevölkerung in bereits dicht besiedelten Räumen mit sich, innerhalb derer sich der Siedlungsdruck allerdings nicht auf die Zentren, sondern auf die peripheren Gebiete bisher vergleichsweise geringerer Bevölkerungsdichte richtet. In den Zentren der sich auf diese Weise ausbreitenden Agglomerationen führt dies zu vielschichtigen, vorab sozialen, wirtschaftlichen, finanziellen und ökologischen Problemen[9], die sich bei fortgesetzter Tendenz zu solcher Siedlungsentwicklung mit einer gewissen Verzögerung freilich auch in den anschliessenden Agglomerationsbereichen bemerkbar machen dürften.

Der fortschreitende Verlust an naturnahen und landwirtschaftlich genutzten Flächen durch die Siedlungsausdehnung hat verschiedene Ursachen, deren jeweilige Beiträge zum Gesamtergebnis schwierig zu quantifizieren und mehr oder weniger raschen Veränderungen unterworfen sind. Als Bestimmungsfaktoren der

---

[4] KOEPPEL et al., S. 93 (vgl. auch ROTH et al., S. 33). Durch bodenverändernde Nutzungen, namentlich die bauliche Nutzung, werden die wirtschaftlich schwächeren Kulturlandinteressen - meist unumkehrbar - verdrängt (vgl. PFISTERER Thomas, S. 470 m.H.); in noch verstärktem Masse gilt dies freilich für die weitgehend unproduktiven naturnahen Flächen und Biotopgebiete.

[5] Vgl. dessen S. 47 f.

[6] Vgl. Botschaft zum Agrarpaket 95, BBl 1995 IV 629 ff., insbes. 634 ff. Angesichts der Produktivitätssteigerung (in der Milchviehhaltung und beim Getreidebau) und des gleichzeitigen Nachfragerückgangs bei Futtergetreide verliert der rein landwirtschaftlich motivierte Kulturlandschutz an Bedeutung.

[7] Die Verordnung über Produktionslenkung und extensive Bewirtschaftung im Pflanzenbau vom 2. Dezember 1991 (AS 1991, 2614), die sich auf die beiden im Rahmen des Agrarpakets 95 zu verlängernden Bundesbeschlüsse vom 21. Juni 1991 über die befristete Änderung des Landwirtschaftsgesetzes bzw. des Getreidegesetzes (AS 1991, 2611 bzw. 2629) stützt, sieht Bundesbeiträge für die Stillegung von Ackerflächen zur Verwendung als ökologische Ausgleichsflächen oder Grünbrachen vor (Art. 7 ff. der Verordnung).

[8] Vgl. Raumplanungsbericht, S. 95 ff., EJPD/BRP, Erläuterungen RPG, Art. 1 N. 26.

[9] Raumplanungsbericht, S. 97 f.

räumlichen Entwicklung[10] (und namentlich der Besiedlung) sind jedenfalls die Bevölkerungsentwicklung[11] (insbesondere bzgl. der Altersstruktur und der räumlichen Verteilung), der wirtschaftliche und gesellschaftliche[12] Wandel sowie die technische Entwicklung mit ihren Auswirkungen auf die Standorte der verschiedenen Nutzungsarten anzuführen.

Eine Verringerung der individuellen Flächenbeanspruchung etwa durch Optimierung der Wohnungsbelegung und Sicherstellung der Anpassbarkeit von Nutzungseinheiten an die jeweiligen Bedürfnisse[13] oder durch andere organisatorische Massnahmen[14] dürfte nur in beschränktem Ausmasse und bisweilen mit erheblichem Aufwand verbunden zu erreichen sein. Die Bewältigung der räumlichen Bedürfnisse muss somit im wesentlichen durch Vorkehrungen zur Len-

---

[10] Raumplanungsbericht, S. 37 ff., vgl. auch HÄBERLI, S. 107 ff.
[11] Bei einer durchschnittlichen jährlichen Bevölkerungszunahme von 0,73 % in den Jahren 1980 bis 1990 (d.h. insgesamt 7,6 %, BFS [Hrsg.], Statistische Übersichten, S. 13) betrug das durchschnittliche jährliche Siedlungswachstum in den Jahren 1978 - 1989 von ca. 2400 ha (ROTH et al., S. 43) gemessen an der Siedlungsfläche von 241 774 ha (BFS [Hrsg.], Arealstatistik 1979/85, S. 7) ca. 1 %. Obschon der Vergleich mit einer beträchtlichen Fehlerungewissheit behaftet ist (zumal da Daten aus verschiedenen Quellen zusammengetragen werden), darf wohl ein zur Bevölkerungsentwicklung überproportionales Wachstum der Siedlungsflächen angenommen werden.
[12] Der durchschnittliche pro-Kopf-Flächenbedarf für das Wohnen erhöhte sich zwischen 1980 und 1990 von 34 m^2 auf 39 m^2 (+ 14,7 %). Dies äusserte sich im gleichen Zeitraum in einer Abnahme der Belegungsdichte (durchschnittliche Anzahl Personen pro Wohnung) von 2,6 auf 2,4 (- 7,7 %) und der Wohndichte (durchschnittliche Anzahl Personen pro Wohnraum) von 0,70 auf 0,63 (- 10 %); dabei ist die Wohndichte bei älteren Wohnungen im Mittel niedriger als bei neueren, d.h. bei vor 1960 erstellten Wohnungen beträgt sie im Mittel 0,60 und bei 1981 - 1990 erstellten 0,68 (zum Ganzen: BFS [Hrsg.], Statistisches Jahrbuch 1996, S. 216). Im Zeitraum von 1980 bis 1990 sanken bei Familienhaushalten mit Kindern die durchschnittliche Belegungsdichte von 3,85 auf 3,71 (- 3,6 %) und die Wohndichte von 0,88 auf 0,83 (5,7 %), nachdem von 1970 bis 1980 Veränderungen von - 6,6 % bzw. - 8,3 % zu verzeichnen gewesen waren. Bei den übrigen Privathaushalten verringerten sich 1980 bis 1990 die Belegungsdichte von 1,55 auf 1,52 (- 1,9 %) und die Wohndichte von 0,50 auf 0,47 (- 6,0 %) nach Werten von - 11,4 % bzw. - 10,7 % für den Zeitraum von 1970 bis 1980 (BFS [Hrsg.], Statistisches Jahrbuch 1994, S. 221). - Die Grösse der Haushaltungen nimmt parallel zur Belegungs- und Wohndichte ständig ab. Umfasste 1970 ein Privathaushalt im Mittel noch 2,9 Personen, so waren es 1990 nur noch 2,3 Personen. Der Anteil der Einpersonenhaushalte betrug 1990 gesamtschweizerisch 32,4 % (BFS [Hrsg.], Statistisches Jahrbuch 1996, S. 44). Dabei beansprucht freilich jede Haushaltung eine vollständige Wohnung, deren Ausnutzung bei kleineren Haushaltungen zudem geringer ist (vgl. Belegungs- und Wohndichtewerte).
[13] Vgl. BERNATH et al., S. 7 und S. 14 (Vermeidung baulicher Massnahmen, welche die Anpassung gewerblicher Räume an die technische Entwicklung von Maschinen usw. erschweren; möglichst freie Unterteilbarkeit von Gewerbebauten, um den Anforderungen verschiedener Wirtschaftszweige und wechselnder Betriebsgrössen gerecht werden zu können) sowie S. 51 ff. (Nutzungsneutralität, Anpassbarkeit und Kombinierbarkeit von Wohnräumen, um den sich in der Zeit verändernden Nutzungsbedürfnissen Rechnung tragen zu können).
[14] Vgl. supra § 1 I. 2.

kung der Siedlungstätigkeit erfolgen[15], zumal da sich Massnahmen zu deren grundsätzlichen Beschränkung mit der schweizerischen Eigentums- und Wirtschaftsordnung schwerlich vertrügen und teilweise sogar verfassungsmässigen Zielen[16] zuwiderliefen.

2. Die Kollision der Siedlungsausdehnung mit anderen Bodennutzungen

Die Trennung von Baugebiet und Nichtbaugebiet - eines der zentralen Anliegen der Raumplanung[17] - vermag die Siedlungsausdehnung wohl zu lenken, nicht aber aufzuhalten[18]. Immerhin dehnt sich die Streubesiedlung damit nicht in ungeordneter Weise in die Landschaft aus, sondern betrifft schlimmstenfalls noch eine zeitlich unkoordinierte Überbauung der Bauzonen. Die Dynamik der Siedlungsausdehnung bleibt dabei zunächst allerdings ungebrochen, zumal da die Definition der Bauzone in Art. 15 lit. b RPG mit der Ausrichtung auf den Baulandbedarf eine Variable enthält, die grundsätzlich eine periodische Expansion der Bauzonenfläche impliziert[19]. Das Gebot der haushälterischen Nutzung des

---

[15] Hinweise zur künftigen Entwicklung des Raumbedarfs finden sich bei GABATHULER et al., Siedlungsbegrenzung, S. 33 ff. und S. 74 ff.; zur Deckung des Bedarfs vgl. WÜEST et al., S. 30 ff.

[16] Z.B. Wohnbau- und Eigentumsförderung (Art. 34sexies BV), Konjunkturpolitik (Art. 31quinquies BV). - Eine Baulandkontingentierung durch den Bund etwa (z.B. durch einen Sachplan Siedlungsflächen) erweckt Bedenken hinsichtlich der Vereinbarkeit mit der Eigentumsgarantie (Art. 22ter BV, vgl. EJPD [Hrsg.], Bausteine, S. 427, sowie KELLER, S. 59 ff.) und müsste daraufhin untersucht werden, ob sie nicht als allzu starre Regelung der Konzeption der Raumplanung als einer dynamischen, im Blick auf die Schaffung der gewünschten Raumordnung stets zu überprüfenden Aufgabe widerspricht (wie das Bundesgericht zur baselstädtischen Initiative, welche die Nutzflächen für das Wohnen und Arbeiten einfrieren und Verminderungen durch planerische Massnahmen nur bei umgehender Ausgleichung an anderem Orte zulassen wollte, in BGE vom 21. Oktober 1993 E. 3b in ZBl 95 [1994] 323 befand, obschon die Zwecksetzung der Initiative den raumplanungsrechtlichen Grundsätzen inhaltlich nicht zuwiderlief). - Eine umfassende, verbindliche Siedlungskonzeption des Bundes scheiterte sodann bereits an der fehlenden Zuständigkeit (JAGMETTI, Kommentar Art. 22quater BV, N. 82), während eine solche für bloss fördernde Massnahmen des Bundes dagegen vorhanden ist (ibid., N. 137).

[17] Vgl. schon Art. 22quater Abs. 1 BV (dazu JAGMETTI, Kommentar Art. 22quater BV, N. 28), Art. 15 und Art. 24 RPG sowie Art. 4 Abs. 1 Halbsatz 2 RPV. Vgl. auch Raumplanungsbericht, S. 90, EJPD/BRP, Erläuterungen RPG, Art. 3 N. 42, sowie SCHÜRMANN, S. 105 ff.

[18] Raumplanungsbericht, S. 98.

[19] «Bei der Festsetzung von Bauzonen ist jedoch nicht allein deren Begriffsumschreibung in Art. 15 RPG zu beachten. Vielmehr sind alle im positiven Recht normierten Ziele und Grundsätze optimal zu berücksichtigen» (BGE 118 Ia 157 E. 4b Bottmingen BL, 117 Ia 307 E. 4b Flims GR, 116 Ia 333 f. E. 4c Stäfa ZH, 114 Ia 374 E. 5b Aesch BL; ähnlich: BGE 119 Ia 372 E. 5a m.H. Retschwil LU). - Im Bericht «Bausteine zur Bodenrechtspolitik» (EJPD [Hrsg.], S. 194) wird vorgeschlagen, den Bauzonenbegriff dahingehend zu ändern, dass die Bauzonen grundsätzlich auf das weitgehend überbaute Gebiet beschränkt blieben und nur dann zu erweitern wären, wenn «ein entsprechender Bedarf nachgewiesen ist; die Nutzungsreserven im weitgehend überbauten Gebiet soweit zumutbar ausgeschöpft sind; der kantonale Richtplan eine Überbauung zulässt; die erforderlichen Gestaltungspläne vorliegen [und] sichergestellt ist, dass die Überbauung unverzüglich an die Hand genommen und in kurzer Zeit durchgeführt wird» (vgl.

Bodens, welches im Planungsgrundsatz der Begrenzung der Siedlungsausdehnung (Art. 3 Abs. 3 RPG)[20] konkretisiert ist, auferlegt den Planungsträgern immerhin schon aus raumplanerischen Gründen Zurückhaltung bei der Dimensionierung der Bauzonen[21]. Der Siedlungsausdehnung entgegen wirken sodann die ebenfalls bereits in den Zielen und Grundsätzen der Planung[22] verankerte Ausscheidung von Freiflächen zur Auflockerung der Siedlungsstrukturen[23] und die Festlegung eigentlicher Siedlungstrenngebiete[24].

---

auch etwa DOBLER ALTDORFER/VETTORI, S. 35 ff., dazu kritisch STRITTMATTER/GUGGER, S. 41 f.).

[20] Die Bauzonenbegrenzung stellt ein übergeordnetes (und mithin vom Kanton zu sicherndes) Interesse dar (BGE 114 Ia 248 E. 2b St. Moritz GR). Nach ständiger bundesgerichtlicher Rechtsprechung besteht «ein erhebliches [öffentliches] Interesse an Massnahmen, die das Entstehen überdimensionierter Bauzonen verhindern oder solche verkleinern» (BGE 115 Ia 386 f. E. 4a Wald ZH, 114 Ia 255 E. 3e m.H. Deitingen SO) und ferner allgemein an der Einschränkung der Siedlungstätigkeit und damit an der Bauzonenbegrenzung (BGE vom 12. Dezember 1995 E. 7c Glattfelden ZH). Allzu gross bemessene Bauzonen sind sodann nicht bloss unzweckmässig, sondern geradezu gesetzwidrig (BGE 114 Ia 255 E. 3e m.H. Deitingen SO); das Gebot der Rechtssicherheit und der Schutz des Vertrauens in die Planbeständigkeit treten diesfalls hinter die Bemühung zurück, die Gesetzwidrigkeit zu beseitigen (vgl. BGE vom 10. Dezember 1987 E. 4c Oberwil BL in ZBl 90 [1989] 366). Bei einer Bauzonenreserve sodann, die um mehr als 2/3 über dem voraussichtlichen Bedarf liegt, «überwiegt das gesamtkantonale und nationale Anliegen der Siedlungsbegrenzung und des haushälterischen Umgangs mit dem Boden [...] den Gesichtspunkt der Gemeindeautonomie und das anerkannte Bedürfnis nach nutzungsplanerischem Spielraum» (AGVE 1985, 251 E. 5c/cc/ccc Küttigen AG). - Vgl. zum Ganzen auch: LENDI Martin, Redimensionierung der Bauzonen - Rechtsgrundlagen und Vollzug, in: Lebensraum, Technik, Recht, Schriftenreihe zur Orts-, Regional- und Landesplanung Nr. 38, Zürich 1988, S. 297 ff.

[21] Der Baulandbedarf ist nicht allein bestimmend (BGE 114 Ia 368 E. 4 Obfelden ZH, 114 Ia 374 E. 5b Aesch BL); es sind vielmehr auch andere Bau- und Nichtbau-Interessen zu berücksichtigen (BGE 113 Ia 449 E. 4b/bc Engelberg OW). - In Agglomerationsgemeinden erachtet das Bundesgericht eine gegenüber der Baulandnachfrage restriktivere Siedlungsplanung als verfassungsmässig (vgl. BGE 117 Ia 439 E. 3f Dübendorf ZH, 114 Ia 370 [E. 4] Obfelden ZH). Schutzzonen (und wohl auch andere Nichtbauzonen) dürfen danach auch dann festgelegt werden, «wenn trotz eines gegebenen Bedarfs die Bauzonen wegen der Gebietsbegrenzung nicht mehr ausgedehnt werden können. [...] Die bundesgerichtliche Rechtsprechung lässt es im übrigen zu, dass für die Ermittlung des Baulandbedarfs massgebend auf eine regionale Betrachtung abgestellt wird» (BGE 118 Ia 158 E. 4d m.H. Bottmingen BL).

[22] Art. 1 Abs. 2 lit. b sowie Art. 3 Abs. 2 lit. b und d, Abs. 3 lit. e und Abs. 4 lit. b RPG.

[23] Vgl. z.B. BGE vom 28. September 1995 E. 5a Meilen ZH. - Diesem Anliegen kommt zugute, wenn nicht nur die Siedlungen insgesamt, sondern auch die einzelnen Überbauungen konzentriert angelegt werden, so dass dank der zusammenfassenden Anordnung der Bauvolumen ohne Nutzungseinbusse zusammenhängende Freiräume und Naherholungsbereiche ausgespart werden können.

[24] Vgl. § 23 Abs. 1 lit. e (richtplanerisches Trenngebiet) und § 39 Abs. 2 sowie § 61 Abs. 2 PBG/ZH (kantonale und regionale bzw. kommunale Freihaltezone), Art. 79 BauG/BE (Grünzone zur Siedlungsgliederung), § 53 (insbes. Abs. 2 lit. b) PBG/LU (Grünzone zur Trennung von Siedlungsteilgebieten), § 36 Abs. 2 PBG/SO (Freihaltegebiet als Schutzzone), § 17 Abs. 2 und insbes. Abs. 3 lit. a, d und f (kommunales Freiraumkonzept im Rahmen der Richtplanung) sowie § 28 E RBG/BL (Grünzonen zur Gliederung des Siedlungsraums, für ökologischen Ausgleich und Biotopverbund), § 15 Abs. 2 lit. b und e BauG/AG (Grünzone bzw. Landschaftsschutzzone), § 13 Ziff. 1 lit. h (Freihaltezone als Teil des Baugebiets) und Ziff. 2 lit. b

Für bestimmte Arten von Flächen sind sodann Vorkehrungen getroffen worden, die gegebenenfalls mit der Siedlungsausdehnung kollidieren[25] und ihr standhalten[26], da sie der Kraft des Faktischen (d.h. der Tendenz zur Siedlungsausdehnung) mit Gesetzeskraft entgegentreten. Ihre gesetzlichen Grundlagen finden sich dabei zum einen in den Zielen und Grundsätzen der Raumplanung[27], zum andern - und hauptsächlich - in Sachgesetzgebungen, die unmittelbar auf die Bewahrung der natürlichen Lebensgrundlagen ausgerichtet sind. Die Bestimmungen über die Fruchtfolgeflächen[28] (A.), die Walderhaltung[29] (B.) und den Schutz naturnaher Flächen (C.) - insbesondere der Biotope[30], der Moore und Moorlandschaften[31] - bewirken demnach mitunter eine Umlenkung des Siedlungsdrucks auf das bestehende Siedlungsgebiet oder veranlassen zu einer ausgeprägt effizienten Ausgestaltung neu auszuscheidender Bauzonen.

A) Die Fruchtfolgeflächen

Die Verdichtungsproblematik kristallisierte sich zunächst bei Massnahmen zum Schutz ackerfähigen Landwirtschaftsgebietes (Fruchtfolgeflächen) im Hinblick auf die Gewährleistung einer ausreichenden Versorgungsbasis des Landes[32]. Dazu müssen die entsprechenden Flächen der Überbauung langfristig entzogen

---

PBG/TG (Landschaftsschutzzone als Teil des Nichtbaugebiets) oder Art. 54 al. 1er LATC/VD (zone destinée aux espaces de verdure; soweit v.a. innerhalb des Baugebiets vgl. Art. 47 lit. e LATC/VD).

[25] Auf mögliche Kollisionen kann im Interesse einer frühzeitigen Koordination bereits im Richtplan hingewiesen werden, indem die entsprechenden Flächen markiert werden. Für die Waldflächen sind damit jedoch nicht die Auswirkungen einer richtplanerischen Festsetzung verbunden - wie dies bei den Fruchtfolgeflächen der Fall ist (vgl. Art. 18 Abs. 1 RPV) -, da sich ihre Abgrenzung durch das Forstrecht bestimmt (vgl. Art. 18 Abs. 3 RPG bzgl. der Nutzungsplanung); hinsichtlich der Waldflächen handelt es sich mithin bloss um die Darstellung eines bestimmten tatsächlichen Zustandes zu einer bestimmten Zeit. Das Ausscheiden der Fruchtfolgeflächen stellt dagegen eine bereits richtplanerisch in Gang zu setzende Aufgabe dar (RINGLI et al., S. 112 ff.).

[26] Vgl. RAMISBERGER (S. 257 m.H.), wonach «[ü]ber die Kriterien für die Ausscheidung von Gebieten, die der bodenerhaltenden Nutzung zuzuordnen sind, [...] jene Gebiete, die einer baulichen Nutzung zugänglich bleiben, gewissermassen von aussen her begrenzt [werden]».

[27] Art. 1 Abs. 2 lit. a und d RPG (Schutz der natürlichen Lebensgrundlagen wie Boden, Luft, Wasser, Wald und der Landschaft bzw. Sicherung der ausreichenden Versorgungsbasis des Landes) und Art. 3 Abs. 2 lit. a, d und e RPG (Erhaltung genügender Flächen geeigneten Kulturlandes, naturnaher Landschaften und Erholungsräume bzw. Gewährleistung der Funktionen der Wälder) sowie Art. 3 Abs. 3 RPG (Begrenzung der Siedlungsausdehnung). - Vgl. auch Raumplanungsbericht, S. 100 f.

[28] Art. 16 ff. RPV.
[29] Art. 3 WaG.
[30] Art. 18a ff. NHG.
[31] Art. 24sexies Abs. 5 BV.
[32] Vgl. Art. 16 insbes. Abs. 1 und 3 RPV sowie Art. 1 Abs. 2 lit. d RPG.

bleiben[33]; für Einzonungen als Bauland stehen diese qualifizierten Teile der Landwirtschaftszone[34] mithin nicht bzw. erst in letzter Linie zur Verfügung[35]. Die Verteilung der den Kantonen vom Bund kraft Art. 17 RPV[36] zunächst zugewiesenen Richtwerte für den Mindestumfang der Fruchtfolgeflächen[37] führte zum Erlass von Planungssicherungsmassnahmen[38] und zu Bestrebungen hinsichtlich einer Erhöhung der zulässigen baulichen Dichte in den Bauzonen, um eine weitere Schmälerung landwirtschaftlich genutzter Flächen zu vermeiden[39]. Die Gewährleistung des kantonalen Mindestumfangs an Fruchtfolgeflächen - nunmehr gestützt auf den Bundesratsbeschluss Sachplan Fruchtfolgeflächen vom 8. April 1992[40] - ist auch weiterhin insbesondere bei Massnahmen zur Abgrenzung von Baugebiet und Nichtbaugebiet in die raumplanerische Interessenabwägung einzubringen[41].

---

[33] Dies ist durch das Ausscheiden von Landwirtschaftsflächen im Rahmen der Richt- und Nutzungsplanung nach jeweiligem kantonalem Raumplanungsrecht zu erreichen (vgl. Art. 16 Abs. 1 i.f., Art. 18 und insbes. Art. 20 RPV); grundeigentümerverbindlich werden solche Anordnungen dabei erst durch allfällige Umzonung und nicht etwa schon durch Pläne in der Form eines «relevé des surfaces d'assolement» als gemeindeweises Inventar mit kartografischer Darstellung (BGE 120 Ia 60 E. 3c Meyrin GE).

[34] Schon die Landwirtschaftszone an sich kann als Gegenstück zur Bauzone, die als «dynamische, sich mit dem Siedlungsdruck ausdehnende Zone konzipiert ist», siedlungsbegrenzend wirken, indem sie aus ihrer nicht bloss agrarpolitischen, sondern auch bodenmarkt-, siedlungs- und umweltpolitischen Zielsetzung heraus auch landwirtschaftlich nur bedingt geeignete Flächen umfassen kann (vgl. BGE vom 4. Juni 1993 E. 6c Köniz BE in ZBl 95 [1994] 139).

[35] Soll Fruchtfolgefläche einer Bauzone zugewiesen werden, so ist an anderem Orte für Ersatz zu sorgen, denn die Kantone haben sicherzustellen, dass ihr Anteil am Mindestumfang der Fruchtfolgeflächen dauernd erhalten bleibt (vgl. Art. 20 Abs. 2 Halbsatz 1 RPV).

[36] Bzw. vormals Art. 12 aRPV (vom 26. März 1986).

[37] Erstmals durch Beschluss des EJPD vom 6. Januar 1987.

[38] Vgl. z.B. BGE 114 Ia 291 ff. Zollikofen BE (Planungszone nach Art. 62 BauG/BE i.d.F. vom 9. Juni 1985 zur Sicherung des für alle weiteren Planungen verbindlichen kantonalen Richtplans der Landwirtschaftsflächen für Ackerbau und Futterbau gemäss Art. 101 BauG/BE): Die umstrittene, von der kantonalen Baudirektion im Auftrag des Regierungsrates erlassene Planungszone verletzte allerdings die Gemeindeautonomie, da sie «einzig Präjudizierungen während des bereits angelaufenen Verfahrens der Ortsplanungsrevision der Einwohnergemeinde Zollikofen vermeiden [sollte], die eine im neuen Zonenplan vorzusehende bessere bauliche Ausnutzung der Parzelle verhindern würden» (S. 295 [E. 3b/bb]).

[39] Vgl. z.B. BGE 113 Ia 266 ff. Carouge GE (Erhöhung der zulässigen baulichen Dichte einer bestehenden Bauzone als Massnahme im Sinne der Vorsorge angesichts des bereits unter dem Richtwert der Fruchtfolgeflächen liegenden Landwirtschaftsgebiets [S. 269 E. 3a]).

[40] BBl 1992 II 1649 f. Der Sachplan setzt den Mindestumfang der Fruchtfolgeflächen auf insgesamt 438 560 ha fest (ca. 10,6 % der Gesamtfläche der Schweiz) und regelt die Verteilung auf die Kantone.

[41] Das Bundesgericht misst diesem Gesichtspunkt «das vom positiven Recht gebotene grosse Gewicht» (BGE 114 Ia 375 E. 5d m.H. Aesch BL) bzw. «grundsätzlich sehr grosses Gewicht» bei (BGE 115 Ia 354 E. 3f/bb und 115 Ia 360 E. 3f/bb beide Pratteln BL).

B) Die Walderhaltung

Der quantitative Waldschutz geht aus vom Grundsatz der Walderhaltung, wonach die Waldfläche (ca. 12 500 km^2 bzw. ca. 30% der Gesamtfläche der Schweiz[42]) nicht vermindert werden soll[43]. Nur ausnahmsweise darf die Waldfläche durch Rodungen verändert werden[44], die zudem grundsätzlich zur Ersatzaufforstung in der gleichen Gegend und mit standortgerechten Arten verpflichten[45]. Eine Rodungsbewilligung ist ferner dann (und zwar unter den gleichen Voraussetzungen und mit denselben Folgen) erforderlich, wenn eine bewaldete Fläche einer Zone anderer Nutzung zugewiesen werden soll[46], was allerdings nur unter strengen Voraussetzungen in Frage kommt[47].

Im übrigen ist für Bauvorhaben im Wald (abgesehen von Bauten zu forstlichen Zwecken) nebst der Rodungsbewilligung eine Ausnahmebewilligung im Sinne von Art. 24 RPG erforderlich[48], da der Wald Nichtbaugebiet darstellt. Wird in Waldesnähe gebaut, so sind Waldabstände[49] einzuhalten, wodurch sich die Wirkungen der in ihrem Umfange geschützten Waldfläche als Nichtbaugebiet auch auf Teile der Bauzonen erstrecken[50].

C) Der Schutz naturnaher Flächen

Der Schutz naturnaher Flächen durch raumplanerische Massnahmen oder solche des Natur- und Heimatschutzes führt regelmässig dazu, dass die betroffenen Gebiete der Überbauung grundsätzlich entzogen werden. Ein unmittelbarer

---

[42] BFS (Hrsg.), Arealstatistik 1979/85, S. 7.
[43] Art. 3 WaG. - Aus der Dynamik des Waldbegriffs (vgl. Art. 2 Abs. 1 WaG) ergibt sich über die Erhaltung der Waldfläche hinausgehend eine Tendenz zur Expansion der Waldfläche (vgl. z.B. BGE 116 Ib 185 ff. Ettingen BL). Im Verhältnis zur Bauzone ist die Dynamik nunmehr insofern eingeschränkt, als die Waldbegrenzung durch Waldfeststellung erfolgt (Art. 13 Abs. 3 WaG), so dass in der Bauzone nicht mehr ohne weiteres Wald im Sinne des Rechts entstehen kann, sondern lediglich durch neuerliche Waldfeststellung. - Vgl. zum Ganzen JAISSLE Stefan, Der dynamische Waldbegriff und die Raumplanung, Diss. Zürich 1994.
[44] Art. 5 WaG.
[45] Art. 7 WaG. Eine ohne die Verpflichtung zur Ersatzaufforstung bewilligte Rodung zieht die Pflicht zur Leistung einer Ersatzabgabe nach sich (Art. 8 WaG).
[46] Art. 12 WaG.
[47] Z.B. «in Gemeinden mit sehr grossem Waldanteil und wenig offenem Land [...], wenn sich aufgrund einer abgeschlossenen rechtskräftigen Ortsplanung ergibt, dass ohne Inanspruchnahme von Waldboden eine den Anforderungen der Raumplanung entsprechende bauliche Entwicklung verhindert würde» (BGE 119 Ib 404 E. 6a Ried bei Brig VS).
[48] Art. 11 WaG.
[49] Art. 17 WaG. - Die Waldabstände werden bald als Waldabstandslinien bzw. Waldbaulinien planerisch festgelegt (vgl. z.B. § 66 PBG/ZH, § 136 Abs. 1 und 2 PBG/LU, § 141 Abs. 1 Satz 2 PBG/SO, § 100 Abs. 1 lit. e E RBG/BL), bald als betragsmässig bestimmte Abstandsvorschriften (vgl. z.B. § 262 Abs. 1 PBG/ZH, § 136 Abs. 3 PBG/LU mit Verweisung auf das kantonale Forstgesetz, § 141 Abs. 1 Satz 1 PBG/SO, § 98 lit. e RBG/BL, § 48 BauG/AG).
[50] In etwa gleich verhält es sich ferner bzgl. des Bauens in und an Gewässern.

Schutz der Biotope geht indes aus dem Bundesrecht (im Gegensatz zur Walderhaltung) nicht hervor[51]; anders verhält es sich immerhin für den Moor- und Moorlandschaftsschutz[52]. Ähnlich wie bei der Walderhaltung verpflichtet eine ausnahmsweise zulässige Beeinträchtigung eines Biotops zur Herstellung eines Ersatzbiotops[53]. Das Schutzgebiet beschränkt sich sodann nicht ausschliesslich auf bestehende naturnahe Flächen, sondern weist insofern die Möglichkeit zur Expansion auf, als die Kantone in Gebieten mit intensiver Bodennutzung für einen ökologischen Ausgleich mit naturnaher und standortgerechter Vegetation zu sorgen haben[54].

Die Unterschutzstellung naturnaher Flächen erfolgt, indem diese im Rahmen der Nutzungsplanung (gestützt auf die Koordination durch die Richtpläne)[55] als Schutzzonen[56] ausgeschieden oder in die Inventare des Bundes[57] oder der Kantone[58] aufgenommen werden. Die Schutzanordnungen sind dabei für jede Fläche

---

[51] Vgl. BGE 119 Ib 280 f. E. 9e/ec Mesocco GR, 118 Ib 488 E. 3a Augst BL, 116 Ib 208 f. E. 4b und 212 f. E. 5d und 5f Corsier-sur-Vevey VD.

[52] Vgl. BGE 118 Ib 15 E. 2e Saanen und Zweisimmen BE, 117 Ib 247 E. 3b Rothenthurm-Biberbrugg SZ, BGE vom 17. Dezember 1992 E. 2a Wetzikon ZH, wonach zur Vermeidung negativer Präjudizierungen von einer grosszügigen vorläufigen Abgrenzung der Moorlandschaften auszugehen ist, und dies insbesondere angesichts der heiklen Grenzziehung im Zwischenbereich (Pufferzone) zwischen dichter Besiedlung und Riedgebiet (E. 3b).

[53] Art. 18 Abs. 1ter NHG.

[54] Art. 18b Abs. 2 NHG. - Vgl. auch Art. 21 Abs. 2 NHG, wonach die Kantone verpflichtet sind, Ufervegetation - soweit solche fehlt - anzulegen oder zumindest die Voraussetzungen dafür zu schaffen.

[55] «Der bundesrechtliche Auftrag zum Schutz der Biotope ist [...] innerhalb des vom RPG vorgezeichneten Planungsprozesses zu erfüllen. Mit welchen Instrumenten sie ihm nachkommen, bleibt den Kantonen überlassen» (BGE 118 Ib 490 E. 3c Augst BL).

[56] Art. 17 RPG; vgl. sodann insbes. die gesetzlichen Grundlagen des kantonalen Rechts für raumplanerische Massnahmen: z.B. § 205 lit. a und b (sowie § 39 ff. und § 61 ff.) PBG/ZH, Art. 86 BauG/BE sowie die bernische See- und Flussufergesetzgebung, § 60 PBG/LU. - Als weitere raumplanerische Festlegungen, die in den Dienst eines bestimmten Schutzzweckes gestellt werden können, kommen etwa Baulinien in Frage (vgl. z.B. BGE 118 Ia 394 ff. Thalwil ZH und 118 Ia 406 ff. Kilchberg ZH betreffend Seeuferweg).

[57] So das Aueninventar gestützt auf die Verordnung über den Schutz der Auengebiete von nationaler Bedeutung (Auenverordnung) vom 28. Oktober 1992 (SR 451.31), das Hochmoorinventar gestützt auf die Verordnung über den Schutz der Hoch- und Übergangsmoore von nationaler Bedeutung (Hochmoorverordnung) vom 21. Januar 1991 (SR 451.32), das Flachmoorinventar gestützt auf die Verordnung über den Schutz der Flachmoore von nationaler Bedeutung (Flachmoorverordnung) vom 7. September 1994 (SR 451.33) sowie das Bundesinventar der Wasser- und Zugvogelreservate von internationaler und nationaler Bedeutung gestützt auf die entsprechende Verordnung (WZVV) vom 21. Januar 1991 (SR 922.32). In Vorbereitung steht zudem ein Moorlandschaftsinventar.

[58] Art. 24sexies Abs. 1 BV. - Gemäss Art. 18b NHG obliegt es den Kantonen, die Biotope von regionaler und lokaler Bedeutung zu bezeichnen und die erforderlichen Schutzvorkehrungen zu treffen (vgl. BGE 116 Ib 208 f. E. 4b und 213 E. 5f Corsier-sur-Vevey VD); dabei ist im Konflikt mit Bauvorhaben in bestehenden Bauzonen (vgl. S. 213 E. 5g) oder mit planerischen Massnahmen (vgl. BGE 118 Ib 495 f. E. 5b Augst BL) eine Interessenabwägung vorzunehmen.

oder jede Art von Fläche eigens zu umschreiben[59], wobei bauliche Massnahmen nicht durchwegs ausgeschlossen sein müssen[60]; gleichwohl fallen die geschützten Flächen (sowie i.d.R. deren unmittelbare Umgebung) als eigentliches Siedlungsgebiet ausser Betracht. Der Schutz naturnaher Flächen kann somit siedlungsbegrenzend wirken[61] und Massnahmen veranlassen, die eine Kompensation eingeschränkter Nutzungsmöglichkeiten durch bauliche Verdichtung ermöglichen[62]. Besondere Bedeutung dürfte in diesem Zusammenhang dem Schutz der Moorlandschaften zukommen, da dieser zum einen grossräumige Gebiete erfasst[63] und zum andern schon von Verfassungs wegen einschneidende Schutzanordnungen beinhaltet[64].

II. Die haushälterische Nutzung des Bodens

Die haushälterische Nutzung des Bodens stellt die grundsätzliche Handlungsanweisung[65] dar, mit welcher die verfassungsmässigen Ziele der geordneten Besiedlung des Landes und zweckmässigen Nutzung des Bodens zu verfolgen sind[66] und mit welcher somit der steten Ausdehnung der Siedlungsflächen be-

---

[59] Vgl. z.B. § 207 Abs. 1 PBG/ZH, Art. 86 Abs. 2 und 3 BauG/BE, § 60 Abs. 3 PBG/LU. - Bei der Ausscheidung von Biotopen und bei der Anordnung von Schutzmassnahmen haben die Kantone im Rahmen einer Interessenabwägung auf land- und forstwirtschaftliche Bedürfnisse Rücksicht zu nehmen (vgl. Art. 18 Abs. 1 Satz 2 und Art. 18c Abs. 1 NHG) sowie namentlich der Pflicht zur haushälterischen Nutzung des Bodens Rechnung zu tragen (vgl. BGE 118 Ib 489 E. 3b Augst BL mit Hinweisen auf geeignete Schutzmassnahmen in E. 6 [S. 496 f.]).

[60] Vgl. z.B. Art. 3 Abs. 1 lit. a sowie Art. 4 Abs. 1 SFG/BE und Art. 7 Abs. 2 SFV/BE.

[61] Vgl. z.B. BGE 118 Ib 495 f. E. 5b Augst BL. Die Interessenabwägung berücksichtigt nebst der Schutzwürdigkeit des Biotops u.a. auch die Interessen an einer haushälterischen Nutzung des Bodens (insbes. bei beschränkten Baulandreserven) sowie die Möglichkeiten der Schaffung eines Ersatzbiotops und die Bedeutung naturnaher Flächen für die weitere Umgebung (Agglomeration).

[62] Vgl. z.B. BGE 118 Ib 495 E. 5a Augst BL, wo erwogen wurde, im rückwärtigen Bereich eine - zumindest teilweise - Kompensation der in Ufernähe nunmehr beschränkten Baumöglichkeit zu gewähren.

[63] Die Vernehmlassungsversion des Inventars der Moorlandschaften von besonderer Schönheit und nationaler Bedeutung weist eine Moorlandschaftsfläche von 92 953 ha aus (BFS [Hrsg.], Statistisches Jahrbuch 1996, S. 74).

[64] Vgl. Art. 24sexies Abs. 5 insbes. Sätze 2 und 3 BV. Das absolute Veränderungsverbot ist zudem keiner Interessenabwägung zugänglich (vgl. BGE 117 Ib 247 E. 3b Rothenthurm-Biberbrugg SZ).

[65] Vgl. die Leitsätze 4 - 9 des Raumplanungsberichts.

[66] Von den Grundzielen der verfassungsrechtlichen Bodenordnung, wie sie im Bericht «Bausteine zur Bodenrechtspolitik» (EJPD [Hrsg.], S. 16 ff. und S. 51 ff.) dargelegt werden, beziehen sich mehrere auf die haushälterische Nutzung des Bodens, so insbes. jene betreffend die Ausschöpfung der Nutzungsreserven im Siedlungsraum, die Förderung der Siedlungsqualität sowie die flächensparende Bebauung neuer Siedlungsgebiete.

gegnet werden soll[67]. Nachfolgend ist zunächst zu erläutern, was der Begriff der haushälterischen Nutzung des Bodens inhaltlich umfasst (1.), bevor es das entsprechende Handlungsgebot in rechtlicher Hinsicht zu qualifizieren gilt (2.). Schliesslich ist zu erörtern, inwieweit dieses eine justiziable Handlungsanweisung darstellt und im Rahmen welcher Sachfragen es zum Tragen kommt (3.).

1. Der Begriff

Unter dem Begriff der haushälterischen Nutzung des Bodens (Art. 1 Abs. 1 Satz 1 RPG) ist die umfassend effiziente Verwendung des Bodens zu verstehen, die sich durch Sparsamkeit[68], Schonung[69] und Zweckmässigkeit[70] auszeichnet, wobei diese Eigenschaften nach Massgabe der räumlichen und sachlichen Umstände in einem unterschiedlichen Verhältnis zueinander stehen können[71].

Die Zweckmässigkeit der Bodennutzung bestimmt sich dabei nicht einzig anhand der technischen Machbarkeit (Eignung für eine bestimmte Nutzungsart aufgrund der topografischen und klimatischen Gegebenheiten sowie der Exposition eines Grundstücks), sondern verlangt bereits nach einer Wertung, indem eine mögliche Bodennutzung insbesondere dann nicht als zweckmässig gelten kann, wenn das in Frage stehende Grundstück einer passenderen, wünschbareren oder lohnenswerteren Nutzung zugänglich ist oder wenn die beabsichtigte Nutzung andernorts sinnvoller zu verwirklichen ist[72]. In diese Wertung finden grundsätzlich alle Nutzungsansprüche Eingang, die von der Öffentlichkeit und von den Privaten an den Boden herangetragen werden, wobei namentlich die

---

[67] Das Gebot der haushälterischen Nutzung des Bodens zielt insofern unmittelbar darauf, der Ausdehnung der Siedlungsfläche Einhalt zu gebieten, als es an sich (d.h. von innen her) begrenzend wirkt, und nicht bloss mittelbar durch die Ausscheidung von Flächen, die der Besiedlung entzogen werden.

[68] Siedlungsbauten sind nach Möglichkeit so anzuordnen, «dass kein zusätzlicher Boden gebraucht und so der Druck auf nichtbauliche Anliegen vermindert wird» (PFISTERER Thomas, S. 474).

[69] Vgl. etwa den verwandten forstrechtlichen «Grundsatz der möglichst schonenden Inanspruchnahme» (BGE 114 Ib 237 E. 10d/de Salgesch VS).

[70] Dieses Erfordernis ergibt sich bereits aus der kraft Verfassungsauftrags gebotenen «zweckmässigen Nutzung des Bodens» (Art. 22quater Abs. 1 BV).

[71] Die Verteilung der Nutzungen des Bodens ist daher in einen funktionalen Zusammenhang zu stellen, soll nicht eine Flächeneinsparung an einem Ort (z.B. durch Siedlungsverdichtung) zu einem Flächenmehrverbrauch anderswo führen (z.B. durch gesteigertes Erholungsbedürfnis der Bevölkerung und damit verbundenes erhöhtes Verkehrsaufkommen, vgl. Raumplanungsbericht, S. 89 und S. 99, sowie HÄBERLI, S. 115 ff. und 121 f.). - Vgl. auch STRITTMATTER/GUGGER, S. 7 f. und S. 10, sowie MICHEL (S. 7 ff.), wonach insbes. bodenverändernde und ausschliessliche Nutzungen umfassend nach Flächenbedarf, Lage sowie ästhetischen, ökologischen und sozialen Aspekten zu beurteilen sind.

[72] Dieser Aspekt einer umfassend gewerteten Zweckmässigkeit, welcher im Begriff der «utilisation judicieuse du sol» der französischen Fassung von Art. 22quater Abs. 1 BV und Art. 26 Abs. 2 RPV deutlicher zum Ausdruck kommt als im deutschen Wortlaut, trägt wesentlich zu einer sachgerechten Auslegung des Begriffs der haushälterischen Nutzung des Bodens bei.

raumplanerischen Bestrebungen (Art. 1 Abs. 2 RPG) und Grundsätze (Art. 3 RPG) sowie die Bestimmungen über die bundesrechtlichen Zonentypen (Art. 15 - 17 RPG) als Wertungshilfen dienen können[73].

Sparsamkeit und Schonung bei der Bodennutzung verlangen, dass in den Ansprüchen an den Flächenverbrauch insgesamt Zurückhaltung geübt wird[74]. Bei gegebener Zweckmässigkeit einer bestimmten Nutzungsart ist mithin nicht mehr Land dafür zu verbrauchen als schlechterdings unerlässlich. Daraus ergibt sich ohne weiteres das Erfordernis einer gewissen Intensität der Bodennutzung, so dass - wenn schon Boden z.B. überbaut werden soll - dies zumindest in effizienter Art und Weise zu erfolgen hat[75].

Sind die Nutzungsbedürfnisse raumplanerischer Beeinflussung an sich nur sehr beschränkt zugänglich, so ist bei der Deckung des Raumbedarfs dafür umso mehr nach flächensparenden Möglichkeiten zu fragen (z.B. durch verdichtete Bauweise, Umnutzung oder Erneuerung bestehender Bausubstanz, durch Mehrfachnutzungen oder Nutzungskombinationen)[76]. Die räumliche Zuweisung der Nutzungen hat des weiteren so zu erfolgen, dass diese örtlich sinnvoll zusammengefasst werden. Daraus ergibt sich u.a. die Forderung nach kompakten, in ihrer Ausdehnung begrenzten[77] Siedlungen (Grundsatz der Siedlungskonzentration[78]) und nach einer auf die Siedlungsentwicklung abgestimmten Versorgung mit öffentlichen Verkehrsmitteln und -anlagen[79]. Streusiedlungen und inselartige Kleinstbauzonen sind demnach zu vermeiden[80], weil sie eine im Verhältnis zu ihrem Nutzungspotential allzu aufwendige Erschliessung erfordern, die landwirt-

---

[73] EJPD/BRP, Erläuterungen RPG, Art. 1 N. 4 und N. 8.

[74] Vgl. die französische Fassung von Art. 1 Abs. 1 Satz 1 RPG: «utilisation mesurée». - Boden soll nicht «unüberlegt» genutzt werden (EJPD/BRP, Erläuterungen RPG, Art. 1 N. 8).

[75] Dieses Gebot erhellt besonders eingängig wiederum aus der französischen Fassung der inhaltlichen Ausrichtung der Raumplanung in Art. 22quater Abs. 1 BV auf eine «occupation rationnelle du territoire».

[76] Raumplanungsbericht, S. 89.

[77] Vgl. Art. 3 Abs. 1 Satz 1 RPG.

[78] Vgl. BGE 116 Ia 336 f. E. 4a Büsserach SO. Als konzentriert angelegt kann eine Siedlung dann gelten, wenn sich Gebäude und Infrastruktur usw. «gegenüber dem Kulturland wesentlich abheben und untereinander erheblich zusammenhängen» (PFISTERER Thomas, S. 474). Mit Hinweis auf die Siedlungskonzentration im Sinne einer gesamthaft besseren Lösung lassen sich u.U. sogar geringfügige Abweichungen von kantonalen Richtplänen rechtfertigen (vgl. BGE 119 Ia 369 ff. E. 4c Retschwil LU).

[79] Vgl. EJPD/BRP, Erläuterungen RPG, Art. 1 N. 8, N. 19 und N. 23, sowie Art. 3 N. 42, Raumplanungsbericht, S. 89.

[80] Vgl. BGE 116 Ia 343 E. 4 Tersnaus GR, 113 Ia 452 f. E. 4d/dc Engelberg OW, 111 Ia 21 E. 2c Thal SG, 109 Ia 188 (E. 3b) Erlach BE, 107 Ia 242 E. 3a Churwalden GR sowie PFISTERER Thomas, S. 474. - Vgl. auch BGE 116 Ib 231 f. E. 3b Schlossrued AG, wonach die Planungsziele und Planungsgrundsätze des RPG u.a. bezwecken, «das Kulturland vom Siedlungsgebiet zu trennen, den Siedlungsraum zu beschränken und das Land ausserhalb des baulichen Bereichs grundsätzlich von Überbauungen freizuhalten [...]. Damit soll der Zersiedlung der Landschaft entgegengewirkt werden».

schaftliche Nutzung behindern, die Vernetzung naturnaher Flächen erschweren und den Erholungswert der Landschaft beeinträchtigen.

Für die Besiedlung ergibt sich eine weitere Konkretisierung der haushälterischen Nutzung des Bodens durch die Planungsgrundsätze (Art. 3 insbes. Abs. 3 RPG), welche die planerischen Ermessensspielräume einem einheitlichen und voraussehbaren Beurteilungsmassstab unterwerfen[81]. Die Grundsätze der Planung sind allerdings nicht widerspruchsfrei[82], so dass von der anwendenden Behörde nicht mehr verlangt werden kann, als deren möglichste Übereinstimmung anzustreben und für das übrige eine sachgerechte Abwägung vorzunehmen.

2. Die Qualifizierung in rechtlicher Hinsicht

Das Gebot zur haushälterischen Nutzung des Bodens bildet die raumplanerische Maxime zur Verfolgung der bereits aus dem Verfassungsauftrag von Art. 22quater Abs. 1 BV hervorgehenden Ziele der «zweckmässigen Nutzung des Bodens und der geordneten Besiedlung des Landes». Es stellt somit m.E. kein Planungsziel[83] dar, sondern eine - freilich sehr allgemein gehaltene und damit konkretisierungsbedürftige, jedoch gleichwohl selbständig anwendbare[84] - Anweisung[85] an die mit der Planung raumwirksamer Tätigkeiten befassten Behörden. Diese haben dabei stets zu prüfen, «welche Möglichkeiten bestehen, den

---

[81] Vgl. EJPD/BRP, Erläuterungen RPG, Art. 3 N. 7, RAMISBERGER, S. 171 und S. 270, sowie SCHÜRMANN (S. 118), wonach sie «das "Innere" der bestehenden Gestaltungsspielräume [verdichten], indem sie deren Konkretisierung im Einzelfall auf ein verbindliches Gefüge gesetzlicher Wertungen verpflichten». - Art. 3 Abs. 3 (insbes. lit. a und b) RPG konkretisieren das eigentliche "essentiale" der Raumplanung als «logique des égards réciproques» (MEYLAN, S. 292 m.H.).

[82] Vgl. BGE 114 Ia 369 (E. 4) Obfelden ZH.

[83] Das Marginale zu Art. 1 RPG lautet allerdings «Ziele»; vgl. auch EJPD/BRP, Erläuterungen RPG, Art. 1 N. 4.

[84] Ausführendes kantonales Recht ist dazu nicht erforderlich (EJPD/BRP, Erläuterungen RPG, Art. 1 N. 7; dies gilt im übrigen auch für die Planungsgrundsätze [Art. 3 N. 2]).

[85] RAMISBERGER (S. 109 und S. 115) bezeichnet den Auftrag zu einer haushälterischen Bodennutzung (in Übereinstimmung mit der hier vertretenen Ansicht) als «Verhaltensnorm», die im Gegensatz zu den Zielen und Grundsätzen der Planung in Art. 1 Abs. 2 und Art. 3 RPG keiner Abwägung unterliegt und absolute Verbindlichkeit beansprucht (S. 170; desgl. SCHÜRMANN/HÄNNI, S. 68 Fn. 55). - Die Anweisung muss nicht notwendigerweise staatliches Tun, sondern kann durchaus auch einen Handlungsverzicht bewirken, denn es ist (mit MÜLLER Georg, Konflikte, S. 144) anzunehmen, dass «der angestrebte haushälterische Umgang mit dem Boden (z.B. durch verdichtetes Bauen) gefördert würde, wenn die Eigentümer in ihren Nutzungsmöglichkeiten weniger durch staatliche Detailregelungen über die Gestaltung der Bauten und die Ausnutzung der Grundstücke eingeschränkt wären. Vor allem dort, wo der Grundeigentümer selbst ein Interesse an der umweltgerechten Nutzung hat oder dieses Interesse durch entsprechende Anreize geweckt werden könnte, sollte auf Eingriffe in die Eigentumsrechte verzichtet werden».

Boden haushälterisch und umweltschonend zu nutzen sowie die Siedlungsordnung zu verbessern»[86].

Das Gebot der haushälterischen Nutzung des Bodens steht in engem Zusammenhang mit den Grundsätzen der Raumplanung, wie sie als sog. finale Rechtssätze[87] aus Art. 3 RPG hervorgehen. Stellen diese zunächst eine Konkretisierung des allgemeinen raumplanerischen Ziels der zweckmässigen Nutzung des Bodens und der geordneten Besiedlung des Landes und des daraus abzuleitenden Gebots der haushälterischen Bodennutzung dar, so haben sie jedoch auch Teil an dessen normativer Bedeutung als (wenn auch bloss allgemeine) Handlungsanweisung, und dies mit desto grösserer Tragweite, je ausgeprägter sie sich inhaltlich an der haushälterischen Bodennutzung ausrichten. Das normative Gewicht des aus der Gemengelage der Planungsgrundsätze hervorgehenden Abstimmungsergebnisses, welches die Behörde (anders als die einzelnen Grundsätze als blosse Zielvorstellungen, Wertungshilfen und Entscheidungskriterien für die Nutzungsplanung[88]) bindet[89], wird m.E. somit noch verstärkt durch die inhaltliche Ausrichtung auf die Handlungsanweisung zu einer haushälterischen Nutzung des Bodens.

3. Der Anwendungsbereich

Das Gebot der haushälterischen Nutzung des Bodens ist zunächst auf die Planung und Rechtssetzung gerichtet, betrifft sodann aber auch die Frage nach der tatsächlichen Nutzung des Baulandes[90].

---

[86] Art. 2 Abs. 1 lit. d RPV. – Der Koordinierung mit den Anliegen des Umweltschutzes kommt dabei erstrangige Bedeutung zu (vgl. z.B. BGE 116 Ib 268 E. 4c Chigny VD: «Le principe de prévention impose [...] de coordonner les mesures d'aménagement du territoire avec les impératifs de la protection de l'environnement. [Sont à retenir les solutions] qui permettent de réduire au minimum les atteintes à l'environnement et qui assurent une utilisation mesurée et rationnelle du sol compte tenu du développement spatial souhaité»).

[87] JAGMETTI, Kommentar Art. 22quater BV, N. 114 m.H.

[88] So in BGE 115 Ia 353 E. 3d (m.H.) Pratteln BL. Die Planungsgrundsätze stellen für die mit Planungsaufgaben betrauten Behörden aller Stufen immerhin das verbindliche Prüfungsprogramm dar (vgl. BGE 112 Ia 68 [E. 4 m.H.] Bever GR, sowie RAMISBERGER [S. 115], wonach sie «verbindliche Wertungsgesichtspunkte vor[geben], denen bei Planungsentscheidungen Rechnung zu tragen ist»).

[89] EJPD/BRP, Erläuterungen RPG, Art. 3 N. 14 und N. 19. – Die aus dem Abwägungsprozess als vorrangig hervorgehenden Planungsgrundsätze sind zwar verbindlich, befreien aber nicht von der Einhaltung bestehender Nutzungsvorschriften, die im Falle des Widerspruchs mit den Planungsgrundsätzen zu ändern sind (vgl. RAMISBERGER, S. 171 f. m.H.). Der Einzelne kann aus den Zielen und Grundsätzen der Planung zudem keinen Anspruch auf Erlass bestimmter raumplanerischer Massnahmen ableiten, sich im Rahmen des Rechtsschutzes gegen Planungsmassnahmen jedoch darauf berufen (vgl. RAMISBERGER, S. 252 m.H. sowie S. 269).

[90] Raumplanungsbericht, S. 91. – Vgl. auch aus den Erläuterungen zu Leitsatz 4 des Raumplanungsberichts: «Das Gebot der haushälterischen Bodennutzung muss von der Zonenplanung über das Baurecht bis zum konkreten Projekt alles raumwirksame Handeln durchdringen».

Die Ziele und Grundsätze der Raumplanung beziehen sich eigentlich auf die Richt- und Nutzungsplanung[91], geben darüber hinaus aber auch einen Massstab ab, nach welchem das Recht auszulegen und allfälliges Ermessen auszuüben ist[92]. In der bundesgerichtlichen Rechtsprechung erlangt das Gebot der haushälterischen Nutzung des Bodens zunächst dort Bedeutung, wo die Ausscheidung von Bauzonen oder deren Ausgestaltung zu beurteilen ist. Es wird indes auch zur Beurteilung von einzelnen Entscheiden herangezogen, welche als solche oder in Multiplikation ähnlicher Entscheide geeignet sind, die Nutzungsordnung wesentlich zu beeinflussen.

Im Rahmen der Nutzungsplanung äussert sich das Gebot der haushälterischen Nutzung des Bodens im Grundsatz der Siedlungskonzentration ("Konzentrationsprinzip"), welcher der gesamten Siedlungsplanung zugrundeliegt[93] und eine zurückhaltend dimensionierte[94], zweckmässig arrondierte[95] sowie an das Bestehende anschliessende[96] Ausdehnung der Siedlungen bei effizienter[97] und zeitgerechter[98] Nutzung der Siedlungsflächen impliziert. Für das Siedlungsgebiet ergibt sich daraus eine gewisse Tendenz zur baulichen Verdichtung.

---

[91] Vgl. z.B. BGE 118 Ib 501 E. 4c Alpnach OW.

[92] Vgl. EJPD/BRP, Erläuterungen RPG, Art. 3 N. 18. Sie bilden etwa den lenkenden Massstab für die Interessenabwägung nach Art. 24 Abs. 1 lit. b RPG (BGE 116 Ib 231 E. 3b Schlossrued AG).

[93] Vgl. BGE 116 Ia 336 f. E. 4a Büsserach SO.

[94] Vgl. BGE 118 Ia 155 E. 3a/bb Bottmingen BL, 118 Ib 40 E. 2a Flims GR, 117 Ia 438 f. E. 3f Dübendorf ZH, 117 Ib 7 E. 3a/bb Birsfelden BL, 116 Ia 333 E. 4c Stäfa ZH.

[95] Vgl. BGE 116 Ia 337 f. E. 4b und 4c Büsserach SO sowie die Rechtsprechung zu den Streusiedlungen.

[96] Dem bestehenden baulichen Zustand ist grosses Gewicht beizumessen, das gegebenenfalls auch Landschaftsschutzinteressen aussticht (BGE 113 Ia 452 E. 4d/dc m.H. Engelberg OW); vgl. auch AGVE 1986, 237 E. 7 Oftringen AG sowie AGVE 1985, 246 E. 5b/aa/aaa Küttigen AG, wonach es dem Gebot, den Boden haushälterisch zu nutzen, entspricht, wenn für die Baugebietsabgrenzung an bestehenden Zustand (d.h. an den vorhandenen Bauten und Nutzungsmöglichkeiten, der bereits erstellten Infrastruktur, den rechtskräftigen privaten und öffentlichen Planungen usw.) angeknüpft wird; auch wenn es darum geht, Planung und Wirklichkeit in Übereinstimmung zu bringen, dürfen allerdings die Planungsziele und -grundsätze nicht ausser acht gelassen werden (BGE 121 I 247 E. 6b Wangen-Brüttisellen ZH). - Das Anknüpfen an ein bestehendes Baugebiet durch dessen Erweiterung ist i.a. der Begründung eines neuen vorzuziehen (BGE 119 Ia 370 [E. 4c] Retschwil LU); des weiteren sind Baulücken auszufüllen, statt neue Gebiete einzuzonen (BGE 113 Ia 453 E. 4d/dc m.H. Engelberg OW sowie LGVE 1992, 154 f. E. 4b mit weiteren Ausführungen).

[97] Vgl. BGE 112 Ia 65 ff. (insbes. S. 70 ff. E. 5c) Bever GR, wo das Bundesgericht erkannte, dass bei einer Regelung, welche ausschliesslich den Zweitwohnungsbau einschränkt, ohne gleichzeitig zum Bau von Hauptwohnungen zu verpflichten, die erhebliche Gefahr der Bodenverschwendung besteht, wenn (erlaubterweise) nur Zweitwohnraum (zudem niedrigerer Ausnützung) erstellt wird (S. 72).

[98] Vgl. BGE vom 28. September 1988 E. 4c/aa AG in ZBl 91 (1990) 274, wonach Erschliessungsinvestitionen über zehn bis fünfzehn Jahre ungenutzt zu lassen (bis die Parzellen in casu "verwaldeten"), gegen das Gebot haushälterischer Nutzung verstösst.

Die haushälterische Nutzung des Bodens ist des weiteren bei Einzelentscheidungen, die sich auf die Nutzungsordnung auswirken können, in einer allfälligen Interessenabwägung[99] zu berücksichtigen. So ist ihr etwa bei Massnahmen zum Biotopschutz angemessen Rechnung zu tragen[100]. Mit der haushälterischen Nutzung des Bodens wird ferner sinngemäss zugunsten massvoller Aufstockungen mit nur betriebswirtschaftlich standortgebundenen Anlagen zur Sicherung der Existenzgrundlage kleinerer Landwirtschaftsbetriebe argumentiert[101].

III. Die bauliche Verdichtung als Strategie für eine haushälterische Nutzung des Bodens

Dem Gebot der haushälterischen Nutzung des Bodens widerspricht eine weitere Siedlungsausdehnung, soweit «in den bestehenden Siedlungen noch genügend Raum für zusätzliche bauliche Nutzungen vorhanden» ist[102]. Zu fordern ist diesfalls eine «bessere Ausnutzung der bestehenden Substanz in der Bauzone durch Erneuerung und Verdichtung»[103], die sich allerdings mit den ökologischen Anliegen und den Anforderungen an die Siedlungsqualität vertragen müssen.

Als grundsätzlich haushälterische Art baulicher Nutzung des Bodens erweist sich die bauliche Verdichtung[104], da sie «Flächenbedarf, Zersiedelungstendenzen und Versiegelung des Bodens [sowie den] Aufwand für Infrastruktur, Versorgung und Entsorgung» verringert und zu einer Abnahme von Verkehrsaufkommen und damit verbundener Emissionen führt, zumal da bei einer «Konzentration der Siedlungsentwicklung [...] Wohn-, Arbeits- und Versorgungsbereiche enger zusammen[rücken]»[105], Bildungseinrichtungen und weitere öffentli-

---

[99] Z.B. nach Art. 24 Abs. 1 lit. b RPG. - Eine Standortgebundenheit im Sinne von Art. 24 Abs. 1 lit. a RPG vermögen die Ziele und Grundsätze der Raumplanung (und damit auch das Gebot der haushälterischen Nutzung des Bodens) allein indes nicht zu begründen (BGE 118 Ib 501 f. E. 4c Alpnach OW).

[100] Vgl. BGE 118 Ib 489 E. 3b Augst BL, 116 Ib 213 f. E. 5g Corsier-sur-Vevey VD.

[101] Vgl. z.B. BGE 117 Ib 282 E. 4b/bb Steinen SZ, 117 Ib 384 E. 3c Wislikofen AG, 117 Ib 505 f. E. 5a/bb FR.

[102] Raumplanungsbericht, S. 91.

[103] Raumplanungsbericht, S. 92; im folgenden wird dort unter dem Begriff der Verdichtung aber nur noch am Rande (S. 93) auch das verdichtete Bauen verstanden, die dortigen Ausführungen betreffen mithin hauptsächlich das verdichtende Bauen. - Mit der baulichen Verdichtung stehen (als weitere Faktoren einer haushälterischen Bodennutzung) die Begrenzung und Verfügbarkeit der Bauzonen in wechselseitiger Beziehung (vgl. BIANCHI [S. 141]: délimitation et dimensionnement, disponibilité).

[104] Vgl. etwa den Entscheid des Zürcher Verwaltungsgerichts vom 9. Juli 1993 (bei WIPFLI, S. 371), wonach der Grundsatz der haushälterischen Bodennutzung gebiete, dass das Bedürfnis nach mehr Wohnraum vorab durch bauliche Verdichtung befriedigt werde (welcher somit grundsätzlich Vorrang vor der Ausdehnung der Bauzonen zukommt).

[105] Raumplanungsbericht, S. 92. - Auch für das verdichtete Bauen sind daher nach Möglichkeit Standorte in Teilräumen innerhalb des bestehenden Siedlungsgebiets oder unmittelbar daran

che Dienste leichter erreichbar werden, wovon schliesslich Impulse für eine verbesserte soziale Integration ausgehen können. Die bauliche Verdichtung liegt somit durchwegs in der Zielrichtung des Gebots der haushälterischen Nutzung des Bodens[106] und lässt sich als Strategie sogar einigermassen widerspruchsfrei in die Gesamtheit der raumplanerischen Ziele und Grundsätze einfügen. An baulichen Verdichtungen kann daher im Sinne der grundsätzlich erwünschten Bestrebungen zu rationeller Bodennutzung ein öffentliches Interesse bestehen, das zu den privaten Interessen der Grundeigentümer hinzutritt und sie verstärkt[107]. Das Konfliktpotential hinsichtlich anderer öffentlicher (z.B. die ästhetische Einordnung [Art. 3 Abs. 2 lit. b RPG], den Immissionsschutz [Art. 3 Abs. 3 lit. b RPG] oder die Siedlungsbegrünung [Art. 3 Abs. 3 lit. e RPG] betreffender) oder privater (nachbarlicher) Interessen ist dabei in erster Linie mit einer entsprechenden Ausgestaltung der Verdichtungsmassnahmen zu entschärfen[108].

Die Implementierung der baulichen Verdichtung erfolgt, was das Recht anbelangt, durch die Rechtssetzung (1.) und die Rechtsprechung (2.), deren jeweilige Beiträge im folgenden kurz erläutert werden.

1. Der Beitrag der Rechtssetzung

Bei der blossen Grundsatzgesetzgebungs-Zuständigkeit[109] des Bundes auf dem Gebiete der Raumplanung (Art. 22quater Abs. 1 BV) obliegt die Rechtssetzung zur baulichen Verdichtung im wesentlichen den Kantonen und Gemeinden[110].

---

angrenzend anzustreben; Standorte ausserhalb des Siedlungsgebiets (und z.T. auch schon solche an dessen Rand) erscheinen vorab mit Blick auf die Erschliessung und die Einordnung in die landschaftliche Umgebung sowie die Rauminanspruchnahme als weniger vorteilhaft.

[106] So bezwecken z.B. nach Art. 18 und Art. 18bis BauR/Frauenfeld TG sowohl die «verdichtete Bauweise» als auch die «Nachverdichtung bestehender Überbauungen» die haushälterische Nutzung des Bodens (jeweils ausdrücklich in Abs. 1). Vgl. auch ZAUGG, Kommentar Art. 13 BauG/BE, N. 2, wonach die verdichtete Bauweise aufgrund einer darauf ausgerichteten baurechtlichen Ordnung eine «zweckmässigere oder höhere Nutzung des Baulandes» erlaubt.

[107] BVR 1992, 497 E. 5 Biel/Bienne BE.

[108] Vgl. z.B. Art. 18 Abs. 2 und Art. 18bis (insbes. Abs. 4) BauR/Frauenfeld TG.

[109] Zum Begriff vgl. JAGMETTI, Kommentar Art. 22quater BV, N. 101 ff. Mit der Grundsatzgesetzgebungs-Zuständigkeit verträgt es sich immerhin, in den «Schwerpunktbereichen» der Raumplanung bundesrechtliche Vorschriften aufzustellen, die unmittelbar den Einzelfall betreffen (N. 116). - Es sei hier zudem auf die Befugnis des Bundes zum Erlass von Vorschriften zur Baurationalisierung im Rahmen der Wohnbauförderung hingewiesen (Art. 34sexies Abs. 3 BV, vgl. Art. 31 f. WEG), die vom Bundesrat bisher allerdings nicht ausgeschöpft wurde (JUNOD, Kommentar Art. 34sexies BV, N. 26; vgl. immerhin den Bericht der Arbeitsgruppe JAGMETTI/BAUD/FISCHER/KUTTLER/VIERNE über die Wünschbarkeit einer Vereinheitlichung der Baugesetzgebung, Schriftenreihe Wohnungsbau Nr. 7, Bern 1970). Betreffend die Erschliessung von Land für den Wohnungsbau enthält ausserdem das WEG in den Art. 3 bis 11 bundesrechtliche Vorschriften.

[110] Die unmittelbar verdichtungsrelevante Gesetzgebung, d.h. alles, was an Regelungen über die Planungsgrundsätze, das Umweltschutzrecht des Bundes sowie die Vorschriften zur Bauzonendimensionierung und deren Auswirkungen auf die Planung hinausgeht, fällt in den Zuständigkeitsbereich des kantonalen und kommunalen Gesetzgebers. So ist es Sache des kantonalen

Die gesetzliche Verankerung der baulichen Verdichtung als Grundlage und Rahmen für entsprechende planerische Anordnungen sowie Einzelentscheide gelangt in den folgenden Teilen der vorliegenden Arbeit ausführlich zur Darstellung, weshalb an dieser Stelle nicht weiter darauf eingegangen wird.

2. Der Beitrag der Rechtsprechung

Durch die Auslegung verdichtungsrelevanter Bestimmungen und die Beurteilung planerischer Anordnungen kommt auch der Rechtsprechung Bedeutung zu für die Verwirklichung der baulichen Verdichtung, und zwar insbesondere dann, wenn diese mit anderen Interessen in Konflikt gerät. Die Rechtsprechung hat sich bisher jedoch erst vereinzelt unmittelbar zur baulichen Verdichtung als Strategie zur Begrenzung der Siedlungsausdehnung geäussert. Dies trifft sowohl für die Beurteilung planerischer und/oder gesetzgeberischer (A.) als auch baulicher Massnahmen zu (B.). Gleichwohl lässt sich anhand der bisher ergangenen Rechtsprechung erkennen, welche Überlegungen bei der Vornahme baulicher Verdichtungen auf der jeweiligen Stufe des raumplanungsrechtlichen Entscheidungsablaufs zu berücksichtigen sind[111].

A) *Entscheide zu planerischen und gesetzgeberischen Massnahmen*

In BGE 113 Ia 266 ff. (Carouge GE) lieferte das Bundesgericht eine Reihe von Gesichtspunkten, welche die bauliche Verdichtung eines Baugebiets («densification des constructions», in casu durch Aufzonung) rechtfertigen können. Als Gründe («motifs pertinents et sérieux»), die für eine bauliche Verdichtung sprechen, wurden insbesondere erkannt[112]: die Erhaltung einer ausreichenden Landwirtschaftsfläche (bzw. die Vermeidung deren weiterer Schmälerung), die Tatsache, dass der Kanton Genf nach wie vor über eine beträchtliche Bauzonenfläche der ursprünglichen Dichte verfügt, die Bekämpfung der Wohnungsnot, die Nähe zur städtischen Besiedlung sowie die gute Erschliessung mit Infrastrukturanlagen (öffentliche Verkehrsmittel, Schulhäuser, Sportanlagen). Für vom Bundesgericht unter diesen Voraussetzungen als vernünftig und zumindest nicht willkürlich («raisonnable et pour le moins pas arbitraire») befundene bauliche Verdichtungen ist sodann von Bedeutung, dass sich die Neubauten in das Bestehende einfü-

---

und kommunalen Rechts, (BGE 118 Ia 115 [E. 1b m.H.] Basel). Der mögliche Beitrag des Bundesrechts dazu wird z.T. als gering und des Rechtssetzungsaufwandes nicht wert erachtet (EJPD [Hrsg.], Bausteine, S. 180, vgl. dagegen Art. 3 Abs. 3 lit. a^0 und Art. 15 Abs. 3 lit. b E ExpK RPG als Ergänzungen zu den Bestimmungen über die Planungsgrundsätze bzw. über die grundlegenden Eigenschaften der Bauzonen).

[111] Die folgende Zusammenstellung von Entscheidungen des Bundesgerichts sowie kantonaler Behörden ist als lediglich beispielhaft zu verstehen.

[112] S. 269 f. E. 3a, desgl. BGE vom 9. Oktober 1990 E. 3b Grand-Lancy GE.

gen[113]. Dies wurde in casu bejaht, befindet sich doch das Verdichtungsgebiet am Rand eines bestehenden Quartiers und erlauben die möglichen Bauvorhaben eine weitgehende Schonung der Grünflächen und des Baumbestandes. Es seien des weiteren keine offensichtlichen Disproportionen zwischen den bisherigen und den neu zu erstellenden Bauten zu erwarten, da die Verdichtung massvoll erfolge[114].

In einem früheren Entscheid (BGE 111 Ia 134 ff. Davos GR) hatte das Bundesgericht bereits erkannt, dass «im Interesse des Gebots, den Boden haushälterisch zu nutzen, eine verdichtete Bauweise gefordert wird und dass den örtlichen Verhältnissen allenfalls auch mit hohen Nutzungen Rechnung zu tragen ist»[115], erachtete es aber nicht als willkürlich, der (in casu für Hotelliegenschaften) möglichen Erhöhung bereits auf verhältnismässig hohem Niveau angesetzter Ausnützungsziffern um weitere 2/5 die Genehmigung zu versagen, da die Ausnützungserhöhung den zu wahrenden öffentlichen Interessen ungenügend Rechnung trage[116]. Dazu wurde angeführt, allzu dichte Überbauungen verursachten eine «Verunstaltung des Orts- und Landschaftsbildes» und könnten das «Gleichgewicht eines Dorfbildes» auch unabhängig von der baulichen Gestaltung empfindlich stören. Zudem bestehe die Gefahr einer Überlastung der Infrastrukturanlagen und einer Verschlechterung der wohnhygienischen Verhältnisse (bezüglich Immissionen, Besonnung, Lichteinfall und Belüftung)[117].

In BGE 114 Ia 291 ff. (Zollikofen BE) wurde festgehalten, dass eine bauliche Verdichtung innerhalb der Bauzonen der haushälterischen Nutzung des Bodens dient und damit indirekt zur Erhaltung landwirtschaftlichen Kulturlandes beiträgt[118]. Dieser Sachzusammenhang rechtfertige allerdings keine Änderung der raumplanungsrechtlichen Zuständigkeitsordnung in dem Sinne, dass Massnahmen im Hinblick auf eine bauliche Verdichtung der für die Kulturlandsicherung zuständigen Behörde (in casu: der kantonalen Baudirektion) zustünden und damit der für die kommunale Nutzungsplanung zuständigen Behörde (in casu: der kommunalen Legislativen) entzogen würden[119].

---

[113] S. 269 E. 3a: «s'intègrent au milieu bâti existant et ne lui portent pas préjudice (art. 1er al. 2 lettre b LAT)», vgl. auch BGE vom 9. Oktober 1990 E. 5 Grand-Lancy GE, wo dazu ferner ausgeführt wird: «[P]lus la densification est importante, plus on doit se montrer exigeant quant aux mesures d'intégration du nouveau projet», wobei allerdings ein «intérêt public important qui est lié à la densification de la zone à bâtir» das Anliegen einer rücksichtsvolleren Einordnung u.U. durchaus überwiegen kann.

[114] S. 269 E. 3a: «La densification prévue reste mesurée [...]» (die Ausnützungsziffer [coefficient d'utilisation du sol] wurde immerhin von 0,2 auf 0,6 erhöht [!]).

[115] S. 143 (E. 7d).

[116] S. 142 ff. E. 7d.

[117] S. 138 f. (E. 6b).

[118] S. 295 (E. 3b/bb), vgl. auch BVR 1988, 180 (E. 2d) Büren BE.

[119] S. 295 (E. 3b/bb): «Der Entscheid über eine allfällige Erhöhung der baulichen Ausnützung [...] steht primär im Ermessen der für die Planung verantwortlichen Gemeindebehörden. Erst im

In BGE 116 Ia 41 ff. (Silvaplana GR) erachtete das Bundesgericht die Möglichkeit einer baulichen Verdichtung durch Nutzungstransport[120] im Rahmen einer Baulandumlegung als Ausgleich für die Abtretung von Grundstücksteilen zugunsten einer Denkmalschutz-Massnahme als zulässig, sofern der Grundsatz des wertgleichen Realersatzes gewahrt bleibt[121]. Ob sich mit der Möglichkeit der Mehrnutzung durch verdichtete Bauweise der Minderwert ausgleicht, welchen der Grundeigentümer mit der durch Abtretung verkleinerten Fläche zu gewärtigen hat, ist dabei auch unter dem Gesichtspunkt der Handelbarkeit des Bodens zu beurteilen[122]; nötigenfalls seien Ausgleichszahlungen zu leisten, welche aber die grundsätzliche Zulässigkeit der baulichen Verdichtung als Massnahme zur Nutzungskompensation nicht in Frage stellten.

Als bundesrechtskonform wurde in einem kantonalen Entscheid[123] auch ein Instrument (Gestaltungsfreiheit bei gemeinsamer Projektierung[124]) erkannt, das nach der Absicht des kantonalen Gesetzgebers durch Gewährung eines erheblichen planerischen und architektonischen Gestaltungsspielraums zu wohnlicheren Siedlungen beitragen und weitere Planungsgrundsätze des RPG fördern sollte, namentlich die Ermöglichung einer verdichteten Bauweise sowie die haushälterische Nutzung des Bodens[125]. Eine grössere Bauzonen-Fläche ohne Gesamtkonzept nach und nach von den Rändern her locker zu überbauen, nachdem die hiefür erforderlichen Erschliessungsanlagen erstellt worden sind, liesse sich mit dem Grundsatz der haushälterischen Nutzung des Bodens gemäss BGE vom 4. Juni 1993 (Köniz BE) dagegen nicht vereinbaren[126]; es gelte vielmehr, die Erschliessung angepasst an eine beabsichtigte systematische Überbauung höherer Dichte auszugestalten.

Der Beitrag der baulichen Verdichtung zu einer RPG-konformen Besiedlung wird bisweilen aber auch wesentlich zurückhaltender beurteilt. Das (in casu für eine Auszonung sprechende) Argument, dass innerhalb des überbauten Baugebiets eine wesentliche Verdichtung möglich sei, wodurch für zusätzliche Einwohner Platz geschaffen werden könne, überging das Bundesgericht in einem BGE vom 10. Dezember 1987 (Oberwil BL) als Vorbringen mit Bezug auf die

---

Genehmigungsverfahren [... können] gesetzwidrige oder unzweckmässige Vorschriften» geändert werden. - Auch das blosse Aufrechterhalten einer Planungszone, die zur Sicherung der Fruchtfolgeflächen erlassen wurde, ist unzulässig, wenn die Massnahme nur noch dazu dienen soll, die Planung einer feineren Bauverdichtung zu sichern (BVR 1988, 178 ff. Büren BE). - Vgl. zum Ganzen HÄNNI, S. 88 f.

[120] Vgl. infra § 7 III. 3.
[121] S. 50 E. 5a.
[122] S. 51 E. 5a/ab.
[123] BVR 1991, 401 ff. (insbes. S. 408 ff. E. 4).
[124] Art. 75 BauG/BE. - Siehe dazu infra § 15.
[125] S. 410 E. 4c.
[126] E. 5c in ZBl 95 (1994) 137 f.

Sachverhaltsfeststellung[127], die nur unter dem Gesichtswinkel der Willkür zu überprüfen sei[128]. Des weiteren wurde in der kantonalen Rechtsprechung[129] auch schon festgehalten, die Baulandreserven könnten für gewisse Arten von Gemeinden (in casu: "Bauerngemeinden") grundsätzlich grosszügiger berechnet werden, da der Möglichkeit der baulichen Verdichtung dort ein geringeres Gewicht zufalle.

Werden Erhaltungszonen[130] mit einer bestimmten Dichtevorstellung in Gebieten festgelegt, welche diese Dichtewerte noch nicht erreichen, so kann damit eine gewisse bauliche Verdichtung angestrebt werden. Dieser seien allerdings dadurch Grenzen gesetzt, dass die Erhaltungszonen in erster Linie bestehende Siedlungsstrukturen bewahren wollten[131]. Für die Quartiererhaltungszonen des zürcherischen Rechts bedeutet dies, dass besondere Quartierstrukturen in ihrer Eigenart nicht zerstört werden sollen; der Zweck der Quartiererhaltungszonen sei indes «[v]or dem Hintergrund des mit der Revision des Planungs- und Baugesetzes verfolgten Prinzips der "Verdichtung nach innen" [...] nicht darin zu sehen, die (weitere) bauliche Nutzung der erfassten Grundstücke wesentlich zu unterbinden»[132].

B) *Entscheide zu baulichen Massnahmen*

Bei der Beurteilung der Zulässigkeit einer separaten Stöcklibaute auf einer sich ausserhalb der Bauzone befindenden Liegenschaft ist im Rahmen der raumplanerischen Interessenabwägung (Art. 24 Abs. 1 lit. b RPG), deren lenkenden Massstab hauptsächlich die Planungsziele und Planungsgrundsätze des RPG bilden, u.a. von Bedeutung, ob der Umbau des bestehenden Wohnhauses zumutbar ist. Zu verneinen wäre dies gemäss BGE 116 Ib 234 E. 3b (Schlossrued AG) etwa «bei einem unvernünftigen Sanierungsaufwand, bei einer zu grossen baulichen Verdichtung des bestehenden Wohnhauses oder bei sachlich und funktionell nicht gerechtfertigten Dachausbauten». Hieraus ist zu erkennen, dass die Massnahmen des verdichtenden Bauens auch ausserhalb der Bauzone den Neubauten vorzuziehen sind.

---

[127] Vgl. nunmehr Art. 26 Abs. 2 RPV (!).
[128] Dabei äusserte sich das Gericht indes eingehend zu den anderen Gesichtspunkten der Bauzonendimensionierung aufgrund des Baulandbedarfs (E. 4e/eb in ZBl 90 [1989] 368 f.).
[129] Vgl. die Entscheide des Obergerichts des Kantons Schaffhausen in ABSH 1988, 116 ff. Stetten SH und ABSH 1987, 162 ff. Ramsen SH.
[130] Zum Begriff siehe infra § 11 II. A.
[131] Vgl. BEZ 1993 Nr. 1 E. 1 (Die Kernzone ist zudem so auszugestalten, «dass nicht durch eine zu starke Verdichtung im weitgehend überbauten Gebiet die Bauzonen [...] insgesamt als überdimensioniert erscheinen [...], und schliesslich muss auch die [...] Abstimmung auf die Erschliessung gewährleistet bleiben»).
[132] BEZ 1994 Nr. 4 E. 5e.

Die anlässlich von Revisionen raumplanungs- und baurechtlicher Bestimmungen etwa geäusserte gesetzgeberische Absicht einer baulichen Verdichtung wird bisweilen zur Auslegung verdichtungsrelevanter Vorschriften herangezogen[133]. Haben sich die Bestrebungen allerdings noch in keiner Weise gesetzlich konkretisiert, so können bei der Auslegung unbestimmter Gesetzesbegriffe im Rahmen des Ermessens- und Beurteilungsspielraums der rechtsanwendenden Behörden durchaus auch andere raumplanerische Interessen berücksichtigt und gegebenenfalls als vorrangig eingestuft werden[134].

---

[133] Vgl. BEZ 1992 Nr. 34 E. 8b, wonach es «dem Willen des Gesetzgebers, welcher im Rahmen der Gesetzesrevision ganz generell eine bauliche Verdichtung anstrebte», entspricht, dass neben den kantonalen auch die kommunalen Mindestabstände durch nachbarliche Vereinbarung unterschritten werden können; ferner BEZ 1994 Nr. 4 E. 5e zum Zweck der Quartiererhaltungszone sowie Entscheid des Zürcher Verwaltungsgerichts vom 9. Juli 1993 betreffend Bestandesprivilegierung (vgl. infra § 13 II. und III.) für den Aufbau eines Satteldaches auf eine rechtswidrig gewordene Flachdachbaute (bei WIPFLI, S. 371 und S. 376). - Vgl. auch BVR 1991, 341 E. 4, wonach eine kommunale Bauvorschrift über die Zulässigkeit einer Attika vor dem Hintergrund der gesetzgeberischen Absicht einer massvollen baulichen Verdichtung innerhalb der bestehenden Bauzonen zu untersuchen ist: «Soll mit den neuen Vorschriften auf dem ganzen Gemeindegebiet eine gewisse bauliche Verdichtung erreicht werden, ist nur schwerlich einzusehen, weshalb man nicht allen vorhandenen Dachraum [sondern nur jenen in Gebäuden, die den Geschosszahl- und Gebäudehöhenvorschriften entsprechen] einer besseren Nutzung zuführen können soll» (S. 342 [E. 4b]).

[134] Vgl. z.B. ZGGVP 1987/88, 72 Steinhausen ZG, wonach sich die «Forderungen nach verdichtetem Bauen zur besseren Nutzung des Baulandes [...] an den Gesetzgeber [richten], entsprechende Nutzungsvorschriften zu erlassen, nicht an die rechtsanwendenden Behörden». Das Gebot der sparsamen Bodennutzung ist damit letztlich nur im Rahmen der geltenden Bauvorschriften realisierbar (BEZ 1993 Nr. 20 E. 5, vgl. auch RJN 1990, 169 f. in BR/DC 1992, 13).

§ 3 Die Eingrenzung des Themas

Die bauliche Verdichtung als Strategie für eine haushälterische Nutzung des Bodens berührt Fragen aus allen raumbedeutsamen Sachbereichen der Rechtsordnung. Die vorliegende Arbeit versucht freilich keineswegs die Quadratur des Zirkels, die Problematik der baulichen Verdichtung aus rechtlicher Sicht in seiner Breite umfassend darstellen zu wollen, ohne die Bearbeitungstiefe gewissen Einschränkungen zu unterwerfen. In beiderlei Hinsicht werden stattdessen Eingrenzungen vorgenommen. Es mag folglich der eine Leser mangelnde Breite beanstanden und ein anderer mangelnden Tiefgang beklagen; und beide haben sie recht.

I. Die Eingrenzung in der Breite

1. In sachlicher Hinsicht

Die vorliegende Arbeit beschreibt die bauliche Verdichtung als Gegenstand des Rechts. Da sich der aus rechtlicher Sicht darzustellende Vorgang in der Durchführung baulicher Massnahmen äussert, wird das zu behandelnde Recht von vornherein auf das beschränkt, was unter das Raumplanungs- und Baurecht fällt. Ausserhalb der Behandlung bleiben damit Rechtsgebiete, die das Bauen in einem weiteren Zusammenhang betreffen, so das Bauvertragsrecht, das Miet- und Pachtrecht, das landwirtschaftliche Bodenrecht und - mit Ausnahme bestimmter Gesichtspunkte[1] - das Grundeigentumsrecht. Nur am Rande eingegangen wird aus dem Sachbereich des eigentlichen Raumplanungs- und Baurechts auf das Parzellarordnungs- und das Erschliessungsrecht[2] (und zwar auf die Parzellarordnungsmassnahmen nur soweit, als sie bei ihrer Anwendung im bereits überbauten Gebiet sachlich über die eigentliche Parzellierung hinausgreifen[3], und auf die Erschliessung lediglich, soweit sie zu umweltschutzrechtlichen Bestimmungen in

---

[1] Vgl. etwa infra § 17 f.

[2] Die Bedeutung, welche diesen beiden Regelungsbereichen zukommt, um die tatsächlichen Voraussetzungen für sinnvoll koordinierte bauliche Verdichtungen zu schaffen, ist allerdings nicht zu unterschätzen (vgl. z.B. RDAF 1986, 332 ff. Montreux VD [bestätigt in BGE vom 10. Dezember 1986] zur Parzellarordnung oder BGE vom 4. Juni 1993 Köniz BE in ZBl 95 [1994] 133 ff. zur Erschliessung). In § 39 Abs. 1 PBG/TG ist denn auch bezüglich baulicher Nachverdichtungen ausdrücklich vorgesehen, dass Landumlegungen u.a. vorzunehmen sind, «wenn ganz oder teilweise überbaute Gebiete nicht anders saniert oder verdichtet überbaut werden können».

[3] Vgl. insbes. infra § 11 III. 3. (Die Gebietssanierung [Exkurs]).

Wechselwirkung steht[4]); auch die übrigen Hilfsinstitute der Raumplanung[5] bleiben weitestgehend ausserhalb des behandelten Themenbereichs.

Die für die folgende Darstellung "supponierten" Bausituationen[6] abstrahieren von Sachfragen, die in der Wirklichkeit durchaus zur Verdichtungsproblematik hinzutreten können (wie z.b. das Bauen im Wald oder in dessen Nähe, an Gewässern oder im Schutzbereich von Anordnungen des Natur- und Heimatschutzes). Auch was die Bauvorhaben selber anlangt, ist zunächst weder an aussergewöhnlich dimensionierte (wie z.b. Hochhäuser) noch an Bauten gedacht, welche die Umwelt in besonderem Masse belasten können (wie z.B. UVP-pflichtige Anlagen).

2. In räumlicher Hinsicht

Die vorliegende Arbeit bringt zunächst verdichtungsrelevante bundesrechtliche Bestimmungen zur Darstellung. Da das Bauen indes zur Hauptsache in die kantonale Gesetzgebungszuständigkeit fällt, werden verschiedene kantonale Raumplanungs- und Baugesetzgebungen durchgehend[7], andere ausschnittweise, d.h. bestimmte Sachfragen betreffend, erörtert[8].

Von erheblicher Bedeutung für die bauliche Verdichtung ist sodann der Beitrag, den die kommunale Gesetzgebung und Planung in Ausführung und Konkretisierung der kantonalrechtlichen Vorgaben leistet. Auf eine eingehende Untersuchung des kommunalen Rechts musste freilich verzichtet werden, so wertvoll und aufschlussreich sie allenfalls auch wäre; es werden immerhin gewisse Bestimmungen im Sinne von Beispielen aufgeführt. Im übrigen zeigt schon die Darstellung des kantonalrechtlich eingeräumten Regelungsspielraums, wie das kommunale Recht unter dem Gesichtspunkt der Verdichtungsrelevanz gegebenenfalls ausgestaltet werden kann.

---

[4] Vgl. insbes. infra § 9 sowie § 12 I. 3. A.

[5] Vgl. zum Begriff: EJPD/BRP, Erläuterungen RPG, Einleitung, N. 33.

[6] D.h. das, was i.a. als natürliche oder gebaute Umgebung der baulichen Massnahmen angenommen wird, soweit aus den Ausführungen nichts anderes hervorgeht und soweit auch aus dem Zusammenhang auf nichts anderes geschlossen werden muss.

[7] Es handelt sich dabei um jene der Kantone Zürich, Bern, Luzern, Solothurn, Basel-Landschaft (anhand der Vorlage des Regierungsrates vom 21. Dezember 1993 für eine Totalrevision des Baugesetzes), Aargau, Thurgau (mit vereinzelten Hinweisen auf Bestimmungen gemäss Fassung der Vorberatenden [parlamentarischen] Kommission vom Herbst 1994) und Waadt. Die Auswahl ist teils willkürlich und teils dadurch zu begründen, dass die aufgeführten Kantone über Erlasse neueren Datums verfügen (oder in deren Ausarbeitung begriffen sind), welche die Verdichtungsproblematik thematisieren.

[8] So z.B. bezüglich überlagernder Zonen für verdichtetes Bauen (§ 5 II. 3. B.) das genferische Recht, betreffend den Lastenausgleich (§ 17) das freiburgische Recht, zu den Baupflichten (§ 18) das nidwaldische, freiburgische, baselstädtische, appenzellische, neuenburgische und jurassische Recht. Bisweilen werden auch bloss einzelne Bestimmungen aus anderen Kantonen als Beispiele angeführt.

II. Die Eingrenzung in der Tiefe

Die Darstellung der Rechtsinstrumente, die für eine bauliche Verdichtung herangezogen werden können, beschränkt sich in ihrer Behandlungstiefe auf die verdichtungsrelevanten Gesichtspunkte, während Fragen wie etwa zum Verfahren oder zum Rechtsschutz weitgehend ausgeklammert bleiben. Soweit die bauliche Verdichtung Gegenstand planerischer Anordnungen bildet, werden sodann nicht die Raumpläne an sich untersucht, sondern lediglich die rechtlichen Grundlagen und Vorgaben, in deren Rahmen die Planung zu erfolgen hat.

Eine Eingrenzung in der Tiefe erfährt die Behandlung der Verdichtungsproblematik, wie sie in der vorliegenden Arbeit erfolgt, auch insofern, als das Recht im Hinblick auf die tatsächliche Durchführung baulicher Verdichtungen zwar einen grundlegenden, jedoch mitnichten den einzigen und auch nicht durchwegs den wichtigsten Faktor darstellt. Nebst rechtlichen können geografische, technische, wirtschaftliche, politische, soziale, psychologische und weitere Faktoren die verdichtungsrelevanten Entscheidungen insbesondere der Privaten[9] (in geringerem Masse jedoch auch der Behörden) prägen. Solche Überlegungen fliessen bisweilen auch in die rechtliche Beurteilung ein, und dies sowohl anlässlich der Rechtssetzung (z.B. beim Erlass technischer Vorschriften) und der Plansetzung, als auch im Rahmen der Rechtsanwendung (z.B. bei der Erteilung von Ausnahmebewilligungen oder beim Auferlegen von Nebenbestimmungen)[10]. Das Recht greift anderseits vereinzelt (so z.B. bei den Gestaltungsvorschriften) in Sachfragen ein, zu deren Regelung es nur sehr beschränkt taugt[11], zumal da ihm dafür ein objektiver oder objektivierbarer Beurteilungsmassstab fehlt und es sich nicht auf eine allgemein oder zumindest weitgehend anerkannte Wertordnung stützen kann[12].

---

[9] Faktoren wie die Unsicherheit bezüglich der Baukosten, der Vermietbarkeit bzw. des Nutzungsbedarfs oder der konjunkturellen Entwicklung können dazu führen, dass rechtlich vorgesehene Möglichkeiten (z.B. der baulichen Verdichtung) aufgrund einer insgesamt ungünstigen Lagebeurteilung nicht wahrgenommen werden.

[10] Vgl. dazu auch BIANCHI (S. 142): «[L]es actes de concrétisation du droit (décisions, plans) sont le plus souvent dans une relation extrêmement lâche avec les bases légales qui les justifient. Il y a entre le droit d'aménagement et sa traduction dans la réalité [...] un champ d'indétermination souvent non négligeable, où la norme peut perdre une grande partie, voire la totalité de son efficacité. *C'est dans cet espace aléatoire que se joue le plus souvent l'économie du sol*».

[11] Es erscheint daher als durchaus folgerichtig, für städtebauliche und architektonische Fragen darauf spezialisierte Nichtjuristen beizuziehen und dieses Vorgehen zu institutionalisieren (vgl. z.B. die Commission cantonale consultative d'urbanisme et d'architecture gemäss Art. 16 LATC/VD, die Stadtbau-Kommission gemäss Art. 44 BZR/Luzern oder die Kernzonen-Fachkommission gemäss Ziff. 2.7 BZO/Wallisellen ZH).

[12] Die Anwendung der Gestaltungsvorschriften (vgl. infra § 10 und § 12 I. 3. B.) misst sich letztlich an subjektiven und kaum objektivierbaren Vorstellungen dessen, was vom Einzelnen als schön empfunden wird; der Richtigkeits- und Gerechtigkeitsgehalt entsprechender Entscheidungen ist daher gering.

Die Bedeutung des Rechts für die bauliche Gestaltung des Lebensraums (z.B. durch bauliche Verdichtung) ist nach dem Gesagten für verschiedene Sachbereiche insgesamt mit Zurückhaltung zu veranschlagen[13]: zum einen vermag das Recht bisweilen wesentlich weniger zu leisten, als die Rechtsordnung zunächst vermuten liesse, zum anderen wird es zur Beantwortung von Fragen herangezogen, auf die es nach Funktion und Methodik nicht eingestellt ist. Das Recht kann mithin nicht die ganze Tiefe der Verdichtungsproblematik ausloten; von der vorliegenden Arbeit möge dies umso weniger erwartet werden.

III. Die Gliederung der Arbeit

Die Darstellung der baulichen Verdichtung aus rechtlicher Sicht gliedert sich nach dieser Einleitung in drei Teile, von denen die beiden ersteren die Gesetzgebung zum verdichteten bzw. zum verdichtenden Bauen behandeln, während der III. Teil die Anwendung der rechtlichen und raumplanerischen Vorgaben auf den Einzelfall erörtert. Der II. Teil (zum verdichtenden Bauen) steht zum I. Teil (zum verdichteten Bauen) sodann in etwa wie der Sondernutzungsplan zum Zonenplan, d.h. diesen bald ergänzend oder verfeinernd, bald ersetzend oder modifizierend.

---

[13] Dasselbe gilt sinngemäss auch für die Raumplanung als solche (vgl. die Ausführungen STRITTMATTERS [S. 161 ff.] unter der Überschrift «Raumplanung zwischen Anspruch und Realität»).

I. Teil
Das verdichtete Bauen

Der I. Teil befasst sich mit rechtlichen Fragen, die sich im Zusammenhang mit dem verdichteten Bauen ergeben. Der Sachverhalt des verdichteten Bauens ist einerseits anhand der Tatbestände der geltenden Raumplanungs- und Baugesetzgebungen rechtlich zu qualifizieren; anderseits sind verdichtungsrelevante Rechtsinstrumente und einzelne Bestimmungen in ihren Auswirkungen auf das verdichtete Bauen darzustellen.

Gesetzliche Bestimmungen, die sich unmittelbar und ausdrücklich mit dem verdichteten Bauen befassen, sind in verschiedenen Bereichen der kantonalen und kommunalen Raumplanungs- und Baugesetzgebungen zu finden: So bildet das verdichtete Bauen nach basellandschaftlichem Revisionsentwurf[1] als Grundsatz für die Siedlungsentwicklung ausdrücklich Gegenstand der kommunalen Richtplanung, während das luzernische Recht[2] auf der Stufe der kommunalen Zonenplanung die Möglichkeit der Ausscheidung von Bauzonen für verdichtete Bauweise vorsieht. Die materiellen Bauvorschriften der Gemeinden sind sodann nach aargauischem Recht[3] allgemein im Sinne einer Förderung des verdichteten Bauens auszugestalten, was in anderen Kantonen z.T. schon erfolgt ist, indem die kommunale Baugesetzgebung[4] das verdichtete Bauen als selbständige Bauweise neben die Regelbauweisen (geschlossen, halboffen, offen) setzt. Schliesslich finden sich auch auf der Stufe der Rechtsanwendung Instrumente, die auf das verdichtete Bauen ausgerichtet sind[5] oder dafür verwendet werden können[6]. - Der I. Teil ist in zwei Abschnitte gegliedert, deren erster die Gesetzgebung betreffend die Raumpläne behandelt, während der zweite die verdichtungsrelevante materielle Baugesetzgebung darstellt.

---

[1] § 16 Abs. 2 - 4 E RBG/BL.
[2] § 41 und § 38 Abs. 2 Lemma 6 PBG/LU.
[3] § 46 Satz 2 BauG/AG.
[4] Z.B. Art. 18 BauR/Frauenfeld TG.
[5] Z.B. § 51 E RBG/BL.
[6] Z.B. Art. 75 BauG/BE.

1. Abschnitt
Die Gesetzgebung betreffend die Raumpläne

Mit Rücksicht auf den Umfang der vorliegenden Arbeit muss darauf verzichtet werden, auf konkrete planerische Inhalte einzugehen; es kann hier mithin lediglich darum gehen, den gesetzlichen Rahmen planerischer Festlegungen darzustellen. Das Raumplanungsrecht gibt den jeweils zuständigen Planungsträgern verschiedene Instrumente an die Hand, um dem in den Zielen und Grundsätzen des Raumplanungsgesetzes (RPG) konkretisierten Verfassungsauftrag der zweckmässigen Nutzung des Bodens und der geordneten Besiedlung des Landes nachzukommen. Die Instrumente unterscheiden sich voneinander in ihrer Funktion und in den möglichen Inhalten ihrer Festlegungen. Soll ein bestimmtes Ergebnis mit planerischen Mitteln in die Wege geleitet werden, so stellt sich infolgedessen zunächst die Frage nach dem oder den dazu vorgeschriebenen bzw. zulässigen, tauglichen und zweckmässigen Instrumenten sowie nach dem Zusammenspiel verschiedener, allenfalls gleichzeitig einzusetzender Instrumente. - Im folgenden gelangen die gesetzlichen Vorgaben betreffend die Richtplanung (§ 4), die Zonenplanung (§ 5) und die Sondernutzungsplanung (§ 6) zur Darstellung.

§ 4 Die gesetzlichen Vorgaben betreffend die Richtplanung

Die Richtpläne bilden Gegenstand sowohl bundes- als auch kantonalrechtlicher Vorschriften, wobei sich das Bundesrecht nur mit den kantonalen Richtplänen befasst. Die kantonalen Gesetzgebungen hingegen weisen etwa in der räumlichen sowie der inhaltlichen Detaillierung über das bundesrechtlich Vorgesehene hinaus, indem sie mehrere Planungsebenen vorschreiben oder ermöglichen bzw. den Bereich richtplanerisch zu erfassender Sachfragen ausdehnen und/oder weiter differenzieren.

Im folgenden wird zunächst dargestellt, inwiefern die Richtplanung die Verdichtungsrelevanz bereits von Bundesrechts wegen zu thematisieren hat (I.). Es ist sodann die durch kantonalrechtliche Vorschriften bedingte Verdichtungsrelevanz der Richtpläne aufzuzeigen (II.), bevor deren verdichtungsrelevante Wirkungsweise zu erörtern ist (III.).

I. Die bundesrechtlich bedingte richtplanerische Thematisierung der Verdichtungsrelevanz

Es gilt darzulegen, inwiefern und in welcher Form verdichtungsrelevante richtplanerische Vorgaben schon aufgrund bundesrechtlicher Bestimmungen (Art. 6 ff. RPG und Art. 4 ff. RPV) in die kantonale Richtplanung Eingang finden müssen (1.) und was für eine inhaltliche Ausrichtung diese Vorgaben aufzuweisen haben (2.).

1. Die verdichtungsrelevanten Vorgaben

Das Bundesrecht beschreibt den Mindestinhalt und damit die Hauptfunktion der kantonalen Richtpläne in Art. 8 RPG. Die Richtplanung als Koordinationsvorgang vermag Zusammenhänge zwischen der angestrebten Entwicklung der Besiedlung[1] und den sich daraus ergebenden Fragen nach der Erschliessung, der Siedlungsanordnung und -gestaltung zu erfassen und sichtbar zu machen sowie diese raumwirksamen Tätigkeiten untereinander und mit anderen raumwirksamen Tätigkeiten[2] abzustimmen[3]. Der Richtplan hält die gestützt auf die Grundlagen ergehenden Koordinationsbeschlüsse im Sinne eines Ergebnisprotokolls[4]

---

[1] Art. 6 Abs. 3 lit. a RPG.
[2] Art. 1 Abs. 1 RPV. Nach RUDIN (S. 74 m.H.) ist Art. 1 RPV insofern allzu eng gefasst, als nur direkte Wirkungen auf den Raum erfasst werden.
[3] Vgl. z.B. JAGMETTI, Kommentar Art. 22quater BV, N. 35.
[4] EJPD, Richtplanung, S. 55.

fest und zeigt das einzuschlagende Vorgehen⁵ bei den räumlichen und inhaltlichen Schnittstellen auf. Das Zusammenwirken von konzeptionellem («anzustrebende Entwicklung») und handlungsorientiertem Vorgehen (Abstimmung der raumwirksamen Tätigkeiten) stellt sicher, dass die wichtigen räumlichen Probleme rechtzeitig erkannt und aufgegriffen werden und dass die Koordination nicht ziellos, sondern nach gesamträumlichen Entwicklungsvorstellungen erfolgt⁶.

Dass die Abstimmung der raumwirksamen Tätigkeiten schon auf der Richtplanungsstufe durch «Vorgaben für die Zuweisung der Bodennutzungen» zu konkretisieren ist, ergibt sich aus Art. 5 Abs. 1 Halbsatz 2 RPV. Der Richtplan soll gemäss Art. 5 Abs. 1 Halbsatz 1 RPV dazu u.a. die für die anzustrebende räumliche Entwicklung wesentlichen Ergebnisse der kantonalen Sachbereich-Grundlagenplanungen⁷ aufzeigen. Sollen sich die Grundlagen⁸, wie Art. 4 Abs. 1 Halbsatz 2 RPV verlangt, insbesondere mit der Trennung des Siedlungsgebiets vom Nichtsiedlungsgebiet befassen⁹, so ist wohl nicht darum herum zu kommen, auch grundsätzliche Aussagen über die anzustrebende Dichte der baulichen Nutzung im Siedlungsgebiet zu treffen¹⁰, zumal da Vorgaben betreffend dessen Ausdehnung in Wechselwirkung stehen zu den im Siedlungsgebiet vorzusehenden Nutzungsmöglichkeiten (wobei die bauliche Dichte von herausragender Bedeutung ist)¹¹.

Auf diesem Weg werden in einem erweiterten Sinne verdichtungsrelevante Vorgaben schon von Bundesrechts wegen in die kantonale Richtplanung eingeführt. Die richtplanerische Thematisierung zumindest grösserräumiger Ver-

---

⁵ Der Richtplan ist somit als Handlungsplan zu bezeichnen (Botschaft RPG [BBl 1978 I 1019], EJPD/BRP, Erläuterungen RPG, Art. 8 N. 6, RUDIN, S. 90 [m.H.], RINGLI et al., S. 82). - Die richtplanerischen Festlegungen zeigen, wo ungefähr eine raumwirksame Massnahme getroffen werden soll; ob diese im Lichte der massgeblichen Vorschriften auch wirklich vorgenommen werden darf, bleibt dabei noch offen (vgl. z.B. BGE 119 Ia 291 f. E. 3e Winterthur ZH).

⁶ Vgl. RINGLI et al., S. 2.

⁷ Vgl. Art. 6 Abs. 2 und 3 (wovon hier v.a. lit. a interessiert) RPG; absehbare Nutzungskonflikte im Sinne von Art. 4 Abs. 2 Halbsatz 1 RPV bilden dabei z.B. Gegenstand des luzernischen Inventars "Konflikte Siedlung mit Umwelt" (siehe bei RINGLI et al., S. 59 f.).

⁸ Zu deren Inhalt vgl. RINGLI et al., S. 79 ff.

⁹ Diese Aufgabe (als «wesentliche[s] Anliegen der Raumplanung» u.a. gemäss Raumplanungsbericht, S. 90) ist damit «zentraler Gegenstand des Richtplans», welcher die Massnahmen u.a. der Nutzungsplanung mit Blick auf die Grundlagen über die anzustrebende Entwicklung der Besiedlung enthält (SCHÜRMANN, S. 144).

¹⁰ Durch die Richtpläne sollen etwa nach SCHÜRMANN (S. 137) «Art und Ausmass der Nutzung [...] grossräumig und in einem ausgewogenen Verhältnis sowohl festgestellt als auch für die überblickbare Zukunft festgelegt werden». Wegleitend dafür sind insbesondere Art. 1 Abs. 2 lit. c und Art. 3 Abs. 3 RPG (S. 140).

¹¹ Das wechselseitige Abhängigkeitsverhältnis kann sich etwa äussern als Siedlungsbegrenzung mittels Kompensation einer Reduktion des Siedlungsgebiets durch Nutzungsverdichtung von geeigneten Teilen des verbleibenden Siedlungsgebiets.

dichtungen ist zudem ohne weiteres von daher angebracht, dass der Vorgang der baulichen Verdichtung nach Massgabe seiner Ausdehnung und Situierung im Siedlungsgefüge eine mehr oder weniger ausgeprägt raumwirksame Tätigkeit darstellt und regelmässig einen erheblichen Koordinierungsbedarf aufweisen dürfte[12] (namentlich bzgl. der Sachbereiche der technischen und sozialen Infrastruktur[13] sowie mit Blick auf die Planungsgrundsätze für Siedlungsausdehnung und -gestaltung[14]). Die räumliche Abstimmung bzw. das Ingangsetzen baulicher Verdichtungen stellt eine Aufgabe im Sachbereich der Besiedlung dar[15], die bei entsprechend bedeutenden Auswirkungen auf die Siedlungs- und Verkehrsentwicklung bereits kraft Bundesrechts richtplanerisch zu erfassen ist (Art. 6 Abs. 3 und Art. 8 lit. a RPG).

2. Die inhaltliche Ausrichtung

Die Genehmigung der kantonalen Richtpläne durch den Bundesrat ist gemäss Art. 11 Abs. 1 RPG an deren Übereinstimmung mit dem RPG geknüpft. Dies bedeutet zunächst, dass sich die richtplanerischen Festlegungen der Kantone mit den Zielen und Grundsätzen der Raumplanung - worunter das Gebot der haushälterischen Nutzung des Bodens, der Grundsatz der Siedlungsbegrenzung und das daraus abgeleitete Prinzip der Siedlungskonzentration[16] - auseinanderzusetzen haben. Deren Thematisierung ist insbesondere dort geboten, wo es darum geht, die Koordinierung der in Art. 1 und 3 RPG aufgeführten Raumnutzungen - namentlich den Ausgleich zwischen Siedlungs- und mit diesen in Widerstreit geratenden Nutzungs- oder "Nichtnutzungs"-Interessen - ziel- und grundsatzgemäss auszugestalten[17].

---

[12] Das Festlegen von Siedlungsschwerpunkten (und damit auch von zu verdichtenden Gebieten) durch die Richtplanung ist «von grosser Bedeutung für zielgerichtete Verkehrs- und Ausstattungsplanungen [sowie] als Richtschnur des Handelns für die Gemeindebehörden bei Industriezonen- und Ortskernplanungen, bei aktiver Bodenerwerbspolitik im Zentrum usw.» (RINGLI et al., S. 125).

[13] Vgl. Art. 6 Abs. 3 lit. b RPG. - Der kantonale Richtplan sollte sich ohnehin schwergewichtig zur räumlichen Abstimmung von Wohnraum, Arbeitsplätzen und öffentlichem Verkehr äussern und die sich daraus für die nachfolgende Planung ergebenden Konsequenzen aufzeigen (vgl. Raumplanungsbericht, S. 124 f.).

[14] Art. 3 Abs. 3 RPG.

[15] Vgl. die Matrix der Richtplanungsaufgaben bei RINGLI et al., S. 89, wo die bauliche Verdichtung als Gesamtvorhaben bzgl. des Baugebiets eingereiht wird.

[16] BGE 116 Ia 336 f. E. 4a Büsserach SO.

[17] Vgl. auch RAMSBERGER (S. 258), wonach die Koordination materielle Zielvorgaben, wie sie aus den Planungsgrundsätzen hervorgehen, geradezu voraussetzt.

II. Die Verdichtungsrelevanz der Richtplanung nach kantonalem Recht

Das Bundesrecht stellt bezüglich des Richtplansystems und dessen Inhalten lediglich Mindestvorschriften auf. Den Kantonen bleibt es mithin anheimgestellt, das System räumlich (1.) und/oder inhaltlich (2.) zu gliedern und zu verfeinern.

1. Die räumliche Gliederung der Richtpläne

Die Gesetzgebungen zahlreicher Kantone sehen die Richtplanung als Vorgang auf verschiedenen Planungsebenen vor, wobei die Aufgaben der dem Kanton untergeordneten Planungsträger (Regionen, Gemeinden) unterschiedlich ausgestaltet sind.

Während gewisse Kantone eine grundsätzlich umfassende regionale Richtplanung vorschreiben[18], besteht die regionale Planungstätigkeit in anderen Kantonen lediglich im Vorbereiten der kantonalen Richtplanung, sei es durch Erstellung regionaler, für den kantonalen Rahmen erheblicher Grundlagen[19], sei es durch die blosse Beteiligung an der Erarbeitung der kantonalen Grundlagen[20].

Die kommunale Richtplanung[21] ist kantonal ebenfalls recht unterschiedlich geregelt. Während das thurgauische[22] und das waadtländische Recht[23] sowie der

---

[18] Vgl. § 30 PBG/ZH, nach dessen Abs. 2 die gleichen Teilrichtpläne zu erstellen sind wie bei der kantonalen Richtplanung. Die Ausgestaltung des Richtplansystems der Regionen nach Art. 98 Abs. 3 BauG/BE bestimmt sich dagegen nach den Verhältnissen und Bedürfnissen der einzelnen Region (vgl. ZAUGG, Kommentar Art. 98 BauG/BE, N. 3d); in etwa ähnlich dürfte es sich nach waadtländischem Recht verhalten (Art. 39 ff. LATC/VD), wonach die regionalen Richtpläne jedoch keine behördenverbindliche Wirkung entfalten, sondern lediglich «plans d'intention servant de référence et d'instrument de travail pour les autorités cantonales et communales» (Art. 31 al. 2 LATC/VD) darstellen. Der basellandschaftliche Revisionsentwurf sieht die regionale Richtplanung nur im Rahmen der vom Kanton gegebenenfalls erstellten Spezialrichtpläne (nach § 10 E RBG/BL) für Teile des Kantonsgebiets vor.

[19] Vgl. § 49 Abs. 1 PBG/SO, § 11 Abs. 1 BauG/AG.

[20] Vgl. § 4 Satz 2 PBG/TG.

[21] Zu ihrer Bedeutung für die kommunale Bevölkerungs-, Wohn- und Siedlungsentwicklung bzw. als Referenzgrundlage für Vereinbarungen zwischen Behörden und Privaten vgl. etwa MICHEL, S. 15 und S. 90 f., DIGGELMANN et al., Siedlungserneuerung, S. 13 f. und S. 73 ff., oder BIANCHI, S. 159 («conception d'ensemble de l'aménagement communal»).

[22] Die nach § 7 Abs. 1 PBG/TG zu erstellenden kommunalen Richtpläne bezwecken insbesondere die Festlegung der künftigen Nutzung des Gemeindegebiets als Planungsziel (vgl. § 10 Abs. 1 Satz 2 PBG/TG).

[23] Art. 35 ff. LATC/VD, wobei sich der Inhalt der kommunalen Richtpläne (im wesentlichen: inventaires des «mesures arrêtées » bzw. «à prendre» bzgl. der Grundzüge der räumlichen Entwicklung der Gemeinde) sowie u.U. das Erfordernis deren Erstellung nach den Bedürfnissen der Gemeinde richten (Art. 36 al. 1er und Art. 38 LATC/VD). Den kommunalen Richtplänen kommt dabei keine behördenverbindliche Wirkung zu; sie dienen - wie die regionalen Richtpläne - lediglich als «plans d'intention» (Art. 31 al. 2 LATC/VD; vgl. MATILE et al., Kommentar Art. 35 LATC/VD, N. 1).

Revisionsentwurf zur basellandschaftlichen[24] Gesetzgebung die Erstellung kommunaler Richtpläne vorschreiben, bleibt diese Richtplanungsstufe im solothurnischen und im aargauischen Recht unerwähnt. Nach bernischem und luzernischem Recht ist es den Gemeinden freigestellt, ob und für welche Sachbereiche sie kommunale Richtpläne erstellen wollen[25]; dies gilt mit Ausnahme des vorgeschriebenen kommunalen Verkehrsplans auch laut zürcherischem Recht[26].

Die Ausgestaltung der Richtplanung als Vorgang auf mehreren Planungsebenen ist mit Blick auf die bauliche Verdichtung des Siedlungsgebietes m.E. durchaus sinnvoll[27], und dies in zweierlei Hinsicht: zum einen vermag die stufenweise Richtplanung die bauliche Verdichtung insofern planhierarchisch[28] folgerichtig einzuleiten, als die dabei sachbedingt auftretenden Koordinationsprobleme mit absteigender Planungsebene inhaltlich und räumlich schärfer fokussiert und präziser abgestimmt werden können[29]; zum anderen erlaubt vorab die kommunale Richtplanung aufgrund der kleineren Ausdehnung des Planungsgebiets einen verhältnismässig hohen Detaillierungsgrad der Festlegungen und vermag damit im Sinne einer kommunalen Nutzungsrichtplanung einigermassen konkrete Lösungen aufzuzeigen, die anlässlich der nachfolgenden Nutzungsplanung als verbindliche Vorgaben zu beachten sind[30]. Sollten für beson-

---

[24] Die § 15 - 19 E RBG/BL umschreiben die Pflicht zur Erstellung kommunaler Richtpläne sowohl im Grundsatz (laut § 15 Abs. 5 mit Dispensationsmöglichkeit für kleinere Gemeinden) als auch dem Umfange nach (§ 15 insbes. Abs. 3) und enthalten sogar eine inhaltliche Ausrichtung einzelner Gegenstände der kommunalen Richtplanung, so z.B. die Ausrichtung der Siedlungsentwicklung u.a. auf das verdichtete Bauen (§ 16 Abs. 2).

[25] Vgl. Art. 68 Abs. 2 und 3 BauG/BE bzw. § 9 insbes. Abs. 1 PBG/LU.

[26] § 31 PBG/ZH.

[27] Es wird denn auch vorgeschlagen, für planerisch besonders anspruchsvolle Sachverhalte (z.B. Verdichtung bestehender Siedlungsteile) Richtpläne zu erstellen, die sich räumlich auf Quartiergrösse beschränken, inhaltlich dafür ein umfassendes Ansprechen aller zu erwartenden Probleme und Konflikte erlauben (vgl. DIGGELMANN et al., Siedlungserneuerung, S. 74 f., sowie DIGGELMANN, Ergänzungsband ZH, S. 12).

[28] Kraft des sog. «Gegenstromprinzips» in der Raumplanung (als Ausfluss des Planabstimmungsgebots nach Art. 2 Abs. 1 RPG) können und sollen nachgeordnete Planungsträger indes auch auf die übergeordneten Planungen einwirken (vgl. z.B. Art. 27 al. 2 i.f. LATC/VD); dies erfolgt desto wirkungsvoller, je klarer und fundierter die planerischen Absichten des nachgeordneten Planungsträgers ausgestaltet sind (vgl. auch DIGGELMANN et al., Siedlungserneuerung, S. 73 [«Wahrung der kommunalen Planungsautonomie»], sowie DIGGELMANN, Ergänzungsband ZH, S. 11 [kommunale Entwicklungskonzepte zuhanden und zur Beeinflussung der kantonalen und regionalen Richtplanung]).

[29] Die umfassende Abstimmung der koordinationsbedürftigen raumwirksamen Tätigkeiten bedingt dabei, dass die kleinräumigen Richtpläne als Gesamtrichtpläne ausgestaltet werden (vgl. DIGGELMANN et al., Siedlungserneuerung, S. 73).

[30] Bezüglich des Detaillierungsgrades ist immerhin zu beachten, dass richtplanerische Festlegungen «grundsätzlich nicht parzellenscharf» auszugestalten sind und die «Grundeigentümer nicht in abschliessender und verbindlicher, erzwingbarer Weise» treffen sollen (vgl. BGE 119 Ia 289 E. 3a Winterthur ZH). - Für Zurückhaltung im Detaillierungsgrad von Richtplänen spricht sich sodann SCHÜRMANN (S. 147 f.) aus, der die Nutzungsplanung als «Ordnungsaufgabe eigenständiger Herkunft» bezeichnet (S. 116).

ders heikle raumplanerische Aufgaben im Zusammenhang mit der baulichen Verdichtung noch kleinräumigere Richtpläne erstellt werden[31], so ist zu beachten, dass deren Behördenverbindlichkeit (mit dem Zweck der Bindung behördlicher Ermessensausübung[32]) nach Massgabe des Detaillierungsgrades der Festlegungen dazu führen kann, dem kleinräumigen Richtplan Nutzungsplan- oder gar Verfügungscharakter zuzuordnen[33], womit tiefgreifende verfahrensmässige Konsequenzen hinsichtlich Erlass und Änderung sowie Rechtsschutz verbunden wären.

2. Die bauliche Dichte als richtplanerischer Gegenstand kraft kantonalen Rechts

Während das Bundesrecht die anzustrebende bauliche Dichte nur mittelbar als Richtplaninhalt vorsieht[34], sind in gewissen kantonalrechtlichen Regelungen dichterelevante richtplanerische Vorgaben ausdrücklich vorgeschrieben. So legt der kantonale Siedlungsplan nach zürcherischem Recht für mit bestimmter Zwecksetzung bezeichnete Siedlungsteilgebiete (Siedlungsschwerpunkte von kantonaler Bedeutung) die anzustrebende bauliche Dichte fest[35]. Die regionalen Siedlungspläne, welche kraft Verweisung sinngemäss (d.h. wohl auch stufenge-

---

[31] Dies kann vorab für das verdichtende Bauen bei unterschiedlicher Ausgangslage der Bauten im betroffenen Gebiet gewinnbringend sein (vgl. DIGGELMANN et al., Siedlungserneuerung, S. 74 f.).

[32] Damit ist zumindest eine mittelbare Verbindlichkeit für die Grundeigentümer verbunden (vgl. dazu JAGMETTI, Kommentar Art. 22quater BV, N. 52 und N. 58, sowie BRÜHSCHWILER-FRÉSEY, S. 250 ff. m.H.; ablehnend: SCHÜRMANN/HÄNNI, S. 113 [mit Übersicht über den Meinungsstand]).

[33] Die Bedeutung solcher Pläne ginge u.U. wesentlich über die Koordination raumwirksamer Tätigkeiten hinaus, soweit die Festlegungen in ihrer inhaltlichen und räumlichen Detaillierung die baulichen Möglichkeiten zumindest teilweise bestimmen.

[34] Immerhin verlangt bereits die Trennung des Siedlungsgebiets vom Nichtsiedlungsgebiet als von Bundesrechts wegen richtplanerische Aufgabe (vgl. Art. 4 Abs. 1 Halbsatz 2 RPV) die Thematisierung der baulichen Dichte als Eigenschaft des Baugebiets, welche dessen Kapazität und damit letztlich dessen Ausdehnung im Hinblick auf den Baulandbedarf beeinflusst (vgl. supra I. 1. und infra § 11 II. 1.).

[35] § 22 Abs. 1 i.f. (sowie § 49a Abs. 1) PBG/ZH; der Richtplan-Text fordert ausdrücklich, «dass die baulichen Dichten, angepasst an die örtlichen Gegebenheiten, für die einzelnen Zentrumsgebiete insgesamt deutlich über den in § 49a PBG vorgesehenen Ausnützungen festzulegen sind» (GABATHULER, Richtplan, S. 18). Damit kann als verbindliche Vorgabe (in kartografischer oder verbaler Form, als allgemein umschriebene Zielvorgabe oder betragsmässige Festlegung baubeschränkender Vorschriften [KULL, Revision, S. 28]) zuhanden der kommunalen Planung die Realisierung erwünschter Kapazitätssteigerungen an gut erschlossenen Standorten sichergestellt werden (DIGGELMANN, Ergänzungsband ZH, S. 9). So sollen «[g]rössere Nutzungsverdichtungen [...] hauptsächlich in Gebieten zugelassen und gefördert werden, die durch den öffentlichen Verkehr entsprechend erschlossen sind» (gemäss den wegleitenden Grundsätzen gestützt auf die Leitlinien des Raumplanungsberichts des Zürcher Regierungsrates vom 8. Juli 1992). - Ähnliche Auswirkungen kann auch das Festlegen von Besiedlungszentren in siedlungsstrukturellen Grundlagen zeitigen, auf die im Richtplan Bezug genommen wird (vgl. z.B. das luzernische Konzept der Zentralen Orte bei RINGLI et al., S. 122 ff.).

Richtplanung 47

recht «konkretisiert»)[36] dieselben Vorgaben enthalten, können die anzustrebende bauliche Dichte sogar ausdrücklich «gemeinde- oder gebietsweise»[37] festschreiben. Erhebliche mittelbar verdichtungsrelevante Wirkung kommt des weiteren schon der Ausscheidung von Siedlungsgebiet[38] (und gegebenenfalls von Bauentwicklungsgebiet[39]) zu, da die Gemeinden bei der Dimensionierung und Abgrenzung der Bauzonen an die verhältnismässig präzise Darstellung des Siedlungsgebiets im Richtplan[40] gebunden sind[41]. Wenngleich nicht ausdrücklich vorgeschrieben, so rufen doch auch gewisse Festlegungen in den regionalen und

---

[36] Vgl. § 30 Abs. 2 Halbsatz 2 PBG/ZH.

[37] § 30 Abs. 3 PBG/ZH. - Vgl. z.B. die Leitideen zur räumlichen Entwicklung in den Bereichen Wohnen, Arbeit und Verkehr der Zürcher Planungsgruppe Pfannenstiel (NZZ vom 21. Januar 1992 [Nr. 16] S. 53), in welchen den Gemeinden empfohlen wird, «im bestehenden Siedlungsgebiet die teilweise restriktiven Ausnützungsziffern massvoll zu erhöhen» und «vor allem in der Umgebung von S-Bahn-Stationen und längs der ersten Bautiefe von Hauptverkehrsachsen planerische Verdichtungsmassnahmen» zu treffen. Im Entwurf für den regionalen Richtplan wurde sodann das Baugebiet im wesentlichen auf die grösserenteils bereits überbauten Siedlungsflächen eingeengt und mit Dichtestufen versehen (NZZ vom 22. Februar 1996 [Nr. 44] S. 49); vgl. ferner die Festlegung von Gebieten mit höherer baulicher Dichte in der Nähe von Anlagen des öffentlichen Verkehrs gemäss Richtplanentwurf für die Region Zimmerberg (NZZ vom 17. Juli 1995 [Nr. 163] S. 22).

[38] Der thurgauische Richtplan z.B. setzt das Landwirtschaftsgebiet bis an die Grenzen der Bauzonen fest (vgl. Art. 5 Abs. 2 lit. a RPV) und bewirkt dadurch eine Kontingentierung des Siedlungsgebiets. Dessen Begrenzung dürfen die Gemeinden indes durch Flächenabtausch im Rahmen einer ausgeglichenen Flächenbilanz näher ausgestalten, wobei dem Landwirtschaftsgebiet i.d.R. zumindest gleichwertiges Land zugewiesen werden muss und gegebenenfalls Siedlungsbegrenzungslinien im kantonalen Richtplan zu beachten sind (siehe bei RINGLI et al., S. 106 f.). Auch der zürcherische Richtplan (Siedlungs- und Landschaftsplan) setzt die Ausscheidung von Siedlungs- und Nichtsiedlungsgebiet im wesentlichen fest, während z.B. der luzernische Richtplan einerseits (im Text) allgemeine Anleitungen an die Gemeinden betreffend Ausscheidung von Bauzonen enthält und anderseits (auf der Karte) jene Gemeinden bezeichnet, die ein allzu grosses Siedlungsgebiet aufweisen und denen in sog. Gemeindespiegeln entsprechende Aufgaben behördenverbindlich als Zwischenergebnisse (vgl. Art. 5 Abs. 2 lit. b RPV) zugewiesen werden (siehe bei RINGLI et al., S. 109 f. und S. 41 f.).

[39] Vgl. § 21 Abs. 3 PBG/ZH. - Auf das Ausscheiden von Bauentwicklungsgebieten wurde im kantonalzürcherischen Richtplan zugunsten der Zentrumsgebiete als «Bauentwicklungsgebiete im Innern» verzichtet (vgl. NZZ vom 5. November 1993 [Nr. 258] S. 57). Die Zentrumsgebiete stellen «in wirtschaftlicher, verkehrstechnischer und umweltmässiger Hinsicht optimale Standorte für Siedlungsschwerpunkte ohne zusätzlichen Landverbrauch» dar (GABATHULER, Richtplan, S. 17).

[40] Vgl. z.B. die sog. «halbabstrakte Darstellung» der Festlegungen des zürcherischen Richtplans (Siedlungs- und Landschaftsplan) mit einem Unschärfebereich («relativ grosse[r] undifferenzierte[r] Bereich», BGE vom 4. Mai 1988 E. 3c Niederhasli ZH in ZBl 90 [1989] 122, BGE 111 Ia 129 ff. insbes. E. 5b Wiesendangen ZH), welcher für die aufeinander abzustimmenden Nutzungsplanungen von Kanton und Gemeinden einen Anordnungsspielraum offenlässt (HALLER/KARLEN, N. 202 und N. 221, HÄNNI, S. 87, BGE 117 Ia 437 E. 3d Dübendorf ZH, 112 Ia 283 f. E. 3c m.H. Hombrechtikon ZH) oder die teilweise präzisen, im thurgauischen Richtplan durch Siedlungsbegrenzungslinien festgesetzten und für die kommunale Nutzungsplanung verbindlichen Abgrenzungen der Siedlungsgebiete, wo übergeordnete Interessen deren Ausdehnung entgegenstehen (siehe bei RINGLI et al., S. 14).

[41] Vgl. ausdrücklich § 16 PBG/ZH sowie Art. 48 al. 2 phrase 1ère LATC/VD.

kommunalen Richtplänen nach bernischem Recht[42] sowie in den Richtplänen nach waadtländischem Recht insgesamt[43] zumindest mittelbar nach Vorgaben bezüglich anzustrebender baulicher Dichten. Nach dem basellandschaftlichen Recht gemäss Revisionsentwurf kann die bauliche Dichte ebenfalls auf unterschiedlichen Wegen in die Richtpläne verschiedener Planungsebenen Eingang finden. So kann der kantonale Richtplan in seiner Funktion als Nutzungsrichtplan[44] verdichtungsrelevante Vorgaben enthalten, oder es lassen sich solche - und dazu weitergehende - Vorgaben in kantonalen Spezialrichtplänen[45] unterbringen. Im Rahmen der Angaben über die Nutzungsstruktur der Siedlungen[46] sind wohl auch in den kommunalen Richtplänen verdichtungsrelevante Aussagen zu treffen; dies namentlich mit Blick auf die Vorschriften bezüglich der Siedlungsentwicklung, welche die Gemeinden ausdrücklich auf die Förderung der Siedlungsentwicklung nach innen sowie der verdichteten Bauweise verpflichten[47]. Die übrigen untersuchten kantonalen Gesetzgebungen lassen das Thema der baulichen Dichte im wesentlichen unerwähnt[48]. Verdichtungsrelevante richtplanerische Aussagen beschränken sich diesfalls auf das von Bundesrechts wegen Erforderliche oder ergeben sich aus einer besonderen Ausgestaltung der kantonalen Richtplanung[49].

---

[42] Z.B. bei der Festlegung der Entwicklung der Bauzone im Rahmen der kommunalen Nutzungsrichtplanung über die künftige Nutzung des Gemeindegebiets (vgl. Art. 111 Abs. 1 lit. a BauV/BE sowie ZAUGG, Kommentar Art. 68 BauG/BE, N. 6a; für die regionalen Nutzungsrichtpläne gilt wohl in etwa dasselbe, vgl. ZAUGG, Kommentar Art. 98 BauG/BE, N. 3d) oder bei der Initiierung von Orts- oder Quartierzentren im Rahmen des kommunalen Siedlungsgestaltungsplans (vgl. Art. 111 Abs. 1 lit. b BauV/BE sowie ZAUGG, Kommentar Art. 68 BauG/BE, N. 6b).

[43] Die Grundlagen, auf welche sich die Richtpläne stützen, betreffen u.a. die Siedlungsentwicklung («évolution de l'urbanisation») und die mögliche Ausrichtung künftiger Entwicklung («options possibles pour le développement futur»; Art. 27 al. 1er lit. c und d LATC/VD). Vgl. sodann Art. 34 lit. a und b sowie Art. 41 LATC/VD für die kantonalen bzw. regionalen Richtpläne.

[44] § 9 Abs. 1 lit. b E RBG/BL, vgl. sodann die Richtplanung nach zürcherischem Recht insgesamt (vgl. § 16 und § 18 ff. PBG/ZH), welcher in hohem Masse Vornutzungsplancharakter zukommt (vgl. WOLF/KULL, N. 11, vgl. auch BGE 118 Ib 509 E. 6b/cc Thalwil ZH, 112 Ia 283 f. E. 3c Hombrechtikon ZH). - Zum Begriff der Nutzungsrichtplanung vgl. etwa SCHÜRMANN, S. 135 ff.

[45] § 10 Abs. 1 Satz 2 E RBG/BL.

[46] § 15 Abs. 3 lit. a E RBG/BL.

[47] § 16 Abs. 2 E RBG/BL. Das verdichtete Bauen soll dabei insbesondere im Rahmen der Sondernutzungsplanung und der Anwendung projektbezogener Sonderinstrumente verwirklicht werden (§ 16 Abs. 3 Satz 2 E RBG/BL), was die baurechtliche Grundordnung m.E. von der festgelegten inhaltlichen Ausrichtung aber keineswegs entbindet.

[48] So v.a. das luzernische Recht; § 58 Abs. 1 i.f. PBG/SO erwähnt immerhin die Ausscheidung von Siedlungs- und nicht zu besiedelndem Gebiet, während § 8 Abs. 2 lit. a BauG/AG die Festlegung der Siedlungsgebiete in den Grundzügen verlangt; nach § 34 Abs. 2 PBG/TG enthält der kantonale Richtplan «grundlegende Aussagen» namentlich zum Bereich der Siedlung.

[49] Vgl. z.B. die weiter oben beschriebene luzernische oder thurgauische Richtplanung.

Dass die kantonale Gesetzgebung die Thematik der baulichen Dichte des Siedlungsgebietes bereits hinsichtlich der Richtplanung aufweist, erscheint mit Blick auf das verdichtete Bauen als durchaus zweckmässig. Es wird damit die nachgeordnete Nutzungsplanung vorgezeichnet sowie deren Planungsträger frühzeitig für die Verdichtungsproblematik sensibilisiert, ist dieser doch anlässlich der Genehmigung der Nutzungspläne kraft Art. 26 RPV ohnehin aufgerufen, die Ziel- und Grundsatzkonformität sowie die Richtplankonformität seiner Nutzungsplanung darzutun[50]. Die baulichen Dichten in den Grundzügen festzulegen, ist schliesslich eine Aufgabe, welche der Richtplanung schon im Rahmen der Abgrenzung von Siedlungsgebiet und Nichtsiedlungsgebiet (vgl. Art. 5 Abs. 1 Halbsatz 2 RPV) zufällt[51].

III. Die verdichtungsrelevanten Wirkungen richtplanerischer Vorgaben

Die Richtplanung kann die Verwirklichung des verdichteten Bauens beeinflussen, indem sie den Ausgangspunkt dessen planerischer Erfassung darstellt (1.), die Voraussehbarkeit behördlicher Entscheide durch deren Plausibilisierung erhöht (2.) und eine Verknüpfung der Raumplanung mit anderen Sachbereichen staatlichen Handelns ermöglicht (3.).

1. Der Richtplan als Ausgangspunkt raumplanerischer Erfassung des verdichteten Bauens

Der Beitrag der Richtplanung zur Förderung des verdichteten Bauens besteht zunächst einmal darin, «steuernde Massnahmen der Lokalisierung»[52] vorzusehen und die Koordinierung der baulichen Verdichtung mit anderen raumwirksamen Tätigkeiten stufengerecht sicherzustellen. Der Richtplan als Handlungsplan erfüllt somit eine Scharnierfunktion zwischen der strategischen Ausrichtung der Raumplanung in den Entwicklungszielen und jenen Vorschriften und Festlegungen der Nutzungsplanung, die schliesslich auf konkrete Vorhaben Anwendung finden. Die richtplanerischen Vorgaben bilden dabei den Ausgangspunkt einer räumlichen Festlegung verdichtungsrelevanter Entscheidungen, indem sie einerseits selber solche enthalten[53] und anderseits die Adressaten der Richtpläne damit

---

[50] Die Träger der Nutzungsplanung müssen sich somit auch dann mit der baulichen Dichte ihres Siedlungsgebiets befassen, wenn sie nicht von richtplanerischen Dichtevorgaben eines übergeordneten Planungsträgers (z.B. nach § 22 Abs. 1 oder § 30 Abs. 3 PBG/ZH) betroffen sind (DIGGELMANN, Ergänzungsband ZH, S. 10).
[51] Vgl. schon supra I. 1. sowie SCHÜRMANN (S. 136), wonach der Richtplan eine «erwünschte Nutzungsordnung (in ihrem grundsätzlichen Gehalt)» voraussetzt.
[52] LENDI, Verdichtetes Bauen, S. 320.
[53] Vgl. supra I. 1. und II. 2.

beauftragen können, weitere räumlich bestimmte verdichtungsrelevante Entscheidungen zu treffen. Die Richtplanung kann somit Verdichtungsvorgänge nicht nur reaktiv erfassen, indem sie eine vorhandene oder zu erwartende Veränderungsdynamik aufgreift und koordinativ verarbeitet[54], sondern auch gezielt initiieren[55].

Die nutzungsplanerische Umsetzung richtplanerischer Vorgaben kann dabei allenfalls durch die unterschiedliche Rechtsbeständigkeit der beiden Arten von Raumplänen erschwert werden. Während die Richtpläne gemäss Art. 9 Abs. 2 RPG zu überprüfen und nötigenfalls anzupassen sind, wenn sich die Verhältnisse geändert haben[56] oder sich (im Lichte der Planungsgrundsätze[57]) gesamthaft bessere Lösungsmöglichkeiten bieten[58], setzt die Überprüfung und allfällige Anpassung der Nutzungspläne eine erhebliche Änderung der Verhältnisse voraus (Art. 21 Abs. 2 RPG[59])[60]. Die Spanne zwischen der Richtplanung und der sie konkretisierenden und auf den Einzelfall mittelbar zur Anwendung bringenden Nut-

---

[54] Die reaktive Richtplanung kann sich dabei in etwa auf den von allfälligen Bauvorhaben betroffenen Raum beschränken. Die Planungstätigkeit wird demnach auf jene Teilräume konzentriert, in denen mit baulichen Veränderungen zu rechnen ist und wo sich richtplanerische Vorstellungen folglich am wirkungsvollsten einbringen lassen. Dies bedingt i.d.R. wohl ein Erfassen der Verdichtungsvorgänge in verhältnismässig kleinräumigen Richtplänen.

[55] Dabei ist von Bedeutung, dass die erforderlichen Anordnungen aus einer Gesamtsicht heraus sowie stufengerecht getroffen werden.

[56] Eine Überprüfung ist u.U. schon vorzunehmen, wenn mit einer Änderung der Verhältnisse unmittelbar zu rechnen ist, damit sich dadurch bietende raumordnungspolitisch bessere Lösungen frühzeitig aufgegriffen werden können.

[57] Vgl. RAMISBERGER, S. 259 m.H.

[58] Unmittelbar im Rahmen der Nutzungsplanung von richtplanerischen Festlegungen abzuweichen (ohne deren formelle Änderung), ist z.B. dann möglich, «wenn [dazu] neue[...], auf detaillierten wissenschaftlichen Untersuchungen beruhende[...] Erkenntnisse herangezogen» werden können (BGE vom 18. März 1991 E. 5b Thun BE in ZBl 92 [1991] 282). Ohne einlässliche Begründung darf indes auch nicht von einem Richtplan, der nicht unter der Herrschaft des RPG erlassen wurde, abgewichen werden, soweit er dem RPG entspricht (d.h. bspw. Grundsätze bzgl. der Schwerpunkte der Siedlungsentwicklung oder bzgl. der Verkehrserschliessung enthält, die mit dem RPG übereinstimmen; vgl. BGE vom 4. Juni 1993 E. 7d/cc Köniz BE in ZBl 95 [1994] 143, in casu [gemäss regionalem Richtplan]: Siedlungsgebiet höherer Dichte, das z.T. in einem Siedlungsschwerpunkt liegt).

[59] Zur Bedeutung dieser Bestimmung vgl. BGE 120 Ia 230 ff. E. 2 m.H. Pully VD. Die an sich ausgeschlossene konkrete Plankontrolle ist danach zugelassen, «lorsque les circonstances ou les dispositions légales se sont modifiées, depuis l'adoption du plan, dans une mesure telle que l'intérêt public au maintien des restrictions imposées au propriétaire concerné pourrait avoir disparu [... et que ...] ces mesures ne seraient plus compatibles avec l'art. 22ter Cst.»; RPG-konforme Nutzungspläne stehen immerhin unter einer «présomption de validité» (S. 232 f. E. 2c m.H.).

[60] Die «Schwelle zur Planänderung» liegt bei den Richtplänen somit tiefer als bei den Nutzungsplänen, da bei jenen die «Anliegen der allgemeinen Rechtssicherheit weniger und des Vertrauensschutzes überhaupt nicht [...] in Betracht» fallen (SCHÜRMANN, S. 134). Nach JAGMETTI (Kommentar Art. 22quater BV, N. 57) müssen jedoch auch Richtpläne, soweit ihnen «relativ weitgehende Angaben über die Bodennutzung» zu entnehmen sind, eine gewisse Stabilität «unter dem Gesichtspunkt der Rechtssicherheit» aufweisen.

zungsplanung darf jedoch aus Gründen der Kohärenz und Koordination der Planungen nicht übermässig gross werden. Die Erheblichkeit der Änderung der Verhältnisse und die Notwendigkeit der Anpassung sind daher zum berechtigten Vertrauen in Beziehung zu bringen, das die jeweiligen Adressaten in die Beständigkeit namentlich der Nutzungspläne setzen[61]. Das Bedürfnis von der Planung betroffener Grundeigentümer nach Rechtssicherheit hinsichtlich der raumplanungs- und baurechtlichen Qualifizierung ihrer Grundstücke wiegt dabei desto schwerer, je aktueller die Planung ist[62]; je weiter sie zeitlich zurückliegt und je stärker das Planungsgebiet einer Veränderungsdynamik ausgesetzt ist, desto weniger darf der Grundeigentümer auf die Planbeständigkeit zählen. Enthält ein Richtplan gestützt auf entsprechende Grundlagen und Entwicklungsziele Vorgaben zu einer baulichen Verdichtung, so dürfte deren Umsetzung in die Nutzungsplanung kaum am Vertrauensschutz scheitern, kann doch diese neue Ausrichtung der Siedlungsentwicklung ohne weiteres als Ausdruck veränderter Verhältnisse und gewandelter raumplanerischer Auffassungen gelten. Davon abgesehen dürften solche Planänderungen von den unmittelbar Betroffenen, denen ja erweiterte bauliche Nutzungsmöglichkeiten gewährt werden, kaum je angefochten werden; allenfalls betroffenen nachbarlichen Interessen ist sodann nicht bei der Frage nach dem "Ob" einer Planänderung Rechnung zu tragen, sondern anlässlich der inhaltlichen Ausgestaltung des Nutzungsplans.

2. Die Plausibilisierung behördlicher Entscheide

Obgleich bloss behördenverbindlich[63], bieten die Richtpläne dem Grundeigentümer «eine Informationsgrundlage und eine Orientierungshilfe für sein Verhalten und seine Erwartungen, denn der Richtplan bringt die Auffassung der Behörden über die zukünftig anzustrebende Richtung der Entwicklung zum Ausdruck»[64]. Nach Massgabe der Planungsebene, d.h. vorab des Detaillierungsgra-

---

[61] Diese wechselseitige Beziehung bringt etwa § 9 Abs. 2 PBG/ZH in einer Gegenüberstellung des Bedürfnisses nach Anpassung der Planung an neue Erkenntnisse und Entwicklungen einerseits und der Rechtssicherheit sowie der Billigkeit anderseits anschaulich zum Ausdruck.

[62] Vgl. BGE 113 Ia 455 E. 5b Engelberg OW. - RPG-widrige Nutzungspläne können grundsätzlich keinen Vertrauensschutz begründen (vgl. BGE 114 Ia 33 Hochwald SO, BGE vom 10. Dezember 1987 E. 4f Oberwil BL in ZBl 90 [1989] 369).

[63] Art. 9 Abs. 1 RPG; vgl. jedoch auch abweichende kantonalrechtliche Regeln für regionale und kommunale Richtpläne (z.B. Art. 68 Abs. 3 und Art. 98 Abs. 3 BauG/BE oder Art. 31 al. 2 LATC/VD).

[64] EJPD, Richtplanung, S. 63 f. - Die Behördenverbindlichkeit «stärkt [...] die Rechtssicherheit der Nutzungspläne und das Vertrauen [...] in sie: Behördenverbindliche Richtpläne machen klar, wo mit Änderungen der Nutzungsordnung gerechnet, wo auf deren Bestand gezählt werden darf» (SCHÜRMANN, S. 145 f.). - Eine Plausibilisierung behördlicher Entscheide kann immerhin auch unabhängig von jedwelcher Rechtsverbindlichkeit erreicht werden, indem z.B. städtebauliche Argumente aufgrund diesbezüglicher Studien, welche zudem als Grundlagen für Zonenplanungen, Verkehrskonzepte usw. dienen können (vgl. z.B. die Testplanung mit der Möglichkeit der Erarbeitung verschiedener Varianten für das Zentrumsgebiet von kantonaler Bedeutung «Glattbrugg West», NZZ vom 5. Juli 1995 [Nr. 153] S. 51), im Rahmen aktiver

des der richtplanerischen Festlegungen, ist dem Richtplan auch schon in etwa zu entnehmen, wie die nachfolgende - grundeigentümerverbindliche[65] - Nutzungsplanung durch den zuständigen Planungsträger auszugestalten sein wird, denn die Nutzungsplanung muss den richtplanerischen Vorgaben grundsätzlich entsprechen[66], wobei Abweichungen immerhin zulässig sind, soweit sie etwa eine gesamthaft bessere Lösung ermöglichen[67]. Die bauliche Verdichtung muss bei alledem auch nicht auf Räume beschränkt bleiben, für welche die Richtpläne siedlungsplanerisch bedingt eine bestimmte (erhöhte) Dichte vorsehen; insbesondere richtplanerische Festlegungen betreffend die Infrastruktur (z.B. öffentliche Bauten und Anlagen, Verkehrsanlagen) können in deren Einzugsgebiet bauliche Verdichtungen als sinnvoll erscheinen lassen und der nachfolgenden Planung entsprechende Impulse verleihen.

Die Behördenverbindlichkeit der Richtpläne gebietet zudem, dass die Ausübung behördlichen Ermessens[68] in Übereinstimmung mit den richtplanerischen Vorgaben erfolgt, wobei sich diese Bindungswirkung als desto stärker erweist, je detaillierter die Richtplanaussagen ausgestaltet sind[69]. Schliesslich lassen sich Planungssicherungsmassnahmen im Hinblick auf eine Änderung der Nutzungs-

---

Bauberatung des Gemeinwesens bereits in die Projektierung eingebracht werden, um grössere Vorhaben in einen städtebaulichen Kontext zu stellen (vgl. z.B. die städtebaulichen Studien St. Gallen in DISP 108, S. 14 ff.).

[65] Art. 21 Abs. 1 RPG.

[66] In diesem Sinne sind Richtpläne gemäss JAGMETTI (Kommentar Art. 22quater BV, N. 58) «rechtsgestaltende Pläne mit mittelbarer Verbindlichkeit», was sich auch im Rechtsschutz äussern sollte (N. 68, vgl. indes BGE 119 Ia 289 f. E. 3b Winterthur ZH). Der Richtplan zeigt, wo welche Vorkehren ergriffen werden sollen, wodurch dem nachfolgenden Planungsträger insbesondere verwehrt ist, «richt- oder nutzungsplanerische Massnahmen oder Baubewilligungsentscheide zu treffen, welche der [... F]estlegung entgegenstehen» (S. 294 E. 4a m.H.). Dabei kann es sich auch einmal um Entscheidungen handeln, die «von den betroffenen untergeordneten Gemeinwesen nicht als ideal betrachtet werden, aber als Folge der übergeordneten Planung grundsätzlich hinzunehmen sind» (S. 298 [E. 5b]).

[67] Vgl. BGE 119 Ia 367 f. E. 4a m.H. Retschwil LU.

[68] Der Richtplan «wirkt im Bereich gesetzlich verfasster Ermessens- und Beurteilungsspielräume» (SCHÜRMANN, S. 146), wie sie etwa bei der Erteilung von Ausnahmebewilligungen oder bei der Anwendung der Besitzstandsgarantie (insbes. der erweiterten) oder von Ästhetik-Generalklauseln zu verzeichnen sind.

[69] Bei entsprechender Ausgestaltung der Richtpläne lässt es sich daher allenfalls rechtfertigen, den Detaillierungsgrad der baulichen Nutzungsordnung zugunsten grösserer Beurteilungs- und Ermessensspielräume zu beschränken, ohne die Betroffenen unvorhersehbaren Entscheidungen auszusetzen (vgl. auch DIGGELMANN et al., Siedlungserneuerung, S. 73). Eine solche Vorgehensweise kann sich angesichts der Vielzahl möglicher Sachverhalts-Konstellationen insbesondere für die bauliche Nachverdichtung als zweckmässig erweisen. - Vgl. sodann ZUPPINGER, S. 30.

planung[70] einsehbarer begründen, soweit sie auf richtplanerische Vorgaben abgestützt werden können[71].

3. Die Verknüpfung raumplanerischer Vorgaben mit anderen Sachbereichen staatlichen Handelns

Eine Verbreiterung und Verstärkung der Wirkungen raumplanerischer Vorgaben erfolgt durch die richtplanerische Verknüpfung der Raumplanung mit anderen Bereichen staatlicher Planung. Die Bündelung und einheitliche Ausrichtung raumplanerischer, infrastruktur- und finanzplanerischer sowie anderer Vorgaben, die mit der Raumplanung in Wechselwirkungen zu treten geeignet sind, kann die Verwirklichungschancen der nachfolgenden (grundeigentümerverbindlichen, jedoch als Negativplanung ausgestalteten) Nutzungsplanung erheblich verbessern[72].

---

[70] Der beabsichtigte Erlass von Richtplänen kann seinerseits zur Festsetzung von Planungssicherungsmassnahmen veranlassen, soweit dies gesetzlich vorgesehen ist (vgl. z.B. § 346 Abs. 1 PBG/ZH [Erlass oder Revision von «Gesamtrichtplänen»]).

[71] Vgl. DIGGELMANN et al., Siedlungserneuerung, S. 74. - So kann die planungsrechtliche Baureife dahinfallen, wenn damit zu rechnen ist, «dass ein Richtplanentwurf zu einer Änderung der bestehenden Nutzungsordnung führt», es sei denn, es könnte «mit hoher Wahrscheinlichkeit ausgeschlossen werden [...], dass das umstrittene Projekt mit der zukünftigen planungsrechtlichen Festlegung in Widerspruch stehe» (vgl. BGE 110 Ia 165 f. E. 6a/b Männedorf ZH).

[72] Vgl. HALLER/KARLEN, N. 187.

§ 5 Die gesetzlichen Vorgaben betreffend die Zonenplanung

Während die Richtpläne im Sinne der Positivplanung auf die Verwirklichung einer angestrebten Entwicklung abzielen, sind die Nutzungspläne - und zwar grundsätzlich sowohl die Zonenpläne[1] als auch die Sondernutzungspläne[2] - darauf beschränkt, gewisse raumwirksame Vorgänge zu verhindern bzw. bestimmten Planungsteilgebieten zuzuweisen und nach Art und/oder Umfang zu begrenzen (Negativplanung)[3]; das jeweils verbleibende Zulässige ist dabei nicht mit einem Handlungsauftrag an die Adressaten der Nutzungsplanung verbunden[4], es wird m.a.W. einzig das darüber Hinausgehende verhindert[5]. Die Nutzungsplanung vermag das verdichtete Bauen mithin nicht unmittelbar herbeizuführen, sondern lediglich mittelbar dessen Verwirklichungschancen zu fördern, indem etwa andere Arten baulicher Nutzung zugunsten des verdichteten Bauens vergleichsweise stärker eingeschränkt oder die baubeschränkenden Vorschriften derweise festgelegt werden, dass das verdichtete Bauen als ausgesprochen zweckmässig erscheint. Es sind ferner Zonentypen denkbar, die eine gewisse bauliche Dichte implizieren und in deren Rahmen Bauten, welche diese deutlich unterschreiten, nicht als zonengemäss gelten.

Mittels der Zonenplanung werden die richtplanerischen Vorgaben (und damit auch allfällige Aussagen über die bauliche Dichte) konkretisiert, d.h. exakt ("parzellenscharf")[6] und mit Wirkung für jedermann[7] verbindlich lokalisiert. Die Zonenpläne bestimmen den räumlichen Anwendungsbereich der zonenspezifi-

---

[1] Dieser Begriff wird für das Folgende gleichbedeutend mit dem Begriff «Rahmennutzungsplan» (vgl. HALLER/KARLEN, N. 226) verwendet. Er bezeichnet jene Nutzungspläne, die grundsätzlich das gesamte Gebiet des Planungsträgers erfassen.
[2] Vgl. infra § 6.
[3] Vgl. z.B. HALLER/KARLEN, N. 232, KARLEN, Planungspflicht, S. 121; SCHÜRMANN (S. 155): «negative[...] Abgrenzung des Zulässigen»; LENDI (Gestaltungsvorgaben, S. 17): «Instrument der "Auffangplanung"».
[4] Etwas anders kann es sich bei der Sondernutzungsplanung immerhin insoweit verhalten, als die Möglichkeit besteht, die Sondernutzungspläne bei Ausbleiben von Massnahmen zu ihrer Verwirklichung aufzuheben (vgl. z.B. § 82 PBG/ZH, § 80 PBG/LU, § 47 PBG/SO oder § 48 Abs. 3 E RBG/BL) oder bereits ihre Genehmigung von einer Sicherstellung der Verwirklichung mittels Vereinbarungen abhängig zu machen (vgl. etwa § 23 Abs. 2 E PBG/TG, welche Bestimmung in das revidierte Gesetz allerdings keinen Eingang fand).
[5] Schliesslich ist somit wohl ZUPPINGER (S. 22) zu folgen, wenn er dafür hält, «qu'une réglementation plus étroitement connectée à la planification directrice, en tant que démarche de réflexion sur le devenir du territoire urbanisé, constitue une pré-condition à la densification de l'occupation du sol urbain».
[6] HALLER/KARLEN, N. 303, FRITZSCHE/BÖSCH, S. 12.
[7] Art. 21 Abs. 1 RPG.

schen Bauvorschriften sowie gewisser umweltschutzrechtlicher Vorschriften[8]. Zusammen mit den für alle Zonen gleichermassen gültigen Bauvorschriften bilden der Zonenplan und die sich darauf beziehenden zonenspezifischen Bauvorschriften die baurechtliche Grundordnung[9]. - Im folgenden ist die Verdichtungsrelevanz der Zonenplanung darzustellen, wie sie sich einerseits z.T. bereits aus bundesrechtlichen Vorschriften ergibt (I.) und sie anderseits aus kantonalrechtlichen Bestimmungen hervorgeht (II.).

I. Die Verdichtungsrelevanz der Zonenplanung nach Bundesrecht

Das Bundesrecht enthält keine Vorschriften, die sich unmittelbar zur baulichen Dichte der Siedlungsgebiete äussern[10]. Die Geltung (und Justiziabilität) der Ziele und Grundsätze der Raumplanung - worunter die haushälterische Nutzung des Bodens (Art. 1 Abs. 1 Satz 1 RPG) und die Siedlungsbegrenzung (Art. 3 Abs. 3 Satz 1 RPG) - erstreckt sich jedoch unbestrittenermassen auch (und sogar insbesondere) auf die Zonenplanung[11]. Dies ergibt sich ausdrücklich aus Art. 26 RPV, wonach die Träger der Nutzungsplanung angehalten sind, der kantonalen Genehmigungsbehörde die Übereinstimmung ihrer Zonenpläne u.a. mit den Zielen und Grundsätzen der Raumplanung darzulegen. Der Abs. 2 des Art. 26 RPV, welcher den Nachweis von Nutzungsreserven und von Strategien zu deren Realisierung im Sinne der haushälterischen Nutzung des Bodens vorschreibt, bezieht sich zwar in erster Linie auf das weitgehend überbaute Siedlungsgebiet[12], lässt diese Vorgehensweise bei systematischer Auslegung[13] und in Verbindung mit dem Abs. 1 von Art. 26 RPV jedoch auch für unüberbaute Planungsteilgebiete als angezeigt erscheinen. Es liegt schliesslich auf der Hand, dass die Planungsträger im Hinblick auf die Dimensionierung der Bauzonen nicht bloss die effiziente Nutzung bereits weitgehend überbauter Gebiete aufzuzeigen und in Rech-

---

[8] Vgl. z.B. Art. 43 f. LSV.
[9] Deren Bedeutung soll nach ZUPPINGER (S. 50 ff.) im Hinblick auf eine rationellere und intensivierte Nutzung des Bodens auf eine «référence légale de base» reduziert werden, während die eigentliche bauliche Nutzungsordnung durch «cahiers de charge» mit zwingenden, nachgiebigen sowie lediglich wegleitenden Regeln (vgl. S. 56) umschrieben würde.
[10] Vgl. immerhin Art. 15 Abs. 3 E ExpK RPG zur Förderung der Siedlungsqualität und der platzsparenden Bauweise.
[11] Die Planungsgrundsätze stellen für die mit Planungsaufgaben betrauten Behörden aller Stufen das verbindliche Prüfungsprogramm dar (vgl. BGE 112 Ia 68 [E. 4 m.H.] Bever GR sowie RAMISBERGER [S. 115], wonach sie «verbindliche Wertungsgesichtspunkte vor[geben], denen bei Planungsentscheidungen Rechnung zu tragen ist»; vgl. ferner EJPD/BRP, Erläuterungen RPG, Art. 1 N. 4 und Art. 3 N. 8 ff.
[12] Vgl. daher die eingehendere Darstellung von Art. 26 RPV unter § 11 II. 1. B.
[13] Mit «Insbesondere» (bzw. «en particulier») wird der Hauptgegenstand der Ausführungen nach Art. 26 Abs. 1 RPV ausdrücklich hervorgehoben; die damit manifestierte Bedeutung für die Zonenplanung insgesamt lässt es als angezeigt erscheinen, sich auch hinsichtlich des nicht überbauten Gebietes dazu ausführlich zu äussern.

nung zu stellen haben, sondern auch hinsichtlich der unüberbauten Bauzonen eine Optimierung des Nutzungspotentials nachweisen müssen[14].

Bei der Beurteilung der Ziel- und Grundsatzkonformität kommunaler Zonenpläne wird sich die Genehmigungsbehörde orientieren an Prinzipien, die das Bundesgericht im Zusammenhang mit der Bauzonendimensionierung[15] herausgebildet hat. Auszugehen ist dabei vom Grundsatz der Siedlungskonzentration[16], welcher vorab mit der Trennung von Bau- und Kulturland, der zweckmässigen Anlage und Ausnützung der Infrastruktur, dem Immissionsschutz und der haushälterischen Nutzung des Bodens begründet wird. Aus der Motivation des Konzentrationsprinzips ergibt sich somit ohne weiteres, dass dieses keineswegs nur die horizontale Ausdehnung der Bauzonenfläche betrifft, sondern gleichermassen deren bauliche Dichte[17].

II. Die Erfassung des verdichteten Bauens durch die kantonale Gesetzgebung über die Zonenplanung

Nachdem sich der Zonenplan grundsätzlich auf das gesamte Gebiet des Planungsträgers erstreckt, betrifft er auch jene Planungsteilgebiete, die gegebenenfalls verdichtet überbaut werden sollen. Es ist im folgenden somit darzustellen, nach welchen Kriterien das verdichtete Bauen zonenplanerisch zu erfassen ist (1.) und wie sich diese Erfassung nach den untersuchten kantonalen Gesetzgebungen betreffend die Zonenplanung etwa gestaltet (2./3.).

1. Die Erfassungskriterien

Nach der Struktur ihrer Nutzungsarten lassen sich verdichtete Überbauungen in aller Regel ohne weiteres in die kantonalrechtlichen Zonentypen einordnen. Dies

---

[14] Im Rahmen der Begrenzung der Bauzone («une équitation à plusieurs inconnues», BIANCHI, S. 143 f.) können die Parameter (bauliche Dichte und Flächenbedarf) mithin nicht frei bestimmt werden, sondern sind konsequent auf eine haushälterische Nutzung des Bodens auszurichten. Es verbietet sich mithin das Abstellen auf Erfahrungswerte, ohne diese einer Überprüfung mit Blick auf die anzustrebende bauliche Entwicklung zu unterziehen, da ansonsten möglicherweise einer Perpetuierung raumplanerisch unerwünschter Erscheinungen Vorschub geleistet würde.

[15] Danach muss sowohl die Bauzone insgesamt als auch jede der einzelnen «Teilbauzonen mit bestimmter Nutzungsdichte und besonderem Zonencharakter» in ihrer Dimensionierung den einschlägigen Vorschriften entsprechen (BGE 114 Ia 255 E. 3e m.H. Deitingen SO), wobei auch die regionalen (idealerweise richtplanerisch koordinierten) Verhältnisse zu berücksichtigen sind (BGE 118 Ia 158 E. 4d m.H. Bottmingen BL, 117 Ia 432 E. 4b m.H. Wiesendangen ZH, BGE vom 12. Dezember 1995 E. 7b Glattfelden ZH; vgl. auch HALLER/KARLEN, N. 281). Die Bauzonendimensionierung (insbes. bzgl. der einzelnen Teilbauzonen), wie sie sich aus der alleinigen Anwendung von Art. 15 lit. b RPG ergäbe, ist somit durch Ausrichtung auf übergeordnete Planungserfordernisse zu relativieren und zu korrigieren. - Vgl. auch supra § 2 II. insbes. 2. und 3.

[16] Vgl. BGE 116 Ia 336 f. E. 4a Büsserach SO.

[17] Vgl. BGE 113 Ia 269 E. 3a Carouge GE.

gilt nicht nur für jene kantonalen Gesetzgebungen, die eine bloss beispielhafte Aufzählung möglicher Zonentypen enthalten[18], sondern auch für jene mit numerus clausus der Zonentypen[19], erlauben doch regelmässig auch sie eine über die eigentlichen Zonentypen hinausgehend differenzierte Ausgestaltung der zulässigen Nutzungsarten[20].

Als bedeutsamer erweist sich somit die Qualifizierung hinsichtlich der baulichen Dichte. Es sind diesbezüglich - abgesehen von der Verweisung des verdichteten Bauens auf die Sondernutzungsplanung[21] - verschiedene Arten zonenplanerischer Erfassung denkbar und (allerdings unterschiedlich verbreitet) auch anzutreffen: etwa die Erfassung durch einen herkömmlichen Zonentyp verdichtungsrelevanter Ausprägung (2.) oder durch besondere Zonen für verdichtetes Bauen (3.), seien diese als Grundzone oder als überlagernde Zone ausgestaltet.

2. Die herkömmlichen Zonentypen dichterelevanter Ausprägung

Zur baulichen Dichte als zonentypischem Merkmal äussern sich die kantonalen Gesetzgebungen - soweit sie überhaupt Definitionen der Zonentypen vorsehen - nur vereinzelt und dabei zumeist im Zusammenhang mit dem jeweiligen Zonenzweck[22]. So ist etwa die für die Zentrumszonen nach zürcherischem Recht[23] vorgesehene «dichte Überbauung» zur Entwicklung nutzungsdurchmischter Siedlungszentren bestimmt, während eine allfällige Dichterelevanz der Kernzonen (und wohl auch der Quartiererhaltungszonen) an die Erhaltung oder Erweiterung schutzwürdiger Siedlungsstrukturen geknüpft ist[24]. Anders als die siedlungserhal-

---

[18] Vgl. etwa Art. 72 Abs. 4 BauG/BE (ZAUGG, Kommentar Art. 72 - 74 BauG/BE, N. 14), § 39 Abs. 2 - 4 PBG/LU, § 29 Abs. 1 PBG/SO, § 15 Abs. 2 BauG/AG oder § 13 PBG/TG.

[19] Vgl. § 48 Abs. 2 PBG/ZH (dazu BEZ 1985 Nr. 29 E. 5a) und wohl auch § 22 Abs. 1 E RBG/BL.

[20] Vgl. § 49 Abs. 1 PBG/ZH sowie § 22 Abs. 2 E RBG/BL.

[21] Vgl. infra § 6. - Soweit sinnvoll, sollten Möglichkeiten zur baulichen Verdichtung jedoch grundsätzlich bereits mit der Zonenplanung eröffnet werden (vgl. DIGGELMANN, Ergänzungsband ZH, S. 15 und S. 32; desgl. WIPFLI, S. 381).

[22] Das zürcherische Recht enthält in § 49a Abs. 1 PBG/ZH immerhin in der Regel festzusetzende, nach (anhand der zulässigen Geschosszahl unterschiedenen) Zonenarten abgestufte minimale Ausnützungsziffern. In allgemeiner Weise sollen sodann die Gewerbe- und Industriezonen nach dem Revisionsentwurf zum basellandschaftlichen Recht gemäss § 25 Abs. 4 E RBG/BL «unter Beachtung der Gebäude- und Umgebungsgestaltung intensiv genutzt werden».

[23] Vgl. § 51 Abs. 1 PBG/ZH (ähnlich die Kernzone nach solothurnischem Recht [§ 31 PBG/SO] sowie die Zentrumszone nach basellandschaftlichem Recht gemäss Revisionsentwurf [§ 24 Abs. 2 E RBG/BL]); die bernische Kernzone umfasst die Gebiete besonders intensiver Nutzung im Ortskern, während die Geschäftszone entsprechende Regelungen für ausserhalb des Ortskerns gelegene Standorte enthalten kann (ZAUGG, Kommentar Art. 72 - 74 BauG/BE, N. 14a).

[24] Vgl. § 50 und § 50a PBG/ZH (desgl. die Kernzonen nach solothurnischem Recht [§ 31 insbes. Abs. 3 PBG/SO] und nach basellandschaftlichem Recht laut Revisionsentwurf [§ 24 Abs. 1 E RBG/BL]; wohl ähnlich die jeweils von den kommunalen Planungsträgern näher auszugestaltenden Altstadt- und Dorfkernzonen nach bernischem Recht, die Kern-, Altstadt- und Dorfzonen nach luzernischem Recht [§ 39 Abs. 2 Lemma 2 PBG/LU], die Kern- und Orts-

tenden Zonentypen umfassen die Zentrumszonen nicht schon per definitionem ausschliesslich bereits überbautes Siedlungsgebiet. Grundsätzlich lassen sich solche Konzentrationszonen auch in unüberbauten Gebieten festsetzen, so etwa bei der Schaffung neuer Siedlungsteile, die mit einem selbständigen nutzungsdurchmischten Zentrum[25] ausgestattet werden sollen[26]; die Zentrumsfunktion kann dabei auch bezogen auf ein verhältnismässig kleinräumiges Einzugsgebiet durchaus eine erhöhte bauliche Dichte erfordern. In aller Regel jedoch dürften Zentrumszonen wohl innerhalb bestehender Siedlungen festgesetzt werden[27].

Bisweilen ergibt sich eine dichterelevante Ausprägung von Bauzonen auch bloss mittelbar aus einer näher umschriebenen Zwecksetzung des Zonentyps, welche eine bestimmte Überbauungsart und damit regelmässig auch eine bestimmte bauliche Dichte impliziert. Dies dürfte auf die «zones de l'ordre contigu» oder die «zones d'habitations collectives» zutreffen, wie sie etwa in den Zonenplänen waadtländischer Gemeinden anzutreffen sind[28].

Die Festlegung der zulässigen (oder vorgeschriebenen) baulichen Dichte betrifft ansonsten jedoch nicht die Frage nach dem anzuordnenden Zonentyp, sondern kann weitgehend unabhängig davon durch entsprechende Ausgestaltung der quantitativen (d.h. der unmittelbar baubeschränkenden) Bauvorschriften erfolgen.

3. Die Zonen für verdichtetes Bauen

Das verdichtete Bauen kann zonenplanerisch auch durch das Ausscheiden eigens dafür vorgesehener Zonen erfasst werden. Solche Zonentypen können dabei als eigentliche Teilbauzonen der baurechtlichen Grundordnung (als Grundzonen) ausgestaltet werden (A.) oder die baurechtliche Grundordnung (u.U. sogar verschiedener Teilbauzonen gleichzeitig) als überlagernde Zonen ergänzen (B.). Mit der Schaffung besonderer Zonentypen kann u.a. auch erreicht werden, dass bestimmte Arten von Bauten, deren Erstellung ansonsten an das Vorliegen eines Sondernutzungsplans geknüpft ist[29], ohne weiteres als zonentypenkonforme Bau-

---

bildschutzzonen des aargauischen Rechts [§ 15 Abs. 2 lit. a und lit. e BauG/AG] und die Kernzonen nach thurgauischem Recht [§ 13 Ziff. 1 lit. d PBG/TG]). - Vgl. dazu eingehender infra § 11 II. 2. A.

[25] Ein solches Zentrum kann etwa gewerbliche Nutzungen (Dienstleistungs-, Versorgungs-, Gewerbebetriebe, öffentliche Verwaltung, Bildungs-, Begegnungs- und Unterhaltungsstätten) und Wohnnutzung umfassen.

[26] Quartier-Zentrumszonen sind denn auch ausdrücklich vorgesehen in § 51 Abs. 1 PBG/ZH und in § 24 Abs. 2 E RBG/BL.

[27] Für das Weitere sei hier deshalb auf infra § 11 II. 2. B. verwiesen.

[28] Vgl. MATILE et al., Kommentar Art. 48 LATC/VD, N. 1.2 und N. 1.6.

[29] Vgl. z.B. Bauvorhaben gemäss Art. 23 (Terrassenhäuser) und Art. 29 lit. d BauV/BE (Bauten, die derart weitgehende Abweichungen von der baurechtlichen Grundordnung benötigen, dass sie mit dieser nicht mehr vereinbar wären) i.V.m. Art. 19 Abs. 2 BauG/BE.

ten allein gestützt auf die baurechtliche Grundordnung ausgeführt werden können, womit die Sondernutzungsplanungs-Pflicht entfällt[30]. Bei entsprechender Ausgestaltung der zonenspezifischen baurechtlichen Grundordnung kann sodann eine Überbauungsart (z.B. die verdichtete Bauweise) als einzige zonentypenkonforme bauliche Nutzung festgelegt werden.

A) Als Grundzonen

Die Schwierigkeit beim Ausscheiden besonderer Nutzungszonen für das verdichtete Bauen liegt darin, den Begriff des verdichteten Bauens präzise genug zu definieren, um diese Überbauungsart von anderen abzugrenzen, ohne jedoch die architektonische Gestaltungsfreiheit allzu stark einzuschränken und beispielsweise die Additionsprinzipien oder den Gebäudetyp vorwegzunehmen. Die Bauzone für verdichtete Bauweise des luzernischen Rechts[31], welche nebst als überlagernde auch als Grundzone ausgestaltet werden kann, verweist für die Verwirklichung verdichteter Überbauungen daher auf die Sondernutzungsplanung[32]. Sie ist demzufolge als Zone mit Sondernutzungsplanungs-Pflicht zu qualifizieren und unterscheidet sich - abgesehen von konkreten Anforderungen an das verdichtete Bauen als Merkmal des Zonentyps - letztlich nicht von Festlegungen, wie sie andere kantonale Gesetzgebungen vorsehen[33].

B) Als überlagernde Zonen

Als überlagernde Zonen festgesetzte Verdichtungsgebiete können ohne weiteres Planungsteilgebiete verschiedener Grund-Zonentypen erfassen; die Anordnungen der möglicherweise verschiedenartigen Nutzungszonen, die der «Verdichtungszone» unterliegen, gelten dabei unverändert, soweit nicht die überlagernde Zone etwas anderes vorsieht[34]. Im einzelnen äussert sich die Überlagerung durch

---

[30] Vgl. Art. 20 Abs. 4 lit. a BauG/BE; vgl. auch ZAUGG, Kommentar Art. 19/20 BauG/BE, N. 3, wonach dazu erforderlich ist, dass «das Baureglement die zugelassenen besonderen Bauvorhaben umschreibt und der Zonenplan ihre möglichen Standorte bezeichnet».

[31] § 41 PBG/LU.

[32] § 41 Abs. 4 PBG/LU.

[33] Vgl. etwa § 48 Abs. 3 PBG/ZH (Gestaltungsplan-Pflicht im Interesse «differenzierte[r] bauliche[r] Verdichtung»), § 27 Abs. 1 i.V.m. § 38 Abs. 1 E RBG/BL (Quartierplanpflicht zur haushälterischen Nutzung bestimmter Teilgebiete der Bauzonenfläche), § 16 Abs. 3 BauG/AG (Sondernutzungsplanungs-Pflicht) i.V.m. § 21 Abs. 1 (insbes. lit. b, worunter wohl v.a. das verdichtete Bauen zu subsumieren ist). - Ähnlich, jedoch ohne ausdrückliche Ausrichtung auf die bauliche Verdichtung: Art. 73 Abs. 2 i.V.m. Art. 92 ff. BauG/BE (Zonen mit Planungspflicht für besonders bedeutsame Überbauungen), § 61 (Gestaltungsplan-Pflicht für Bauten mit erheblichen Auswirkungen) i.V.m. § 18 PBG/TG (Verdichtung als ein möglicher Zweck der Gestaltungsplanung, so dass allenfalls dennoch von einer gewissen Ausrichtung der Gestaltungsplan-Pflicht auf die bauliche Verdichtung auszugehen ist).

[34] Dies erweist sich nicht zuletzt in verfahrensmässiger Hinsicht als vorteilhaft. Der Planungsträger kann durch eine blosse Ergänzung des Zonenplans Möglichkeiten für das verdichtete Bauen schaffen, ohne das gesamte Zonengefüge in Frage stellen zu müssen (es sei denn, mit der blo-

die Anwendbarkeit von Bauvorschriften, die zur unterliegenden baurechtlichen Grundordnung hinzutreten[35], davon abweichen[36] oder Teile derselben als nicht anwendbar oder etwa als erleichtert derogierbar erklären.

Überlagernde Zonen für das verdichtete Bauen kennen das luzernische[37] und das thurgauische[38] Recht. Die Zonenüberlagerung ist dabei nach luzernischem Recht nur zulässig, soweit sich die Zwecke der beiden Zonen nicht ausschliessen[39]; ergibt sich aus der Überlagerung faktisch eine gemischte Zone, so darf dadurch der Zonencharakter der unterliegenden Zonen nicht übermässig verändert werden[40]. Diese Beschränkungen des Regelungsspielraums hinsichtlich der Zonentypen werden ergänzt durch die Begrenzungen der Abweichungsmöglichkeiten von der unterliegenden baurechtlichen Grundordnung, wie sie sich aufgrund der Verweisung[41] auf die Gesetzgebung betreffend die Sondernutzungsplanung ergeben[42]. Die überlagernde Verdichtungszone des thurgauischen Rechts ist weit weniger detailliert geregelt, so dass den nachfolgenden Planungsträgern ein Regelungsspielraum verbleibt, der wohl auch eine Ausgestaltung der überlagernden Zone als baurechtliche Grundordnung umfassen dürfte.

Als überlagernde Zonen mit verdichtungsrelevanter Wirkung sind auch die «zones de développement» des genferischen Rechts ausgestaltet[43], die u.a. eine haushälterische Nutzung[44] der betroffenen Planungsteilgebiete bezwecken, indem sie Bauvorhaben ermöglichen, welche die in der Grundzone («zone ordinai-

---

ssen [nicht weiter abgestimmten] Überlagerung drohe eine Verschärfung bereits bestehender Nutzungskollisionen).

[35] Z.B. die Ausschöpfungspflicht nutzungsmässiger Festlegungen oder die Verbindlicherklärung (statt blosse Zulässigkeit) von Nutzungsmischungen.

[36] Z.B. Erleichterungen bei den quantitativen Bauvorschriften betreffend Volumetrie, Abstände oder Bauweisen sowie bei den Nutzungsziffern.

[37] § 38 Abs. 2 Lemma 6 PBG/LU («Zone für verdichtete Bauweise»).

[38] § 14 PBG/TG («Verdichtungszonen»).

[39] § 38 Abs. 1 PBG/LU.

[40] Vgl. sinngemäss § 39 Abs. 3 PBG/LU.

[41] Die Ausgestaltung der Zone für verdichtete Bauweise als Zone mit Sondernutzungsplanungs-Pflicht (vgl. § 41 Abs. 4 PBG/LU) gilt mangels anderslautender Bestimmung wohl auch für die Zonenüberlagerung.

[42] Die Regelung betreffend den Bebauungsplan lässt gemäss § 68 PBG/LU nur «notwendig[e]» Abweichungen vom Zonenplan zu, und dazu erst noch lediglich in «Einzelheiten». Ein Gestaltungsplan darf gemäss § 75 Abs. 1 PBG/LU nur Abweichungen aufweisen, «sofern wegen der besonderen Verhältnisse eine eigene Regelung sinnvoll erscheint und der Zonencharakter gewahrt bleibt»; zu einzelnen Abweichungen: § 75 Abs. 2 und 3 PBG/LU. - Vgl. zum Ganzen infra § 6 II. 2.

[43] Vgl. Art. 12 al. 4 i.f. LALAT/GE (Loi d'application de la loi fédérale sur l'aménagement du territoire du 4 juin 1987, RS/Ge L.1.17; i.d.F. vom 18. September 1987).

[44] Vgl. Art. 1er phrase 1ère LGZD/GE (Loi générale sur les zones de développement du 29 juin 1957, wo nicht anders vermerkt i.d.F. vom 18. September 1987, RS/Ge L.1.11): «aménagement et [...] occupation rationnelles».

re») ansonsten zulässige bauliche Dichte überschreiten[45]. Voraussetzung dafür bilden in aller Regel Sondernutzungspläne[46] sowie die Festlegung der Zwecksetzung der Bauten und von Modalitäten deren Erstellung[47]. Diese Projektgrundlagen unterliegen der Genehmigung durch die kantonale Exekutive, während die räumliche Festsetzung der «zones de développement» im Rahmen der Zonenplanung erfolgt[48]. Diese Entwicklungszonen sind zwar nicht ausdrücklich auf das verdichtete Bauen ausgerichtet, vermögen dieses durch die allgemeine Erweiterung der baulichen Nutzungsmöglichkeiten sowie nach Massgabe der Ausgestaltung der regelmässig erforderlichen Sondernutzungspläne aber immerhin zu erleichtern[49]. Der Bauwillige kann die Sondernutzungsplanung zur Verwirklichung der mittels Entwicklungszone geschaffenen Überbauungsmöglichkeiten sogar selber auslösen, indem er ein der Grundzone entsprechendes Bauvorhaben anstrebt, welches aufgrund der negativen Vorwirkung der Festlegung einer «zone de développement» abzuweisen ist, wobei der Behörde innert Frist die Schaffung der erforderlichen Planungen obliegt, ansonsten die Planungssicherungsmassnahmen dahinfallen[50]. Ist eine «zone de développement» noch nicht festgesetzt, aber jedenfalls einigermassen konkret beabsichtigt, so findet dieses Vorgehen sinngemäss auf die Plansetzung Anwendung[51].

---

[45] BELLANGER/LEBET (S. 46): «La zone de développement se superpose à la zone ordinaire et y déroge [...] pour permettre la construction de bâtiments correspondant à une zone déterminée dans une zone de moins forte densité. On applique le régime plus favorable d'une zone à une autre, par exemple, celui de la zone 3 à la zone 5».

[46] «Plans localisés de quartier» (vgl. Art. 2 al. 1er lit. a und Art. 3 LGZD/GE sowie den Annexe au règlement d'application du 20 décembre 1978 de la LGZD/GE, RS/Ge L.1.11,5, i.d.F. vom 11. Oktober 1989; zum Festsetzungsverfahren vgl. Art. 5A ff. LGZD/GE i.d.F. vom 29. April 1993).

[47] «Conditions particulières applicables au projet» (vgl. Art. 2 al. 1er lit. b und Art. 4 f. LGZD/GE; des weiteren sind Mietzins- und Verkaufspreiskontrollen nach der kantonalen Gesetzgebung über das Wohnungswesen und den Mieterschutz zu beachten).

[48] Vgl. Art. 2 al. 1er LGZD/GE bzw. Art. 12 ff. LALAT/GE.

[49] Vgl. z.B. die etwa in Art. 19 al. 3 oder Art. 23 al. 3 LCI/GE (Loi sur les constructions et les installations diverses du 14 avril 1988, RS/Ge L.5.1; je i.d.F. vom 18. September 1992) zugunsten der «plans localisés de quartier» getroffenen Vorbehalte bezüglich der zulässigen Gebäudehöhe.

[50] Vgl. Art. 2A al. 1er LGZD/GE.

[51] Vgl. Art. 17 LALAT/GE.

§ 6 Die gesetzlichen Vorgaben betreffend die Sondernutzungsplanung

Die Sondernutzungsplanung, welcher für die bauliche Verdichtung herausragende Bedeutung zukommt, ist im folgenden zunächst begrifflich zu bestimmen, in ihrer Funktion zu umschreiben und in ihrem Verhältnis zur Zonenplanung zu charakterisieren (I.), bevor die Verdichtungsrelevanz der sie betreffenden gesetzlichen Vorgaben zu erörtern (II.) und ihre Verknüpfung mit der Zonenplanung darzustellen ist (III.).

I. Allgemeines

Die Sondernutzungsplanung ist kein bundesrechtlich bestimmter Begriff[1]; die kantonalen Gesetzgebungen zeigen eine Vielzahl verschiedenartig ausgeprägter unmittelbar rechtsverbindlicher Raumpläne, die von Rechtsprechung[2] und Lehre[3] unter den Begriff des Sondernutzungsplans zusammengefasst werden. Diesen Begriff gilt es insbesondere mit Blick auf den vorliegend interessierenden Zusammenhang zu definieren (1.). Die Sondernutzungsplanung ist sodann nach ihrer Funktion näher zu bestimmen (2.) und zur Zonenplanung in Beziehung zu setzen (3.).

1. Definition

Als Sondernutzungspläne im hier verstandenen Sinne (d.h. als raumplanungsrechtliche Grundlage zur Erstellung von Gebäuden in verdichteter Bauweise) gelten Nutzungspläne[4], die für begrenzte Planungsteilgebiete besondere, sich von

---

[1] Vgl. allerdings Art. 14 Abs. 5 E ExpK RPG, durch den die Sondernutzungspläne auf eine bundesgesetzliche Grundlage gestellt werden sollten.

[2] Vgl. z.B. BGE 118 Ib 485 ff. (unveröffentlichte E. 1a/aa) Augst BL (Quartierplan des geltenden basellandschaftlichen Rechts), 116 Ia 41 ff. insbes. S. 47 E. 4c/cb Silvaplana GR (Gestaltungsplan), 116 Ia 433 ff. Bex VD (plan partiel d'affectation), 116 Ia 234 (E. 4a) Kappel SO (Erschliessungsplan), 117 Ib 37 f. E. 2 Kloten ZH sowie 116 Ib 163 E. 1 m.H. Eschlikon TG (Strassenpläne), 112 Ib 166 f. E. 2b Rougemont VD (plan établissant le tracé des routes), 115 Ib 505 ff. Coldrerio e Novazzano TI (piano cantonale di utilizzazione per discarica), 118 Ib 507 ff. E. 6 Thalwil ZH (Werkplan), 118 Ia 394 ff. und 406 ff. Thalwil ZH bzw. Kilchberg ZH (Baulinienpläne).

[3] Vgl. z.B. EJPD/BRP, Erläuterungen RPG, Vorbemerkungen zu Art. 14 - 20, N. 2, HALLER/KARLEN, Titel zu § 7, SCHÜRMANN, S. 156 f., FRITZSCHE/BÖSCH, S. 20 ff., DIGGELMANN et al., Siedlungserneuerung, S. 109 ff.

[4] Anders als in gewissen Sachbereichen (z.B. Strassenbau [vgl. BGE 116 Ib 163 E. 1 m.H. Eschlikon TG], Kiesabbau [vgl. BGE 118 Ib 71 E. 1c/ca Lommiswil SO], Materialablagerung [vgl. BGE 115 Ib 507 E. 2 Coldrerio e Novazzano TI] oder Golfplatzbau [vgl. BGE 118 Ib 14 f.

der baurechtlichen Grundordnung abhebende bauliche Nutzungsordnungen (sog. Spezialbauordnungen[5]) aufstellen, sei es, dass die besonderen nutzungsplanerischen Festlegungen und/oder Bauvorschriften die baurechtliche Grundordnung derogieren[6], sei es, dass sie diese detaillierter ausgestalten und mithin ergänzen[7]. -[8]

2. Funktion

Die Sondernutzungsplanung bezweckt, einzelne Teilbereiche der Nutzungsordnung eingehend zu regeln. Dabei kann es sich um bestimmte Sachbereiche (wie Erschliessung, Landsicherung für öffentliche Werke usw.) oder um räumliche Bereiche handeln, welche eine besonders sorgfältige und auf die konkreten Verhältnisse abgestimmte planerische Behandlung erfordern. Die Sondernutzungspläne sollen eine den tatsächlichen Gegebenheiten des Planungsteilgebietes (z.B. Lage, Topografie, Exposition bzgl. Siedlungs- oder Landschaftsbild) Rechnung tragende bauliche Nutzung ermöglichen, wenn eine Überbauung gemäss baurechtlicher Grundordnung nicht zu befriedigen vermöchte.

Aufgrund des zusätzlichen Planungsaufwandes und des im Vergleich zum Zonenplan in aller Regel erhöhten Detaillierungsgrades ihrer Festlegungen bringen Sondernutzungspläne zwar stärkere Eingriffe in die Eigentümerrechte mit sich

---

E. 2c m.H. Saanen und Zweisimmen BE]) sind die Sondernutzungspläne im vorliegenden Zusammenhang nicht Bewilligungen gleichzustellen (vgl. WOLF/KULL, N. 43). Nach Art. 45 Abs. 1 BewD/BE kann eine Überbauungsordnung jedoch als generelle oder ordentliche Baubewilligung gelten, «soweit sie das Bauvorhaben mit der Genauigkeit der Baubewilligung festlegt».

[5] Vgl. HALLER/KARLEN, N. 324, sowie WOLF/KULL (N. 42 f.), wonach die Sondernutzungspläne (Gestaltungspläne) «eine detailliertere Baurechtsordnung» aufstellen, «mit der bindend festgelegt wird, wie die Überbauung [...] in einem bestimmten Gebiet zu gestalten» ist. - Vgl. z.B. auch Art. 88 Abs. 1 BauG/BE (nähere Festlegung, auf welche Weise bestimmte Teile des Gemeindegebietes zu überbauen [etc.] sind) oder Art. 64 al. 1er LATC/VD (plan d'affectation limité à une portion déterminée du territoire et fixant des conditions détaillées d'urbanisme [etc.]).

[6] Soweit gesetzlich vorgesehen (vgl. infra II. 2.), kann mithin durch die Sondernutzungsplanung die bestehende Nutzungsordnung für das Anwendungsgebiet des Sondernutzungsplans abgeändert werden, ohne dass dazu die Voraussetzungen gemäss Art. 21 Abs. 2 RPG vorzuliegen hätten. Der Sondernutzungsplan tritt - soweit er abweichende Bestimmungen enthält - gleichsam an die Stelle des Zonenplans (vgl. RB 1994 Nr. 75 m.H.).

[7] Die Ergänzung der Zonenplanung kann dadurch als geboten erscheinen, dass einem besonderen räumlich bedingten Regelungsbedürfnis Rechnung zu tragen ist; sie kann jedoch auch grundlegende und umfassend regelungsbedürftige Fragen betreffen, für die in der Zonenplanung auf die Sondernutzungsplanung verwiesen wird (vgl. z.B. Art. 10 Abs. 3 Satz 2 BZR/Luzern, wonach das Mass der zulässigen baulichen Nutzung für bestimmte Zonenarten in Bebauungsplänen [§ 65 ff. PBG/LU] festgelegt wird).

[8] Vgl. zum Ganzen auch EJPD/BRP, Erläuterungen RPG, Vorbemerkungen zu Art. 14 - 20, N. 2; BGE 112 Ib 166 f. E. 2b Rougemont VD: «Tandis que les plans d'affectation généraux déterminent globalement les différents modes d'utilisation du sol, les plans d'affectation spéciaux [...] fixent la réglementation de détail ou prescrivent les normes qui dérogent à l'affectation générale».

als sie die baurechtliche Grundordnung im allgemeinen vorsieht; die Sondernutzungspläne enthalten dafür gegebenenfalls bauliche Nutzungsmöglichkeiten, die nach Art der Überbauung von dem abweichen, was die baurechtliche Grundordnung zuliesse, und/oder dem Umfange nach darüber hinausgehen. Die Sondernutzungsplanung führt sodann zu einer weiteren "Veröffentlichung" der Bautätigkeit, indem die entsprechenden Pläne, welche in ihren Festlegungen bisweilen nahe an die Projektschärfe heranreichen, zumeist in einem Verfahren ergehen, das im wesentlichen der demokratischen Erlassform der Zonenpläne entspricht. Damit erfährt die Einflussnahme des Gemeinwesens auf die Ausgestaltung der Nutzungsordnung eine sachliche Vertiefung; für den Bauwilligen ergeben sich daraus oftmals Unwägbarkeiten, die ihm bei der Anwendung der baurechtlichen Grundordnung erspart bleiben und mitunter seinen Nutzungsentscheid beeinflussen können.

3. Das Verhältnis zur Zonenplanung

Das Zusammenspiel von Sondernutzungsplanung und Zonenplanung kann Gegenstand ausdrücklicher Regelung bilden oder sich nach dem Grundsatz «lex specialis derogat legi generali» richten. Besteht keine ausdrückliche Sondernutzungsplanungs-Pflicht[9], der zufolge das Bauen vom Vorliegen eines rechtskräftigen Sondernutzungsplans abhängig zu machen wäre, so kommt bei Fehlen eines solchen ohne weiteres die baurechtliche Grundordnung zur Anwendung, es sei denn, räumlich und inhaltlich ausreichend konkretisierte richtplanerische Anordnungen sähen eine Verpflichtung zur Sondernutzungsplanung vor[10]. Solche eigentlich bloss behördenverbindlichen Vorgaben können allfälligen Bauvorhaben mit Planungssicherungsmassnahmen entgegengehalten werden[11] und auf diese Weise die Anwendbarkeit der baurechtlichen Grundordnung ausschliessen. Die Sondernutzungsplanungs-Pflicht - aus was für einer Art der Festsetzung sie auch hervorgehen mag - darf indes keinesfalls dazu führen, dass die Überbauung von Land, welches einer bundesrechtskonformen Bauzone zugeordnet worden ist,

---

[9] Siehe dazu eingehend infra III.

[10] Derartige richtplanerische Anordnungen können etwa darin bestehen, dass die nachgeordneten Behörden - über die nutzungsplanerische Verknüpfung der Sondernutzungsplanung mit der Zonenplanung hinausgehend - unmittelbar dazu verpflichtet werden, für gewisse Baugebiete (öffentliche) Sondernutzungspläne zu erlassen, oder dass ihnen Entwicklungsvorstellungen vorgegeben werden, die sich nur im Rahmen der Sondernutzungsplanung durchführen lassen.

[11] Die angesichts richtplanerischer Anordnung fehlende planungsrechtliche Baureife kann einem Bauvorhaben jedoch nur entgegengehalten werden, soweit die Voraussetzungen für den Erlass der im Richtplan vorgesehenen sondernutzungsplanerischen Massnahmen vorliegen (vgl. BGE 115 Ia 337 E. 3b und 340 E. 5b Wädenswil ZH). Die planungsrechtliche Baureife kann allerdings schon bei Vorliegen eines blossen Richtplanentwurfes dahinfallen, wenn damit zu rechnen ist, dass dieser zu einer Änderung der bestehenden Nutzungsordnung führt (vgl. BGE 110 Ia 165 E. 6a Männedorf ZH).

faktisch so erschwert wird, wie wenn vor der Überbauung zunächst eine Einzonung von Nichtbauzonenland durchzuführen wäre[12].

II. Die Verdichtungsrelevanz der Sondernutzungsplanung

Die Verdichtungsrelevanz der Sondernutzungsplanung beurteilt sich zunächst nach deren inhaltlichen Ausrichtung auf die bauliche Verdichtung (1.) und nach den zulässigen Abweichungen von der baurechtlichen Grundordnung (2.). Für die Verwirklichung der baulichen Verdichtung ist sodann die Durchsetzungskraft der Sondernutzungsplanung (3.) von Bedeutung, verbunden mit der Frage nach der Zulässigkeit von Abweichungen von sondernutzungsplanerischen Festlegungen ihrerseits (4.).

In einem entfernteren Sinne verdichtungsrelevant ist sodann die Frage nach den Möglichkeiten der Grundeigentümer, selber Sondernutzungspläne zu initiieren und auszuarbeiten[13]. Für den Bauwilligen können sich dabei wertvolle Zeitersparnisse ergeben. Er verfügt zudem über eine ausgedehntere planerische "Autonomie", da ihm (freilich im Rahmen der übergeordneten Planung) der erste "Planungsentscheid" zugestanden wird, welcher zumindest Ausgangspunkt der nachfolgenden Planung darstellt und von dem nicht ohne Begründung abzuweichen ist. Der Bauwillige muss nicht auf der Grundlage eines bereits erlassenen Planes projektieren, sondern kann den Sondernutzungsplan vielmehr nach den Regelungsbedürfnissen eines eigenen Bauvorhabens erstellen. Die Berücksichtigung der öffentlichen Interessen ist dabei durch den erforderlichen Beschluss über den Sondernutzungsplan oder zumindest durch dessen Genehmigung ge-

---

[12] Vgl. dazu sinngemäss BGE 112 Ia 159 E. 2c Ermatingen TG sowie infra III.

[13] Die Grundeigentümer können die Sondernutzungsplanung je nach Ausgestaltung des kantonalen Rechts in unterschiedlichem Masse veranlassen und/oder inhaltlich beeinflussen: Während das zürcherische Recht die Ausarbeitung privater Gestaltungspläne weitestgehend den beteiligten Grundeigentümern überlässt (§ 85 f. PBG/ZH), können diese die Erstellung von Quartierplänen nach basellandschaftlichem Recht gemäss Revisionsentwurf (§ 38 Abs. 2 E RBG/BL) und u.U. nach waadtländischem Recht (Art. 67 al. 2 LATC/VD, Art. 16 RATC/VD) immerhin veranlassen und nach § 74 Abs. 1 PBG/LU (für Gestaltungspläne nach luzernischem Recht), § 21 Abs. 3 BauG/AG sowie nach § 21 Abs. 3 BauG/AG und offenbar auch nach waadtländischem Recht (wie aus Art. 67 al. 2 phrase 2 LATC/VD zu schliessen sein dürfte) Sondernutzungsplan-Entwürfe einreichen; nach solothurnischem Recht (§ 14 Abs. 2 PBG/SO) ist das Aufstellen von Sondernutzungsplänen den Einwohnergemeinden vorbehalten. Das bernische Recht sieht in Art. 93 Abs. 4 BauG/BE die Zusammenarbeit von Gemeinde und Grundeigentümern beim Entwerfen von Überbauungsordnungen vor (zur Einreichung von Überbauungsvorschlägen waren die Grundeigentümer schon nach Art. 92 Abs. 3 Satz 1 BauG/BE i.d.F. vom 9. Juni 1985 berechtigt, vgl. ZAUGG, Kommentar [1. A.] Art. 92 BauG/BE [i.d.F. vom 9. Juni 1985], N. 3); es verleiht dem bauwilligen Grundeigentümer kraft Anspruchs auf fristgerechte Überbauungsmöglichkeit (Art. 93 Abs. 3 BauG/BE) zudem einen solchen auf Durchführung des Sondernutzungsplanungs-Verfahrens über einen privaten Überbauungsordnungs-Entwurf (Art. 94 Abs. 4 BauG/BE). Auf Begehren der Grundeigentümer kann ihnen der Gemeinderat die Erarbeitung einer Überbauungsordnung auch von Anfang an übertragen (Art. 94 Abs. 5 BauG/BE).

währleistet. Die Stellung des Bauwilligen kommt somit insgesamt derjenigen recht nahe, die er bei der verhandlungsweisen Erarbeitung einer baulichen Nutzungsordnung im Hinblick auf den Abschluss eines verwaltungsrechtlichen Vertrages einnähme[14].

1. Die Ausrichtung der Sondernutzungsplanung auf die bauliche Verdichtung

Wenngleich überwiegend[15] nicht ausdrücklich auf das verdichtete Bauen ausgelegt, kann die Sondernutzungsplanung dennoch als das ordentliche Vorgehen zur planerischen Instradierung baulicher Verdichtungen gelten[16]. Als Anwendungsmöglichkeiten werden in der Literatur zur Gesetzgebung über die Sondernutzungspläne etwa «Sonderbauformen wie [...] Terrassenhäuser, Teppichsiedlungen und ähnliches oder auch Gesamtüberbauungen»[17] genannt, und auch in der Rechtsprechung finden sich Beispiele für bauliche Verdichtungen, die auf sondernutzungsplanerische Festlegungen zurückgehen[18].

2. Der Rahmen der durch Sondernutzungsplanung zulässigen Abweichungen von der baurechtlichen Grundordnung

Der Beitrag, den die Sondernutzungsplanung zur Verwirklichung des verdichteten Bauens leisten kann, hängt wesentlich ab von Art und Umfang durch Sondernutzungsplan erlaubter Abweichungen von der baurechtlichen Grundordnung[19]; Beschränkungen, wie sie etwa aus richtplanerischen Anordnungen oder

---

[14] Vgl. dazu infra § 16 III.

[15] Gemäss § 18 PBG/TG dient der Gestaltungsplan indes ausdrücklich u.a. der Verdichtung und nach luzernischem Recht stellen die Sondernutzungspläne ein Mittel zur Konkretisierung der Bauzone für verdichtete Bauweise dar (§ 41 Abs. 4 PBG/LU). Das zürcherische Recht nennt in § 48 Abs. 3 PBG/ZH als öffentliches Interesse für den Erlass von Gestaltungsplänen jenes «an einer differenzierten baulichen Verdichtung»; gemäss § 284 Abs. 3 PBG/ZH kann sodann u.a. durch Gestaltungspläne oder Sonderbauvorschriften beim Hochhaus-Überbauungen im Vergleich zu gewöhnlichen Überbauungen erhöhte bauliche Dichte vorgesehen werden. - Das aargauische Recht und der basellandschaftliche Revisionsentwurf schliesslich bezwecken mit ihren Sondernutzungsplänen die haushälterische Nutzung des Bodens (§ 21 Abs. 1 lit. b BauG/AG bzw. § 38 Abs. 1 i.V.m. § 16 Abs. 3 Satz 2 E RBG/BL).

[16] Vgl. HALLER/KARLEN, N. 324; Beispiele für gestützt auf Sondernutzungspläne erstellte verdichtete Überbauungen: Siedlungen Les Pugessies, Yverdon VD (bei LISCHNER, S. 64 ff.), Hintere Aumatt, Wohlen BE (ibid., S. 84 ff.), Richtersmatt, Schüpfen BE (bei LEIBUNDGUT, S. 5 ff.).

[17] ESCHMANN, S. 146. - Nach ZIMMERLIN (Kommentar § 141 aBauG/AG, N. 1 [S. 380]) soll mit den Gestaltungsplänen «u.a. verhindert werden, dass man für den normalen Vorschriften abweichende Gesamtüberbauungen zu Ausnahmebewilligungen Zuflucht nehmen muss».

[18] Vgl. z.B. BGE 116 Ia 41 ff. Silvaplana GR (Quartierplan des bündnerischen Rechts, welcher die Erschliessungs- und die Gestaltungsplanung umfassen kann), 116 Ib 185 ff. Ettingen BL (Quartierplan für Treppenhaussiedlung).

[19] Der Abweichungsbedarf beurteilt sich freilich seinerseits nach Massgabe der Ausgestaltung der baurechtlichen Grundordnung; bei entsprechender Ausgestaltung der Zonenpläne (z.B. gemäss § 41 insbes. Abs. 1 Satz 2 und Abs. 4 Satz 1 PBG/LU) kann m.a.W. ein vergleichsweise gerin-

aus übergeordnetem Recht hervorgehen können, sind dabei aber ohne weiteres zu beachten. In den kantonalen Raumplanungs- und Baugesetzgebungen sind verschiedene Arten von Regelungen anzutreffen. Den umfassenden (A.) stehen die nach Art oder Umfang beschränkten Abweichungsermächtigungen gegenüber (B.), während deren Abstufung (C.) lediglich von verfahrensmässiger Bedeutung ist.

A) Die umfassenden Abweichungsermächtigungen

Die Gesetzgebungen betreffend die Sondernutzungspläne erlauben in aller Regel deren Abweichen von der kommunalen baurechtlichen Grundordnung sowie von kantonalrechtlichen Bauvorschriften. Die Abweichungsmöglichkeiten werden allerdings oft von besonderen Voraussetzungen abhängig gemacht. So müssen sie nach bernischem Recht aufgrund besonderer Verhältnisse des Planungsgebietes als zweckmässig erscheinen oder sich mit Blick auf die besondere Art des Bauvorhabens aufdrängen[20]. Das aargauische Recht überlässt es den Gemeinden, die zulässigen Abweichungen von der baurechtlichen Grundordnung festzulegen[21], knüpft das Abweichen im Einzelfall indes an die Ermöglichung eines siedlungs- und landschaftsgestalterisch besseren Ergebnisses, an das Ausbleiben einer übermässigen Beeinträchtigung der zonengemässen Nutzungsart und an eine Interessenabwägung[22]. Nach waadtländischem Recht sodann sind Abweichungen von der baurechtlichen Grundordnung zulässig, soweit sie die kommunalen raumplanerischen Ziele sowie die Grundsätze der Bauzonendimensionierung beachten[23].

Die Möglichkeit, von kommunalen Vorschriften und planerischen Festlegungen abzuweichen, versteht sich dabei insoweit von selbst, als die Sondernutzungspläne regelmässig durch die kommunale Planungsbehörde im ordentlichen Plansetzungsverfahren beschlossen werden und damit gewissermassen in Form

---

ger sondernutzungsplanerischer Abweichungsspielraum (z.B. gemäss § 75 PBG/LU) hinreichende Überbauungsmöglichkeiten für das verdichtete Bauen zur Verfügung halten.

[20] ZAUGG, Kommentar Art. 88/89 BauG/BE, N. 15 bzw. N. 5; ähnlich der Vorbehalt der Notwendigkeit gemäss § 68 PBG/LU (Bebauungsplan). Der Gestaltungsplan nach luzernischem Recht darf erst ab einer gemäss § 72 Abs. 2 PBG/LU in der baurechtlichen Grundordnung festzulegenden Mindestfläche (vgl. z.B. Art. 28 BZR/Luzern) Abweichungen vorsehen; § 75 Abs. 1 PBG/LU verlangt überdies, dass der Zonencharakter gewahrt bleibt, lässt anderseits aber schon die Zweckmässigkeit abweichender Regelungen genügen.

[21] § 3 Abs. 2 a.i. ABauV/AG.

[22] § 21 Abs. 2 Satz 1 BauG/AG; § 19 Abs. 2 PBG/TG verlangt (bei allerdings nach Art beschränkter Abweichungsermächtigung [vgl. Satz 2]) ein im öffentlichen Interesse «gesamthaft [...] besseres architektonisches und ortsbauliches Ergebnis», wobei «[a]usserhalb des Gestaltungsplangebietes gelegene Grundstücke [...] nicht anders als nach den für die Zone des Gestaltungsplanareals geltenden Vorschriften der Regelbauweise betroffen werden» dürfen (Satz 3).

[23] Art. 66 phrase 1ère LATC/VD.

von Zonenplanrevisionen ergehen[24]. Abweichungen von übergeordnetem, und nicht bloss subsidiär geltendem kantonalem Raumplanungs- und Baurecht bedürfen indessen der Ermächtigung auf der entsprechenden Gesetzesstufe[25].

B) Die beschränkten Abweichungsermächtigungen

Einige kantonale Raumplanungs- und Baugesetzgebungen sehen für sondernutzungsplanerische Festlegungen nach Art (a.) und/oder Umfang (b.) beschränkte Abweichungsermächtigungen bezüglich der baurechtlichen Grundordnung vor. Auf die soeben (unter A.) erwähnten, sich aus generalklauselartigen Voraussetzungen ergebenden oder aus dem Grundsatz der Verhältnismässigkeit fliessenden Beschränkungen ist hier nicht mehr einzugehen; für die in verfahrensmässiger Hinsicht bedeutsamen abgestuften Abweichungsermächtigungen wird sodann auf den diesen gewidmeten Abschnitt (C.) verwiesen.

a) Die Beschränkung nach der Art zulässiger Abweichungen

Durch die Beschränkung der Abweichungsermächtigung nach der Art der Abweichungen werden der Sondernutzungsplanung gewisse Regelungsbereiche grundsätzlich entzogen. Solche Beschränkungen finden sich in kantonalrechtlichen Bestimmungen, können aber (im Sinne einer Kompetenzdelegation) auch der für die Zonenplanung zuständigen Behörde vorbehalten werden[26]. Die kantonalrechtlichen Bestimmungen schliessen etwa Abweichungen betreffend die Nutzungsart aus[27] oder lassen Abweichungen von kantonalen Vorschriften nur

---

[24] Vgl. z.B. § 88 Abs. 1 und § 86 Satz 1 PBG/ZH (ähnlich § 21 Abs. 1 i.V.m. § 5 PBG/TG). Nach bernischem Recht gelten sondernutzungsplanerische Abweichungen bezüglich Art und Mass der Nutzung laut Art. 89 Abs. 3 BauG/BE ausdrücklich als Änderung der baurechtlichen Grundordnung. Das luzernische Recht verweist für die Bebauungspläne in § 69 PBG/LU (ähnlich § 42 E RBG/BL für den Erlass von Quartierplänen im ordentlichen Verfahren) auf die Vorschriften des Zonenplanungsverfahrens, während die § 14 ff. PBG/SO für alle Arten von Nutzungsplänen ein einheitliches Verfahren vorsehen. - Im Gegensatz zur Anlehnung an die ordentlichen Verfahren zur Festsetzung der Zonenpläne werden die luzernischen und aargauischen Gestaltungspläne vom Gemeinderat erlassen (vgl. § 78 Abs. 4 PBG/LU bzw. § 25 Abs. 2 BauG/AG).

[25] Vgl. z.B. § 45 Abs. 2 i.V.m. § 133 Abs. 2 PBG/SO; § 83 Abs. 1 Satz 2 PBG/ZH sowie § 19 Abs. 2 PBG/TG enthalten bezüglich kantonalrechtlicher Regelungen eine nach Art beschränkte Abweichungsermächtigung (siehe infra B. a.).

[26] Vgl. etwa § 21 Abs. 2 Satz 2 BauG/AG: über den Weg der kommunalen Zonenplanung kann die ordentliche Planungsbehörde der aargauischen Gemeinden auf die Sondernutzungsplanung, die ansonsten der Gemeindeexekutive zugewiesen ist, Einfluss nehmen (im Ergebnis ähnlich: § 86 Satz 2 PBG/ZH bzgl. privater Gestaltungspläne).

[27] Vgl. § 19 Abs. 2 Satz 2 PBG/TG sowie den Vorbehalt der Wahrung des Zonencharakters gemäss § 75 Abs. 1 PBG/LU, welcher wohl zu einem ähnlichen Ergebnis führt. Der zürcherische Gestaltungsplan darf etwa zwecks Nutzungsdurchmischung eine Detaillierung zulässiger Nutzungsarten vorsehen (vgl. DIGGELMANN et al., Siedlungserneuerung, S. 112 und S. 114) sowie von der Zoneneinteilung der baurechtlichen Grundordnung abweichen, mangels entsprechender Ermächtigung in § 83 Abs. 1 PBG/ZH jedoch keine neuen Zonentypen in Erweiterung der abschliessenden Aufzählung in § 48 Abs. 2 PBG/ZH einführen (ESCHMANN, S. 124).

nach Massgabe positiver Aufzählung zu[28]. Selbst wo die Abweichungen grundsätzlich nur kommunale Vorschriften oder planerische Festlegungen betreffen dürfen, muss im Einzelfall jedoch auch von kantonalrechtlichen Vorschriften abgewichen werden können, soweit diese aufgrund besonderer Verhältnisse derogierbar sind[29].

b) Die Beschränkung nach dem Umfang zulässiger Abweichungen

Die umfangmässige Beschränkung der Abweichungsmöglichkeiten[30] verhindert ein allzu ausgeprägtes nutzungsmässiges Gefälle zwischen der baurechtlichen Grundordnung und den Überbauungsmöglichkeiten nach Sondernutzungsplan. Der Abweichungsspielraum mit Bezug auf die baurechtliche Grundordnung ist dabei unterschiedlich starr ausgestaltet. So ist etwa nach luzernischem Recht die Überschreitung der Ausnützungsziffer betragsmässig beschränkt[31], während für die Geschosszahl lediglich eine subsidiäre kantonalrechtliche Regelung vorgesehen ist und ansonsten auf allfällige Rahmenvorschriften in der Zonenplanung verwiesen wird[32] sowie weitere Abweichungen auch umfangmässig lediglich durch eine Generalklausel begrenzt werden[33]. Nach aargauischem Recht ist die Abweichungsermächtigung unter Vorbehalt kommunaler Gesetzgebung bezüglich der Geschosszahl umfangmässig beschränkt[34]; hinsichtlich der Zuweisung von Lärm-Empfindlichkeitsstufen für lärmvorbelastete Gebiete geht die Beschränkung der Abweichungsermächtigung hingegen an sich bereits aus dem Bundesrecht hervor[35].

---

[28] Vgl. z.B. § 83 Abs. 1 Satz 2 i.f. PBG/ZH; § 19 Abs. 2 Satz 1 PBG/TG. - Vgl. auch § 3 Abs. 2 ABauV/AG, der allerdings unter dem Vorbehalt einschränkender (vgl. § 21 Abs. 2 Satz 2 BauG/AG; möglicherweise aber auch ausdehnender [vgl. § 3 Abs. 2 a.i. ABauV/AG]) kommunaler Gesetzgebung steht.

[29] Vgl. § 34 Sätze 2 und 3 i.V.m. § 68 sowie § 75 Abs. 1 PBG/LU; § 2 und § 116 - 120 (insbes. § 117 lit. a und § 118 Abs. 1 lit. a) i.V.m. § 41 Abs. 1 E RBG/BL.

[30] Vgl. § 75 Abs. 2 PBG/LU.

[31] § 75 Abs. 2 Satz 3 PBG/LU. - Eine solche Regelung enthielt auch das frühere thurgauische Recht (§ 32 Abs. 2 und § 109 Abs. 2 aBauG/TG), wobei z.B. Art. 19 Abs. 2 BauR/Frauenfeld TG unter bestimmten Voraussetzungen (lit. a - f) eine Erhöhung der zulässigen baulichen Nutzung über das für die Sondernutzungspläne vorgeschriebene Mass hinaus erlaubt, «sofern die ordentliche Erhöhung für eine städtebaulich sinnvolle Lösung nicht ausreicht» (vgl. nunmehr auch § 19 Abs. 2 Satz 1 PBG/TG).

[32] § 75 Abs. 2 Satz 2 PBG/LU, wonach weitergehende Abweichungen bzgl. der Geschosszahl nach Lage und Ausmass im Zonenplan festgelegt sein müssen; vgl. auch § 21 Abs. 2 Satz 2 BauG/AG.

[33] § 75 Abs. 1 PBG/LU (Zweckmässigkeit einer eigenen Regelung aufgrund besonderer Verhältnisse sowie Wahrung des Zonencharakters).

[34] § 3 Abs. 2 lit. a ABauV/AG.

[35] Die vorbehaltene kommunale Gesetzgebung kann daher die Abweichungsermächtigung in § 3 Abs. 2 lit. d ABauV/AG nur allenfalls weiter einschränken, keinesfalls jedoch über das in Art. 43 Abs. 2 LSV vorgesehene hinaus ausdehnen.

C) Die Abstufung der Abweichungsermächtigungen

Innerhalb der Begrenzung möglicher sondernutzungsplanerischer Abweichungen von der baurechtlichen Grundordnung ist in mehreren kantonalen Gesetzgebungen eine vorab verfahrensmässig bedeutsame Abstufung getroffen worden. Ist der Rahmen zulässiger sondernutzungsplanerischer Abweichungen bereits durch die baurechtliche Grundordnung festgesetzt, so gilt der Erlass von bzw. die Zustimmung zu Sondernutzungsplänen formell als Akt der Rechtsanwendung[36] und fällt damit nicht in den Zuständigkeitsbereich der Planungs-, sondern der Rechtsanwendungsbehörde des betreffenden Gemeinwesens[37].

3. Die Durchsetzungskraft sondernutzungsplanerischer Festlegungen

Der Beitrag der Sondernutzungsplanung zu einer haushälterischen Nutzung des Bodens durch bauliche Verdichtung beurteilt sich nicht einzig anhand der inhaltlichen Ausrichtung sowie der verdichtungsrelevanten Möglichkeiten konkreter Ausgestaltung, sondern auch nach der Durchsetzungskraft der Sondernutzungspläne, welche von deren Rechtsverbindlichkeit (A.) und Bestimmtheit (B.) abhängt.

A) Die Rechtsverbindlichkeit sondernutzungsplanerischer Festlegungen

Anhand der Rechtsverbindlichkeit sind die Sondernutzungspläne zu unterscheiden in solche, die als zwingende, die baurechtliche Grundordnung ersetzende Nutzungsordnungen ausgestaltet sind, und solche, die eine zur baurechtlichen Grundordnung alternative bauliche Nutzungsordnung zur Verfügung stellen.

Die Sondernutzungspläne sind nach den kantonalen Raumplanungs- und Baugesetzgebungen zumeist als zwingende Nutzungsordnungen ausgestaltet[38]. Die baurechtliche Grundordnung wird nach Massgabe der sondernutzungsplaneri-

---

[36] In materieller Hinsicht handelt es sich jedoch - nicht anders als etwa bei detaillierten zonenplanerischen Festlegungen - gleichwohl um Planungsmassnahmen, die nicht auch gleich als Baubewilligungen gelten, es sei denn, es folge dies aus der besonderen Funktion und Ausgestaltung des Sondernutzungsplans (vgl. supra I. 1.).

[37] Vgl. etwa § 86 Satz 2 PBG/ZH (für private Gestaltungspläne); § 43 E RBG/BL (vereinfachtes Quartierplanverfahren); ähnlich die Regelung bzgl. Bebauungs-/Gestaltungspläne nach luzernischem Recht, vgl. § 68 f. bzw. § 75 sowie § 78 Abs. 4 PBG/LU.

[38] § 83 Abs. 1 Satz 1 PBG/ZH («bindend festgelegt»); für jedermann zwingend sind öffentliche Gestaltungspläne (an deren Erlass und Verwirklichung ein «wesentliches öffentliches Interesse» bestehen muss) und private Gestaltungspläne, denen alle Betroffenen zugestimmt haben oder die gemäss § 85 Abs. 2 PBG/ZH (u.a. unter Wahrung schutzwürdiger Interessen der Nicht-Zustimmenden) allgemeinverbindlich erklärt worden sind; Art. 88 f. (insbes. Art. 89 Abs. 3) BauG/BE; § 78 Abs. 6 PBG/LU verlangt sogar die Sicherstellung der Ausführung von Gestaltungsplänen durch grundbuchliche Anmerkung; nach § 47 Abs. 2 PBG/SO ist die ursprüngliche Nutzungsordnung des Zonenplans während der Geltungsdauer des Gestaltungsplans nicht anwendbar, womit letzterem verbindlicher Charakter zukommt; vgl. ferner § 41 Abs. 2 E RBG/BL, § 16 Abs. 1 Satz 1 BauG/AG.

schen Festlegungen für das betroffene Planungsteilgebiet suspendiert[39], durch die speziellere Ordnung derogiert[40] bzw. im Sinne der sondernutzungsplanerischen Festlegungen abgeändert[41]. Bauvorhaben im Anwendungsbereich des Sondernutzungsplans sind demzufolge nur bewilligungsfähig, wenn sie den sondernutzungsplanerischen Festlegungen entsprechen[42].

Nicht-zwingende Sondernutzungspläne (wie z.B. die Sonderbauvorschriften des zürcherischen Rechts[43]) treten als alternative bauliche Nutzungsordnung neben die baurechtliche Grundordnung[44]. Sofern und soweit von einer nichtzwingenden Sonderbauordnung kein Gebrauch gemacht wird, gelangen grundsätzlich die Bestimmungen und planerischen Festlegungen der baurechtlichen Grundordnung zur Anwendung[45]. Zu bedenken ist dabei immerhin, dass die eklektische Anwendung von Vorschriften aus der Sonderbauordnung und aus der baurechtlichen Grundordnung Überbauungsmöglichkeiten ergeben kann, welche die mit den Sonderbauvorschriften beabsichtigte Kohärenz der Nutzungsordnung vermissen lassen und weder der Zielsetzung der einen noch der anderen Nutzungsordnung entsprechen. Die Alternativität der baulichen Nutzungsordnungen spielt zudem nur dann, wenn sich der nicht-zwingende Sondernutzungsplan soweit mit der baurechtlichen Grundordnung verträgt, dass die Verwirklichung von Bauvorhaben nach den unterschiedlichen baulichen Nut-

---

[39] Dies bedeutet, dass nach einer allfälligen Aufhebung des Sondernutzungsplans die baurechtliche Grundordnung wieder auflebt und zur Anwendung kommt (ESCHMANN, S. 59; vgl. ausdrücklich § 47 Abs. 2 PBG/SO). Eschmann lässt die baurechtliche Grundordnung indes auch während der Geltung des Sondernutzungsplans noch subsidiär (als Auslegungshilfe oder als ergänzende Rechtsquelle) weitergelten (desgl. z.B. BEZ 1985 Nr. 29 E. 5b). Dies kann sich im Einzelfall u.U. als wenig sachgerecht erweisen, so dass entsprechende Vorschriften lediglich sinngemäss anzuwenden sind (vgl. ZAUGG, Kommentar Art. 40 aBauG/BE, N. 3 m.H. auf ZBl 68 [1967] 325 Zürich); vgl. auch MATILE et al., Kommentar Art. 64 LATC/VD: «[Les] règles générales du plan d'extension [...] ne sont applicables au plan de quartier à titre de droit supplétif que lorsqu'elles n'entrent pas en contradiction avec celui-ci».

[40] ZAUGG, Kommentar Art. 88/89 BauG/BE, N. 5.

[41] Vgl. z.B. Art. 89 Abs. 3 BauG/BE, wonach die Änderungen in der baurechtlichen Grundordnung nachzutragen sind. Vgl. auch § 41 Abs. 2 E RBG/BL (desgl. Art. 66 phrase 2 LATC/VD), wonach bestehende Zonenpläne und Sondernutzungspläne als aufgehoben gelten, soweit sie zu einem rechtskräftigen Quartierplan in Widerspruch stehen.

[42] Vgl. z.B. für die Gestaltungspläne nach zürcherischem Recht: ESCHMANN, S. 157 f., IMHOLZ, S. 500; «Für die Bauwilligen bleibt bloss die Wahl zwischen Nichtbauen oder Bauen nach dem Gestaltungsplan» (BEZ 1985 Nr. 29 E. 5b).

[43] § 79 ff. PBG/ZH (vgl. z.B. die Sonderbauvorschriften für die Industrie- und Gewerbezonen gemäss Ziff. 10 BZO/Wallisellen ZH betreffend Grundmasse, Grenz- und Gebäudeabstände, Gebäudehöhe und Nutzweise [u.U. mit Sondernutzungsplanungs-Pflicht]). - Obschon nicht notwendigerweise an einen Plan gebunden, sind die Sonderbauvorschriften des zürcherischen Rechts als Sondernutzungspläne zu qualifizieren (vgl. § 80 Abs. 3 PBG/ZH; ESCHMANN, S. 202).

[44] Vgl. § 81 Abs. 1 PBG/ZH. Den Sonderbauvorschriften kommt daher nach WOLF/KULL (N. 41) die Bedeutung einer «partiellen, für ein Teilgebiet alternativ zur Verfügung stehenden Grundordnung» zu.

[45] Vgl. § 81 Abs. 3 PBG/ZH.

zungsordnungen auch zwischen benachbarten Grundstücken nicht zu unbefriedigenden Ergebnissen führt[46]; die Alternativität besteht m.a.W. nur nach Massgabe der Kompatibilität der nicht-zwingenden Sonderbauordnung mit der baurechtlichen Grundordnung. Sie kann sodann durch die Sonderbauvorschriften selber eingeschränkt werden[47].

Der Erlass einer zwingenden baurechtlichen Sonderordnung erfordert als Eingriff in die Rechtsposition der betroffenen Grundeigentümer nebst einer gesetzlichen Grundlage das Vorliegen ausreichender öffentlicher Interessen. Solche sind etwa dann zu bejahen, wenn aufgrund der besonderen Empfindlichkeit oder Bedeutung der Lage des in Frage stehenden Planungsteilgebietes (z.B. Nahbereich von Schutzobjekten oder von Stationen öffentlicher Verkehrsträger mit hoher Leistungsfähigkeit), mit Blick auf die Verwirklichung oder die wesentliche Förderung besonders zweckmässiger Lösungen öffentlicher Aufgaben sowie städtebaulich wertvoller Überbauungen oder zur Ermöglichung einer wesentlich besseren Ausnützung des Baugrundes[48] die umfassende Einhaltung der sondernutzungsplanerischen Festlegungen muss verlangt werden können. Damit ist auch schon die Frage nach der Verhältnismässigkeit der Massnahme[49] angesprochen, unter deren Gesichtspunkt der Tauglichkeit auch die Wahrscheinlichkeit der Verwirklichung des Sondernutzungsplans durch die Grundeigentümer, denen der Nutzungsentscheid bei alledem verbleibt, zu berücksichtigen sein dürfte. Die Alternativität nicht-zwingender Sondernutzungspläne lässt für deren Aufstellung ein weniger ausgeprägtes öffentliches Interesse genügen, das sogar hinter demjenigen für die ordentliche Zonenplanung und deren Bauvorschriften

---

[46] Vgl. DIGGELMANN et al., Siedlungserneuerung, S. 116.

[47] Gestützt auf § 81 Abs. 2 PBG/ZH kann die Anwendung von Sonderbauvorschriften von einem gewissen Mindest-Geltungsbereich abhängig gemacht werden; des weiteren sind Vorschriften denkbar, wonach die Alternativität nur bzgl. der baulichen Nutzungsordnungen insgesamt, nicht jedoch bzgl. einzelner Bauvorschriften gegeben ist oder wonach nur noch gemäss Sonderbauvorschriften gebaut werden darf, sobald einer der Grundeigentümer im Anwendungsbereich davon Gebrauch gemacht hat (vgl. ESCHMANN, S. 205).

[48] FRITZSCHE/BÖSCH, S. 22, ESCHMANN, S. 98; BEZ 1982 Nr. 5 m.H. bzgl. des wesentlichen öffentlichen Interesses gemäss § 84 Abs. 1 PBG/ZH. - Die erwähnten Anhaltspunkte für das Vorliegen eines wesentlichen öffentlichen Interesses lassen sich allenfalls auch aus den richtplanerischen Vorgaben ableiten.

[49] Kann eine planerische Zielsetzung mit Massnahmen der Zonenplanung oder mit projektbezogenen Sonderinstrumenten erreicht werden, so ist auf die Errichtung von Sondernutzungsplänen zu verzichten (vgl. z.B. Art. 73 Abs. 2 i.f. BauG/BE betreffend die Zulässigkeit von Zonen mit Planungspflicht). Erweist sich die Sondernutzungsplanung indes als unumgänglich, so sind die sondernutzungsplanerischen Festlegungen - auch was den Inhalt anbetrifft - dem Planungszweck angemessen auszugestalten (vgl. ESCHMANN, S. 84), womit gegebenenfalls einschneidende Eingriffe in die Eigentumspositionen Betroffener verbunden sind. - In allgemeiner Weise lässt sich (mit VOLLENWEIDER, S. 154) sagen, «dass um so höhere Ansprüche an die Begründung von Sondervorschriften zu stellen sind, je freier die baurechtliche Ordnung im übrigen ausgestaltet ist; denn um so grösser ist das Gefälle zwischen allgemeiner Ordnung und spezieller Normierung». Von Bedeutung ist im weiteren das Ausmass möglicher Abweichungen von der baurechtlichen Grundordnung.

zurückbleiben kann, soweit die betroffenen Grundeigentümer auf die baurechtliche Grundordnung ausweichen können.

B) Die Bestimmtheit von Sondernutzungsplänen

Die Wirksamkeit der Sondernutzungsplanung für die bauliche Verdichtung hängt auch davon ab, wie umfassend die baurechtliche Sonderordnung inhaltlich auszugestalten ist. Für eine umfassende Regelung spricht die im Vergleich zu blossen Teil-Sondernutzungsplänen wohl regelmässig bessere normative Kohärenz: sind durch den Sondernutzungsplan nicht alle wesentlichen Merkmale der baulichen Nutzungsordnung festzulegen, so kommen gegebenenfalls Vorschriften aus einer möglicherweise wenig verdichtungsfreundlichen baurechtlichen Grundordnung zur Anwendung, was einer konsequenten inhaltlichen Ausrichtung der Sondernutzungsplanung auf die haushälterische Nutzung des Bodens abträglich sein kann. Umfänglichkeit und Detaillierungsgrad stehen allerdings in einem Spannungsverhältnis zur Planflexibilität durch Aussparung eines angemessenen Spielraums für die Projektierung[50]. Die Sondernutzungspläne, die dem Zonenplan gegenüber zwar einen vergleichsweise höheren Konkretisierungsgrad aufweisen dürfen[51], sollen die Projektierung nur soweit präjudizieren, als sich dies durch ein entsprechendes öffentliches Interesse rechtfertigen lässt[52]. Der Projektierungsspielraum muss die Ausarbeitung einer Mehrzahl[53] von Projekten zulassen[54], was etwa dadurch erreicht werden kann, dass auf das Festsetzen absoluter Vorschriften verzichtet wird und stattdessen sondernutzungsplanerische Rahmenvorschriften[55] erlassen werden. An die Bestimmtheit der

---

[50] Vgl. etwa § 83 Abs. 2 PBG/ZH.

[51] IMHOLZ, S. 490.

[52] Dieses öffentliche Interesse an einem möglichst hohen Detaillierungsgrad wird zum einen durch das Erfordernis der Verhältnismässigkeit in Schranken gewiesen und ist zum anderen konfrontiert mit dem privaten Interesse an einer gewissen Flexibilität der Festlegungen: vorab bei solchen Sondernutzungsplänen, die mit Blick auf ein bestimmtes Bauvorhaben oder in Abstrahierung eines bereits erarbeiteten Vorprojekts erstellt werden, besteht ein praktisches Interesse an einem Spielraum für (untergeordnete) nachträgliche Änderungen am Projekt, ohne den Sondernutzungsplan anpassen oder Ausnahmebewilligungen anstrengen zu müssen. Der Sondernutzungsplan muss aber jedenfalls seine «Steuerungsfunktion für die Überbauung» behalten (vgl. BGE 121 I 124 E. 5b/bb Rorschacherberg SG).

[53] ESCHMANN, S. 125; «Vielzahl» gemäss IMHOLZ, S. 489.

[54] Der vorgeschriebene Projektierungsspielraum bezieht sich dabei nicht auf jede einzelne Festlegung, sondern lediglich auf die Summe aller Vorschriften, m.a.W. auf die baurechtliche Sonderordnung als Ganzes (vgl. IMHOLZ, S. 489, ESCHMANN, S. 125). Ob die Ermöglichung mehrerer Detailvarianten durch den Sondernutzungsplan als Ganzes ausreicht, wurde in BGE 121 I 122 E. 4c Rorschacherberg SG offen gelassen.

[55] IMHOLZ, S. 492; ESCHMANN, S. 126. Vgl. auch SCHACHENMANN, S. 15. Das Spannungsverhältnis liesse sich noch weiter entschärfen, indem die sondernutzungsplanerischen Festlegungen vermehrt als qualitative Zielvorgaben ausgestaltet würden.

Anordnungen sind dabei jedoch desto höhere Anforderungen zu stellen, je weitreichendere Abweichungen von der baurechtlichen Grundordnung sie erlauben[56].

Die kantonalen Raumplanungs- und Baugesetzgebungen verzichten überwiegend auf Vorschriften, welche einen Mindestinhalt der Sondernutzungspläne bestimmen[57]. Sie beschränken sich mehrheitlich darauf, eine nicht abschliessende Aufzählung möglicher Regelungsgegenstände vorzusehen[58], wobei sich der Regelungsumfang der Sondernutzungspläne im Einzelfall nach dem entsprechenden Bedarf angesichts der konkreten Verhältnisse richtet[59]. Die Frage, wie umfassend die Sondernutzungspläne die bauliche Nutzungsordnung festzulegen haben, ist nicht zuletzt mit Blick auf den Regelungsaufwand von Bedeutung, besteht doch die Gefahr, dass die Sondernutzungsplanung wegen des erheblichen Planungsaufwandes nur noch dann als attraktiv erachtet wird, wenn sie sehr weitgehende Abweichungen von der baurechtlichen Grundordnung ermöglicht.

4. Das Abweichen von sondernutzungsplanerischen Festlegungen

Der Abweichungsbedarf von sondernutzungsplanerischen Festlegungen ist abhängig von Umfang und Detaillierungsgrad der Sondernutzungspläne. Dabei

---

[56] BGE 121 I 122 E. 4c Rorschacherberg SG; vgl. SCHACHENMANN, S. 15.

[57] Das zürcherische Recht unterscheidet (in abschliessender Aufzählung [IMHOLZ, S. 488]) grundsätzlich einen Mindestinhalt der Gestaltungspläne (§ 83 Abs. 1 PBG/ZH, zu den absolut zwingenden Inhaltselementen: ESCHMANN, S. 117 ff.), einen bedingten Mindestinhalt (§ 83 Abs. 3 Halbsatz 1 PBG/ZH) und einen Kann-Inhalt (§ 83 Abs. 3 Halbsatz 2 PBG/ZH). Eine wesentliche Relativierung ergibt sich daraus immerhin, dass der Inhalt eines Gestaltungsplans gemäss § 83 Abs. 4 PBG/ZH u.U. auf die unentbehrlichen Anordnungen beschränkt werden kann. Die Bestimmung betrifft zwar in erster Linie Gestaltungspläne für bereits weitgehend überbaute Gebiete, ist aufgrund des Wortlauts («insbesonders») nach Massgabe der konkreten Verhältnisse aber ohne weiteres auch auf Gestaltungspläne für unüberbaute Gebiete anzuwenden. - Auch die «plans de quartier» des waadtländischen Rechts weisen «[e]n règle générale» einen bestimmten Mindestinhalt auf (Art. 69 al. 1er LATC/VD), welcher nach Bedarf durch den in al. 2 vorgesehenen Kann-Inhalt ergänzt wird. - Vgl. zum Ganzen: BGE 121 I 121 f. E. 4 Rorschacherberg SG und insbes. dessen E. 6 (S. 126 ff.), wonach Festlegungen betreffend die Gebäudehöhe, die Umgebungsgestaltung und die Erschliessung zum verbindlichen Mindestinhalt eines Sondernutzungsplans gehören.

[58] Vgl. Art. 88 Abs. 1 (sowie Art. 89 Abs. 2) BauG/BE, § 66 f. und § 73 PBG/LU, § 44 Abs. 2 Satz 1 PBG/SO, § 39 Abs. 2 E RBG/BL, § 3 Abs. 1 (mit Verweisung auf § 1) ABauV/AG, § 19 Abs. 1 PBG/TG.

[59] Der Sondernutzungsplanung ist allerdings inhärent, dass sie nicht nur einzelne Eigenschaften einer Überbauung erfasst (und wie z.B. die Ausnahmebewilligung einzelfallweise unzumutbare Härten ausgleicht oder besonderen Verhältnissen Rechnung trägt), sondern ein räumlich begrenzt anwendbares Regelwerk (Sonderbauordnung) aufstellt, welches desto umfassender ausgestaltet sein muss, je stärker es insgesamt von der baurechtlichen Grundordnung abweicht. Aus der Zwecksetzung der «freiere[n] Überbauung [...] nach einheitlichen Gestaltungsgrundsätzen» für die Sonderbauvorschriften nach zürcherischem Recht (§ 79 Abs. 1 PBG/ZH) z.B. ergibt sich daher trotz grundsätzlich nicht-zwingender Bestimmung bzgl. des Inhalts die Notwendigkeit einer verhältnismässig umfassenden baulichen Nutzungsordnung (vgl. auch § 80 Abs. 1 Satz 2 PBG/ZH; für die möglichen Intensitätsstufen der Instrumentierung vgl. auch DIGGELMANN, Ergänzungsband ZH, S. 30 f.).

gilt, dass die Wahrscheinlichkeit eines Abweichungsbedarfs desto grösser ist, je umfassender und je detaillierter die sondernutzungsplanerische Regelung ausgestaltet ist, es sei denn, sie sei für ein konkretes Bauvorhaben erlassen worden. Enthalten die Sondernutzungspläne nur für einzelne Regelungsbereiche besondere Festlegungen, so kann es sich dafür aufdrängen, die subsidiär geltenden Bestimmungen der baurechtlichen Grundordnung zur Gewährleistung der Kohärenz der baulichen Nutzungsordnung einzelfallweise anzupassen[60].

Vom Sondernutzungsplan abzuweichen, ohne ihn formell abzuändern[61], erfordert eine Ausnahmebewilligung. Die Erteilung einer solchen ist zumindest im Rahmen der allgemeinen Bestimmungen über die baurechtlichen Ausnahmebewilligungen[62] nicht von vornherein auszuschliessen[63]. Immerhin ist aber wohl in besonderem Masse darauf zu achten, dass allfällige Ausnahmebewilligungen nicht eine grundlegende Änderung der baulichen Nutzungsordnung bewirken, sondern in Fortführung des konkreten sondernutzungsplanerischen Zwecks ergehen; andernfalls erscheint die formelle Änderung des Sondernutzungsplans im hiefür vorgesehenen Plansetzungsverfahren angezeigt[64].

III. Die Verknüpfung von Sondernutzungsplanung und Zonenplanung mittels Sondernutzungsplanungs-Pflicht

Die Sondernutzungsplanungs-Pflicht ist eine Anordnung, der zufolge für das Bauen das Vorliegen eines rechtskräftigen Sondernutzungsplans vorausgesetzt

---

[60] Vgl. DIGGELMANN et al., Siedlungserneuerung, S. 116. Widersprüchliche oder schlecht aufeinander abgestimmte Regelungen dürften zumeist als Ausnahmegründe hinsichtlich der allgemeinen Bestimmungen der baurechtlichen Grundordnung zu anerkennen sein.

[61] Für Änderungen kommen i.d.R. sinngemäss dieselben verfahrensmässigen Vorschriften zur Anwendung wie für den Erlass von Sondernutzungsplänen; vgl. immerhin § 87 Satz 2 PBG/ZH (für untergeordnete Änderungen) oder § 77 Abs. 4 E PBG/LU (für geringfügige Änderungen).

[62] Für deren Voraussetzungen vgl. infra § 14 II. 2. A. - Solange die anbegehrten Abweichungen nicht zu einer wesentlichen Änderung der Sonderbauordnung führen, sind sie m.E. schon bei Vorliegen sachlicher Gründe zu gewähren, da die Sondernutzungsplanung ja gerade die planerische Bewältigung besonderer baulicher Aufgaben durch eine den Erfordernissen angepasste Nutzungsordnung bezweckt. Solche Anpassungen in allgemeiner Weise auf den Weg der Änderung des Sondernutzungsplans zu verweisen, wäre jedenfalls unverhältnismässig.

[63] Vgl. z.B. BEZ 1991 Nr. 4 E. 7c; ZAUGG, Kommentar Art. 26/27 BauG/BE, N. 1. - A.M. GOOD-WEINBERGER, S. 126.

[64] Vgl. sinngemäss ZAUGG, Kommentar Art. 26/27 BauG/BE, N. 2: Abweichungen, welche nach Art und/oder Umfang die Intensität von Art. 29 lit. d BauV/BE erreichen (Beispiele bei ZAUGG, Kommentar Art. 19/20 BauG/BE, N. 18), bedingen danach klarerweise eine Änderung der sondernutzungsplanerischen Festlegungen; die Schwelle ist i.a. wohl tiefer anzusetzen (z.B. dort, wo es sich um Abweichungen von den wesentlichen Elementen des Sondernutzungsplans [Zahl, Art, Lage, äussere Abmessungen, Geschosszahl] handelt, vgl. ZAUGG, Kommentar Art. 36 aBauG/BE, N. 5).

ist[65]. Ob ihre Auferlegung einen schweren Eingriff in das Eigentum darstellt, wofür eine klare gesetzliche Grundlage erforderlich wäre, wird von der bundesgerichtlichen Rechtsprechung bisher offen gelassen[66]. Eine gesetzliche Regelung drängt sich m.E. indes schon von daher auf, dass die Sondernutzungsplanungs-Pflicht für Bauzonen-Teilgebiete von unzulässigen Anordnungen abzugrenzen ist, welche die bauliche Nutzung eingezonten Baulandes von Verfahrensschritten abhängig machen, die einer Einzonung gleichkommen[67]. Die Zulässigkeit der Sondernutzungsplanungs-Pflicht beurteilt sich sodann nach Massgabe der öffentlichen Interessen, die zu ihrer Begründung angeführt werden, sowie nach den Möglichkeiten der Grundeigentümer, die Aufstellung von Sondernutzungsplänen zu veranlassen oder selber durchzuführen[68]. Sondernutzungsplanungs-Pflichten werden sodann mit Blick auf die beschränkte Geltungsdauer von Planungssicherungsmassnahmen[69] effizienterweise dort angeordnet, wo mit einer Überbauung zu rechnen ist und daher die Bereitschaft der betroffenen Grundeigentümer zur Erstellung eines privaten bzw. ihr Interesse am Zustandekommen und an der Verwirklichung eines öffentlichen Sondernutzungsplans am ausgeprägtesten vorhanden sind. Die Sondernutzungsplanung beförderlich voranzutreiben, empfiehlt sich schliesslich auch von daher, dass die Plausibilisierung der Erheblichkeit und Aktualität des öffentlichen Interesses mit zunehmender Dauer heikler wird.

Nach einer Bestimmung des Begriffs der Verknüpfung (1.) wird im folgenden eine diese betreffende Typologie (2.) erstellt, um die Verknüpfungen in ihrer Bedeutung für das verdichtete Bauen zu bewerten (3.).

---

[65] Vor Erlass der Sondernutzungspläne ist das Bauen immerhin im Rahmen der im Einzelfall angeordneten Planungssicherungsmassnahme (Planungszone oder Bausperre) zulässig. Der Umfang zulässiger baulicher Massnahmen kann überdies aus Bestimmungen im Zusammenhang mit der Verknüpfung selber hervorgehen (vgl. z.B. Art. 93 Abs. 1 und 2 BauG/BE [dazu ZAUGG, Kommentar Art. 92/93 BauG/BE, N. 2] oder Art. 29 Satz 3 BZR/Luzern).

[66] Vgl. BGE 115 Ia 336 E. 2a Wädenswil ZH; bejaht wurde ein schwerer Eingriff im Fall der Aufhebung eines Sondernutzungsplans, da die Überbauungsmöglichkeiten dadurch zumindest stark erschwert wurden (BGE 121 I 120 E. 3b/bb Rorschacherberg SG).

[67] Vgl. BGE 112 Ia 159 E. 2c Ermatingen TG (betreffend Überführung von Grundstücken der Reservebauzone in die definitive Bauzone nach früherem thurgauischem Recht), wonach «[d]as Bauzonenland [...] in seiner Gesamtheit für die bauliche Nutzung bereit zu halten [ist] und [...] ihrer Verwirklichung keine Hindernisse in den Weg gestellt werden [dürfen], die mit einer Neueinzonung vergleichbar sind oder einer solchen nahekommen».

[68] Vgl. dazu auch BIANCHI, S. 153 f. - Zur Rolle der Grundeigentümer bei der Sondernutzungsplanung vgl. supra II. (eingangs).

[69] Ein Aneinanderreihen von Planungssicherungsmassnahmen ist jedoch insofern nicht ausgeschlossen, als dafür je unterschiedliche Planungsziele oder veränderte Verhältnisse geltend gemacht werden (RB 1992 Nr. 64 E. b; als unzulässig bezeichnet wurde in BEZ 1986 Nr. 14 dagegen die Kumulierung zugunsten ein und derselben ausstehenden planungsrechtlichen Festlegung). - Dem Grundeigentümer kann nach Ablauf der Gültigkeitsdauer der Planungssicherungsmassnahmen selbst eine richtplanwidrige grundordnungsgemässe bauliche Massnahme nicht verwehrt werden (vgl. MÜLLER Peter, S. 196).

1. Begriff

Die Verknüpfung der Sondernutzungsplanung mit der Zonenplanung erfolgt durch das objekt- oder gebietsbezogene Festlegen einer Verpflichtung zur Erstellung eines Sondernutzungsplans. Der Umfang der Verweisung, d.h. ob der zu erstellende Sondernutzungsplan die baurechtliche Grundordnung umfassend zu ersetzen, lediglich in Teilen abzuändern oder bloss zu präzisieren habe, richtet sich bald nach der Verknüpfungsbestimmung[70], ergibt sich bald aus der rechtlichen Ausgestaltung der Sondernutzungsplanung und kann schliesslich Gegenstand der konkreten Anordnung der Sondernutzungsplanungs-Pflicht bilden.

2. Die Arten der Verknüpfung

Die Verknüpfung der Sondernutzungsplanung mit der Zonenplanung kann einerseits dadurch erfolgen, dass bestimmte Bauten aufgrund besonderer Eigenschaften nur gestützt auf einen Sondernutzungsplan errichtet werden dürfen. Die in diesem Sinne objektbezogene Verknüpfung ist (als normative Verknüpfung, A.) kraft auf alle betreffenden Bauvorhaben anzuwendender Vorschrift allein zu beachten und bedarf mithin keiner planerischen Lokalisierung. Eine Verknüpfung ist anderseits durch entsprechende Anordnung im Zonenplan zu erreichen (nutzungsplanerische Verknüpfung, B.), wonach für gewisse Planungsteilgebiete eine Sondernutzungsplanungs-Pflicht gilt.

A) Die normative Verknüpfung

Die grundsätzliche und im Verhältnis zur Sondernutzungsplanung subsidiäre Geltung der baurechtlichen Grundordnung[71] kann aufgrund unmittelbar anwendbarer Vorschriften dadurch eingeschränkt werden, dass bestimmte Bauvorhaben, für die ihrer Zweckbestimmung oder ihrer Ausdehnung wegen ein Planungsbedürfnis[72] besteht, ungeachtet ihres Standorts ausschliesslich gestützt auf einen Sondernutzungsplan errichtet werden dürfen[73]. Damit soll sichergestellt werden, dass solche in ihren Auswirkungen auf die Umgebung besonders bedeutende Bauvorhaben planerisch sorgfältig instradiert und in die Nutzungsordnung eingepasst bzw. mit dieser koordiniert werden. Die normative Verknüpfung kann

---

[70] § 48 Abs. 3 PBG/ZH spricht z.B. von «bestimmten Teilbereichen».
[71] Vgl. supra I. 3.
[72] Vgl. dazu etwa BGE 116 Ia 431 f. E. 4d/cc Düdingen FR (Einkaufszentrum). Wie bei der Zonenplanung (vgl. BGE 118 Ia 158 E. 4d Bottmingen BL, 117 Ia 432 E. 4b Wiesendangen ZH) sind dabei nicht nur die Auswirkungen auf die lokalen, sondern auch jene auf die regionalen Verhältnisse zu berücksichtigen (vgl. BGE 120 Ib 455 [E. 3c] Crissier VD).
[73] Vgl. z.B. Art. 19 Abs. 1 BauG/BE i.V.m. Art. 22 ff. BauV/BE, § 74 Abs. 2 f. PBG/LU, § 46 PBG/SO, § 52 Abs. 2 E RBG/BL, § 61 PBG/TG, Art. 47 lit. m LATC/VD.

für das verdichtete Bauen etwa nach bernischem[74] sowie allenfalls nach luzernischem[75] und thurgauischem[76] Recht Bedeutung erlangen.

B) Die nutzungsplanerische Verknüpfung

Die nutzungsplanerische Verknüpfung kann als allgemeine räumliche, zur Zoneneinteilung der baurechtlichen Grundordnung hinzutretende (nicht-zonenspezifische, a.) oder als zonenbegründende Massnahme ausgestaltet sein (b.). - [77]

a) Die nicht-zonenspezifische Verknüpfung

Bei der nicht-zonenspezifischen Verknüpfung tritt die Sondernutzungsplanungs-Pflicht zur Zonenzuweisung nach baurechtlicher Grundordnung hinzu. Die betroffenen Planungsteilgebiete, die - soweit sie einer Bauzone zugehören - an sich überbaubar sind, werden mit der Einschränkung versehen, dass eine Überbauung erst nach Erlass und nur nach Massgabe eines Sondernutzungsplans erfolgen kann[78].

Die allgemeinen Verknüpfungsbestimmungen des zürcherischen[79] und des aargauischen[80] Rechts sehen vor, dass die zonenplanerische Zuweisung der Baugebiete mit der Verpflichtung zur Sondernutzungsplanung ergänzt werden kann. Trotz definitiver Zuweisung zu einer Bauzone dürfen diesfalls Bauvorhaben, die sich nicht auf einen rechtskräftigen Sondernutzungsplan stützen - und mögen sie auch der baurechtlichen Grundordnung entsprechen - mangels planungs-

---

[74] Vgl. etwa Art. 23 (Terrassenhäuser) und Art. 29 lit. d BauV/BE (Bauten mit besonderem Abweichungsbedarf).

[75] Es überlässt den Baubewilligungsbehörden in § 74 Abs. 2 PBG/LU einen sehr weiten Beurteilungsspielraum, indem es für die Festsetzung einer Sondernutzungsplanungs-Pflicht an ein im Einzelfall zu ermittelndes «erhebliches öffentliches Interesse» anknüpft. Soweit sich dieses Interesse einzig auf die Ausdehnung der beabsichtigten Überbauung bezieht, wird in § 74 Abs. 3 i.V.m. § 72 Abs. 2 PBG/LU allerdings auf die Zonenplanung verwiesen.

[76] § 61 PBG/TG (Bauten mit erheblichen Auswirkungen auf Nutzungs- und Erschliessungsordnung, Umwelt, Orts- und Landschaftsbild).

[77] Wird die Sondernutzungsplanung unabhängig von besonderen räumlichen Verhältnissen in allgemeiner Weise für gewisse Zonenarten vorgesehen (vgl. z.B. Art. 10 Abs. 3 Satz 2 BZR/Luzern), so begründet diese zonenspezifische Verknüpfung keine Sondernutzungsplanungs-Pflicht im hier verwendeten Sinne, zumal da das Bauen bis zum Vorliegen von Sondernutzungsplänen übergangsrechtlich durch eine an der bestehenden Überbauung orientierte, zonenplanerisch vorgesehene Nutzungsordnung geregelt wird (vgl. z.B. Art. 4 i.V.m. Art. 46 Abs. 2 BZR/Luzern).

[78] Nach § 42 Abs. 5 PBG/LU kann schon die Zuteilung (oder Umetappierung) von Grundstücken in die erste Etappe der Bauzone einen Sondernutzungsplan voraussetzen.

[79] § 48 Abs. 3 PBG/ZH. Das für eine solche Verknüpfung vorausgesetzte «wesentliche öffentliche Interesse» rechtfertigt den Erlass eines öffentlichen Gestaltungsplans, doch steht der Erfüllung der Sondernutzungsplanungs-Pflicht durch einen privat aufgestellten Gestaltungsplan nichts im Wege, sofern dieser den besonderen Bedürfnissen gerecht wird (vgl. auch Baudirektion ZH, Hinweise, S. 2).

[80] § 16 Abs. 3 BauG/AG.

rechtlicher Baureife[81] nur bewilligt werden, soweit die fehlende (Sondernutzungs-)Planung nicht beeinträchtigt wird[82]. Als «wesentliches öffentliches Interesse», wie es für eine solche Beschränkung (bzw. Suspendierung) der Überbauungsmöglichkeiten nach baurechtlicher Grundordnung erforderlich ist, wird nach zürcherischem Recht jenes an einer «differenzierten baulichen Verdichtung» ausdrücklich aufgeführt[83].

b) Die zonenbegründende Verknüpfung

Durch die zonenbegründende Verknüpfung der Sondernutzungsplanung mit der Zonenplanung werden neue Zonentypen geschaffen, seien dies - wie nach bernischem Recht oder basellandschaftlichem Revisionsentwurf - Grundzonen (aa.) oder - wie gemäss luzernischem und thurgauischem Recht - überlagernde Zonen (bb.).

aa) Grundzonen mit Sondernutzungsplanungs-Pflicht

Die bernische Zone mit Planungspflicht[84] und die Zone mit Quartierplanpflicht des basellandschaftlichen Rechts gemäss Revisionsentwurf[85] werden als selb-

---

[81] Vgl. § 234 f. PBG/ZH; das gleiche Ergebnis erreicht das aargauische Recht mittels Planungszonen (§ 29 BauG/AG) und Bausperren (§ 30 BauG/AG). - Allen Planungssicherungsmassnahmen gemein ist, dass sie geltendes Recht (durch die Planungsbehörde [i.d.R. eine Legislativbehörde] erlassen) zur Vermeidung einer Planungspräjudizierung durch behördliche Verfügung teilweise ausser Kraft setzen. Die negative Vorwirkung künftiger planerischer Festlegungen kann daher schon aus Gründen der Gewaltentrennung nur ausnahmsweise in Frage kommen (vgl. dazu MÜLLER Peter, S. 198 ff.). Einem Vorhaben, welches der geltenden baurechtlichen Nutzungsordnung entspricht, dürfen Planungssicherungsmassnahmen somit nur bei Verstoss gegen wichtige planungsrechtliche Vorschriften, die eine ernsthafte Verwirklichungschance aufweisen (RB 1993 Nr. 40 m.H.), entgegengehalten werden.

[82] So ausdrücklich gemäss § 60 Ziff. 3 Satz 2 PBG/TG. - Die Planungssicherungsmassnahmen sollen dabei insbesondere bei Änderung bestehender Festlegungen (wie dies gerade bei der Sondernutzungsplanungs-Pflicht im Verhältnis zur baurechtlichen Grundordnung i.d.R. zutreffen dürfte) nicht in erster Linie die planerische Handlungsfreiheit gewährleisten, sondern die Vereitelung konkreter planerischer Anordnungen verhindern (vgl. auch MÜLLER Peter, S. 200, sowie BEZ 1982 Nr. 19 E. a). Nach BGE 110 Ia 165 f. E. 6b Männedorf ZH ist jedoch eine «ungünstige Präjudizierung [...] nur dann zu verneinen, wenn mit hoher Wahrscheinlichkeit ausgeschlossen werden kann, dass das umstrittene Projekt mit der zukünftigen planungsrechtlichen Nutzungsordnung in Widerspruch stehe». Einen solchen Widerspruch zur künftigen Planung kann allerdings nicht jede Abweichung hervorrufen, ergibt sich doch schon aus der Besitzstandsgarantie (und insbes. in ihrer erweiterten Form), dass bauliche Massnahmen selbst an widerrechtlichen Bauten nicht schlechthin mit dem planerischen Grundkonzept unvereinbar zu sein brauchen (vgl. MÜLLER Peter, S. 203).

[83] § 48 Abs. 3 PBG/ZH. Dasselbe ergibt sich für das aargauische Recht mittelbar aus den Voraussetzungen und Zielen der Sondernutzungsplanung (vgl. § 21 Abs. 1 BauG/AG). - Vgl. für das solothurnische Recht: SCHACHENMANN (S. 7), der die Eintragung einer Sondernutzungsplanungs-Pflicht im Zonenplan u.a. für «Gebiete mit sehr dichter Bebauung» sowie für solche erwähnt, «die sich für die Erstellung einer Gesamtüberbauung oder einer verdichteten Überbauung besonders eignen».

[84] Art. 73 Abs. 2 sowie Art. 92 ff. BauG/BE.

[85] § 27 E RBG/BL.

ständige Zonen der baurechtlichen Grundordnung ausgeschieden. Mangels unterliegender Zonenzuweisung ist die Grundzone mit Sondernutzungsplanungs-Pflicht mit einer eigenen Zwecksetzung (insbesondere hinsichtlich der Nutzungsart) auszustatten. Der Zweck der bernischen Zone mit Planungspflicht etwa ist in Grundzügen der Definition der Zone zu entnehmen, wonach diese einer geeigneten Überbauung besonders empfindlicher Planungsteilgebiete bzw. solcher mit besonderer Bedeutung für die Siedlungsentwicklung dient[86]. Ergänzt und verfeinert wird die Zwecksetzung durch entsprechende Festlegungen in der baurechtlichen Grundordnung[87], welche zudem den Erlass von Richtlinien als weitere Vorgaben für die verlangte Sondernutzungsplanung vorsehen können[88]. Auch nach basellandschaftlichem Revisionsentwurf kann die Zweckbestimmung der Grundzonen mit Sondernutzungsplanungs-Pflicht aus der baurechtlichen Grundordnung hervorgehen[89] und ist im übrigen aus der Zwecksetzung der Sondernutzungsplanung an sich[90] sowie gegebenenfalls aus richtplanerischen Vorgaben abzuleiten.

Während Art und Ausmass der Vorgaben der baurechtlichen Grundordnung für die Ausgestaltung der sondernutzungsplanerischen Festlegungen bei der basellandschaftlichen Regelung gemäss Revisionsentwurf lediglich von verfahrensmässiger Bedeutung sind (indem sie die Zuständigkeit zum Erlass der Quartierpläne bestimmen[91]), sich ansonsten aber nach dem konkreten Regelungsbedarf richten, verlangt das bernische Recht einen bestimmten Mindestinhalt der Vorgaben[92]. Demgemäss hat schon die baurechtliche Grundordnung Bestimmungen über den Planungszweck[93], die Nutzungsart und deren ungefähres

---

[86] Art. 73 Abs. 2 BauG/BE. - Die besondere Bedeutung eines Planungsteilgebietes für die Siedlungsentwicklung kann sich sowohl aus seiner für die Planung massgeblichen Lage als auch aus Nutzungsabsichten ergeben, welche sich über das betreffende Gebiet hinaus auf die Planung weiterer Teilgebiete auswirken, wie dies etwa auf bauliche Verdichtungen zutreffen kann.

[87] Art. 92 Abs. 1 BauG/BE (Planungszweck, Art und Mass der Nutzung [letzteres als «Planungswert»] sowie Gestaltungsgrundsätze; vgl. zu den einzelnen Regelungsgegenständen ZAUGG, Kommentar Art. 92/93 BauG/BE, N. 1).

[88] Art. 92 Abs. 2 BauG/BE.

[89] § 27 Abs. 2 sowie § 42 f. E RBG/BL.

[90] § 38 Abs. 1 E RBG/BL. - Indem zu seiner Verwirklichung u.a. auf die Quartierplanung verwiesen wird (§ 16 Abs. 3 Satz 2 E RBG/BL), erweist sich das verdichtete Bauen als möglicher Zweck von Zonen mit Quartierplanpflicht. Zum ausdrücklichen Zweck erwächst die bauliche Verdichtung, soweit die Zone mit Quartierplanpflicht in Ausführung und Konkretisierung verdichtungsrelevanter richtplanerischer Vorgaben (vgl. § 16 Abs. 2 und 4 E RBG/BL) ausgeschieden wird.

[91] Vgl. § 43 Abs. 1 E RBG/BL, wonach Quartierpläne im vereinfachten Verfahren (vor kommunaler Exekutive) ergehen, «sofern die Zonenvorschriften Bestimmungen über Art und Mass der quartierplanmässigen Nutzung und Gestaltung enthalten».

[92] Art. 92 Abs. 1 BauG/BE.

[93] Aus dessen Umschreibung hat hervorzugehen, weshalb ein bestimmtes Planungsteilgebiet der Zone mit Planungspflicht zugewiesen wird und mit welchem Ziel das Gemeinwesen die dortige

Mass[94] sowie Gestaltungsgrundsätze für Bauten, Anlagen und Aussenräume aufzuweisen[95], denn gestützt darauf ist die Bewilligungsfähigkeit von Bauvorhaben bei Fehlen des erforderlichen Sondernutzungsplans zu beurteilen[96]. Es sind m.a.W. die Grundzüge einer sondernutzungsplangemässen Überbauung bereits in der baurechtlichen Grundordnung vorzusehen[97]. Für das basellandschaftliche Recht ist bezüglich des Bauens ohne Sondernutzungsplan nach dem Revisionsentwurf wohl auf die Regelung der Planungssicherungsmassnahmen[98] zu verweisen, wobei - abgesehen vom Fall des vereinfachten Verfahrens, wo die Überbauungsgrundsätze schon in der baurechtlichen Grundordnung festgelegt sind - aus der gesetzlichen Regelung nicht hervorgeht, im Rahmen welcher baulichen Nutzungsordnung der Grundeigentümer nach Ablauf der entsprechenden Fristen seinen Überbauungsanspruch für die der Zone mit Quartierplanpflicht (d.h. einer Teil der Bauzone bildenden Grundzone ohne unterliegender Zonenordnung[99]) zugewiesenen Grundstücke geltend machen kann[100].

bb) Überlagernde Zonen mit Sondernutzungsplanungs-Pflicht

Sowohl das luzernische als auch das thurgauische Recht sehen nebst der zonenunabhängigen Verpflichtung zur Sondernutzungsplanung für Bauvorhaben mit erheblichen Auswirkungen auf die Umgebung[101] die nutzungsplanerische Verknüpfung mittels überlagernder Zonen vor[102]. Durch Zonenüberlagerung wird die unterliegende baurechtliche Grundordnung nur insoweit berührt, als sich die Bewilligungsfähigkeit von Bauvorhaben nunmehr nach sondernutzungsplanerischen Festlegungen beurteilt, die den Zonenplan ergänzen oder von ihm abweichen; soweit sich der Sondernutzungsplan zu Fragen der baulichen Nutzungsordnung dagegen ausschweigt, kommt ohne weiteres die unterliegende baurechtliche Grundordnung (zumindest sinngemäss) zum Zuge[103]. Die Ausge-

---

bauliche Entwicklung beeinflussen will (ZAUGG, Kommentar [1. A.] Art. 93/94 BauG/BE [i.d.F. vom 9. Juni 1985], N. 2a).

[94] Wörtlich: das Mass der Nutzung «als Planungswert» (Art. 92 Abs. 1 BauG/BE); damit soll zum Ausdruck kommen, dass nicht ein exakter Betrag baulicher Nutzungsmöglichkeiten festzusetzen, sondern lediglich eine nutzungsmässige Grössenordnung anzugeben ist (PERREN, S. 4 f.).

[95] Weitere Vorgaben für Überbauungsordnungen können in Richtlinien enthalten sein, die gestützt auf Art. 92 Abs. 2 BauG/BE erlassen werden.

[96] Art. 93 Abs. 1 Satz 2 insbes. lit. a und Abs. 2 BauG/BE; vgl. dazu auch PERREN, S. 7, und ZAUGG, Kommentar Art. 92/93 BauG/BE, N. 2.

[97] Vgl. ZAUGG, Kommentar (1. A.) Art. 92 BauG/BE (i.d.F. vom 9. Juni 1985), N. 4a.

[98] Vgl. § 54 f. E RBG/BL.

[99] § 22 Abs. 1 lit. h E RBG/BL.

[100] Vgl. immerhin § 38 Abs. 2 E RBG/BL, wonach auch die Grundeigentümer die Erstellung von Sondernutzungsplänen veranlassen können.

[101] § 74 Abs. 2 und 3 PBG/LU bzw. § 61 PBG/TG (vgl. supra A.).

[102] § 38 Abs. 2 Lemma 6 i.V.m. § 41 Abs. 4 PBG/LU bzw. § 14 PBG/TG.

[103] Der Sondernutzungsplan wird damit aber keineswegs zu einer alternativ zur Verfügung stehenden baulichen Nutzungsordnung (vgl. dazu supra II. 3. A.).

staltung des erforderlichen Sondernutzungsplans richtet sich im einzelnen zunächst nach der Zwecksetzung, wie sie sich aus jener der überlagernden Zone[104] oder der Sondernutzungsplanung[105] ergibt, muss gegebenenfalls aber auch der unterliegenden baurechtlichen Grundordnung Rechnung tragen.

Kommt bis zum Ablauf der Geltungsdauer allfälliger Planungssicherungsmassnahmen kein Sondernutzungsplan zustande, so erhält die unterliegende baurechtliche Grundordnung ohne weiteres umfassende Geltungskraft, es sei denn, die zonenspezifischen Vorschriften sähen für das Bauen ohne Sondernutzungsplan eine andere Regelung vor. Die Anwendung der unterliegenden baurechtlichen Grundordnung hat dabei unter möglichster Berücksichtigung der Zwecksetzung der überlagernden Zone zu erfolgen (etwa wenn es darum geht, Ausnahmebewilligungen zu erteilen oder allgemein Bestimmungen mit Beurteilungs- und Ermessensspielräumen auszulegen).

3. Die Bedeutung der Sondernutzungsplanungs-Pflicht für das verdichtete Bauen

Das Auferlegen von Sondernutzungsplanungs-Pflichten kann einen bedeutenden Beitrag zur vermehrten Verwirklichung verdichteter Überbauungen leisten. In den untersuchten Raumplanungs- und Baugesetzgebungen bildet die koordinierte Förderung baulicher Verdichtungen zumindest einen, wenn nicht gar den hauptsächlichen Zweck der Sondernutzungsplanungs-Pflichten[106]; daraus a contrario zu schliessen, die bauliche Verdichtung sei ohne Sondernutzungsplanung, d.h. im Rahmen der baurechtlichen Grundordnung, nicht zweckmässig zu verwirklichen, ginge m.E. aber fehl. Die Sondernutzungsplanungs-Pflicht entbindet keineswegs von der Verpflichtung, die haushälterische Nutzung des Bodens zunächst mit entsprechend ausgestalteten baurechtlichen Grundordnungen anzustreben. Auch das verdichtete Bauen ist folglich nicht a priori auf den Weg der Sondernutzungsplanung zu verweisen. Sondernutzungsplanungs-Pflichten sind allerdings dort besonders angebracht, wo ein erhebliches öffentliches Interesse[107] die Einflussnahme des Gemeinwesens in den Planungsvorgang gebietet; unterhalb dieser Empfindlichkeits-Schwelle ist eine angemessene bauliche Dichte jedoch durch Bauvorschriften zu ermöglichen.

---

[104] § 41 Abs. 4 PBG/LU (Bauzonen für verdichtete Bauweise) bzw. § 14 PBG/TG (insbes. Verdichtungszonen); die Verknüpfung durch überlagernde Zonen mit Sondernutzungsplanungs-Pflicht zielt demnach vornehmlich auf die bauliche Verdichtung ab.

[105] Vgl. insbes. § 18 PBG/TG.

[106] Die verschiedenen Arten der Verknüpfung von Sondernutzungsplanung und Zonenplanung sind mithin auch allesamt mehr oder weniger ausgeprägt verdichtungsrelevant.

[107] Vgl. dazu supra II. 3. A.

2. Abschnitt
Die materielle Baugesetzgebung

Der folgende Abschnitt bezweckt eine Systematisierung der materiellen Bauvorschriften und die Beurteilung ihrer Bedeutung für die bauliche Verdichtung. Eine vertiefende Darstellung der Bauvorschriften erscheint von daher geboten, dass diese das Sichtbare bzw. Wahrnehmbare der Siedlungsplanung charakterisieren, d.h. die Bauten und Anlagen in ihren Ausdehnungen und Eigenschaften bestimmen: die Raumplanung in ihrer Funktion der Gestaltung des Lebensraums ist mithin auf eine kohärente Baugesetzgebung angewiesen.

Die Bauvorschriften werden für das Folgende in quantitative (unmittelbar baubeschränkende) und qualitative (mittelbar - unterschiedlich ausgeprägt - baubeschränkende, technische bzw. gestalterische) Vorschriften unterteilt.

Die quantitativen Bauvorschriften legen fest, welchen messbaren oder durch Berechnung bestimmbaren Anforderungen eine Baute zu entsprechen hat. Sie legen das Höchstmass der baulichen Dichte sowohl parzellen- als auch zonenweise fest, indem sie den Betrag zulässiger baulicher Nutzung als eigens dafür vorgesehene Nutzungsziffern (§ 7) oder als zunächst Stellung und Ausdehnung der Bauten betreffende, damit aber auch das zulässige Bauvolumen bestimmende Vorschriften (§ 8) begrenzen[1]. Der quantitative Aspekt baulicher Dichte kann dabei auch ohne Nutzungsziffern und somit gestützt auf andere unmittelbar baubeschränkende Vorschriften allein bestimmt werden[2], während eine einzig auf Nutzungsziffern beschränkte Bauordnung die bauliche Nutzung des Bodens kaum ausreichend zu regeln vermöchte[3].

Unter den Begriff der qualitativen Bauvorschriften im hier verstandenen Sinne fallen solche, die im Interesse der Siedlungsqualität, wie sie über den in Art. 3 Abs. 3 RPG enthaltenen Planungsgrundsatz zum Gegenstand des Raumplanungs- und Baurechts wird[4], das Vorhandensein gewisser Eigenschaften von

---

[1] Die quantitativen Bauvorschriften beeinflussen damit auch das Erscheinungsbild sowie andere qualitative Aspekte von Siedlungen oder Siedlungsteilen, können zu qualitativen Anforderungen allerdings auch in Widerspruch geraten (vgl. hiezu ausführlich infra § 10 V.).

[2] Vgl. z.B. BGE 119 Ia 117 E. 3b Baden AG. - Vgl. etwa auch § 251 PBG/ZH (dazu WOLF/KULL, N. 99) sowie Art. 92 Abs. 1 BauV/BE.

[3] Zu den Vor- und Nachteilen der verschiedenen Arten von Regelungen zur Bestimmung der baulichen Dichte siehe HUBER Luzius, Ausführliches Argumentarium zu den Dichtebestimmungen nach revidiertem PBG, Unterlage zu einer VLP-Tagung vom 22. April 1993.

[4] Vgl. auch die richtplanerischen Gestaltungsgrundsätze in § 18 Abs. 2 lit. c (und e) PBG/ZH, die Ausrichtung der Nutzungsvorschriften auf eine gute Wohn- und Siedlungsqualität gemäss § 46 Satz 1 BauG/AG oder die Vorschrift, wonach der Zonenplan nach § 26 Abs. 2 Satz 3 PBG/SO

Bauten und der von diesen betroffenen Umgebung vorschreiben. Sie betreffen unmittelbar die Zweckmässigkeit der Bauten sowie deren äussere Erscheinung. Anders als die quantitativen Bauvorschriften, welche als messbare oder berechenbare Normen die Interessen der Nachbarschaft sowie einer breiteren Öffentlichkeit gemeinhin zu wahren geeignet sind[5], regeln die qualitativen Bauvorschriften Eigenschaften, die bei oder an der Baute selber gegeben sein müssen, um zugunsten deren Bewohner und Benützer die verlangte Siedlungsqualität (als Wohn- und Arbeitshygiene) zu gewährleisten. Diese stellt für die subjektive Erfahrung der baulichen Dichte sodann einen bestimmenden Faktor dar[6]. Die qualitativen Bauvorschriften wirken sich auf die bauliche Dichte demgemäss insofern aus (und erscheinen folglich insoweit als verdichtungsrelevant), als sie der besseren, d.h. einerseits zweckmässigeren und rationelleren und anderseits angenehmeren Benützbarkeit einzelner Bauten, ganzer Überbauungen und letztlich der Siedlungen insgesamt dienen oder zu einer auch in ästhetischer Hinsicht befriedigenden Siedlungsgestaltung beitragen: durch entsprechende Bauvorschriften gewährleistete erhöhte qualitative Anforderungen können demnach als mittelbare Auswirkung höhere bauliche Dichten zumindest vertretbar erscheinen lassen[7].

Zweck der Bauvorschriften bildete zunächst die Wahrung polizeilicher Interessen[8]. Der Begriff «Baupolizeirecht»[9] wird hier jedoch nicht verwendet, da sich die Bedeutung der Bauvorschriften von der reinen Gefahrenabwehr auf die Gestaltung des Raumes ausgeweitet und verlagert hat. Die gesundheits- und sicherheitspolizeilichen Gesichtspunkte haben aufgrund der Entwicklung der Bau-

---

(in Konkretisierung eines in § 1 Abs. 2 PBG/SO entsprechend festgelegten Gesetzeszwecks) für eine hohe Siedlungsqualität sorgt.

[5] Zur "Reprivatisierung" von Vorschriften, die vorab nachbarliche Interessen schützen, und zur Konzentration der öffentlich-rechtlichen Vorschriften auf die Wahrung eigentlicher öffentlicher Interessen vgl. ZUPPINGER, S. 19 ff., und PIOTET, S. XXXVIII ff., sowie infra § 16 II. 3. B.

[6] Direkte Rückschlüsse von der Dichte, die sich auf die strukturelle Ebene der Siedlungen bezieht, auf die individuelle Ebene der Befindlichkeit von Bewohnern, Benützern usw. sind problematisch. Das Engeerlebnis («crowding») wird nicht durch den mit höheren Dichten notwendig verbundenen relativ knappen personalen Raum allein verursacht, sondern ist abhängig von physischen, sozialen oder persönlichen Faktoren und vorab von deren Zusammenwirken (vgl. SPIEGEL, S. 6 und S. 12 f.), wobei die Siedlungsqualität alle diese Zusatzfaktoren zu beeinflussen geeignet ist.

[7] Die Siedlungsqualität «muss [bei der Weiterentwicklung des Planungsrechts] wegen ihres Eigenwertes und auch deswegen mitberücksichtigt werden, weil sie Rückwirkungen auf andere Planungsanliegen hat. Das gilt insbesondere für den Bodenbedarf.» (JAGMETTI, Siedlungsplanung, S. 14).

[8] SCHÜRMANN, S. 24.

[9] Definition bei SCHÜRMANN/HÄNNI, S. 233; vgl. sodann DILGER, S. 51 ff. - In diesem "defensiven Charakter" der herkömmlichen Bauvorschriften «[qui] ne sont pas conçues pour résoudre des problèmes mais pour écarter des risques» ortet ZUPPINGER (S. 11) m.E. zurecht eine Ursache für das Ungenügen der Nutzungsplanung gemessen an den richtplanerischen Ansprüchen an die Raumordnung, denn «[s]eule une infime partie du message du plan directeur peut être traduit dans le langage actuel du plan d'affectation et de son règlement» (S. 20).

technik an Bedeutung eingebüsst[10], so dass die Vorschriften nunmehr vornehmlich raumgestaltende Anliegen verfolgen[11].

---

[10] Vgl. z.B. betreffend Bestimmungen über Gebäudelängen und -tiefen: JAGMETTI et al., S. 26.
[11] SCHÜRMANN, S. 76 f.

§ 7 Die Nutzungsziffern

Im folgenden sind die allgemeinen Eigenschaften (I.) sowie die Verdichtungsrelevanz (II.) der Nutzungsziffern darzustellen, bevor zu erörtern ist, wie die Nutzungsziffern in ihrer Handhabung mit Blick auf die bauliche Verdichtung ausgestaltet werden können (III.).

I. Allgemeines

Die Nutzungsziffern sind zunächst begrifflich zu bestimmen (1.) und in ihrer Funktion darzustellen (2.), bevor sie anhand des Regelungsgegenstandes einerseits und nach der normativen Richtung anderseits unterteilt werden (3.).

1. Definition

Die Nutzungsziffern bestimmen das Mass der zulässigen Grundstücknutzungen, indem sie die bauliche Dichte in Form einer Verhältniszahl unmittelbar betragsmässig beschränken. Sie äussern sich dagegen in keiner Weise zur Situierung der zulässigen baulichen Nutzung auf dem jeweiligen Baugrundstück[1]; ebensowenig regeln sie ihre kubische Anordnung und architektonische Konzeption[2].

2. Funktion

Die Nutzungsziffern werden bestimmten Bauzonentypen gesamthaft oder gebietsweise differenziert zugewiesen[3]. Sie begrenzen das Mass der baulichen Nutzung vorab aus wohn- und arbeitshygienischen Überlegungen[4]. Die Nutzungsziffern regeln die bauliche Dichte sowohl bezogen auf ganze Planungsteil-

---

[1] BGE 98 Ia 395 (E. 5a) Köniz BE. Gemäss STEIGER (S. 5) bleibt die «Freiheit, konzentrierte, neuzeitliche Bauformen zu wählen, [...] bestehen, wenn [u.a.] die Konzentration des Bauvolumens durch Freiflächen unter Einhaltung der [Ausnützungsziffer] kompensiert wird».

[2] Die Zulassung einer entsprechenden baulichen Dichte gewährleistet somit noch keineswegs die Erstellung von Überbauungen im Sinne des verdichteten Bauens (vgl. zum Begriff § 1 II. 1. A. a.).

[3] Nach § 23 Abs. 2 PBG/LU können Nutzungsziffern sodann nicht bloss räumlich (für Zonen), sondern auch für Nutzungen, Gebäude und Geschosse festgelegt werden.

[4] Durch die Verhinderung einer allzu dichten oder zu engen Überbauung soll gewährleistet werden, dass Luft und Licht genügenden Zutritt haben und keine gesundheitsschädlichen Zustände entstehen (SCHÜRMANN, S. 60). Als allgemeine öffentliche Interessen an Nutzungsziffern gelten (etwa nach BGE 111 Ia 138 f. E. 6b Davos GR bzgl. Ausnützungsziffern): Gestaltung des Orts- bzw. Landschaftsbildes, Gleichgewicht des Dorfbildes, Infrastrukturplanung, Wohnhygiene (Immissionsschutz, Besonnung, Belichtung, Belüftung).

gebiete als auch auf die einzelnen Grundstücke[5]; sie stellen damit nicht etwa bloss einen gebietsbezogenen Durchschnittswert dar, sondern sind für jedes einzelne Bauvorhaben zu beachten. Aufgrund ihrer Ausgestaltung als Verhältniszahl bewirken die Nutzungsziffern eine Beschränkung der baulichen Nutzungsmöglichkeiten im Sinne der relativen (flächenabhängigen) Gleichbehandlung der Grundeigentümer.

3. Typologie

Die Nutzungsziffern lassen sich in zweierlei Hinsicht unterteilen. Die Unterscheidungen können einerseits danach getroffen werden, ob die Nutzungsziffern (positiv) angeben, wieviel gebaut werden darf, oder (negativ) festlegen, wieviel an Grundfläche nichtbaulichen Nutzungen vorbehalten bleibt (A.), und andererseits nach Art der anzurechnenden Grösse, d.h. letztlich anhand des Regelungsgegenstands der Nutzungsziffern (B.).

A) Die Unterscheidung nach der normativen Richtung

Eine baubeschränkende Wirkung lässt sich mittels Nutzungsziffern einerseits dadurch erzielen, dass das Mass der zulässigen baulichen Nutzung zur massgeblichen Grundfläche in ein bestimmtes Verhältnis gesetzt wird. So kann etwa den Ausnützungs-, Baumassen- oder Überbauungsziffern entnommen werden, wieviel an Geschossfläche, Bauvolumen oder überbauter Fläche höchstens erstellt werden darf. Eine Beschränkung der baulichen Nutzung von Grundstücken ergibt sich mittelbar aber auch daraus, dass bestimmte Anteile der Grundfläche[6] anders als baulich genutzt werden müssen, wie dies etwa die Freiflächen- oder Grünflächenziffern als (in diesem Sinne negative) Nutzungsziffern vorsehen.

B) Die Unterscheidung nach dem Regelungsgegenstand

Die Nutzungsziffern erfassen als Regelungsgegenstand bald auf bestimmte Weise genutzte und in bestimmten Gebäudeteilen befindliche Geschossflächen (Ausnützungsziffer), bald den oberirdisch umbauten Raum schlechthin (Baumassenziffer), bald die von Bauten bedeckte Grundfläche bzw. die darauf projizierte Gebäudeumfassung (Überbauungs-, Versiegelungsziffer), während

---

[5] Vgl. z.B. MATILE et al., Kommentar Art. 47 LATC/VD, N. 2.9.1.1. - Aus der Grundstücksbezogenheit ergibt sich, dass die Nutzungsziffern zur Herbeiführung einer einheitlichen Dichtewirkung auf ungefähr gleich grosse und zweckmässig arrondierte Parzellen angewiesen sind. Liegt eine uneinheitliche Parzellarstruktur vor, so können einheitliche Nutzungsziffern zu ganz unterschiedlichen Bauvolumen führen und i.V.m. Abstandsvorschriften und gegebenenfalls vorhandenen Baulinien deutlich ungleiche bauliche Nutzungsmöglichkeiten zur Folge haben (vgl. auch ZUPPINGER, S. 45).

[6] Dabei handelt es sich zunächst nicht um räumlich bestimmte Grundstücksteile, lassen doch die Nutzungsziffern (anders als etwa Abstandsvorschriften oder Baulinien) die Situierung der baulichen bzw. der nichtbaulichen Nutzungen auf dem Grundstück offen.

für die zuvor als negativ bezeichneten Nutzungsziffern (Freiflächen-, Grünflächenziffer) die nicht zu überbauenden, sondern gewisse andere Eigenschaften aufweisenden Flächen Regelungsgegenstand bilden. Aufgrund der besonderen Definitionen der zu erfassenden Nutzungen, wie sie regelmässig aus kantonalrechtlichen Regelungen, vereinzelt auch aus kommunalem Recht[7] hervorgehen, können sich Überschneidungen ergeben, so dass bestimmte Flächen (aus jeweils unterschiedlichem Blickwinkel freilich) hinsichtlich mehrerer Nutzungsziffern anzurechnen bzw. anrechenbar sind[8].

II. Die Verdichtungsrelevanz der Nutzungsziffern

Für die folgenden Ausführungen wird von den kantonalrechtlichen Unterschieden der Nutzungsziffer-Definitionen (insbesondere betreffend die massgebliche Grundfläche sowie die im einzelnen anzurechnenden Nutzungsarten) weitgehend abgesehen. Es kann hier lediglich darum gehen, die Ausnützungsziffern (1.), Baumassenziffern (2.) und weitere Nutzungsziffern (3.) in ihrer jeweiligen besonderen verdichtungsrelevanten Tendenz darzustellen.

1. Die Ausnützungsziffer

Die Ausnützungsziffer ist ein unmittelbarer Indikator für das Mass der zulässigen baulichen Nutzung von Grundstücken[9]. Indem die nach kantonalem Recht definierte massgebliche Grundfläche (als Nenner) zur gleichfalls kantonalrechtlich umschriebenen anzurechnenden Geschossfläche (als Zähler) in Beziehung gesetzt wird, lässt sich anhand der als Verhältniszahl gegebenen Nutzungsziffer ermitteln, wieviel an anzurechnender Nutzfläche auf einem bestimmten Grundstück maximal erstellt werden darf. Gestützt darauf ist in etwa abschätzbar, wie leistungsfähig die Erschliessungs- und weiteren Infrastrukturanlagen auszugestalten sind[10]. Ferner kann auf die ungefähre äussere Erscheinung der Überbauungen geschlossen werden[11]; detailliertere Aussagen über die Dichtewirkung, wie sie sich etwa in der Körnung der Bauvolumen und der Regelmässigkeit der

---

[7] Vgl. z.B. § 19 Abs. 2 PBV/LU.
[8] So kann etwa ein Gebäudeteil an die Überbauungsziffer anzurechnen sein (vgl. z.B. § 256 Abs. 1 PBG/ZH) und zugleich als Spiel-, Ruhe- oder Gartenfläche hinsichtlich der Freiflächenziffer anrechenbar sein (vgl. z.B. § 257 PBG/ZH und § 11 ABV/ZH; ähnlich § 23 Abs. 2 PBV/LU, § 34 Abs. 2 KBV/SO sowie § 10 Abs. 2 Satz 4 ABauV/AG).
[9] Vgl. BGE 108 Ia 119 E. 2a Villars-sur-Glâne FR: «[L]'indice d'utilisation [...] indique dans quelle proportion un terrain peut être bâti et donne la mesure de la densité des constructions». - HUBER Felix, Ausnützungsziffer, S. 132 und S. 138 f.; MATILE et al., Kommentar Art. 47 LATC/VD, N. 2.9.1.2.
[10] STEIGER/STÜDELI, S. 5, HUBER Felix, Ausnützungsziffer, S. 140.
[11] STEIGER/STÜDELI, S. 5. Anders als die Baumassenziffer erfasst die Ausnützungsziffer aufgrund der Nichtanrechenbarkeit gewisser Geschossflächen allerdings nicht das gesamte in Erscheinung tretende Bauvolumen.

Überbauung äussert, sind hingegen nur unter Einbezug weiterer unmittelbar baubeschränkender Vorschriften möglich. - [12]

Als unmittelbare Beschränkung der zulässigen baulichen Dichte ist die Ausnützungsziffer bzw. deren betragsmässige Festsetzung für die bauliche Verdichtung von erheblicher Bedeutung. Wird sie auf tiefem Niveau festgelegt[13], ist das verdichtete Bauen nur auf sehr grossen Grundstücken (durch Nutzungsverlagerung[14]) zu verwirklichen. Eine hohe Ausnützungsziffer bietet allein indessen ebensowenig Gewähr dafür, dass verdichtete Überbauungen errichtet werden (können). Auf unvorteilhaft arrondierten oder ungünstig gelegenen Grundstücken kann die Ausnützungsziffer unter Einhaltung der Grenz- und/oder Gebäudeabstände sowie allfälliger Baulinien bisweilen gar nicht ausgeschöpft werden. Die Ausnützungsziffer lässt sodann die Baugestaltung im wesentlichen unbeeinflusst, so dass das verdichtete Bauen bloss eine unter verschiedenen Möglichkeiten darstellt, eine allenfalls erhöhte zulässige Nutzungsdichte baulich umzusetzen.

2. Die Baumassenziffer

Die Baumassenziffer bestimmt das Verhältnis des oberirdischen Bauvolumens[15] zur massgeblichen Grundfläche und beschreibt damit einen wesentlichen Aspekt der Erscheinung von Bauten[16]; letztlich beeinflusst sie die Körnung der Siedlung. Die innere Organisation des umbauten Raums ist für die Baumassenziffer unbe-

---

[12] Zu den einzelnen Funktionen der Ausnützungsziffer siehe auch BGE 111 Ia 138 f. E. 6b und 144 (E. 7d) Davos GR, sowie STEIGER, S. 2 ff.; sie betreffen das öffentliche Interesse an einer angemessenen Gestaltung des Orts- bzw. Landschaftsbildes, am Gleichgewicht des Dorfbildes, an einer zweckmässigen Infrastrukturplanung und an einwandfreien wohn- und arbeitshygienischen Verhältnissen (etwa bzgl. Immissionsschutz, Belüftung, Besonnung und Belichtung der Gebäude). - Zum Meinungsstand betreffend die Zweckmässigkeit von Ausnützungsziffern insbes. hinsichtlich des Baulandverbrauchs vgl. ARGVP 1993, 23 ff. E. 3 und 4 m.H.

[13] D.h. in Wohnzonen z.B. unter 0,35 (GOTTSCHALL/REMUND, S. 11) bzw. 0,4 (BERNATH et al., S. 45). - Zu den Kriterien für die betragsmässige Festsetzung der Ausnützungsziffern siehe HUBER Felix, Ausnützungsziffer, S. 134 ff.

[14] Dabei muss im Sinne einer Kompensation der Nutzungskonzentration auf demselben Grundstück eine bestimmte Fläche späterer baulicher Nutzung durch Bauverbot entzogen werden (vgl. BGE 98 Ia 395 [E. 5a] Köniz BE).

[15] Vgl. z.B. § 258 Abs. 1 PBG/ZH i.V.m. § 12 Abs. 1 ABV/ZH, § 10 Abs. 1 ABauV/AG sowie Ziff. 9.2 MBR/BE; anders indes § 26 PBG/LU i.V.m. § 19 f. PBV/LU, wonach das kommunale Recht auch die Anrechnung von Untergeschossen vorsehen kann. - Zur Ermittlung der Baumassenziffer vgl. WALKER SPÄH Carmen, Zur Berechnung der Baumassenziffer, in: PBG aktuell Nr. 4/94, S. 28 ff.

[16] Der Baumassenziffer wird daher erhebliche gestalterische Funktion zugeschrieben (SCHÜRMANN/HÄNNI, S. 248 m.H.). Ihr Regelungsgegenstand betrifft das vorrangige Anliegen der Nachbarschaft und der weiteren Öffentlichkeit einer Beschränkung der Ausdehnung des sichtbaren Bauvolumens.

achtlich[17]; sie überlässt es vielmehr dem Bauenden, die auf einem gegebenen Baugrundstück durch das zulässige Bauvolumen bestimmte bauliche Nutzung innerhalb des Baukubus anzuordnen[18]. Die Gebäudeorganisation richtet sich somit nach den im einzelnen zulässigen Nutzungsarten. Die Baubehörden werden sodann davon befreit, anlässlich ihrer Überprüfungen detaillierte Erhebungen betreffend die Nutzung der Geschossflächen vorzunehmen, wie dies bei der Ausnützungsziffer aufgrund der Unterscheidung in nach Nutzungsart anzurechnende und nicht anzurechnende Flächen unerlässlich ist; sie können sich stattdessen darauf beschränken, das äusserlich ohne weiteres wahrnehmbare und zumindest insoweit unbestreitbare Gebäudevolumen zu erfassen[19].

In bezug auf den Betrag der Baumassenziffer gilt das hinsichtlich der Ausnützungsziffer Gesagte sinngemäss. Mit der Festsetzung einer erhöhten Baumassenziffer liesse sich zugunsten des verdichteten Bauens immerhin eine Regelung verbinden, welche das Volumen der einzelnen Baueinheiten zwecks Vermeidung wuchtiger Baukuben betragsmässig beschränkte[20]. Es könnten demgemäss Überbauungen mit der für das verdichtete Bauen typischen kubischen Kleinteiligkeit erstellt werden, wobei das Additionsprinzip jeweils so auszugestalten wäre, dass die einzelnen Baueinheiten als solche erkennbar blieben. Derlei Verfeinerung der Baumassenziffer stellte m.E. eine einfache und wirkungsvolle Massnahme dar, um das verdichtete Bauen bereits im Rahmen der baurechtlichen Grundordnung angemessen zu erfassen und zu regeln.

---

[17] Bei festgelegter Gebäudehöhe kann daher z.B. auf die Regelung der Geschosszahl verzichtet werden, womit die Abgrenzungsschwierigkeiten bzgl. verschiedener Geschossarten (wie Voll-, Unter- und Dachgeschoss) entfallen. - Für die Bestimmung der Zonenkapazitäten, der zu erwartenden Immissionen, der mutmasslichen Beanspruchung von Infrastrukturanlagen sowie des Bedarfs an Nebeneinrichtungen ist die innere Organisation der Bauten jedoch von entscheidender Bedeutung (vgl. BGE 111 Ia 142 E. 7d Davos GR), so dass hiebei auf eine Ermittlung des Nutzungsmasses kaum zu verzichten sein wird (vgl. STEIGER et al., S. A-21).

[18] Es ist daher eine gewisse Tendenz zu grossflächigen Bauten mit knapp bemessenen Aussenmauern und Bedachungen, eher niedrigen Geschosshöhen sowie bescheidenen Nebenräumen zu erwarten (vgl. STEIGER et al., S. A-20), wobei die letzteren Eigenschaften durchaus auch als Ausdruck einer effizienten Bauweise verstanden werden können. Begünstigt wird ferner die unterirdische Anordnung von Nebeneinrichtungen (z.B. Parkierungsanlagen).

[19] Ist nur das oberirdische Bauvolumen anzurechnen (wodurch die Baumassenziffer an Anschaulichkeit gewinnt), so können sich allerdings aus Definition (vgl. z.B. § 12 Abs. 1 ABV/ZH: «über dem gewachsenen Boden liegende Gebäudeteile» oder Abs. 2 der Musterformulierung zu Ziff. 9.2 MBR/BE: «über dem fertigen Terrain») Abgrenzungsfragen stellen.

[20] Im Vergleich zu den volumetrischen Vorschriften (infra § 8 I. 3. C.), die u.U. einen ähnlichen Zweck verfolgen, wird hierdurch die architektonische Gestaltungsfreiheit weniger eingeschränkt, können doch die volumetrischen Variablen (praktikabilitätsbedingte Überlegungen und allfällige volumetrische Vorschriften betreffend das Gesamtvorhaben vorbehalten) grundsätzlich frei bestimmt werden.

3. Weitere Nutzungsziffern

Überbauungs- und Versiegelungsziffern (A.) sowie Freiflächen- und Grünflächenziffern (B.) weisen im Vergleich zu den soeben behandelten Nutzungsziffern für das verdichtete Bauen insgesamt eine geringere Bedeutung auf.

A) Die Überbauungs- und die Versiegelungsziffer

Die Überbauungs-[21] und die Versiegelungsziffern setzen die massgebliche Grundfläche in Beziehung zur Ausdehnung baulicher Massnahmen in der Horizontalen[22]. Sie wirken für das verdichtete Bauen insofern eher benachteiligend, als die Reduktion der Bauten auf die Horizontale faktisch die Vertikale begünstigt, da diese bei der Berechnung des Nutzungsmasses ausser acht gelassen werden kann[23]. Davon vermag das verdichtete Bauen, welches horizontal erhebliche Ausdehnungen bei regelmässig wenig ausgeprägter Vertikalen aufweist, jedenfalls kaum zu profitieren.

Einen Beitrag zu haushälterischer Bodennutzung und zu naturnäherer Siedlungsentwässerung leisten Versiegelungsziffern[24], an welche im Gegensatz zu den Überbauungsziffern nicht nur Gebäudeprojektionen[25] bzw. mit oberirdischen Gebäuden überstellte Grundstücksteile[26], sondern sämtliche mit wasserundurchlässigen Materialien vorgenommenen baulichen Massnahmen anzurechnen sind[27]. Sie belohnen Überbauungen mit flächensparsamer verkehrsmässiger Erschliessung, bei denen die anzurechnende versiegelte Fläche effizient der eigentlichen baulichen Nutzung zugeführt werden kann, was zur Förderung verdichteten Bauens beizusteuern geeignet ist.

---

[21] Zum Zweck der Überbauungsziffern vgl. etwa MATILE et al., Kommentar Art. 47 LATC/VD, N. 2.9.1.1.

[22] Zur Vertikalen äussern sie sich in keiner Weise: anders als bei Ausnützungs- und Baumassenziffern, welche die Vertikale - wenn auch nur mittelbar - betreffen, verlangt eine auf Überbauungsziffern beruhende Nutzungsordnung zwingend nach Bestimmungen betreffend Geschosszahl und/oder Gebäudehöhe.

[23] Vgl. schon VOLLENWEIDER, S. 160 f. - Es ist zudem die Tendenz zu erwarten, die zulässige Überbauungsfläche auf allen Geschossen auszuschöpfen und auf Gebäuderücksprünge mithin zu verzichten (vgl. STEIGER et al., S. A-21).

[24] Vgl. z.B. den Versiegelungsanteil gemäss § 28 PBG/LU.

[25] Daraus erhellt, dass die Überbauungsziffern weniger siedlungsökologische als vielmehr unmittelbar nutzungsmässige und damit dichterelevante sowie gestalterische Zwecke verfolgen. Dies rechtfertigt auch das Abstellen auf die «grösste[...] oberirdische[...] Gebäudeumfassung» (§ 256 Abs. 1 PBG/ZH) für die Projektion auf die Grundfläche.

[26] Vgl. Art. 96 Abs. 1 Satz 1 BauV/BE; zur Berechnung der überbauten Fläche vgl. die Musterformulierungen zu Ziff. 9.3 MBR/BE.

[27] Vgl. § 25 Abs. 1 PBV/LU.

B) Die Freiflächen- und die Grünflächenziffer

Die Freiflächen- und Grünflächenziffern sind als negative Nutzungsziffern bezeichnet worden, da sie auf den Baugrundstücken gewisse Flächenanteile von der baulichen Nutzung freizuhalten bezwecken, um sie als Spiel-, Ruhe- und Freizeitflächen zur Verfügung zu stellen oder als siedlungsökologisch wertvolle Flächen zu bewahren bzw. zu gestalten.

Bei zweckgerichteter (d.h. etwa auf attraktive Aussenraumgestaltung angelegter) Definition der anrechenbaren Flächen sind Freiflächen- und Grünflächenziffern qualitativ hochstehender verdichteter Überbauung kaum hinderlich. Das verdichtete Bauen kann durch solche Ziffern sogar begünstigt werden, sofern als Freiflächen bzw. Grünflächen auch solche anerkannt sind, die auf überbauten Flächen angeordnet werden[28]. Freiflächen- und Grünflächenziffern dürften sodann mittelbar das Bestreben verstärken, die verbleibende, baulich nutzbare Fläche - etwa unter sparsamer verkehrsmässiger Erschliessung - möglichst effizient zu verwenden.

III. Die Ausrichtung der Nutzungsziffern auf die bauliche Verdichtung

Im folgenden ist zu erörtern, inwiefern eine gezielte Handhabung der Nutzungsziffern für das verdichtete Bauen von Bedeutung sein kann. Dass die betragsmässige Festsetzung der Nutzungsziffern die Möglichkeiten baulicher Verdichtung entscheidend beeinflusst, liegt auf der Hand und bedarf keiner weiteren Erläuterung; der Gesetzgebung bietet sich hiebei ein erster Ansatzpunkt zur Förderung des verdichteten Bauens (1.). Die bauliche Dichte lässt sich sodann über die Definition der Variablen des Nutzungsziffer-Koeffizienten beeinflussen (2.); schliesslich kann durch kompensierende (3.) und privilegierende Massnahmen (4.) auf die bauliche Dichte eingewirkt werden. Während die letzteren Arten von Massnahmen bloss einzelne Grundstücke oder verhältnismässig eng begrenzte Gebiete erfassen, ziehen die betragsmässige Festsetzung der Nutzungsziffern und die Definition deren Variablen grossräumige (zonen- oder zumindest gebietsweise) Änderungen der baulichen Nutzungsmöglichkeiten nach sich.

---

[28] Vgl. hiezu etwa § 11 insbes. lit. b ABV/ZH gestützt auf § 257 Abs. 3 PBG/ZH («Spiel-, Ruhe-, und Gartenanlagen auf Dachflächen, soweit sie mit der übrigen diesem Zwecke dienenden Fläche zusammenhängen und über einen freien Zugang verfügen»; z.B. überdeckte und bepflanzte Gemeinschaftsanlagen für die Fahrzeugparkierung, § 23 Abs. 2 PBV/LU (u.a. «begrünte Tiefgaragen [...], wenn diese Flächen den Zweck der ordentlichen Grünflächen erfüllen und entsprechend wirken»; ähnlich § 34 Abs. 2 KBV/SO sowie § 10 Abs. 2 Satz 4 ABauV/AG, wobei nach der letzteren Vorschrift die Anrechnung auf die Hälfte der betreffenden Fläche beschränkt bleibt).

1. Die betragsmässige Festsetzung der Nutzungsziffern

Die hinsichtlich der Möglichkeiten baulicher Verdichtung überaus bedeutsame betragsmässige Festsetzung der Nutzungsziffern[29] erfolgt im wesentlichen im Rahmen der Zonenplanung und fällt demgemäss weitgehend in den Bereich der Gemeindeautonomie. Dies eröffnet der zuständigen Planungsbehörde einen weiten Gestaltungsspielraum, welcher freilich im Einklang mit den weiteren baubeschränkenden Vorschriften auszuschöpfen ist[30]. Die Nutzungsziffern können zonentypen- oder zonenweise sowie innerhalb ein und derselben Zone nach Teilgebieten unterschieden festgelegt werden. Eine Möglichkeit verdichtungsrelevanter Differenzierung besteht hiebei darin, anhand der Überbauungsart abgestufte Nutzungsziffern vorzusehen und solcherart etwa verdichtete Überbauungen nutzungsmässig zu begünstigen[31].

Nebst bundesrechtlichen Anforderungen an die Zonenplanung[32] finden sich auch im kantonalen Recht diesbezügliche verdichtungsrelevante Vorgaben. Solche können einerseits in der planerischen Ausscheidung kantonal oder regional bedeutender Siedlungsgebiete und der Festlegung deren angestrebter baulicher Dichte bestehen[33]. Sie bilden anderseits aber auch Gegenstand zunächst nicht lokalisierter Bestimmungen, indem etwa für die nach Geschosszahl unterschiedenen Zonen kantonalrechtliche Nutzungsziffer-Richtwerte vorgesehen werden, ohne die Ausgestaltung der Zonenplanung indes weiter zu beeinflussen[34]. Hier-

---

[29] Vgl. dazu etwa BGE 113 Ia 266 ff. Carouge GE (Erhöhung der Ausnützungsziffer von 0,2 auf 0,6 durch Umzonung eines Baugebiets von der «zone de villas (5 A)» in eine «zone de développement (4 B)»).

[30] Der Betrag von Nutzungsziffern sollte mithin so bestimmt werden, dass bei Einhaltung der weiteren unmittelbar baubeschränkenden Vorschriften innerhalb der Grundstücksgrenzen ein angemessener Spielraum für Situierung und Gestaltung von Bauten verbleibt (vgl. Ziff. 9.1 MBR/BE).

[31] Vgl. z.B. Art. 31 Abs. 1 BauR/Frauenfeld TG, welcher in bestimmten Wohnzonen sowie Wohn- und Gewerbezonen für die offene, die halboffene und die verdichtete Bauweise nebeneinander unterschiedliche Ausnützungsziffern festlegt; in gemischten Zonen wird zudem nach der Nutzungsstruktur der Überbauungen unterschieden (vgl. auch infra 4.).

[32] Vgl. insbes. Art. 1 und 3 RPG sowie das, worüber nach Art. 26 RPV anlässlich der kantonalen Genehmigung Bericht zu erstatten ist (vgl. dazu supra § 5 I. und infra § 11 II. 1. B.). Obschon es in diesem Zusammenhang inhaltlich im wesentlichen mit dem Willkürverbot zusammenfällt (BGE 119 Ia 25 f. E. 1b m.H. Lignerolle VD, 116 Ia 195 E. 3b Kappel SO, 114 Ia 257 E. 4a Deitingen SO), ist als leitender Grundsatz auch das Gebot rechtsgleicher Behandlung (Art. 4 BV) zu erwähnen.

[33] Vgl. z.B. § 22 Abs. 1 i.f. und § 30 Abs. 3 PBG/ZH; die anzustrebende bauliche Dichte kann damit bis auf den Anwendungsbereich "Gebiet" (d.h. als gebietsweise Festlegung) durch übergeordnete Richtplanung vorgezeichnet werden; im Rahmen kommunaler Richtplanung können auch räumlich noch detailliertere Festlegungen getroffen werden (vgl. § 31 Abs. 1 PBG/ZH). - Vgl. zum Ganzen supra § 4 II.

[34] Vgl. z.B. § 49a Abs. 1 PBG/ZH (für die Ausnützungsziffer) als subsidiär zur im kantonalen oder regionalen Richtplan festgelegten anzustrebenden baulichen Dichte (sei diese nun höher oder niedriger als in § 49a Abs. 1 PBG/ZH vorgesehen, vgl. KULL, Revision, S. 28) i.d.R. einzuhaltendes Nutzungsmass; an die Begründung von Abweichungen will HUBER Felix

aus entfalten sich freilich nicht die Wirkungen einer Mindestnutzungsziffer[35], sondern es wird ausschliesslich (in blosser Weiterführung der Funktion unmittelbar baubeschränkender Vorschriften) das Höchstzulässige auf ein erhöhtes Mindestmass angehoben[36]. Der Bauwillige kann aus solchen sich an die Zonenplanung richtenden Vorgaben keinerlei Rechte ableiten[37], muss sie aber - zumal da sie keine Mindestnutzungsvorschriften darstellen - auch nicht gegen sich gelten lassen, wenn er ein Bauvorhaben ins Auge fasst, das unter den Dichtevorgaben bleibt.

2. Die Definition der Variablen

Die verdichtungsrelevante Wirkung der Nutzungsziffern kann durch gesetzgeberische (statt planerische) Eingriffe beeinflusst werden, ohne dass am Betrag der Nutzungsziffern etwas geändert würde. Während sich ein planerischer Entscheid räumlich begrenzt äussert, können sich gesetzgeberische Massnahmen mit einem Streich allgemein und unmittelbar niederschlagen. Bei entsprechender Ausgestaltung bewirken sie einen möglicherweise erheblichen "Verdichtungsdruck", zu dessen Umsetzung in raumplanerisch differenzierte Massnahmen den nachfolgenden Planungsträgern geeignete Instrumente an die Hand zu geben sind[38].

Die Nutzungsziffern als Verhältniszahlen beurteilen sich in ihren tatsächlichen Auswirkungen auf die zulässige bauliche Dichte nach der gesetzlichen Definition und der Handhabung der Variablen des Nutzungsziffer-Koeffizienten (d.h. der anzurechnenden Nutzungsgrösse als Zähler [A.] und der massgeblichen Grundfläche als Nenner [B.])[39].

(Revision, S. 14) angesichts des Planungsermessens jedoch keine strengen Anforderungen gestellt wissen. - Für die Baumassenziffer vgl. das Rundschreiben der Direktion für öffentliche Bauten des Kantons Zürich vom 29. April 1993; betreffend die übrigen Nutzungsziffern sowie die weiteren unmittelbar baubeschränkenden Vorschriften ist die Bestimmung, welche bei fehlenden Ausnützungsziffern durch «entsprechende andere Ausnützungsbestimmungen» zu konkretisieren ist, mit Blick auf die Umrechnungsschwierigkeiten (vgl. KULL, PBG, S. 14 f.) wohl nur bei offensichtlicher Behinderung der angestrebten baulichen Dichte und zudem nur zonen- oder gebietsweise, nicht aber für einzelne Grundstücke von Bedeutung (WOLF/KULL, N. 139); in etwa dasselbe muss gelten, wenn von der Festlegung einer zonengemässen Geschosszahl überhaupt abgesehen wird. - Vgl. zum Ganzen auch Art. 15 Abs. 3 lit. b E ExpK RPG mit dem Auftrag an die Kantone, eine Mindestausnützung des Baulandes vorzusehen.

[35] Vgl. infra § 18 II. 2. A. a.
[36] Der Planungsträger darf die Dichtevorgabe somit ohne weiteres über-, nicht jedoch unterschreiten (vgl. WOLF/KULL, N. 138).
[37] Vgl. WOLF/KULL, N. 141. Die Vorgaben von § 49a Abs. 1 PBG/ZH können gegebenenfalls über § 234 PBG/ZH zur Anwendung gelangen (vgl. Baudirektion ZH, Hinweise, S. 4).
[38] Vgl. KEISER, S. 8.
[39] So bereits STEIGER/STÜDELI, S. 4.

A) Der Zähler: die anzurechnende Nutzungsgrösse

Der Zähler des Nutzungsziffer-Koeffizienten erfasst die jeweils anzurechnende bzw. anrechenbare Nutzungsgrösse: die sog. anrechenbaren Geschossflächen, die Freizeit- und Erholungsflächen, die Projektion der Gebäudeumfassung oder das oberirdische Bauvolumen. Das Mass zulässiger baulicher Nutzung kann durch die Definition des Zählers in zweierlei Hinsicht beeinflusst werden, und zwar indem bestimmten Zwecken gewidmete Flächen bzw. Volumen nicht angerechnet werden (a.) oder gewisse Flächen bzw. Volumen aufgrund ihrer Anordnung innerhalb der Baute für die Ermittlung der anzurechnenden Fläche ausser acht gelassen werden (b.). Im Ergebnis ist in beiden Fällen durch die Nichtanrechnung tatsächlich mehr Fläche oder Volumen baulich nutzbar, als dies der Zähler der Nutzungsziffer ausweist[40]; deren Aussagekraft insbesondere für die Bestimmung der Zonenkapazität, der zu erwartenden Immissionen, der mutmasslichen Beanspruchung von Infrastrukturanlagen[41] sowie des Bedarfs an Nebeneinrichtungen wird damit erheblich relativiert[42].

a) Die Dispensation subsidiärer Nutzungsarten

Sind Räume, die nur zu bestimmten subsidiären Zwecken[43] nutzbar sind oder eine privilegierte Zwecksetzung aufweisen[44], nicht an Nutzungsziffern anzurechnen, so kann der gesamte Betrag der zulässigen baulichen Nutzung für die pri-

---

[40] Ein gleiches Ergebnis kann dadurch herbeigeführt werden, dass die anzurechnende Geschossfläche mit einem sog. Berechnungsfaktor (< 1) multipliziert wird, wie dies § 9 Abs. 1 PBV/LU zur Kompensation der Straffung der Anrechnungs-Dispensationen (gemäss § 10 PBV/LU) und im Sinne einer massvollen Erhöhung der zulässigen baulichen Nutzung vorsieht (vgl. Botschaft vom 3. Mai 1994 zur Teilrevision des PBG/LU sowie die Erläuterungen zum Revisionsentwurf vom 6. Juli 1993). Die Berechnungsfaktoren sind nach der zonengemäss erlaubten Geschosszahl abgestuft.

[41] Die diesbezügliche Tauglichkeit von Nutzungsziffern ist jedoch bereits angesichts der tatsächlichen Veränderung des Wohn- und Arbeitsflächenbedarfs pro Person im Zuge wirtschaftlicher, technologischer und sozialer Entwicklungen in Frage zu stellen.

[42] Die Ausführungen von STEIGER et al. (S. A-13 ff.) zur Ausnützungsziffer treffen sinngemäss auf die anderen Arten von Nutzungsziffern zu. Es ist grundsätzlich mit der Tendenz zu rechnen, dass die an sich anzurechnenden Nutzungen innerhalb der Gebäude nach Möglichkeit so angeordnet werden, dass sie von der Anrechnung ausgenommen sind (so u.U. in Dach- und/oder Untergeschossen), wogegen allenfalls besondere Bestimmungen zu erlassen sind, um nachteilige Auswirkungen zu beschränken.

[43] Darunter fallen etwa Nebenräume, welche der Wohnlichkeit oder der Arbeitsplatzgestaltung dienen (§ 10 ABV/ZH gestützt auf § 255 Abs. 3 PBG/ZH); detaillierter der Dispensationskatalog des bernischen (Art. 93 Abs. 2 lit. a - i BauV/BE) sowie des luzernischen Rechts (§ 10 lit. b - e PBV/LU [bzgl. der Ausnützungsziffer] sowie § 17 Abs. 2 lit. c - e PBV/LU [bzgl. der Überbauungsziffer]); vgl. auch Ziff. 2.2. von Anhang III zur KBV/SO und § 9 Abs. 2 ABauV/AG.

[44] So sind etwa Räume, die als öffentliche Verkehrsflächen benützt werden, für die Erhebung der anzurechnenden Baumasse nach § 258 Abs. 2 PBG/ZH ausser acht zu lassen. Laut § 11 (und kraft Verweisung in § 17 Abs. 3) PBV/LU können für behindertengerechtes Bauen verschiedene Geschossflächenanteile von einer Anrechnung an die Ausnützungsziffer und die Überbauungsziffer ausgenommen werden.

mären Nutzungsarten herangezogen werden. Eine solche Dispensation auf bestimmte Weise genutzter Flächen oder Volumen verfolgt die Förderung der Wohn- bzw. Arbeitsumgebungs- und letztlich der Siedlungsqualität, indem das Erstellen von Gebäudeteilen, Anlagen und Einrichtungen, die der Bequemlichkeit und der effizienteren Nutzung der Baute dienen, durch Nichtanrechnung an die betreffende Nutzungsziffer bevorzugt wird. In einem weiteren Sinne ergibt sich daraus auch ein Verdichtungseffekt[45].

b) Die Dispensation von Gebäudeteilen

Indem Flächen bzw. Volumen, die ihrer Zweckbestimmung gemäss an sich anzurechnen wären, aufgrund ihrer Situierung innerhalb der Baute[46] nicht oder nur, soweit sie ein gewisses Ausmass überschreiten[47], anzurechnen sind, ergeben sich ebenfalls zusätzliche Nutzungsmöglichkeiten, ohne dass sich dies in der Nutzungsziffer zahlenmässig äusserte. Die durch Nichtanrechnung "gesparten" Nutzungsmöglichkeiten können anderswo eingesetzt werden, woraus eine mittelbare Erhöhung des Masses der baulichen Nutzung hervorgeht, und dies im wesentlichen unabhängig von der Nutzungsart.

---

[45] So vermag die Nichtanrechnung der Aussenwandquerschnitte, die der Förderung einer verbesserten Wärmedämmung dient, für den Bereich der Ausnützungsziffer eine Erhöhung der zulässigen Nutzflächen um ca. 7 - 15 % herbeizuführen (vgl. WOLF/KULL, N. 104 f.).

[46] Z.B. § 255 Abs. 2 PBG/ZH (Dispensation aufgrund ihrer Nutzung eigentlich anzurechnender Flächen in Dach- und Untergeschossen bzgl. der Ausnützungsziffer, sofern und soweit die Zonenplanung entsprechende Nutzungsarten in solchen Geschossen zulässt [WOLF/KULL, N. 112; vgl. etwa Art. 3 BZO/Langnau am Albis ZH; hingegen wurde § 9 ABV/ZH in BEZ 1995 Nr. 24 mit ausführlicher Begründung als im Lichte von § 255 PBG/ZH gesetzwidrig erklärt, soweit die ausnützungsmässige Behandlung mehrheitlich über dem gewachsenen Boden liegender Untergeschosse betroffen ist]), § 256 Abs. 2 PBG/ZH (Dispensation von Gebäudevorsprüngen bzgl. der Überbauungsziffer) sowie § 258 Abs. 2 PBG/ZH (Dispensation des Witterungsbereichs [§ 12 Abs. 2 ABV/ZH] bzgl. der Baumassenziffer). Vgl. auch Art. 93 Abs. 2 lit. k BauV/BE (bzgl. Ausnützungsziffer) sowie Art. 96 Abs. 3 BauV/BE (bzgl. Überbauungsziffer); § 10 lit. a und f PBV/LU (bzgl. Ausnützungsziffer) sowie § 17 Abs. 2 lit. a, b und f PBV/LU (bzgl. Überbauungsziffer); Ziff. 2.1. ab «abzüglich» von Anhang III zur KBV/SO sowie die Flächen nicht anzurechnender Dach- und Attikageschosse gemäss § 17bis KBV/SO (bzgl. Ausnützungsziffer); derartige Regelungen liegen nach aargauischem Recht grundsätzlich in der Zuständigkeit der Gemeinden (§ 50 Abs. 2 Satz 3 BauG/AG, § 9 Abs. 3 Satz 1 ABauV/AG; vgl. jedoch die unmittelbar anzuwendende kantonalrechtliche Vorschrift in § 9 Abs. 2 lit. a Lemma 6 ABauV/AG sowie § 50 Abs. 2 Sätze 1 und 2 BauG/AG betreffend bauliche Massnahmen in Dach- und Untergeschossen bestehender Bauten), desgl. das waadtländische Recht für ganz oder teilweise unterirdische Bauten (Art. 84 al. 1er LATC/VD bzgl. Ausnützungs- und Überbauungsziffer, allerdings unter Vorbehalt der Voraussetzungen gemäss al. 2).

[47] Vgl. etwa § 255 Abs. 2 PBG/ZH, wonach die Nutzung von Dach- bzw. Untergeschossflächen insoweit anzurechnen ist, als sie die durchschnittliche Fläche der zulässigen Vollgeschosse überschreitet; § 256 Abs. 2 PBG/ZH (maximale Tiefe und Länge nicht anzurechnender Gebäudevorsprünge u.ä.); § 10 lit. a (insoweit anzurechnende Untergeschossflächen, als sie die Fläche eines durchschnittlichen Vollgeschosses um je nach Zone mehr als 10 oder 20 % überschreiten) oder lit. f PBV/LU (insoweit anzurechnende Dachgeschossflächen, als ihre lichte Raumhöhe mehr als 1,5 m beträgt).

B) Der Nenner: die massgebliche Grundfläche

Die Bedeutung der massgeblichen Grundfläche für die bauliche Dichte liegt zunächst in ihrer Definition (a.) und wird sodann verdichtungsrelevant beeinflusst durch den Beizug von Nutzungsmöglichkeiten auf Grundstücken, die ausserhalb der von der Baueingabe erfassten Grundfläche gelegen sind (b., Nutzungsübertragung).

a) Allgemeines

Der Nenner wird bei allen Gattungen von Nutzungsziffern durch die massgebliche Grundfläche[48] gebildet, welche daher regelmässig[49] für alle Nutzungsziffern einheitlich definiert wird. Ausgangspunkt stellt die der Bauzone zugeteilte[50] Fläche all jener Grundstücke dar, die von einer Baueingabe erfasst werden[51]. Zu subtrahieren sind Grundstücksteile, die einer baulichen Nutzung bereits von Gesetzes wegen grundsätzlich entzogen sind (z.B. Gewässer, Wald sowie Verkehrsflächen, letztere regelmässig, soweit sie nicht der Erschliessung des Baugrundstücks dienen[52]), des weiteren mittels öffentlichrechtlicher Eigentumsbeschränkung gesicherte Flächen (z.B. im Bereich der Waldabstandsflächen[53] sowie auf Grundstücksteilen, die für im weiteren Sinne öffentliche Zwecke frei-

---

[48] § 259 PBG/ZH, Art. 93 Abs. 3 und 4 BauV/BE, § 12 f. PBV/LU, Ziff. 1. von Anhang III zur KBV/SO, § 9 Abs. 4 ABauV/AG.

[49] Der Versiegelungsanteil nach § 24 PBV/LU bezieht sich allerdings auf die ganze Grundstücksfläche.

[50] Dies dürfte auch für das bernische Recht den Regelfall bilden (vgl. indes Art. 93 Abs. 4 BauV/BE; desgl. Art. 48 al. 3 LATC/VD, vgl. dazu BOVAY, S. 121, sowie MATILE et al., Kommentar Art. 48 LATC/VD, N. 3.3, und Art. 47 LATC/VD, N. 2.9.1.3, und schliesslich S. 362 f. N. 1 und N. 7 [zur Überbauungsziffer]).

[51] Vgl. § 259 Abs. 1 PBG/ZH, Art. 93 Abs. 3 Satz 1 BauV/BE, § 9 Abs. 4 Satz 1 ABauV/AG. - In RDAF 1986, 333 Montreux VD (bestätigt in BGE vom 10. Dezember 1986 E. 3) wird zu einer - in der Tat sehr ausgefallenen - Parzellierung ausgeführt: «[U]ne saine densification postule un parcellement sinon absolument régulier, du moins contenu dans des limites raisonnables»; alles andere bürge die Gefahr «d'une saturation excessive de certains secteurs pendant que d'autres, par le biais de rattachements fonciers purement artificiels, demeuraient entièrement vierges».

[52] Die kantonalen Gesetzgebungen zeigen hiebei eine ausgeprägte Regelungsvielfalt: so erlaubt z.B. das bernische Recht (Art. 93 Abs. 3 Satz 2 BauV/BE) u.U. die Anrechnung abparzellierter, anstossender Flächen von Detailerschliessungsstrassen, und nach waadtländischem Recht steht es den Gemeinden frei, die Möglichkeit der Anrechnung öffentlicher Verkehrsflächen an die massgebliche Grundfläche vorzusehen (vgl. RDAF 1993, 196 ff. E. 2 Prilly VD). Diese schliesst laut § 259 PBG/ZH grundsätzlich auch Verkehrsflächen innerhalb der von der Baueingabe erfassten Fläche ein (RB 1993 Nr. 45; für eine weniger weite Auslegung vgl. KULL, PBG, S. 15, sowie HUBER Felix, Revision, S. 9 ff.). - Vgl. indes auch ZBl 90 (1989) 173 E. 2c Ennetbaden AG, wo als folgerichtig bezeichnet wird, baulich nicht nutzbares bzw. anderweitig genutztes Land (v.a. öffentliche Verkehrsflächen bzw. Erschliessungsanlagen i.a.) nicht in die massgebliche Grundfläche einzubeziehen.

[53] Vgl. § 259 Abs. 2 PBG/ZH: mehr als 15 m jenseits der Waldabstandslinie gelegene Abstandsflächen.

zuhalten sind[54]) und schliesslich solche Grundstücksteile, deren Nutzungsmöglichkeiten schon zugunsten anderer Bauten ausgeschöpft sind[55].

Ein knapper Katalog von Flächen, die zur Ermittlung der massgeblichen Grundfläche von der erfassten Baufläche zu subtrahieren sind und deren Ausdehnung der Bauwillige nicht zu beeinflussen vermag, erhöht die Möglichkeiten effizienter Überbauung der Baugebiete. Werden der massgeblichen Grundfläche auch unüberbaubare Flächen zugerechnet (z.B. Waldabstandsflächen, Baulinienflächen)[56], so kann es sich allerdings gegebenenfalls als schwierig erweisen, die betragsmässig vorhandenen baulichen Nutzungsmöglichkeiten auch tatsächlich auszuschöpfen, ohne mit der flächenmässigen Begrenzung des Baubereichs oder mit Beschränkungen der Vertikalen in Konflikt zu geraten. Ein Anreiz zu haushälterischer Nutzung des Bodens kann von einer Regelung ausgehen, welche vorsieht, dass gewisse Flächen (z.B. Verkehrsflächen wie Erschliessungsstrassen oder Fahrzeug-Abstellplätze), auf deren Ausdehnung der Bauwillige bis zu einem bestimmten Grade einwirken kann und deren zurückhaltende Dimensionierung auch in einem öffentlichen Interesse liegt[57], ab einem gewissen Mass (betragsmässig oder im Verhältnis zur erfassten Baufläche bestimmt) für die Berechnung der massgeblichen Grundfläche zu subtrahieren sind[58].

b) Die Nutzungsübertragung

Die Nutzungsübertragung besteht in einer Erweiterung der massgeblichen Grundfläche, wodurch den Nutzungsmöglichkeiten der erfassten Baufläche solche hinzugefügt werden, die auf anderen Grundstücken zur Verfügung stehen, sei es, dass sie durch bestehende Bauten nicht ausgeschöpft werden (Restnutzung) und sich nur mit unverhältnismässigem baulichem Aufwand realisieren liessen, sei es, dass der berechtigte Grundeigentümer davon keinen Gebrauch machen will. Die Erweiterung der massgeblichen Grundfläche erfolgt somit nicht durch den gesetzgeberischen Entscheid, bestimmte Teile der erfassten Baufläche der massgeblichen Grundfläche zuzurechnen bzw. nicht von dieser

---

[54] Vgl. Art. 93 Abs. 3 lit. a (und u.U. lit. c) BauV/BE, § 12 Abs. 1 lit. a und b (siehe allerdings auch Abs. 3) PBV/LU, Ziff. 1.2. Lemma 2 und 3 von Anhang III zur KBV/SO, § 9 Abs. 4 Satz 2 ABauV/AG.

[55] Vgl. § 259 Abs. 1 PBG/ZH, Art. 93 Abs. 3 Satz 1 BauV/BE, § 13 Abs. 1 PBV/LU, § 9 Abs. 4 Satz 1 ABauV/AG.

[56] Dies ist nach bundesgerichtlicher Rechtsprechung nur aufgrund ausdrücklicher Vorschrift angängig (BGE 109 Ia 31 E. 6a m.H. Birsfelden BL).

[57] Von einer solchen Regelung wären daher etwa Fusswege oder Wohnstrassen auszunehmen, soweit an deren Erstellung ihrerseits ein gewisses öffentliches Interesse besteht.

[58] Hievon profitierte, wer eine bodensparende Erschliessung anstrebt, indem ihm eine betragsmässig höhere bauliche Nutzung seines Grundstücks erlaubt würde (vgl. dazu auch WOLF/KULL, N. 137). - Als Ansatz zu einer solchen Regelung vgl. § 12 Abs. 2 und 3 PBV/LU, wonach nur die zur Erschliessung «notwendigen» Verkehrsflächen und die «Pflichtabstellflächen» der massgeblichen Grundfläche zugerechnet werden dürfen, ebenso wie die Flächen für öffentliche Zwecke, soweit sie ein bestimmtes Mass nicht überschreiten.

abzuziehen, sondern durch einen im Rahmen der Gesetzgebung den beteiligten Grundeigentümern zustehenden Entscheid, der jeweiligen Grundfläche innewohnende unausgeschöpfte[59] Nutzungsmöglichkeiten von einem Grundstück auf ein anderes zu "verschieben"[60]. Die Nutzungsübertragung fördert dadurch die vollständige Ausschöpfung der nach baurechtlicher Grundordnung zulässigen Nutzungsmöglichkeiten[61] und liegt damit sowohl im privaten Interesse der Grundeigentümer als grundsätzlich auch im öffentlichen Interesse an einer haushälterischen Nutzung des Bodens[62].

Die nach Massgabe der Definition der massgeblichen Grundfläche zulässige Nutzungsübertragung wird hinsichtlich ihres Anwendungsbereichs insofern begrenzt, als an das Verhältnis der beteiligten Grundstücke zueinander gewisse Anforderungen gestellt sind. Bereits aus der bundesgerichtlichen Rechtsprechung geht hervor, dass Nutzungsübertragungen - ausdrücklich anderslautende gesetzliche Regelungen vorbehalten[63] - nur zwischen Grundstücken gestattet sind, die ein und derselben Zone zugewiesen sind, so dass sie sich nach Art und Mass der zulässigen Nutzung in nichts unterscheiden[64]. Diese Beschränkung gründet in der Überlegung, dass die Nutzungsübertragung nicht zu einer Verwischung der Zonengrenzen führen darf, insbesondere zumal da die demokratisch legitimierte Zonenplanung solcherart mittels behördlicher Verfügung gestützt auf eine nachbarliche Vereinbarung (und damit in Abweichung vom Grundsatz des Parallelismus der Formen) abgeändert würde[65]. Allzu ausgeprägte Nutzungskonzentra-

---

[59] Als eine der Bedingungen für die Zulässigkeit von Nutzungsübertragungen bezeichnet das Bundesgericht (in BGE 109 Ia 190 f. E. 3 m.H. Flims GR), dass das einzubeziehende unüberbaute Land eines Dritten «nicht schon bei der Berechnung der überbaubaren Fläche einer anderen Liegenschaft berücksichtigt wurde». - Vgl. z.B. auch § 13 Abs. 1 PBV/LU.

[60] Zur eigentlichen Verlagerung (statt des fingierten Hinzuziehens von Grundfläche mit deren Nutzungsmöglichkeiten) vorgeschriebener Nutzungsanteile (z.B. Wohnanteile, Pflichtgewerbeflächen) siehe infra § 18 II. 2. A. b. - Zu einer eigentlichen Verlagerung kommt es sodann bei der Übertragung von Anteilen zulässiger Nutzung (z.B. Zweitwohnungsanteile, vgl. dazu z.B. BGE vom 30. August 1990 in RDAT 1990 Nr. 49).

[61] Die Einhaltung der weiteren unmittelbar baubeschränkenden Vorschriften auf dem Baugrundstück bewirkt dabei eine Beschränkung der übertragbaren baulichen Nutzung (vgl. PVG 1993, 73).

[62] Vgl. DIGGELMANN et al., Siedlungserneuerung, S. 108.

[63] Vgl. z.B. § 72 Abs. 3 PBG/ZH («beschränkte Ausnützungsverschiebungen» zwischen Bauflächen unterschiedlicher Zonenzugehörigkeit im Rahmen von Arealüberbauungen, dazu BEZ 1995 Nr. 31 E. 5).

[64] BGE 109 Ia 190 f. E. 3 m.H. Flims GR, wonach die «fraglichen Grundstücke oder Grundstückteile der nämlichen Zone angehören und den gleichen Nutzungsvorschriften unterstehen» müssen; desgl. BGE 108 Ia 121 f. E. 3b Villars-sur-Glâne FR. - Dasselbe muss sinngemäss auch gelten für die Übertragung von Nutzungsmöglichkeiten, die aus anderen unmittelbar baubeschränkenden Vorschriften als aus Nutzungsziffern hervorgehen (vgl. BGE 119 Ia 119 f. E. 3e Baden AG).

[65] Sollte die interzonale Nutzungsübertragung dennoch ermöglicht werden, so erfordert dies angesichts der damit einhergehenden Zuständigkeitsverschiebung von der Legislative zur Exekutive eine gesetzliche Grundlage des kantonalen oder - sofern nicht kantonalrechtlich ausge-

tionen sowie allzu weitreichende Nutzungsverlagerungen (da über grössere Entfernungen erfolgend) werden sodann derweise verhindert, dass die Nutzungsübertragung auf unmittelbar anstossende[66] oder benachbarte[67] Grundstücke beschränkt bleibt oder zumindest auf solche, die sich innerhalb eines gewissen, in seiner Ausdehnung etwa nach Massgabe des Betrags der zu übertragenden Nutzungsmöglichkeiten zu bestimmenden[68] Gebiets befinden oder die an dieselben Infrastrukturanlagen angeschlossen sind, womit deren Belastung per saldo unverändert bleibt[69].

Die Nutzungsübertragung bewirkt einerseits eine rein rechnerische Erweiterung der massgeblichen Grundfläche und ermöglicht damit eine erhöhte bauliche Nutzung auf dem "Empfänger"-Grundstück, belegt aber anderseits das "Spender"-Grundstück mit einer öffentlich-rechtlichen Eigentumsbeschränkung[70], so dass die übertragene Nutzungsmöglichkeit nicht später (auf dem "Spender"-Grundstück) noch einmal herangezogen werden kann; im Ergebnis tritt somit keine gebietsweise Aufzonung ein[71]. Das verdichtete Bauen mag mittels Nutzungsübertragung auf einzelnen Grundstücken ermöglicht werden, dies aller-

---

schlossen (vgl. etwa Art. 94 Abs. 1 Satz 2 BauV/BE, § 14 Abs. 1 PBV/LU, § 38 Abs. 1 Satz 1 KBV/SO; kein ausdrücklicher Ausschluss dagegen etwa nach § 91 Abs. 1 E RBG/BL oder § 9 Abs. 6 ABauV/AG) - des kommunalen Rechts. - Ähnliches dürfte es sich verhalten mit der Übertragung von Nutzungsanteilen (z.B. von Wohn- oder Gewerbeanteilen oder solchen an weiter detaillierten Nutzungsarten); Zurückhaltung rechtfertigt sich diesfalls schon von daher, dass das, was übertragen wird, den Charakter einer Zone erheblich und (da zumeist aus sozialpolitischen und siedlungsplanerischen Überlegungen als Nutzungsanteil erlassen) auch bewusst prägt, und dessen Veränderung für die gesamte Zonenplanung i.d.R. bedeutendere Auswirkungen zeitigt als dies für die Nutzungsübertragung in rein quantitativer Hinsicht zutrifft (vgl. WOLF/KULL, N. 163 f., sowie infra § 18 II. 2. A. b.).

[66] Vgl. z.B. Art. 94 Abs. 1 Satz 2 BauV/BE (wobei die Praxis [nach ZAUGG, Kommentar Art. 13 BauG/BE, N. 7a m.H.] «zwischen den Parzellen ein[en] vernünftige[n] funktionale[n] Zusammenhang» voraussetzt, so dass mit der Nutzungsübertragung eine «einigermassen abgerundete Fläche entsteht») sowie etwa § 259 Abs. 1 PBG/ZH i.d.F. vom 7. September 1975 («zusammenhängende Fläche», dazu RB 1989 Nr. 74).

[67] Vgl. z.B. § 14 Abs. 1 und 2 PBV/LU, § 38 Abs. 1 Satz 1 KBV/SO, § 91 Abs. 1 E RBG/BL, § 9 Abs. 6 ABauV/AG (unter Vorbehalt abweichender kommunalrechtlicher Regelung).

[68] Vgl. aber z.B. § 14 Abs. 3 PBV/LU (für die Sondernutzungsplanung beträgt die zulässige Verschiebungsdistanz 100 m). Die Erwägungen in RB 1989 Nr. 74, wonach eine Überschreitung von Nutzungsziffern in der «nächsten Umgebung» zu kompensieren ist, demgemäss sich die Bedeutung der Nutzungsziffern nicht etwa darin erschöpft, die durchschnittliche bauliche Dichte eines grösseren Gebietes festzulegen (m.H.), dürften grundsätzlich auch für Nutzungsübertragungen nach geltendem zürcherischem Recht wegleitend sein.

[69] Vgl. WOLF/KULL, N. 134, sowie etwa STRITTMATTER/GUGGER, S. 97 (Strassenblock, Quartier).

[70] Diese ist bisweilen öffentlich zu dokumentieren z.B. in einem Ausnützungskataster (vgl. Art. 95 BauV/BE [allenfalls in einem besonderen Verzeichnis der Nutzungsübertragungen, Art. 94 Abs. 2 BauV/BE] oder § 91 Abs. 3 E RBG/BL) und/oder durch Anmerkung (vgl. § 14 Abs. 4 PBV/LU) bzw. Eintragung im Grundbuch als Dienstbarkeit (vgl. Art. 94 Abs. 2 BauV/BE oder § 38 Abs. 2 KBV/SO).

[71] Eine gewisse bauliche Massierung, die etwa durch verdichtetes Bauen ausgestaltet werden kann, ist jeder Nutzungsübertragung inhärent; die zonengemässe Baudichte wird dabei insgesamt jedoch nicht überschritten (vgl. PVG 1993, 73).

dings um den Preis, dass dafür eine gegebenenfalls ineffiziente Nutzung des "Spender"-Grundstücks perpetuiert wird[72]. Aus diesem Grunde erweist sich die Verdichtungsrelevanz der Nutzungsübertragung - abgesehen von besonderen Konstellationen[73] - zumindest für das verdichtete Bauen als insgesamt eher bescheiden; anders kann es sich hingegen mit Blick auf das verdichtende Bauen im teilweise überbauten Gebiet verhalten, wenn einem Bauvorhaben etwa Nutzungsmöglichkeiten beigesteuert werden können, ohne die sich vorgesehene bauliche Massnahmen nicht oder nur wenig lohnenswert verwirklichen liessen. Die Nutzungsübertragung setzt bei alledem das Einvernehmen der betroffenen Grundeigentümer voraus, wenn es nicht aufgrund einheitlicher Eigentumsverhältnisse ohnehin gegeben ist. Verweigert der Eigentümer eines möglichen "Spender"-Grundstücks seine Zustimmung, so liesse sich erwägen, diese - gestützt auf entsprechende gesetzliche Grundlage - bei hinlänglich ausgeprägter Interessenlage[74] auf dem Enteignungswege einzubringen[75].

3. Der Nutzungstransport

Der Nutzungstransport bezweckt die Konzentration der zulässigen baulichen Nutzungsmöglichkeiten eines Nutzungstransport-Beizugsgebiets (sog. Konzentrationsgebiet[76]) auf einem Teil desselben (dem sog. Baustandortgebiet), wobei die Nutzungskonzentration durch Ausschluss der baulichen Nutzung auf dem restlichen Teil des Beizugsgebiets (dem sog. Restgebiet) ausgeglichen wird[77]. Hinsichtlich des gesamten Beizugsgebiets bleiben Art und Mass der Nutzung somit unverändert.

Das Nutzungstransport-Beizugsgebiet kann Grundstücke verschiedener Zonen gleicher oder zumindest ähnlicher Nutzungsart umfassen[78]; der Nutzungstransport sollte darin sachgerechterweise von weniger intensiv nutzbarem Gebiet zu

---

[72] Um dem abzuhelfen, bestimmt das solothurnische Recht in § 38 Abs. 3 KBV/SO, dass allfällige Mindest-Nutzungsziffern durch Nutzungsübertragungen nicht unterschritten werden dürfen.

[73] Z.B. bei Nutzungsübertragungen vom Siedlungsrand ins Siedlungsinnere oder bei abgestimmter Schwerpunkt- (oder umgekehrt Freiraum-) Bildung auf Ebene Quartier.

[74] Z.B. unausgeschöpfte bauliche Nutzungsmöglichkeiten, deren Reservehaltung der betreffende Grundeigentümer einerseits in keiner Weise zu rechtfertigen vermag, die sich auf dem "Empfänger"-Grundstück andererseits sinnvoll und auch in öffentlichem Interesse baulich nutzen liessen.

[75] Vgl. hiezu infra § 17 III. Eine solche Vorgehensweise impliziert eine mittelbare Baupflicht auf dem betroffenen Grundstück (vgl. dazu infra § 18).

[76] Terminologie nach MEISSER (S. 2).

[77] Vgl. KAPPELER, Ausnützungsziffer, S. 62 f. - Das Restgebiet wird dadurch faktisch ausgezont. Beispiele für Anwendungsfälle bei STEIGER/STÜDELI, S. 10.

[78] MEISSER, S. 105; dies im Unterschied zu der von Privaten allein initiierten Nutzungsübertragung (vgl. BGE 109 Ia 190 f. E. 3 Flims GR), die i.a. nur zonengleiche und aneinander grenzende Grundstücke betreffen darf, was MEISSER (S. 102 f.) übrigens als zu restriktiv und zu wenig differenzierend kritisiert.

dichter überbaubarem erfolgen[79]. Dass das sog. Konzentrationsgebiet eine zusammenhängende Fläche darstelle, ist grundsätzlich nicht verlangt; immerhin beurteilen sich die Voraussetzungen des ausreichenden öffentlichen Interesses und der Verhältnismässigkeit bezüglich eines Nutzungstransports innerhalb nicht zusammenhängender Beizugsgebiete auch nach Massgabe deren räumlicher Verteilung, mithin der Distanz zwischen Restgebiet und Baustandortgebiet bzw. zwischen mehreren Baustandortgebieten, die einem Grundeigentümer zugeschlagen werden[80]. Das Baustandortgebiet insgesamt hat indessen eine zusammenhängende und in sich geschlossene, zweckmässig arrondierte Fläche zu bilden[81], um die räumlichen Bedingungen für eine effiziente bauliche Nutzung bei hoher Siedlungsqualität zu schaffen.

Zweck des Nutzungstransports ist zunächst die Reduktion überdimensionierter Bauzonen[82]. Die Konzentration der baulichen Nutzungsmöglichkeiten des gesamten Beizugsgebiets im Baustandortgebiet ermöglicht dabei die rechtsgleiche Behandlung der betroffenen Grundeigentümer[83] und entlastet das Gemeinwesen wohl regelmässig von der Entschädigungspflicht für Auszonungen, und dies beim nämlichen planerischen Ergebnis. Der Nutzungstransport kann des weiteren zu einer baulichen Verdichtung beitragen, soweit die Bauvorschriften auf die mittels Nutzungskonzentration erhöhte zulässige Baudichte abgestimmt sind; vereitelt würde der Verdichtungseffekt jedoch von vornherein, wenn die baulichen Nutzungsmöglichkeiten im Hinblick auf einen späteren Nutzungstransport im Konzentrationsgebiet bewusst niedrig angesetzt würden[84]. Da der Nutzungstransport zumeist im Rahmen einer Baulandumlegung[85] oder der Sondernutzungsplanung[86] durchgeführt wird, ist davon auszugehen, dass Nutzungsordnung und Bauvorschriften aufeinander abgestimmt und im Baustandortgebiet Grundstücke ausgeschieden werden, die eine zweckmässige Überbauung mit einer baulichen Dichte zulassen, wie sie dem Interesse an der Schaffung möglichst

---

[79] MEISSER, S. 105.
[80] MEISSER, S. 103 ff.
[81] MEISSER, S. 101; es soll eine topografische Einheit bilden (S. 107).
[82] MEISSER, S. 149 f.; vgl. auch § 49 E RBG/BL (Nutzungskonzentration bei Aufhebung eines Teils einer Bauzone durch Verlagerung der «wegfallende[n] Nutzung» auf den verbleibenden Teil der Bauzone).
[83] MEISSER, S. 105 f., KAPPELER, Ausnützungsziffer, S. 63. - Trotz des Grundsatzes des wertgleichen Realersatzes bei Landumlegungen können sich Ausgleichszahlungen für Mehr- oder Minderzuteilungen aufdrängen, z.B. wenn die im Baustandort mit zugelassener verdichteter Bauweise erzielbare Mehrnutzung den durch die Reduktion der überbaubaren Fläche erlittenen Minderwert nicht ausgleicht oder eine gegenüber dem Altbestand vergrösserte Liegenschaft trotz vermindertem Nutzungsmass einen Mehrwert aufweist (vgl. zum Ganzen: BGE 116 Ia 50 ff. E. 5 Silvaplana GR).
[84] KAPPELER, Ausnützungsziffer, S. 63 (mit weiteren kritischen Hinweisen).
[85] Vgl. z.B. BGE 116 Ia 41 ff. Silvaplana GR.
[86] Vgl. etwa § 75 Abs. 5 PBG/LU (Umlagerung der Ausnützungsziffer durch Gestaltungsplan).

kleiner Baustandortgebiete entspricht[87]. Der Nutzungstransport erweist sich aus der Sicht der haushälterischen Bodennutzung und der Siedlungsbegrenzung im übrigen dann als sinnvoll, wenn das baulicher Nutzung zu entziehende Restgebiet an das Nichtsiedlungsgebiet anschliesst oder sich als Freifläche im Siedlungsinnern[88] eignet bzw. einen bestehenden Freiraum erweitern und aufwerten kann.

4. Der Nutzungszuschlag (Nutzungsbonus)

Die Nutzungsziffern bezwecken als Verhältniszahlen u.a. die relative Gleichbehandlung der Grundeigentümer innerhalb derselben Zone[89]. Davon wird jedoch zugunsten gewisser Nutzungsarten namentlich aus sozialpolitischen (z.B. Wohnbauförderung bzgl. eines bestimmten Marktsegments[90]) oder siedlungsplanerischen Gründen (z.B. Nutzungsdurchmischung[91], besondere Bauweisen[92], besonders gute Gestaltung von Bauten und deren Umgebung[93]) abgewichen, indem durch eine betragsmässig erhöhte Nutzungsziffer ein Nutzungszuschlag gewährt wird, welcher die betreffende Nutzungsart der weiter gefassten Grundnutzung

---

[87] Dazu MEISSER (S. 114 f.): «Für den Nutzungstransport spielt die bestmögliche Ausnutzung der Platzverhältnisse im Baustandort eine wesentliche Rolle, weil dadurch der Baustandort klein gehalten werden kann, was wiederum im öffentlichen Interesse liegt. Im Baustandort soll deshalb [...] die sogenannte verdichtete Bauweise vorgesehen werden».

[88] Gemäss BGE vom 28. September 1995 E. 5a Meilen ZH dienen solche unüberbaute Flächen im Sinne «[g]rössere[r] Baulücken in besiedeltem Gebiet [...] der Auflockerung der Siedlungsstrukturen, der Erhöhung der Wohnqualität durch Grünflächen (vgl. Art. 1 Abs. 2 lit. b und Art. 3 Abs. 3 lit. e RPG) sowie der Schaffung von Freizeitbereichen (Art. 3 Abs. 4 lit. b RPG)».

[89] Vgl. BGE 111 Ia 144 (E. 7d) Davos GR (zur Ausnützungsziffer). - Vgl. schon VOLLENWEIDER, S. 164 f., sowie STEIGER, S. 2; sodann HUBER Felix, Ausnützungsziffer, S. 275 (mit Verweisungen), und KAPPELER, Ausnützungsziffer, S. 56 f.

[90] So kann in der baurechtlichen Grundordnung nach zürcherischem Recht (§ 49a Abs. 3 Satz 1 i.f. PBG/ZH) etwa für Familienwohnungen mit mindestens vier Zimmern zonen- oder gebietsweise eine «erhöhte Nutzungsziffer» festgelegt werden.

[91] § 49a Abs. 3 Satz 1 PBG/ZH sieht zur Förderung gewerblicher Nutzungen die Möglichkeit der Festsetzung erhöhter Nutzungsziffern vor.

[92] Laut § 9 Abs. 3 Satz 2 ABauV/AG kann etwa das behindertengerechte oder energiesparende Bauen sowie die Erstellung von Wintergärten durch den kommunalen Gesetzgeber mit Ausnützungszuschlag gefördert werden. DIGGELMANN (Ergänzungsband ZH, S. 16 f.) hält dafür, dass auch nach zürcherischem Recht gestützt auf § 49 Abs. 2 lit. e PBG/ZH die an sich abschliessende Aufzählung in § 49a Abs. 3 Satz 1 PBG/ZH zugunsten der Sonnenenergie-Nutzung sollte erweitert werden können.

[93] Das solothurnische Recht ermächtigt die Gemeinden in § 39 KBV/SO, für Überbauungen, die ein zusammenhängendes Gebiet umfassen und sich u.a. als architektonisch und wohnhygienisch gut auszeichnen sowie sich der baulichen und landschaftlichen Umgebung anpassen, in der baurechtlichen Grundordnung bzgl. Überbauungs- und Ausnützungsziffern einen Bonus vorzusehen. - Vgl. auch den Arealüberbauungs-Zuschlag des zürcherischen Rechts z.B. gemäss Art. 26 Abs. 3 Satz 1 BZO/Birmensdorf ZH, Ziff. 321 BZO/Geroldswil ZH oder Art. 26 Abs. 1 BZO/Langnau am Albis ZH.

gegenüber privilegiert[94]. Der Zuschlag zur ordentlichen Nutzungsziffer ist bald in der gesetzlichen Grundlage betreffend die Sondernutzungsplanung[95] oder die projektbezogenen Sonderinstrumente[96] vorgesehen, bald als zonen-, gebiets- oder geschossweise geltende besondere Bauvorschrift im Rahmen der Zonenplanung[97].

Anders als Nutzungsübertragung und Nutzungstransport führt der Nutzungszuschlag nicht bloss zu einer Verlagerung gegebener baulicher Nutzungsmöglichkeiten zwecks effizienterer Realisierung derselben bei gebietsweise insgesamt gleichbleibender Baudichte, sondern bewirkt auch betragsmässig eine Erhöhung der zulässigen baulichen Dichte. Seine Bedeutung für das verdichtete Bauen beurteilt sich schliesslich nach dem Beitrag, welchen das Instrument zu leisten vermag, in dessen Rahmen der Nutzungszuschlag gewährt wird.

---

[94] Eine Nutzungsprivilegierung wird mittelbar (d.h. ohne betragsmässige Erhöhung der Nutzungsziffern) auch dadurch erzielt, dass gewisse Nutzungen nicht oder bloss teilweise an die betreffenden Nutzungsziffern anzurechnen sind (siehe supra 2. A. a./b.; vgl. auch WOLF/KULL, N. 162 i.f.). Die Nutzungsprivilegierungen müssen ferner nicht auf Nutzungsziffern beschränkt bleiben; durch alternative baurechtliche Sonderordnungen (z.B. Sonderbauvorschriften im Sinne von § 79 ff. PBG/ZH) lassen sie sich auch auf die übrigen Bauvorschriften ausdehnen.

[95] Vgl. z.B. § 75 Abs. 2 Satz 3 PBG/LU.

[96] Vgl. z.B. § 39 Abs. 1 KBV/SO sowie § 72 Abs. 2 lit. a PBG/ZH i.d.F. vom 7. September 1975.

[97] Vgl. z.B. § 49a Abs. 3 Satz 1 PBG/ZH (und gestützt darauf etwa Art. 14 Abs. 1 BZO/Birmensdorf ZH, wonach die dauernde und grundbuchlich gesicherte Ausstattung des Erdgeschosses mit Dienstleistungsbetrieben eine erhöhte Nutzung erlaubt).

§ 8 Die weiteren unmittelbar baubeschränkenden Vorschriften (betreffend Bauweise, Abstände und Volumetrie der Bauten)

Der folgende Paragraph bezweckt eine Systematisierung der (nebst den Nutzungsziffern) unmittelbar baubeschränkenden Vorschriften (I.) sowie die Beurteilung ihrer Verdichtungsrelevanz (II.).

I. Allgemeines

Es gilt zunächst, die Gemeinsamkeiten in Wesen (1.) und Funktion (2.) der hier unter einer einzigen Überschrift behandelten unmittelbar baubeschränkenden Vorschriften darzulegen und diese anhand ihrer Wirkungsweise zu unterteilen (3.).

1. Definition

Unter dem Begriff der weiteren unmittelbar baubeschränkenden Vorschriften werden hier jene quantitativen Bauvorschriften zusammengefasst, welche die Bauten messbaren Anforderungen unterwerfen - wie dies auch durch die Nutzungsziffern erfolgt -, anders als diese aber nicht ausschliesslich das Mass der zulässigen baulichen Nutzung an sich zu regeln bezwecken, sondern gewisse Eigenschaften der Bauten im einzelnen festlegen; in ihrem Zusammenwirken vermögen allerdings auch sie die bauliche Dichte zu beschränken[1]. Während der jeweilige Regelungsgegenstand - wiederum im Unterschied zu den Nutzungsziffern - unmittelbar und augenfällig in Erscheinung tritt, ist die Zwecksetzung der einzelnen Vorschriften vielschichtig und regelmässig nur im Zusammenhang mit anderen (quantitativen oder qualitativen) Bauvorschriften zu erreichen.

2. Funktion

Die hier zu behandelnden Bauvorschriften verfolgen (in jeweils unterschiedlicher Intensität und Zusammensetzung) wohn- und arbeitshygienische, siedlungsökologische, sicherheitspolizeiliche sowie gestalterische und - bei weiträumigerer Betrachtungsweise - siedlungsstrukturierende Zwecke. Der Schutzbereich der Vorschriften bemisst sich nach deren Zwecksetzung; er kann sich auf die von einer Baute Betroffenen (d.h. die Nachbarn sowie gegebenenfalls weitere Kreise von Öffentlichkeit) und/oder auf die Benützer der Baute erstrecken. Gewisse mittels qualitativer Bauvorschriften wahrgenommene Interessen bilden daher mitunter auch Zweck unmittelbar baubeschränkender Vorschriften, soweit

---

[1] Vgl. etwa BGE 119 Ia 117 E. 3b Baden AG.

sie sich durch Begrenzung der Gebäudeabmessungen oder durch die Situierung der Bauten auf dem Grundstück beeinflussen lassen.

3. Typologie

Die Unterteilung der (nebst den Nutzungsziffern) unmittelbar baubeschränkenden Vorschriften erfolgt hier anhand deren Regelungsgegenstandes. Es wird im folgenden demnach unterschieden zwischen Bauvorschriften, welche die Stellung der Bauten zueinander betreffen (A., Bauweise), solchen, die den Standort der Bauten innerhalb des Baugrundstücks zum Gegenstand haben (B., Abstände), und solchen, welche die Dimensionierung der Bauten regeln (C., volumetrische Vorschriften).

A) Die Vorschriften betreffend die Stellung der Bauten zueinander: Die Bauweise

Die Vorschriften über die Bauweise betreffen die zulässige bauliche Nutzung, indem sie festlegen, wie die einzelnen Bauten im Verhältnis zueinander anzuordnen sind. Sie beantworten die Frage, ob und bejahendenfalls unter welchen Bedingungen verschiedene Gebäude baulich miteinander verbunden werden dürfen bzw. müssen (Zusammenbau) sowie ob eine Baute auf eine Grundstücksgrenze gestellt werden darf oder muss (Grenzbau)[2]. Grundsätzlich ist zwischen der offenen und der geschlossenen Bauweise zu unterscheiden; kantonalrechtliche (und z.T. auch kommunalrechtliche) Bestimmungen sehen bisweilen im Sinne einer Verfeinerung etwa annähernd geschlossene[3], halboffene[4] oder verdichtete[5] Bauweisen sowie solche für Doppel- und Reihenhäuser[6] vor.

Die offene Bauweise wird dahingehend umschrieben, dass die Gebäude nach allen Seiten hin frei stehen[7] und dabei in jeder Richtung die vorgeschriebenen Grenz- und Gebäudeabstände einzuhalten haben[8], während bei geschlossener Bauweise entweder zwei oder mehrere Gebäude auf einem Grundstück zusam-

---

[2] Bereits aus dieser Beschreibung des Regelungsgegenstandes werden die Auswirkungen der Bauweise auf die Bedeutung der Abstandsvorschriften ersichtlich: so impliziert der Zusammenbau die Dispensation von der Einhaltung der Gebäudeabstände, und der Grenzbau schliesst die Befreiung von der Beachtung von Grenzabständen ein.

[3] Vgl. z.B. Art. 13 Abs. 2 BauG/BE sowie § 40 - 42 BauV/NW (Vollziehungsverordnung vom 19. April 1990 zum [nidwaldischen] Gesetz über die Raumplanung und das öffentliche Baurecht, NG 611.11).

[4] Vgl. z.B. § 92 aBauG/TG sowie Ziff. 8.1 MBR/BE.

[5] Vgl. z.B. § 36 Abs. 2 Ziff. 4 PBG/LU oder Art. 18 BauR/Frauenfeld TG.

[6] Vgl. z.B. § 31 KBV/SO.

[7] § 31 Abs. 1 ABV/ZH, § 93 aBauG/TG, Ziff. 8.1 MBR/BE.

[8] Vgl. WOLF/KULL, N. 201. - Die offene Bauweise kann sich daher auch mittelbar aus Abstandsvorschriften sowie solchen betreffend Gebäudelänge oder (allseitige) Befensterung ergeben (vgl. MARTI, S. 39 m.H.).

mengebaut werden[9] oder die Bauten bis an die Grundstücksgrenze heranreichen dürfen (bei erlaubtem Grenzbau)[10] bzw. müssen (bei vorgeschriebenem Grenzbau)[11].

Die verfeinernden Arten von Bauweisen nehmen Zwischenpositionen ein, indem sie Eigenschaften der offenen und der geschlossenen Bauweisen vereinigen. So sieht etwa die verdichtete Bauweise die Anwendung der halboffenen oder der geschlossenen Bauweise für zusammenhängende Gebäudegruppen[12] vor. Bei der halboffenen Bauweise ihrerseits werden verschiedene Gebäude seitlich bis auf eine bestimmte Gesamtlänge zu einer Reihe zusammengebaut[13]. Innerhalb der Reihe gilt dabei die geschlossene Bauweise, während für das Aussenverhältnis (z.B. bzgl. Grenz- und Gebäudeabständen) die Regeln der offenen Bauweise gelten, wobei die Reihe als eine Baute behandelt wird[14]. Die Zulassung der halboffenen Bauweise vermag mitunter schwierige Abgrenzungsfragen zu entschärfen, die sich bei der offenen Bauweise ergeben können, wenn es darum geht, aus verschiedenen Baueinheiten zusammengesetzte Gebäude (als

---

[9] Nach waadtländischem Recht setzt das Zusammenbauen von Gebäuden auf einem Grundstück (contiguïté de fait) nicht die Zulässigkeit des «ordre contigu» im Sinne einer Vorschrift über die Bauweise voraus (vgl. MATILE et al., Kommentar Art. 48 LATC/VD, N. 1.3.1 und 1.3.2 sowie S. 379).

[10] Vgl. z.B. § 129 Abs. 2 PBG/LU, wonach eine Dienstbarkeit für Recht und Pflicht zum Zusammenbau (gegenseitiges Grenzbaurecht) verlangt ist, oder § 97 Abs. 5 lit. c E RBG/BL (gesetzliches Grenzbaurecht, sofern an der Grenze bereits ein Gebäude steht). - Vgl. auch Art. 5 Abs. 2 BZO/Zürich, wonach der Grenzbau nur mit schriftlicher Zustimmung des betreffenden Nachbars zulässig ist, es sei denn, die geschlossene Bauweise sei vorgeschrieben oder es werde an ein bestehendes Gebäude angebaut. - Die Zulassung der geschlossenen Bauweise und des Grenzbaus lässt sich ferner mit der Legalbedingung versehen, dass tatsächlich ein Zusammenbau erfolge, sei es durch Anbauen an ein bestehendes Gebäude oder durch gleichzeitiges Erstellen von zwei oder mehreren Gebäuden (vgl. z.B. Art. 12 Abs. 2 und Art. 20 BZO/Birmensdorf ZH, Art. 26 Abs. 2 BZO/Niederhasli ZH oder Ziff. 4.6 BZO/Wallisellen ZH). Damit wird sichergestellt, dass sich die geschlossene Bauweise in gestalterischer Hinsicht auch tatsächlich als Zusammenbau äussert.

[11] Vgl. z.B. § 129 Abs. 1 PBG/LU oder § 97 Abs. 5 lit. a E RBG/BL. Nach § 33 KBV/SO gilt die Verpflichtung zum Grenzbau nur unter der Bedingung, dass «dadurch nicht für eine unter früherem Recht unter Wahrung eines Grenzabstandes in der offenen Bauweise erstellte Nachbarbaute gesundheitspolizeilich zu beanstandende Verhältnisse entstehen». Ein ausnahmsweise zulässiges Abweichen von der geschlossenen Bauweise lässt sich sodann mit der Voraussetzung verknüpfen, dass eine dadurch entstehende Lücke zu einem späteren Zeitpunkt ohne weiteres und in Einklang mit der Anordnung der bestehenden Bauten ausgefüllt werden kann (vgl. etwa Ziff. 8.2 MBR/BE).

[12] Vgl. Art. 18 Abs. 2 lit. a BauR/Frauenfeld TG. Der Begriff «verdichtete Bauweise» ist danach umfassend als "Gegenbegriff" zur sog. Regelbauweise, mithin als Bündel besonderer, von der baurechtlichen Grundordnung abweichender Vorschriften zu verstehen (und nicht bloss als Bauweise im Sinne der Stellung der Bauten zueinander).

[13] Vgl. z.B. § 92 Abs. 1 und 3 aBauG/TG sowie Ziff. 8.1 MBR/BE; als im Ergebnis gleich erweisen sich Regelungen wie z.B. die in § 286 Abs. 2 PBG/ZH vorgesehene (durch die Zonenplanung festzusetzende zulässige «Gesamtlänge» der geschlossenen Überbauung).

[14] § 92 Abs. 2 aBauG/TG; dies ist im Hinblick auf allfällige Mehrlängenzuschläge zu den Grenzabständen von Bedeutung.

«bâtiments uniques») von zusammengebauten Gebäuden (als «bâtiments accolés») zu unterscheiden[15]. Die Vorschrift des solothurnischen Rechts sodann betreffend den Zusammenbau bei Doppel- und Reihenhäusern[16] deckt sich weitgehend mit der geschlossenen Bauweise[17], wobei der Zusammenbau allerdings nicht von der Zulassung letzterer Bauweise durch die Zonenplanung abhängt, sondern sich auch bloss auf eine servitutarische Vereinbarung unter den beteiligten Grundeigentümern stützen kann[18]. Die annähernd geschlossene Bauweise schliesslich erlaubt das Nebeneinanderstellen von (allseitig freistehenden) Gebäuden mit sehr geringen Zwischenräumen[19].

Die Festlegung der Bauweise verfolgt in erster Linie gestalterische und (in einem weiteren Sinne) ordnungspolizeiliche[20] Zwecke. Dabei richtet sich das Augenmerk allerdings nicht so sehr auf die Erscheinung der einzelnen Gebäude, sondern vielmehr auf die Gestaltung der Siedlungen insgesamt sowie insbesondere auf jene des öffentlichen Raums (vorab entlang von Strassen und in der Umgebung von Plätzen). Die Bedeutung der Bauweise für die Wohn- und Arbeitshygiene ist gering: die geschlossene Bauweise kann sich äusserstenfalls aus Gründen der Siedlungsbelüftung verbieten; sicherheits-, namentlich feuerpolizeilichen Anliegen kann mittels besonderer Konstruktionsvorschriften bei geschlossener Bauweise Rechnung getragen werden[21]. – [22]

---

[15] Vgl. dazu etwa die Darstellung der wechselvollen waadtländischen Rechtsprechung in RDAF 1993, 201 f. E. 5a Prilly VD. Als Unterscheidungskriterium ist auf den Grad baulicher Verbindung abzustellen (vgl. MARTI, S. 51 ff.), der sich nunmehr sowohl nach inneren als auch nach äusseren Gebäudemerkmalen bestimmen kann; die Gewichtung der einzelnen Kriterien (apparence extérieure, destination et liaison fonctionnelle, dimensions, surface de plancher, conception architecturale, matériaux des revêtements extérieurs des constructions) richtet sich dabei nach den raumplanerischen Zielsetzungen («objectifs de la planification communale, particulièrement dans la zone concernée» [S. 203 f. E. 5b mit Beispielen]).

[16] § 31 KBV/SO.

[17] § 33 KBV/SO.

[18] Vgl. § 37 KBV/SO.

[19] Vgl. ZAUGG, Kommentar Art. 13 BauG/BE, N. 2. Das Mass der Abstände kann nach Massgabe der Einsehbarkeit einzelner Gebäudeteile abgestuft festgelegt werden (vgl. z.B. die Variante II der Musterformulierungen zu Ziff. 8.3 MBR/BE).

[20] Vgl. DILGER, N. 100. Die Bauweise beeinflusst die Urbanität einer Siedlung.

[21] Wo Gebäude aneinandergebaut werden, sind i.d.R. Brandmauern zu erstellen (vgl. z.B. § 290 Abs. 1 PBG/ZH, § 129 Abs. 1 und 147 PBG/LU, § 32 KBV/SO), deren Konstruktion sich nach der Feuerpolizeigesetzgebung richtet. Für das verdichtete Bauen ist dabei v.a. von Bedeutung, ob hinsichtlich des baulichen Brandschutzes jede Baueinheit als Gebäude zu würdigen ist oder ob die aneinandergefügten Baueinheiten als ein Gebäude gelten, bei dem ab einer gewissen Gebäudelänge Brandmauern oder andere feuerbeständige Unterteilungen zu errichten sind (vgl. z.B. § 290 Abs. 2 PBG/ZH und § 21 Abs. 2 BBSV/ZH).

[22] Eine andere Gewichtung der Zwecksetzung der Bauweisen geht aus RDAF 1993, 202 ff. E. 5b Prilly VD (zur offenen Bauweise) hervor, indem v.a. ihre nachbarschützende, feuerpolizeiliche und wohnhygienische Bedeutung betont und des weiteren erklärt wird: «Les règles de l'ordre contigu [...] n'ont [...] pas pour objectif de limiter directement la densité d'occupation du sol». – Dass allfälligen negativen Auswirkungen der geschlossenen Bauweise (von denen einige der

B) Die Vorschriften betreffend die Situierung der Gebäude auf dem Baugrundstück: Die Abstände

Die Vorschriften über die Abstände bestimmen, wo und wieviel Grundstücksfläche zwischen einer Baute und gewissen anderen Umweltelementen (seien dies andere Bauten, Verkehrsanlagen, Gewässer oder Waldflächen) bzw. rechtlichen Gegebenheiten (Grundstücksgrenzen[23]) von Bauten frei bleiben soll. Die Abstände begrenzen m.a.W. den zulässigen Baubereich, sei es unmittelbar normativ, sei es durch Baulinien, welche die freizuhaltenden Grundstücksteile räumlich (durch sondernutzungsplanerische Festlegung) bezeichnen. Für die bauliche Verdichtung sind die Mindestdistanzen zwischen einzelnen Bauten (Gebäudeabstände) sowie zwischen Bauten und Grundstücksgrenzen (Grenzabstände) von besonderer Bedeutung; auf die Erlassform (als Bauvorschrift oder als Baulinie) kommt es dabei nicht an. Die Grenz- und Gebäudeabstände bilden daher in der Folge das Schwergewicht der Darstellung, deren Augenmerk auf Betrag und verdichtungsrelevante Handhabung der Abstände gerichtet ist.

Die hier vorab interessierenden Grenz- und Gebäudeabstandsvorschriften verfolgen nebst feuer-[24] und ordnungspolizeilichen[25], gestalterischen[26] sowie siedlungsstrukturierenden[27] insbesondere wohn- und arbeitshygienische Zwecke[28]

---

nachfolgend erwähnten heute kaum mehr von Bedeutung sein dürften) beizukommen ist, erkannte schon STÜBBEN (S. 14 f.), indem er ausführte: «[D]er geschlossene Reihenbau [muss] durch gute Ausführung, durch Ortsgesetze und Polizeivorschriften, insbesondere durch Abstufung der Bauordnungsvorschriften, seiner Nachteile möglichst entkleidet, geregelt und vervollkommnet [werden]. Diese Nachteile sind dreifacher Art: nämlich erstens die Beeinträchtigung des Gesamteindrucks durch Aneinanderreihen von Fassaden verschiedener Höhe, unruhiger Achsenteilung und Ausbildung; zweitens die Begünstigung mancher Belästigungen, welche durch unnötige Gemeinschaftlichkeiten herbeigeführt werden können, beispielsweise durch gemeinschaftliche Scheidemauern, [...] Schornsteine, [...] Entwässerungsanlagen und Aborte, gemeinsame Zugänge und Dienstbarkeiten anderer Art; namentlich aber drittens die Gefahr der gegenseitigen Beschränkung von Luft, Licht und Sonne».

23 Der Verlauf dieser künstlich (und oft "willkürlich") festgelegten Bezugslinien ist mittels Grenzbereinigung abänderbar, damit die betroffenen Grundstücke etwa im Sinne der baulichen Verdichtung zweckmässiger überbaut werden können.

24 Vgl. dazu die diesbezüglichen Ausführungen zur geschlossenen Bauweise (supra A.). - Die Abstandsvorschriften gewährleisten ferner, dass die für den Zugang der Rettungsdienste erforderlichen Flächen freigehalten bleiben; solchen Sicherheitsgesichtspunkten ist freilich auch beim verdichteten Bauen (namentlich angesichts der konzentrierten Anordnung der Baueinheiten) Rechnung zu tragen.

25 So sichern die Grenzabstände u.a. die für Nebeneinrichtungen (wie Fahrzeug-Abstellplätze, Spiel- und Freizeitbereiche usw.) notwendigen Flächen (vgl. DILGER, N. 84, SCHÜRMANN, S. 59) sowie Sichtbereiche, die z.B. aus Gründen der Verkehrssicherheit oder für den Aussichtsschutz von Bedeutung sind.

26 Vgl. BGE 119 Ia 117 E. 3b m.H. Baden AG.

27 Durch zonen- oder gebietsweise Abstufung der Abstandsmasse lässt sich eine Differenzierung der baulichen Dichte herbeiführen.

und können ferner gewisse Sozialfunktionen[29] (wie z.B. Einsichtsschutz, Lärmschutz) erfüllen[30]. Für alle diese Schutzzwecke (sowohl zugunsten der Betroffenen als auch der Benützer von Bauten) lässt sich die Wirkung der Abstände indes erst im Zusammenhang mit anderen Gebäudeeigenschaften beurteilen. So werden Licht- und Sonneneinfall auf Bauten oder einzelne Bauteile sowie die Belüftungsverhältnisse durch die Gebäudeabstände in Beziehung zu den volumetrischen Eigenschaften der umliegenden Gebäude (v.a. in der Vertikalen, daneben jedoch auch in der längeren Horizontalausdehnung) bestimmt[31]. Die Begrenzung der Einsehbarkeit und die Verhinderung des Eindrucks der Beengung durch benachbarte Bauten hängen nebst von den Grenz- und Gebäudeabständen auch erheblich davon ab, auf welche Weise die Gebäudezwischenräume sowie die Gebäude selber gestaltet und wie die Gebäudeöffnungen auf den einander zugewandten Fassaden angeordnet sind[32].

---

[28] Dieser Zielsetzung kann verstärkt Rechnung getragen werden, indem nach der Ausrichtung der Bauten etwa mit Bezug auf Besonnung, Lärmsituation, Gebäudeöffnungen oder die Nutzweise der Räume grosse und kleine Grenz- bzw. Gebäudeabstände unterschieden werden (vgl. z.B. § 17 Abs. 2 ABauV/AG, Ziff. 10.7.1 MBR/BE sowie andeutungsweise § 22 Abs. 2 ABV/ZH; gemäss Ziff. 4.3.1 BZO/Wallisellen ZH bspw. gilt der grosse Grundabstand «für die am meisten gegen Süden orientierte längere Fassade», desgl. nach Ziff. 421 BZO/Geroldswil ZH sowie nach Art. 24 BZO/Niederhasli ZH [«vor der am meisten nach Süden gerichteten Hauptwohnseite»]). Auch die Hanglage kann die Abstandsmasse (bzgl. Besonnungs- und Belichtungsverhältnissen) nach Ausrichtung und Neigung des Baugrundes beeinflussen (vgl. z.B. Abs. 3 von Variante II der Musterformulierungen zu Ziff. 10.7.1 MBR/BE).

[29] Die Nachbarn sollen sich von einer Baute nicht "erdrückt" und in ihrer Wohnsphäre eingeengt fühlen müssen. Die Abstände mindern hiezu «die mannigfachen Einflüsse von Bauten und ihrer Benutzung auf Nachbargrundstücke» (BGE 119 Ia 117 E. 3b Baden AG).

[30] Vgl. zu den Zwecken der Abstandsvorschriften ferner AGVE 1993, 385 f. E. 2b m.H. - Dass beim Bauen Abstände einzuhalten sind, war schon den mittelalterlichen und neuzeitlichen Stadtbaurechten geläufig, wobei auf Masszahlen zumeist verzichtet worden war zugunsten allgemeiner Bestimmungen, die mit Blick auf das Fensterrecht (Aussichts- und Lichtrecht) und mithin zweckbezogen zu konkretisieren waren (vgl. CARLEN, S. 17 m.H.).

[31] Nachdem bereits die ordentlichen Grenz- und Gebäudeabstände mit Rücksicht auf die zonentypischen Gebäudeabmessungen festgelegt werden, ist oft eine Erweiterung der Abstände verlangt, sofern und soweit die Gebäude- bzw. Fassadenhöhe oder -länge ein bestimmtes Mass überschreitet (sog. Mehrhöhen- bzw. Mehrlängenzuschläge) oder umgekehrt eine Verminderung der Abstände z.B. bei Verzicht auf die Ausschöpfung der zulässigen Geschosszahl vorgesehen (vgl. hiezu etwa Art. 12 Abs. 1 BZO/Zürich, Art. 16 Ziff. 3 BZO/Birmensdorf ZH oder Art. 30 BZO/Langnau a.A. ZH; vgl. sodann die ähnliche Regelung nach Art. 15 Abs. 3 BZO/Niederhasli ZH zugunsten gewerblich genutzter Gebäude).

[32] Diesen Zusammenhängen ist bei der betragsmässigen Festlegung der Abstandsvorschriften m.E. vermehrt Rechnung zu tragen. So liessen sich ohne wohn- oder arbeitshygienische Bedenken (schon von Gesetzes wegen) verminderte oder (durch nachbarliche Vereinbarung) verminderbare Abstände festlegen, soweit Fassaden betroffen sind, die keine Gebäudeöffnungen zu bestimmten Arten von Wohn- oder Arbeitsräumen aufweisen oder deren Gebäudeöffnungen durch nähergestellte Gebäudeteile (z.B. Gebäudevorsprünge) nicht beeinträchtigt werden (vgl. ansatzweise Ziff. 10.7.1 MBR/BE sowie WOLF/KULL, N. 184).

C) Die Vorschriften betreffend die Dimensionierung der Bauten: Die Gebäudeabmessungen (Volumetrie)

Die volumetrischen Bauvorschriften bestimmen die oberirdische Ausdehnung der einzelnen Bauten in alle Dimensionen, m.a.W. die Abmessungen des Bauvolumens[33]. Die Vertikale wird durch Masse wie die Gebäudehöhe[34], die Firsthöhe[35] und/oder die zulässige Geschosszahl[36] in Verbindung mit der Geschosshöhe[37] beschrieben. Die Abmessungen in der Horizontalen werden mittels Gebäudelänge und Gebäudebreite (bzw. bei der geschlossenen Bauweise anhand der sog. Bautiefe) bezeichnet. Anders als die Abstandsvorschriften und Baulinien, die im wesentlichen[38] einen horizontalen Baubereich festlegen, indem ausgehend von äusseren Bezugslinien (z.B. Grundstücksgrenzen, Fassadenlinien benachbarter Gebäude, Begrenzungslinien bestehender oder vorgesehener öffentlicher Anlagen) ein in aller Regel[39] unüberbaubarer Abstandsbereich subtrahiert wird, definieren die volumetrischen Vorschriften Maximalkuben, innerhalb derer beabsichtigte Bauten "unterzubringen" sind.

Während die Vertikale am Erscheinungsbild einer Baute regelmässig[40] unmittelbar abzulesen ist, stellen die Horizontalmasse der Gebäudelänge und -breite etwa bei gegliedertem Gebäudegrundriss bloss fiktive Grössen dar. Die Horizontalabmessungen werden diesfalls durch das flächenmässig kleinste umgebende Rechteck[41] beschrieben, welches von der tatsächlichen Grundrissform bisweilen erheblich abweicht. Das Augenmerk richtet sich demzufolge weniger auf die exakte Dimensionierung der durch die Grundrissanordnung in der Horizontalen

---

[33] Vgl. DILGER, N. 65. Die Definitionen der einzelnen Gebäudemasse sowie die Messweisen zeigen dabei ausgeprägte "föderalistische" Vielfalt.

[34] Vgl. z.B. § 278 ff. PBG/ZH (dazu WOLF/KULL, N. 219 und N. 224 ff.), § 139 Abs. 1 und 6 PBG/LU.

[35] Vgl. z.B. § 281 PBG/ZH (dazu WOLF/KULL, N. 220 und N. 233), § 139 Abs. 2 PBG/LU (Höhe des Dachfirstes; die Firsthöhe nach § 139 Abs. 4 PBG/LU entspricht der Gesamthöhe der Gebäude nach zürcherischem Recht [vgl. WOLF/KULL, N. 221]).

[36] Die Geschosszahl bezieht sich auf alle sog. Vollgeschosse (vgl. z.B. § 275 Abs. 1 und § 276 PBG/ZH) sowie gewisse andere (aufgrund ihrer Nutzung oder ihrer Lage innerhalb des Gebäudes) anzurechnende Geschosse, während nicht anzurechnende Dach- und Untergeschosse unter Vorbehalt anderer vertikaler Baubeschränkungen beliebig erstellt werden dürfen (vgl. WOLF/KULL, N. 208 und N. 214 ff.). Vgl. auch etwa § 138 PBG/LU.

[37] Vgl. z.B. § 279 Abs. 1 PBG/ZH (dazu WOLF/KULL, N. 227 ff.), § 139 Abs. 1 PBG/LU.

[38] Baulinien können auch volumetrische Festlegungen (v.a. über die Gebäudehöhe) und solche betreffs Anordnung der Bauten zueinander oder mit Bezug auf die Baulinie selber enthalten.

[39] Vgl. indes infra II. 2. D.

[40] Erschwerend wirken hiebei die verschiedenen Messweisen der auch bereits unterschiedlich definierten Höhenmasse sowie topografische Gegebenheiten (z.B. Hanglage) oder besondere Baueigenschaften (z.B. höhenmässige Staffelung), welche die Wahrnehmung der Vertikalen wesentlich beeinflussen können.

[41] Vgl. z.B. § 28 Abs. 1 ABV/ZH oder den jeweiligen Abs. 2 der Musterformulierungen zu Ziff. 11.2 MBR/BE; vgl. auch MARTI, S. 89 m.H.

bestimmten einzelnen Fassaden, sondern vielmehr auf den Gesamteindruck einer Baute[42]. Die Vorschriften betreffend die Vertikale verfolgen für sich genommen gleich wie jene für die Horizontale zunächst gestalterische und ordnungspolizeiliche[43] Zwecke, indem sie eine fiktive, der Topografie mehr oder weniger getreulich folgende[44] "Ebene" festlegen, welche von den ihr "unterstehenden" Bauten zumeist nur unwesentlich (z.b. aufgrund unterschiedlicher Dachgestaltung) durchstossen wird.

In Verbindung mit den Abstandsvorschriften und in Abhängigkeit von den topografischen Gegebenheiten beeinflussen die volumetrischen Bauvorschriften überdies die Wohn- und Arbeitshygiene (betreffend Besonnung und Lichteinfall; namentlich die Vorschriften für die Horizontale auch betreffend die Belüftungsverhältnisse und damit verbunden die lufthygienische bzw. die Lärmimmissions-Situation) sowie den Aus- und Durchsichtsschutz. In ihrem Zusammenwirken untereinander bestimmen die volumetrischen Vorschriften schliesslich die Körnung der Überbauung, indem sie die zulässigen Baukuben betragsmässig absolut[45] sowie der Form nach bestimmt, und nicht bloss im Verhältnis zur massgeblichen Grundfläche[46] begrenzen.

II. Die Verdichtungsrelevanz der (nebst den Nutzungsziffern) unmittelbar baubeschränkenden Vorschriften

Die bauliche Nutzung von Grundstücken (und damit letztlich die bauliche Dichte ganzer Siedlungsteile) wird sowohl durch Nutzungsziffern beschränkt als auch durch Bauvorschriften, die nicht hauptsächlich diesen Zweck verfolgen, namentlich in ihrem Zusammenwirken jedoch gleichfalls bauliche Nutzungsbeschränkungen mit sich bringen[47]. Die hier zu behandelnden unmittelbar baube-

---

[42] Regelungen über die Gebäudelänge werden daher unter Ziff. 11.2 MBR/BE als «ausgesprochene Gestaltungsvorschriften» bezeichnet.

[43] DILGER, N. 67. - Die Vertikale ist von den Baueigenschaften das - auch aus Distanz - am deutlichsten erkennbare Gestaltungsmerkmal (vgl. ZUPPINGER, S. 37).

[44] Eine Verstärkung dieser Abhängigkeit ist etwa dadurch zu erreichen, dass der Geländeneigung innerhalb des Gebäudegrundrisses auch auf einzelne Gebäudeteile bezogen Rechnung getragen wird, indem aufgrund eines Hangzuschlags gewisse Mehrhöhen zulässig sind (vgl. z.B. Art. 33 Abs. 3 BZO/Langnau a.A. ZH oder Abs. 2 der Musterformulierung zu Ziff. 11.3 MBR/BE). - Eine Loslösung der Gebäudehöhen von der Topografie (z.B. zwecks Aussichtsschutz) ist mittels Höhenkoten zu erreichen (vgl. z.B. Ziff. 9.1 BZO/Wallisellen ZH).

[45] Dies ist bedeutsam im Hinblick auf die für das verdichtete Bauen typische kleinteilige Kubatur der einzelnen Baueinheiten (vgl. supra § 1 II. 1. A. a.).

[46] Vgl. hiezu supra § 7 II. 1. und 2.

[47] Die Bestimmung der baulichen Dichte kann daher auch ohne Nutzungsziffern und allein gestützt auf andere unmittelbar baubeschränkende Vorschriften erfolgen (vgl. z.B. BGE 119 Ia 117 E. 3b Baden AG oder Art. 13 BZO/Niederhasli ZH). Die höchstzulässige bauliche Nutzung bestimmt sich diesfalls anhand eines Lichtraumprofils, das durch Abstände, Dachneigung, volumetrische Vorschriften und solche über das Hinausragen von Gebäudeteilen festgelegt wird

schränkenden Vorschriften wirken sich auf das verdichtete Bauen sodann nicht einzig unter dem Gesichtspunkt der quantitativen Begrenzung der zulässigen baulichen Nutzung aus, sondern auch (und nicht zuletzt) in ihrer Eigenschaft als Vorschriften, welche die Gestaltung der Bauten beeinflussen und deren Anordnung bestimmen. Im folgenden gelangen vorab diese unmittelbaren Auswirkungen zur Darstellung, wobei sich die Gliederung der Ausführungen an jene der vorstehenden Ziffer I. 3. anlehnt.

1. Die Bauweise

Mit der Bauweise entscheidet sich, ob der Baubereich auf allen oder nur auf bestimmten Seiten eines Bauvorhabens durch Abstandsflächen begrenzt wird. Dies beeinflusst das Mass der zulässigen baulichen Dichte und den Gestaltungsspielraum für die Situierung von Bauten. Unter diesen Gesichtspunkten erweisen sich für das verdichtete Bauen die geschlossene Bauweise (A.) und die Zwischenarten (B.) als besonders zweckmässig.

A) Die geschlossene Bauweise

Die Zulassung der geschlossenen Bauweise in der baurechtlichen Grundordnung, mittels Sondernutzungsplanung oder im Rahmen projektbezogener Sonderinstrumente bildet Voraussetzung für die Verwirklichung verdichteter Überbauungen[48], soweit diese als aus einer Mehrzahl zusammengebauter Gebäude bestehend verstanden werden. Das für das verdichtete Bauen typische Aneinanderfügen mehrerer Baueinheiten auf einer Achse (Ketten- und Reihenhäuser sowie terrassierte Reihenhäuser) oder auf mehreren, in verschiedene Richtungen weisenden Achsen (zentral erschlossene und ihrerseits zusammengebaute Reihenhäuser, Teppichüberbauungen, Terrassenteppiche sowie kombinierte Überbauungsformen) bedingt die geschlossene Bauweise auf den jeweiligen Achsen, wobei sie (im Sinne der halboffenen Bauweise) in ihrer Längenausdehnung begrenzt werden kann, sei es betragsmässig[49], sei es etwa anhand der Anzahl zu addierender Baueinheiten.

(VOLLENWEIDER, S. 171). Es ist bei alledem mit der Tendenz zu rechnen, dass Gestaltung und Stellung der Bauten vornehmlich nach der Grundstücksform ausgerichtet sind (sog. Abstandsbauten) und dass grössere Gebäudetiefen erstellt werden (vgl. STEIGER et al., S. A-23).

[48] Mit der geschlossenen Bauweise wird denn auch angestrebt, Baugebiete (durch verdichtetes Bauen) besser ausnützen zu können (AGVE 1993, 181 E. 3a).

[49] Vgl. z.B. § 286 Abs. 2 PBG/ZH (durch die Zonenplanung festzusetzende zulässige «Gesamtlänge»; darauf gestützt z.B. Ziff. 4.6 BZO/Wallisellen ZH: «bis zur jeweiligen zonengemässen Gesamtlänge», desgl. Ziff. 431 BZO/Geroldswil ZH oder Art. 14 BZO/Langnau a.A. ZH) oder § 92 Abs. 3 aBauG/TG (darauf gestützt z.B. Art. 31 Abs. 1 BauR/Frauenfeld TG, wo indes gerade für Überbauungen in verdichteter Bauweise gemäss Art. 18 BauR/Frauenfeld TG keine Gebäudelängenbeschränkung vorgesehen ist).

Die Erlaubnis des Grenzbaus sodann ist für das verdichtete Bauen nur insoweit von Bedeutung, als das jeweilige Additionsprinzip die Unterscheidung selbständigen Alleineigentums an den einzelnen Baueinheiten (bzw. an den darunterliegenden Grundstücken) überhaupt zulässt[50]. Die geschlossene Bauweise, welche regelmässig zumindest den erlaubten Grenzbau einschliesst[51], das Aneinanderfügen von Baueinheiten auch über Grundstücksgrenzen hinweg somit nicht verhindert, enthält demnach ohne weiteres den für verdichtete Überbauungen erforderlichen Gestaltungsspielraum[52].

B) Die Zwischenarten

Soweit sich die Addition der Baueinheiten einer verdichteten Überbauung auf eine Achse beschränkt, kann bei entsprechender Festlegung der erlaubten Gesamtlänge des Zusammenbaus schon die halboffene Bauweise den für das verdichtete Bauen erforderlichen Gestaltungsspielraum bereithalten. Sie wird denn auch ausdrücklich vorgesehen als Bauweise für verdichtete Überbauungen[53]. Sofern und soweit die übrigen quantitativen und qualitativen Bauvorschriften auf eine erhöhte bauliche Dichte ausgerichtet sind, lassen sich verdichtete Überbauungen somit auch in halboffener Bauweise verwirklichen; ähnliches gilt bezüglich der Bauweise für Doppel- und Reihenhäuser. Wenngleich die annähernd geschlossene Bauweise sodann wohl zumeist in Anlehnung an bestimmte Bautraditionen vorgesehen wird[54], erscheint ihre Festlegung jedoch als durchaus denkbar, um die Anordnung verschiedener Bauten bezogen auf das Innenverhältnis einer grossflächigeren Überbauung zu regeln[55]. Als bauliche Nutzungs-

---

[50] Dies ist z.B. bei gewissen Terrassierungen oder bei der Stapelung von Baueinheiten zu verneinen. In solchen Fällen kann Stockwerkeigentum ausgeschieden werden, wobei die verschiedenen Anteile nicht durch Grundstücksgrenzen voneinander abgetrennt werden, weshalb die Einräumung des Grenzbaus von vornherein ausser Betracht fällt.

[51] Vgl. z.B. § 31 Abs. 2 PBG/ZH, § 129 PBG/LU, § 33 KBV/SO.

[52] Der Grenzbau ist bisher allerdings auf jene Fälle beschränkt, in denen zwei Grundstücke aneinanderstossen (durch Multiplizierung dieser Konstellation kann sich der Grenzbau auf einer Achse freilich auch über mehrere Grundstücke erstrecken); v.a. die bauliche Verdichtung bereits weitgehend überbauter Siedlungsteile könnte aber u.U. entscheidend gefördert werden durch die Zulassung des Grenzbaus auch dort, wo drei oder vier Parzellen aufeinandertreffen, so dass zusammengebaute Gebäude auf die Schnittstelle der Grundstücksgrenzen gesetzt werden könnten (vgl. WÜRMLI et al., S. 84).

[53] Vgl. Art. 18 Abs. 2 lit. a BauR/Frauenfeld TG, wobei das Aneinanderfügen einzelner Baueinheiten zu Reiheneinfamilienhäusern bis auf eine bestimmte Gesamtlänge bereits in Anwendung der baurechtlichen Grundordnung zulässig ist (vgl. Art. 29 Abs. 3 Satz 2 und Art. 31 Abs. 1 BauR/Frauenfeld TG).

[54] Vgl. Art. 13 Abs. 2 Satz 1 BauG/BE (ZAUGG, Kommentar Art. 13 BauG/BE, N. 2, sowie Variante I der Musterformulierungen zu Ziff. 8.3 MBR/BE); vgl. auch § 40 Abs. 1 BauV/NW.

[55] Vgl. ausdrücklich Ziff. 8.3 MBR/BE: «Neubaugebiete annähernd geschlossener Bauweise sind nicht zum vorneherein auszuschliessen, ganz im Gegenteil: Ein sorgfältiger Architekt kann bei Zulassung dieser Bauweise oft neue, gute Ortsbilder schaffen». Ausser einer Festlegung der annähernd geschlossenen Bauweise in der baurechtlichen Grundordnung kann sich insbes. die

ordnung für das Aussenverhältnis dürfte sie indes nur in Fortführung lokaler oder regionaler Bautradition in Frage kommen.

2. Die Abstände

Der Darstellung der Bedeutung einzelner Gesichtspunkte der Abstandsvorschriften für das verdichtete Bauen ist eine allgemeine Bemerkung voranzustellen (A.). Darauf folgend gilt es, die Verdichtungsrelevanz des Betrages (B.) und der Messweise der Abstände (C.) zu erörtern, bevor die Privilegierung (D.) bzw. Erschwerung (E.) bestimmter baulicher Massnahmen durch besondere Abstandsvorschriften zu behandeln sind.

A) Allgemeines

Das verdichtete Bauen ist mitunter darauf ausgerichtet, beschattete oder schwer nutzbare Abstandsbereiche zu vermeiden[56]. Durch das unmittelbare Aneinanderfügen von Baueinheiten auf einer oder mehreren Achsen werden potentielle Abstandsbereiche baulich genutzt[57]; mittels konzentrierter Bauweise lassen sich dafür Freiräume aussparen sowie derweise anordnen und zusammenfassen, dass sie zu einer Förderung der Wohn- und Siedlungsqualität beisteuern, sei dies im privaten, der einzelnen Baueinheit zugeordneten Bereich (z.B. Terrasse, Privatgarten), sei es in mehr oder weniger öffentlich zugänglichen Bereichen (z.B. Umschwung, gemeinschaftliche Spiel- und Freizeitflächen, Gärten oder Biotope).

B) Die Festlegung des Betrags der Abstände

Für die verbleibenden Abstände ist - sofern die verdichtete Siedlung aus mehreren Gebäuden besteht - zu unterscheiden zwischen Grenz- und Gebäudeabständen für das Innen- und solchen für das Aussenverhältnis[58]. Während letztere nebst den beschriebenen Funktionen[59] namentlich auch bezwecken, das Siedlungsgebiet zu strukturieren und den Übergang von einer Baute oder Baukonstel-

---

Verankerung im Rahmen der Gestaltungsfreiheit bei gemeinsamer Projektierung gemäss Art. 75 BauG/BE (siehe auch ZAUGG, Kommentar Art. 75 BauG/BE, N. 4) oder in Zonen mit Planungspflicht anbieten.

[56] GEISENDORF et al., S. 38; vgl. auch WÜRMLI et al., S. 84.

[57] Dadurch kann die Wirkung von offener Bauweise und Abständen gemildert werden, die - oft noch verstärkt durch ungünstige Parzellenform - «[introduisent] pour des raisons purement géométriques des "résistances" à une intensification de l'occupation du sol» (ZUPPINGER, S. 16).

[58] Vgl. schon STEIGER, S. 5. - Vgl. bzgl. Gebäudeabständen z.B. Art. 31 Abs. 2 Satz 2 BauR/Frauenfeld TG, wonach «innerhalb einer [verdichteten] Überbauung» eine Herabsetzung der Gebäudeabstände möglich ist. Dahinter steht die Überlegung, dass die Bestimmung bzw. Abschätzung der gegenseitigen Einflüsse verschiedener, jedoch einheitlich geplanter Bauten erlaubt, Gebäudeanordnung, Abstände, Grundrissarten und Gebäudehöhen den jeweiligen Erfordernissen anzupassen (vgl. DEGEN, S. 13).

[59] Vgl. supra I. 3. B.

lation zu einer anderen gestalterisch zu bewältigen bzw. sehr unterschiedliche Baukonstellationen voneinander abzugrenzen, verfolgen erstere vorab wohn- und arbeitshygienische Zwecke.

Entfällt bei den Abständen für das Innenverhältnis die ordnungspolizeiliche und (weiträumig bezogene) gestalterische Zwecksetzung weitestgehend, so rechtfertigt es sich, die entsprechenden Masse auf das aus der Sicht der Wohn- und Arbeitshygiene Unerlässliche zu beschränken. Eine auf diese Weise konsequent zweckgerichtete Ausgestaltung der Abstandsvorschriften erforderte sodann ein Abstellen auf die tatsächlichen Verhältnisse im Einzelfall[60] und mithin letztlich die Bestimmung der Abstände anhand von Belichtungs- und Besonnungsanforderungen[61]. Die "Sicherheitsspanne", welche bei allgemeinen Abstandsvorschriften für nicht im einzelnen vorhersehbare - möglicherweise besonders ungünstig geartete - Situationen eingeschlossen ist, würde sich damit erübrigen, ohne dass die Zwecksetzung der Abstände im Innenverhältnis dadurch beeinträchtigt würde.

Die breiter gefächerte Zwecksetzung der Abstände für das Aussenverhältnis erschwert eine entsprechende Vorgehensweise[62]. Die ordnungspolizeilichen und siedlungsgestalterischen Gesichtspunkte verlangen einheitliche Abstandsbestimmungen, die immerhin in unterschiedlichem Ausmass Bezug nehmen auf die volumetrischen Verhältnisse, im Zusammenhang mit denen sich die Wirkungen der Abstände äussern. Bei der zonenweisen Festlegung der Abstände richtet sich das Mass zunächst (d.h. unter Vorbehalt von Mehrlängen- oder Mehrhöhenzuschlägen bzw. allfälliger Minderhöhenabschläge[63]) nach den erlaubten volumetrischen Verhältnissen, m.a.W. nach den für die betreffende Zone typischerweise zu erwartenden Gebäudeabmessungen. Je tiefer dabei die volumetrischen Grundmasse angesetzt werden, bei denen die Einhaltung der Grundabstände ausreicht, desto eher richten sich die Abstände aufgrund der (i.d.R. bis zu einem gewissen Höchstmass proportionalen) Abstandszuschläge nach den konkreten volumetrischen Eigenschaften der Gebäude. Die Abstandsmasse werden bisweilen allerdings schon von vornherein aus einer Multiplikation des Vertikal-

---

[60] D.h. etwa auf Topografie, Exposition bzgl. Umwelteinflüssen sowie auf volumetrische Eigenschaften, Ausrichtung und Anordnung zu erwartender oder geplanter Bauten.

[61] Vgl. infra § 9 II. 2. B.

[62] Ein Abstellen auf konkrete Verhältnisse ist zudem nur möglich, soweit diese feststehen bzw. ihre Ausgestaltung in der Hand des Bauwilligen liegt. Ansonsten besteht die Gefahr der präjudizierenden Wirkung erstellter Bauten zu Lasten später bauender Nachbarn, deren Neubauten allfällige "Defizite" wegen der Besitzstandsgarantie zugunsten der bereits bestehenden Bauten "wettzumachen" hätten. Hinsichtlich der Abstände für das Aussenverhältnis ist daher wohl nur allenfalls bei gleichzeitiger Projektierung von den herkömmlichen Berechnungsweisen abzugehen.

[63] Vgl. supra I. 3. B. Fn. 31.

masses[64] oder des längeren Horizontalmasses[65] von Gebäuden mit einem bestimmten Faktor hergeleitet.

C) Die Messweise der Abstände

Die Abstände werden ausgehend von der Fassadenlinie der Gebäude als Senkrechte und an Gebäudeecken mit Zirkelschlag auf die jeweilige Bezugslinie (Grundstücksgrenze oder Fassade eines Nachbargebäudes) gemessen[66]. Es wird dabei - anders als teilweise bei den volumetrischen Vorschriften[67] - von den einzelnen Fassadenabschnitten ausgegangen; die Grundrissanordnung ist demzufolge insofern von Bedeutung, als die Abstände etwa bei gegliederten Bauten für jeden Gebäudeteil gesondert zu bestimmen[68] und die sich daraus ergebenden Abstandsflächen (einschliesslich der Flächen allfälliger Mehrlängen- oder Mehrhöhenzuschläge) der betreffenden Fassade vorgelagert anzuordnen sind[69]. Der Abstandsbereich "folgt" damit gewissermassen dem Gebäudegrundriss; bei entsprechender Anordnung der Baueinheiten gegliederter Bauten bietet sich dabei die Möglichkeit einer "Verzahnung" verschiedener solcher Gebäude[70]. Aus der Bezugnahme auf die einzelnen Fassadenteile ist jedenfalls abzuleiten, dass die Abstandsvorschriften bezwecken, effektive Freiräume zwischen den Gebäuden, und zwar vor den betreffenden Fassaden, zu gewährleisten. Es geht m.a.W. nicht bloss um die allgemeine Erscheinung von Siedlungen, sondern um ein Merkmal der baulichen Nutzungsordnung, welches auf die Verhältnisse bei jeder einzelnen Baueinheit eines zusammengesetzten oder zusammengebauten Gebäudes abstellt.

---

[64] Vgl. MARTI, S. 88 (Variante 3); z.B. § 122 Abs. 1 PBG/LU (Grenzabstand im Verhältnis zur Fassadenhöhe) bzw. vice versa z.B. § 279 Abs. 2 PBG/ZH (Gebäudehöhe im Verhältnis zum Abstand).

[65] Vgl. MARTI, S. 88 f. (Variante 4). Die Festlegung der Grenzabstände «[en] fonction de la plus grande dimension en plan» erscheint als die nach waadtländischem Recht gebräuchlichste.

[66] So z.B. nach § 260 Abs. 1 PBG/ZH sowie § 22 Abs. 1 Halbsatz 2 ABV/ZH, vgl. auch die Erläuterungen (eingangs) bei Anhang II zur KBV/SO.

[67] Vgl. supra I. 3. C. - Die Horizontalmasse der Gebäude werden bei gegliederten oder sonstwie unregelmässigen Grundrissen an einem fiktiven, vom tatsächlichen Grundriss abstrahierenden Rechteck gemessen.

[68] Vgl. etwa § 260 Abs. 2 Satz 1 PBG/ZH; gleich verhält es sich gemäss § 24 Abs. 1 ABV/ZH bzgl. der für Mehrlängenzuschläge massgebenden Länge (vgl. RB 1993 Nr. 41).

[69] Vgl. z.B. § 23 Abs. 2 und § 26 ABV/ZH.

[70] Wo Mehrlängenzuschläge vorgesehen sind (dies trifft bei verdichteter Bauweise gemäss Art. 31 Abs. 2 Satz 1 BauR/Frauenfeld TG z.B. nur gegenüber Nachbargrundstücken zu) und die Mehrlängen (wie z.B. nach zürcherischem Recht) zwar für jede Teilfassade einzeln, jedoch stets von demselben Messpunkt aus bestimmt werden, wird der von Grundabständen nicht betroffene Baubereich im Verhältnis zur jeweils massgeblichen Gebäudelänge allerdings zunehmend von den entsprechenden Abstandszuschlägen beansprucht und mithin baulicher Nutzung entzogen (vgl. die letzte Skizze zu den Abständen [insbes. § 24 Abs. 1 ABV/ZH] im Anhang zur ABV/ZH).

Bei nicht paralleler Anordnung der Fassaden im Verhältnis zur Bezugslinie (Grundstücksgrenze oder gegenüberliegender Gebäudefassade) wird von der strengen Fassadenbezogenheit der Abstände bisweilen abgewichen. Die Abstandskompensation[71] erlaubt einerseits für jene Fassade, die der Bezugslinie[72] am nächsten kommt, die Abstände zu verringern, verlangt anderseits aber, dass diese (betragsmässig gegebenenfalls beschränkte[73]) Abstandsunterschreitung bei der entferntesten Fassade dazugeschlagen wird; die Mitte der betreffenden Gebäudeseite muss hiebei die vorgeschriebenen Abstände einhalten[74]. Unter Wahrung der Gesamtfläche des Abstandsbereichs können sich daraus Möglichkeiten einer flexibleren Grundrissgestaltung ergeben, indem verschiedene Bauten bei gewissen Gebäudeteilen näher aneinander reichen dürfen als gemäss den Abstandsvorschriften, dafür aber auf anderen (idealerweise dazu geeigneteren) Grundstücksteilen geräumigere Freiflächen entstehen. Für verdichtete Überbauungen jedenfalls, deren Additionsprinzip Gebäudeseiten hervorbringt, die nicht parallel zu den Grundstücksgrenzen oder zu weiteren Gebäudefassaden verlaufen, kann eine solche Regelung durchaus sachgerechte Lösungen herbeiführen, und dies sowohl im Innen- als auch für das Aussenverhältnis.

D) Die Privilegierung durch gesetzliche Dispensation von Abstandsvorschriften

Bestimmte bauliche Massnahmen dürfen - von der allfälligen Möglichkeit nachbarlicher Vereinbarungen[75] betreffend Näher- oder Grenzbaurechte einmal abge-

---

[71] Vgl. die Begriffe «compensation des distances» (MARTI, S. 99 m.H., siehe ferner MATILE et al., Kommentar Art. 47 LATC/VD, N. 2.9.2.5) sowie «Flächenausgleich» bzgl. der sich aus Mehrlängenzuschlägen ergebenden Freiflächen bei versetzten, geschweiften oder schief zur Grenze stehenden Bauteilen (nach Art. 65 Abs. 2 BauG/SG [Gesetz über die Raumplanung und das öffentliche Baurecht vom 6. Juni 1972 / 6. Januar 1983, sGS 731.1], vgl. DILGER, N. 88).

[72] De lege lata handelt es sich dabei zunächst um die Grundstücksgrenze (vgl. z.B. Art. 65 Abs. 2 BauG/SG), es sei denn, die Anwendung auf Gebäudeabstände sei ausdrücklich vorgesehen (vgl. MARTI, S. 100). In RDAF 1993, 205 f. E. 5d Prilly VD wird für das waadtländische Recht nun aber festgehalten: «Rien ne s'oppose à une application, par analogie, de la règle permettant une réduction de la distance en cas de limite oblique lorsque des constructions sont situées sur une même parcelle, pour autant que le calcul de cette distance permette un fractionnement du bienfonds par la suite sans rendre l'une des constructions non réglementaire».

[73] Vgl. MARTI, S. 98 m.H.

[74] Vgl. zum Ganzen etwa den Entscheid der CCR/VD vom 19. Februar 1981 in BR/DC 1986, 41 f. betreffend Fassaden (verstanden als Gebäudeseiten) mit mehreren Elementen und Stufen: «[U]n seul angle d'un seul élément de façade peut s'implanter à une distance inférieure à la norme réglementaire générale lorsque la législation communale admet, pour une façade oblique par rapport à la limite de propriété, que la distance réglementaire soit mesurée à partir du milieu de la façade perpendiculairement à la limite et qu'elle autorise une diminution de cette distance à l'angle le plus rapproché de la limite. Il faut en outre que le milieu de l'élément de façade considéré soit à la distance réglementaire ordinaire et que l'angle le plus éloigné de la limite de cet élément de façade se situe à la distance réglementaire ordinaire augmentée de la mesure du rapprochement dont bénéficie l'angle situé le plus près de la limite». - Vgl. auch das Beispiel bei ZUPPINGER, S. 60.

[75] Vgl. infra § 16 II. insbes. 2. B. a.

sehen - schon von Gesetzes wegen im Abstandsbereich vorgenommen werden. Die Privilegierungen beziehen sich auf Gebäudevorsprünge (wie Erker und Balkone)[76], kleinere Bauten (seien dies bloss nicht für den Aufenthalt von Menschen bestimmte Bauten[77], z.B. Garagen, seien es auch Wohnzwecken dienende[78], z.B. Wintergärten) sowie auf unterirdische Bauten oder Gebäudeteile bzw. solche, die kaum in Erscheinung treten und bei denen das Bedürfnis nach Einsichts- und Immissionsschutz entfällt[79]. Letztere Vorschriften erleichtern namentlich das Errichten unterirdischer Parkierungsanlagen sowie auf andere Weise nutzbarer Räume, die - wie etwa Lager- und Abstellräume - keiner natürlichen Belichtung und Belüftung bedürfen. Das Erstellen unterirdischer oder "quasi-unterirdischer" Gebäudeteile erweist sich insbesondere dann als effizient, wenn deren Nutzung[80] bzw. deren blosses Vorhandensein[81] nicht an Nutzungsziffern anzurechnen ist.

E) Die Verschärfung durch Abstandszuschläge bei Überschreitung bestimmter volumetrischer Eigenschaften

Zahlreiche kantonale[82] und kommunale[83] Baugesetzgebungen enthalten Vorschriften, die bei Gebäuden, deren Höhe oder Länge ein gewisses Mass übersteigt, eine Erweiterung der Grundabstände verlangen. Solche Abstandszuschläge werden (oft bis zu einem gewissen Höchstmass[84]) regelmässig im Verhältnis

---

[76] Vgl. § 260 Abs. 3 (sowie § 262 Abs. 2) PBG/ZH, Ziff. 10.7.7 MBR/BE, § 120 Abs. 3 PBG/LU, § 22 Abs. 1 Satz 2 KBV/SO.

[77] Vgl. etwa § 273 PBG/ZH (bzgl. der Gebäudeabstände; für die Grenzabstände wird in § 49 Abs. 3 PBG/ZH auf das kommunale Recht verwiesen), § 124 und § 132 PBG/LU, § 94 Abs. 2 E RBG/BL (bzgl. der Gebäudeabstände), § 18 Abs. 1 und 2 ABauV/AG.

[78] Vgl. z.B. Ziff. 10.7.3 MBR/BE (insbes. Abs. 1 der Musterformulierung).

[79] Vgl. § 269 PBG/ZH (dazu WOLF/KULL, N. 194, sowie BEZ 1993 Nr. 18), Ziff. 10.7.4 MBR/BE, § 125 PBG/LU, § 22 Abs. 6 KBV/SO, § 93 Abs. 5 E RBG/BL (mit Verweisung auf Verordnungsrecht), Art. 84 LATC/VD (mit Verweisung auf das kommunale Recht, für dessen Anwendbarkeit al. 2 immerhin gewisse Voraussetzungen enthält; vgl. MATILE et al., Kommentar LATC/VD, S. 391 f.). - Die Einhaltung von Grenzabständen wird bisweilen auch für nicht eigentlich als Bauten in Erscheinung tretende Tiefbauten verlangt, namentlich wenn von diesen schädliche oder lästige Einwirkungen ausgehen (vgl. § 18 Abs. 3 ABauV/AG sowie Ziff. 10.7.5 MBR/BE).

[80] So sind grundsätzlich anzurechnende Nutzungsarten gegebenenfalls, selbst wenn in Untergeschossen angeordnet, für die Ausnützungsziffer in Rechnung zu stellen (vgl. z.B. § 255 Abs. 1 und 2 PBG/ZH sowie § 9 ABV/ZH i.V.m. § 276 Abs. 3 PBG/ZH).

[81] So ist oberirdisch in Erscheinung tretendes Bauvolumen ohne weiteres an die Baumassenziffer anzurechnen; solches kann auch für vollständig unterirdische Bauten oder Gebäudeteile gelten, soweit diese etwa Auswirkungen auf die Siedlungsentwässerung zeitigen, welche die Anrechnung an den Versiegelungsanteil als geboten erscheinen lassen (vgl. § 25 Abs. 1 PBV/LU).

[82] Vgl. z.B. § 122 Abs. 5 PBG/LU.

[83] Z.B. gestützt auf § 23 ff. ABV/ZH oder Art. 12 Abs. 2 und Art. 69 Abs. 2 lit. e BauG/BE (ZAUGG, Kommentar Art. 12 BauG/BE, N. 8b).

[84] Vgl. § 23 Abs. 1 Halbsatz 2 ABV/ZH, § 122 Abs. 5 Satz 1 i.f. PBG/LU.

zur Überschreitung des volumetrischen Grundmasses[85] festgelegt. Die Mehrhöhen- bzw. Mehrlängenzuschläge werden einerseits mit wohnhygienischen Anliegen begründet[86] und tragen anderseits dazu bei, das in ordnungspolizeilichem und siedlungsgestalterischem Interesse liegende Verhältnis zwischen umbautem Raum und Freifläche zu wahren und Volumenmassierungen in nicht zur Kern- oder Zentrumsbildung vorgesehenen Gebieten zu unterbinden. Werden schon die volumetrischen Vorschriften restriktiv ausgestaltet (z.B. aufgrund des Verzichts auf die Festlegung von Nutzungsziffern), so erscheinen Abstandszuschläge durchaus entbehrlich oder lassen sich zumindest darauf beschränken, bei Bauten, welche die zonenüblichen Gebäudeabmessungen ausnahmsweise deutlich überschreiten, zum Einsatz zu kommen[87]. Auch davon abgesehen ist für die Frage nach der Zweckmässigkeit von Bestand und Umfang allfälliger Abstandszuschläge deren Auswirkungen auf die haushälterische Nutzung des Bodens Rechnung zu tragen.

Durch Mehrlängenzuschläge wird die Errichtung langer Gebäude bis zu einem allfälligen Zuschlags-Höchstmass proportional benachteiligt. Derartige Gebäude können aber als Lärmriegel gegebenenfalls wichtige lärmschutztechnische Aufgaben erfüllen. Zu solchem Zweck ist es indessen erforderlich, nahe an die betreffende Lärmquelle heran bauen zu dürfen, um im Verhältnis zu den Gebäudeabmessungen einen möglichst grossen Winkel vor der Lärmausbreitung abzuschirmen. Die Lärmschutzwirkung für die hinterliegenden abgeschirmten Gebäude ist überdies desto bedeutender, je näher diese an die Längsseite einer Lärmriegel-Baute herangestellt werden; gerade dort jedoch ist aufgrund der Fassadenbezogenheit der Abstände die durch Mehrlängenzuschlag erweiterte Abstandsfläche anzuordnen[88]. Diese "Nebenwirkung" der Abstandszuschläge zwingt dazu, entsprechende Bauvorhaben im Rahmen der Sondernutzungsplanung oder in Anwendung projektbezogener Sonderinstrumente zu verwirklichen, obschon dies ansonsten nicht durchwegs nötig wäre.

Die Benachteiligung langer Gebäude trifft namentlich auch verdichtete Überbauungen, die mit ihrer typischerweise verhältnismässig geringen Höhe und der

---

[85] Der Mehrhöhenzuschlag entspricht laut § 260 Abs. 2 Satz 2 PBG/ZH dem Betrag der Mehrhöhe, während die Berechnung der Mehrlängenzuschläge kommunalrechtlich geregelt werden kann (vgl. z.B. Art. 11 insbes. Abs. 2 BZO/Zürich, Art. 29 Abs. 1 BZO/Birmensdorf ZH, Art. 12 f. BZO/Langnau a.A. ZH oder Ziff. 4.4.1 BZO/Wallisellen ZH). Vgl. ferner Abs. 1 der Musterformulierung zu Ziff. 10.7.2 MBR/BE, § 122 Abs. 5 PBG/LU sowie § 39 PBV/LU (mit Erleichterung für Bauten mit zurückversetzten Gebäudeteilen).

[86] Da ab einer gewissen Gebäudelänge Wohnungsgrundrisse mit bloss einseitiger Besonnung entstehen, sollen Mehrlängenzuschläge günstigere Besonnungswinkel sichern (DEGEN, S. 13).

[87] Vgl. Ziff. 10.7.2 MBR/BE.

[88] Vgl. § 23 Abs. 2 und § 26 ABV/ZH.

Gebäudegliederung in der Horizontalen[89], wodurch die Wirkung der Gebäudelänge entschärft wird, hinsichtlich der volumetrischen Eigenschaften zumeist nicht als unangemessen oder aussergewöhnlich in Erscheinung treten. Bewirkt das gewählte Additionsprinzip eine Seitwärts-Gliederung des Gebäudes, indem die einzelnen Baueinheiten gestaffelt[90] aneinandergefügt werden, so sind die für den Mehrlängenzuschlag massgeblichen Längen der einzelnen Fassaden zwar gesondert, jedoch gleichwohl von ein und demselben Messpunkt aus zu ermitteln und die Abstandszuschläge vor den Fassaden der betreffenden Baueinheiten anzuordnen[91]. Indem somit nicht auf die Gesamtlänge der Fassaden abzustellen ist, vermindert sich zum einen der Betrag der zusätzlichen Abstandsfläche und ist diese zudem nicht auch noch an der beim Messpunkt gelegenen Gebäudeseite anzufügen. Eine bedeutendere Erleichterung bestünde freilich darin, die massgebliche Fassadenlänge für jede kubisch als solche in Erscheinung tretende Baueinheit gesondert, d.h. wie für je ein selbständiges Gebäude, zu bestimmen[92] und den sich daraus allenfalls ergebenden Mehrlängenzuschlag (wie nach gängiger Messweise) ausschliesslich vor der Fassade des betreffenden Gebäudeteils anzusetzen.

3. Die Volumetrie

Die volumetrischen Bauvorschriften sind für das verdichtete Bauen vorab hinsichtlich der Horizontalen (A.) von Belang, während die Vertikale (B.) nur bei besonderen Typen verdichteter Überbauungen prägend in Erscheinung tritt.

A) Die Horizontale

Nebst der Benachteiligung langer Gebäude durch besondere Bestimmungen im Zusammenhang mit den Abstandsvorschriften können volumetrische Vorschriften betreffend die Gebäudelänge nachgerade zur Verhinderung verdichteter Überbauungen führen. Wenn zur Bestimmung der Gebäudelänge auf das flä-

---

[89] Die Gebäudegliederung kann sich in der Kubatur äussern, sich durch Gebäudeöffnungen und Vor- bzw. Rücksprünge ausdrücken oder durch rein gestalterische Massnahmen der Fassadengliederung oder -rhythmisierung. - Vgl. auch Art. 31 Abs. 4 BauR/Frauenfeld TG.

[90] Zum Begriff vgl. etwa Abs. 2 der 2. Musterformulierung zu Ziff. 11.3 MBR/BE (Gebäudeversetzung bzw. Vor- oder Rücksprung ab einem gewissen Mass, nicht jedoch, wenn durch Loggien, Balkone, Sitzplätze und dgl. bedingt).

[91] Vgl. supra C.

[92] Die "zuschlagsfreie" Gebäudelänge müsste hiebei allenfalls tiefer angesetzt und unabhängig von entsprechenden volumetrischen Höchstvorschriften bestimmt werden. - In die zu dieser Regelungsart gesonderter Erfassung entgegengesetzte Richtung weist indes die nach § 27 Abs. 2 ABV/ZH zuhanden der kommunalen Gesetzgebung vorgesehene Möglichkeit, die Fassadenlängen benachbarter Gebäude (im Hinblick auf einen Mehrlängenzuschlag) zu addieren, sofern der dazwischenliegende Gebäudeabstand ein gewisses Mass unterschreitet (vgl. z.B. Art. 29 Abs. 3 BZO/Birmensdorf ZH oder Ziff. 4.4.2 lit. a BZO/Wallisellen ZH).

chenmässig kleinste umgebende Rechteck abgestellt wird[93], ergeben sich vorab bei gegliederten und/oder gestaffelten Bauten bisweilen fiktive Horizontalmasse, die vom Ergebnis einer Addition der Fassadenlängen der einzelnen Gebäudeteile[94] auf einer Achse erheblich abweichen. Die anhand des flächenkleinsten umgebenden Rechtecks ermittelte Gebäudelänge entspricht m.a.W. nicht unbedingt der Summe der Fassadenlängen der auf einer Achse aneinandergefügten Baueinheiten: ein Umstand, welchem überdies insofern Bedeutung zukommt, als etwa bei seitwärts gestaffelter Addition die längere Seite des flächenkleinsten umgebenden Rechtecks stärker[95] anwächst als die Summe der Fassadenlängen der einzelnen Baueinheiten. Zumindest diese benachteiligende Wirkung der gestaffelten Addition (gegenüber der unversetzten) gehörte angemessen kompensiert; mit Blick auf die diskretere Wirkung der Gebäudelänge, wie sie mittels Staffelung erzielt werden kann, liesse sich sogar eine Privilegierung solcher Bauten rechtfertigen[96].

B) Die Vertikale

Das verdichtete Bauen weist in der Vertikalen gemeinhin Abmessungen auf, die nicht über das hinausgehen, was nach der baurechtlichen Grundordnung in den Wohn- bzw. den Wohn- und Gewerbezonen regelmässig vorgesehen ist[97]. Bei besonderer Anordnung der Baueinheiten (z.B. Stapelung über- und/oder Staffelung nebeneinander) können sich jedoch hinsichtlich der Einordnung in die verschiedenen Geschossbegriffe sowie in bezug auf die Geschosszählung heikle Abgrenzungsfragen stellen. Äussern sich die Auswirkungen von Bauten vornehmlich in deren kubischen Erscheinung, ist es m.E. ohne weiteres zu rechtfertigen, auf die Festlegung von Geschosszahlen (von denen ohnehin jeweils nur

---

[93] Vgl. supra I. 3. C.
[94] Diese Art von Addition in einer Richtung gelangt bei der Ermittlung der für allfällige Mehrlängenzuschläge massgeblichen Fassadenlänge zur Anwendung (vgl. supra 2. E.).
[95] D.h. mit einem Faktor >1.
[96] Vgl. etwa Ziff. 11.2 MBR/BE (bzgl. Gebäudelänge) oder Art. 13 Abs. 2 BZO/Niederhasli ZH (bzgl. Gebäudebreite) sowie Art. 31 Abs. 1 BauR/Frauenfeld TG, wo für die verdichtete Bauweise auf die Festlegung maximaler Gebäudelängen gänzlich verzichtet wird. Die solcherart begünstigte Erstellung langer Gebäude schlechthin (und nicht bloss gestaffelter) wird dadurch noch verstärkt, dass laut Art. 31 Abs. 2 Satz 1 BauR/Frauenfeld TG Mehrlängenzuschläge nur im Aussenverhältnis zur Anwendung gelangen.
[97] Anders kann es sich immerhin bei terrassierten Überbauungen verhalten: nach Massgabe der Art ihrer Terrassierung (diagonale Stapelung oder Staffelung von Baueinheiten) können sie mitunter hohe Geschosszahlen aufweisen, allerdings ohne dass sich dies in der Gesamtwirkung der Baute äussern würde. Bei schonender Übernahme der Geländeform, wodurch die ansonsten starke optische Wirkung der Vertikalen gemildert wird, rechtfertigen sich für Terrassenhäuser und ähnlich angeordnete Überbauungen besondere Vorschriften (vgl. z.B. die allgemeine Ermächtigung an die kommunale Baugesetzgebung in § 77 PBG/ZH oder die besonderen Vorschriften bzgl. Messweise der Gebäudehöhe und Berechnung der Geschosszahl nach § 139 Abs. 7 bzw. § 138 Abs. 5 PBG/LU).

die anzurechnenden erfasst werden können[98]) zugunsten betragsmässiger Beschränkungen der Vertikalen[99] zu verzichten[100].

---

[98] Vgl. z.B. WOLF/KULL, N. 208.

[99] Dabei kann es sich um gesonderte Beschränkungen für die Fassaden- und die Dach- bzw. Firsthöhe handeln oder um die Beschränkung der Gesamthöhe der Gebäude.

[100] Vorab in Verbindung mit Baumassenziffern als Nutzungsziffern können sich derweise wertvolle Gestaltungsspielräume ergeben, die bei festgesetzter Geschosszahl selbst dann nicht ausgeschöpft werden dürften, wenn hinsichtlich der Gebäudehöhe die Möglichkeit bestünde, zusätzliche Geschosse "einzuschieben" (WOLF/KULL, N. 211 und N. 232; vgl. daher z.B. Ziff. 221bis BZO/Geroldswil ZH oder Ziff. 3.2 und 4.2 BZO/Wallisellen ZH, wonach «[d]ie Aufteilung der Nutzung auf Dach-, Unter- und Vollgeschosse [...] innerhalb der zulässigen Gebäude- und Firsthöhe frei [ist]»). Die Festlegung der minimalen Raumhöhe (vgl. z.B. § 304 PBG/ZH) gewährleistet dabei einwandfreie wohn- und arbeitshygienische Verhältnisse für die Benutzer. - Vgl. zum Ganzen auch KULL, PBG, S. 12.

§ 9 Die technischen Vorschriften

Unter dem Begriff der technischen Vorschriften wird im folgenden Paragraphen eine Gruppe mittelbar baubeschränkender Vorschriften aufgrund der Ähnlichkeit ihrer Auswirkungen auf die bauliche Verdichtung gemeinsam behandelt, was zunächst eingehender zu erörtern ist (I., Allgemeines). Im einzelnen ist sodann die Verdichtungsrelevanz der Vorschriften zu untersuchen, welche die Bauten unmittelbar bestimmten immissionsseitigen siedlungsökologischen Mindestanforderungen unterwerfen (II.), sowie jener, welche die siedlungsökologischen Verhältnisse und damit letztlich auch die Möglichkeiten baulicher Verdichtung emissionsseitig (über die verkehrsmässige Erschliessung) beeinflussen (III.).

I. Allgemeines

Zu den hier unter dem Begriff der technischen Vorschriften (1.) verstandenen gehörten - wie die Typologie (2.) zeigt - an sich auch solche, die in der nachfolgenden Darstellung angesichts bescheidener Bedeutung für die bauliche Verdichtung ausser acht bleiben, zumal da ihre Verdichtungsrelevanz (3.) der Wirkungsweise nach im wesentlichen jener der behandelten Vorschriften folgt.

1. Definition

Die technischen Vorschriften unterwerfen das laut quantitativen Bauvorschriften Zulässige bestimmten qualitativen Anforderungen, welche unmittelbar eine zweckmässige und angenehme Nutzung der Bauten gewährleisten sollen. Der effizienten und komfortablen Benützbarkeit einzelner Räume, Bauten und der Siedlungen insgesamt dienen wohn- und arbeitshygienisch begründete Mindestanforderungen sowie Vorschriften betreffend bauliche Nebeneinrichtungen.

2. Typologie

Nach ihrem Anwendungsbereich können die technischen Vorschriften unterschieden werden in solche, die sich auf die Ausgestaltung der Gebäude selber beziehen[1], und solche, die Nebeneinrichtungen zu den Bauten betreffen, mithin bauliche Massnahmen regeln, die weder Bestandteil einer Baute zu bilden, noch auch nur auf dem Baugrundstück selber angeordnet zu werden brauchen[2]. Eine weitere Unterteilung kann anhand des Normzwecks der Vorschriften getroffen

---

[1] Vgl. infra II. - Vgl. zum ökologisch ausgerichteten Bauen: Bund Deutscher Architekten BDA (Hrsg.), Umwelt-Leitfaden für Architekten, Berlin 1994.
[2] Vgl. infra III.

werden: die folgende Darstellung beschränkt sich diesbezüglich auf Vorschriften, die im weitesten Sinne siedlungsökologische Ziele verfolgen, und geht auf vorab sicherheitspolizeilich[3] motivierte Bestimmungen nicht näher ein. Schliesslich lassen sich die technischen Vorschriften nach ihrer Wirkungsweise in ergebnisbezogene (immissionsseitige)[4] und vorgehensbezogene (emissionsseitige)[5] gliedern.

3. Die Verdichtungsrelevanz der technischen Vorschriften im allgemeinen

Die Verdichtungsrelevanz der technischen Vorschriften, wie sie hier verstanden werden, äussert sich in der Weise, dass die bauliche Verdichtung siedlungsökologie- und praktikabilitätsbezogenen qualitativen Anforderungen unterworfen wird. Die siedlungsökologischen Mindestanforderungen bestimmen, wie weit eine bauliche Verdichtung gestützt auf die einschlägigen planerischen Festsetzungen und quantitativen Bauvorschriften gehen kann, ohne für Bewohner, Benützer und Nachbarn sowie die Umwelt insgesamt unbefriedigende (d.h. gesundheitsschädigende, lästige oder besonders unzweckmässige) Verhältnisse nach sich zu ziehen. Eine Verschärfung dieser Anforderungen (mit der Wirkung einer Verbesserung der siedlungsökologischen Verhältnisse) kann umgekehrt rechtfertigen, bezüglich der quantitativen Bauvorschriften (gesetzlich bzw. planerisch vorgesehene oder einzelfallweise) Erleichterungen zu gewähren. Der Stand und die Entwicklung der siedlungsökologischen Verhältnisse werden damit zu Kriterien für Zulässigkeit und Zweckmässigkeit der baulichen Verdichtung. Gleiches gilt sinngemäss für die Einrichtungen, welche der effizienten Benützbarkeit der Bauten dienen: je zweckmässiger deren Anordnung und Betrieb ausgestaltet[6], je wirkungsvoller mithin die siedlungsökologischen Planungsgrundsätze (vgl. Art. 3 Abs. 3 insbes. lit. b und e RPG) durch Begrenzung nachteiliger Auswirkungen umgesetzt werden, desto eher verträgt sich die bauliche Verdichtung mit der geforderten Siedlungsqualität (vgl. Art. 1 Abs. 2 lit. b RPG), was letztlich dem Gebot der haushälterischen Nutzung des Bodens entspricht.

---

[3] Vgl. z.B. die Fundations- und Konstruktionsvorschriften, welche die Sicherheit der Bewohner und Benützer sowie von Sachwerten sowohl in Bauten als auch in deren Umgebung gewährleisten und dabei oft auf fachtechnische Erkenntnisse («Regeln der Baukunde» o.ä., z.B. nach § 239 Abs. 1 Satz 1 PBG/ZH oder § 54 Abs. 2 KBV/SO) oder auf unbestimmte Rechtsbegriffe («notwendige Festigkeit» o.ä., z.B. nach § 145 Abs. 1 Satz 1 PBG/LU, § 54 Abs. 1 Satz 1 KBV/SO oder § 52 Abs. 1 BauG/AG) verweisen; eine ausführlichere Regelung enthalten die Art. 89 ss. LATC/VD und gestützt darauf die Art. 20 ss. RATC/VD.

[4] Vgl. infra II.

[5] Vgl. infra III.

[6] Vgl. z.B. HALLER/KARLEN, N. 692, wonach die Ausstattung der Bauten mit Nebeneinrichtungen v.a. in dicht besiedelten Gebieten in einem eminenten öffentlichen Interesse liegt.

Soweit die technischen Vorschriften Erstellung und Betrieb von Nebeneinrichtungen[7] betreffen, besteht ihre Verdichtungsrelevanz zudem darin, dass solche Anlagen regelmässig[8] einen Teil des Baugrundstücks beanspruchen. Es mögen dafür zumeist auch Grundstücksteile in Frage kommen, die ohnehin nicht mit Gebäuden überstellt werden dürften (insbes. Abstandsbereiche); als gleichwohl verdichtungsrelevant fällt immerhin ihre allfällige Anrechnung an gewisse Nutzungsziffern[9] ins Gewicht.

II. Die Verdichtungsrelevanz der siedlungsökologischen Vorschriften

Die siedlungsökologischen Vorschriften bezwecken einerseits die Abwehr gesundheitsschädlicher[10] oder lästiger Umwelteinwirkungen (Lärm, Erschütterungen, unerwünschte Temperatureinflüsse) und anderseits die Gewährleistung ausreichender Teilhabe an bestimmten Umweltelementen (Luft, Licht und Sonne). Während die quantitativen Bauvorschriften u.a. darauf ausgerichtet sind, die Einwirkungen auf andere Grundstücke und Bauten bzw. deren Bewohner und Benützer aus emissionsseitiger Betrachtungsweise (gewissermassen vorsorglich, d.h. unabhängig von einer konkreten Beeinträchtigung der Wohn- und Arbeitshygiene) zu begrenzen[11], verlangen die nachfolgend darzustellenden Vorschriften im Interesse wohn- und arbeitshygienisch einwandfreier sowie zweckmässiger Benützbarkeit unmittelbar bestimmte Baueigenschaften. Sie wirken insofern ergebnisbezogen (und damit immissionsseitig), als sie siedlungsökologische An-

---

[7] Zu verstehen sind darunter nebst den hier (infra III. 2.) eingehender zu behandelnden Fahrzeug-Abstellplätzen namentlich Freizeit- und Spielflächen (vgl. § 248 PBG/ZH, Art. 15 BauG/BE und Art. 42 - 48 BauV/BE, § 158 f. PBG/LU, § 148 PBG/SO und § 41 KBV/SO, § 54 BauG/AG, § 70 f. PBG/TG, Art. 47 lit. f LATC/VD), Kehrichtplätze (vgl. § 249 PBG/ZH und § 38 BBV I/ZH, § 43 KBV/SO, § 74 PBG/TG), Verbindungswege innerhalb der Überbauung (diese erlangen bei verdichteten Überbauungen erhebliche Bedeutung aufgrund der sparsamen und räumlich konzentriert angelegten Erschliessung von aussen her) oder Lärmschutzvorrichtungen (vgl. infra II. 4. A. b.); vgl. zum Begriff insgesamt § 3 ABV/ZH.

[8] Für Ausnahmen vgl. z.B. infra III. 2. B.

[9] So sind Fahrzeug-Abstellplätze wohl an den Versiegelungsanteil anzurechnen (vgl. § 25 PBV/LU; evtl. sogar an die Überbauungsziffer nach § 35 Abs. 1 KBV/SO [«überbaute[...] Grundfläche»]) und erschweren u.U. die Bereitstellung ausreichender Frei- oder Grünflächen, da sie für die entsprechenden Ziffern nicht anrechenbar sind (vgl. z.B. § 257 PBG/ZH und § 11 ABV/ZH bzw. § 34 Abs. 2 KBV/SO und ausdrücklich § 10 Abs. 2 Satz 3 ABauV/AG). Nebst dieser Verdichtungsrelevanz in rechtlicher Hinsicht ist zu beachten, dass die vorgeschriebene Dimensionierung und Anordnung der Nebeneinrichtungen auf dem Baugrundstück durch deren Flächenbedarf auch eine tatsächliche Beschränkung der baulichen Dichte bewirken kann.

[10] Vgl. schon die wohn- und arbeitshygienischen Generalklauseln etwa in § 239 PBG/ZH, Art. 21 BauG/BE und Art. 62 BauV/BE, § 57 KBV/SO, § 104 Abs. 1 E RBG/BL, § 52 BauG/AG, § 76 PBG/TG sowie Art. 24 RATC/VD.

[11] So bildet der Schutz vor sog. negativen Immissionen (Entzug von Luft, Sonne oder Aussicht) u.a. Gegenstand unmittelbar baubeschränkender Vorschriften (vgl. BGE 106 Ib 236 E. 3b/aa m.H. Ittigen BE), welche an sich Massnahmen an der Quelle darstellen, d.h. an der verursachenden (und in diesem Sinne "emittierenden") Baute.

forderungen aufstellen, welche durch negative (Lichtentzug, Beschattung, behinderter Luftzufluss usw.) oder positive Immissionen (Lärm, Luftverunreinigung, Erschütterungen) bzw. witterungsbedingte und somit natürliche Einwirkungen (Kälte, Wärme, Feuchtigkeit) nicht unterschritten werden dürfen.

Im folgenden sind jene Vorschriften zu erörtern, die mit dem Zweck, die ausreichende Teilhabe an Luft (1.) sowie Licht und Sonne (2.) zu gewährleisten, die Gebäude bzw. namentlich die dem längeren Aufenthalt von Personen dienenden Räume bestimmten Anforderungen unterwerfen. Weitere Vorschriften bezwecken, die Bauten gegen unerwünschte Einwirkungen abzuschirmen, handle es sich dabei um natürliche (witterungsbedingte) oder um im weiteren Sinne vom Menschen verursachte Einwirkungen, d.h. um Wärme und Kälte (3.) bzw. um Lärm (4.).

1. Luft

Soweit die Baugesetzgebungen über die wohn- und arbeitshygienischen Generalklauseln hinausgehende Regelungen betreffend die Belüftungsverhältnisse vorsehen, gewähren die entsprechenden Vorschriften weite Beurteilungsspielräume, indem sie sich darauf beschränken, für dem längeren Aufenthalt von Menschen dienende Räume hinreichende Belüftbarkeit zu fordern[12]. Wohn- und Schlafräume, denen mitunter weitere Raumarten gleichgesetzt werden[13], sowie bisweilen auch Arbeitsräume[14] müssen dazu mit Fenstern ausgestattet sein, die einen ausreichenden Luftaustausch erlauben, d.h. insbesondere geöffnet werden können und ins Freie führen[15]. Abweichungen sind - genügende Belüftung vorbehalten - bei Vorliegen besonderer Verhältnisse[16] zulässig (wobei von den etwa genannten besonderen Umständen an sich einzig der Immissionsschutz[17] mit den Belüftungsverhältnissen einen unmittelbaren Sachzusammenhang aufweist, zumal da Lärm und Luftverunreinigungen durch Gebäudeöffnungen gleichermassen ungehindert in betroffene Räume eindringen können). Die Zulässigkeit künstlicher Belüftung von Arbeitsräumen schliesslich beurteilt sich sowohl nach deren Nutzungsart im einzelnen als auch nach Verhältnismässigkeits-

---

[12] Vgl. z.B. § 302 Abs. 1 und 4 PBG/ZH oder § 153 Abs. 1 PBG/LU.
[13] So gemäss § 36 Abs. 2 BBV I/ZH etwa Küchen.
[14] Vgl. z.B. Art. 64 Abs. 1 BauV/BE, § 57 Abs. 2 lit. b Satz 1 KBV/SO und Art. 28 RATC/VD.
[15] § 302 Abs. 2 PBG/ZH, Art. 64 Abs. 1 BauV/BE, § 153 Abs. 2 PBG/LU, § 57 Abs. 2 lit. b Satz 1 KBV/SO und Art. 28 RATC/VD.
[16] Vgl. § 302 Abs. 3 PBG/ZH, Art. 62 Abs. 2 Satz 2 BauV/BE oder § 156 PBG/LU.
[17] Vgl. § 302 Abs. 3 PBG/ZH: «Schutz vor übermässigen Einwirkungen öffentlicher Bauten und Anlagen» nebst im weitesten Sinne denkmalschützerischen Überlegungen; vgl. auch etwa BGE 119 Ib 363 E. 6b Sâles FR (künstliche Belüftung zur Verminderung von Lärmeinwirkungen als Realersatz bei Enteignung nachbarrechtlicher Abwehransprüche nach Art. 5 EntG; zu lärmbedingten Festverglasungen mit künstlicher Belüftung vgl. NEFF, S. 182 f.).

Gesichtspunkten[18]; Gleiches muss (a fortiori) für Nebenräume gelten, die nicht für den dauernden Aufenthalt von Menschen bestimmt sind.

Die konsequente Ausrichtung der Vorschriften und deren Auslegung auf eine in quantitativer und qualitativer Hinsicht insgesamt genügende Belüftung[19] ist für das verdichtete Bauen (angesichts konzentrierter Anordnung von Räumen und Baueinheiten) durchaus von erheblicher Bedeutung; dies umso mehr, wenn in Anwendung besonders energiesparender Heizsysteme auf unmittelbare Frischluftzufuhr durch Gebäudeöffnungen verzichtet werden soll.

2. Licht und Sonne

Zur Darstellung gelangt hier zunächst die Regelung, wie sie aus den geltenden Gesetzgebungen hervorgeht (A.), ehe Vorschläge für eine andere Ausgestaltung der einschlägigen Vorschriften erörtert werden (B.), welche aufgrund verstärkt ergebnisbezogener Ausrichtung zu einer im Interesse haushälterischer Bodennutzung liegenden Verwesentlichung der Baugesetzgebung beitragen und die Abstands- und Volumetrievorschriften teilweise ersetzen könnten.

A) *De lege lata*

Die folgenden Ausführungen betreffen die geltenden Belichtungs- (a.) und Besonnungsvorschriften (b.).

a) Die Belichtungsvorschriften

Die einschlägigen Bestimmungen sehen für Wohn- und Schlafräume[20] regelmässig eine Mindestfensterfläche im Verhältnis zur Raumfläche vor[21], wobei die gesamthafte Bewertung der Belichtungsverhältnisse einer aus mehreren Räumen

---

[18] Vgl. § 302 Abs. 4 PBG/ZH und § 8 BBV I/ZH, Art. 64 Abs. 3 BauV/BE oder Art. 30 RATC/VD.

[19] Den lufthygienischen Verhältnissen in der näheren Umgebung der zu belüftenden Räume ist m.E. bei der Beurteilung der Belüftungsart angemessen Rechnung zu tragen (vgl. ansatzweise z.B. § 302 Abs. 3 PBG/ZH). Die künstliche Belüftung kann im Gebäudeinnern u.U. eine bessere Luftqualität gewährleisten, so dass es gegebenenfalls zweckmässig ist, sie nicht nur ausnahmsweise zu gestatten, sondern geradezu zu verlangen. - Für eine eingehendere Bewertung der Wohn- und Arbeitshygiene bezüglich der Luftqualität siehe infra § 12 I. 3. A. a. cc.; die immissionsseitig betrachtete Luftreinhaltung verlangt aufgrund der praktisch nicht zu beschränkenden Ausbreitung einmal ausgestossener Luftschadstoffe nach einer derart weiträumigen Sichtweise, dass auch das verdichtete Bauen einen Vorgang innerhalb einer bestehenden (Belastungs-) Situation darstellt und insofern der für das verdichtende Bauen typischen Problemstellung unterworfen ist.

[20] Nach Art. 64 Abs. 1 BauV/BE, § 57 Abs. 2 lit. b Satz 1 KBV/SO und Art. 28 RATC/VD wiederum grundsätzlich auch für Arbeitsräume.

[21] Vgl. etwa § 302 Abs. 2 Halbsatz 2 PBG/ZH, Art. 64 Abs. 1 Satz 2 BauV/BE, § 153 Abs. 2 Satz 3 PBG/LU, § 57 Abs. 2 lit. b Satz 2 KBV/SO oder Art. 28 RATC/VD.

bestehenden Baueinheit nur zurückhaltend zugelassen wird[22]. Die Abweichungen beurteilen sich sinngemäss nach den schon für die Belüftung geltenden Grundsätzen[23], mithin aus insoweit sachfremden Gründen, als die besonderen Verhältnisse in einem nur sehr lockeren Zusammenhang stehen mit den Belichtungsverhältnissen.

Für das verdichtete Bauen können sich starre Verhältnisvorschriften betreffend Mindestfensterflächen je nach Additionsprinzip mitunter in ungerechtfertigten Beschränkungen der Gestaltungsfreiheit bezüglich Gebäude- und Raumgrundrissen niederschlagen, bestimmen sich doch die Belichtungsverhältnisse nicht einzig nach der Fensterfläche. Deren Anordnung kommt vielmehr ebenfalls wesentliche Bedeutung zu; dasselbe gilt im übrigen auch für andere Gebäudeöffnungen (z.B. Oberlicht). Zu beachten sind ferner Lage, Anordnung sowie Ausgestaltung der Räume insgesamt (z.B. nach Ausrichtung, Form, Exposition, Gebäudeabständen und Aussenraumgestaltung).

b) Die Besonnungsvorschriften

Die Vorschriften betreffend die Besonnung verbieten im Interesse der Wohnhygiene und des Wohnkomforts die Ausrichtung von Wohnräumen nach Norden[24]. Sie tragen in Verbindung mit Bestimmungen über die Mindestflächen der Fenster des weiteren dazu bei, die passive Nutzung der Sonnenenergie zur Beheizung der Räume zu fördern. Mit Besonnungsvorschriften kann das verdichtete Bauen namentlich dann in Konflikt geraten, wenn etwa aus Gründen des Immissionsschutzes eine besondere Anordnung und Ausrichtung der Baueinheiten anzustreben ist[25].

B) De lege ferenda: differenzierte Belichtungs- und Besonnungsvorschriften

Der Darlegung differenzierter Belichtungs- und Besonnungsvorschriften (b./c.) werden allgemeine Ausführungen vorausgeschickt (a.), welche die vorgeschla-

---

[22] Mehrere Räume gesamthaft zu betrachten und fehlende mit überschüssigen Fensterflächen zu verrechnen, ist - in Analogie zur besonderen Vorschrift von § 10 Abs. 3 BBV II/ZH für Räume mit grossem Publikumsverkehr oder grosser Personenbelegung - zulässig, sofern die Räume unmittelbar angrenzen, die Fenster in nützlicher Entfernung gelegen sind und das einfallende Licht ungehindert in den mitzubelichtenden Raum einströmen kann (vgl. BEZ 1992 Nr. 7 E. 6c).

[23] Vgl. supra 1.

[24] So dürfen gemäss § 301 Abs. 1 PBG/ZH Wohnräume gesamthaft nicht mehrheitlich und laut § 152 Abs. 1 PBG/LU nicht sämtliche Wohn- und Schlafräume nach dem Sektor Nordost bis Nordwest ausgerichtet sein, während nach Art. 64 Abs. 2 BauV/BE Wohnzimmer und Kinderspielraum nicht nordwärts auszurichten sind.

[25] Z.B. Rundanordnung mit Hofbildung oder andere durch die Immissionssituation veranlasste Anordnungen, in denen bspw. Gewerbebauten gegen Süden als Lärmriegel eingesetzt werden müssen, womit rückwärtige Wohnbauten allenfalls nordwärts auszurichten sind. - In § 301 Abs. 2 i.f. PBG/ZH sind Ausnahmen zu solchen Zwecken denn auch ausdrücklich vorgesehen.

genen Normen in den Gesamtzusammenhang des öffentlichen Baurechts und des Umweltschutzrechts stellen und ihre Bedeutung für die haushälterische Nutzung des Bodens erläutern. Schliesslich sind die Probleme anzusprechen, die im Hinblick auf eine Anwendung der vorgeschlagenen Vorschriften vertiefter Bearbeitung bedürften (d.).

a) Allgemeines

Das geltende Recht verfolgt die Gewährleistung ausreichender Belichtungs- und Besonnungsverhältnisse im wesentlichen nicht ergebnisbezogen[26], sondern auf schematische[27] Art und Weise durch das Zusammenwirken von Abstands- und volumetrischen Vorschriften einerseits sowie mittels wohn- und arbeitshygienischer Mindestvorschriften anderseits. Statt einzelne Faktoren der Belichtungs- und Besonnungsverhältnisse (bei einigermassen ungewisser Gesamtwirkung[28]) festzulegen, könnte sachgerechterweise auch unmittelbar beim Ergebnis angesetzt werden[29], wobei sich zudem der Gestaltungsspielraum für die einzelnen Faktoren erweiterte[30]. Es wird in diesem Sinne eine Regelung vorgeschlagen[31], welche an die Belichtungs- und Besonnungsverhältnisse unmittelbar bestimmte Mindestanforderungen stellt.

---

[26] Ausnahmen bilden bzgl. der Besonnung immerhin die Vorschriften über den Schattenwurf bei Hochhäusern (vgl. z.B. § 30 ABV/ZH oder Art. 22 Abs. 3 BauV/BE). Vgl. die Schattenkurven bei DEGEN (S. 10 ff.), welche die Bedeutung von Gebäudeorientierung und Terrainneigung für das Ausmass des Schattenwurfs illustrieren.

[27] Vgl. z.B. BEZ 1990 Nr. 28 (m.H.), wonach «mit dem Erlass von Abstandsvorschriften [...] und verschiedenen weiteren Schranken für die Ausdehnung von Baukörpern [...] abstrakt vorgezeichnet [ist], welches Mass an Einwirkungen auf Nachbargrundstücke erlaubt ist und sich die Betroffenen gefallen lassen müssen». ZUPPINGER (S. 39) erachtet diese Vorgehensweise als «manifestement trop schématique pour répondre à la complexité du problème posé».

[28] So bleibt letzten Endes fraglich, ob die einschlägigen Vorschriften des geltenden Rechts ihren Normzweck auch optimal erreichen, hängen doch die Belichtungs- und Besonnungsverhältnisse nicht nur von Fensterfläche und Raumausrichtung, sondern z.B. auch von der Topografie, den Gebäudeabständen und den Gebäudehöhen umliegender Bauten ab. Es stellt sich damit die Frage nach dem Verhältnis von Eingriffsintensität und Zielerreichung, insbes. wo (wie beim verdichteten Bauen) ein Interesse an möglichst grosser Gestaltungsfreiheit besteht.

[29] Solcherweise wurden (gemäss damaliger Auffassung) ausreichende Belichtungs- und Besonnungsverhältnisse nach dem mittelalterlichen und neuzeitlichen Fensterrecht gewährleistet (vgl. CARLEN, S. 17 m.H.), welches Bauenden untersagt, «vorhandenen Fenstern des Nachbarn das Licht zu verbauen». - Vgl. auch die «vues» als Regelungen der Gebäudeöffnungen im Verhältnis zu den Grundstücksgrenzen mit dem Zweck der «prévention des regards indiscrets» sowie die «jours», welche die Gebäudeöffnungen einzig zwecks Belüftung und Belichtung betreffen (PIOTET, S. XXXIV).

[30] Auf den Zusammenhang zwischen einer Relativierung der quantitativen Bauvorschriften (v.a. betreffend Abstände und Volumetrie) und der Ermöglichung einer «intensiven Sonnenexposition der Hauptfronten» bei zusammenhängender und mitunter verschachtelter Bauweise wird schon bei LENDI (Verdichtetes Bauen, S. 317) nachdrücklich hingewiesen.

[31] Vgl. MOREL, S. VIII ff.

In Anlehnung an den Schutz vor positiven Immissionen als Gegenstand der Umweltschutzgesetzgebung wären die Entziehung von Tageslicht und Sonneneinstrahlung als negative Immissionen[32] danach einem Grenzwertsystem[33] zu unterwerfen, geht es hiebei doch gleicherweise um die Begrenzung unerwünschter Einwirkungen[34]. Die Ausgestaltung der Vorschriften betreffend Anforderungen an Belichtung und Besonnung sowie das Festlegen etwaiger Mindestgrenzwerte (Schwellenwerte) dürfte sich als ähnlich schwierig erweisen wie für andere, bereits normierte Einwirkungen. Auch eine weitere Differenzierung (etwa nach Nutzungsart) wäre - soweit aus Sicht der Wohn- und Arbeitshygiene vertretbar - nicht auszuschliessen und entspräche jedenfalls dem Bedürfnis nach raffinierterer Normierung bei intensiverer Bodennutzung[35]. Letztendlich könnten sodann die quantitativen Bauvorschriften von der Aufgabe der Gewährleistung einwandfreier Belichtungs- und Besonnungsverhältnisse entbunden werden[36].

b) Die Belichtung

Die Festlegung eines sog. Tageslicht-Koeffizienten[37] (definiert als Ergebnis einer Multiplikation der Anteile des nach Reduktion durch Gebäudehülle[38] bzw. Umgebung[39] verbleibenden Tageslichts) erlaubt als relatives Anforderungskriterium, konkreten Belichtungsverhältnissen Rechnung zu tragen. Den wohn- und arbeitshygienischen Mindestanforderungen ist sodann mittels Belichtungs-Mindestgrenzwerten (in Lux) Nachachtung zu verschaffen. Solche wären für

---

[32] Vgl. BGE 106 Ib 236 E. 3b m.H. Ittigen BE.

[33] Statt Höchstwerte für die positiven Immissionen (als Belastungs- bzw. Immissionsgrenzwerte) wären Mindestwerte (Schwellenwerte) für die verbleibende Belichtung und Sonneneinstrahlung festzulegen.

[34] Anders als die Einwirkungen nach Art. 7 Abs. 1 USG, die durch den Betrieb von Anlagen verursacht werden, ergeben sich die negativen Immissionen allerdings schon aus dem Bestand einer Baute oder Anlage. Die Vorgehensweise jedoch unterschiede sich grundsätzlich nicht von jener bei der Luftreinhaltung, wo auch der Überschreitung von Immissionsgrenzwerten nur durch Massnahmen bei der emittierenden Baute oder Anlage begegnet werden kann.

[35] Vgl. ZUPPINGER (S. 40): «Il est inévitable qu'une utilisation accrue du sol conduise à une intensification et complexification des impacts et exige par conséquent des méthodes de contrôle moins rudimentaires».

[36] Es reduzierte sich damit die Funktion von Abstands- und gewisser volumetrischer Vorschriften im wesentlichen auf ordnungspolizeiliche und gestalterische Gesichtspunkte sowie auf die Begrenzung der «optischen Beeinträchtigung», die von den Höhen- und Längenausdehnungen der Nachbargebäude und von den gegenseitigen Einsichtsmöglichkeiten abhängt (DEGEN, S. 12).

[37] Facteur de lumière du jour (vgl. MOREL, S. XIV und S. XXV). Diese Koeffizienten, die auf bestimmte Wetterverhältnisse (isotroper Himmel, keine direkte Sonnenstrahlung) abstellen, könnten nach Nutzungsarten abgestuft festgelegt werden.

[38] Dieser Faktor lässt sich in Funktion der Raumgeometrie (Fläche und Form des Raums, Lage der Fenster) und nach Massgabe der Position des Beobachters errechnen (MOREL, S. XXV).

[39] Dieser Faktor ist nach dem heutigen Entwicklungsstand wohl messbar, aber noch nicht berechenbar (MOREL, S. XXVI). Dadurch ist auch eine zuverlässige Aussage über die Wirkung einer projektierten Baute auf Nachbargrundstücke noch kaum möglich, was indes im Hinblick auf die rechtsgleiche Behandlung der Grundeigentümer zu fordern wäre.

Tages-Aufenthaltsräume sowie (allenfalls abgestuft nach Art der hauptsächlichen Tätigkeit und nach Aufenthaltsdauer) für Arbeitsräume festzulegen.

c) Die Besonnung

Die Besonnungsverhältnisse beeinflussen einerseits den Wohnkomfort, der sich in einer Anzahl Stunden direkter Besonnung gewisser Wohnräume äussert (aa.), und bestimmen anderseits die Möglichkeiten passiver Nutzung der Sonnenenergie, wobei dazu als Messgrösse auf den Energiewert der Sonneneinstrahlung abzustellen ist (bb.).

aa) Wohnkomfort

Die festzusetzende Mindestdauer[40] direkter Sonneneinstrahlung ist pro Wohnung in wenigstens einem Tages-Aufenthaltsraum zu gewährleisten[41]. Die Besonnungsdauer lässt sich anhand von Horizontdiagrammen ermitteln und auf Monats-Mittelwerte hochrechnen. Die moderne Datenverarbeitung erlaubt im weiteren, die Besonnungsdauer für eine Vielzahl von Bezugspunkten zu errechnen und damit - nach Massgabe der zur Verfügung stehenden topografischen und gebäudevolumetrischen Angaben - die Ausrichtung der Gebäude insgesamt sowie die Anordnung der einzelnen Räume bestmöglich zu gestalten[42].

bb) Passive Nutzung der Sonnenenergie

Mit Hilfe von Energieschöpfungs-Koeffizienten[43], die auf Monats-Mittelwerte zu integrieren sind[44], lässt sich das Verhältnis der im Gebäudeinnern während der Monate der Heizperiode erreichten zur im gleichen Zeitraum im Freien erreich-

---

[40] MOREL (S. XI) schlägt 3 Stunden/Tag im Monatsdurchschnitt der Heizperiode (Oktober - Mai) vor. - In BGE 100 Ia 334 ff. Plan-les-Ouates GE wird von einer Dauer vollständiger Beschattung durch ein Hochhaus (in emissionsseitiger Betrachtungsweise) von höchstens 2 Stunden/Tag an mittleren Wintertagen ausgegangen (S. 340), wobei dieser Wert in Wahrnehmung öffentlicher Interessen (in casu Förderung des Wohnbaus und der wirtschaftlichen Entwicklung; weitere Kriterien bildeten folgende Umstände: «zones d'habitation assez fortement «densifiées», [...] exiguïté du territoire genevois [...] évolution démographique») vermindert werden durfte (S. 341 f.). - Vgl. zur Beschattung durch Hochhäuser auch § 30 ABV/ZH sowie Art. 22 Abs. 3 BauV/BE.

[41] Den Bezugspunkt an den «endroit le plus favorable de l'appartement [autant que prévisible]» zu setzen (vgl. MOREL, S. XI) erscheint als gerechtfertigt unter der (durchaus realistischen) Annahme, dass dieser Teil des Wohnungsgrundrisses auch tatsächlich einer Nutzungsart zugewiesen wird, welche aus der Besonnung Gewinn zieht; dies ist i.d.R. schon in einem frühen Projektstadium in etwa absehbar.

[42] MOREL, S. XXIII f.

[43] Als Reduktionsfaktoren wirken (wie bei den Tageslicht-Koeffizienten) die natürliche und die gebaute Umgebung sowie die Baute selber. Die Verminderung der Energieschöpfung kommt als «facteur d'obstruction du rayonnement solaire» (MOREL, S. IX) zum Ausdruck.

[44] MOREL, S. IX.

baren Energieschöpfung[45] festlegen. Diese Verhältnis-Grenzwerte könnten wiederum nutzungsbezogen[46] abgestuft werden. Wird der betreffende Koeffizient unterschritten und lässt sich dies im wesentlichen auf eine bestimmte Baute zurückführen (welche allein einen Reduktionsfaktor hervorruft, der ein gewisses Mass überschreitet), so wäre es etwa auch denkbar, den Verursacher im Sinne eines Lastenausgleichs zu kompensatorischen Leistungen zu verpflichten[47].

d) Die Problematik der vorgeschlagenen Normierung

Die ergebnisbezogene Normierung mit (immissionsseitigen) Mindestgrenzwerten eröffnet aufgrund der zahlreichen Variablen bedeutende Projektierungsspielräume. Die Vielzahl variabler Grössen erschwert aber gleichzeitig die Anwendung im Aussenverhältnis. Zu solchem Zweck wäre insbesondere die Frage nach der Voraussehbarkeit[48] der Einhaltung der Grenzwerte durch erst projektierte Bauten (und zwar auch unter Berücksichtigung allfälliger späterer Bauvorhaben) zu vertiefen[49], damit für deren Projektierung den Wechselwirkungen von Bauten und Umgebung im Sinne einer Flexibilisierung der baulichen Nutzungsordnung vollumfänglich Rechnung getragen werden kann und auch mit Blick auf noch unüberbaute Umgebung nicht auf starre Abstands- und Volumetrie-Vorschriften zurückgegriffen werden muss[50].

Das Erfordernis der Voraussehbarkeit bildet ohnedies bereits Ausfluss aus dem Gebot rechtsgleicher Behandlung: Der zuerst Bauende darf die baulichen Nutzungsmöglichkeiten auf den umliegenden Grundstücken nicht unzumutbar

---

[45] Die «valeurs seuils de facteurs d'obstruction du rayonnement solaire» wären dabei nach energetischen und/oder ökonomischen Rentabilitätskriterien zu beurteilen (MOREL, S. IX f. und S. XXVII ff. [Vergleich von Thermobilanzen]).

[46] MOREL, S. IX f.

[47] Vgl. MOREL, S. X.

[48] Vgl. zu dieser Problematik allgemein VALLENDER (S. 71): «Je mehr man in Eingriffsbereichen von der konditionalen zur finalen Programmierung übergeht [- wie dies hier letztlich vorgeschlagen wird -], je weniger vorausberechenbar ist das Verwaltungshandeln hinsichtlich der eingesetzten Mittel zur Zielerreichung».

[49] So muss für die Reduktionsfaktoren der verschiedenen Koeffizienten bzgl. der Umgebung auf zumindest bestimmbare Verhältnisse abgestellt werden können (vgl. MOREL, S. XXIV). - Bauphysik und Solarenergie-Technik scheinen sich dem Problem anzunehmen: vgl. etwa HAGEN/MOREL, Intégration d'outils d'aide à la conception des bâtiments oder COMPAGNON/GREEN/SCARTEZZINI/WARD, ADLINE, Outil informatique d'aide à la conception de systèmes d'éclairage naturel, beides in: Conférence Internationale Energie Solaire et Bâtiment, EPF Lausanne 1991, S. 53 ff. bzw. S. 165 ff.

[50] Auf die Schwierigkeit, die sich aus der Vielzahl von Einflussfaktoren z.B. auf die Belichtungssituation (astronomisch-meteorologische Situation, Höhe, seitliche Ausdehnung und Reflexionsgrad der Verbauung der Himmelsfläche, Raumgestaltung sowie subjektive Elemente im Zusammenhang mit Möglichkeit bzw. Qualität des Raumausblicks) für deren Erfassung durch allgemeingültige baurechtliche Regelungen ergibt, wird schon von FREYMUTH (Tageslichttechnisch begründete Bemessung von Gebäudeabständen und Fenstern, tech. Diss. Stuttgart 1981, S. 16) hingewiesen.

präjudizieren. Die Mindestanforderungen an Belichtung und Besonnung müssen demnach nicht nur durch die projektierte Baute erfüllt sein, sondern es darf diese ihrerseits nur so dimensioniert werden, dass die entsprechenden Normen auch auf betroffenen Grundstücken - seien diese überbaut oder nicht - eingehalten werden können und mithin auch dort eine allfällige (zusätzliche) bauliche Nutzung möglich bleibt. Können die Grenzwerte bei einer bestehenden Baute aber bereits ohne Zutun der projektierten Baute nicht eingehalten werden, so wären Bauvorhaben, welche die Belichtungs- und Besonnungsverhältnisse nicht geradezu empfindlich weiter beeinträchtigen, jedenfalls nicht von vornherein als unzulässig zu erachten[51].

3. Der Schutz vor unerwünschten Temperatureinflüssen

Die Vorschriften über die thermische Isolation bezwecken einerseits gesunde und angenehme Verhältnisse im Innern der Gebäude und verfolgen zum andern energiepolitische Ziele. Die Wärmedämmvorschriften, für die im Grundsatz nach kantonalem Recht regelmässig auf Fachnormen verwiesen wird, wirken dabei unmittelbar als Immissionsbegrenzungen[52], indem sie der Abwehr unerwünschter thermischer Einwirkungen dienen, und mittelbar überdies als Emissionsbegrenzungen[53] bezüglich der Luftschadstoffe, die beim Betrieb von Heiz- und Kühlanlagen ausgestossen werden und durch möglichst effiziente Energieverwendung zu verringern sind. Derlei emissionsbegrenzende Wirkungen ergeben sich auch aus Vorschriften, welche die Gestaltung der Bauten ausdrücklich auf eine haushälterische Energienutzung ausrichten[54].

Das verdichtete Bauen entspricht in verschiedener Hinsicht einer sparsamen und rationellen Energienutzung: so verkürzt sich die Fassadenlänge je Baueinheit durch das unmittelbare Aneinanderfügen der Bauteile[55], und es lassen sich

---

[51] Vgl. per analogiam etwa § 274 Abs. 1 PBG/ZH oder § 133 Abs. 4 PBG/LU.

[52] Die Vorschriften begründen allerdings (anders als etwa die Lärmschutzvorschriften) keine Mindestanforderungen an die thermischen Eigenschaften des Innenraums, sondern umschreiben bloss die Mindestanforderungen an die Immissionsschutz-Massnahmen.

[53] Vgl. Art. 12 Abs. 1 lit. d USG.

[54] Vgl. § 15 BBV I/ZH sowie ausführlich und mit konkretisiertem Anforderungskatalog Art. 56 RATC/VD (gestützt auf Art. 97 al. 2 LATC/VD): «Les bâtiments nouveaux seront conçus de manière à réduire les pertes thermiques et à augmenter les gains en énergie solaire, notamment par l'utilisation judicieuse de la configuration du terrain, l'adaptation au microclimat, l'orientation de la construction et la répartition des ouvertures vitrées». - Die Pflicht zur («angemessenen») Berücksichtigung energietechnischer Belange hat für die Dimensionierung, kubische Gestaltung und Anordnung der Bauten im Einzelfall indes nicht dasselbe normative Gewicht wie die volumetrischen Vorschriften oder jene über die Bauweise. Sie mag als energietechnische Grundsatzbestimmung immerhin Baulösungen verhindern, die klarerweise ausserhalb des Beurteilungsspielraums («möglichst» haushälterische Energienutzung) liegen.

[55] Vgl. Art. 18 Abs. 2 lit. e BauR/Frauenfeld TG, wonach für die verdichtete Bauweise nebst der «kurze[n] Fassadenabwicklung» eine energietechnisch sinnvolle Orientierung der Bauten und eine gute Isolation gefordert wird. - Aufgrund energietechnisch besonders zweckmässiger

im Rahmen von Gesamtüberbauungen sparsame Heizsysteme einsetzen[56]. Ferner kann es sich bei verdichteten Überbauungen als lohnenswert erweisen, gestützt auf eine Wärmehaushaltrechnung eine den besonderen Bedürfnissen angepasste Konzeption der Wärmedämmung zu erarbeiten[57].

4. Der Lärmschutz

Die weitestgehend bundesrechtliche[58] Regelung des Lärmschutzes erfasst bei neuen Gebäuden mit lärmempfindlichen Räumen[59] kraft Art. 1 Abs. 2 lit. d LSV die Begrenzung sowohl der Aussen-[60] als auch der Innenlärmimmissionen[61]; des weiteren betrifft sie das Bauen in sog. lärmbelasteten Gebieten, d.h. in solchen

---

Überbauungskonzeptionen erteilte baurechtliche Vergünstigungen sind grundsätzlich nicht nur im Rahmen projektbezogener Sonderinstrumente denkbar, sondern lassen sich u.U. auch als einzelfallweise Abweichungen (durch Ausnahmebewilligung) rechtfertigen (vgl. ansatzweise § 357 Abs. 5 [insbes. Satz 3] PBG/ZH sowie § 56bis KBV/SO [für Massnahmen an bestehenden Bauten] oder Sonderbestimmungen wie Art. 99 LATC/VD und Art. 59 RATC/VD [für Anlagen der aktiven oder passiven Nutzung der Sonnenenergie]).

[56] Erstellung gemeinschaftlicher Heizanlagen (vgl. § 295 PBG/ZH oder Art. 64 RATC/VD gestützt auf Art. 100 LATC/VD), wo dies im Sinne des umweltschutzrechtlichen Vorsorgeprinzips (mit Blick auf die Relevanz der Emissionsbegrenzung sowie unter Berücksichtigung der technischen Machbarkeit und der wirtschaftlichen Tragbarkeit - im wesentlichen also bei Überbauungen ab einer gewissen Grösse) und letztlich des Grundsatzes der Verhältnismässigkeit (vgl. Art. 98 al. 2 LATC/VD betreffend Energiesparmassnahmen i.a.) als angebracht erscheint. - Die verdichtete Bauweise kann sich in dieser Hinsicht als geeignet erweisen, von fortschrittlichen Heiz- bzw. Kühl- und Lüftungssystemen auf effiziente und wirtschaftliche Art und Weise Gebrauch zu machen.

[57] Diese Ausweitung des Projektierungsspielraums setzt eine Wärmedämmung voraus, die der vorschriftsgemässen mindestens gleichwertig ist (vgl. z.B. § 18 BBV I/ZH).

[58] Kantonales (und kommunales) Recht behält nur insoweit selbständige Bedeutung, als die Immissionsschutz-Vorschriften Einwirkungen erfassen, welche nicht bundesrechtlicher Regelung unterliegen: so etwa die Fussgängergefährdung oder der durch Parkierungsprobleme hervorgerufene Motorfahrzeugverkehr (vgl. BGE 114 Ib 222 f. E. 5 Bassersdorf ZH), die Beeinträchtigung städtebaulich-ästhetischer oder funktionaler Gesichtspunkte der kommunalen Nutzungsplanung (vgl. BGE 117 Ib 153 [E. 2d/cc m.H.] Opfikon ZH, 116 Ib 183 f. E. 3b Yvonand VD, RB 1994 Nr. 73; vgl. z.B. «Betriebe, die ihrem Wesen nach in Wohnquartiere passen» in LGVE 1992 II Nr. 4 E. 2c) oder andere Übelstände verschiedenster Art, welche die Nutzungsvorschriften zumindest mittelbar zu verhindern suchen (vgl. BGE 118 Ib 595 E. 3a m.H. Wallisellen ZH).

[59] Art. 2 Abs. 6 LSV.

[60] Darunter ist jener Lärm zu verstehen, «der von einer Anlage ins Freie abgestrahlt wird und auf Personen im Freien oder auf Gebäude, in denen sich Personen aufhalten, einwirkt» (ZÄCH, Kommentar Art. 15 USG, N. 10).

[61] Dabei handelt es sich zunächst um Lärm, «der von Anlagen innerhalb eines Gebäudes erzeugt wird und innerhalb desselben auf Personen einwirkt» (ZÄCH, Kommentar Art. 15 USG, N. 10), ferner aber auch um solchen, der nicht durch haustechnische Anlagen, sondern unmittelbar von Personen, die sich im Gebäude aufhalten, verursacht wird, z.B. durch gewerbliche Tätigkeiten, alltägliche Verrichtungen, Musizieren oder blosses Umhergehen (BANDLI, Kommentar Art. 21 USG, N. 8; vgl. auch Botschaft zu Art. 24septies BV, BBl 1970 I 763 sowie BGE 118 Ib 594 E. 2d Wallisellen ZH [in casu allerdings Aussenlärm durch bestimmungsgemässe Benützung einer Gartenbaute]; Hinweis bei LORETAN/VALLENDER/MORELL (S. 228) auf dazu in der Literatur vorgebrachte kritische Anmerkungen.

mit mutmasslich überschrittenen Immissionsgrenzwerten[62] (Art. 1 Abs. 2 lit. b und c LSV).

Für die emissionsseitigen Gesichtspunkte des Lärmschutzes sei hier auf § 12 I. 3. A. a. bb. verwiesen, da dort aufgrund der Gleichsetzung gewisser Massnahmen des verdichtenden Bauens mit der Erstellung neuer Bauten mittelbar auch für diese (und mithin für das verdichtete Bauen) gültige Aussagen gemacht werden. Die folgende Darstellung kann sich daher auf die immissionsseitige Betrachtungsweise des Schutzes vor Aussen- (A.) und Innenlärm (B.) beschränken.

A) Der Schutz vor Aussenlärmimmissionen

Massnahmen mit dem Zweck, die Bewohner und Benützer von Neubauten vor übermässigen Einwirkungen durch Aussenlärm zu bewahren, sind zunächst im Rahmen der Nutzungs- und Erschliessungsplanung zu treffen (a.), indem die dortigen Entscheidungen mit der bestehenden Lärmsituation und den Anforderungen der Lärmschutzgesetzgebung koordiniert werden; des weiteren sind sie in die Projektierung einzelner Bauten einzubeziehen und werden dadurch Gegenstand von Baubewilligungen (b.). - [63]

a) Als Gegenstand von Nutzungs- und Erschliessungsplanung

Das Ausscheiden neuer und das Erschliessen bestehender Bauzonen[64] für Gebäude mit lärmempfindlichen Räumen ist aus lärmschutztechnischen Gründen nur soweit zulässig, als die Lärmbelastung[65] die Planungswerte nicht übersteigt oder deren Einhaltung bei plan- und vorschriftsgemässer Überbauung mittels planerischer, gestalterischer oder baulicher Massnahmen sichergestellt werden kann. Im Sinne des umweltschutzrechtlichen Vorsorgeprinzips[66] wird das siedlungsqualitative Merkmal möglichst geringer Lärmbelastung somit bereits auf der Stufe der Nutzungsplanung berücksichtigt, zumal da es sich hiebei auch um einen Planungsgrundsatz (Art. 3 Abs. 3 lit. b RPG) handelt[67]. Die Vorschriften

---

[62] NEFF, S. 179 m.H.

[63] Zur Kostentragung für Lärmschutzmassnahmen vgl. BGE 120 Ib 82 ff. E. 3 Altendorf SZ.

[64] Für die Umzonung erschlossener Grundstücke enthält das Gesetz keine ausdrücklichen Lärmschutz-Voraussetzungen. Mit NEFF (S. 128 ff. m.H.) ist davon auszugehen, dass bei planerischen Anordnungen für solche baureife Grundstücke folgerichtig zu Art. 22 USG und Art. 31 LSV die Immissionsgrenzwerte der neuen Zonierung massgeblich sind.

[65] Damit ist sowohl die vorbestehende, von aussen auf das Gebiet einwirkende Lärmbelastung gemeint als auch jene, die durch die bauliche Nutzung der neuen oder neu erschlossenen Bauzone selber hervorgerufen werden dürfte. Für dichte Überbauungen ergibt sich daraus insbesondere das Erfordernis einer lärmschutztechnisch sorgfältigen Erschliessung, gilt es doch zu vermeiden, dass eine an sich zulässige bauliche Dichte nicht vollumfänglich ausgeschöpft werden kann, da die Erschliessung wegen überschrittener Belastungsgrenzwerte nicht mehr als rechtsgenüglich gelten kann (vgl. etwa BGE 116 Ib 167 [E. 6b] Eschlikon TG).

[66] Art. 1 Abs. 2 sowie Art. 11 Abs. 2 USG.

[67] Vgl. auch BGE 116 Ib 268 E. 4c Chigny VD.

von Art. 24 USG sowie Art. 29 und 30 LSV erweisen sich demnach mittelbar[68] als qualitative Bauvorschriften technischen Inhalts, obschon ihre Einhaltung im Rahmen des Baubewilligungsverfahrens nicht mehr überprüft wird[69].

Ausser den sogleich unter lit. b näher zu beschreibenden gestalterischen und baulichen Massnahmen sind für die Einhaltung der Planungswerte in neuen Bauzonen planerische Massnahmen[70] vorgesehen. In Frage kommen etwa die Festlegung von lärmunempfindlichen, selber aber wenig lärmerzeugenden Nutzungszonen als "Pufferzonen" oder die Anordnung verkehrsplanerischer Massnahmen[71].

Die Erschliessung bestehender noch nicht zumindest groberschlossener[72] Bauzonen darf sodann nur soweit erfolgen, als deren bauliche Nutzung - nötigenfalls unter Beizug der bei Ausscheidung neuer Bauzonen dafür vorgesehenen Massnahmen - keine Überschreitung der Planungswerte erwarten lässt. Für kleine Teile der zu erschliessenden Bauzone kann von diesem Erfordernis abgesehen werden[73], wobei diesfalls Art. 22 USG und Art. 31 LSV für die einzelnen Bauvorhaben unmittelbar zur Anwendung kommen[74].

Können die Planungswerte der für die betreffende Nutzungszone im Rahmen von Art. 43 LSV festgelegten Empfindlichkeitsstufe[75] überhaupt nicht oder nicht

---

[68] Dies insofern, als sie die Ausgestaltung der Bauten nur dadurch betreffen, dass sie Qualitätsanforderungen an Baustandorte stellen, deren Einhaltung jedoch die Baugestaltung beeinflusst.

[69] Dies im Gegensatz zu den Bauvorschriften von Art. 22 USG oder Art. 31 LSV; vgl. BANDLI, Kommentar Art. 24 USG, N. 8 i.f.

[70] Die planerischen Massnahmen sind darauf gerichtet, die Lärmausbreitung durch gezielte Siedlungsstrukturierung zu verhindern (NEFF, S. 218 m.H.).

[71] Zum Ganzen: BANDLI, Kommentar Art. 24 USG, N. 9.

[72] Nur in neuen Bauzonen und in solchen ohne Groberschliessung (vgl. Art. 4 Abs. 1 WEG) «rechtfertigt sich eine Abweichung vom Prinzip, dass die Einhaltung von Planungswerten (im Rahmen von Art. 7 LSV) allein Sache der Ersteller neuer ortsfester Anlagen und damit der Verursacher ist, nicht der Empfänger von Lärm» (BEZ 1994 Nr. 2 E. 3b/bd). - A.M. BANDLI (Kommentar Art. 24 USG, N. 11) und mit ihm wohl auch NEFF (S. 137 ff.), die eine vollständige Erschliessung im Sinne von Art. 19 Abs. 1 RPG verlangen; damit offenbar übereinstimmend BGE 117 Ib 314 E. 4a Alpnach OW, wobei in casu die Bauzone auch nicht groberschlossen war. Ob die Erschliessung im Sinne von Art. 24 Abs. 2 USG auch weitere, kantonalrechtliche Voraussetzungen für die Baureife von Grundstücken einbegreift, lässt NEFF (S. 140 f.) offen.

[73] Um die Erschliessung arrondierter Gebiete sicherzustellen, enthalten die einschlägigen Vorschriften einen gewissen Beurteilungsspielraum (Art. 24 Abs. 2 USG [«im überwiegenden Teil dieser Zone [...] eingehalten werden»] bzw. Art. 30 Satz 2 LSV [Ausnahmen «für kleine Teile von Bauzonen», vgl. hiezu NEFF, S. 142 ff.]).

[74] BANDLI (Kommentar Art. 24 USG, N. 13 i.f.) ist m.E. zu restriktiv, wenn er - ohne auf das Erfordernis der Einhaltung der Immissionsgrenzwerte bei der Errichtung einzelner Bauten einzugehen - sondernutzungsplanerische Massnahmen verlangt, die verhindern sollen, dass in den betreffenden Teilen der Bauzone Gebäude mit lärmempfindlichen Räumen erstellt werden.

[75] Bei der Zuordnung der Empfindlichkeitsstufen steht den zuständigen Behörden ein Ermessensspielraum zu (BGE 119 Ib 186 E. 2a Bannwil BE, 118 Ib 75 [E. 2b m.H.] Lommiswil SO). Die Lärmempfindlichkeit beurteilt sich nach dem planungsrechtlich als zulässig bezeichneten Stö-

auf zweckmässige Weise eingehalten werden, so ist eine allfällige Erschliessung an die Umzonung des Gebietes in eine weniger lärmempfindliche Nutzungszone geknüpft[76]. Eine solche Umzonung ist raumplanerisch freilich nur dann zweckmässig, wenn für die weniger lärmempfindliche Nutzungszone überhaupt Bedarf besteht. Ferner ist es wohl regelmässig sachwidrig, Zonenarten auszuscheiden, die ihrerseits zusätzliche Immissionen hervorrufen[77] und damit gesamthaft zu einer Verschlechterung der Lärmsituation führten. Aufgrund allfälliger Umwelt-Auswirkungen und angesichts des dadurch ausgelösten planerischen Abstimmungsbedarfs bei lärmschutzbedingten Umzonungen ist diese Massnahme im Rahmen von Art. 24 Abs. 2 USG bloss als "ultima ratio" zu ergreifen[78].

b) Als Gegenstand von Baubewilligungen

Neubauten sind grundsätzlich nur zulässig, wenn die Lärmeinwirkungen, denen sie ausgesetzt sind, die Immissionsgrenzwerte nicht überschreiten (Art. 22 Abs. 1 USG). Ist ein Baustandort stärker lärmbelastet, so ist durch lärmabschirmende bauliche oder gestalterische Massnahmen oder durch zweckmässige Raumanordnung sicherzustellen, dass in den lärmempfindlichen Räumen die Immissionsgrenzwerte eingehalten werden (Art. 22 Abs. 2 USG, Art. 31 Abs. 1 LSV). Darauf darf nur in ausserordentlichen baulichen Situationen - wo etwa dem Gebäude vorgelagerte Schutzmassnahmen nicht möglich sind oder die Anordnung der Räume weitgehend vorgegeben ist - und überdies einzig bei Vorliegen überwiegender öffentlicher oder privater[79] Interessen[80] verzichtet werden (Art. 31 Abs. 2 LSV); diesfalls sind sodann verschärfte Schallschutzmassnahmen am Gebäude selber anzubringen (Art. 32 Abs. 2 LSV)[81].

---

rungsmass (BGE 114 Ib 221 E. 4b Bassersdorf ZH), wobei die Zuordnung der Empfindlichkeitsstufen in der unmittelbaren Umgebung nicht dazu führen darf, dass die zonengemässe Nutzung übermässig erschwert oder verunmöglicht wird; «[a]m Zonenrand sind daher die Empfindlichkeitsstufen in Beachtung und Würdigung der planerischen Ausgangslage zweckmässig aufeinander abzustimmen» (BGE 120 Ib 464 E. 5e Hägendorf SO, wo mangels Pufferfläche im Umfang einer Bautiefe eine höhere Empfindlichkeitsstufe vorgeschlagen wird). Bei Lärmvorbelastung in Gebieten, denen gemäss ihrer Nutzungsart an sich die Empfindlichkeitsstufe I oder II zuzuordnen wäre, kann die nächst höhere Stufe zugewiesen werden (sog. "Aufstufung" oder "Höhereinstufung" laut Art. 43 Abs. 2 LSV, vgl. BGE 120 Ib 460 E. 4b m.H. Hägendorf SO sowie NEFF, S. 154 ff.).

[76] Vgl. z.B. BGE 117 Ib 316 E. 4d Alpnach OW.
[77] Vgl. BEZ 1994 Nr. 2 E. 3b/be.
[78] Vgl. NEFF, S. 135 f.
[79] Vgl. NEFF, S. 190.
[80] Zur Interessenlage vgl. NEFF, S. 232 ff.
[81] Die Wirksamkeit solcher Massnahmen beeinflusst die geforderte Gewichtigkeit des überwiegenden Interesses; an dessen Nachweis sind demzufolge etwa dann nicht allzu hohe Anforderungen zu stellen, wenn die Lärmbelastung den Immissionsgrenzwerten angenähert werden kann. Auch ohnedies rechtfertigt sich - wie NEFF (S. 232) zutreffend festhält - eine allzu strenge Bewilligungspraxis nicht, da einerseits Art. 43 Abs. 2 LSV die Aufstufung selbst ohne verschärfte Anforderungen an den Schallschutz zulässt und die übermässige Lärmbelastung oft

In lärmbelasteten Gebieten liegen die zweckmässigsten Überbauungsmöglichkeiten oft in der Anwendung des nutzungsdurchmischten verdichteten Bauens. Den Lärm mittels der Gebäudehülle vorgelagerter[82] baulicher Massnahmen (z.B. Lärmschutzwände bzw. -wälle, Tieferlegen der Lärmquelle etc.[83]) von den lärmempfindlichen Räumen fernzuhalten, vermag vielmals in ästhetischer Hinsicht nicht zu befriedigen und ist auch mit Blick auf den Bodenverbrauch nicht unbedenklich[84]. Gestalterische Massnahmen (wie etwa die zweckmässige Anordnung der Gebäude z.B. durch Vorlagerung lärmunempfindlicher Bauten bzw. Bauteile[85]) dürften wohl eher zu einer effizienten und situationsgerechten Nutzung des Bodens sowie einer insgesamt befriedigenden baulichen Lösung beitragen[86]. Der Einhaltung der Immissionsgrenzwerte kann ferner eine bewusst darauf ausgerichtete Anordnung der Räume innerhalb des einzelnen Gebäudes dienen (Art. 31 Abs. 1 lit. b LSV)[87]. Die dem Lärm zugewandten Gebäudeseiten sind dabei weniger lärmempfindlichen[88] oder lärmunempfindlichen[89] Nutzungen vorzubehalten und baulich so zu gestalten, dass die vom Lärm abgewandte Seite wirk-

---

von zugunsten öffentlicher Anlagen gewährten Erleichterungen bei der Emissionsbegrenzung (vgl. Art. 25 Abs. 3 USG) herrührt.

[82] Einzig durch solche Massnahmen können die Immissionen am Messpunkt gemäss Art. 39 Abs. 1 LSV vermindert werden; gebäudeseitige Schallschutzvorkehren (Schallschutzfenster, Dachisolationen, verglaste Vorbauten [zu letzteren vgl. NEFF, S. 183]) vermögen dies nicht zu erreichen (vgl. BEZ 1991 Nr. 28 E. 3f).

[83] Vgl. zum Ganzen NEFF, S. 226 (mit weiteren Beispielen).

[84] Die Eignung solcher Vorkehren ist auch davon abgesehen nicht durchwegs zu bejahen. Sie bestimmt sich u.a. nach der Distanz zwischen Lärmquelle und -empfänger sowie nach Massgabe der zur Erreichung des jeweiligen Belastungsgrenzwertes erforderlichen Eingriffe.

[85] BANDLI, Kommentar Art. 24 USG, N. 9. - Dazu eignen sich etwa Bauten oder Bauteile, die lärmunempfindlichen Teilnutzungen dienen (z.B. Garagen, Lagerräume, Werkstätten), ohne durch eigene Emissionen (z.B. lärmige Gewerbebetriebe, regen Lieferverkehr zu und von Lagerräumen etc.) selber zu einer Erhöhung der Lärmbelastung beizusteuern. Solche Gebäude oder Gebäudeteile sind - zumal da sie nicht zu reinen Lärmschutzzwecken errichtet werden - für die Beurteilung der von der Verkehrsanlage ausgehenden Lärmemissionen ausser acht zu lassen, da sie nicht Bestandteil der Verkehrsanlage bilden und auch keine Änderung derselben darstellen. Ihre allfälligen Emissionen sind daher nicht nach den Belastungsgrenzwerten der Anhänge 3 und 4 zur LSV zu beurteilen, sondern nach Art. 11 USG (BEZ 1990 Nr. 8 E. 3 m.H.).

[86] Als entgegenstehendes Interesse ist allerdings zu berücksichtigen, dass zweckmässig angelegte Lärmschutzwälle die Lärmausbreitung zu vermindern vermögen, derweil lärmabschirmende Bauten die Einwirkungen zumindest teilweise bloss reflektieren, wodurch umliegende Grundstücke womöglich noch höhere Lärmimmissionen zu gewärtigen haben. Die Reflexionswerte betragen bei einseitig bzw. beidseitig geschlossener Überbauung 3 bzw. 5 dB (BEZ 1990 Nr. 8 E. 3).

[87] Laut Art. 22 Abs. 2 USG («und») kann diese Massnahme allein jedoch nicht genügen (vgl. BANDLI, Kommentar Art. 22 USG, N. 17). Die rückwärtige Anordnung lärmempfindlicher Räume ist idealerweise mit lärmabweisender Baugestaltung zu koppeln (vgl. NEFF, S. 224).

[88] Z.B. Betriebsräume, für welche die Planungswerte und die Immissionsgrenzwerte in Gebieten der Empfindlichkeitsstufen I - III um 5 dB(A) höher liegen (Art. 42 Abs. 1 LSV).

[89] Z.B. Sanitär- oder Abstellräume, Küchen ohne Wohnanteil (Art. 2 Abs. 6 lit. a LSV), Hausgänge, Treppenhäuser (BANDLI, Kommentar Art. 22 USG, N. 17).

sam abgeschirmt wird. Zu diesem Zweck darf der abschirmende Gebäudeteil durch volumetrische Vorschriften (v.a. bzgl. Gebäudelänge[90] und -höhe) nicht übermässig beschränkt werden. Des weiteren ist in gestalterischer Hinsicht eine mit bloss wenigen Gebäudeöffnungen durchbrochene[91] und dadurch möglicherweise abweisend wirkende Fassade eher in Kauf zu nehmen als in anderen Bausituationen. Auf gewisse Anpassungen der Bauvorschriften sind allenfalls auch die hinterliegenden abzuschirmenden, da lärmempfindlichen Gebäudeteile angewiesen: so kann es sich aus Gründen der Schallausbreitung etwa aufdrängen, Abstände zu verringern oder längere Gebäude zuzulassen; zudem ist gegebenenfalls von einer strikten Anwendung der Vorschriften betreffend die Gebäudeausrichtung oder die Anordnung der grossen und kleinen Abstände abzusehen.

B) Der Schutz vor Innenlärmimmissionen

Der bauliche Schutz vor Innenlärmimmissionen[92] ist bei verdichteter Bauweise aufgrund der konzentrierten Anordnung nach Art und Umfang allenfalls unterschiedlicher Nutzungen von besonderer Bedeutung. Erfasst werden die Lärmimmissionen aus dem Gebäudeinnern durch Mindestanforderungen an den Schallschutz haustechnischer Anlagen und an Baueinheiten voneinander abgrenzende Trennbauteile (Art. 33 Abs. 2 und 3 LSV). Soweit die Lärmimmissionen sodann durch innerhalb einer verdichteten Gesamtüberbauung (jedoch nicht im selben Gebäude oder Gebäudeteil) ausgeübte Tätigkeiten hervorgerufen werden, sind sie im Rahmen des Schallschutzes an Aussenbauteilen (Art. 33 Abs. 1 LSV) zu begrenzen. Der tendenziell erhöhten Immissionsträchtigkeit betreffend Innenlärm ist angesichts der besonderen qualitativen Anforderungen an verdichtete Überbauungen dadurch Rechnung zu tragen, dass die Schallschutzmassnahmen analog zu Art. 32 Abs. 2 LSV (bzgl. Überschreitung der Immissionsgrenzwerte für Aussenlärmimmissionen) angemessen verschärft werden[93], falls sich dies mit Blick auf die nach Art. 15 USG zu ermittelnden Immissionsgrenzwerte aufdrängt, um deren Überschreitung auszuschliessen[94].

---

[90] Vgl. z.B. BEZ 1988 Nr. 42 E. 4b.

[91] Fenster sind i.d.R. die akustischen Schwachpunkte einer Gebäudefassade (ZÄCH, Kommentar Art. 20 USG, N. 27).

[92] Zum Begriff: ZÄCH, Kommentar Art. 15 USG, N. 10, und BANDLI, Kommentar Art. 21 USG, N. 8. - Obschon nicht innerhalb desselben Gebäudes erzeugt, bildet wohl auch innerhalb einer Gesamtüberbauung erzeugter Lärm (vgl. analog Art. 1 Abs. 3 lit. a LSV) Innenlärmimmissionen, welche dieser Bestimmung zufolge allerdings nicht in den Geltungsbereich der LSV fallen, womit die Art. 13 und 15 USG unmittelbar anzuwenden sind.

[93] Dies zumal da die Art. 32 ff. LSV gestützt auf Art. 21 Abs. 2 USG lediglich einen Mindestschutz vorsehen. Bereits der nach Art. 21 Abs. 1 USG geforderte bauliche Schutz muss darüber hinaus angemessen sein (vgl. BANDLI, Kommentar Art. 21 USG, N. 12).

[94] Vgl. auch BANDLI, Kommentar Art. 21 USG, N. 17.

III. Die Vorschriften betreffend die verkehrsmässige Erschliessung

Mit den siedlungsökologischen Anforderungen (insbesondere an Lärmschutz und Luftreinhaltung) steht die verkehrsmässige Erschliessung von Bauten insofern in einem engen Zusammenhang, als eine «für die betreffende Nutzung hinreichende Zufahrt»[95], wie sie kraft Art. 19 Abs. 1 RPG schon von Bundesrechts wegen verlangt ist, nur soweit gegeben ist, als sie sich mit der Umweltschutzgesetzgebung verträgt[96]. Die Ausgestaltung der verkehrsmässigen Erschliessung erfolgt ferner unter Berücksichtigung der siedlungsökologisch relevanten Wechselwirkungen zwischen der Leistungsfähigkeit von Erschliessungsstrassen, der Anzahl und Benützungsart von Fahrzeug-Abstellplätzen sowie der Bedienung mit öffentlichen Verkehrsmitteln. Ausgangspunkt bildet dabei in Anlehnung an das umweltschutzrechtliche Vorsorgeprinzip (vgl. Art. 1 Abs. 2 sowie Art. 11 Abs. 2 USG) und im Einklang mit den Grundsätzen der Siedlungsplanung nach Art. 3 Abs. 3 insbesondere lit. a und b RPG die Erschliessung der Baugebiete mit öffentlichen Verkehrsmitteln (1.), sei es als tatsächliche Gegebenheit oder als baurechtliche Voraussetzung für die Erteilung einer Baubewilligung. Der verbleibende verkehrsmässige Erschliessungsbedarf äussert sich sodann in einer bestimmten Anzahl Fahrzeug-Abstellplätzen (2.), die sich je nach Art deren Benützung auf die Anforderungen an die Leistungsfähigkeit der strassenmässigen Erschliessung auswirkt. Die Belastung der Erschliessungsachsen wiederum zeitigt umweltschutzrechtliche Rückwirkungen auf die erlaubte Parkplatzzahl und damit (unter Vorbehalt des durch öffentliche Verkehrsmittel getragenen Erschliessungsanteils) auf das zulässige Mass der baulichen Nutzung des jeweiligen Baugebiets.

1. Die Erschliessung mit öffentlichen Verkehrsmitteln

Die Ausrichtung der Siedlungsentwicklung auf den öffentlichen Verkehr ist sowohl raumplanungs- als auch umweltschutzrechtlich geboten[97], denn je besser ein Gebiet durch öffentliche Verkehrsmittel bedient wird, desto geringer ist der

---

[95] Die Zufahrt hat sich m.a.W. nach den zonengemässen Baumöglichkeiten jener Fläche zu richten, deren Erschliessung sie dient (BGE 121 Ia 68 E. 3a m.H. Gempen SO).
[96] Vgl. BGE vom 6. Mai 1993 E. 4 Au SG in ZBl 95 (1994) 91, BGE 118 Ib 73 E. 2a Lommiswil SO und 116 Ib 166 E. 6b Eschlikon TG.
[97] Vgl. dazu Leitlinie 2 des Raumplanungsberichts des Zürcher Regierungsrats vom 8. Juli 1992 (S. 1185): «Die Entwicklung der Siedlungsstruktur ist schwerpunktmässig auf den öffentlichen Verkehr auszurichten»; ferner den daraus hervorgehenden wegleitenden Grundsatz, wonach «[g]rössere Nutzungsverdichtungen [...] hauptsächlich in Gebieten zugelassen und gefördert werden [sollen], die durch den öffentlichen Verkehr entsprechend erschlossen sind». - Die gute Erreichbarkeit mit öffentlichen Verkehrsmitteln kann gemäss BGE vom 18. September 1991 E. 4c Uster ZH und BGE vom 2. Juli 1990 E. 4 Schlieren ZH neben Art. 15 lit. b RPG durchaus Eingang finden in die auch überkommunale Überlegungen umfassende Interessenabwägung betreffend Dimensionierung und Situierung sowie Ausgestaltung der Bauzonen.

mit einer baulichen Verdichtung einhergehende zusätzliche Motorfahrzeugverkehr und desto höher sind die Vermietungs- und Verkaufschancen der neugeschaffenen Nutzflächen[98]. Die Erschliessung eines Baugebiets mit öffentlichen Verkehrsmitteln verringert als tatsächliche Gegebenheit den Bedarf an Fahrzeug-Abstellplätzen und ist daher regelmässig als Reduktionsgrund für die Anzahl der erforderlichen Parkplätze vorgesehen[99]. Sie kann aber auch baurechtliche Voraussetzung dafür bilden, dass überhaupt gebaut werden darf, und zwar indem bauvorschriftsmässig verlangt wird, dass für bestimmte Überbauungen die Erreichbarkeit mit öffentlichen Verkehrsmitteln gewährleistet ist[100]. Die Ausgestaltung als Bauvorschrift (im Rahmen der Erschliessung[101]) bewirkt, dass der öffentliche Verkehr nicht mehr bloss Gegenstand von Vorgaben[102] und Vorschriften[103] bildet, die sich unmittelbar nur an die Behörden richten, sondern wie das Erschliessungserfordernis insgesamt grundeigentümerverbindliche Bedeutung erlangt (vgl. Art. 22 Abs. 2 lit. b RPG). Indem die öffentlichen Verkehrsmittel damit spätestens bei Bezug der Bauten verfügbar sein müssen[104], wird erreicht, dass sich auf die Benützung privater Motorfahrzeuge ausgerichtete Verkehrsgewohnheiten gar nicht erst einspielen und auf die Parkplätze, die dafür nötig wären, von vornherein verzichtet werden kann. Den bauwilligen Grundeigentümern ist bei alledem die Möglichkeit einzuräumen, die Bereitstellung ausreichender

---

[98] WÜRMLI et al., S. 76 und S. 86.

[99] Vgl. infra 2. A.

[100] Vgl. § 237 Abs. 1 Satz 2 PBG/ZH (für grössere Überbauungen) sowie Art. 26 BauV/BE und § 32 Abs. 2 BauG/AG (für Einkaufszentren bzw. Bauten mit intensivem Publikums- oder Güterverkehr); weniger weit zu gehen scheint § 104 Abs. 5 E RBG/BL (für Anlagen, die viel Verkehr mit sich bringen), indem lediglich die Abklärung der Erschliessungsmöglichkeit mit öffentlichen Verkehrsmitteln verlangt wird. - Für Bauten und Anlagen, die erheblichen Güterverkehr verursachen, sind u.U. Gleisanschlüsse vorzusehen (vgl. § 237 Abs. 1 Satz 3 PBG/ZH, dazu WOLF/KULL, N. 83; laut Art. 7 Abs. 4 Satz 2 BauG/BE und § 25 Abs. 3 E RBG/BL sind in Industrie- und Gewerbezonen zumindest Anschlussmöglichkeiten offenzuhalten bzw. - soweit verhältnismässig - vorzusehen; vgl. des weiteren das Bundesgesetz über die Anschlussgleise vom 5. Oktober 1990 und die dazugehörige Verordnung vom 26. Februar 1992 [AnG und AnV, SR 742.141.5 bzw. 742.141.51]); skeptisch zur Zweckmässigkeit gleisseitiger Erschliessung BERNATH et al., S. 31 (doppelte [da zusätzlich zur strassenmässigen] Erschliessung, Schaffung räumlicher Sachzwänge durch die Gleisführung).

[101] Vgl. das Marginale zu § 236 f. PBG/ZH.

[102] Vgl. z.B. § 18 Abs. 2 lit. n PBG/ZH; vgl. auch die Zielsetzungen und Szenarien in kantonalen Raumplanungsberichten (z.B. des Kantons Zürich vom 8. Juli 1992, S. 1177 und S. 1185, oder des Kantons Bern vom 2. Februar 1994, S. 5, 8 f. und 29).

[103] Vgl. etwa Art. 74 BauG/BE (Einzonung) sowie WOLF/KULL, N. 60 f. (Richt- und Nutzungsplanung); vgl. ferner die Gesetzgebung über den öffentlichen Verkehr (z.B. das zürcherische Gesetz über den öffentlichen Personenverkehr [PVG/ZH] vom 6. März 1988 [GS 740.1] und die Verordnung über das Angebot im öffentlichen Personenverkehr [AngebotsV/ZH] vom 14. Dezember 1988 [GS 740.3]), wobei der Erschliessungsplan nach § 91 PBG/ZH die Scharnierfunktion zwischen Nutzungsplanung und Angebotsplanung übernimmt).

[104] Vgl. WOLF/KULL, N. 79 ff.

öffentlicher Verkehrsverbindungen (analog zur übrigen Erschliessung[105]) zu verlangen oder selber an die Hand zu nehmen bzw. sich daran zu beteiligen[106].

Die Festlegung des Anwendungsbereichs von Vorschriften betreffend die Erschliessung mit öffentlichen Verkehrsmitteln schafft allenfalls Abgrenzungsschwierigkeiten[107]; die Beurteilungsspielräume, welche die einschlägigen Vorschriften den zuständigen Behörden überlassen, erlauben jedoch durchaus verhältnismässige und praktikable Anordnungen[108]. Selbst wenn die verdichteten Überbauungen den für das Erschliessungserfordernis bezüglich öffentlicher Verkehrsmittel massgeblichen Umfang[109] nicht allesamt erreichen, steuern sie doch regelmässig einen bedeutenden Anteil an die verlangte Überbauungsgrösse bei[110]. Die konzentrierte Anordnung der Baueinheiten (und damit die verhältnismässig kurzen Distanzen zu den Haltestellen[111]) begünstigt fernerhin die Prakti-

---

[105] Vgl. dazu etwa Art. 108a (Erschliessungsanspruch) und Art. 109 f. BauG/BE sowie § 37 f. BauG/AG (Erschliessung durch Grundeigentümer) oder die Regelung von § 93 Abs. 2 PBG/ZH; vgl. nunmehr auch Art. 19 Abs. 3 RPG i.d.F. vom 6. Oktober 1995 (BBl 1995 IV 483).

[106] Solche Anordnungen könnten bspw. im Rahmen verwaltungsrechtlicher Verträge getroffen werden. - WOLF (S. 75) lässt es im Falle eines ungenügenden Angebotes an öffentlichen Verkehrsmitteln wegen fehlender bzw. unzureichender Grundstückserschliessung in Analogie zu BGE 116 Ib 166 f. E. 6b Eschlikon TG bei Baubeschränkungen oder bei der Bauverweigerung bewenden. Art. 19 Abs. 3 RPG i.d.F. vom 6. Oktober 1995 könnte über die Erschliessung mitunter dazu führen, dass bauwillige Grundeigentümer selber unmittelbar in einem weiteren Sinne umweltschutzrechtliche Vorkehrungen treffen (Sanierungen, gestalterische oder bauliche Lärmschutz-Massnahmen bzw. Bereitstellung oder Förderung öffentlicher Verkehrsverbindungen), um - unter allen Titeln - rechtsgenüglich erschlossene Baugrundstücke zu erhalten.

[107] Vgl. insbes. WOLF/KULL, N. 67 ff.

[108] So hat nebst der Grösse einer Überbauung auch deren Nutzungsstruktur (Wohnungen, Arbeitsplätze, Verkaufsgeschäfte oder andere publikumsintensive Dienstleistungsbetriebe) wesentlichen Einfluss auf den Erschliessungsbedarf (vgl. auch WOLF/KULL, N. 66).

[109] Vgl. § 104 Abs. 5 E RBG/BL («Grossüberbauungen mit mehr als 500 Wohn- oder Arbeitsplätzen») oder § 4 Abs. 1 AngebotsV/ZH, wonach «[z]usammenhängende, überbaute Siedlungsgebiete mit mindestens 300 Einwohnern, Arbeits- und Ausbildungsplätzen [...] mit mindestens einer Haltestelle erschlossen [werden, wobei n]och nicht überbauten Bauzonen [...] Rechnung [zu tragen ist]»; Bestimmungen aus der Gesetzgebung zum öffentlichen Personenverkehr können dabei nur sinngemäss zur Auslegung baurechtlicher Begriffe herangezogen werden, da sie sich ausschliesslich an die Anbieter öffentlicher Verkehrsverbindungen richten.

[110] Die diesbezüglichen Ausführungen bei WOLF/KULL (N. 67) zeigen allerdings, dass die Anwendung der als Bauvorschrift ausgestalteten, d.h. sich unmittelbar an Bauwillige richtenden Bestimmung desto schwieriger ist, je grösser die Anzahl Bauvorhaben ist, deren Summe die massgebliche Grösse der Überbauung ergibt.

[111] Die Gehdistanz zu Haltestellen bildet einen wesentlichen Faktor für die Wahrscheinlichkeit der Benutzung öffentlicher Verkehrsmittel anstelle privater Motorfahrzeuge; als weitere Faktoren, welche die Benutzungswahrscheinlichkeit und damit die Wirksamkeit einschlägiger Vorschriften beeinflussen, sind - nebst dem Parkplatzangebot - das Angebot an Verbindungen (Frequenzen, Kapazität, Linienangebot), die Ausgestaltung der Zugänge (Verkehrssicherheit, Immissionen) sowie der jeweilige Transportzweck zu nennen (vgl. WOLF/KULL, N. 73 ff.). Eine Beeinflussung der Benutzungswahrscheinlichkeit ist ferner durch verkehrslenkende oder - beschränkende Massnahmen zu erwarten, wie sie nach Art. 33 Abs. 1 LRV zur Verhinderung oder Beseitigung übermässiger Schadstoff-Immissionen vorgesehen werden können.

kabilität der Erschliessung verdichteter Überbauungen mit öffentlichen Verkehrsmitteln.

2. Die Erstellung von Fahrzeug-Abstellplätzen

Die Erstellung von Parkplätzen ist für die bauliche Verdichtung insofern von Bedeutung, als die Verkehrsbewegungen zu und von den Motorfahrzeug-Abstellplätzen insbesondere bei intensiver Nutzung dicht bebauter Gebiete erhebliche Immissionen (Luftverschmutzung und Lärm) sowie andere Unannehmlichkeiten (wie die Gefährdung der Verkehrssicherheit, das "Entzweischneiden" von Siedlungen aufgrund erschwerter Fusswegverbindungen oder den Verlust von Freiflächen) nach sich ziehen können. Soweit bauliche Verdichtungen mit einer Verstärkung solcher Auswirkungen verbunden sind, drohen sie mithin zunehmend an den siedlungsökologischen Vorschriften zu scheitern und mit raumplanerischen Grundsätzen betreffend die Funktionalität der Siedlungen in Konflikt zu geraten.

Die Wechselwirkung von Nutzungsdichte und Abstellfläche kann einerseits beeinflusst werden durch die Festsetzung des Umfangs der Parkplatz-Erstellungspflicht (A.) und anderseits durch die Art der Erfüllung dieser mittelbaren Baupflicht (B.). Darüber hinaus weisen die Fahrzeug-Abstellplätze eine gleichgeartete Verdichtungsrelevanz auf wie andere Nebeneinrichtungen: sie nehmen vielfach Grundstücksflächen oder Bauvolumen in Anspruch, welche ansonsten eigentlicher Nutzung zugänglich wären oder als Freiflächen zur Verfügung stünden; Anordnung[112] und Gestaltung[113] von Parkierungsanlagen wirken sich sodann auf die Siedlungsqualität in ästhetischer Hinsicht aus.

---

[112] Die Parkplätze sind auf dem Baugrundstück selber oder aber immerhin in dessen Nähe (vgl. Art. 16 Abs. 1 BauG/BE und Art. 55 Abs. 1 Satz 1 i.f. BauV/BE, § 109 Abs. 2 E RBG/BL [«in unmittelbarer Nähe»]) bzw. in nützlicher Entfernung (vgl. § 244 Abs. 1 PBG/ZH, § 55 Abs. 1 Satz 2 BauG/AG, § 72 Abs. 1 Satz 2 PBG/TG) anzulegen. Dabei sollen für das Siedlungsbild wichtige Baumbestände, Vorgärten und für das Wohnumfeld wertvolle Innenhöfe nicht bzw. unüberbaute Grundstücksflächen nur zu einem bestimmten Teil beansprucht werden (vgl. Art. 16 Abs. 3 BauG/BE und § 107 lit. b und c E RBG/BL bzw. Art. 40 Abs. 1 Satz 2 BZR/Luzern). - Dem verdichteten Bauen entspricht die Konzentration der Abstellplätze in Gemeinschaftsanlagen (vgl. z.B. § 245 PBG/ZH, Art. 18 lit. b BauG/BE; vgl. auch FREY, S. 84 ff.) zur Minimierung des Flächenbedarfs namentlich auch für die erforderlichen Feinerschliessungsstrassen (ZUPPINGER, S. 35).

[113] Z.B. unterirdische oder überdeckte Anordnung der Abstellplätze (vgl. etwa § 244 Abs. 3 Satz 2 PBG/ZH; zu den Voraussetzungen vgl. BEZ 1983 Nr. 32 E. b sowie FREY, S. 68 ff., zu den Vorteilen und zur kostenmässigen Zumutbarkeit unterirdischer Parkierungsanlagen vgl. BGE vom 15. März 1993 E. 3b und 3c Zürich in ZBl 95 [1994] 266 ff.); die Grundfläche, unter welcher die Abstellplätze angelegt sind, steht u.U. baulicher Nutzung oder der Erstellung weiterer Nebeneinrichtungen zur Verfügung oder kann an vorgeschriebene Grün- oder Freiflächen angerechnet werden.

A) Der Umfang der Erstellungspflicht

Während sich der Grundsatz der Erstellungspflicht, deren Erfüllung eine mit der rechtsgenüglichen verkehrsmässigen Erschliessung in engem Zusammenhang stehende Bauvoraussetzung bildet, regelmässig bereits aus kantonalem Recht[114] ergibt, trifft dies für den Umfang der Erstellungspflicht nur in den Grundzügen[115] oder bloss subsidiär[116] zu. Der Anordnungsspielraum der Gemeinden richtet sich dabei nach dem Grundsatz der Bedarfsgerechtheit (a.)[117], von welchem nach Massgabe besonderer Verhältnisse allerdings abgewichen werden darf und soll (b.).

a) Der Normbedarf

Die erforderliche Anzahl Parkplätze richtet sich zunächst nach dem Bedarf an Abstellfläche, der sich in Abhängigkeit von Nutzungsart und -intensität der Grundstücke bzw. von Art und Grösse der Bauten[118] bestimmt. Es ist dabei

---

[114] So aus § 243 PBG/ZH, Art. 16 Abs. 1 und 2 BauG/BE, § 147 Abs. 1 PBG/SO, § 109 Abs. 1 E RBG/BL, § 55 Abs. 1 Satz 1 und Abs. 2 BauG/AG, § 72 Abs. 1 Satz 1 PBG/TG; das waadtländische Recht verweist in Art. 47 lit. g LATC/VD bloss auf kommunales Recht.

[115] So beschränkt sich das zürcherische Recht in § 242 Abs. 1 und 2 Satz 1 PBG/ZH darauf (ähnlich verhält es sich nach § 56 Abs. 1 BauG/AG), die Kriterien festzulegen, unter Berücksichtigung derer die erforderliche Anzahl Abstellplätze zu bemessen ist; die Wegleitung vom 12. Juli 1990 zur Ermittlung des Parkplatz-Bedarfes (WEPB/ZH, hrsg. von der Baudirektion) enthält Empfehlungen zuhanden der Gemeinden. Das aargauische Recht verweist in § 25 Abs. 1 ABauV/AG (gestützt auf § 56 Abs. 2 BauG/AG) auf eine Fachnorm mit der Bedeutung einer Richtlinie; die Festlegung der Parkplatzzahl erfolgt im Einzelfall durch den Gemeinderat (§ 56 Abs. 2 Satz 2 BauG/AG). Die vollständige oder teilweise Aufhebung der Erstellungspflicht sowie ein allfälliges Erstellungsverbot für bestimmte Gebiete bilden nach thurgauischem Recht Gegenstand der kommunalen Nutzungsordnung; § 72 Abs. 2 PBG/TG nennt lediglich Umstände, die eine Herabsetzung der Mindest- oder Höchstanzahl Parkplätze zulassen, während Abs. 3 der gleichen Bestimmung Gründe aufführt, die eine einzelfallweise Aufhebung der Erstellungspflicht rechtfertigen können. Nach waadtländischem Recht (Art. 47 lit. g LATC/VD) ist die Regelung der Erstellung von Parkplätzen umfassend den Gemeinden anheimgestellt.

[116] Die detaillierte Regelung der Art. 50 ff. BauV/BE kann gestützt auf Art. 49 Abs. 1 BauV/BE durch kommunale Erlasse ersetzt werden. Die Richtwerte für Abstellplätze für Motorfahrzeuge (Anhang IV zur KBV/SO) gelten gemäss § 147 Abs. 3 PBG/SO und § 42 Abs. 3 KBV/SO ebenfalls nur subsidiär zu kommunalen Regelungen. - Die Kriterien für die Anzahl Abstellplätze bestimmen sich gemäss § 109 Abs. 4 und 5 E RBG/BL dagegen ausschliesslich nach kantonalem Recht, und zwar entsprechend dem Normalbedarf an Abstellplätzen gemäss regierungsrätlicher Verordnung und nach Massgabe der in einer Richtlinie der Bau- und Umweltschutzdirektion enthaltenen Reduktionsfaktoren.

[117] Vgl. etwa ZAUGG, Kommentar Art. 16 - 18 BauG/BE, N. 19: «[D]ie kommunalen Normen [müssen] das gesetzliche Erfordernis ausreichender privater Parkierungsmöglichkeiten berücksichtigen, wenn auch den Gemeinden [...] ein verhältnismässig weiter Beurteilungsspielraum zuzubilligen ist».

[118] Vgl. z.B. § 242 Abs. 1 PBG/ZH (dazu FREY, S. 40 ff.), Art. 16 Abs. 1 BauG/BE sowie Art. 50 f. BauV/BE (dazu ZAUGG, Kommentar Art. 16 - 18 BauG/BE, N. 14 ff.), § 147 Abs. 1 PBG/SO (sowie die Richtwerte gemäss Anhang IV zur KBV/SO), § 56 Abs. 1 BauG/AG, § 72 Abs. 1 Satz 1 PBG/TG. - Durch den Normbedarf wird der Umfang der Erstellungspflicht über eine parzellenweise Bewertung der Nutzungsart in Abhängigkeit zur baulichen Dichte gesetzt (und umgekehrt).

grundsätzlich dafür zu sorgen, dass für alle künftigen Bewohner, Benützer und Besucher - «soweit sie [...] zu gleicher Zeit ihr Fahrzeug abstellen wollen»[119] - im Normalfall genügend Abstellfläche ausserhalb des öffentlichen Grundes vorhanden ist. Obschon somit an sich auf die tatsächlich bestehenden oder zu erwartenden Verhältnisse abzustellen ist[120], erscheint eine gewisse Schematisierung der Bemessung aus Praktikabilitätsgründen als vertretbar[121].

b) Die Beschränkung der Anzahl Fahrzeug-Abstellplätze

Die Beschränkung der Parkplatzzahl gewinnt unter dem Eindruck der negativen Auswirkungen des Individualverkehrs gerade auch im Hinblick auf die bauliche Verdichtung an Bedeutung, denn eine (nutzungsbedingte) Erhöhung des Angebots an Fahrzeug-Abstellplätzen zieht regelmässig ein Anwachsen des Verkehrsaufkommens nach sich[122], was die Machbarkeit baulicher Verdichtungen aus rechtlichen[123] oder tatsächlichen Gründen (d.h. etwa aufgrund der Umweltschutzgesetzgebung bzw. der Flächenbeanspruchung oder verkehrstechnischer Schwierigkeiten) beeinträchtigen kann.

Eine Begrenzung der Anzahl Parkplätze kann erfolgen durch Verminderung der Anzahl erforderlicher Abstellplätze[124], dadurch, dass die bedarfsgemässe An-

---

[119] ZAUGG, Kommentar Art. 16 - 18 BauG/BE, N. 13. - Die Tageszeit der Inanspruchnahme der Parkplätze kann von Belang sein (vgl. Art. 54 Abs. 1 BauV/BE [gestützt auf Art. 17 Abs. 2 lit. b BauG/BE] oder § 56 Abs. 1 Satz 2 i.f. BauG/AG), denn vorab bei nutzungsdurchmischten Überbauungen bietet sich die Möglichkeit zeitlich gestaffelter Mehrfachnutzung derselben Parkplätze durch Beschäftigte und Bewohner.

[120] Es sind hiebei Angebot und Benützungswahrscheinlichkeit öffentlicher Verkehrsverbindungen (FREY, S. 41), die Nutzweise und -intensität der Bauten (Anzahl Wohnungen, Arbeitsplätze, Sitzgelegenheiten) sowie der Motorisierungsgrad der Benützer (FREY, S. 43) zu beachten (desgl. ZAUGG, Kommentar Art. 16 - 18 BauG/BE, N. 14 ff.). Laut Art. 17 Abs. 2 BauG/BE ist immerhin schon die blosse Möglichkeit der (und nicht erst die konkrete) Benützung öffentlicher Verkehrsmittel sowie der Mehrfachnutzung von Parkflächen zu berücksichtigen.

[121] Der Entscheid über die Erstellungspflicht und deren Umfang hat sogar weniger auf eine im einzelnen tatsächlich ausgeübte oder konkret beabsichtigte als vielmehr auf die bisher und in Zukunft mögliche Nutzung abzustellen; «massgebend ist allein die Zugehörigkeit [einer Baute] zu einer bestimmten Nutzungskategorie» (BEZ 1986 Nr. 19 E. b).

[122] Die Zunahme der Umweltbelastung ist auch anhand der Benützungsart der Parkplätze (durch Bewohner, Besucher oder Beschäftigte) zu beurteilen. Diese beeinflusst die Anzahl Verkehrsbewegungen, durch welche die Umweltbelastung letztlich verursacht wird (vgl. BGE 119 Ib 387 E. 3d Walzenhausen AR). Einer Verminderung der Parkplatzzahl kommt somit nur eine geringe emissionsbegrenzende Wirkung zu, wenn dadurch nicht auch die Anzahl Verkehrsbewegungen und die jeweils zurückgelegten Fahrstrecken reduziert werden (vgl. BGE 120 Ib 454 E. 3c Crissier VD sowie BGE vom 6. Mai 1993 E. 6c Au SG in ZBl 95 [1994] 94).

[123] Die Beschränkungen dürften dabei i.a. desto strenger ausfallen, je eindeutiger die Umweltbelastungen einzelnen Emittenten zuzuordnen sind. - Zum Bauen in lufthygienischen Belastungsgebieten vgl. LORETAN/VALLENDER/MORELL, S. 192 ff. und S. 208 f.; zum Bauen in lärmschutzmässig unzureichend erschlossenen Gebieten: BGE 116 Ib 166 f. E. 6b Eschlikon TG.

[124] Die Herabsetzung erfolgt rechtssatzmässig (vgl. z.B. § 242 Abs. 2 Satz 2 PBG/ZH, § 55 Abs. 4 BauG/AG, § 72 Abs. 2 PBG/TG) oder einzelfallweise (vgl. z.B. Art. 53 Abs. 1 lit. a und Art. 54 Abs. 1 BauV/BE, § 55 Abs. 3 BauG/AG, § 72 Abs. 3 PBG/TG).

zahl Parkplätze nicht nur eine Mindest-, sondern auch eine Höchstvorschrift darstellt[125], und schliesslich durch zusätzliche Herabsetzung der zulässigen Anzahl Abstellplätze[126], womit allenfalls vom Grundsatz der Bedarfsgerechtheit abgewichen wird. Die Verknüpfung dieser letzteren - wirkungsvollsten - Massnahme mit einem qualifizierten öffentlichen Interesse (namentlich dem Schutz vor übermässigen Immissionen[127]) setzt die Abstimmung auf das öffentliche Verkehrsangebot voraus[128]. Die durch besondere Verhältnisse gebotene Festsetzung einer Höchstzahl Abstellplätze kann bei deren Überschreitung sogar die Aufhebung bestehender Parkplätze rechtfertigen[129]; bei gebietsweise festgelegter Höchstzahl müsste sich eine Begrenzung der Parkplatzzahl wohl an den umwelt-

---

[125] Vgl. etwa Art. 30a BZO/Birmensdorf ZH (verhältnismässige Begrenzung der ansonsten zulässigen Überschreitung der Anzahl Pflichtparkplätze). - Nach Art. 17 Abs. 1 Satz 2 BauG/BE sollen die Abstellflächen nicht über ihren Zweck hinaus dimensioniert werden; gestützt darauf verlangt Art. 49 Abs. 3 BauV/BE den Nachweis eines berechtigten Bedürfnisses für die Erstellung einer den Normbedarf wesentlich übersteigenden Parkfläche. - Zur Reduktion der an sich zulässigen Anzahl Abstellplätze gestützt auf das USG siehe WOLF, S. 76 f.

[126] Das zürcherische Recht verlangt dafür nach § 242 Abs. 2 Satz 2 PBG/ZH ein überwiegendes öffentliches Interesse, welches sich nicht «irgendwo und gegen fast jedes Bauvorhaben ins Feld führen lässt» (RB 1981 Nr. 134 [zu § 245 Abs. 2 und 3 PBG/ZH], vgl. sodann WOLF/KULL, N. 89 f., wonach die Zulässigkeit gebietsweiser Beschränkung der Parkplatzzahl, wie sie mit Blick auf Luftreinhaltung und Lärmschutz sowie die Kapazitätsplanung der Zufahrtsstrassen zweckmässig wäre, weiterhin fraglich ist). Nach bernischem Recht kann in verkehrsberuhigten Gebieten die Beschränkung oder das Verbot privater Abstellplätze angeordnet werden (Art. 18 lit. a BauG/BE; vorausgesetzt sind allerdings entsprechende verkehrsrechtliche Vorkehren [ZAUGG, Kommentar Art. 16 - 18 BauG/BE, N. 23b]). Nach solothurnischem Recht (§ 147 Abs. 2 Satz 2 PBG/SO sowie § 42 Abs. 2 KBV/SO) können die Gemeinden die Erstellung von Parkplätzen «im übergeordneten öffentlichen Interesse» einschränken oder ausschliessen. Aus Gründen der Verkehrsplanung oder des Immissionsschutzes kann die Nutzungsordnung laut § 55 Abs. 4 BauG/AG gestützt auf ein Gesamtkonzept (§ 24 ABauV/AG) das Erstellen von Parkplätzen für bestimmte Gebiete ganz oder teilweise untersagen; § 72 Abs. 2 Ziff. 3 PBG/TG lässt dasselbe auch aus ortsbildschützerischen Gründen zu.

[127] Vgl. z.B. § 242 Abs. 2 Satz 2 PBG/ZH (sowie Ziff. 3b WEPB/ZH), § 42 Abs. 2 KBV/SO oder § 55 Abs. 4 lit. b BauG/AG. - Anordnungen über Bestand und Betrieb von Fahrzeug-Abstellplätzen können daneben auch gestützt auf Betriebsvorschriften gemäss Art. 12 Abs. 1 lit. c USG ergehen (vgl. BGE 118 Ib 239 f. E. 2b Kappelen BE, 113 Ib 402 E. 6b Wohlen AG); mangels ausreichenden Sachzusammenhangs mit dem Betrieb der Baute können hingegen Massnahmen wie Verkehrsanordnungen auf öffentlichem Grund, Nutzungsbeschränkungen, die Erhebung von Parkgebühren usw. nicht auf Art. 12 Abs. 1 lit. c USG abgestützt werden (vgl. BGE 119 Ib 490 ff. E. 7b und 7c m.H. Schwerzenbach ZH; in BGE 120 Ib 463 E. 5d Hägendorf SO wird [allerdings ohne Hinweis auf Art. 12 Abs. 1 lit. c USG] die Möglichkeit von Belegungsbeschränkungen für Parkfelder erwähnt). Eine weniger enge Auslegung dieser Bestimmung befürworten LORETAN/VALLENDER/MORELL (S. 209, und zwar soweit es um Massnahmen zur Beeinflussung des Verkehrsverhaltens von Mitarbeitern und Besuchern eines Betriebes geht) wie auch JACOBS (S. 360, insbes. bei verschärften Emissionsbegrenzungen).

[128] Vgl. § 242 Abs. 1 PBG/ZH (dazu WOLF/KULL, N. 86 ff.; vgl. sodann Ziff. 3a WEPB/ZH, deren mangelnde Abstimmung auf die Gesetzgebung über den öffentlichen Personenverkehr allerdings in BEZ 1991 Nr. 20 E. 8e beanstandet wird) oder Art. 17 Abs. 2 lit. a BauG/BE, Art. 53 Abs. 1 lit. a und b BauV/BE sowie Art. 3 ff. PPV/BE (BVR 1995, 519 E. 6.1 Thun BE).

[129] Für Beschäftigtenparkplätze vgl. § 243 Abs. 2 PBG/ZH (dazu auch WOLF/KULL, N. 92 f.).

schutzrechtlichen Grundsatz der Lastengleichheit[130] halten, wonach bestehende Bauten und Anlagen trotz Besitzstandsgarantie nicht einseitig von der verschärfenden Wirkung der zusätzlichen Beschränkung ausgenommen werden und diese mithin nicht allein den Neubauten auferlegt wird.

B) Die Art der Erfüllung der Erstellungspflicht

Der Erstellungspflicht ist im vorgeschriebenen Umfange durch Bereitstellung von Parkplätzen nachzukommen, sei es durch Realerfüllung auf dem Baugrundstück selber oder in dessen Nähe, sei es durch Beteiligung an einer Gemeinschaftsanlage. Wird die Erstellungspflicht nicht solcherweise erfüllt, so tritt an ihre Stelle subsidiär[131] die Entrichtung einer Ersatzabgabe mit dem Zweck, die rechtsgleiche Behandlung[132] der grundsätzlich Erstellungspflichtigen zu gewährleisten. Den Anknüpfungspunkt für die Abgabepflicht bildet, dass die ermittelte Parkplatzzahl[133] aus rechtlichen oder tatsächlichen Gründen im Einzelfall nicht oder nur mit unverhältnismässigem Aufwand bereitgestellt werden kann und der Erstellungspflichtige daher von der Schaffung der an sich erforderlichen Anzahl Abstellplätze ganz oder teilweise befreit wird[134]. Ergeht indessen ein Erstellungsverbot (aufgrund einzelfallweiser Herabsetzung der zulässigen Anzahl Abstellplätze), so kann die Abgabepflicht grundsätzlich[135] oder mit Rücksicht auf die Verhältnismässigkeit[136] entfallen. Eine gebietsweise Begrenzung der im Ein-

---

[130] Vgl. infra § 12 I. 3. A. a. cc.

[131] Soweit und solange dem Erstellungspflichtigen die Realerfüllung möglich und zumutbar ist, hat er seiner Pflicht auf diese Weise nachzukommen (vgl. BEZ 1985 Nr. 36 E. 3, desgl. ZBl 89 [1988] 266 E. 2b Zürich). - Der Wortlaut in Art. 56 Abs. 1 BauV/BE, § 58 Abs. 1 BauG/AG und § 73 Abs. 1 PBG/TG ist demgegenüber offener gefasst. Vgl. auch RDAF 1985, 322 E. C, welcher Entscheid eine gewisse Alternativität («faculté donnée à la municipalité») von «contribution compensatoire» und «aménagement effectif d'emplacement de parcage» impliziert.

[132] BGE 97 I 806 E. 8 Zug, BEZ 1993 Nr. 2 E. b, RB 1981 Nr. 135 E. b.

[133] Laut § 2 Abs. 1 EPR/AG bildet der reduzierte Bedarf nach § 25 Abs. 1 ABauV/AG den Referenzpunkt für die Ersatzabgabe für nicht erstellte Parkplätze; Gleiches gilt offenbar nach bernischem Recht (BVR 1995, 520 E. 6.2 Thun BE). Das zürcherische Recht sodann sieht die Ersatzabgabepflicht zwar nicht für die allgemeine Herabsetzung nach § 242 Abs. 2 i.f. PBG/ZH (Begrenzung der Gesamtzahl) vor, wohl aber bei einzelfallweiser Herabsetzung der Zahl zu erstellender Parkplätze im Sinne von § 245 Abs. 2 lit. a PBG/ZH (WOLF/KULL, N. 95, FREY, S. 55).

[134] Vgl. § 246 Abs. 1 PBG/ZH, Art. 18 lit. c BauG/BE (Verweisung auf das kommunale Recht) sowie Art. 55 (insbes. Abs. 3 Satz 2) BauV/BE, § 147 Abs. 4 lit. b PBG/SO und § 42 Abs. 4 lit. b KBV/SO, § 110 Abs. 1 und 3 E RBG/BL, § 58 Abs. 1 i.V.m. § 55 Abs. 3 und 4 BauG/AG.

[135] Vgl. § 58 Abs. 2 BauG/AG, wonach die Abgabepflicht entfällt, wenn das Gemeinwesen die Erstellung von Parkplätzen untersagt und keine öffentlichen Parkierungsanlagen in angemessener Entfernung zur Verfügung stehen.

[136] Die zur Verhältnismässigkeit in RB 1984 Nr. 110 (bzgl. der Verpflichtung zur Beteiligung an einer Gemeinschaftsanlage) angestellte Überlegung zu § 245 Abs. 2 PBG/ZH, der gemäss «nach dem Schluss a maiore ad minus [...] die Behörde auch befugt [ist], nur das Erstellungsverbot auszusprechen, ohne gleichzeitig den Verfügungsadressaten zur Beteiligung an einer

zelfall zulässigen Anzahl Parkplätze (selbst wenn sie die Parkplatzzahl nicht auch gesamthaft gebietsweise beschränkt) dürfte schliesslich - ausdrücklich anderslautende Bestimmungen vorbehalten - keine Ausgleichspflicht begründen[137].

Der Verzicht auf die Erstellung eines Teils der erforderlichen Abstellplätze gegen freiwillige Leistung der entsprechenden Ersatzabgabe, mit dem Zweck, ein Bauvorhaben, das bei Realerfüllung des ermittelten Normbedarfs übermässige Immissionen hervorrufen würde, mit den umweltschutzrechtlichen Anforderungen in Übereinstimmung zu bringen, widerspräche zwar dem subsidiären Charakter der Ersatzabgabe, könnte bei zweckmässiger Abstimmung auf das öffentliche Verkehrsangebot aber durchaus sinnvolle Lösungen hervorbringen; dies sodann umso mehr, wenn die Ersatzabgaben zweckgerichtet zur Verbesserung des öffentlichen Verkehrsangebots eingesetzt werden können. Bestrebungen der Bauwilligen, eine möglichst bescheidene Anzahl Parkplätze und eine entsprechend wenig aufwendige strassenmässige Erschliessung vorzusehen, um die Erreichbarkeit selbst grösserer Überbauungen so auszugestalten, dass die Vorschriften der Umweltschutzgesetzgebung auf den Erschliessungsachsen eingehalten werden, erscheinen jedenfalls förderungswürdig[138].

Gemeinschaftsanlage zu verpflichten», trifft m.E. sinngemäss auch auf die Pflicht zur Leistung von Ersatzabgaben zu (a.M. FREY, S. 82), obgleich dies im Wortlaut von § 246 Abs. 1 PBG/ZH nicht zum Ausdruck kommt. Es drängt sich indes schon aus Gründen der Folgerichtigkeit der gesetzlichen Regelung auf (zumal da § 242 Abs. 2 Satz 2 PBG/ZH, der eine Begrenzung der Gesamtzahl der zu erstellenden Parkplätze ermöglicht, keine Ersatzleistung der grundsätzlich Erstellungspflichtigen vorsieht).

[137] Vgl. WOLF/KULL, N. 95. - Zurückhaltung (d.h. der Verzicht auf Ersatzabgaben) beim Eingriff in die Eigentumsrechte durch verkehrsplanerische Anordnungen als Luftreinhalte- und Lärmschutz-Massnahmen vermag die Anforderungen an die dahinterstehenden öffentlichen Interessen und an die Verhältnismässigkeit angesichts des weniger schwerwiegenden Eingriffs etwas zu mässigen und dürfte auch zu besserer Akzeptanz solcher Vorkehrungen beitragen. Bei einer gebietsweisen Regelung verliert das Argument der Gewährleistung rechtsgleicher Behandlung ohnehin an Schlagkraft.

[138] Vgl. etwa die in Ziff. 8.5.5 BZO/Wallisellen ZH als Reduktionsgrund anerkannten «Anstrengungen der Bauherrschaft zur Reduktion des Privatverkehrs wie Firmenbusse, Finanzierung zusätzlicher Kurse des Ortsbusses und dergleichen».

§ 10 Die Gestaltungsvorschriften

Die Gestaltungsvorschriften sind zunächst als besondere Gattung von Bauvorschriften darzustellen (I., Allgemeines), welche zum einen die Gestaltung der Bauten an sich (II.) und zum anderen deren Einordnung in die bauliche und landschaftliche Umgebung betreffen (III.). Für die bauliche Verdichtung von besonderer Bedeutung ist schliesslich das Verhältnis der Gestaltungsvorschriften zu den quantitativen Bauvorschriften (IV.).

I. Allgemeines

Im folgenden gilt es, den Begriff der Gestaltungsvorschriften zu definieren (1.) sowie deren Funktion (2.) und Verdichtungsrelevanz (3.) zu erörtern. Eine grobe Systematisierung der Gestaltungsvorschriften erlaubt sodann die Abgrenzung des in diesem Paragraphen zu behandelnden Gegenstands (4.).

1. Definition

Die Gestaltungsvorschriften für Bauten und deren Umschwung sind qualitative Bauvorschriften, welche die architektonische Kreativität angesichts der verhältnismässig dauerhaften und oft einschneidenden optischen Umweltveränderung durch Bauten beschränken. Sie bezwecken anders als die technischen Vorschriften nicht die effiziente und komfortable Benützbarkeit der Bauten und mithin in einem weiteren Sinne das physische Wohlbefinden der Bewohner und Benützer, sondern betreffen den Eindruck, den eine Baute beim Betrachter hervorruft. Liegen den technischen Vorschriften objektivierte und mehr oder weniger anerkannte Beurteilungsmassstäbe zugrunde, anhand derer quantitative Vergleiche angestellt werden können, sind im Rahmen der Gestaltungsvorschriften Empfindungen zu beurteilen, die sich zwar auf eine gemeinsame kulturelle Grundlage zurückführen lassen, letzten Endes jedoch subjektiver Natur sind und mithin nur beschränkt beschrieben, begründet und nachvollzogen werden können.

2. Funktion

Die Gestaltungsvorschriften bezwecken eine über die physische Siedlungsqualität - wie durch quantitative und technische Vorschriften gewährleistet - hinausgehende, nämlich ästhetische Siedlungsgestaltung[1]. Ansatzpunkt hiezu bildet die Gestaltung der einzelnen Bauten in ihrer ästhetischen Gesamtwirkung. Diese ergibt sich aus der Gestaltung einzelner Bauteile, dem Zusammenwirken der Bauteile untereinander[2], dem Zusammenhang der Baute mit der Gestaltung der unmittelbaren Umgebung (Umschwung) und schliesslich aus der Einordnung in eine weitere Umgebung (Siedlungs-/Landschaftsbild)[3]. Für die Einordnung sind die Siedlungskörnung sowie die kubische Gliederung der Bauten, die Anordnung und Abfolge der Aussenräume und schliesslich das Zusammenwirken all dieser Eigenschaften von prägender Bedeutung. Zu bewerten ist in ästhetischer Hinsicht vorab das gestalterische Verhältnis eines Gebäudes zu dessen (seinerseits vorgängig zu beurteilendem) baulichem Kontext.

Da die Zwecksetzung der Gestaltungsvorschriften das für eine im baupolizeilichen Sinne angemessene Siedlungsqualität Unabdingbare übersteigt[4], indem sie das Schöne und das angenehme Empfindungen Hervorrufende anstreben (oder zumindest das Gegenteilige zu verhindern trachten), müssen gestützt darauf ergehende Eigentumsbeschränkungen besonders sorgfältig erwogen werden; dies umso mehr, da die einschlägigen Vorschriften sachbedingt bedeutende Entscheidungsspielräume enthalten[5]. Im Rahmen der unerlässlichen Interessenabwägung ist auch den baulichen Nutzungsmöglichkeiten Rechnung zu tragen, wie sie aus den quantitativen Bauvorschriften hervorgehen, von welchen namentlich jenen betreffend Bauweise, Abstände sowie Gebäudeabmessungen in einem weiteren Sinne auch gestaltungsrelevante Wirkung zukommt.

---

[1] Die Siedlungsqualität umfasst in diesem erweiterten Sinne auch «eine gefällige, menschliche Dimensionen wahrende und das Auge erheiternde Umwelt» (LENDI, Gestaltungsvorgaben, S. 14).

[2] VON ARX, S. 65.

[3] Die ästhetische Bewertung der Bauten an sich - d.h. unter Abstrahierung von der Einordnung in die bauliche oder landschaftliche Umgebung - ist bald ausdrücklich Gegenstand der Ästhetik-Generalklausel (z.B. § 238 Abs. 1 PBG/ZH, § 145 Abs. 2 PBG/SO) und ergibt sich bald implizit aus deren Normzweck («es müssen die Bauvorhaben an sich, also unabhängig von ihrem Standort, wenigstens minimalen Ästhetikansprüchen genügen» [ZAUGG, Kommentar Art. 9/10 BauG/BE, N. 1 und N. 21], vgl. auch BVR 1982, 469 ff.; Massnahmen zur Verhinderung einer störenden Baugestaltung finden sich in Art. 12 Abs. 1 BauV/BE).

[4] Als «elementares ordnungspolizeiliches Erfordernis menschlichen Zusammenlebens» gilt die Baugestaltung indes bei SCHÜRMANN (S. 62). - Die grundsätzliche Frage, ob das verfolgte Ziel überhaupt Gegenstand rechtlicher Normen sein kann, darf immerhin gestellt werden (und zwar sowohl bzgl. Gestaltungsgeboten als auch bzgl. Verunstaltungsverboten); sehr skeptisch dazu (insbes. gegenüber sog. positiven Ästhetikklauseln) LENDI (Gestaltungsvorgaben, S. 14), da «das Recht letztlich in Fragen der Ästhetik nicht zuständig ist».

[5] «Une base légale large exige [...] que l'on se montre particulièrement rigoureux lors de la pesée des intérêts en présence et dans l'examen de la proportionnalité» (BGE 115 Ia 366 E. 2c m.H. Ormont-Dessus VD und 101 Ia 221 E. 6a Morges VD).

3. Verdichtungsrelevanz

Für die Verdichtungsrelevanz der Gestaltungsvorschriften kann weitgehend auf das eingangs des 2. Abschnitts zu den qualitativen Bauvorschriften Gesagte verwiesen werden. Eine ansprechende Siedlungsgestaltung wird für die subjektive Erfahrung der baulichen Dichte mit deren Erhöhung zunehmend bedeutender. Die Verminderung des unüberbauten Raumes zwischen den einzelnen Gebäuden ist dabei einerseits durch eine Umgebungsgestaltung zu kompensieren[6], welche die nötige "Sozialdistanz" ermöglicht, und anderseits mittels sorgfältiger Gestaltung dessen, wozu diese "Distanz" geschaffen werden soll, wodurch sich das "Distanzbedürfnis" seinerseits verringert.

4. Typologie

Die Ästhetik der Gebäude und ihrer Umgebung als Aspekt der Siedlungsqualität bildet Gegenstand verschiedenster Bestimmungen des Raumplanungs- und Baurechts. Sie erscheint bereits in den Zielen und Grundsätzen des Raumplanungsgesetzes[7]: Art. 1 Abs. 2 lit. b RPG nennt als Planungsziel die Schaffung und Erhaltung «wohnliche[r] Siedlungen», währenddem Art. 3 Abs. 2 lit. b RPG die Einordnung der Siedlungen und Bauten in die Landschaft fordert[8] und in Abs. 3 des gleichen Artikels die Siedlungsgestaltung «nach den Bedürfnissen der Bevölkerung» - worunter auch eine ansprechende ästhetische Gestaltung fallen dürfte - als Planungsgrundsatz aufgeführt wird.

Die kantonalen Raumplanungs- und Baugesetzgebungen sodann weisen durchwegs eine als Bauvorschrift ausgestaltete allgemeine Regel für die Gestaltung der Bauten und des Umschwungs auf. Diese sog. Ästhetik-Generalklauseln[9] können sowohl durch besondere kantonalrechtliche Vorschriften in bezug auf die gestalterische Wirkung bestimmter Bauteile[10] als auch durch kommunale Ge-

---

[6] Gemäss Benedikt HUBER (S. 21) ist der «Gestaltung der privaten Aussenfläche in reduzierter, aber intensiv nutzbarer Form besondere Aufmerksamkeit zu schenken [...; gleichermassen sind] die öffentlichen Freiflächen als Ausblicksraum besonders gut [zu gestalten, womit] der Ausbildung von Strassen und Plätzen und der dazugehörigen Fassaden besondere Bedeutung zukommt».

[7] Schon unter die verfassungsmässige Zielsetzung der «geordneten Besiedlung» (Art. 22quater BV) liesse sich die Notwendigkeit einer angemessenen Siedlungsgestaltung subsumieren (ähnlich: LENDI, Gestaltungsvorgaben, S. 17).

[8] Vgl. dazu EJPD/BRP, Erläuterungen RPG, Art. 3 N. 27 ff.

[9] § 238 PBG/ZH, Art. 9 Abs. 1 und Art. 14 Abs. 1 BauG/BE sowie Art. 12 Abs. 1 und 2 BauV/BE, § 140 PBG/LU, § 145 PBG/SO sowie § 63 und § 64 Abs. 1 KBV/SO, § 107 E RBG/BL, § 42 BauG/AG, § 66 Abs. 1 PBG/TG, Art. 86 LATC/VD.

[10] Vgl. z.B. § 244 Abs. 3 Satz 2 (Abstellplätze) und § 292 f. PBG/ZH (Dachaufbauten, Untergeschosse) oder § 63 Abs. 3 (Terrainveränderungen) und § 64 Abs. 2 und 3 KBV/SO (Dachgestaltung).

setzgebung verfeinert[11] und - sofern zulässig - verschärft[12] werden. Ferner können detaillierte gestalterische Vorschriften[13] Eingang finden in die baurechtliche Grundordnung bestimmter Zonen[14] oder für gewisse Überbauungsarten[15], wobei derlei besondere Gestaltungsvorschriften der Ästhetik-Generalklausel grundsätzlich vorgehen[16]. Gestalterische Anordnungen können schliesslich Gegenstand von Sondernutzungsplänen[17] bilden sowie als Gegenleistung für nutzungsmässige Vergünstigungen im Rahmen von Bewilligungen nach projektbezogenen Sonderinstrumenten im Verhältnis zur Ästhetik-Generalklausel verschärft werden[18].

Für die Zwecke der vorliegenden Arbeit erweist es sich als hinreichend, die Ästhetik-Generalklauseln näher zu erörtern, um die rechtserheblichen Gestaltungsmerkmale von Überbauungen zu ermitteln und die Verdichtungsrelevanz der gestalterischen Vorschriften darzustellen. Auf die Behandlung der Gestaltungsvorschriften im Zusammenhang mit besonders schutzwürdigen Bauten, Ensembles, Ortsbildern und Landschaften sodann muss hier angesichts der Vielfalt möglicher Sachverhalts-Konstellationen und zu treffender Schutzanordnungen verzichtet werden. Es wird demgemäss von einer in naturschützerischer und denkmalpflegerischer Hinsicht durchschnittlichen oder unterdurchschnittlichen Umgebung ausgegangen, in welcherart Rahmen verdichtete Überbauungen wohl auch mehrheitlich zu liegen kommen dürften.

Der normative Gehalt der Ästhetik-Generalklauseln äussert sich in unbestimmten Gesetzesbegriffen, die den rechtsanwendenden Behörden einen ausgesprochen weiten Entscheidungsspielraum belassen. Aus sich selbst heraus kommt

---

[11] Vgl. z.B. § 49 Abs. 2 lit. d und § 76 ff. PBG/ZH, § 36 Abs. 2 Ziff. 2, 11, 16 und 23 PBG/LU, § 20 Abs. 4 E RBG/BL.

[12] Vgl. z.B. Art. 9 Abs. 3, Art. 14 Abs. 2 BauG/BE und Art. 12 Abs. 4 BauV/BE, § 11 Abs. 2 Ziff. 9 und 10 sowie § 66 Abs. 2 PBG/TG. - Vgl. sodann BEZ 1986 Nr. 2 (betreffend kraft kommunalen Rechts strengere Gestaltungsanforderungen für besondere Sachverhalte).

[13] STEINER (S. 117) nennt diese Vorschriften, die sich auf einzelne Gestaltungselemente beziehen, «konkrete Ästhetikklauseln».

[14] Z.B. kraft § 50 Abs. 3 Halbsatz 1 PBG/ZH für die Kernzonen (vgl. RB 1981 Nr. 131 und 1985 Nr. 82) bzw. § 50a Abs. 2 PBG/ZH für die Quartiererhaltungszonen; ausdrückliche gesetzliche Ermächtigung vorbehalten, steht es den zürcherischen Gemeinden jedoch nicht zu, in allgemeiner Weise Anforderungen an die Gestaltung von Bauten und Anlagen zu stellen, die über das in § 238 PBG/ZH Verlangte hinausgehen (BEZ 1991 Nr. 30 E. 4).

[15] Vgl. z.B. gemäss § 77 PBG/ZH für Terrassenüberbauungen.

[16] Vgl. BGE vom 17. Februar 1992 Hermance GE in RDAF 1993, 53 ff.

[17] § 79 Abs. 1 und § 80 Abs. 1 Satz 2 sowie § 83 PBG/ZH, Art. 88 Abs. 1 lit. d und e BauG/BE, § 67 lit. d, g und h sowie § 73 Abs. 1 lit. a, c, f und n PBG/LU, § 44 Abs. 1 PBG/SO, § 39 Abs. 2 lit. a E RBG/BL, § 21 Abs. 1 lit. a BauG/AG, § 19 Abs. 1 Ziff. 2 und 6 PBG/TG.

[18] Vgl. z.B. § 71 Abs. 1 PBG/ZH und § 39 Abs. 1 lit. a KBV/SO (betreffend Arealüberbauungen: «besonders gut gestaltet» bzw. «architektonisch [...] gute, der baulichen und landschaftlichen Umgebung angepasste Überbauung»), § 51 E RBG/BL (betreffend Ausnahmeüberbauung: «gute Einfügung»); keine Verschärfung scheint sich aus Art. 75 BauG/BE (für die Gestaltungsfreiheit) zu ergeben (vgl. ZAUGG, Kommentar Art. 75 BauG/BE, N. 5).

den Vorschriften mithin nur beschränkte Aussagekraft zu. Unter diesem Gesichtspunkt verliert die typologisch zunächst einleuchtende Unterteilung (und Anforderungsabstufung) in positive und negative Ästhetik-Generalklauseln (Gestaltungsgebote[19] bzw. Verunstaltungs- oder Beeinträchtigungsverbote[20]) an Schärfe und ist in der gebauten Umwelt denn auch kaum wahrnehmbar. Als bedeutender erweist sich m.e. die unterschiedliche Festlegung des qualitativen Massstabs rechtsgenüglicher Gestaltung und Einordnung[21], und dies insbesondere bei vergleichsweiser Betrachtung der jeweiligen gestalterischen Anforderungen[22].

II. Die Gestaltung der Bauten

Der Eindruck, den die architektonische Gestaltung der Bauten beim Betrachter hervorruft, ist zunächst vom Erscheinungsbild der einzelnen gestaltungsrelevanten Baumerkmale abhängig (1.) und ergibt sich sodann (als Gesamtwirkung) aus dem Zusammenhang dieser Merkmale untereinander und mit deren unmittelbaren Umgebung (2.).

1. Die gestaltungsrelevanten Merkmale von Bauten

Die Bauästhetik beurteilt sich namentlich anhand der Dimensionen[23] und Proportionen[24] der Bauten (A.), wobei sich diese Eigenschaften im wesentlichen

---

[19] Z.B. § 238 PBG/ZH, § 140 Abs. 1 Satz 1 PBG/LU, § 145 PBG/SO, § 107 E RBG/BL, § 42 Abs. 1 BauG/AG, Art. 86 al. 1er LATC/VD.

[20] Z.B. Art. 9 Abs. 1 BauG/BE, § 140 Abs. 1 Satz 2 PBG/LU, § 42 Abs. 2 BauG/AG, § 66 Abs. 1 PBG/TG, Art. 86 al. 2 et 3 LATC/VD. - Der Regelungsgegenstand negativer Ästhetik-Generalklauseln ist an sich auf die Einordnung der Bauten beschränkt, deren Gestaltung als solche zumindest unter diesem Gesichtspunkt jedoch auch zu beurteilen ist (strikter abgrenzend indes RJN 1990, 180 ff. in BR/DC 1992, 14: «[La] clause générale d'esthétique dite négative [...] ne vise pas à protéger l'esthétique du bâtiment à construire lui-même, mais vise uniquement la protection d'un quartier ou d'une rue, à l'exception du bâtiment en tant que tel. [...] Il n'y a pas lieu de se prononcer sur les qualités architecturales (techniques ou esthétiques) de la construction prévue en elle-même, c'est-à-dire considérée isolément et en dehors de l'environnement déjà bâti»).

[21] Vgl. z.B. § 238 Abs. 1 PBG/ZH und Art. 86 al. 1er LATC/VD («befriedigende Gesamtwirkung» bzw. «aspect architectural satisfaisant»), § 145 Abs. 2 PBG/SO (Förderung der Siedlungsqualität), § 107 E RBG/BL sowie § 42 Abs. 1 BauG/AG («gute Gesamtwirkung») bzw. Art. 9 Abs. 1 BauG/BE, § 140 Abs. 1 Satz 2 PBG/LU, § 42 Abs. 2 BauG/AG und § 66 Abs. 1 PBG/TG (jeweils Beeinträchtigungsverbote).

[22] So z.B. beim Vergleich der Anforderungen an das Bauen nach Zonenplan zu jenen für das Bauen nach Sondernutzungsplan oder projektbezogenem Sonderinstrument. - Vgl. des weiteren BGE 115 Ia 373 E. 3 m.H. Bern (Verunstaltung; Beeinträchtigung, weiter unterschieden nach Störungsintensität); auch in BGE 114 Ia 345 E. 4b Zürich werden Generalklauseln verschiedenen Qualitätsanspruchs zueinander in Beziehung gesetzt (Gebot einer befriedigenden Gesamtwirkung gegen Verunstaltungsverbot); der positive oder negative Charakter der Bestimmungen ist dabei von zweitrangiger Bedeutung.

[23] Vgl. etwa § 140 Abs. 1 Satz 2 PBG/LU.

nach quantitativen Bauvorschriften bestimmen, denen in diesem Sinne somit auch bedeutende gestalterische Wirkung zukommt. Für den ästhetischen Eindruck der Bauten massgeblich sind ferner die kubische Gliederung des Baukörpers[25] (B.) sowie das Erscheinungsbild der Fassaden[26] (C.).

A) Die Dimensionen und Proportionen der Bauten

Überbauungen in verdichteter Bauweise zeichnen sich regelmässig durch vergleichsweise bedeutende Gebäudelängen aus, während die Gebäudehöhen mit zwei bis drei (bei Doppelmaisonnette-Bauten allenfalls vier) Geschossen eher bescheiden bleiben. Etwaige Disproportionalitäten sind dabei im Lichte der Wirkung der kubischen Gliederung sowie der Fassadengestaltung zu beurteilen und brauchen daher nicht zwangsläufig eine unbefriedigende ästhetische Gesamtwirkung hervorzurufen; vielmehr können sie bewusst Ausdruck eines durch Addition gekennzeichneten Gestaltungsprinzips bilden. Eine die besonderen Verhältnisse des verdichteten Bauens berücksichtigende Beurteilung findet ihre Grenzen immerhin am Einordnungsgebot, dem gemäss auch eine additionsbedingte Disproportionalität die Siedlungskörnung nicht grundsätzlich durchbrechen darf, es sei denn, es entspreche dies einem bewussten siedlungsgestalterischen Entscheid.

B) Die Gliederung des Baukörpers

Die kubische Gliederung des Baukörpers ist für das verdichtete Bauen insofern von entscheidender ästhetischer Bedeutung, als sie die gestalterischen Wirkungen der Dimensionierung von Überbauungen beeinflusst und dabei allfällige Disproportionalitäten zu mildern vermag[27]. Die kubische Erkennbarkeit der Addition (und damit die Kleinteiligkeit verdichteter Überbauungen), wie sie durch versetztes Aneinanderfügen der Baueinheiten (im Sinne einer Staffelung oder Stufung) und ferner dadurch zu erreichen ist, dass bereits die einzelnen Baueinheiten eine kubische Gliederung aufweisen, indem etwa einzelne Bestandteile vorspringen oder zurückversetzt sind, erweist sich zumeist als gestalterisch vorteilhaft[28]. Den Baukörper kubisch nicht zu gliedern (und m.a.W. aus

---

[24] Im Sinne der «rapports de masse et de lignes» (MACHERET, Esthétique, S. 357). - Vgl. etwa Art. 12 Abs. 1 BauV/BE oder § 140 Abs. 1 Satz 2 PBG/LU.
[25] Vgl. etwa § 145 Abs. 2 PBG/SO («Volumen, Gestaltung und Formgebung»), § 42 Abs. 1 BauG/AG («Grösse» und «Gestaltung des Baukörpers»). - Zur Gestaltungsrelevanz der kubischen Gliederung vgl. etwa JAGMETTI, Siedlungsplanung, S. 9 f.
[26] Vgl. Art. 12 Abs. 1 BauV/BE (dazu etwa BVR 1991, 390 f. E. c), § 42 Abs. 1 BauG/AG («Oberfläche»).
[27] Vgl. z.B. BEZ 1988 Nr. 42 E. 4c.
[28] Jedenfalls wird z.B. in RDAF 1993, 204 f. E. 5c Prilly VD eine Überbauung, die sich aus «unités d'habitation distinctes, rigoureusement identiques, revêtues d'une toiture propre» zusammensetzt und eine gewisse «unité architecturale» aufweist, im Vergleich zu einem «bâtiment unique longiligne traditionnel» als «solution qui sera souvent plus heureuse sur le

kongruenter Addition hervorgehen zu lassen), ist vom gestalterischen Gesichtspunkt aus betrachtet zumeist wohl heikler, kann sich aber aus einem besonderen städtebaulichen Umfeld heraus (z.b. Blockrandüberbauung) oder aufgrund besonderer Verhältnisse in der Umgebung (z.b. gestraffte Fassadenabwicklung lärmexponierter Gebäudeseiten) durchaus rechtfertigen. Schliesslich kann eine Entschärfung allfälliger Disproportionalität etwa durch gliedernde Fassadengestaltung erzielt werden.

C) Die Fassadengestaltung

Die Fassadengestaltung ist im Zusammenhang mit der kubischen Gliederung des Baukörpers zu würdigen: je weniger die verschiedenen Baueinheiten am Baukörper als solche erkennbar sind, desto eher drängt sich zur Wahrung der Kleinteiligkeit eine gestalterische Differenzierung der Fassade auf. Eine solche Strukturierung des Erscheinungsbilds des Baukörpers kann mit allen Elementen der Fassadengestaltung erreicht werden: Anzahl und rhythmisierende Anordnung von Gebäudeöffnungen (wie Fenster und Türen) sowie kleinerer Gebäudevor- oder -rücksprünge, Materialwahl und Farbgebung sind für das Erscheinungsbild der Fassaden dabei von besonderer Bedeutung. Die Fassadengestaltung prägt sodann oft nicht bloss das Erscheinungsbild des betreffenden Gebäudes, sondern - nach Massgabe dessen Grösse - auch den Gesamteindruck eines Strassenzugs oder eines Quartiers[29].

2. Die gestalterische Gesamtwirkung der Bauten

Die gestalterische Gesamtwirkung der Bauten geht hervor aus dem Zusammenwirken der einzelnen gestaltenden Baumerkmale untereinander (A.) und mit dem Umschwung (B.). Die ästhetisch-architektonische Bewertung der Baugestaltung abstrahiert dabei zunächst vom Zusammenhang der Baute mit der baulichen und landschaftlichen Umgebung und erfolgt somit nicht im Vergleich zu deren gestalterischen Qualität, sondern anhand eines "absoluten" Massstabs, welcher sich an der mutmasslichen ästhetischen Beurteilung durch einen durchschnittlichen Betrachter orientiert[30].

---

plan esthétique» erkannt, während anderseits die Verhinderung einer «symétrie marquée» sowie eines «effet de répétition» ein Verbot des Zusammenbaus aus Gründen der Ästhetik oder der Einordnung zu rechtfertigen vermag (BGE vom 17. September 1991 E. 1a Grandson VD).

[29] BGE vom 4. Juli 1979 E. 5e Chur GR in ZBl 81 (1980) 28.

[30] M.a.W. nach «Massstäben, die in Anschauungen von einer gewissen Verbreitung und Allgemeingültigkeit gefunden werden» (BGE 114 Ia 345 E. 4b m.H. Zürich); vgl. auch CHASSOT, S. 105 m.H.

A) Das Zusammenwirken der gestaltenden Baumerkmale

Während die Bewertung einzelner gestaltungsrelevanter Merkmale jeweils für sich allein genommen kaum möglich ist[31], kann deren Zusammenwirken durchaus einer ästhetischen Beurteilung unterzogen werden[32]. Dabei ist die gestalterische Wirkung von Bauten danach zu beurteilen, ob und inwieweit die gestaltungsrelevanten Baumerkmale[33] auf harmonische und ausgewogene[34] oder gekonnt spannungsgeladene und überraschende Art und Weise sich miteinander verbinden und ein folgerichtiges Ganzes[35] bilden. Diese Kriterien gelten sinngemäss auch für die ästhetische Bewertung des Zusammenwirkens verschiedener Bauteile und Baueinheiten.

B) Das Zusammenwirken von Bauten und Umschwung

Wie die Bauten haben auch die unüberbauten Grundstücksflächen, welche die Gebäude unmittelbar umgeben, für sich gewissen gestalterischen Anforderungen zu genügen[36]. Als bedeutsamer noch erweist sich aber in aller Regel die Umschwunggestaltung als Beitrag zur Gesamtwirkung von Überbauungen. Zwischen Baugestaltung und Umschwunggestaltung ergeben sich dabei bedeutende Wechselwirkungen: so kann etwa auf eine besondere Dimensionierung oder Proportionierung mittels gezielter Gestaltung des die Baute unmittelbar umgebenden Aussenraums Bezug genommen werden, um eine ansprechende bzw. rechtsgenügliche Gesamtwirkung zu gewährleisten.

III. Die Einordnung in die bauliche und landschaftliche Umgebung

Das Einordnungsgebot setzt die gestaltungsrelevanten Baumerkmale (2.) in Beziehung zu einer massgeblichen baulichen und landschaftlichen Umgebung (1.)

---

[31] VON ARX, S. 69.

[32] VON ARX, S. 80 f. (hinsichtlich des Zusammenwirkens verschiedener Bauteile); dies gilt m.E. jedoch gleichermassen für das Zusammenspiel der gestaltungsrelevanten Baumerkmale.

[33] Vgl. zunächst supra 1. - In die Beurteilung ihres Zusammenwirkens sind sodann sämtliche Bestandteile des Erscheinungsbildes einer Baute nach Grösse, Form, Farbe, Tönen und Strukturen (vgl. VON ARX, S. 81) einzubeziehen.

[34] Vgl. etwa VON ARX, S. 70 und S. 81 ff., sowie MATILE et al., Kommentar Art. 86 LATC/VD, N. 1: «une harmonie intrinsèque, indépendament de l'environnement»; ferner MACHERET (Esthétique, S. 357): «la tonalité (ambiance), [...] les rapports "plein-vide"».

[35] Vgl. dazu MACHERET (Esthétique, S. 357): «la clarté et l'unité du parti architectural, [...] la rationalité des fonctions, la correspondance entre contenant et contenu [vérité des matériaux, S. 361], [...] la logique structurale [économie des moyens expressifs, S. 361]».

[36] Vgl. z.B. ausdrücklich § 238 Abs. 1 PBG/ZH; daneben erlaubt Abs. 3 derselben Bestimmung der Baubewilligungsbehörde, für die Gestaltung der unmittelbaren Umgebung von Bauten im Vergleich zur Ästhetik-Generalklausel in Abs. 1 weitergehende gestalterische Anordnungen zu treffen. Laut Art. 12 Abs. 1 i.f. BauV/BE kann eine «die nachteiligen Auswirkungen [störender Baugestaltung] mildernde Umgebungsgestaltung» angeordnet werden.

und verlangt, dass die Bauten und ihre nähere und weitere Umgebung ein - nach Massgabe der Verhältnisse im Einzelfall unterschiedlich - ausgewogenes Ganzes bilden (3.). In die Landschaft - und sinngemäss auch in Siedlungen - fügen sich Bauten dann ein, wenn deren «Standort und Ausmass das Gefüge der landschafts[- bzw. siedlungs-]bildenden Eigenarten [...] nicht störend verändern und wenn sie sich an eine landschafts[- bzw. siedlungs-]gerechte Form- und Materialsprache halten»[37], wenn sie m.a.W. in eine «verständnisvolle Beziehung»[38] treten zur Umgebung, wie sie sich durch Gebäude, Aussenräume sowie deren Bezugnahme aufeinander kennzeichnet.

1. Die massgebliche Umgebung

Für die Beurteilung der Einordnung kann von entscheidender Bedeutung sein, in was für eine Umgebung ein Bauvorhaben sich einzufügen hat. Das hiefür massgebliche Siedlungs- und Landschaftsbild ist dabei einerseits in seiner Ausdehnung (A.) und anderseits in seiner (zumindest regelmässig massstabbildenden[39]) gestalterischen Qualität zu bestimmen (B.).

A) Die Ausdehnung

Der räumliche Umfang des massgeblichen Siedlungs- und Landschaftsbildes bestimmt sich zum einen nach den topografischen[40] sowie siedlungsstrukturellen[41] Gegebenheiten[42] und zum anderen nach Massgabe der optischen Ausstrahlung (Sichtbarkeit) der Baute[43]; er dürfte regelmässig ein «über den bloss nachbarschaftlichen Rahmen hinausreichendes Bezugsfeld» erfassen[44]. Für das

---

[37] EJPD/BRP, Erläuterungen RPG, Art. 3 N. 28 und N. 31.

[38] EJPD/BRP, Erläuterungen RPG, Art. 3 N. 30.

[39] Das Einordnungsgebot bezieht damit einen wesentlichen Teil seines normativen Gehalts aus dem Faktischen; die Bindung an die tatsächlichen Verhältnisse schafft die materiellen «Leitplanken» für die Einordnung (vgl. AGVE 1993, 380 E. 2c/aa/bbb m.H. Buchs AG).

[40] Das Bezugsgebiet muss insbes. bei erhöhten Qualitätsansprüchen an die Einordnung durch die Topografie als verhältnismässig einheitlich gestalteter Raum erkennbar sein («secteur topographiquement si clairement délimité qu'il se justifierait de le soumettre à un régime particulier» [BGE 115 Ia 368 E. 4b Ormont-Dessus VD]).

[41] Darunter fallen die Grundzüge der Nutzungsordnung und der Siedlungsgestaltung.

[42] Es ist ferner grundsätzlich von dem auszugehen, «was von einem durchschnittlichen Betrachter gleichzeitig überblickt und erlebt werden kann» (AGVE 1993, 383 E. 2c/cc/aaa m.H. Buchs AG).

[43] Vgl. VON ARX (S. 85 m.H.): «mit dem Objekt optisch in einem Zusammenhang stehende bauliche und landschaftliche Umgebung». - Die Sichtbarkeit der Baute ist zur Abgrenzung des Bezugsgebietes als alleiniges Kriterium indes nicht durchwegs geeignet (vgl. z.B. BGE 115 Ia 368 E. 4b Ormont-Dessus VD).

[44] BGE 118 Ia 235 E. 1b Küsnacht ZH. Daraus wird abgeleitet, dass Ästhetikvorschriften hauptsächlich den Schutz von Interessen der Allgemeinheit bezwecken. Ästhetische Beeinträchtigungen werden allerdings als ideelle Immissionen u.U. vom Verbot übermässiger Einwirkungen (Art. 684 ZGB) erfasst (vgl. BGE vom 15. November 1991 E. 3 Kilchberg ZH in ZBl 94 [1993] 89).

verdichtete Bauen ergibt sich aufgrund der optischen Ausstrahlung wohl in aller Regel ein verhältnismässig grosses Bezugsgebiet, dessen Umfang dabei wesentlich vom Additionsprinzip und von der Ausgestaltung der einzelnen Baueinheiten abhängt.

B) Die gestalterische Qualität

Der Massstab bzw. Vergleichswert für die Beurteilung der Einordnung liegt zunächst in der Qualität des gegenwärtigen Erscheinungsbildes der Umgebung[45], ist sodann aber auch unter Berücksichtigung künftiger Entwicklungen, die sich auf das Siedlungs- und/oder Landschaftsbild auswirken, zu bestimmen. Die Umgebung ist namentlich nach den die Landschaft prägenden Eigenschaften[46] sowie nach den die bestehende Überbauung kennzeichnenden mehr oder weniger einheitlichen Gestaltungsmerkmalen zu bewerten[47]. Soweit tatsächliche gestalterische Vorgaben fehlen[48] oder erheblich von der raumplanungs- und baurechtlich vorgesehenen Nutzungsordnung und Gestaltung abweichen[49], ist nach Möglichkeit auf Gestaltungsziele abzustellen, wie sie aus Richtplänen, Nutzungsplänen, einzelnen Bauvorschriften[50] oder allfälligen Entwicklungskonzepten hervorgehen[51]; jedenfalls bei der Ausfüllung behördlichen Entscheidungsspielraums bilden derlei Gestaltungsvorstellungen den zu berücksichtigenden Rahmen für die Beurteilung der Einordnungsqualität, zumal da sich gestützt darauf das künftige

---

[45] VON ARX, S. 73. Dabei ist auf den Gesamteindruck abzustellen, «der sich aus dem Zusammenwirken der verschiedenen Gebäude und allfälliger öffentlicher Anlagen untereinander sowie mit ihrer Umgebung ergibt» (vgl. AGVE 1987, 570 E. c/bb m.H.). - Der Massstab für die "Schutzwürdigkeit" der Umgebung (zum Begriff vgl. CHASSOT, S. 101 f.), welche die Anwendung des Einordnungsgebots überhaupt erst gebietet, ist tief anzusetzen (keine Anwendung findet das Einordnungsgebot immerhin «pour protéger des objets qui n'ont aucune valeur esthétique contre des atteintes dépourvues de portée» [BGE vom 16. April 1986 E. 3a m.H. Rossinière VD in RDAF 1987, 157]); entsprechend zurückhaltend sind dann freilich auch die Anforderungen an die Einordnung anzusetzen.

[46] Namentlich Geländeformen und Vegetation.

[47] Dabei kann es sich um vorwiegend verwendete oder ortsübliche Materialien und Farben, um eine einheitliche Ausgestaltung der Bedachung, die Ausgeglichenheit bzgl. Ausrichtung, Stellung, Masse und Proportionen der Baukörper, um Baustil und Bauweise sowie um die Gestaltung des Umschwungs handeln (vgl. VON ARX, S. 86 f.).

[48] Vgl. MACHERET (Esthétique, S. 354): «lorsqu'il s'agit en particulier d'une région encore peu bâtie, on tiendra compte aussi de son aménagement futur, compte tenu du développement prévisible ou probable de la situation (ATF 101 Ia 213 ss., 223; RDAF 1961, 332 ss.)» sowie MATILE et al., Kommentar Art. 86 LATC/VD, N. 2.1.4.

[49] Vgl. VON ARX, S. 94, sowie z.B. BGE 101 Ia 223 E. 6c Morges VD.

[50] Vgl. z.B. AGVE 1987, 571 f. (E. c/bb).

[51] DIGGELMANN et al., Siedlungserneuerung, S. 101 f. m.H. auf den möglichen "Argumentationsnotstand" der Behörden mangels ausreichend definierter gestalterischer Leitbilder (z.B. kleinräumiger Richtpläne) und auf die sich daraus ergebende Tendenz, das Vorhandene als Massstab anzusetzen.

bauliche Erscheinungsbild der Umgebung je nach gestaltungsrelevantem Baumerkmal mehr oder weniger genau ermitteln lässt[52].

2. Die einordnungsrelevanten Merkmale von Bauten

Das Einordnungsgebot verlangt eine «gewisse Einheitlichkeit der Siedlungsstruktur bezüglich typischen und vorherrschenden Bauformen, Bauteilen oder Bauelementen»[53]. Die Bedeutung einzelner gestaltungsrelevanter Baumerkmale für die Bewertung der Einordnung bestimmt sich massgeblich nach der Sichtbarkeit[54] der Baute insgesamt sowie des betreffenden Gestaltungsmerkmals im besonderen. Für die Einordnung entscheidende Baumerkmale bilden vorab die Proportionen, eine allfällige kubische Gliederung des Baukörpers, die Fassadengestaltung, die verwendeten Materialien und schliesslich der Gesamteindruck, den die Baute in ihrem Verhältnis zur Umgebung vermittelt[55].

Von den für die Einordnung erheblichen Gestaltungsmerkmalen erfahren einzelne im Rahmen des verdichteten Bauens zumeist eine besondere Ausprägung und setzen sich damit in einen gewissen Gegensatz zur gebauten Umgebung. Die Dimensionen verdichteter Überbauungen und deren Proportionierung bewirken in aller Regel einen Einbruch in das von der überkommenen baurechtlichen Grundordnung bestimmte Siedlungsbild. Auf die bestehende Siedlungskörnung kann beim verdichteten Bauen immerhin mittels kubischer Gliederung des Baukörpers Bezug genommen werden. Eine sorgfältige Gestaltung ist des weiteren angezeigt, um das allfällige Spannungsverhältnis zwischen der gestalterischen Geschlossenheit und Einheitlichkeit verdichteter Überbauungen einerseits und bestehenden, weniger einheitlich gewachsenen und durch voneinander unabhängige Einzelbauten geprägten Siedlungsstrukturen anderseits zu bewältigen. Eine weniger strenge Handhabung der Additionsprinzipien vermag dabei gegebenenfalls zu einer geschmeidigeren Einordnung beizutragen, sofern sich eine solche angesichts der gestalterischen Qualität der Umgebung aufdrängt. Für das Setzen neuer Akzente der Siedlungsgestaltung im Rahmen des verdichteten Bauens spricht hingegen, dass die abweichende Gestaltung bezüglich Materialwahl, Farbgebung und Bedachung oder betreffend Gebäudeausrichtung regelmässig eine grössere Fläche in mehr oder weniger einheitlicher Weise erfasst, womit sich eine allenfalls erwünschte Strukturierung des Siedlungsbildes erzielen lässt.

---

[52] VON ARX, S. 92.
[53] VON ARX, S. 72.
[54] BEZ 1984 Nr. 40 E. 5.
[55] Die Beschreibung des Gesamteindrucks äussert sich durchaus auch in emotionaler Sichtweise (vgl. z.B. «kasernenhafter, ja trostloser Eindruck», das Bauvorhaben würde gewisse benachbarte Liegenschaften «auf unerträgliche Weise dominieren» (BEZ 1986 Nr. 47); «sentiment de lourdeur écrasante [...] accentuée par [une] architecture rigoureusement identique» (aus: décision du 28 septembre 1988 CCR/VD, wiedergegeben in BGE 115 Ia 117 E. 3b Blonay VD, siehe dazu auch BOVAY in BR/DC 1990, S. 73).

3. Die Anforderungen an die gestalterische Einordnung

Die Anforderungen an die Gestaltung zu beurteilender Bauten[56] bestimmen sich zunächst nach der gestalterischen Qualität der Umgebung, welche nach Einheitlichkeit und Ausgeglichenheit zu würdigen ist[57]. Eine Baute darf den Gesamteindruck des Siedlungs- und Landschaftsbildes nicht abwerten; ein allfälliger Gegensatz zu den die Umgebung prägenden Gestaltungsmerkmalen darf sich weder als «störend» oder «fremdartig»[58] noch als «belastend» oder «Unlust erregend» erweisen[59], noch darf er als Beeinträchtigung empfunden werden[60]. Dem Beurteilungsmassstab sind hiebei Anschauungen zugrundezulegen, die eine gewisse Verbreitung und Allgemeingültigkeit aufweisen[61].

Dem Einordnungsgebot mit der Forderung nach einer befriedigenden Gesamtwirkung von Bauten und Umgebung kommt demzufolge letztlich die gleiche Bedeutung zu wie den Beeinträchtigungsverboten[62], zumal da eine positive Beeinflussung der Siedlungsgestaltung, welche über das Verhindern unerwünschter Entwicklungen hinausginge, bei der einzelfallweisen Anwendung gestalterischer Generalklauseln schon von der Sache her nur in sehr begrenztem Ausmasse möglich ist[63]. Konkrete, positive Gestaltungsanweisungen können gestützt darauf jedenfalls nicht angeordnet werden, so dass Bauvorhaben, die eine

---

[56] VON ARX, S. 86.
[57] Einzelne Bauten, welche die Einheitlichkeit und Ausgeglichenheit des Siedlungsbildes stören, bilden dabei keinen «Freibrief für weitere störende Bauten» (BGE vom 1. Februar 1978 E. 3b Grüningen ZH in ZBl 79 [1978] 397).
[58] BEZ 1984 Nr. 40 E. 5.
[59] Vgl. auch VON ARX, S. 88.
[60] Wie es sich damit verhält, entscheidet sich anhand der «messbaren, objektiv feststellbaren Gestaltungselemente, wie Massstäblichkeit, Volumen, Verhältnis Dach/Wand, Dachform, Dachneigung, Anordnung der Öffnungen, Materialien etc.» (STEINER, S. 117).
[61] BGE 114 Ia 345 E. 4b m.H. Zürich; vgl. VOLLENWEIDER, S. 175 f.
[62] Sinngemäss VON ARX, S. 77 und S. 87 f. - Die zulässige Intensität von Einwirkungen auf das Siedlungsbild kann immerhin unterschiedlich sein: «Im Gegensatz zu einem Verunstaltungsverbot, welches eine Bauverweigerung nur rechtfertigen könnte, wenn eine eigentliche Verunstaltung bewirkt würde, erlaubt der Begriff der «Beeinträchtigung» die Anwendung eines strengeren Massstabes». Unzulässig ist danach nicht nur eine erhebliche, sondern bereits eine «klar erkennbare Störung» des Stadt- und Landschaftsbildes (BGE 115 Ia 373 E. 3 Bern, vgl. auch die subtilen Unterscheidungen in BGE vom 5. Mai 1982 Tamins GR in ZBl 84 [1983] 466 f.). Vgl. ZAUGG (Kommentar Art. 9/10 BauG/BE, N. 19), wonach das bernische Recht alle Beeinträchtigungen erfasst, die nicht gerade lediglich geringfügig sind oder sich als nicht ernstlich ins Gewicht fallend erweisen (vgl. Art. 9 Abs. 1 Satz 1 BauG/BE [in der französischen Fassung: «ne [...] pas altérer un paysage, un site ou l'aspect d'une rue»]). - Vgl. sodann Art. 86 al. 1er («s'intègrent à l'environnement») und al. 2 (refus de constructions «susceptibles de compromettre», wobei dies bereits ohne «enlaidissement absolu» bzw. «complète détérioration» zu bejahen ist, vgl. MATILE et al., Kommentar Art. 86 LATC/VD, N. 2.1.1).
[63] JAGMETTI, Siedlungsplanung, S. 12.

ausreichende Gesamtwirkung erzielen, zu genehmigen sind, auch wenn die Frage der Gestaltung besser gelöst werden könnte[64].

Das Einordnungsgebot verlangt sodann nicht, die in der Umgebung verwendeten Baumaterialien, Formen und Farben zu übernehmen; eine Baute darf mithin «eigenständige ästhetisch-architektonische Ausgestaltungen erfahren, ohne sich den Stil der Nachbarbauten aufzwingen lassen zu müssen»[65]. Es gilt stattdessen, «die Projekte selber und ihr[en] voraussichtliche[n] Eindruck auf den Betrachtenden gegen den ästhetischen Wert der baulichen und landschaftlichen Umgebung abzuwägen»[66]. Eine Anlehnung an überkommene Bauweisen kann sich indes allenfalls nach Massgabe des Vorliegens örtlich typischer und vorherrschender Baugestaltung aufdrängen[67]; bei deren etwaiger Durchbrechung ist ohnedies die präjudizierende Wirkung, welche die Abweichung von der vorherrschenden Baugestaltung auf das bisher mehr oder weniger einheitliche Siedlungs-Erscheinungsbild zeitigen könnte, abzuschätzen und gegebenenfalls in Rechnung zu setzen[68]. Dass bei alledem gestützt auf die Ästhetik- Generalklauseln jedenfalls nicht eine vollständige Angleichung und Einpassung zu verlangen ist, ergibt sich entweder aus der rechtlichen Ausgestaltung des Einordnungsgebots[69] oder daraus, dass auch der Gestaltung der Baute für sich genommen ausdrücklich ästhetische Bedeutung zugemessen wird[70]. Das sich nicht vollkommen Einordnende muss danach für sich selber bestimmten ästhetischen Anforderungen genügen und zu einer Förderung der Siedlungsqualität beitragen[71].

IV. Das Verhältnis der Gestaltungsvorschriften zu den quantitativen Bauvorschriften

Für die bauliche Verdichtung ist die Frage nach dem Verhältnis der Gestaltungsvorschriften zu den quantitativen Bauvorschriften insofern von Bedeutung, als davon die Voraussehbarkeit der baulichen Nutzungsmöglichkeiten und mithin letztlich die Verlässlichkeit der Nutzungsplanung für die Verdichtung abhängt. Zunächst ist davon auszugehen, dass die Einhaltung der Gestaltungsvorschriften

---

[64] VON ARX, S. 77.
[65] BEZ 1984 Nr. 40 E. 2; vgl. auch BEZ 1994 Nr. 6 E. 7b, wonach hinzunehmen ist, dass sich das Aussehen einer Baute oder Anlage (in casu: Wertstoffsammelstelle) nach ihrem Zweck richtet.
[66] VOLLENWEIDER, S. 175.
[67] EJPD/BRP, Erläuterungen RPG, Art. 3 N. 30; STEINER (S. 118) geht daher m.E. zu weit, wenn er in allgemeiner Weise verlangt, es müssten «die prägenden Gestaltungselemente der überlieferten, ortsüblichen Bauweise berücksichtigt und übernommen werden».
[68] Vgl. etwa AGVE 1993, 384 E. 2c/cc/bbb Buchs AG.
[69] Vgl. z.B. § 145 Abs. 1 PBG/SO, wonach bei der Eingliederung der Bauten in bestehende Strukturen «zeitgemässen Bauweisen Rechnung zu tragen ist».
[70] Vgl. z.B. § 238 Abs. 1 PBG/ZH oder Art. 86 al. 1er LATC/VD.
[71] So etwa gemäss § 145 Abs. 2 PBG/SO.

wie aller übrigen Bauvorschriften (Ausnahmebewilligungen vorbehalten) Voraussetzung bildet für die Erteilung einer Baubewilligung[72]. Kollisionsnormen für den Fall, dass das rechtliche Dürfen (gemäss quantitativen Bauvorschriften) mit dem Müssen (betreffend gestalterische Anforderungen) nicht korrespondiert, fehlen oder sind nur als allgemeine Vorbehalte ausgestaltet[73].

Aus der Rechtsprechung lassen sich immerhin Grundsätze zur Bedeutung der Gestaltungsvorschriften im Verhältnis zu den quantitativen Bauvorschriften ableiten. So bestimmen sich der Gestaltungsspielraum und mithin der behördliche Beurteilungsspielraum bei der Anwendung gestalterischer Vorschriften nach Massgabe von Anzahl und normativem Gehalt der quantitativen Bauvorschriften[74], denen auch gestaltungsrelevante Wirkung zukommt: je detaillierter die quantitativen Gesichtspunkte (Abmessungen, Abstände oder Stellung der Bauten) geregelt sind (z.B. mittels sondernutzungsplanerischer Festlegungen), desto weniger vermögen ästhetische Gesichtspunkte in Anwendung von Gestaltungsvorschriften daran etwas zu ändern[75]. Ebensowenig wie die Ausnahmebewilligungen zugunsten dürfen sich gestalterische Anforderungen gestützt auf Ästhetik-Generalklauseln zu Lasten der Bauwilligen als faktische Abänderung der baulichen Nutzungsordnung auswirken[76]: unzulässig wäre demnach eine «Anwendung von Ästhetik- oder Schutzvorschriften, welche für ein ganzes Quartier oder Baugeviert auf eine teilweise Ausserkraftsetzung der Zonenordnung hinausläuft»[77]. Die Anwendung der Gestaltungsvorschriften muss sich

---

[72] Siehe bereits Art. 22 Abs. 3 RPG.
[73] Vgl. z.B. Art. 92 Abs. 1 Satz 2 BauV/BE.
[74] VON ARX, S. 117, sowie VOLLENWEIDER (S. 171 f., S. 176 und insbes. S. 174), wonach «für die Anrufung der Generalklausel [...] um so weniger Raum [ist], je zahlreicher die Normen ästhetischen Inhalts [sind]».
[75] Dabei haben sich für die Anwendung der Gestaltungsvorschriften insbes. die Rechtsmittelinstanzen besondere Zurückhaltung zu auferlegen (u.U. bis zur Beschränkung auf eine Willkürprüfung, vgl. MATILE et al., Kommentar Art. 86 LATC/VD, N. 2.1.1; für zurückhaltendere Reglementierung der baulichen Nutzungsmöglichkeiten bei gleichzeitiger Verschärfung der gestalterischen Anforderungen aufgrund von Ästhetik-Generalklauseln und diesbezüglich weitgehenderer gerichtlicher Überprüfungsbefugnis offenbar BOVAY in BR/DC 1990, S. 73). - Nach AGVE 1993, 380 E. 2c/aa/bbb m.H. Buchs AG muss die Ästhetik-Generalklausel aufgrund ihrer Subsidiarität gegenüber besonderen Bauvorschriften (wie z.B. Gebäudehöhenvorschriften) immer zurückstehen; Platz greift die Ästhetik-Generalklausel aber bei der Frage, unter Verwendung von was für Gestaltungselementen die quantitativen Baueigenschaften verwirklicht bzw. ausgenützt werden dürfen (S. 381, E. 2c/aa/ccc).
[76] Vgl. VON ARX, S. 117 und S. 119.
[77] BGE vom 27. Mai 1994 E. 4 Uster ZH, BGE 115 Ia 377 (E. 5 m.H.) Bern. Gleichermassen unzulässig wäre gemäss BGE 115 Ia 366 f. E. 3a Ormont-Dessus VD eine Anwendung «de manière à vider pratiquement de sa substance la réglementation sur les zones en vigueur»; desgl. BGE zum Projekt Utopark Zürich (in NZZ vom 26. Mai 1993 [Nr. 119] S. 51), wonach § 238 PBG/ZH hauptsächlich der kleinräumigen Abstimmung dient. - Zur Zonenordnung im Sinne dieser Rechtsprechung gehört m.E. - soweit gesetzlich vorgesehen - auch die Möglichkeit nachbarlicher Vereinbarungen (z.B. über die Abstände); angesichts des im Vergleich zu eigentlichen quantitativen Bauvorschriften (vgl. supra §§ 7 f.) weniger ausgeprägten Detaillie-

somit nach den Grundzügen der baulichen Nutzungsordnung richten[78]. Dabei ist insbesondere unbeachtlich, ob die entsprechenden baulichen Nutzungsmöglichkeiten in der Umgebung tatsächlich bereits ausgeschöpft worden sind oder ob die bestehende bauliche Dichte im Gegenteil weit unter dem Zulässigen zurückbleibt, da von vorhandenen Nutzungsmöglichkeiten bis anhin kein Gebrauch gemacht worden ist[79]; Bauvorhaben, welche die vorgesehenen baulichen Nutzungsmöglichkeiten ausschöpfen, dürfen bloss aus diesem Grunde nicht mit Hinweis auf mangelnde Einordnung untersagt werden, es sei denn, die Verwirklichung des Bauvorhabens führte zu einem geradezu unvernünftigen Ergebnis[80].

Liegen allerdings besondere Verhältnisse vor, weist die bauliche oder landschaftliche Umgebung etwa Qualitäten auf[81], an deren Erhaltung ein überwiegendes öffentliches Interesse besteht[82] und die unter vollumfänglicher Wahrung

---

rungsgrades entsprechender Ermächtigungsbestimmungen dürfte die Bewilligungsbehörde dabei über einen weiteren gestaltungsrelevanten Entscheidungsspielraum verfügen, und dies umso mehr, wenn die nachbarlichen Vereinbarungen unter dem Vorbehalt allgemein öffentlicher Interessen (vgl. z.B. § 123 Abs. 1 PBG/LU) oder architektonischer Anforderungen im besonderen (vgl. z.B. § 20 Abs. 3 ABauV/AG) stehen.

[78] Vgl. BGE 115 Ia 366 f. E. 3a Ormont-Dessus VD: «[U]ne intervention des autorités dans le cas de la construction d'un immeuble réglementaire qui, par son volume, ne serait pas en harmonie avec les constructions existantes, ne peut s'inscrire que dans la ligne tracée par la loi elle-même et par les règlements communaux». - Unzulässig wäre es sodann, nur Bauvorhaben zu bewilligen, welche die baulichen Nutzungsmöglichkeiten nicht voll ausschöpfen, da nur so die verlangte Gesamtwirkung zu erreichen sei (BGE 115 Ia 119 [E. 3d] Blonay VD, 114 Ia 346 E. 4b Zürich; vgl. auch VOLLENWEIDER, S. 175).

[79] Die gesetzliche Nutzungsmöglichkeit bleibt damit grundsätzlich uneingeschränkt bestehen (vgl. z.B. RB 1992 Nr. 66 m.H., AGVE 1987, 572 E. c/bb). - Die in BEZ 1986 Nr. 47 in Betracht gezogenen bzw. anerkannten Abweichungsgründe einer allgemein stark hinter der zulässigen zurückgeblieben baulichen Ausnützung (desgl. - immerhin differenzierter - VOLLENWEIDER, S. 174) bzw. des Zusammentreffens von Zonen stark unterschiedlicher Nutzungsdichten sind daher nicht ausreichend für eine gestalterisch begründete Einschränkung gegebener baulicher Nutzungsmöglichkeiten; für solche Sachlagen ist (mit VON ARX, S. 118) auf planungsrechtliche Massnahmen zu verweisen.

[80] BGE 101 Ia 223 E. 6c Morges VD: «que l'utilisation des possibilités de construire réglementaires apparaisse comme étant déraisonnable et irrationnelle»; für weitere Beispiele vgl. MATILE et al., Kommentar Art. 86 LATC/VD, N. 2.3.

[81] Vgl. BGE 101 Ia 223 E. 6c Morges VD: «s'il s'agit de protéger un site, un bâtiment ou un ensemble de bâtiments présentant des qualités esthétiques remarquables, qui font défaut à l'immeuble projeté ou que mettrait en péril sa construction». Der bestehenden Bebauung muss mithin ein «ästhetisches Eigengewicht zukomme[n], welches eine Rücksichtnahme durch weiter hinzutretende Bauten verdient» (VOLLENWEIDER, S. 174 f.).

[82] Dies ist durch Interessenabwägung zu ermitteln, vgl. dazu BGE 115 Ia 373 ff. E. 3b und 3c Bern, wonach es sich immerhin als nicht unhaltbar erweist, eine nach den Bauvorschriften betreffend Gebäudehöhe und Geschosszahl zulässige Aufstockung zu verbieten, sofern sich die Beeinträchtigungen - und seien diese für sich genommen auch nur gering - eines im öffentlichen Interesse zu schützenden Ortsbildes nicht durch ein überwiegendes privates Interesse an der vollen baulichen Nutzung des Grundstücks rechtfertigen lassen. Vgl. auch RDAF 1986, 337 f., wo «le souci de préserver le caractère d'un village» als überwiegendes öffentliches Interesse gegen ein Vorhaben mit «caractéristiques certainement contraires sinon à la lettre de moins à l'esprit de la réglementation communale» anerkannt wurde.

der dem Bauwilligen eigentlich zustehenden Überbauungsmöglichkeiten nicht hinreichend geschützt werden könnten, so kann dies «durchaus dazu führen, dass das an sich zulässige Bauvolumen in einem konkreten Fall nicht voll ausgeschöpft werden kann»[83]. Solches dürfte namentlich bei Vorhandensein besonderer Gestaltungsvorschriften (z.B. betreffend bestimmte Bauteile) und nach Massgabe von deren Detaillierungsgrad im Verhältnis zu jenem der quantitativen Bauvorschriften zum Tragen kommen. Im übrigen ist aber davon auszugehen, dass sich die Wahrung der angerufenen öffentlichen Interessen, soweit sie in verfassungsmässige Rechte (Eigentumsgarantie) eingreift, in einer gesetzlichen Grundlage klar niederschlagen muss, sei dies etwa als Vorbehalt bezüglich der quantitativen Bauvorschriften, sei es durch eigentliche Anpassung der baulichen Nutzungsordnung an die konkreten Schutzerfordernisse. Obschon die bauliche Nutzungsordnung dem Bauwilligen keinen voraussetzungslosen Überbauungsanspruch einräumt (sondern bloss einen solchen unter Vorbehalt der Einhaltung aller einschlägigen Vorschriften), muss das Gemeinwesen die nutzungsplanerischen Festlegungen und Bauvorschriften bei alledem grundsätzlich auch gegen sich bzw. gegen öffentliche Interessen gelten lassen.

---

[83] BGE vom 27. Mai 1994 E. 4 Uster ZH. - Nach ZAUGG (Kommentar Art. 9/10 BauG/BE, N. 20) sind «Beschränkungen der erlaubten Gebäudedimensionierung, die eine Mindernutzung zur Folge hätten», grundsätzlich unzulässig; dagegen kann u.U. (z.B. bei unproportionierten oder mit den Nachbarbauten nicht harmonierenden Gebäuden) eine Änderung der äusseren Baugestaltung angeordnet werden. - Sollten sich sodann Überbauungsmöglichkeit und Gestaltungserfordernis einmal wirklich unvereinbar gegenüberstehen, so kann die Erfüllung gestalterischer Anforderungen gegebenenfalls mit der ausnahmsweisen Bewilligung baurechtlicher Abweichungen kompensiert werden (vgl. VON ARX, S. 118 insbes. Fn. 30).

II. Teil
Das verdichtende Bauen
(Die bauliche Nachverdichtung)

Die rechtliche Problematik bei der baulichen Nachverdichtung unterscheidet sich sowohl in ihrem Ausmass als auch der Sache nach von derjenigen beim verdichteten Bauen. Der Handlungsspielraum für Planung und Projektierung ist eingeengt durch die bestehende Überbauung auf dem Baugrundstück selber und/oder in der Umgebung. Die raumplanerischen und baurechtlichen Schwierigkeiten, die im Rahmen des verdichteten Bauens - einmal abgesehen von der Einfügung in eine gegebene Immissionssituation und der gestalterischen Einordnung in das Siedlungs- und Landschaftsbild - im wesentlichen unabhängig von einer bestehenden baulichen Situation angegangen werden können, sind beim verdichtenden Bauen nur unter Berücksichtigung bzw. Einbeziehung des Bestehenden zu lösen. Das Planen und Bauen muss somit bestehenden Bauten, Siedlungsstrukturen und Aussenräumen, der vorhandenen Infrastruktur, ferner der Strassenführung sowie der Organisation von Ver- und Entsorgung und schliesslich den herrschenden Eigentumsverhältnissen Rechnung tragen.

Als Erschwernis kommt hinzu, dass das schweizerische Raumplanungs- und Baurecht auf den Sachverhalt des Neubaus ausgerichtet ist. Die bauliche Entwicklung innerhalb des überbauten Siedlungsgebietes[1], auf das sich die Bautä-

---

[1] Dieser Begriff beurteilt sich ebenso wie jener der «weitgehenden Überbauung» grundsätzlich parzellenübergreifend und gebietsbezogen (vgl. BGE 115 Ia 338 E. 4 Wädenswil ZH sowie 113 Ia 450 f. E. 4d/da und 459 f. E. 4d/df beide Engelberg OW, wo der Siedlungscharakter der weitgehenden Überbauung daran angeknüpft wird, dass sich die Gebäude vom Umland «als einigermassen geschlossene Einheit» abheben und so nahe beieinander stehen, «wie dies in der Bauzone üblich ist», wobei dazwischen liegende unüberbaute Flächen von untergeordneter Bedeutung [Baulücken, vgl. dazu BGE vom 4. Juni 1993 E. 4b und 4c Köniz BE in ZBl 95 [1994] 135 f., BVR 1995, 79 E. 6c/aa Safnern BE sowie Pfisterer Thomas, S. 475] zu vernachlässigen sind [S. 459 f.]. «Eine einzelne Parzelle [...] ist [...] als "weitgehend überbaut" zu betrachten, wenn sie einem Siedlungszusammenhang zuzurechnen ist. Ob sie selber Bauten aufweist, ist nicht entscheidend» [S. 452]. Vgl. ferner BGE vom 12. Dezember 1995 E. 7a m.H. Glattfelden ZH, wonach die weitgehende Überbauung die Zugehörigkeit zum «geschlossenen Siedlungsbereich» voraussetzt, was bei überbauten Grundstücken, Baulücken und «unmittelbar an überbaute Areale angrenzende[n] Flächen [zutrifft], die an der Siedlungsqualität teilhaben, welche die sie umgebende Überbauung auszeichnet»). - Die Fokussierung beim verdichteten Bauen kann nach Massgabe des in Frage stehenden Regelungsgegenstandes durchaus unterschiedlich sein: Das Merkmal der weitgehenden Überbauung ist bald ausschliesslich parzellenbezogen erheblich (z.B. bzgl. der Nutzungsziffern oder volumetrischer Bauvorschriften), bald auch gebietsbezogen (z.B. bzgl. gestalterischer Vorschriften).

tigkeit zunehmend verlagert[2], ist bloss in Ansätzen ausdrücklich geregelt und muss demnach weitgehend gestützt auf ein nicht auf diese Bausituation ausgelegtes Raumplanungs- und Baurecht beurteilt werden.

Der II. Teil der vorliegenden Arbeit befasst sich daher mit rechtlichen Fragen, die sich überhaupt erst bei der baulichen Nachverdichtung stellen oder hiebei anders zu behandeln sind als beim verdichteten Bauen. Er ist analog zum I. Teil in die zwei Abschnitte über die Gesetzgebung betreffend die Raumpläne und über die materielle Baugesetzgebung unterteilt.

1. Abschnitt
Die Gesetzgebung betreffend die Raumpläne

Der 1. Abschnitt des II. Teils behandelt in seinem (einzigen) § 11 die nachverdichtungsrelevanten Besonderheiten der Gesetzgebung betreffend die Raumpläne, wie sie mit Bezug auf das verdichtete Bauen in den §§ 4 - 6 des I. Teils dargestellt worden sind. Es geht hier darum, mit Blick auf das verdichtende Bauen Ergänzungen und Anpassungen anzubringen.

---

[2] Vgl. GABATHULER et al., Siedlungsbegrenzung, S. 33 ff., S. 74 ff. und S. 103 ff., und WÜEST et al., S. 5 ff., S. 60 ff. und S. 92 ff. - Die Verlagerung ist einerseits raumplanerisch sowie ökologisch bestimmt (vgl. supra § 2 I.) und zudem vom Recht vorgegeben (vgl. v.a. Art. 15 lit. a RPG und Art. 26 Abs. 2 RPV) und anderseits bautechnisch bedingt, indem ein grosser Teil der vorhandenen Bausubstanz altersbedingten Sanierungsbedarf aufweist; bauliche Anpassungen drängen sich ferner aufgrund veränderter wirtschaftlicher und gesellschaftlicher Gegebenheiten auf (vgl. supra § 2 I. 1.).

§ 11 Die Bedeutung der Raumpläne für das verdichtende Bauen

Der vorliegende Paragraph gliedert sich in eine Verweisung auf das zur Richtplanung hinsichtlich des verdichteten Bauens im I. Teil (§ 4) Gesagte (I.) und in Ausführungen zur Zonenplanung (II.) sowie zur Sondernutzungsplanung (III.).

I. Richtplanung

Hinsichtlich der Nachverdichtungsrelevanz der Richtplanung kann sinngemäss auf das unter § 4 zum verdichteten Bauen Gesagte verwiesen werden. Für das verdichtende Bauen von hervorragender Bedeutung und hier besonders zu erwähnen ist immerhin die Tendenz, den Unschärfebereich der richtplanerischen Festlegungen betreffend das Siedlungsgebiet innerhalb des weitgehend überbauten Gebietes oder zumindest eng daran anschliessend anzuordnen oder die Siedlungsausdehnung mit Begrenzungslinien scharf zu beschränken[1]: Der vorab durch soziale und wirtschaftliche Entwicklungen verursachte Bedarf an baulichen Nutzungsmöglichkeiten kann diesfalls im wesentlichen nur noch im bereits weitgehend überbauten Gebiet gedeckt werden, was (schon im Rahmen der Zonenplanung[2]) zur baulichen Nachverdichtung geeigneter Siedlungsteile führen muss.

Die gesetzlichen Vorgaben betreffend die Richtplanung sehen für Festsetzungen, die (auch) bereits überbautes Siedlungsgebiet beschlagen[3], keine besonderen rechtlichen Anordnungen vor. Die einzelnen Festsetzungen jedoch müssen bestehender Überbauung freilich Rechnung tragen, woraus sich in tatsächlicher Hinsicht gegebenenfalls ein erhöhter Koordinierungsbedarf bei eingeschränktem Handlungsspielraum ergeben kann. Aus dieser Problemlage heraus bestimmt sich, ab welcher Stufe der Richtplanung und mit was für einem Detaillierungsgrad bezüglich der Festlegungen die bauliche Nachverdichtung zu erfassen ist.

II. Zonenplanung

Die Zonenplanung stellt einerseits den nutzungsplanerischen Rahmen dar, innerhalb dessen bauliche Nachverdichtungen stattfinden, und wird anderseits in ihrer

---

[1] Vgl. supra § 4 II. 2.
[2] Vgl. hiezu infra II. 1.
[3] Dichterelevante richtplanerische Vorgaben werden räumlich i.d.R. wohl nicht präziser als gebietsweise festgesetzt (vgl. supra § 4 II. 2.); sie dürften daher regelmässig auch überbautes Gebiet miteinbeziehen.

Ausgestaltung durch Massnahmen des verdichtenden Bauens beeinflusst. Im folgenden wird daher auf die Auswirkungen der baulichen Nachverdichtung auf die Zonenplanung eingegangen (1.), bevor Typen von Bauzonen dargestellt werden, welche eigens die zonenplanerische Erfassung weitgehend überbauter Siedlungsgebiete bezwecken (2.).

1. Die Auswirkungen des verdichtenden Bauens auf die Dimensionierung der Bauzonen

Weist die Dynamik der Bauzonendimensionierung bis anhin vorwiegend nach aussen, indem zur Deckung des prognostizierten Baulandbedarfs unüberbaute Grundflächen zur Verfügung gestellt werden[4], sind inskünftig vermehrt unausgeschöpfte bauliche Nutzungsmöglichkeiten innerhalb des weitgehend überbauten Siedlungsgebiets dafür heranzuziehen[5]. Die hiezu erforderliche systematische Erhebung der Nutzungsreserven bildet gleichzeitig eine nützliche Grundlage für die Einleitung baulicher Nachverdichtungen, schafft sie doch einen Überblick über die Möglichkeiten von Massnahmen verdichtenden Bauens und schärft das diesbezügliche Bewusstsein der Bauwilligen[6]. Im folgenden ist die Bedeutung der Nutzungsreserven für die Bauzonendimensionierung zu erörtern (A.), bevor auf einzelne Fragen im Zusammenhang mit der Ermittlung der Nutzungsreserven im weitgehend überbauten Siedlungsgebiet[7] einzugehen ist (B.).

A) Die Kriterien der Bauzonendimensionierung

Die Dimensionierung der Bauzonen ist bundesrechtlich insoweit vorgeschrieben, als nicht weitgehend überbaute Flächen[8], die nicht innert 15 Jahren benötigt und erschlossen werden, von vornherein nicht als Bauzonen ausgeschieden werden dürfen[9]. Ferner ist auch Land, das die Erfordernisse von Art. 15 lit. b RPG an sich erfüllte, in dem Masse nicht einer Bauzone zuzuweisen, als im bereits weitgehend überbauten Siedlungsgebiet oder im unmittelbar daran anschliessenden Gebiet noch Nutzungsreserven vorhanden sind. Damit beurteilt sich die Ausdehnung des für neue Bauzonen benötigten Gebietes letztlich nach der baulichen

---

[4] Vgl. supra § 2 I. 2.
[5] Art. 26 (insbes. Abs. 2) RPV. - Zu den Bedingungen und zur Art und Weise der Ausschöpfung dieser baulichen Nutzungsmöglichkeiten siehe infra § 12 (insbes. II.).
[6] EJPD (Hrsg.), Bausteine, S. 173.
[7] Für Hinweise zur Ermittlung der Nutzungsreserven siehe auch VLP-Schriftenfolge Nr. 53a, Die neue Raumplanungsverordnung des Bundes vom 2. Oktober 1989, Bern 1990, S. 28 ff.; vgl. sodann Ziff. 3 lit. d VFP RPG.
[8] Das weitgehend überbaute Gebiet (im Sinne von Art. 15 lit. a und Art. 36 Abs. 3 RPG) bildet den «Kernbestand» der Bauzonen (vgl. BGE 116 Ia 337 E. 4a Büsserach SO, 113 Ia 450 ff. E. 4d Engelberg OW).
[9] Vgl. Art. 15 (insbes. lit. b) RPG. Es handelt sich dabei grundsätzlich um eine «Maximal- und Minimalvorschrift zugleich; die Bauzone darf weder weiter noch enger gezogen werden» (PFISTERER Thomas, S. 471 m.H.).

Dichte, wie sie sich einerseits auf diesen Flächen selber[10] und anderseits auf den bereits ausgeschiedenen Bauzonenflächen (und darunter insbesondere in den weitgehend überbauten Gebieten[11]) erzielen lässt[12].

Diese Formel bildet den Ausgangspunkt für die Bauzonendimensionierung; die Entscheidungsprozesse, denen die Zonenplanung als gestaltender (und nicht bloss vollziehender) Vorgang[13] unterzogen wird, müssen sich daran orientieren und dürfen nur dann zu Abweichungen von den gestützt auf die Formel ermittelten Ergebnissen führen, wenn dazu besondere (z.B. überörtliche oder umweltschutzrechtlich relevante) Verhältnisse geltend gemacht werden können. Ein bedeutender Gestaltungsspielraum steht den Planungsträgern mithin vornehmlich mit Bezug auf die räumliche Anordnung und die inhaltliche Ausgestaltung der Bauzonen zu; hinsichtlich der Bauzonendimensionierung muss es sich m.E. jedoch schon von Bundesrechts wegen anders verhalten: die Bauzonen-Kapazitätsrechnung hat alle bundesrechtlich relevanten Faktoren - namentlich die Möglichkeiten baulicher Verdichtung - einzubeziehen und zielgerecht zu veranschlagen[14]. So widerspräche es etwa namentlich der haushälterischen Nutzung des Bodens und dem Grundsatz der Siedlungskonzentration, die durch bauliche Verdichtung zu verwirklichenden Nutzungsreserven im weitgehend überbauten Gebiet unter allgemein gehaltenem Hinweis auf typische Hindernisse tatsächlicher Art, die es beim verdichtenden Bauen zu bewältigen gilt, gänzlich ausser acht zu lassen oder übermässig vorsichtig zu veranschlagen und damit die Entstehung gesetzwidriger - da überdimensionierter - Bauzonen zumindest in Kauf zu nehmen[15].

---

[10] Vgl. supra § 5 I.

[11] Vgl. Art. 26 Abs. 2 RPV.

[12] HALLER/KARLEN, N. 252. - Wird die Nutzung der Reserven im Sinne der baulichen Verdichtung ermöglicht, so muss dies mit Blick auf die Planungspflicht gemäss Art. 2 RPG zu Zonenplanüberprüfungen und gegebenenfalls -revisionen führen. Die Nutzungsmöglichkeiten sollen dabei zusätzliche Einzonungen überflüssig machen und den Planungsträgern bei der baulichen Entwicklung einen gewissen Spielraum gewähren (KARLEN, Stabilität und Wandel, S. 17).

[13] Zu beachten sind dabei immerhin namentlich die Ziele und Grundsätze der Planung sowie übergeordnete rechtliche und planerische Vorgaben.

[14] Wenn sich durch die bauliche Verdichtung eine «übermässige Steigerung der ausnützbaren Flächen» ergibt, so können Anpassungen der baulichen Nutzungsordnung z.B. im Sinne von Ab- oder Umzonungen als angezeigt erscheinen (KARLEN, Stabilität und Wandel, S. 17 f.); dies gilt wohl a fortiori auch für eine zwecks haushälterischer Bodennutzung ausgeprägte Zurückhaltung bei der Einzonung unüberbauter Gebiete, während sich so schwerwiegende Eingriffe in die Eigentumsgarantie wie Auszonungen allein aufgrund verdichtungsbedingter Nutzungsreserven im weitgehend überbauten Gebiet kaum dürften rechtfertigen lassen.

[15] Diese Gefahr verharmlost WIPFLI (S. 385 ff.), nach dessen Auffassung die Nutzungsreserven «regelmässig keine Überkapazitäten [im Sinne von] Art. 15 RPG» begründen. In diese Richtung ist indessen in BEZ 1995 Nr. 33 entschieden worden, wobei die Möglichkeiten der (als Strategie nicht bestrittenen) baulichen Verdichtung aufgrund einer nur in allgemeiner Weise begründeten, äusserst vorsichtigen Einschätzung sowie der bundesrechtliche Grundsatz der Siedlungskonzentration mit dem Hinweis darauf, dass es sich hiebei nur um ein langfristig er-

B) Die Erfassung der Nutzungsreserven im weitgehend überbauten Gebiet

Gemäss Art. 26 Abs. 2 RPV hat der Planungsträger anlässlich der Genehmigung der Nutzungspläne durch die zuständige kantonale Behörde allfällige Nutzungsreserven im weitgehend überbauten Siedlungsgebiet auszuweisen und darzulegen, wie diese im Sinne der haushälterischen Nutzung des Bodens auszuschöpfen sind[16]. Damit wird Gewähr dafür geschaffen, dass die Nutzungsreserven in den Planungsvorgang einbezogen werden[17]. Die Nutzungsreserven im weitgehend überbauten Gebiet und insbesondere deren Bewertung mit Blick auf ihren Beitrag zur haushälterischen Bodennutzung werden damit zu einem bestimmenden Faktor für die Bauzonendimensionierung[18]. Der enge Sachzusammenhang mit der zonenplanerischen Dimensionierung der Bauzonen legt nahe, die an sich richtplanerische[19] Aufgabe der Ermittlung und Bewertung von Nutzungsreserven einem Bericht zugrundezulegen, welcher der Genehmigungsbehörde als Grundlage für den Entscheid über die Rechtmässigkeit und Zweckmässigkeit der Nutzungspläne dient sowie bei der Anwendung zonenplanerischer Festlegungen und dazugehöriger Bauvorschriften als Auslegungshilfe herangezogen werden kann[20].

Die umfangmässige Bedeutung der Nutzungsreserven für die Bauzonendimensionierung beurteilt sich nach der Definition der Nutzungsreserven (a.) und nach der Art ihrer möglichen Verwendung (b.). - [21]

---

reichbares Ziel handle, ausser acht gelassen wurden. Die Siedlungsbegrenzung und -konzentration verkommt freilich in der Tat vom Planungsgrundsatz zu einem langfristigen, wenn nicht gar unerreichbaren Ziel, wenn dem Siedlungsdruck bei vorhandenen Verdichtungsmöglichkeiten ohne Not durch ein der erwarteten Nachfrage entsprechendes Baulandangebot "nach aussen hin" nachgegeben wird, statt ihn "nach innen" zu lenken. Zu beachten ist dabei, dass für die Bestimmung der Baulandreserven ohne Belang ist, ob eingezonte Grundstücke dem Baulandmarkt auch tatsächlich zur Verfügung stehen (BGE 116 Ia 333 f. E. 4c Stäfa ZH, BVR 1995, 77 E. 4c Safnern BE).

[16] Vgl. dazu die Checkliste für die möglichen Inhalte des Planungsberichtes nach Art. 26 RPV bei EYMANN, S. 31 f. (insbes. Posten A2).

[17] Vgl. WIPFLI, S. 371.

[18] Vgl. soeben supra A. sowie insbes. EYMANN, S. 31 f., namentlich Posten A223 («Konsequenzen [der inneren Reserven und ihrer Ausschöpfung] für die Nutzungsplanung»).

[19] Die verlangten Darlegungen sollten im Sinne des «Gegenstromprinzips» sachgerechterweise bereits als Grundlagen in die übergeordnete Richtplanung einfliessen (vgl. DIGGELMANN et al., Siedlungserneuerung, S. 70).

[20] Der Bericht nach Art. 26 RPV soll «die für das Verständnis des Planungsergebnisses wichtigen Grundlagen und Zusammenhänge [...] nachvollziehbar dar[...]stellen» (EYMANN, S. 23); diese Plausibilisierung ist vorab dort von Bedeutung, wo die Ziele und Grundsätze der Raumplanung mit Blick auf die aktuellen Aufgaben und die lokalen Gegebenheiten in Ausschöpfung des den Planungsträgern dabei zustehenden weiten Gestaltungsspielraums in planerische Entscheide umgesetzt werden.

[21] Die Planungsträger müssen sich m.a.W. über «die vorhandenen Siedlungsstrukturen einerseits und über deren Schutzwürdigkeit andererseits Klarheit verschaffen [...]. Nur wenn beides bekannt ist, lassen sich zuverlässige Nutzungsreserven ermitteln» (STAUB, S. 11).

a) Die Definition der Nutzungsreserve

Der Begriff der Nutzungsreserve wird in der Raumplanungsverordnung nicht definiert. Seine Bedeutung ist daher durch Auslegung zu ermitteln, wobei seiner Funktion hinsichtlich einer ziel- und grundsatzgemässen Dimensionierung der Bauzonen vorrangig Rechnung zu tragen ist.

aa) Die Erscheinungsform der Nutzungsreserven

Aus Art. 26 Abs. 2 RPV[22] geht nicht hervor, ob mit «Nutzungsreserven» nur bereits erstellte, jedoch ungenutzte oder unternutzte Bauten und Bauteile gemeint sind oder ob darunter auch der Raum für Erweiterungs- oder Ergänzungsbauten zu verstehen ist. Mit Blick auf die Zielsetzung der Siedlungsbegrenzung und -konzentration[23] ist m.E. zunächst von einer möglichst weiten Auslegung auszugehen, die alle Arten unausgeschöpfter Nutzungsmöglichkeiten umfasst, seien diese baulich schon realisiert oder nicht[24].

In der Zusammenstellung der in diesem Sinne umfassend zu bilanzierenden Nutzungsreserven sind diese dann allerdings nach Erscheinungsform[25] gesondert aufzuführen; auch eine Gliederung nach Quartier- und Überbauungstyp, in deren Rahmen die Reserven vorliegen, sowie nach deren parzellenweisen Verteilung erscheint mit Blick auf die Nutzungswahrscheinlichkeit als sinnvoll[26]. Die Nutzungsreserven sind ferner nach Nutzungsarten zu unterscheiden, wobei nicht auf die nach geltendem Recht zonengemässen abgestellt zu werden braucht, sondern alle mit der bestehenden Siedlungsstruktur grundsätzlich verträglichen Nutzungsarten in Betracht zu ziehen sind[27].

Eine zweckmässig detaillierte Erhebung der Nutzungsreserven kann dazu beitragen, die Prognosegenauigkeit hinsichtlich der Verwirklichung der Reserven zu erhöhen, und erlaubt damit zuverlässigere und inhaltlich bestimmtere Aussagen betreffend die Dimensionierung der Bauzone insgesamt sowie der einzelnen Bauzonentypen oder hinsichtlich anderer Festlegungen der Zonenplanung. Zu

---

[22] Bzw. aus Art. 21 Abs. 3 RPV, wonach die Nutzungsreserven im Hinblick auf eine Übersicht über den Stand der Erschliessung des Baugebietes festzustellen sind.

[23] Vgl. supra § 2 II. 1.

[24] Vgl. die Definition der Baulandreserve als «überbaubare oder ausbaubare Fläche zur Deckung von gegenwärtigen und künftigen Raumbedürfnissen» bei WÜEST et al., S. 30. Die Ermittlung der Flächen- und Wohnungspotentiale erfasst nach WÜRMLI et al. (S. 11) «baurechts- und parzellenübergreifende, parzellenbezogene und gebäudebezogene Reserven».

[25] Z.B. noch nicht gebaut, realisierbar mit/ohne nachbarliche Zustimmung/baurechtliche Ausnahmebewilligung; bereits erstellt, unterschieden nach der konstruktiven und gebäudeorganisatorischen Situation sowie nach den erforderlichen Massnahmen zur Nutzbarmachung.

[26] Vgl. WÜRMLI et al., S. 72 ff.

[27] Die Nutzungsreserve in einer Gewerbebaute etwa muss nicht unbedingt einer gewerblichen Nutzung zugeführt werden, soweit sich auch andere Nutzungsarten mit der vorhandenen vertragen.

diesem Zweck ist ferner unumgänglich, die Nutzungsmöglichkeit (z.B. mit Blick auf die Umweltschutzgesetzgebung, vgl. Art. 26 Abs. 1 i.f. RPV) und schliesslich die Nutzungswahrscheinlichkeit der Reserven zu ermitteln und in ihrer Bedeutung für die Nutzungsplanung zu bewerten[28]. Die Verfügbarkeit der Nutzungsreserven ist dabei nach objektiven Kriterien zu beurteilen und darf sich in Übereinstimmung mit der Rechtslage bei der Bauzonendimensionierung im allgemeinen[29] grundsätzlich nicht nach Umständen richten, die bei den Grundeigentümern liegen. Erweisen sich die ermittelten Nutzungsreserven als (freilich idealerweise auch in subjektiver Hinsicht) verfügbar, so sind damit Verdichtungsmöglichkeiten geortet, für welche planerische Vorarbeiten im Sinne der Verdichtungsförderung durch das Gemeinwesen allenfalls lohnenswert erscheinen; ist mit der Ausschöpfung der Nutzungsreserven aus objektiven Gründen nicht zu rechnen oder muss sie sogar (z.B. aus umweltschutzrechtlichen Überlegungen) als nicht sinnvoll erachtet werden, so muss die betreffende Nutzungsreserve aus der Bilanzierung für die Bauzonendimensionierung entlassen werden, es sei denn, das nunmehr jedenfalls offenkundige Verdichtungshindernis[30] lasse sich beseitigen.

bb) Die Definition der Referenznutzung

Der Wortlaut von Art. 21 Abs. 3 und Art. 26 Abs. 2 RPV lässt ebensowenig wie betreffend die Erscheinungsform der Nutzungsreserven erkennen, mit Bezug auf welches Nutzungsmass diese zu ermitteln sind. Ist der Begriff der Nutzungsreserve als Differenz zwischen einer - noch zu definierenden - Referenznutzung (Minuend) und dem gegenwärtigen Stand der baulichen Nutzung (Subtrahend) zu verstehen, so ergeben sich nach Massgabe der Bestimmung von Art und Umfang der Referenznutzung unterschiedliche Nutzungsreserven[31]. Die Festsetzung

---

[28] Nach WÜRMLI et al. (S. 11) vermindern sich die theoretischen Potentiale nach Massgabe von Umwelt- und Sozialverträglichkeit auf sog. sinnvolle Potentiale, und diese werden durch das Verhalten von Eigentümern, Nutzern, Nachbarn und Behörden auf sog. realisierbare Potentiale reduziert. Die jeweiligen Reduktionsfaktoren bestimmen sich dabei etwa nach dem Zustand der vorhandenen Bausubstanz und deren Amortisationsgrad, nach der Veränderungsdynamik bzgl. der Nutzungsstruktur, den Erschliessungsverhältnissen, der parzellenweisen Verteilung der Nutzungsreserven und endlich nach der Investitionsbereitschaft der Grundeigentümer (vgl. DIGGELMANN et al., Siedlungserneuerung, S. 70).

[29] Vgl. etwa BGE 116 Ia 333 E. 4c Stäfa ZH, BVR 1995, 77 E. 4c Safnern BE; insofern unzutreffend RFJ/FZR 1995, 158 Rossens FR. - Die Überbauungs- und Verfügbarmachungsabsichten der Grundeigentümer zu berücksichtigen, rechtfertigt sich dagegen durchaus bei der Frage, welche Grundstücke (unter mehreren raumplanerisch grundsätzlich dazu in Frage kommenden) eingezont werden sollen (vgl. infra § 16 III. 3. B. a. aa.).

[30] Laut WIPFLI (S. 386) bildet die bisherige Nichtausschöpfung der Nutzungsreserven ein «beachtliches Indiz» dafür, dass ihre Realisierung «auf nicht zu unterschätzende Hindernisse stösst».

[31] Unterscheidet sich die Referenznutzung von der bestehenden baulichen und nutzungsmässigen Situation nicht nur bezüglich des Nutzungsmasses, sondern auch hinsichtlich der Nutzungsart,

der Referenznutzung erweist sich mithin als der entscheidende Schritt bei der Ermittlung der Nutzungsreserven im Hinblick auf die Ausgestaltung der Zonenplanung. Um dabei der Gefahr eines Zirkelschlusses zu entgehen, indem die Referenznutzung als das veranschlagt wird, was gemäss geltender oder vorgesehener Nutzungsplanung zulässig wäre[32], und um die tatsächlichen und rechtlichen Verhältnisse im Hinblick auf den Vollzug (und damit eine Bewertung der Verwirklichungschancen) einbeziehen zu können[33], sind als Referenznutzungen entsprechende Vorgaben aus möglichst kleinräumigen Richtplänen oder Entwicklungskonzepten heranzuziehen; es sollte sich aus systematischen Gründen jedenfalls um Beurteilungsgrundlagen handeln, die sich nicht auf etwas stützen, das es erst zu ermitteln gilt. Es liegt auf der Hand, dass bei der hier aufgezeigten Vorgehensweise der für die Bauzonendimensionierung verbleibende Planungsspielraum weitgehend von der Zonenplanung auf die Erstellung der erwähnten kleinräumigen Richtpläne zur Umschreibung der Referenznutzung verlegt wird; dieser Verlagerung ist damit Rechnung zu tragen, dass das Verfahren zum Erlass dieser Richtpläne angepasst wird, um die demokratische Legitimation der Zonenplanung insgesamt nicht zu schmälern.

b) Die Art der Verwendung von Nutzungsreserven

Die Nutzungsreserven sind auf eine haushälterische[34] Verwendung hin zu untersuchen. Die ausdrückliche Ausrichtung der Ausschöpfung der Nutzungsreserven auf die haushälterische Nutzung deutet an, dass dieser raumplanerischen Zielsetzung im Zusammenhang mit Massnahmen des verdichtenden Bauens besonderes Gewicht zukommt und sie die anderen Ziele und Grundsätze der Raumplanung etwas in den Hintergrund treten lässt. Die Ausrichtung der Verwendung der Nutzungsreserven auf die haushälterische Nutzung des Bodens ist zudem verbindlich[35]; die Planungsbehörden haben sie auch im Rahmen ihres Gestaltungsspielraums bei der Zonenplanung zu beachten.

2. Die Bauzonentypen für überbaute Siedlungsgebiete

Gegenstand der folgenden Ausführungen bilden Bauzonentypen, die - sei es definitionsgemäss, sei es regelmässig - Planungsteilgebieten zugewiesen werden,

---

so kann die Verwirklichung der Reserve auch zu einer nachträglichen Nutzungsdurchmischung beitragen.

[32] Dadurch würden jene Rahmenbedingungen als gegeben angenommen, die es eigentlich überhaupt erst zu erstellen oder zu überprüfen gilt.

[33] Vgl. Posten A224 («Mobilisierung der Reserven») der Checkliste bei EYMANN, S. 32.

[34] Die französische Fassung von Art. 26 Abs. 2 RPV («seront judicieusement utilisées») verwendet allerdings nicht den gleichen Begriff wie in Art. 1 Abs. 1 Satz 1 RPG («utilisation mesurée du sol»).

[35] Der französische Wortlaut «indique la manière dont elles seront judicieusement utilisées» erscheint insofern klarer und verbindlicher, als er auf eine Relativierung durch das Modalverbum «Sollen» verzichtet.

welche zumindest teilweise bereits überbaut sind. Freilich können auch andere Bauzonentypen überbaute Teilgebiete enthalten; die bestehende Überbauung bildet dort allerdings kein Merkmal des Zonentyps, sondern lediglich eine tatsächliche Gegebenheit, welche allenfalls die Ausgestaltung der Zone beeinflusst.

Die Bauzonentypen für überbaute Siedlungsgebiete gliedern sich in die Erhaltungszonen (A.), welche ausschliesslich für überbaute Gebiete in Frage kommen, wobei das Bestehende zwar weiterentwickelt, nicht aber grundlegend verändert werden darf, und die Konzentrationszonen (B.), die nur (aber immerhin) zumeist überbaute Gebiete erfassen mit dem Zweck, Siedlungsschwerpunkte zu bilden oder zu akzentuieren.

A) Die Erhaltungszonen

Die Erhaltungszonen[36], denen definitionsgemäss nur zumindest teilweise überbaute Planungsteilgebiete zuzuordnen sind, gehen von einer bestehenden baulichen Situation aus, die es in den Grundzügen zu bewahren gilt. Dabei sind durchaus unterschiedliche zonenspezifische Zwecksetzungen auszumachen, und zwar einerseits bezüglich der massgeblichen (d.h. der zu erhaltenden) Überbauungsmerkmale (wie etwa die Nutzungsstruktur[37], die bauliche Gliederung[38] oder die Gestaltung[39]) und anderseits betreffend die städtebauliche Strategie (d.h. im wesentlichen Bewahrung, Erneuerung, Weiterentwicklung, Ergänzung oder Erweiterung)[40]. Soweit die betreffenden Zonen somit nicht bloss erhaltende bauli-

---

[36] Z.B. Kernzonen (vgl. etwa § 50 PBG/ZH, § 31 insbes. Abs. 3 PBG/SO oder § 24 Abs. 1 E RBG/BL), deren rechtliche Ausgestaltung bisweilen auch vollumfänglich der kommunalen Gesetzgebung zusteht (vgl. z.B. die Altstadt- und Dorfkernzonen des bernischen Rechts oder § 39 Abs. 2 Lemma 2 PBG/LU, § 15 Abs. 2 lit. a und e BauG/AG oder § 13 Ziff. 1 lit. d PBG/TG), oder Quartiererhaltungszonen (etwa § 50a PBG/ZH).

[37] Z.B. durchmischte oder besonders einheitliche Nutzung oder gleichmässige Nutzungsintensität (vgl. BEZ 1994 Nr. 4 E. 5d zur Quartiererhaltungszone nach § 50a PBG/ZH). - Vgl. dazu etwa die in § 4a BauNVO/D ([deutsche] Verordnung über die bauliche Nutzung der Grundstücke [Baunutzungsverordnung] vom 23. Januar 1990) vorgesehenen, überwiegend bebauten «besonderen Wohngebiete» zur Erhaltung und Entwicklung der Wohnnutzung unter Berücksichtigung deren besonderer (namentlich durch Nutzungsdurchmischung von Wohn- und damit vereinbaren anderen Nutzungen geprägter) Eigenart.

[38] Z.B. Stellung der Bauten, Kubatur, Baumassen-Verteilung (vgl. BEZ 1994 Nr. 4 E. 5d).

[39] D.h. die Gesamtheit der Merkmale des Erscheinungsbildes von Bauten oder Siedlungsteilen.

[40] So bezweckt z.B. die Quartiererhaltungszone nach § 50a PBG/ZH anders als die Kernzone nach § 50 PBG/ZH «nicht die Bewahrung schutzwürdiger Ortsbilder im Sinne des Heimatschutzes, sondern die Erhaltung und Erweiterung (Ergänzung) von Gebieten mit hoher Siedlungsqualität» (KEISER, S. 8). Es können damit allgemein städtebauliche oder sozialpolitische Zielsetzungen verfolgt werden (DIGGELMANN, Ergänzungsband ZH, S. 18). Sollte mit einer Quartiererhaltungszone jedoch eine «bestehende Unternutzung [...] perpetuiert werden, so müsste hiefür ein [...] überwiegendes öffentliches Interesse gegeben sein» (BEZ 1994 Nr. 4 E. 5e). Die grundsätzliche Beibehaltung des Erscheinungsbildes der erfassten Bauten vorzuschreiben, wäre daher nur unter besonderen Umständen angängig (E. 5f). Die Quartiererhaltungszone soll vielmehr «im Rahmen der zu erhaltenden Siedlungsstruktur zeitgemässe architektonische Lösun-

che Massnahmen an Bestehendem bezwecken, sondern auch dessen Erweiterung und Ergänzung vorsehen, erweisen sie sich als mögliche zonenplanerische Festlegungen zur Vorbereitung qualitativer baulicher Nachverdichtungen[41].

Erhaltungszonen kommt gegebenenfalls zudem unmittelbar nachverdichtungsrelevante Wirkung zu, sofern ihnen eine bestimmte Vorstellung bezüglich der baulichen Dichte zugrundeliegt[42] und soweit ihnen dabei Gebiete zugewiesen werden, welche diese Dichtevorgaben nicht erreichen. In Verbindung mit den zonenspezifischen Bauvorschriften[43] kann die Festlegung einer in der soeben dargestellten Weise nachverdichtungsrelevanten Erhaltungszone das verdichtende Bauen mittelbar geradezu veranlassen[44].

B) Die Konzentrationszonen

Die Konzentrationszonen[45] haben zum Zweck, Siedlungsschwerpunkte dichter Überbauung[46] zu bilden oder weiterzuentwickeln. Die angestrebte bauliche

---

gen ermöglichen» (KEISER, S. 14). Zum Verhältnis der Quartiererhaltungszone zur baulichen Verdichtung vgl. sodann BEZ 1995 Nr. 5 E. 5.

[41] Dies gilt in besonderer Weise für die Quartiererhaltungszone und dabei namentlich, sofern sie für die bauliche Weiterentwicklung in Anlehnung an eine bestehende Überbauungsstruktur Baubereiche zur Bestimmung der Baustandorte vorsieht (vgl. STEIGER et al., S. A-28). Zudem kann (i.V.m. Festlegungen nach § 49a Abs. 3 PBG/ZH) die Erhaltung der Nutzungsstruktur sichergestellt oder eine Nutzungsdurchmischung veranlasst werden (vgl. KEISER, S. 11 f.).

[42] Dies muss keineswegs immer der Fall sein (vgl. § 50 Abs. 1 PBG/ZH [i.d.F. vom 1. September 1991]: «schutzwürdige Ortsbilder, wie Stadt- und Dorfkerne oder einzelne Gebäudegruppen»), wodurch sich der Anwendungsbereich etwas erweitert hat (WOLF/KULL, N. 20) im Vergleich zu § 50 Abs. 1 PBG/ZH i.d.F. vom 7. September 1975: «Altstädte sowie Stadt- und Dorfkerne» (vgl. dazu BGE vom 6. November 1991 E. 3c Zürich sowie BEZ 1993 Nr. 1 E. 1). Eine vorausgesetzte bauliche Dichte ist für Kernzonen nach dem geltenden § 50 Abs. 1 PBG/ZH wohl nur noch insoweit anzunehmen, als diese mit Blick auf dichtebezogene Eigenschaften der Siedlungsstruktur («Stadt- und Dorfkerne») festgelegt werden oder es um die Erweiterung verglichen mit der Umgebung dicht bebauter Siedlungsteile geht.

[43] Die materiell dem Zonenzweck entsprechend auf die bestehende bauliche Struktur abzustimmenden Vorschriften können mit unterschiedlicher Normativitätskraft ausgestattet, d.h. als Gebote oder Verbote («vorschreiben», «näher ordnen») oder als Erlaubnis («gestatten») ausgestaltet werden. Die «für die Kernzonen erlaubten Bauvorschriften [sind] auf kleinräumige und verdichtete Siedlungsgebiete zugeschnitten» und gehen aus von der «Vorstellung eines kompakten [...] Siedlungskerns» (BGE vom 6. November 1991 E. 3e Zürich).

[44] Diese Wirkung soll nicht durch Nutzungsziffern vereitelt werden; deren Festsetzung ist demnach «nur zulässig, soweit sie dem Zonenzweck nicht zuwiderlaufen» (§ 50 Abs. 2 Satz 2 PBG/ZH). - Der nachverdichtungsrelevanten Wirkung der Festlegung von Erhaltungszonen in Gebieten, denen es an der vorausgesetzten baulichen Dichte mangelt, sind «dadurch Grenzen gesetzt, dass die Kernzone in erster Linie die bestehende Siedlungsstruktur erhalten will» (BEZ 1993 Nr. 1 E. 1).

[45] Z.B. Zentrumszonen (§ 51 PBG/ZH, § 24 Abs. 2 E RBG/BL), nach Massgabe der konkreten Ausgestaltung etwa Kernzonen nach solothurnischem Recht (§ 31 PBG/SO), allenfalls Kern- und Geschäftszonen nach bernischem Recht (vgl. ZAUGG, Kommentar Art. 72 - 74 BauG/BE, N. 14a), kantonalrechtlich nicht näher bestimmte Zentrums- und Geschäftszonen nach § 39 Abs. 2 Lemma 2 und 4 PBG/LU oder Dienstleistungszonen nach § 13 Ziff. 1 lit. c PBG/TG.

[46] So ausdrücklich § 51 Abs. 1 PBG/ZH.

Dichte richtet sich dabei nicht hauptsächlich nach der (wenn überhaupt[47]) bestehenden Überbauung, sondern bestimmt sich einerseits nach der Art der Zentrumsfunktionen und der Ausdehnung des Einzugsgebiets, für das die Konzentrationszone diese Zentrumsfunktionen übernimmt, und anderseits nach den Gegebenheiten der Siedlungsanordnung[48] sowie nach der Erschliessbarkeit[49] des für die Konzentrationszone vorgesehenen Gebietes.

Lässt es die bestehende bauliche Situation zu, d.h. stehen ausreichend grosse Flächen zur Verfügung und liegt nicht eine besondere Überbauungsstruktur vor, so kann in Konzentrationszonen sogar das verdichtete Bauen als Vorgehensweise zur Verwirklichung der baulichen Nachverdichtung in Frage kommen. Im Gegensatz zu den Erhaltungszonen lassen die Konzentrationszonen das Setzen neuer gestalterischer Akzente vorbehältlich der allgemeinen Einordnungsvorschriften wohl ohne weiteres zu. Wie weit die quantitativen Bauvorschriften der baulichen Verdichtung und dabei insbesondere dem verdichteten Bauen in Konzentrationszonen entgegenkommen, ist freilich nur anhand deren konkreter Ausgestaltung zu beurteilen[50].

III. Sondernutzungsplanung

Soweit Sondernutzungspläne auch für überbaute Planungsteilgebiete aufgestellt werden können, was regelmässig zutrifft[51], lassen sich aufgrund der an den besonderen Verhältnissen ausgerichteten baulichen Nutzungsordnung die erforderlichen Festlegungen treffen[52], um das verdichtende Bauen in geeigneter Weise in die Wege zu leiten[53]. In Ergänzung zu dem unter § 6 Ausgeführten ist hier auf die nachverdichtungsspezifischen Anforderungen (1.) und Inhalte (2.) der Sondernutzungsplanung näher einzugehen, bevor (als Exkurs) das ausschliesslich für

---

[47] Vgl. supra § 5 II. 2.

[48] Etwa bzgl. anderer (über-, unter- oder gleichgeordneter) Siedlungsschwerpunkte.

[49] So ist für die Bildung von Siedlungsschwerpunkten hinsichtlich deren Erreichbarkeit von entscheidender Bedeutung, ob und inwieweit die erforderliche verkehrsmässige Erschliessung mit der Umweltschutzgesetzgebung zu vereinbaren ist (vgl. infra § 12 I. 3. A.).

[50] Für das zürcherische Recht, welches den nachgeordneten Planungsträgern nur einen vergleichsweise geringen Regelungsbereich überlässt, ist festzuhalten, dass sich die möglichen besonderen Regelungen für Zentrumszonen auf die Stellung der Bauten beziehen (§ 51 Abs. 2 PBG/ZH), während jene für Kern- und Quartierhaltungszonen auch die Volumetrie sowie qualitative Eigenschaften betreffen können (§ 50 Abs. 3 PBG/ZH).

[51] So ausdrücklich laut § 83 Abs. 4 PBG/ZH, § 39 Abs. 1 E RBG/BL, § 21 Abs. 1 lit. a BauG/AG, § 18 PBG/TG sowie Art. 65 al. 2 LATC/VD; andeutungsweise gemäss Art. 88 Abs. 1 lit. c, f und g BauG/BE (vgl. dazu ZAUGG, Kommentar Art. 88/89 BauG/BE, N. 14 und N. 16 ff.) sowie nach § 67 PBG/LU.

[52] Zum Rahmen sondernutzungsplanerischer Festlegungen vgl. supra § 6 II. insbes. 2. und 4.

[53] DIGGELMANN et al., Siedlungserneuerung, S. 117 ff., HALLER/KARLEN, N. 324.

überbaute Gebiete in Frage kommende umfassende Planungsinstrument der Gebietssanierung grob dargestellt wird (3.).

1. Die nachverdichtungsspezifischen Anforderungen an die Sondernutzungsplanung

Die bedarfsgerechte Instrumentierbarkeit der Sondernutzungspläne[54] ermöglicht die Bereitstellung für das verdichtende Bauen geeigneter planungsrechtlicher Voraussetzungen (etwa durch gezielte Erhöhung der zulässigen baulichen Nutzung oder durch Anpassung der Vorgaben betreffend die Nutzungsstruktur an bestimmte Überbauungsabsichten). Im Hinblick auf die Durchführung baulicher Nachverdichtungsmassnahmen ist ferner die Möglichkeit der Differenzierung sondernutzungsplanerischer Festlegungen (A.) sowie die Frage nach dem Vorgehen bei bereits nach Sondernutzungsplänen erstellten Überbauungen (B.) von Bedeutung.

A) Die Differenzierung der sondernutzungsplanerischen Festlegungen

Der Einschluss bereits überbauter Grundstücke in das Beizugsgebiet von Sondernutzungsplänen kann zur Folge haben, dass sich die darin vorgesehenen baulichen Massnahmen nach Ausmass und/oder nach der Eingriffsintensität in das Bestehende erheblich unterscheiden[55]; ebenso verschieden kann die Realisierungswahrscheinlichkeit der Festlegungen sein: sie bestimmt sich etwa nach dem baulichen Zustand des Vorhandenen, nach dessen Amortisationsgrad und schliesslich nach der gesamthaften Lagebeurteilung durch die Grundeigentümerschaft. Da die Verwirklichung der baulichen Nutzungsmöglichkeiten den einzelnen Grundeigentümern anheimgestellt ist, muss - namentlich in nach den erwähnten Gesichtspunkten heterogen zusammengesetzten Beizugsgebieten - damit gerechnet werden, dass der Sondernutzungsplan zeitlich gestaffelt und möglicherweise überhaupt nur zum Teil ausgeführt wird[56]. Als entscheidend hinsichtlich der Eignung für das verdichtende Bauen erweist sich mithin die Möglichkeit der etappierten Verwirklichung von Sondernutzungsplänen[57]. Die Etappierbarkeit bezieht sich dabei idealerweise nicht bloss auf die Detailprojek-

---

[54] Vgl. supra § 6 II.

[55] Z.B. freistehender Ergänzungsbau oder Verbindungsbau; Erweiterung durch Anbau oder Aufstockung; blosse Nutzungsänderung oder solche verbunden mit mehr oder weniger einschneidenden baulichen Anpassungen der bestehenden Baute.

[56] Die Beurteilung der Verwirklichungswahrscheinlichkeit soll m.E. auch in die Interessenabwägung einfliessen. Das erforderliche öffentliche Interesse muss danach selbst dann gegeben sein, wenn der Sondernutzungsplan nicht vollständig zur Ausführung gelangt und zu einem späteren Zeitpunkt vielleicht Anpassungen an die dannzumal vorherrschenden Entwicklungsabsichten vorgenommen werden.

[57] Vgl. DIGGELMANN et al., Siedlungserneuerung, S. 110. - In dieser Hinsicht eher hinderlich sind somit Bestimmungen wie z.B. § 78 Abs. 6 PBG/LU (Sicherstellung der entscheidgemässen Ausführung des Gestaltungsplans).

tierung, sondern bereits auf die Ausgestaltung des Sondernutzungsplans, indem dessen Festlegungen bezüglich baulicher Massnahmen unterschiedlicher Etappen auch einen unterschiedlichen Bearbeitungsstand aufweisen können[58].

Eine weitere Möglichkeit, den im weitgehend überbauten Gebiet typischerweise gestreuten, kleinteiligen und unterschiedlich gelagerten Eigentumsverhältnissen Rechnung zu tragen, könnte darin bestehen, die Sondernutzungsplanung nicht auf bestimmte Grundstücke innerhalb eines zusammenhängenden Perimeters ausgerichtet[59] vorzunehmen, sondern das Beizugsgebiet wesentlich weiter zu fassen, um in einem solchermassen ausgedehnteren Anwendungsbereich[60] für bestimmte ortstypische (jedoch nicht in einem einheitlichen Siedlungsteil angelegte) Baukonstellationen[61] im Hinblick auf Massnahmen des verdichtenden Bauens besondere Anordnungen vorzusehen, die dabei allerdings nicht auf die konkreten Verhältnisse der betroffenen Grundstücke eingehen. Eine solche Vorgehensweise erlaubt eine verallgemeinerte und sachlich kohärente planerische Vorbereitung räumlich verstreut zu erwartender Massnahmen des verdichtenden

---

[58] Dies kann sich etwa in einem unterschiedlich entwickelten Detaillierungsgrad äussern oder darin, dass für bestimmte Planungsteilgebiete nur einzelne Überbauungsmerkmale festgesetzt werden (z.B. die Nutzungsart), während auf die Festlegung anderer (vorläufig) verzichtet wird (z.B. Volumetrie oder Stellung der Bauten). Nebst verstärkt bedarfsbezogener Planung erlaubt diese Vorgehensweise, Handlungsspielräume zu wahren, um zeit- und bedarfsgerecht auf - möglicherweise gewandelte - Überbauungsabsichten späterer Etappen eingehen zu können.

[59] Die gesetzlichen Vorgaben betreffend die Sondernutzungsplanung implizieren für deren Anwendungsbereich eine gewisse Ausdehnung, die i.d.R. jedenfalls über die Fläche durchschnittlicher Baugrundstücke im weitgehend überbauten Siedlungsgebiet oder aus wenigen Grundstücken zusammengesetzter Kleinstbeizugsgebiete hinausgeht; z.B. «bestimmte[...] geeignete[...] Gebiete» (§ 79 Abs. 1 PBG/ZH), «bestimmt umgrenzte Gebiete» (§ 83 Abs. 1 PBG/ZH), «bestimmte Teile des Gemeindegebietes» (Art. 88 Abs. 1 BauG/BE), «zusammenhängende[s] Gebiet» (§ 72 Abs. 1 PBG/LU), «zusammenhängende[...] Flächen» (§ 44 Abs. 1 PBG/SO), «zusammenhängende[s] Teilgebiet[...] der Bauzonenfläche» (§ 38 Abs. 1 E RBG/BL), «Gebiet» (§ 21 Abs. 1 lit. a BauG/AG), vgl. sodann die Begrenzungsmerkmale gemäss Art. 65 al. 1er LATC/VD (insbes. Verkehrsflächen, wichtige Bauten, natürliche Hindernisse). § 18 PBG/TG enthält keine Angabe zum Anwendungsbereich, nachdem im Revisionsentwurf noch von «zusammenhängende[n] Gebiete[n]» die Rede war.

[60] Z.B. durch Sonderbauvorschriften, für die nach zürcherischem Recht als Anwendungsbereich allerdings auch «bestimmte geeignete Gebiete» für die Überbauung nach «einheitlichen Gestaltungsgrundsätzen» vorausgesetzt sind (§ 79 Abs. 1 PBG/ZH). Der Verzicht auf räumlich zusammenhängende Anwendung zugunsten einer solchen auf verstreut gelegenen Vorhaben kann sich immerhin rechtfertigen, soweit das Beizugsgebiet eine gewisse bauliche Einheitlichkeit aufweist, so dass sich die mit Sonderbauvorschriften beabsichtigte «freiere Überbauung bestimmter geeigneter Gebiete nach einheitlichen Gestaltungsgrundsätzen» auch ohne projektübergreifend abgestimmte bauliche Massnahmen verwirklichen lässt.

[61] Z.B. in einem bestimmten Zeitraum erstellte, von einem (etwa in sozialer oder altersmässiger Hinsicht) mehr oder weniger homogenen Bewohner- oder Benutzersegment gehaltene Gebäude, welche angesichts kubischer, gestalterischer und konstruktiver Gemeinsamkeiten grundsätzlich in etwa ähnliche Verdichtungsmöglichkeiten aufweisen (Bsp.: Anbauten an zweigeschossige Einfamilienhäuser mit Firstdach, die von betagten Einzelpersonen bewohnt werden, zwecks Schaffung zusätzlicher, gesondert nutzbarer Wohnungen [für Einzelpersonen oder Familien]).

Bauens, deren gemeinsame Behandlung sich aufgrund ihres inhaltlich ähnlichen Regelungsbedarfs rechtfertigt.

B) Die bauliche Nachverdichtung bereits nach Sondernutzungsplänen erstellter Überbauungen

Überbauungen, die aufgrund von Sondernutzungsplänen erstellt worden sind, können - selbst wenn sie eine für die Verhältnisse zur Entstehungszeit erhöhte bauliche Dichte aufweisen - nach heutigen Vorstellungen durchaus über zusätzliche Nutzungsmöglichkeiten verfügen, deren Verwirklichung (z.B. mittels Anbauten, Aufstockungen, Verbindungs- oder Ergänzungsbauten) sich angesichts vorhandener Erschliessung oder erleichterter Erschliessbarkeit anbietet oder aus Gründen des Immissionsschutzes geradezu aufdrängt. Soweit die Massnahmen des verdichtenden Bauens eigentliche Festlegungen des Sondernutzungsplans (Anzahl und Lage der Bauten) betreffen und deren Rahmen (Baubereich mit Projektierungsspielraum) überschreiten, setzt die bauliche Nachverdichtung wohl auch dann eine Änderung des Sondernutzungsplans voraus[62], wenn das Nutzungsmass im Rahmen der baurechtlichen Grundordnung zwischenzeitlich derweise angehoben worden ist, dass die erweiterte Überbauung insgesamt ohne weiteres zulässig wäre. Die lokalisierten sondernutzungsplanerischen Festlegungen ersetzen und ergänzen die baurechtliche Grundordnung und werden von deren Änderung somit nicht erfasst. Anders kann es sich immerhin für im Zusammenhang mit einem Sondernutzungsplan erlassene besondere Vorschriften[63] verhalten, die von der baurechtlichen Grundordnung "überholt" worden sind. Entsprechende zusätzliche Nutzungsmöglichkeiten können wohl unmittelbar ausgeschöpft werden; dasselbe gilt freilich auch hinsichtlich jener Regelungsbereiche, für welche der Sondernutzungsplan ausdrücklich oder stillschweigend auf die baurechtliche Grundordnung verweist.

2. Die nachverdichtungsrelevanten Überbauungsmerkmale als Inhalt von Sondernutzungsplänen

Der Rahmen sondernutzungsplanerischer Abweichungen von der baurechtlichen Grundordnung weist für das verdichtende Bauen betreffend Nutzweise (A.) und Gestaltung (B.) gewisse Besonderheiten auf.

A) Die Nutzweise

Das verdichtende Bauen erfordert sowohl bezüglich der Nutzungsarten (a.) als auch hinsichtlich des Nutzungsmasses (b.) Regelungen, die dem Bestehenden

---

[62] Die Zulässigkeit von Massnahmen des verdichtenden Bauens beurteilt sich demnach nicht zuletzt auch nach der Abänderbarkeit der Sondernutzungspläne (vgl. hiezu supra § 6 II. 4.).

[63] Z.B. betreffend besondere Nutzungsarten oder in bezug auf Erleichterungen hinsichtlich Belüftung, Belichtung oder Besonnung von Wohn- und Arbeitsräumen.

angemessen Rechnung tragen und sich auf bestimmte Überbauungsabsichten ausrichten lassen.

a) Die Nutzungsart

Vom baulichen Bestand ausgehende, die baurechtliche Grundordnung derogierende Nutzungsarten im Rahmen eines Sondernutzungsplans festzusetzen, bewirkt, dass bisher nur kraft Besitzstandsgarantie ausgeübte zonenwidrige Nutzungsarten nachträglich (wieder) legitimiert und damit die betroffenen Bauten ausbaufähig werden. Des weiteren können - was vorab bei kantonalrechtlich bedingt strenger Zonentypologie von Bedeutung ist[64] - gezielt und mit dem erforderlichen Detaillierungsgrad Nutzungsdurchmischungen angeregt oder durch die Zulassung (der baurechtlichen Grundordnung widersprechender) lukrativerer Nutzungen wirtschaftliche Anreize für die Verwirklichung der Sondernutzungspläne geschaffen werden[65].

b) Das Nutzungsmass

Auch an sich schon aufgrund der baurechtlichen Grundordnung vorhandene Nutzungsreserven können oft erst dann auf bautechnisch, gestalterisch und wirtschaftlich sinnvolle Weise wahrgenommen werden, wenn die zusätzlichen Nutzungsmöglichkeiten ein bestimmtes Ausmass erreichen. Diese Katalysatorwirkung kann mittels einer gezielten Nutzungserhöhung durch sondernutzungsplanerische Festlegung ausgelöst werden, wobei der Träger der Sondernutzungsplanung anders als etwa bei einer Änderung der Nutzungsziffer-Definition den Entscheid über die bauliche Nutzungsordnung für jeden konkreten Fall in der Hand behält.

Die Festlegungen bezüglich des Nutzungsmasses können dabei allgemein erfolgen, an mehr oder weniger detailliert umschriebene Nutzungsarten[66] geknüpft oder mit besonderen Zweckbestimmungen[67] verbunden werden. Auch durch Festlegungen über die Volumetrie[68] und die Situierung[69] der Bauten lässt sich eine gewisse nutzungsmässige und insbesondere gestalterische Ausrichtung des erhöhten Nutzungsmasses erreichen. Mit der am Einzelfall orientierten Regelung

---

[64] DIGGELMANN et al., Siedlungserneuerung, S. 79.

[65] Die Zweckmässigkeit entsprechender Festlegungen beurteilt sich dabei insbesondere nach dem Umfang, in welchem der Sondernutzungsplan verwirklicht wird; es kann sich unter diesem Gesichtspunkt rechtfertigen, die Etappierbarkeit der Durchführung des Sondernutzungsplans einzuschränken.

[66] Z.B. Familienwohnungen, Handwerksbetriebe, Quartier-Detailhandelsbetriebe etc.

[67] Z.B. Erhöhung der Nutzungsziffer nur bei Schaffung neuer, nicht hingegen zur Vergrösserung bestehender Wohnungen.

[68] Z.B. das Zulassen von Aufstockungen bis auf die Gebäudehöhe umliegender (gegebenenfalls bauvorschriftswidriger) Bauten.

[69] Z.B. die Zulassung von Anbauten oder Ergänzungsbauten, die in den Grenzbereich hineinragen, soweit sich nur auf diese Weise eine sinnvolle Nutzung erzielen lässt.

werden allgemeine Vorschriften entbehrlich, die für den einen Fall weiter gehen (müssen), als dies für andere Fälle notwendig oder auch nur sinnvoll ist.

B) Die Gestaltung

Mittels detaillierter Gestaltungsvorschriften kann eine mit der vorhandenen Siedlungsstruktur verträgliche bauliche Nachverdichtung erreicht werden[70]. Die betreffenden Vorschriften können dabei nach Massgabe der Qualität der baulichen Umgebung bald mehr auf eine unauffällige Einfügung, bald auf eine Akzente setzende Anordnung der Massnahmen des verdichtenden Bauens tendieren. Im ersteren Falle muss die Anpassung an schützenswerte gewachsene Strukturen mit detaillierteren Vorschriften bzw. Festlegungen bezüglich kubischer Gliederung und Stellung der Bauten, betreffend Fassaden- und Dachgestaltung sowie Material- und Farbwahl sichergestellt werden, während die gestalterische Freiheit im Falle einer selbstbewussteren Einflussnahme auf die bestehende bauliche Situation womöglich über die Beschränkungen aufgrund des allgemeinen Einordnungsgebots[71] hinweg ausgedehnt werden kann.

Die Sondernutzungspläne stellen zudem geeignete Instrumente dar für eine allfällige koordinierte Umgestaltung der Überbauungsstruktur eines Siedlungsteils (z.B. von einer Einfamilienhaus- zu einer Doppelhaus-, Reihenhaus- oder mehrachsig geschlossenen bzw. zu einer Blockrandüberbauung), bei der nebst quantitativen Aspekten der zulässigen baulichen Nutzung schwergewichtig auch gestalterische Fragen zu bewältigen sind.

3. Die Gebietssanierung (Exkurs)

Das zürcherische Recht[72] hält mit der Gebietssanierung ein ausführliches, an die Quartierplanung angelehntes Verfahren bereit, das ausschliesslich auf bereits überbaute Siedlungsgebiete mit qualifiziertem Erneuerungsbedarf anwendbar ist. Im folgenden werden Definition und Anwendungsbereich (A.), die Arten (B.) sowie die begleitenden Anordnungen der Gebietssanierung (C.) kurz dargestellt.
_[73]

---

[70] DIGGELMANN et al., Siedlungserneuerung, S. 114.
[71] Vgl. supra § 10 III.
[72] § 186 - 202 sowie (kraft Verweisung in § 189) § 83 - 87 und § 123 - 177 PBG/ZH.
[73] Die Gebietssanierung findet Eingang in den II. Teil der vorliegenden Arbeit, da sie ein besonderes raumplanungsrechtliches Instrument für das Bauen in bereits weitgehend überbautem Gebiet bildet. Obschon sie nicht als Sondernutzungsplan im eigentlichen Sinne zu würdigen ist (sondern eher als Massnahmenbündel der Parzellarordnungs- und Erschliessungsplanung), wird sie hier in diesem Zusammenhang behandelt, weil sie mit den Sondernutzungsplänen einige Ähnlichkeit aufweist und auch solche Pläne beinhalten kann (vgl. § 192 PBG/ZH). Die Altstadt- oder Quartiersanierung stellt sodann gemäss Art. 88 Abs. 1 lit. g BauG/BE ausdrücklich eine Aufgabe dar, zu deren Bewältigung die Überbauungsordnung nach bernischem Recht zur Verfügung steht (vgl. ZAUGG, Kommentar Art. 88/89 BauG/BE, N. 18).

A) Definition und Anwendungsbereich

Die Gebietssanierung umfasst ein Bündel städtebaulicher Massnahmen, welche unter bestimmten Voraussetzungen zu einer vollständig oder weitgehend neuen Gestaltung überbauter Siedlungsgebiete führen. Das einer durchgreifenden städtebaulichen Erneuerung zu unterwerfende Gebiet umfasst Grundstücke, die bezüglich Gestaltung und Erschliessung sowie in bautechnischer Hinsicht einen ähnlichen baulichen Zustand aufweisen und sich auch räumlich sinnvollerweise als Einheit behandeln lassen[74].

Die Neugestaltung durch Gebietssanierung setzt die mehr oder weniger weitreichende Beseitigung der bestehenden Bausubstanz durch Abbruch oder die Anordnung anderer einschneidender Sanierungsmassnahmen voraus, weshalb das Verfahren nur zu rechtfertigen ist, sofern und soweit bestimmte qualifizierte[75] öffentliche Interessen vorliegen. Als solche gelten die Beseitigung «erheblicher Missstände» hinsichtlich der Wohn- und Arbeitshygiene[76], der Erschliessung, der ortsbaulichen Gestaltung sowie der Ausstattung und Ausrüstung der Gebäude[77] oder die Behebung von Zuständen, die zu den Zielen der Nutzungsordnung in einem «starken Missverhältnis» stehen, bzw. die Abwendung von Vorgängen, welche die erwünschte Entwicklung «erheblich gefährden» oder eine «schwerwiegende Fehlentwicklung» fördern[78]. Als Gegenstand einer Gebietssanierung kommen demnach grundsätzlich Überbauungen in Frage, die in krassem Gegensatz zur richt- und nutzungsplanerischen Ordnung stehen und bei denen einer der vorausgesetzten Gefährdungstatbestände gegeben ist. Der verfassungsmässige Grundsatz der Verhältnismässigkeit verbietet jedoch, die Durchführung einer Gebietssanierung anzustrengen, solange weniger einschneidende Massnahmen die Wahrnehmung der öffentlichen Interessen zu gewährleisten vermögen. Aufgrund dieser Subsidiarität der Anwendbarkeit und wohl auch wegen des aufwendigen Verfahrens sind die Bestimmungen über die Gebietssanierung bisher toter Buchstabe geblieben, obschon sie für die Siedlungserneuerung teilweise interessante Regelungsansätze enthalten.

B) Die Arten von Gebietssanierungen

Es ist zu unterscheiden zwischen der Gesamterneuerung (a.) und der Teilerneuerung (b.).

---

[74] Vgl. § 188 PBG/ZH.
[75] Als qualifiziert werden diese Interessen hier bezeichnet, weil nur sie als ausreichende öffentliche Interessen überhaupt in Frage kommen; dies entbindet jedoch keineswegs von einer Interessenabwägung, wie sie für jeden derartigen Eingriff in verfassungsmässige Rechte durchzuführen ist.
[76] Darunter wäre wohl auch der Schutz vor übermässigen Immissionen zu subsumieren.
[77] § 187 lit. b PBG/ZH.
[78] § 187 lit. a PBG/ZH.

a) Die Gesamterneuerung

Die Neuüberbauung eines Gebietes, das von einer Gesamterneuerung erfasst wird, richtet sich nach einem Gestaltungsplan, der Bestandteil des Gesamterneuerungs-Quartierplans bildet[79], welcher seinerseits Parzellarordnung und Erschliessung des Erneuerungsgebiets regelt[80]. Bestehende Bauten sind unter Umständen zu erhalten[81]; darüberhinaus jedoch stellt die Gesamterneuerung zumindest für das Innenverhältnis eine ähnliche Planungsaufgabe dar wie das Bauen in bisher unüberbautem Gebiet. Die Gesamterneuerung weist indessen auch zahlreiche Gemeinsamkeiten auf mit dem Bauen in weitgehend überbautem Siedlungsgebiet: ihr Anwendungsbereich läge wohl regelmässig im Siedlungsinnern, womit in bestehende Siedlungsstrukturen (d.h. etwa in das Nutzungsgefüge sowie in Eigentums- und Mietverhältnisse an Wohn- und Geschäftsräumen) eingegriffen würde; die Neuüberbauung wäre ferner in Beziehung zu setzen zu allfällig verbleibenden Strukturen innerhalb des Erneuerungsgebiets bzw. insbesondere zur bestehenden baulichen Situation in dessen Umgebung.

b) Die Teilerneuerung

Die Teilerneuerung[82] bezweckt die gezielte Behebung einzelner Missstände bzw. Fehlentwicklungen und erweist sich insofern als Sanierung im eigentlichen Sinne, als sie durch «zweckgerechte [Einzel-] Anordnungen»[83] der Herbeiführung des gesetzlich vorgeschriebenen Zustands dient. Die Teilerneuerung eignet sich dabei grundsätzlich als Rahmen für Massnahmen des verdichtenden Bauens, sofern sie über die Sanierung einzelner qualifiziert verbesserungsbedürftiger («missständlicher») Bauten und Anlagen hinausgehend weitere bauliche Massnahmen zur Siedlungsentwicklung umfasst (etwa die Erstellung gemeinschaftlicher Ausstattungen und Ausrüstungen[84]). Solche erscheinen an sich auch im Rahmen von Teilerneuerungen als denkbar, zumal da die «günstige Gesamtwirkung»[85] das Ziel sowohl der Gesamt- als auch der Teilerneuerung und letztlich auch der baulichen Nachverdichtung bildet.

---

[79] § 192 PBG/ZH.

[80] Dabei dürfte auch etwa die Baulinienziehung zu bereinigen sein, wie sie die Überbauungsordnungen des 19. Jahrhunderts, verbunden mit Gebäudehöhenbegrenzungen, zur Baubeschränkung gemeinhin vorsahen.

[81] Laut § 196 PBG/ZH sind die bestehenden Bauten innerhalb des Erneuerungsgebiets zu erhalten, sofern die Beseitigung wirtschaftlich unverantwortbar wäre und die Eigentümer den Weiterbestand verlangen. Die Bauten sind dabei u.U. an die neue bauliche Nutzungsordnung anzupassen.

[82] Zum Begriff: § 16 Halbsatz 1 QPV/ZH.

[83] § 191 Abs. 2 PBG/ZH.

[84] Vgl. § 16 Halbsatz 1 QPV/ZH.

[85] § 191 Abs. 1 PBG/ZH.

C) Die Gebietssanierung begleitende Anordnungen

Die Regelungen betreffend die Gebietssanierung tragen dem Umstand Rechnung, dass von umfangreichen Erneuerungsvorhaben entscheidende Veränderungen auf die Nutzungsstruktur des betroffenen Gebietes und dessen Umgebung ausgehen. Um diese Auswirkungen "abzufedern" sind Massnahmen zugunsten der Betroffenen vorgesehen[86]. Diese im Zusammenhang mit Gebietssanierungen formell vorgeschriebenen Untersuchungen (Sozialbericht)[87] und Vorkehren (Ersatzbeschaffung)[88] weisen auf Probleme hin, die sich auch bei weniger weitgehenden Veränderungen im bereits überbauten Siedlungsgebiet ergeben können und deren Bewältigung durchaus auch in die Interessenabwägung einbezogen werden sollte. Stellt die Vornahme der verlangten Abklärungen und Anordnungen einerseits ein Erschwernis für die bauliche Nachverdichtung dar, so vermögen die entsprechenden Vorkehrungen andererseits gegebenenfalls auch schwerwiegendere Eingriffe in die bestehende Nutzungsstruktur und in individuelle Rechtspositionen zu rechtfertigen, indem sie die Durchführung der Sanierungsmassnahmen für die Betroffenen in sozialer und wirtschaftlicher Hinsicht verträglicher ausgestalten.

---

[86] § 193 - 195 PBG/ZH.

[87] Der Sozialbericht (§ 193 PBG/ZH, vgl. ferner § 17 QPV/ZH) erfasst die zu erwartenden Auswirkungen der Gesamterneuerung auf die Rechtsstellung und die tatsächlichen Verhältnisse der Grundeigentümer, Mieter und Pächter des betroffenen Gebiets sowie auf die nähere Umgebung insgesamt.

[88] Z.B. Beschaffung provisorischer Geschäftsräume für Betriebe der Quartierversorgung (§ 18 QPV/ZH), die sich nach der Gesamterneuerung wieder im betroffenen Gebiet ansiedeln wollen (§ 194 PBG/ZH); bei Abbruch (bzgl. anderer baulicher Massnahmen, welche die bestimmungsgemässe Verwendung der Räume beeinträchtigen, vgl. Art. 260 insbes. Abs. 2 OR) von Wohn- oder Geschäftsräumen ist der Nachweis aller zumutbaren Anstrengungen zur Beschaffung oder Vermittlung geeigneter Ersatzräume für die betroffenen Eigentümer, Mieter und Pächter zu erbringen (§ 195 PBG/ZH).

2. Abschnitt
Die materielle Baugesetzgebung

Der folgende Abschnitt konfrontiert die materielle Baugesetzgebung mit dem verdichtenden Bauen. Er gliedert sich in zwei Paragraphen, deren einer die Anwendung der Bauvorschriften auf Massnahmen der baulichen Nachverdichtung beschreibt (§ 12) und deren anderer die Nichtanwendung geltenden Rechts auf vor dessen Inkrafttreten Gebautes erörtert, an welchem nunmehr Änderungen vorgenommen werden sollen (§ 13). Gemein ist den beiden Paragraphen, dass sie zur Darstellung bringen, wie sich das Recht der Problematik der rechtlichen Erfassung der Veränderung bestehender Bauten durchaus differenzierend annimmt, obgleich es keineswegs darauf ausgerichtet ist[1].

---

[1] Diese Rechtslage erweist sich rechtstheoretisch und rechtspolitisch als desto unbefriedigender, je weniger die zu regelnden Sachverhalte (nach Anzahl und Umfang) mit den gesetzlichen Tatbeständen, d.h. mit den von der Gesetzgebung als typisch erachteten Bausituationen, übereinstimmen. Unter der Annahme, das Verhältnis Neubau/"Weiterbau" verschiebe sich noch zunehmend zugunsten des verdichtenden Bauens (vgl. GABATHULER et al., Siedlungsbegrenzung, insbes. S. 103 ff., WÜEST et al., insbes. S. 110), ist davon auszugehen, dass die Gewährung von Abweichungen zur Regel werden muss (oder eine Vielzahl von Bauvorhaben an der strikten Rechtsanwendung scheitern). Ob die Antwort hierauf eine weitere Differenzierung des Regelwerks sein soll oder ob grundsätzlich andere Formen der staatlichen Ordnungstätigkeit (vgl. III. Teil, insbes. § 16) vermehrt zum Einsatz kommen sollen, ist letztlich eine Frage des Verständnisses von Staat und Verwaltung und damit eine politische Frage. - Vgl. dazu schon KAPPELER (Änderungen, S. 33), der in einer systematischen Differenzierung der Bauvorschriften für Neubauten und für bauliche Erneuerungen beachtliche Vorteile sieht.

§ 12 Die Nachverdichtungsrelevanz der Bauvorschriften

Die Bauvorschriften gelten vorbehältlich anderslautender Bestimmungen grundsätzlich gleichermassen für Neubauten wie für Änderungen an bestehenden Bauten und für das Bauen im weitgehend überbauten Gebiet[1]. Es ist daher zunächst die Bedeutung der grundsätzlich auf alle baulichen Vorgänge anzuwendenden Bauvorschriften für das verdichtende Bauen zu erläutern (I.), bevor auf die Sondergesetzgebung für Massnahmen des verdichtenden Bauens einzugehen ist (II.).

I. Die Bedeutung der auf alle baulichen Vorgänge anzuwendenden Bauvorschriften

Zunächst ist in allgemeiner Weise kurz zu erörtern, inwiefern und weshalb sich die grundsätzlich allgemeine Anwendung der Bauvorschriften auf alle Bauvorhaben als problematisch erweisen kann, wenn es um das verdichtende Bauen geht (1.). Anschliessend ist auf die typischen Auswirkungen gewisser Bauvorschriften auf das verdichtende Bauen im einzelnen einzutreten (Die Nachverdichtungsrelevanz der quantitativen [2.] bzw. der qualitativen Bauvorschriften [3.]).

1. Allgemeines

Das geltende Recht unterscheidet hinsichtlich der Anwendung der Bauvorschriften in aller Regel nicht nach dem baulichen Kontext, in welchem die baulichen Massnahmen stattfinden. Diese formale Gleichbehandlung aller Bauvorhaben führt vor dem Hintergrund unterschiedlicher baulicher Situationen faktisch indessen zu ungleichen Ergebnissen, was die Durchführbarkeit baulicher Massnahmen anbelangt: erschwert ist die Situation dabei regelmässig für das verdichtende Bauen. Der nach Massgabe der bestehenden Überbauung bereits aus tatsächlichen Gründen eingeengte Projektierungsspielraum beim verdichtenden Bauen verschärft die beschränkenden Wirkungen der Bauvorschriften erheblich[2]. Planerische und gestalterische "Ausweichmanöver" sind nur sehr beschränkt möglich, zumal wenn Grundriss, Konstruktion, Baumaterialien, Raumanordnung und -ausrichtung, die Erschliessung (sowohl des Gebäudeinnern als auch des Baugrundstücks) oder die Parzellarstruktur und die diesbezügliche Situierung

---

[1] Bereits im Raumplanungsbericht (S. 93) ist hiezu erkannt worden, dass allzu starre, auf den Neubau auf bisher unüberbauten Grundstücken ausgerichtete Bauvorschriften zweckmässigen Lösungen im Sinne der haushälterischen Bodennutzung im Wege stehen können.
[2] Vgl. auch MÜLLER Peter, S. 211.

von Bauvorhaben durch das Bestehende schon weitgehend unveränderbar vorgegeben sind.

Die faktische Ungleichbehandlung von Massnahmen des verdichtenden Bauens im Vergleich zum Bauen "auf der grünen Wiese" bei formal rechtsgleicher Anwendung der Bauvorschriften kann immerhin durch der entscheidenden Behörde zugestandene Beurteilungs- oder Ermessensspielräume entschärft werden. Die Behörde kann diesfalls auch unabhängig vom Vorliegen im eigentlichen Sinne besonderer Verhältnisse[3], wie sie für die Erteilung von Ausnahmebewilligungen vorausgesetzt werden, Anordnungen treffen, die nicht in rechtlichen Sonderregelungen vorgesehen sind, in tatsächlicher Hinsicht aber typischerweise auftretenden Bausituationen[4] angemessen Rechnung tragen. Es dürfte sich zudem als äusserst schwierig erweisen, die für das verdichtende Bauen im Einzelfall benötigten Anpassungen der baurechtlichen Grundordnung in allgemeiner Weise vorauszusehen und diesbezüglich verbindliche Regelungen zu treffen, auf deren Anwendung dem Bauwilligen ein Anspruch zuzugestehen wäre. Gleichwohl sollten angemessene bauliche Entwicklungsmöglichkeiten indes wo immer möglich schon durch die baurechtliche Grundordnung eröffnet werden[5].

2. Die Nachverdichtungsrelevanz der quantitativen Bauvorschriften

Das Folgende bringt verschiedene nachverdichtungsrelevante Vorgehensweisen bei der Handhabung der quantitativen Bauvorschriften (insbes. der Nutzungsziffern) zur Darstellung. Dabei ist zu unterscheiden zwischen der sog. Zonierung auf den Bestand (A.), der Aufzonung (B.) und dem Verzicht auf Nutzungsziffern schlechthin (C.).

A) Die sog. Zonierung auf den Bestand

Die sog. Zonierung auf den Bestand erfolgt durch das Festlegen von quantitativen Bauvorschriften, die sich nach der bestehenden baulichen Dichte und kubischen Gliederung in einem Planungsteilgebiet[6] richten[7]. Bauliche Massnahmen, die zu einer Erweiterung des umbauten Raumes führen, werden damit - abgese-

---

[3] Solche sind auch bei ungünstigen tatsächlichen Verhältnissen auf einem Baugrundstück durchaus nicht immer anzunehmen, ist die Einengung des Projektierungsspielraums beim verdichtenden Bauen doch geradezu gattungstypisch.

[4] Z.B. eine durch die unmittelbare bauliche Umgebung oder die gebäudeinterne Erschliessung und Organisation vorgegebene Ausrichtung der Räume oder eine durch die Immissionssituation bedingte Anordnung von Ergänzungsbauten usw.

[5] DIGGELMANN, Ergänzungsband ZH, S. 15 und S. 32; vgl. auch WIPFLI, S. 381. - Dieses Bestreben kann zur Schaffung einer in extremis umfassenden Sondergesetzgebung für das verdichtende Bauen führen (vgl. infra II.).

[6] Dabei wird nicht auf einzelne Grundstücke, sondern auf die vorherrschende Nutzungsstruktur in bezug auf die Gesamtheit der erfassten Grundstücke abgestellt.

[7] Das Seiende wird damit ein Stück weit zur Sollens-Ordnung.

hen von Fällen, in denen die bestehende Nutzung auf einem Grundstück beträchtlich unter dem Zulässigen zurückbleibt - ausgeschlossen bzw. auf den Weg der Sondernutzungsplanung oder der Anwendung projektbezogener Sonderinstrumente verwiesen[8].

Die Zonierung auf den Bestand hat demnach vorab erhaltende Funktion und ist daher nur dort angebracht, wo der bauliche Zustand eines Planungsteilgebietes bereits befriedigt und keine grössere Entwicklung beabsichtigt oder zu erwarten ist[9]. Für Gebiete, die kraft übergeordneter Planung für eine bauliche Verdichtung vorgesehen sind, wäre die Zonierung auf den Bestand widersprüchlich und zielwidrig, es sei denn, es stünden wesentliche öffentliche Interessen auf dem Spiele, denen nur mit einer Verpflichtung zur Sondernutzungsplanung angemessen Rechnung getragen werden kann.

B) Die sog. Aufzonung

Von einer Aufzonung wird gesprochen, wenn in einem Planungsteilgebiet durch eine Änderung (namentlich unmittelbar) baubeschränkender Vorschriften eine intensivere bauliche Nutzung ermöglicht wird[10]. Eine solche Änderung kann durch planerische oder gesetzgeberische Entscheidungen herbeigeführt werden (z.B. Umzonung, Änderung von Bauvorschriften oder des Betrags einer Nutzungsziffer für ein bestimmtes Gebiet[11] bzw. Änderung der Definition der Nutzungsziffer-Variablen[12]).

Eine flächendeckende oder zumindest gebietsweise Aufzonung erscheint dort angebracht, wo keine hochwertigen Siedlungsstrukturen vorliegen und ein möglichst weitgehender Siedlungsumbau angestrebt wird, indem gezielt eine gestalterisch freiere und nicht hauptsächlich am Bestehenden orientierte Entwicklung

---

[8] Vgl. z.B. DIGGELMANN, Ergänzungsband ZH, S. 31 f. mit Hinweisen auf im Rahmen baulicher Verdichtung bestehende Möglichkeiten zur Verbesserung der Siedlungsqualität.

[9] Wo z.B. aufgrund der Standortgunst oder nach den Absichten der Grundeigentümer eine gewisse Veränderungsdynamik vorliegt, kann die sich aus einer Zonierung auf den Bestand ergebende Verhinderung der Nutzungsintensivierung zwecks Wertvermehrung der Liegenschaften ein i.d.R. unerwünschtes Ausweichen auf die Luxurifizierung oder - soweit zulässig - auf wirtschaftlich lohnendere Nutzungen bewirken.

[10] Vgl. HALLER/KARLEN, N. 462: Verbesserung der durch Überbauung möglichen Nutzung innerhalb der Bauzone. - Um eine RPG-konforme Dimensionierung der Bauzonen zu gewährleisten, kann sich deren Verkleinerung aufdrängen, «soll nicht einer weiteren "Streubauweise innerhalb der Bauzone" Vorschub geleistet werden» (STRITTMATTER/GUGGER, S. 49).

[11] Zur Initiierung solcher nutzungsplanerischer Massnahmen durch betroffene Grundeigentümer vgl. BGE 120 Ia 233 f. E. 2c und 2d Pully VD, wonach das Bundesrecht keinen Rechtsanspruch auf Pländerung gewährt «à celui qui invoque uniquement un intérêt général à adapter les mesures d'aménagement du territoire à l'évolution des circonstances ou qui se prévaut d'autres motifs sans rapport direct avec les possibilités d'utilisation de sa propriété».

[12] Vgl. dazu supra § 7 III. 2. insbes. A. - Solche Vorkehren bewirken faktisch eine Erweiterung des Masses der zulässigen baulichen Nutzung, indem auf den einzelnen Grundstücken Nutzungsreserven (für anzurechnende Nutzungen) anfallen.

in Gang gesetzt wird[13]. Die Wirkung einer Aufzonung hängt dabei wesentlich vom Nutzungsgrad der bereits überbauten Grundstücke ab: je geringer die Differenz zwischen dem Nutzungsmass des Gebauten und der neu zulässigen Nutzung ist, desto weniger lohnt der Aufwand für bauliche Massnahmen der Nachverdichtung; übersteigt die Differenz jedoch einen gewissen Betrag, so erweisen sich Abbruch und Ersatzneubau zumeist als lohnender[14]. Aus der Sicht der haushälterischen Bodennutzung ist letzterer Vorgang nicht a priori negativ zu bewerten, denn Bauvorhaben auf geräumten Grundstücken vermögen die baulichen Nutzungsmöglichkeiten regelmässig besser auszuschöpfen, als dies bei Massnahmen des verdichtenden Bauens aufgrund des bestehenden Gebäudegrundrisses und der Anordnung der Baute auf dem Grundstück der Fall wäre[15]. Unerwünschte Folgen zeitigt dieses Vorgehen aber in qualitativ hochstehenden Siedlungsteilen, wenn wertvolle Siedlungsstrukturen durch unkoordinierte Bauvorhaben verwischt werden, oder allenfalls in Quartieren mit Gebäuden in unterschiedlichem baulichem Zustand, wo das Ausschöpfen der baulichen Nutzungsmöglichkeiten einerseits und anderseits der blosse Weiterbestand gut erhaltener Bauten ein unausgewogenes Siedlungsbild ergeben kann. Eine unter solchen Gesichtspunkten allenfalls wünschbare Privilegierung von Massnahmen des verdichtenden Bauens zu Lasten von Abbruch und Ersatzneubau wäre etwa durch das Festlegen nach Art der beabsichtigten baulichen Massnahmen betragsmässig differenzierter Nutzungsziffern zu erreichen[16].

C) Der Verzicht auf Nutzungsziffern

Die kantonalen Raumplanungs- und Baugesetze sehen die Einführung von Nutzungsziffern regelmässig als blosse Kann-Vorschrift vor[17]. Damit bleibt es den nachfolgenden Planungsträgern anheimgestellt, auf Nutzungsziffern allgemein, zonen- oder gebietsweise zu verzichten[18] oder bestimmte (verdichtungsrelevante)

---

[13] Vgl. KEISER, S. 16.
[14] Damit verbunden ist allerdings ein vorübergehender Nutzungsausfall, der sowohl Mieter und Pächter in ihren Nutzungsrechten als auch Eigentümer in Form einer Einbusse an Miet- oder Pachtzinseinnahmen bzw. des Ausfalls der Möglichkeit der Eigennutzung trifft.
[15] Vgl. z.B. SCHMID-LENZ, S. 65.
[16] Vgl. infra II. 2. A. a.
[17] § 49 Abs. 2 lit. a PBG/ZH, Art. 92 BauV/BE, § 23 Abs. 1 und § 36 Abs. 2 Ziff. 1 PBG/LU, § 20 Abs. 3 Satz 2 E RBG/BL, § 50 Abs. 1 BauG/AG, § 12 Abs. 2 PBG/TG, Art. 47 lit. i LATC/VD; gemäss § 35 Abs. 2 Satz 2 und § 36 Abs. 2 Satz 2 KBV/SO sind für gewisse Wohnzonen immerhin subsidiär kantonale Nutzungsziffern festgelegt.
[18] In definitionsgemäss zumindest teilweise überbauten Zonen (Erhaltungszonen) ist die Festsetzung von Nutzungsziffern etwa nach zürcherischem Recht zudem nur zulässig, soweit sie dem Zonenzweck nicht zuwiderlaufen (§ 50 Abs. 2 Satz 2 PBG/ZH für Kernzonen und kraft Verweisung in § 50a Abs. 2 PBG/ZH auch für Quartiererhaltungszonen).

bauliche Massnahmen von der Beachtung der Nutzungsziffern zu dispensieren[19]. Die Zweckmässigkeit der Festsetzung von Nutzungsziffern für weitgehend überbaute Gebiete ist dabei auf dem Hintergrund der konkreten Verhältnisse zu beurteilen: so kann etwa eine einheitliche Baudichte und eine rechtsgleiche Behandlung der Grundeigentümer[20] unter Berücksichtigung der Abstandsvorschriften nur erreicht werden, soweit es die Parzellarstruktur hinsichtlich Grösse und Arrondierung der Grundstücke erlaubt[21].

Die Ausnützungsziffer ist unter dem Gesichtspunkt der Zweckmässigkeit insofern besonders verdichtungsrelevant, als sie nur die anzurechnende Geschossfläche[22] erfasst, daneben aber weitere (nicht anzurechnende) Räume erstellt werden können. Bei entsprechender Nutzungsänderung werden diese allerdings anrechenbar und führen gegebenenfalls zu einer Überschreitung der Ausnützungsziffer. Dem kann (bzgl. der bestehenden Überbauung zonenweise, gebietsweise oder grundstücksweise) durch einen Wechsel zur Baumassenziffer oder zur Umschreibung der baulichen Nutzungsmöglichkeiten durch andere unmittelbar baubeschränkende Vorschriften (betreffend Bauweise, Abstände und/oder Volumetrie der Bauten) abgeholfen werden[23] oder dadurch, dass alle Geschossflächen an die Ausnützungsziffer anzurechnen sind[24]. Nach Massgabe der Ausgestaltung dieser Regelungen im einzelnen können die zusätzlichen baulichen Nutzungsmöglichkeiten weiter gefasst oder (durch Festlegungen, die sich nach dem Bestehenden richten) auf die Nutzbarmachung schon vorhandener, bisher aber nicht einer (an die Ausnützungsziffer) anzurechnenden Nutzung zuführbarer Flächen beschränkt werden[25].

---

[19] Z.B. Art. 57 al. 5 RELATeC/FR (Règlement d'exécution du 18 décembre 1984 de la loi sur l'aménagement du territoire et les constructions du 9 mai 1983, RSF 710.11): «transformation de bâtiments existants en zone à bâtir»; vgl. dazu RFJ/FZR 1993, 156 f.

[20] KAPPELER, Ausnützungsziffer, S. 56 f., HUBER Felix, Ausnützungsziffer, S. 30, S. 201 ff. und S. 274 f., STEIGER/STÜDELI, S. 4 f.

[21] KAPPELER, Ausnützungsziffer, S. 68 f. Nach VOLLENWEIDER (S. 166) taugt die Ausnützungsziffer «egalitaristischer Feinregulierung» daher nur für im wesentlichen noch unüberbaute Stadtteile.

[22] Als solche gilt regelmässig jene Geschossfläche, die dem Wohnen oder Arbeiten dient oder dafür verwendbar ist (vgl. etwa § 255 Abs. 1 PBG/ZH, Art. 93 Abs. 2 Satz 1 BauV/BE oder § 9 Abs. 2 ABauV/AG).

[23] Vgl. KAPPELER, Ausnützungsziffer, S. 68.

[24] Vgl. z.B. § 9 Abs. 1 PBV/LU («die tatsächlichen Flächen des abgeschlossenen Raums aller Geschosse ohne Aussenmauern» und unter Vorbehalt der gemäss § 10 PBV/LU nicht anzurechnenden Geschossflächen); Nutzungsänderungen wirken sich auf die anzurechnende Geschossfläche demzufolge i.d.R. nicht aus. Die verallgemeinerte Anrechnung wird sodann durch Multiplikation der anzurechnenden Geschossfläche mit einem sog. Berechnungsfaktor (< 1) kompensiert; je nach Zusammensetzung der Geschossflächen (hinsichtlich § 9 f. PBV/LU i.d.F. vom 3. Januar 1990) kann diese Regelung sogar eine Aufzonung bewirken.

[25] Damit verfügt der Bauwillige über einen erweiterten Projektierungsspielraum, ohne dass Veränderungen an der für das Siedlungsbild besonders bedeutsamen kubischen Erscheinung der Bauten zu gewärtigen wären.

3. Die Nachverdichtungsrelevanz der qualitativen Bauvorschriften

Die Zwecksetzung der qualitativen Bauvorschriften verbietet, für Massnahmen des verdichtenden Bauens in allgemeiner Weise Erleichterungen im Verhältnis zu Neubauvorhaben zu gewähren. Es ist im folgenden zu zeigen, wie sich die technischen Vorschriften (A.) und die gestalterischen Anforderungen (B.) auf die bauliche Nachverdichtung auswirken, mit der - wie schon mehrfach erwähnt - auch eine Verbesserung der Siedlungsqualität einhergehen soll.

A) Die technischen Vorschriften

Für das verdichtende Bauen sind die siedlungsökologischen Vorschriften (a.) sowie diejenigen über die verkehrsmässige Erschliessung (b.) von besonderer Bedeutung, wobei letztere mit den Bestimmungen zu Lärmschutz und Luftreinhaltung in Wechselwirkung treten.

a) Die siedlungsökologischen Vorschriften

Unter Vorbehalt bestimmter Vorschriften über Lärmschutz (bb.) und Luftreinhaltung (cc.) gilt bezüglich der siedlungsökologischen Vorschriften im allgemeinen (aa.) für das verdichtende Bauen nichts anderes als für die Erstellung von Neubauten.

aa) Im allgemeinen

Die Zwecksetzung der siedlungsökologischen Vorschriften über den Zutritt von Luft, Licht und Sonne sowie über den Schutz vor unerwünschten Temperatureinflüssen verlangt grundsätzlich die uneingeschränkte Einhaltung der einschlägigen Vorschriften[26]. Besonderen Verhältnissen, wie sie beim verdichtenden Bauen auftreten können, ist durch das Ausschöpfen behördlicher Entscheidungsspielräume beizukommen oder gegebenenfalls durch die Erteilung eigentlicher Ausnahmebewilligungen[27].

---

[26] Diese gelten folglich gleichermassen für (in Neubauten oder in Auf-, An- oder Ergänzungsbauten) neu zu erstellende Räume, die dem längeren Aufenthalt von Menschen dienen, als auch für bereits erstellte Räume, welche einer solchen Nutzung erst durch nachträgliche bauliche Massnahmen (d.h. durch Umbau oder Ausbau) zugänglich gemacht werden (vgl. ausdrücklich § 299 Abs. 2 PBG/ZH). - Die Anforderungen an die thermische Isolation erfahren bei baulichen Vorkehren an bestehenden Bauten immerhin eine gewisse Abstufung (in Anbauten und neubauartige Umbauten [z.B. Auskernungen], Umbauten sowie geringfügige Umbauten und Umnutzungen, vgl. FRITZSCHE/BÖSCH, S. 127 f.) oder werden bei gewissen Massnahmen («travaux importants, [...] transformations ou rénovations [...], réfections d'éléments de l'enveloppe des bâtiments») unter Berücksichtigung des zu erwartenden Aufwands («pour autant qu'il n'en résulte pas de frais disproportionnés») festgesetzt (Art. 41 al. 2 RATC/VD).

[27] Vgl. zu den Ausnahmebewilligungen (i.a.) infra § 14. - Das luzernische Recht erwähnt in § 156 PBG/LU die Vornahme von Umbauten ausdrücklich als typischen Tatbestand für Ausnahmen aus wichtigen Gründen. In § 113 E RBG/BL ist u.a. bei der Veränderung bestehender Bauten die Möglichkeit von Ausnahmen von den allgemeinen Bauvorschriften vorgesehen (worunter

bb) Der Lärmschutz

Für die Nachverdichtungsrelevanz des Lärmschutzes ist die emissionsseitige (aaa.) von der immissionsseitigen Betrachtungsweise (bbb.) zu unterscheiden. Geht es im ersteren Fall um die Frage, inwieweit durch das verdichtende Bauen verursachte akustische Mehremissionen zulässig sind und ob zusätzlichen Lärm verursachende Bauvorhaben die gleichzeitige Anordnung emissionsbegrenzender Massnahmen erfordern, so ist unter dem zweiten Gesichtspunkt zu entscheiden, ob und bejahendenfalls inwieweit eine bauliche Nachverdichtung in lärmbelasteten Planungsteilgebieten - selbst wenn dieser Begriff im vorliegenden Zusammenhang nicht durchgehend im technischen Sinne der mutmasslichen Überschreitung der Immissionsgrenzwerte[28] verwendet wird - auf dem Hintergrund der bestehenden und der durch die Verdichtung zu erwartenden zusätzlichen Lärmbelastungen mit der Umweltschutzgesetzgebung zu vereinbaren ist.

aaa) Die emissionsseitige Betrachtungsweise

Der Lärm-Belastungsgrenzwert, welcher durch eine emittierende ortsfeste Anlage (z.B. eine Wohn- oder nutzungsdurchmischte Überbauung oder eine industriell oder gewerblich genutzte Baute) in deren Umgebung nicht überschritten werden darf, und das daraus abzuleitende Ausmass der höchstzulässigen Lärmemissionen bestimmen sich anhand der Tragweite der vorgesehenen baulichen Massnahmen; dies gilt auch für das Mass der zulässigen Mehrbeanspruchung von Verkehrsanlagen, die bei den meisten der für die bauliche Verdichtung in Frage kommenden Nutzungsarten die bedeutendste lärmschutzrelevante Einwirkung darstellen dürfte. Ist die verkehrsmässige Erschliessung einer Baute (als Voraussetzung für die Erteilung einer Baubewilligung) nur gegeben, wenn sie auch der Umweltschutzgesetzgebung entspricht, so wirkt sich dies für die bauliche Verdichtung so aus, dass sie in lärmbelasteten Gebieten auf das beschränkt bleibt, was an Verkehrsbewegungen auf den Erschliessungsachsen bewältigt werden kann, ohne dass in deren Umgebung die einschlägigen Lärm-Belastungsgrenzwerte überschritten werden[29]. Wo die bauliche Nachverdichtung

---

[gemäss § 106 E RBG/BL] Vorschriften über die Raummasse, die Belichtungs- und Belüftungsverhältnisse sowie die thermische und akustische Isolation).

[28] Vgl. NEFF, S. 179 m.H.

[29] Eine darüber hinausgehende bauliche Nutzung erforderte demzufolge eine Verteilung der verkehrsmässigen Erschliessung auf verschiedene Achsen, in deren Umgebung je für sich genommen die betreffenden Lärm-Belastungsgrenzwerte eingehalten würden (vgl. BGE 116 Ib 166 f. E. 6b m.H. Eschlikon TG); zu berücksichtigen sind allenfalls auch die Lärmeinwirkungen auf Liegenschaften entlang weiterer, bereits bestehender Strassen (vgl. BGE vom 6. Mai 1993 E. 6a Au SG in ZBl 95 [1994] 92), da auch der Aufnahmefähigkeit des öffentlichen Strassennetzes Rechnung zu tragen ist (EJPD/BRP, Erläuterungen RPG, Art. 19 N. 12). - Die umweltschutzrechtlich gegebenenfalls gebotene Verteilung der Erschliessung auf verschiedene (z.T. möglicherweise noch zu erstellende) Achsen läuft Gefahr, mit dem raumplanungsrechtlichen Grundsatz der haushälterischen Bodennutzung in Widerspruch zu geraten; die umweltschutzrechtlich zulässige (und u.U. angezeigte), raumplanungsrechtlich jedoch unerwünschte Immissionsbe-

mit einer Änderung des Zonentyps (im Sinne von Art. 43 Abs. 1 LSV) einhergeht, kann durch Anpassung der Empfindlichkeitsstufe[30] allenfalls die Höhe der Grenzwerte verschoben werden[31].

Die Lärmschutz-Verordnung unterscheidet die Errichtung neuer ortsfester Anlagen, welcher die vollständige Zweckänderung[32] (sowie der wesentliche Umbau und die wesentliche Erweiterung[33]) von Bauten oder Anlagen gleichgesetzt wird, von der Änderung bestehender Bauten und Anlagen, die weiter unterteilt wird in die einfache und die wesentliche Änderung[34]. Dabei erweist sich die Abgrenzung der wesentlichen Änderung, welche die vorgezogene Sanierungspflicht gemäss Art. 18 USG konkretisiert, von den wesentlichen Umbauten und Erweiterungen, welche die Anwendung der für Neubauten vorgesehenen Lärmschutzvorschriften (Art. 25 USG, Art. 7 LSV) nach sich ziehen, als schwierig[35].

---

schränkung durch "Verdünnung" der Immissionen bei gleichzeitiger Ausweitung des davon betroffenen Gebiets offenbart ein eigentliches umweltschutzrechtlich-raumplanerisches Dilemma. Zu dessen Überwindung oder Entschärfung drängen sich eine umfassende Verkehrsplanung (mit Einschluss der Erschliessungskapazitäten durch öffentliche Verkehrsmittel) sowie eine umsichtige Anordnung zusätzlicher Erschliessungsanlagen auf (vgl. z.B. BGE vom 6. Mai 1993 E. 4 und E. 7 Au SG in ZBl 95 [1994] 91 bzw. 94 f.).

[30] Für lärmvorbelastete Gebiete siehe zudem Abs. 2 von Art. 43 LSV.

[31] Vgl. z.B. BGE 117 Ib 316 E. 4d Alpnach OW. - Eine Anpassung der Grenzwerte entlang von Erschliessungsachsen ist damit aber nicht ohne weiteres verbunden, so dass das Bauen im umgezonten Nachverdichtungsgebiet zwar den dortigen Grenzwerten entsprechen, indes weiterhin daran scheitern kann, dass in den von der Erschliessung betroffenen Gebieten (deren Empfindlichkeitsstufe unverändert gelassen wurde) eine Überschreitung der Grenzwerte zu erwarten wäre.

[32] Art. 2 Abs. 2 LSV. Darunter fällt nicht bloss die Umfunktionierung einer Anlage zu einem "aliud" (entsprechend der Zweckänderung im Sinne des Raumplanungs- und Baurechts), sondern auch die durch eine quantitative Nutzungsänderung (zu einem "plus") verursachte Änderung des Charakters einer Anlage (vgl. ETTLER, Kommentar Art. 25 USG, N. 17: «qualitative Änderung»). - Nicht vollständige Zweckänderungen gelten lärmschutzrechtlich als (einfache) Änderungen (Art. 8 Abs. 1 LSV) oder als wesentliche Änderungen; letzteres, soweit wahrnehmbar stärkere Lärmimmissionen zu erwarten sind (Art. 8 Abs. 3 LSV, Bsp.: BEZ 1990 Nr. 27 E. 2).

[33] Vgl. Botschaft USG, BBl 1979 III 800, ETTLER, Kommentar Art. 25 USG, N. 12 - 17.

[34] Unter die wesentlichen Änderungen fallen gemäss Art. 8 Abs. 3 LSV jene Massnahmen des verdichtenden Bauens (wie Umbauten, Erweiterungs- oder Ergänzungsbauten), die in ihrer Umgebung (bspw. aufgrund einer Erhöhung der Leistungsfähigkeit einer Anlage, vgl. BGE 119 Ib 471 ff. E. 5d und 7a Risch ZG) zu wahrnehmbar stärkeren Lärmimmissionen führen (zum Kausalzusammenhang zwischen den baulichen Massnahmen und der Lärmzunahme vgl. BGE 115 Ib 455 E. 4b Hasle BE), sei es durch den Betrieb selbst oder durch Mehrbeanspruchung bestehender Verkehrsanlagen. Letztere dürfte auch bei der Intensivierung von Nutzungsarten, die - wie Wohn-, Dienstleistungs- oder gewisse öffentliche Nutzungen - als Primärlärmquellen weitgehend vernachlässigbar sind, durch Zunahme des Anliefer-, Benützer- und Besucherverkehrs (Sekundäremissionen, vgl. dazu BGE 120 Ib 442 E. 2a/bb m.H. Crissier VD) i.d.R. einige Bedeutung erlangen. - Änderungen, welche unterhalb dieser Einwirkungsintensität bleiben, gelten als einfache Änderungen.

[35] Vgl. z.B. BGE 115 Ib 466 ff. E. 5b m.H. Schmitten FR. Ausschlaggebend sind funktionale und qualitative Kriterien (ETTLER, Kommentar Art. 25 USG, N. 13 und N. 16 f.).

Von wesentlichen Umbauten und Erweiterungen ist aufgrund funktionaler und qualitativer Kriterien auszugehen, wenn ein Vergleich von Bauvolumen, Investitionsumfang, eingesetzter Technologie, von Benutzungsmöglichkeiten und Aufgabestellung der projektierten Anlage mit der bestehenden die Identität nach Substanz und Funktion als nicht mehr gegeben erscheinen lässt und etwas Neues angenommen werden muss[36]. Dass die vollständige Zweckänderung sowie die wesentlichen Umbauten und Erweiterungen der Errichtung einer neuen ortsfesten Anlage gleichgesetzt werden, hat zur Folge, dass entsprechende Bauten allein - Ausnahmen vorbehalten - in ihrer Umgebung (und insbesondere auch entlang der ihrer Erschliessung dienenden Verkehrsanlagen[37]) nicht zu einer Überschreitung der Planungswerte führen dürfen (Art. 7 Abs. 1 lit. b LSV), während sie ohne die Vornahme der Änderungen lediglich bis auf die Immissionsgrenzwerte zu sanieren wären, und dies auch nur dann, wenn sie wesentlich zu deren Überschreitung beitragen (Art. 13 Abs. 1 und 2 LSV)[38].

Wird eine bestehende ortsfeste Anlage wesentlich geändert, so sind die Lärmemissionen der Gesamtanlage gemäss Art. 8 Abs. 2 LSV mindestens soweit zu begrenzen, dass durch sie die Immissionsgrenzwerte in der Umgebung nicht überschritten werden[39]. Bei einfachen Änderungen, d.h. Umbauten, An- und Aufbauten oder Ergänzungsbauten, die keine wahrnehmbare Zunahme der Lärmimmissionen in der Umgebung erwarten lassen, betreffen die Emissionsbe-

---

[36] ETTLER, Kommentar Art. 25 USG, N. 16.

[37] Für die Emissionsbegrenzungen sind sowohl die unmittelbar durch den Betrieb einer Anlage verursachten als auch die mit diesem bloss zusammenhängenden (mittelbaren) Lärmimmissionen zu berücksichtigen, soweit sie der Anlage zugerechnet werden können. Die Mehrbeanspruchung der Verkehrsanlagen ist daher für neue und diesen gleichgesetzte geänderte Anlagen lediglich dann nach Art. 9 LSV (und somit abweichend von Art. 7 Abs. 1 LSV) zu beurteilen, wenn das Einhalten der Planungswerte bzgl. der Lärmimmissionen aus einer Anlage im Zusammenhang mit anderen Lärmbeiträgen im wesentlichen wirkungslos bliebe (da z.B. die Planungswerte bereits überschritten sind) und die Begrenzung der Lärmbelastung somit sachgerechterweise auf die Gesamtbelastung bezogen erfolgen muss (vgl. ETTLER, Kommentar Art. 25 USG, N. 20; BEZ 1991 Nr. 36 E. a). Ob diese gesamthafte Betrachtungsweise auch Anwendung findet, wenn die neue Anlage zwar für sich allein die Planungswerte einhält, aber dennoch zu einer Überschreitung der Immissionsgrenzwerte führt, ist mit Blick auf den Grundsatz der Lastengleichheit zu beurteilen (vgl. infra cc. [zur Luftreinhaltung]).

[38] Laut BGE 113 Ib 400 E. 3 Wohlen AG kann sich die Sanierungspflicht nach Art. 16 USG aber auch unmittelbar aus einem Verstoss gegen das umweltschutzrechtliche Vorsorgeprinzip (Art. 1 Abs. 2 und Art. 11 Abs. 2 USG) ergeben (vgl. auch AGVE 1993, 361 f. E. 3a m.H.); Sanierungen haben diesfalls (im Rahmen der technischen und betrieblichen Möglichkeit und der wirtschaftlichen Tragbarkeit) soweit zu erfolgen, dass «sämtliche unnötigen Emissionen vermieden werden».

[39] Die Tragweite dieser Bestimmung (v.a. im Verhältnis zu Art. 18 Abs. 1 und Art. 25 Abs. 1 USG) bleibt auch nach BGE 115 Ib 466 ff. E. 5b m.H. Schmitten FR unklar; daran vermag m.E. auch das Kriterium der Erhöhung der Leistungsfähigkeit einer Anlage bei deren wesentlichen Änderung (vgl. BGE 119 Ib 471 ff. E. 5d und E. 7a Risch ZG) nichts zu ändern, zumal da eine Leistungserhöhung wohl auch bei den Tatbeständen nach Art. 18 Abs. 1 USG die Regel bilden dürfte. Die Abgrenzung ist von Bedeutung, soweit die Bedingungen der Emissionsbegrenzung in Frage stehen (vgl. Art. 8 Abs. 2 und Art. 9 LSV mit Art. 13 ff. [insbes. Art. 14] LSV).

grenzungen zum einen nur die geänderten oder hinzugefügten Anlage- oder Gebäudeteile und müssen zum anderen nur (aber immerhin) soweit erfolgen, als dies technisch und betrieblich möglich sowie wirtschaftlich tragbar ist (Art. 8 Abs. 1 LSV). Um diesem (im Rahmen des umweltschutzrechtlichen Vorsorgeprinzips ohnehin geltenden) Mass an Emissionsbegrenzung unterworfen zu bleiben, ist bei Massnahmen des verdichtenden Bauens, wo nicht schon der Betrieb selbst wahrnehmbar stärkere Lärmimmissionen erwarten lässt, insbesondere darauf zu achten, dass eine rechtserhebliche Mehrbelastung der Erschliessung dienender Verkehrsanlagen, wodurch ebenfalls die schärfere Regelung für wesentliche Änderungen zur Anwendung käme[40], durch zweckmässige Abstimmung der Bauvorhaben auf das Angebot an öffentlichen Verkehrsverbindungen vermieden werden kann.

bbb) Die immissionsseitige Betrachtungsweise

Die Lärm-Immissionssituation ist mit entscheidend für Art und Mass zulässiger baulicher Nachverdichtung. Die immissionsseitigen Vorschriften von USG und LSV enthalten für die Entscheidungsebenen der Nutzungs- bzw. der Erschliessungsplanung sowie der Erteilung von Baubewilligungen je unterschiedliche Anforderungen an den Lärmschutz, die sich auf die Möglichkeiten des verdichtenden Bauens und die dazu gegebenenfalls notwendigen begleitenden Massnahmen auswirken.

Die Anforderungen der Art. 24 Abs. 1 USG und Art. 29 Abs. 1 LSV an nutzungsplanerische Massnahmen sind für das verdichtende Bauen kaum von Bedeutung, da sie auf die Ausscheidung neuer[41] Bauzonen beschränkt sind, und die Umzonung sowie die Änderung der Nutzungsordnung bestehender Bauzonen nicht erfassen[42]. Ist unter dem Begriff der Erschliessung in Art. 24 Abs. 2 USG sowie Art. 30 LSV die Groberschliessung (nach Art. 4 Abs. 1 WEG) zu verstehen[43], so erübrigt es sich, auf die aus den erwähnten Bestimmungen hervorgehenden Anforderungen hier näher einzutreten, dürfte doch davon auszugehen sein, dass die Groberschliessung im Anwendungsbereich des verdichtenden Bauens regelmässig vorzufinden ist. Um als Voraussetzung für die Erteilung von Baubewilligungen zu genügen (vgl. Art. 22 Abs. 2 lit. b RPG), muss die Er-

---

[40] Die für die Wesentlichkeit der Änderungen erheblichen wahrnehmbar stärkeren Lärmimmissionen können alternativ vom Betrieb einer Anlage oder von der Mehrbeanspruchung von Verkehrsanlagen herrühren (Art. 8 Abs. 3 LSV).

[41] Als neu im Sinne von USG und LSV gelten Bauzonen für Gebäude mit lärmempfindlichen Räumen, «wenn sie nach Inkrafttreten [der LSV (1. April 1987)] ausserhalb bestehender Bauzonen ausgeschieden werden», wobei für den Begriff der bestehenden Bauzonen auf die Kriterien des Raumplanungsrechts zu verweisen ist (vgl. BANDLI, Kommentar Art. 24 USG, N. 7).

[42] Für solche planerische Massnahmen dürften die Immissionsgrenzwerte entsprechend der neuen baulichen Nutzungsordnung massgeblich sein (vgl. supra § 9 II. 4. A. a.).

[43] Vgl. BEZ 1994 Nr. 2 E. 3b. Zum Ganzen siehe auch supra § 9 II. 4. A. a.

schliessung freilich auch im Sinne der Feinerschliessung vorliegen[44], wobei sie insgesamt namentlich der Umweltschutzgesetzgebung zu entsprechen hat[45]. Die dazu allenfalls erforderlichen Massnahmen (z.B. Erweiterung oder Sanierung bestehender Erschliessungsstrassen) sind dabei so vorzunehmen, dass im zumindest groberschlossenen Gebiet die Immissionsgrenzwerte und in anderen möglicherweise betroffenen Gebieten die entsprechenden Belastungsgrenzwerte[46] eingehalten werden.

Die Lärm-Immissionssituation beeinflusst die bauliche Nachverdichtung jedoch vorab dadurch, dass in lärmbelasteten Gebieten Baubewilligungen für neue Gebäude, die dem längeren Aufenthalt von Personen dienen, nur zu erteilen sind, wenn die Immissionsgrenzwerte auf dem betreffenden Baugrundstück nicht überschritten sind oder durch bauliche oder gestalterische Massnahmen der Lärmabschirmung bzw. durch eine zweckmässige Anordnung der lärmempfindlichen Räume eingehalten werden können (Art. 22 USG und Art. 31 Abs. 1 LSV)[47]. Dasselbe gilt, wie aus den Materialien zu Art. 22 USG[48] und aus Art. 31 Abs. 1 LSV[49] hervorgeht, auch für gewisse Änderungen an bestehenden Gebäuden, und zwar für wesentliche Umbauten und Erweiterungen sowie Zweckänderungen, die den dauernden Aufenthalt von Personen ermöglichen[50]; das Erfordernis der Einhaltung der Immissionsgrenzwerte bezieht sich diesfalls ausschliesslich auf die von der baulichen Änderung unmittelbar betroffenen Gebäudeteile[51]. Abweichungen sind gemäss Art. 31 Abs. 2 LSV möglich, wenn u.a.

---

[44] EJPD/BRP, Erläuterungen RPG, Art. 19 N. 5.

[45] Vgl. BGE vom 6. Mai 1993 E. 4 m.H. Au SG in ZBl 95 (1994) 91, BGE 116 Ib 166 E. 6b Eschlikon TG, BEZ 1991 Nr. 36.

[46] Diese bestimmen sich danach, ob eine neue (zusätzliche) Erschliessungsstrasse erstellt oder eine bestehende ausgebaut wird sowie nach Massgabe der Interessenlage (vgl. Art. 25 USG).

[47] Vgl. supra § 9 II. 4. A. b. - Erschwerend wirkt beim verdichtenden Bauen, dass der Gestaltungsspielraum durch die bestehende Überbauung eingeschränkt wird (z.B. bzgl. der Raumausrichtung bei Anbauten oder beim Ausbau von Dach- oder Untergeschossen).

[48] Vgl. BANDLI, Kommentar Art. 22 USG, N. 12 m.H.

[49] Die Bezugnahme auf die «wesentliche Änderung von Gebäuden» ist m.E. unglücklich, da sie eine Verweisung auf Art. 8 Abs. 3 LSV suggeriert, eine Bestimmung mithin, welche die Wesentlichkeit von Änderungen aus emissionsseitiger Betrachtungsweise definiert. Die Kriterien für die Wesentlichkeit unbesehen aus der Rechtsprechung zu Art. 24 Abs. 2 RPG zu übernehmen, wie dies BANDLI (Kommentar Art. 22 USG, N. 12) vorschlägt, ist m.E. ebenso verfehlt, da dort eine grundsätzlich andere Sachlage in Frage steht (ausnahmsweise zulässige Bautätigkeit ausserhalb der Bauzone). Art. 31 LSV bezweckt hingegen, Bauvorhaben in lärmbelasteten Gebieten nach Möglichkeit so auszugestalten, dass Bewohner und Benützer nicht übermässigen Lärmimmissionen ausgesetzt sind. So dürfte eine im Sinne von Art. 31 LSV wesentliche Änderung durch Zweckänderung nicht nur bei einer eigentlichen Betriebsänderung (vgl. Art. 8 Abs. 3 LSV), sondern grundsätzlich bei jeder Nutzungsänderung vorliegen, es sei denn, sie führe zu einer weniger lärmempfindlichen Nutzung.

[50] Vgl. BANDLI, Kommentar Art. 22 USG, N. 12, und NEFF, S. 178 f.

[51] Bezüglich unveränderter Gebäudeteile fehlt es an einer unter dem Gesichtspunkt der Rechtsgleichheit ausreichenden Begründung für eine im Vergleich zu nicht oder nur unwesentlich ge-

ein überwiegendes (privates oder öffentliches) Interesse vorliegt. Dieses Interesse ist dabei in Beziehung zu setzen zur Linderung der Lärmbelastung, wie sie mittels der angemessen verschärften Schallschutzmassnahmen gemäss Art. 32 Abs. 2 LSV zu erzielen ist, so dass gegebenenfalls das Interesse an einer haushälterischen Nutzung des Bodens oder an einer siedlungsfunktional erwünschten Nutzungskonzentration ausreichen kann[52]. Die bauliche Nachverdichtung ganzer Siedlungsteilgebiete kann indessen nicht auf diesem Wege erfolgen; es dürfte diesfalls nicht um eine emissionsseitige Begrenzung der Lärmbelastung, eine gebietsweise Anpassung der Empfindlichkeitsstufe oder um die Ausarbeitung einer der Immissionssituation Rechnung tragenden baulichen Nutzungsordnung (durch Zonenplan-Änderung, Sondernutzungsplanung oder den Einsatz projektbezogener Sonderinstrumente) herumzukommen sein.

cc) Die Luftreinhaltung

Die Lufthygiene-Gesetzgebung wird (abgesehen von Emissionsvorschriften für gewisse haustechnische Anlagen) anders als jene betreffend den Lärmschutz nicht mittels bauvorschriftsähnlichen Bestimmungen mit dem Raumplanungs- und Baurecht verknüpft. Der Baustandort ist grundsätzlich weder umweltschutzrechtlich vorgeschriebenen Anforderungen unterworfen, noch werden die Bauvorhaben von der lufthygienischen Immissionssituation unmittelbar beeinflusst.

Der in Art. 12 Abs. 1 USG enthaltene abschliessende[53] Katalog von Massnahmen, die bei übermässiger Luftbelastung (d.h. bei Überschreitung der Immissionsgrenzwerte) ergriffen werden können, sieht immissionsseitige baubeschränkende Anordnungen nicht vor[54]; entsprechende Massnahmen kommen sodann emissionsseitig höchstens bei ausserordentlich emissionsträchtigen Anlagen (vgl. etwa Art. 5 Abs. 1 LRV[55]) in Frage[56]. Für weniger bedeutende Emissionsquellen

---

änderten bestehenden Gebäuden abweichende Behandlung (vgl. BANDLI, Kommentar Art. 22 USG, N. 12 m.H.).

[52] Vgl. zur Interessenlage auch NEFF, S. 232 ff.

[53] BGE 118 Ib 34 E. 5d (m.H.) Herisau AR, 119 Ib 484 (E. 5a) Schwerzenbach ZH.

[54] Die Bautätigkeit ist m.a.W. nicht immissionsseitig zu beschränken bzw. zu untersagen, wenn in einem Belastungsgebiet bestimmte lufthygienische Immissionsgrenzwerte überschritten sind, sondern nur emissionsseitig, soweit eine Baute überdurchschnittlich zu einer weiteren Zunahme der Belastung beitragen bzw. überdurchschnittliche Emissionen verursachen würde (vgl. WOLF, S. 80 f.). Die praktisch nicht zu beschränkende Ausbreitung einmal ausgestossener Luftschadstoffe verbietet ein an den jeweiligen Immissionen orientiertes und parzellenweises Vorgehen wie beim Lärmschutz; immissionsseitige Baubeschränkungen müssten ganze Agglomerationen erfassen und zudem weder durch bauliche oder gestalterische noch durch planerische Massnahmen kompensiert werden.

[55] Diese Bestimmung gilt für neue stationäre Anlagen und ferner für solche, die ihnen kraft Art. 2 Abs. 4 LRV gleichgesetzt werden.

[56] Vgl. z.B. BGE 118 Ib 36 E. 5e Herisau AR, wonach «jedenfalls zonenkonforme Bauprojekte [...], von denen durchschnittliche Einwirkungen ausgehen, nicht unter Hinweis auf eine übermässige Gesamtbelastung der Luft abgelehnt werden. Anders ist dies klarerweise, wenn sie für sich allein übermässige Immissionen verursachen» oder allenfalls, wenn sie die Massnahmen-

(wie regelmässig etwa verdichtete oder nachverdichtete Überbauungen), die - selbst wenn sie für sich genommen die vorsorglichen Emissionsbegrenzungen erfüllen - aufgrund ihrer grossen Zahl und/oder ihrer räumlich konzentrierten Anordnung allenfalls übermässige Immissionen verursachen[57], ist gemäss der bundesgerichtlichen Rechtsprechung[58] auf die Massnahmenplanung (Art. 31 ff. LRV) zu verweisen[59]. Die Anordnungen zur Emissionsbegrenzung können durch die Massnahmenplanung beispielsweise anhand der technischen Vermeidbarkeit der Emissionen und unter Berücksichtigung räumlicher Entwicklungsabsichten getroffen werden. Durch das koordinierte Vorgehen kann ferner dem Grundsatz der Lastengleichheit entsprochen werden[60]. Auch die Massnahmenplanung, welche schwergewichtig jene Emissionsquellen erfasst, denen die übermässigen Immissionen zuzuschreiben sind, betrifft die bauliche Verdichtung ausschliesslich emissionsseitig: die Lufthygiene-Gesetzgebung ist für das verdichtete bzw. das verdichtende Bauen insoweit relevant, als dieses nach Art und Mass der Nutzung oder aufgrund der damit verbundenen Verkehrsbewegungen in bereits übermässig belasteten Gebieten bedeutende Emissionen auslöst, die wesentlich zur Überschreitung der Immissionsgrenzwerte beitragen. Selbst unter Annahme entsprechender Mehremissionen wäre die bauliche Weiterentwicklung bereits mehr oder weniger belasteter Gebiete im Rahmen der Massnahmenplanung jedoch ab-

---

planung in entscheidender Weise präjudizieren könnten (vgl. BGE 119 Ib 487 E. 5e m.H. Schwerzenbach ZH). Noch zurückhaltender ist dabei wohl bei baulichen Vorkehren an bestehenden Bauten zu verfahren. - Als Beispiel für eine insgesamt überdurchschnittlich belastete Anlage vgl. das Einkaufszentrum-Projekt Crissier VD (BGE 120 Ib 436 ff.); ein Indiz für die überdurchschnittliche Umweltbelastung bildet die UVP-Pflicht (S. 449 E. 2c/dd; vgl. ferner LORETAN/VALLENDER/MORELL, S. 201).

[57] Vgl. dazu JACOBS (S. 361), wonach die Zunahme der Anzahl Emittenten eine periodische Verschärfung der Emissionsbegrenzungen erfordert.

[58] BGE 118 Ib 34 ff. E. 5d und 5e Herisau AR, 119 Ib 484 f. E. 5a und 5b Schwerzenbach ZH, 120 Ib 445 ff. E. 2c/cc Crissier VD.

[59] Zustimmend LORETAN/VALLENDER/MORELL (S. 179); kritisch hingegen JACOBS (S. 352 ff.), der die Möglichkeit einzelfallweiser Anordnung verschärfter Emissionsbegrenzungen auch bei Neuanlagen, die nicht unter Art. 5 LRV fallen, bejaht und damit in Kauf nimmt, dass Neuemittenten in noch nicht belastete (zumeist wohl periphere) Gegenden ausweichen, was bei gesamthafter Betrachtung kaum je zu befriedigen vermag (zur Bedeutung dieser grossräumigen Zusammenhänge vgl. WOLF, S. 91). - Da der Massnahmenplan nur (und zudem beschränkt) behördenverbindlich ist, sind dessen Anordnungen erst nach Übernahme in die Gesetzgebung (einschliesslich der Nutzungsplanung) grundeigentümerverbindlich (vgl. BGE 120 Ib 446 E. 2c/cc Crissier VD). Solange die Massnahmenplanung nicht ausreicht, um die Immissionsgrenzwerte einzuhalten, sind die für den Vollzug des USG zuständigen Behörden jedoch auch «berechtigt und verpflichtet, in ihrem Zuständigkeitsbereich gegenüber emittierenden Anlagen verschärfte Emissionsbegrenzungen [im Rahmen von Art. 12 USG] festzulegen», und zwar auch solche, die der Massnahmenplan nicht vorsieht (BGE 119 Ib 490 E. 7a Schwerzenbach ZH; vgl. ferner LORETAN/VALLENDER/MORELL, S. 201 f. sowie S. 207 f.).

[60] Vgl. BGE 118 Ib 35 E. 5d Herisau AR, ferner BGE 119 Ib 485 E. 5b Schwerzenbach ZH sowie 120 Ib 445 E. 2c/cc Crissier VD. Den Grundsatz der Lastengleichheit leitet das Bundesgericht aus Art. 4 BV i.V.m. dem Verursacherprinzip nach Art. 2 USG ab; er ist letztlich auch Ausdruck des Verhältnismässigkeitsgrundsatzes (vgl. LORETAN/VALLENDER/MORELL, S. 208).

zuwägen gegen eine Nivellierung der Belastung durch räumliche Ausdehnung der Siedlungsfläche (und damit der Emissionen) in bisher kaum belastete Gebiete[61]. Letzteres verträgt sich indes schwerlich mit grundlegenden raumplanerischen Überlegungen (vgl. Art. 1 und 3 RPG) und dürfte daher höchstens in besonderen Fällen in Frage kommen[62]. Wird innerhalb der Siedlungen bzw. Siedlungsgebieten gebaut statt an deren Rändern oder auf dem offenen Land, so bleibt zudem der durch die zusätzlichen Verkehrsbewegungen verursachte Mehrausstoss an Luftschadstoffen betragsmässig geringer, da die zurückgelegten Fahrdistanzen[63] kürzer sind.

b) Die Vorschriften über die verkehrsmässige Erschliessung

Die verkehrsmässige Erschliessung ist für die Umweltverträglichkeit baulicher Nachverdichtungen namentlich grösserer Gebiete von entscheidender Bedeutung. Sie bestimmt sich weitgehend nach der Erschliessung mit öffentlichen Verkehrsmitteln (aa.) und nach Vorschriften über die Erstellung von Fahrzeug-Abstellflächen (bb.).

aa) Die Erschliessung mit öffentlichen Verkehrsmitteln

Die Siedlungsentwicklung auf die Erschliessung mit öffentlichen Verkehrsmitteln auszurichten, ist sowohl raumplanungs- als auch umweltschutzrechtlich sinnvoll[64]. Liegen die auf diese Weise verkehrsmässig günstig erschlossenen Baustandorte zumeist in bereits weitgehend überbauten Gebieten, so erfolgt deren bauliche Entwicklung namentlich durch Massnahmen des verdichtenden Bauens. Die Erreichbarkeit mit öffentlichen Verkehrsmitteln als bauvorschriftsmässige Voraussetzung zu verlangen[65], dürfte für Massnahmen des verdichtenden Bauens (anders als beim verdichteten Bauen) jedoch kaum in Frage kommen. Umfang und Bedeutung einzelner Massnahmen des verdichtenden Bauens dürften regelmässig weit unter dem bleiben, was erforderlich wäre, um die Erschliessung mit öffentlichen Verkehrsmitteln als Bauvoraussetzung zu rechtfertigen. Aus der Summe solcher Massnahmen kann sich (insbesondere etwa in Verbindung mit der bestehenden, gegebenenfalls ungenügend erschlosse-

---

[61] Entsprechende nutzungsplanerische Festlegungen, die sich ohnehin nur soweit durch Erlass oder Änderung eines Massnahmenplans rechtfertigen lassen, als sie zur Emissionsbegrenzung insgesamt zweckmässig erscheinen (vgl. BGE 119 Ib 485 f. E. 5c m.H. Schwerzenbach ZH), bedürften zudem wohl eines richtplanerischen Rückhalts oder anderweitiger Koordination mit regionalen oder noch weiträumigeren Gesichtspunkten (vgl. dazu WOLF, S. 91 ff.).

[62] Vgl. WIPFLI (S. 378), wonach die «Verdichtung nach innen [...] auch aus umweltrechtlicher Sicht einer Verlagerung der Bautätigkeit in wenig belastete Gebiete vorzuziehen [ist]».

[63] Zur Bedeutung von Fahrstreckenberechnungen vgl. BGE vom 6. Mai 1993 E. 6b und 6c Au SG in ZBl 95 (1994) 93 f.

[64] Vgl. supra § 9 III. 1.

[65] Vgl. v.a. § 237 Abs. 1 Satz 2 PBG/ZH sowie Art. 26 BauV/BE, § 32 Abs. 2 BauG/AG und schliesslich § 104 Abs. 5 E RBG/BL. - Vgl. zum Ganzen supra § 9 III. 1.

nen Überbauung) immerhin ohne weiteres ein Bedürfnis an Erschliessung oder an deren Angebotserweiterung ergeben, welches sich aber vorab in entsprechendem Handlungsbedarf für den Träger des öffentlichen Verkehrs äussert[66].

bb) Die Erstellung von Fahrzeug-Abstellplätzen

Die Erstellungspflicht für Parkplätze knüpft nebst der Neuerstellung von Gebäuden regelmässig auch an Sachverhalte des verdichtenden Bauens an. Von Bedeutung ist dabei nicht so sehr die Tragweite der baulichen Massnahmen an sich, als vielmehr deren Auswirkungen auf den Bedarf an Abstellfläche[67]. Ist durch die Abstimmung der Verdichtungsgebiete mit dem Angebot der öffentlichen Verkehrsmittel eine angemessene Erreichbarkeit gewährleistet, so ist es m.E. gerechtfertigt, auf die Verpflichtung zur Erstellung zusätzlicher Parkplätze zu verzichten. Anders muss es sich immerhin verhalten, soweit sich die öffentlichen Verkehrsverbindungen für die durch verdichtendes Bauen ermöglichten (neuen oder erweiterten) Nutzungen als unzweckmässig oder ungenügend erweisen, so dass mit ihrer Benützung aus objektiven Gründen nicht zu rechnen ist[68].

B) Die gestalterischen Anforderungen

Die Besonderheit der ästhetischen Gesamtwürdigung des Ergebnisses verdichtenden Bauens liegt in der Bewertung des Zusammenwirkens verschiedener, zeitlich gestaffelt erstellter baulicher Massnahmen untereinander (a.) sowie als Bestandteil eines bestehenden Siedlungsbildes (b.), während beim verdichteten Bauen zumeist eine verhältnismässig einheitliche Überbauungskonzeption zu beurteilen ist.

a) Die ästhetische Bewertung zeitlich gestaffelt erstellter baulicher Massnahmen

Während die ästhetische Bewertung einzelner Bauten oder Baueinheiten unter Abstrahierung ihrer Einordnung in die bauliche und landschaftliche Umgebung bei zeitlich einheitlicher Erstellung wohl vorzunehmen, regelmässig jedoch nicht allzu stark zu gewichten sein wird, da sie einen weiten gestalterischen Rahmen setzt, erlangt sie bezüglich jener baulichen Massnahmen, die aufgrund ihrer

---

[66] Vgl. WOLF/KULL (N. 69), wonach in weitgehend überbauten Gebieten «kaum am Erfordernis der Erreichbarkeit festgehalten werden [kann]. In solchen Fällen muss es Sache des öffentlichen Verkehrs sein, mit seinem Angebot "nachzuziehen" und das betreffende Gebiet zu erschliessen».

[67] Vgl. z.B. Art. 16 Abs. 1 BauG/BE, der die Erstellungspflicht allgemein ausdrücklich von einem Parkplatzbedarf abhängig macht; bedarfsorientiert auszulegen gilt es m.E. auch Bestimmungen wie § 243 Abs. 1 lit. b und c PBG/ZH («allgemeine bauliche Änderungen, die einen erheblichen Teil der Baute [...] erfassen oder durch die eine wesentlich andere Nutzung [...] ermöglicht wird» bzw. «Nutzungsänderungen, die voraussichtlich wesentlich andere Verkehrsbedürfnisse schaffen»).

[68] Für die Anzahl Parkplätze und die Art der Erfüllung der Erstellungspflicht gilt des weiteren sinngemäss das mit Bezug auf das verdichtete Bauen Gesagte.

«untergeordneten Bedeutung - infolge des geringen "optischen Gewichts" - nicht die Umgebung, sondern lediglich das Objekt an sich»[69] prägen, eine erheblich gewichtigere und bisweilen gar ausschlaggebende Bedeutung. So sind untergeordnete, d.h. wenig in Erscheinung tretende Massnahmen des verdichtenden Bauens[70] wohl in aller Regel nur betreffend ihre ästhetischen Auswirkungen auf die bestehenden Baueinheiten zu untersuchen, während weitergehende Massnahmen[71] nach Massgabe von Ausmass und Eingriffsintensität auch hinsichtlich ihrer Auswirkungen auf die Umgebung zu überprüfen sind.

Bei der ästhetischen Beurteilung von Massnahmen der baulichen Nachverdichtung ist stets die Qualität der Wechselwirkung unter den verschiedenen, zeitlich gestaffelt erstellten Bauteilen und/oder gestaltungsrelevanten Merkmalen zu untersuchen[72]. Dem Bestehenden kommt dabei eine gewisse Massstabfunktion zu, obgleich es bezüglich einzelner gestaltungsrelevanter Merkmale[73] auch ohne weiteres möglich und gegebenenfalls sinnvoll ist, das Bestehende gestalterisch an das Hinzugefügte anzupassen, um eine angemessene Gesamtwirkung zu erzielen[74]. Bedeutendere Massnahmen des verdichtenden Bauens[75] sind sodann durchaus geeignet, das gestalterische Gleichgewicht einer Baute oder einer Überbauung (insbesondere bezüglich deren kubischer Gliederung) wesentlich zu verändern, so dass sich insoweit ähnliche Bewertungsfragen stellen können, wie sie bei Neubauten zu beantworten sind. Der gestalterische Einfluss der hinzugefügten Bauteile oder Bauten auf die bauliche Gesamtheit bestimmt sich dabei nach dem Mass der Bezugnahme des Neuen auf das Bestehende: je selbständiger die Massnahmen des verdichtenden Bauens im Verhältnis zum Bestehenden ausgestaltet werden, desto weniger ist dessen Gestaltung anlässlich der baulichen Nachverdichtung neu zu beurteilen. Stets zu bewerten ist indes die Qualität der gestalterischen Zuordnung des Neuen zum Bestehenden.

---

[69] VON ARX, S. 71 (m.H.).
[70] Z.B. Dachgeschossausbauten mit nur geringfügigen Änderungen der Dachgestaltung, Verbindungsbauten, welche die Proportionen der durch sie verbundenen Gebäude deutlich unterschreiten, oder die teilweise Freilegung ausgebauter Untergeschosse.
[71] Z.B. Dachgeschossausbau mit Dacheinschnitt oder Lukarnen, Anbauten (auch Balkonvorbauten), die eine Veränderung von Gebäudeproportionierung oder Fassadengliederung herbeiführen.
[72] VON ARX, S. 81.
[73] Z.B. Farbe und Materialien der Fassaden.
[74] VON ARX, S. 70. Dieses Erfordernis besteht aus einem ästhetischen Kerngehalt, der durch keine Baute unterschritten werden darf, und aus dem, was für die vorgesehene Nutzungsart in der betreffenden Umgebung an rein objektbezogener Gestaltung (d.h. unabhängig von der Einfügung in die bauliche und landschaftliche Umgebung) erwartet werden darf.
[75] Z.B. Ergänzungs- oder Verbindungsbauten, grössere An- oder Aufbauten o.ä.

b) Die Einordnung zeitlich gestaffelt erstellter Bauten in die bauliche Umgebung
Das Einordnungsgebot verlangt, dass sich Bauten in ihre Umgebung einfügen. Es bezieht sich in jedem Falle auf das Verhältnis der gesamten Baute zu ihrer Umgebung, kann jedoch nach Massgabe von Ausmass und Eingriffsintensität auch einzelne bauliche Massnahmen der Nachverdichtung in deren Verhältnis zur Umgebung betreffen. Das verdichtende Bauen ist demnach stets als Veränderung einer Baute und gegebenenfalls zudem als selbständiger gestaltungsrelevanter Vorgang von Bedeutung für die Frage nach der Einordnung in die gebaute und die landschaftliche Umgebung. Das Einordnungsgebot bezweckt die Wahrung einer gewissen Einheitlichkeit der Siedlungsstruktur[76]. Das Mass der Übernahme allenfalls vorhandener gestalterischer Grundsätze (durch Reproduktion und/oder Verarbeitung vorgefundener gestaltungsrelevanter Merkmale) richtet sich dabei nach dem Grad der Einheitlichkeit, den der Gesamteindruck der bestehenden Siedlungsstruktur vermittelt[77]. Es beurteilt sich ausserdem nach dem Beitrag, den Massnahmen des verdichtenden Bauens zugunsten eines ausgeglichenen Siedlungsbildes überhaupt zu leisten vermögen: eine bauliche Massnahme hat sich danach desto eher an den gestalterischen Vorgaben der Umgebung zu orientieren, je geeigneter sie ist, das Siedlungsbild zu beeinflussen.

II. Die Sondergesetzgebung für Massnahmen des verdichtenden Bauens

Aus der Anwendung von Bauvorschriften, die auf Neubausituationen ausgerichtet sind, auf Vorhaben des verdichtenden Bauens können sich Schwierigkeiten ergeben, die sich zunächst durch besondere raumplanerische Anordnungen[78], sodann durch einzelfallweise angepasste Rechtsanwendung[79] und schliesslich durch besondere gesetzgeberische Massnahmen überwinden lassen. Letzterer Ansatz führt zur Schaffung einer Sondergesetzgebung, die nicht an die Sachverhalte des verdichtenden Bauens angepasst zu werden braucht, sondern diese als Tatbestandsmerkmale enthält.

---

[76] VON ARX, S. 72. - Insbesondere in Erhaltungszonen (vgl. supra § 11 II. 2. A.) kann daher die Einordnung baulicher Massnahmen strengeren Gestaltungsanforderungen unterworfen werden (BEZ 1986 Nr. 2).

[77] In uneinheitlich bebauten Gebieten kann das verdichtende Bauen auch zu einer Harmonisierung des Siedlungsbildes beitragen, indem «bisher weniger intensiv genutzte[...] Parzellen an den dichteren Quartiertyp» angepasst werden (WÜRMLI et al., S. 80). - Zum besonderen Tatbestand verdichtender Massnahmen in Gebieten, deren bauliche Gestaltung Gegenstand sondernutzungsplanerischer Festlegungen bildet, vgl. supra § 11 III. 2. B.

[78] Vgl. supra § 11.

[79] Vgl. infra § 13 f. und § 16.

Solche Sondervorschriften für das verdichtende Bauen finden sich als Regeln der baurechtlichen Grundordnung für Zonentypen, die definitionsgemäss oder zumindest regelmässig bereits überbauten Siedlungsgebieten zugeordnet werden (1.), oder als nicht-zonentypische nachverdichtungsspezifische Bauvorschriften (2.), welche die Auswirkungen der ihnen zugrundeliegenden Vorschriften zugunsten des verdichtenden Bauens etwas mildern.

1. Nachverdichtungsspezifische Bauvorschriften als Ausfluss der Zonentypologie

Die Bauvorschriften für Zonentypen, die definitionsgemäss oder zumindest regelmässig für bereits überbaute Siedlungsflächen festgesetzt werden, können in Übereinstimmung mit dem jeweiligen Zonenzweck erheblich von denjenigen abweichen, die für unabhängig von einer bestehenden baulichen Struktur und Nutzungsordnung zugewiesene Zonentypen gelten. Die Abweichungen gründen dabei bald eher in der Bewahrung baulicher Eigenart, der im Hinblick auf ihre Weiterentwicklung gleichsam eine gesetzliche Grundlage unterlegt wird[80] (A. Erhaltungszonen), und bald eher in der Erreichung der mit gewissen Siedlungsfunktionen verbundenen baulichen Dichte (B. Konzentrationszonen).

Diese zonenspezifischen baurechtlichen Grundordnungen können in ihren Auswirkungen bei entsprechender Ausgestaltung der betreffenden Bauvorschriften einer mehr oder weniger umfassenden Sondergesetzgebung für das verdichtende Bauen gleichkommen. Damit stellt sich die Frage der Verallgemeinerbarkeit solcher Nutzungsordnungen auf überbaute Teile anderer Bauzonentypen (C.).

A) *Nachverdichtungsspezifische Bauvorschriften als Ausfluss von Erhaltungszonen*

Die zonenspezifische baurechtliche Grundordnung von Erhaltungszonen kann zur Anpassung an deren Regelungsbedürfnisse besondere Bestimmungen etwa betreffend die Stellung der Bauten im Verhältnis zu Strassen oder Grundstücksgrenzen, zu Verkehrsbaulinien, bestehenden Baufluchten und Gebäuden sowie auch über ihre Höhenlage aufweisen. Es können ferner die Gebäudemasse[81] und

---

[80] Vgl. z.B. § 31 Abs. 3 PBG/SO («besondere Vorschriften [...] zur Erhaltung des Bestandes an kulturell oder historisch wertvoller Bausubstanz») oder Art. 25 BZO/Zürich («Wahrung des Gebietscharakters»/«eingepasste Ergänzung durch Bauten und Anlagen»).

[81] Vgl. z.B. Art. 27 ff. BZO/Zürich (u.a. Profilerhaltungs- [Art. 28] und Profilangleichungslinien [Art. 29] zur Gewährleistung einer bestimmten, dem Gebietscharakter angepassten baulichen Dichte durch Übernahme von Kubus und wesentlichem äusserem Erscheinungsbild bestehender Gebäude bzw. durch Orientierung an Struktur, kubischer Erscheinung und Traufhöhe der massgebenden Nachbargebäude) oder die Volumenerhaltung und die Festlegung von Baubereichen (z.B. gemäss Art. 4 f. BZR/Luzern). Solche Regelungen eignen sich im Rahmen von Erhaltungszonen für Gebiete, in denen «die Baudichte das verantwortbare Mass bereits erreicht hat»

die architektonische Gestaltung[82] der Bauten näher geregelt und auf den baulichen Bestand ausgerichtet werden. Die Ermächtigung zu Abweichungen von kantonalrechtlichen Vorgaben[83] etwa für Grenz- und Gebäudeabstände kann sich auf die Zonenplanung beziehen[84] oder auf die Möglichkeit der einzelfallweisen Gewährung von Ausnahmen[85]. Die Vorschriften lassen sich schliesslich nach Massgabe der Bedeutung des zu regelnden Überbauungsmerkmals für den Zonenzweck mit unterschiedlicher Normativitätskraft[86] ausstatten. Des weiteren erlaubt der Kann-Charakter der Ermächtigungen, die zonenspezifische baurechtliche Grundordnung mehr oder weniger umfassend und detailliert auszugestalten.

B) Nachverdichtungsspezifische Bauvorschriften als Ausfluss von Konzentrationszonen

Die Konzentrationszonen enthalten im Rahmen ihrer zonenspezifischen baurechtlichen Grundordnung besondere Bauvorschriften namentlich betreffend die zur Erreichung der angestrebten dichten Überbauung entscheidende Stellung der Bauten zum öffentlichen Raum (Strassengrenzen, Verkehrsbaulinien, Baufluchten) sowie zu anderen Grundstücken[87]. Auf eine gegebenenfalls bestehende

---

(und deren bauliche Struktur es somit im wesentlichen zu bewahren gilt), bzw. für solche, «die eine klare städtebauliche Struktur aufweisen und in denen eine Verdichtung verantwortbar ist» (KEISER, S. 9 ff. m.H.).

[82] Vgl. z.B. die allgemeine Kernzonen-Gestaltungsvorschrift (Art. 43 BZO/Zürich) sowie zusätzliche Gestaltungsvorschriften für das Gebiet Altstadt (Art. 48 BZO/Zürich); bzgl. Dachgestaltung im besonderen z.B. Art. 39 BZO/Zürich.

[83] Nur diesbezüglich benötigen die Gemeinden eine eigentliche kantonalrechtliche Ermächtigung mit konstitutiver (d.h. über die sonstige Rechtssetzungsbefugnis etwa nach § 49 und § 49a PBG/ZH oder nach § 34 ff. PBG/LU hinausreichender) Bedeutung.

[84] Vgl. § 50 Abs. 3 Halbsatz 2 PBG/ZH, wobei der Planungsträger entsprechende Regelungen nur erlassen darf, «soweit und sofern die Eigenart der bestehenden Überbauung es rechtfertigt und die Verhältnisse es gestatten»; vgl. auch § 122 Abs. 6 PBG/LU (Festlegung kleinerer Grenzabstände u.a. in Kern-, Altstadt- und Dorfzonen).

[85] Vgl. § 133 Abs. 1 lit. a und e PBG/LU (Ausnahmen von Grenz- und Gebäudeabstandsvorschriften in bestehenden Ortskernen und zur Erhaltung architektonisch oder historisch wertvoller Ortsteile), § 27 Abs. 1 und § 29 KBV/SO (Reduktion des Grenz- bzw. des Gebäudeabstandes im Interesse der Erhaltung schützenswerter Gebäudegruppen [z.B. in Kernzonen], § 116 Abs. 1 lit. d E RBG/BL (Ausnahme von den Grenz- und Gebäudeabstandsvorschriften, um architektonisch und städtebaulich wertvolle Ortsteile zu erhalten); vgl. ferner § 301 Abs. 2 (Besonnung von Wohnräumen), § 302 Abs. 3 (Belichtung und Belüftung von Wohn- und Schlafräumen) und § 304 Halbsatz 2 PBG/ZH (minimale lichte Raumhöhe) mit weiteren Abweichungsmöglichkeiten für Kernzonen.

[86] Vgl. z.B. § 50 Abs. 2 und 3 PBG/ZH (für Kernzonen und kraft Verweisung in § 50a Abs. 2 PBG/ZH auch für Quartiererhaltungszonen): Gebote/Verbote («vorschreiben», «näher ordnen») oder Zulassung («gestatten»).

[87] § 51 Abs. 2 PBG/ZH. - Das solothurnische Recht bietet in § 31 Abs. 3 PBG/SO die Möglichkeit, für Kernzonen, die gemäss Abs. 1 des erwähnten Paragraphen auch Ortsteile zur Bildung und Weiterentwicklung von Zentren umfassen können, besondere Vorschriften zu erlassen, oh-

Überbauung[88] wird insbesondere durch Bestimmungen Bezug genommen, welche das Bauen auf bestehenden Baufluchten vorsehen. Es ist ferner denkbar, die übrigen Bauvorschriften unter Berücksichtigung der bestehenden Überbauungsstrukturen festzulegen, sofern und soweit diese mit dem Zonenzweck übereinstimmen[89].

C) Die Verallgemeinerbarkeit auf überbaute Teile anderer Bauzonentypen

Die Verallgemeinerbarkeit nachverdichtungsrelevanter zonentypischer Bauvorschriften[90] hinsichtlich überbauter Teile anderer Bauzonentypen beschlägt die Frage, ob Bestimmungen, welche zwecks baulicher Weiterentwicklung von Erhaltungs- oder Konzentrationszonen (und mithin i.d.R. bereits weitgehend überbauter Gebiete) geschaffen wurden, vollumfänglich oder teilweise auf andere Planungsteilgebiete, deren Nutzungsordnungen nicht auf das verdichtende Bauen ausgerichtet sind, übertragen werden könnten, soweit es dort um Vorhaben des verdichtenden Bauens geht.

Ausser bei Vorliegen einer eindeutigen gesetzlichen Grundlage im übergeordneten Recht dürfte es den Trägern der Zonenplanung verwehrt sein, entsprechende Regelungen (z.B. als umfassende oder teilweise Verweisungen auf die zonenspezifischen baurechtlichen Grundordnungen von Zonen, denen mehrheitlich bereits überbaute Siedlungsflächen zugewiesen werden) zu treffen, denn eine allfällige Berufung auf das Rechtsgleichheitsgebot liefert ein paradoxes Ergebnis. Für die Übertragbarkeit spricht der Satz der relativen Gleichheit[91]; dagegen spricht, dass die entsprechenden Teilgebiete in einem planerischen Entscheid aufgrund umfassender Abstimmung und Abwägung der massgebenden Interessen unterschiedlichen Zonentypen zugewiesen wurden. Für vermittelnde Positionen verbleibt dabei wenig Raum. Eine Übertragung von Anordnungen, die für das verdichtende Bauen in durch Erhaltungs- oder Konzentrationszweck qualifizierter Umgebung getroffen wurden, auf andere Planungsteilgebiete mit

---

ne allerdings deren Regelungsgegenstand näher zu umschreiben. Vgl. auch § 122 Abs. 6 PBG/LU.

[88] Vgl. supra § 5 II. 2. und § 11 II. 2. B.

[89] Die blosse Erhaltung der bestehenden Überbauung bildet nicht Zonenzweck; die zonenspezifischen Bauvorschriften können daher ohne weiteres auch auf die Zulassung von Ergänzungs- und Ersatzbauten ausgerichtet werden, die mit Blick auf die angestrebte bauliche Dichte von der bisherigen Überbauungsstruktur hinsichtlich baulicher Gliederung und Anordnung wesentlich abweichen.

[90] Z.B. Vorschriften betreffend die Stellung der Bauten zum öffentlichen Raum, die Gebäudeabmessungen oder die Grenz- und Gebäudeabstände sowie Bestimmungen, die bei Vornahme bestimmter baulicher Nachverdichtungsmassnahmen zu einzelnen Abweichungen ermächtigen; vgl. supra A. und B.

[91] Danach ist Gleiches (bauliche Massnahmen im Rahmen von und mit Bezug zu bestehender Überbauung) nach Massgabe seiner Gleichheit gleich und Ungleiches nach Massgabe seiner Ungleichheit ungleich zu behandeln, wobei die unterschiedliche Zonenzuweisung als rechtliche Gegebenheit keine Ungleichheit im dargelegten Sinne zu bewirken vermöchte.

zumindest teilweiser Überbauung kann danach nur soweit Platz greifen, als die Gemeinsamkeit der massgebenden Sachverhaltselemente zwar nicht die Festlegung einer Erhaltungs- oder Konzentrationszone verlangt, aber immerhin ein solches Ausmass erreicht (und sich vorab auf von besonderen Vorschriften betroffene Überbauungsmerkmale erstreckt), dass die verallgemeinerte Anwendung der besonderen Vorschriften nicht zu einer Entstellung der eigentlichen zonengemässen Überbauungsstruktur führt (und im Ergebnis geradezu eine faktische Umzonung bewirkt). Die Gleichbehandlung ist zudem nur gewahrt, wenn das Gefälle der baulichen Nutzungsmöglichkeiten in einem angemessenen Verhältnis bleibt zum Erschwernis des Bauens an bestehenden Gebäuden bzw. im Rahmen überbauter Umgebung. Aus dem Satz der relativen Gleichheit lässt sich somit eine teilweise (nach Massgabe der Gleichheit zu bestimmende) Übertragung herleiten.

2. Nicht-zonenabhängige nachverdichtungsspezifische Bauvorschriften

Unter den Begriff der nicht-zonenabhängigen nachverdichtungsspezifischen Bauvorschriften fallen jene, die eigens im Hinblick auf Sachverhalte des verdichtenden Bauens geschaffen wurden, jedoch nicht als Bestandteil der baurechtlichen Grundordnung von Zonentypen, die definitionsgemäss oder zumindest regelmässig bereits überbauten Siedlungsflächen zugewiesen werden.

Soweit solche Vorschriften Nutzungsziffern betreffen (A.), ist zunächst nicht festgelegt, durch welche Art von Massnahmen des verdichtenden Bauens der nutzungsmässig zur Verfügung stehende Projektierungsspielraum im einzelnen auszuschöpfen ist, während sich die nachverdichtungsspezifischen Abstandsvorschriften (B.) von vornherein nur zugunsten bestimmter Arten baulicher Massnahmen auswirken können. Schliesslich stellt sich die Frage nach einer Ausweitung der nachverdichtungsspezifischen Sondergesetzgebung zu einer eigentlichen baurechtlichen Grundordnung für das verdichtende Bauen (C.), ist doch davon auszugehen, dass sich die Bautätigkeit auf absehbare Zeit hinaus zunehmend auf entsprechende bauliche Massnahmen verlagert.

A) *Die nachverdichtungsspezifische Ausgestaltung der Nutzungsziffern*

Abgesehen von der Frage nach der Zweckmässigkeit von Nutzungsziffern für bereits überbaute Gebiete überhaupt[92], ist deren betragsmässige Differenzierung (a.) sowie die Dispensation bestimmter Gebäudeteile von der Anrechnung an die Nutzungsziffern (b.) für das verdichtende Bauen von Bedeutung[93].

---

[92] Vgl. supra I. 2. C.
[93] Vgl. zur verdichtungsrelevanten Handhabung der Nutzungsziffern i.a. supra § 7 III. (insbes. 1. bzw. 2. A. b.).

a) Die betragsmässige Differenzierung

Die betragsmässige Festsetzung der Nutzungsziffern für das überbaute Siedlungsgebiet[94] muss unter Berücksichtigung von Parametern vorgenommen werden, die in unüberbauten Gebieten nicht in gleichem Masse als tatsächliche Vorgaben anzunehmen sind, da sie durch die Planung ohne weiteres noch beeinflusst werden können. So ist etwa eine Änderung der bestehenden (und bei der bisherigen Bautätigkeit beachteten) Parzellarstruktur im überbauten Gebiet regelmässig nur unter tatsächlich und rechtlich erschwerten Bedingungen durchzuführen[95]. Des weiteren erweist es sich aus Gründen der Konstruktion und der Raumaufteilung oft als schwierig, die gegebenenfalls unter einer anderen baulichen Nutzungsordnung erstellten Bauten (unter möglichster Beibehaltung des Bestehenden) an die nach neuem Recht effizienteste Grundstücksnutzung anzupassen.

Der Unterschiedlichkeit dieser die betragsmässige Festsetzung beeinflussenden tatsächlichen Verhältnisse oder m.a.W. den Sachzwängen, welchen das verdichtende Bauen regelmässig ausgesetzt ist, kann etwa durch eine gebietsweise Differenzierung der Nutzungsziffern Rechnung getragen werden[96]. Mehr noch ist davon auszugehen, dass das Gebot rechtsgleicher Behandlung (im Sinne des Satzes der relativen Gleichheit) eine unterschiedliche rechtliche Erfassung von Neubauvorhaben und von Massnahmen des verdichtenden Bauens[97] aufgrund der Ungleichheit der Sachverhalte sogar geradezu erheischt[98]. Erfolgt eine solche Differenzierung nicht gebietsweise (d.h. mit Rücksicht auf die jeweils vorherrschende bauliche Situation) mittels planerischer Entscheide, sondern etwa durch nutzungsmässige Privilegierung bestimmter baulicher Massnahmen an bestehen-

---

[94] Siehe dazu auch HUBER Felix, Ausnützungsziffer, S. 144 f.

[95] Eine gewisse Durchbrechung der Parzellarstruktur ist immerhin durch Nutzungsübertragung (vgl. supra § 7 III. 2. B. b.) oder nachbarliche Abstandsvereinbarung (vgl. infra § 16 II. 2.) zu erreichen.

[96] Vgl. § 37 Abs. 2 Satz 2 KBV/SO, wonach «für Neubaugebiete und solche mit bestehenden Bauten unterschiedliche Regelungen» getroffen werden können, welche Bestimmung sich laut Marginale jedoch nur auf die Ausnützungsziffern bezieht. - Vgl. ferner § 39 Abs. 1 KBV/SO («Ausnützungsbonus» u.a. bei Quartiererneuerungen, die ein zusammenhängendes Gebiet erfassen).

[97] In die Differenzierung einzubeziehen sind dabei nicht nur bauliche Massnahmen an bestehenden Gebäuden, sondern auch solche auf bisher unbebauten, jedoch im weitgehend überbauten Siedlungsgebiet gelegenen Grundstücken (z.B. Baulücken); dies läge jedenfalls im Sinne einer gebietsweise einheitlichen baulichen Dichte.

[98] KAPPELER (Ausnützungsziffer, S. 68): «Da zwischen der Erstellung einer Neubaute und der Änderung eines bereits bestehenden Gebäudes technisch, wirtschaftlich und finanziell, aber auch unter dem Gesichtspunkt der Erhaltung des Quartiercharakters ein wesentlicher Unterschied besteht, lässt sich eine Differenzierung der zulässigen Ausnützungsgrade bei Neubauten einerseits und Änderungen bestehender Gebäude anderseits durchaus vor dem Rechtsgleichheitsgebot vertreten, ja es besteht sogar eine Differenzierungspflicht». Die Differenzierung kann dabei auch im Verzicht auf Nutzungsziffern überhaupt oder in der Festlegung einer anderen Art von Nutzungsziffer (z.B. Baumassenziffer) bestehen (vgl. supra I. 2. C.).

den Bauten[99], so ist an die rechtsgleiche Behandlung der betroffenen Grundeigentümer untereinander angesichts der Bestimmtheit der Differenzierung sodann ein strengerer Massstab anzulegen, da die Rechtsgleichheit nicht mehr bloss im beschränkten Ausmass wie bei Planungsmassnahmen zu beachten ist, sondern die rechtliche Behandlung bestimmter Arten von Bauvorhaben und schliesslich einzelner Bauvorhaben in Frage steht.

b) Die Dispensation bestimmter Gebäudeteile von der Anrechnung

Die Umschreibung der anzurechnenden Nutzung beeinflusst das Mass der zulässigen baulichen Dichte. Durch eine Änderung der Definition des Zählers des Nutzungsziffer-Koeffizienten lassen sich Nutzungsreserven schaffen[100], welche bei entsprechender Ausgestaltung der Regelung durch Massnahmen des verdichtenden Bauens wahrgenommen werden können.

Diesem Zweck dient die sog. Freigabe des Ausbaus[101] von Dach- und Untergeschossen durch Nichtanrechnung der dortigen (von der Nutzungsart her eigentlich anzurechnenden) Nutzungen sowie Zulassung entsprechend genutzter Geschosse hinsichtlich allfälliger Geschosszahl-Vorschriften[102]. Anwendung finden entsprechende Regelungen auf bauliche Massnahmen an zu einem bestimmten Stichtag bestehenden Bauten[103]. Es kann dadurch bereits vorhandenes, bisher

---

[99] Vgl. § 39 Abs. 2 KBV/SO («Ausnützungsbonus» für An- und Umbauten) sowie Art. 18bis Abs. 3 Satz 2 BauR/Frauenfeld TG (Erhöhung der «Grundausnützung» für Nachverdichtungsmassnahmen an Einzelbauten). - Nach KAPPELER (Ausnützungsziffer, S. 67 f.) kann die Festlegung unterschiedlicher Nutzungsmöglichkeiten für die Erstellung von Neubauten bzw. bauliche Massnahmen an bestehenden Bauten sowohl zahlenmässig (durch eine zweite Nutzungsziffer, vgl. auch etwa STALDER, S. 77) als auch mittels Ermessensbegriffen erfolgen, wonach eine Nutzungssteigerung (zumindest innerhalb bestehender Gebäude) bspw. zulässig wäre, soweit sich dies mit den nachbarlichen Interessen sowie gesundheits- und feuerpolizeilichen Überlegungen vereinbaren lässt.

[100] Vgl. supra § 7 III. 2. A.

[101] Unter dem Begriff des Ausbaus sind bauliche Massnahmen zu verstehen, welche die Tragkonstruktionen und die Gebäudehüllen im wesentlichen unverändert lassen (vgl. WOLF/KULL, N. 119) und dabei Räume schaffen, die dem Wohnen, Arbeiten oder sonst dem dauernden Aufenthalt von Menschen dienen oder hiefür verwendbar sind (RB 1994 Nr. 86).

[102] Vgl. WOLF/KULL, N. 112 und N. 209, RB 1993 Nr. 46 E. b. - Die Anrechnung an die erlaubte Geschosszahl beurteilt sich i.d.R. nach Nutzweise und Erscheinung der Dach- und Untergeschosse (vgl. § 275 Abs. 2 und § 276 PBG/ZH, Ziff. 11.4 und 11.6 MBR/BE, § 138 Abs. 2 und 3 PBG/LU, § 17bis und § 64 KBV/SO sowie § 16 ABauV/AG bzgl. Dachgeschosse; § 275 Abs. 3, § 276 und 293 PBG/ZH, Ziff. 11.4 MBR/BE, § 138 Abs. 1 PBG/LU, § 17 KBV/SO und § 15 ABauV/AG bzgl. Untergeschosse).

[103] Die Nichtanrechnung gilt nach § 50 Abs. 2 Satz 1 BauG/AG für zum Zeitpunkt des Inkrafttretens des Gesetzes (am 1. April 1994) bestehende Bauten schon von kantonalen Rechts wegen, während für Neubauten und bestehende Bestimmungen des kommunalen Rechts verwiesen wird (§ 50 Abs. 2 Satz 3 BauG/AG und § 9 Abs. 3 Satz 1 ABauV/AG). - Das zürcherische Recht enthält insofern eine Privilegierung der Massnahmen des verdichtenden Bauens gegenüber der Erstellung neuer Gebäude, als § 255 gemäss Art. III Abs. 4 ÄnderungsG zum PBG/ZH beim Ausbau bestehender Dach- und Untergeschosse in vor dem 1. September 1991 errichteten Gebäuden zur Schaffung von Wohn- oder Arbeitsraum ohne Veränderung des Baukubus (vgl.

aber nicht oder bloss ineffizient genutztes Bauvolumen schnell und effektiv als Nutzungsreserve zur Verfügung gestellt werden, sofern darauf geachtet wird, dass die geschaffenen Handlungsspielräume nicht durch andere Vorschriften (z.B. betreffend Eingriffe in die Dachfläche oder Terrainveränderungen) vereitelt werden[104]. Selbst dann dürfte sich die Ausbautätigkeit in Dach- und Untergeschossen jedoch aus technischen und gestalterischen Gründen[105] nur dort einstellen, wo die realisierbaren Nutzungsmöglichkeiten den Aufwand der baulichen Massnahmen lohnen und eine entsprechende Nachfrage vorhanden ist. In solchen Fällen allerdings erlaubt die Regelung bei der Umwandlung bisher extensiv genutzter Nebenräume zumeist kein Geltendmachen entgegenlaufender Benützerinteressen an einer fortgesetzten "Unternutzung" als Abstell-, Trocknungs-, Manövrier- oder informeller Freizeitraum sowie insbesondere bei Dachgeschossen als Isolierraum[106].

B) Die nachverdichtungsspezifischen Abstandsvorschriften

Die sich aufgrund von Abstandsvorschriften ergebenden Auswirkungen bestehender Bauten auf die Situierung von Bauvorhaben auf anstossenden Grundstücken werden verschiedentlich durch kantonalrechtliche Regelungen[107] gelin-

---

BEZ 1994 Nr. 16 E. 3b/bb) sofort (d.h. ab Inkrafttreten der Gesetzesänderung am 1. Februar 1992) und unmittelbar anwendbar ist (vgl. RB 1993 Nr. 46 E. b, siehe auch BGE in NZZ vom 28. Juli 1993 [Nr. 172] S. 41 und vom 6. August 1993 [Nr. 180] S. 41). Dies gilt selbst für den Fall, dass bereits die bestehende Baute die geltende Ausnützungsziffer (BEZ 1992 Nr. 24) oder die Dach- und Untergeschossfläche die gemäss § 255 Abs. 2 PBG/ZH vorgesehenen Grössenverhältnisse überschreitet. - Die auf den Ausbau bestehender Dach- und Untergeschosse beschränkte Regelung gemäss § 24 Abs. 2 PBG/LU i.V.m. § 15 PBV/LU ist mit Gesetzesrevision vom 20. März 1995 aufgehoben und durch eine Regelung ersetzt worden, die bestimmte Geschossflächen von der Anrechnung ausnimmt (§ 10 PBV/LU), die verbleibenden anzurechnenden Geschossflächen durch Multiplikation mit einem Berechnungsfaktor < 1 betragsmässig vermindert (§ 9 Abs. 1 PBV/LU) sowie (bei bestehenden Bauten) die Nutzung oder Benutzbarmachung bestehender, mit Änderung der PBV/LU vom 19. Dezember 1995 anrechenbar gewordener Geschossflächen ungeachtet allfälliger Überschreitung der Ausnützungsziffer zulässt (§ 15a PBV/LU).

[104] Vgl. STRITTMATTER/GUGGER, S. 51 f.

[105] Z.B. Probleme der inneren Erschliessung bzw. durch die Firstrichtung weitgehend vorgegebene Raumformen und -anordnungen.

[106] Vgl. immerhin das Zweckentfremdungsverbot gemäss Art. 48 BauV/BE (u.a. für Abstellräume) sowie allgemeine Bestimmungen (wie z.B. § 297 PBG/ZH oder § 15 PBV/LU), welche letztere wohl etwa im Rahmen von Art. 32 Abs. 2 RATC/VD («dans la mesure où la structure et l'organisation intérieure du bâtiment le permettent sans frais disproportionnés») auch bei Ausbaumassnahmen zu berücksichtigen sind. Jedenfalls gilt es zu vermeiden, dass durch den Ausbau anderswo entsprechender Raumbedarf ausgelöst wird oder dass die verminderte Benützbarkeit zu einer Umnutzung (z.B. von Familienwohnungen in Büroräume) oder zu einer Nutzungs-"Verdünnung" (geringere Belegungs- oder Wohndichte) führt.

[107] Vgl. z.B. § 274 Abs. 1 PBG/ZH, § 28 Abs. 4 KBV/SO; ferner § 133 Abs. 4 PBG/LU und § 116 Abs. 1 lit. f E RBG/BL (je als besondere Ausnahmebewilligung); für das bernische Recht vgl. Abs. 3 von Variante I und Abs. 4 von Variante II der Musterformulierungen zu Ziff. 10.8 MBR/BE; für das waadtländische Recht vgl. MATILE et al., Kommentar Art. 47 LATC/VD, N. 2.9.2.1.

dert. Gegenüber bestehenden Gebäuden, welche zu nahe an der Grundstücksgrenze stehen, müsste die Vorschrift, dass der Gebäudeabstand die Summe der jeweiligen Grenzabstände zu betragen hat[108], dazu führen, dass der als Zweiter Bauende nunmehr seinen eigenen Grenzabstand und zusätzlich die Differenz des tatsächlichen zum vorschriftsgemässen Grenzabstand auf dem Nachbargrundstück einzuhalten hätte. Abgesehen von nachbarlichen Abstandsvereinbarungen[109] kann ein Interessenausgleich auch unmittelbar auf die Baugesetzgebung gestützt herbeigeführt werden[110], wobei die Benachteiligung des später Bauenden beseitigt oder zumindest mehr oder weniger beschränkt wird und sich ein gewisser Verdichtungseffekt erzielen lässt.

Die Abstandsunterschreitung zugunsten des nunmehr Bauenden beträgt dabei bald die Differenz zwischen einem kantonalrechtlichen Mindestabstand und dem von der bestehenden Baute eigentlich einzuhaltenden Grenzabstand[111], bald die gesamte Differenz zwischen dem tatsächlichen und dem vorgeschriebenen Grenzabstand, so dass der nunmehr Bauende bloss den eigenen Grenzabstand zu beachten hat[112], und bald wird das Ausmass der Abstandsunterschreitung behördlichem Ermessen im Rahmen der Erteilung von Ausnahmebewilligungen anheimgestellt[113]. Dem Normzweck der Abstandsvorschriften wird dabei in der nachverdichtungsspezifischen Abstandsvorschrift selber mittels Festlegung eines Mindestabstands oder ergebnisbezogen durch Vorbehalt entsprechender öffentlicher Interessen Rechnung getragen.

C) Die Ausweitung der nachverdichtungsspezifischen Sondergesetzgebung zu einer baurechtlichen Grundordnung für das verdichtende Bauen

Die Schaffung einer umfassenden nachverdichtungsspezifischen Sondergesetzgebung bildete eine rechtstheoretisch adäquate Vorgehensweise für die raumplanungs- und baurechtliche Abwicklung des verdichtenden Bauens. Zweckmässige bauliche Änderungen bisher zonen- und bauvorschriftsgemässer Bauten sollten - besondere Verhältnisse vorbehalten - nicht auf den Weg der Ausnahmebewilli-

---

[108] Vgl. § 271 PBG/ZH, § 131 Abs. 1 PBG/LU, § 28 Abs. 1 und 3 KBV/SO.

[109] Vgl. infra § 16 II. 2. B. a.

[110] Solche Regelungen sind im Auge zu behalten, wenn es darum geht, auf die Besitzstandsgarantie gestützte Möglichkeiten der baulichen Entwicklung bestehender, zu nahe an die Grundstücksgrenze gesetzter Bauten zu beurteilen.

[111] § 274 Abs. 1 PBG/ZH.

[112] § 133 Abs. 4 PBG/LU (sofern die «Unterdistanz zum Nachbargebäude unter den Gesichtspunkten der Gesundheit, des Feuerschutzes und des Schutzes des Orts- und Landschaftsbildes tragbar erscheint»), § 28 Abs. 4 KBV/SO («wenn keine öffentlichen Interessen entgegenstehen»); vgl. auch Abs. 3 von Variante I und Abs. 4 von Variante II der Musterformulierungen zu Ziff. 10.8 MBR/BE, wobei der Gebäudeabstand zu vergrössern ist, wenn sonst eines der Gebäude übermässig beschattet würde.

[113] § 116 Abs. 1 lit. f E RBG/BL.

gung[114] oder der Sondernutzungsplanung verwiesen werden müssen, derweil bauliche Massnahmen an rechtswidrig gewordenen Gebäuden durch die erweiterte Besitzstandsgarantie[115] privilegiert werden.

Nebst den soeben dargestellten Arten von Bauvorschriften ist eine differenzierende Regelung auch für weitere Vorschriften denkbar: so z.B. die volumetrischen Vorschriften (Gebäudelänge und/oder -höhe) oder Vorschriften über das Zusammenbauen. Entsprechende gesetzliche Grundlagen sind z.T. ausdrücklich vorhanden[116], während sich nachverdichtungsspezifische Vorschriften andernfalls nach Massgabe der Planungsautonomie ohne weiteres auch auf diese stützen liessen, sofern sie dem Satz der relativen Gleichheit entsprechen[117]. Erschwerend wirkt dabei, dass für im voraus kaum abzusehende Sachverhalts-Konstellationen Bauvorschriften aufgestellt werden müssen, wobei die Gefahr besteht, dass zur Verwirklichung zweckmässiger Bauvorhaben regelmässig, aber doch immer wieder auf andere Weise von ihnen abgewichen werden müsste. Enthalten die Richtpläne hinreichend detaillierte Aussagen, so kann es sich aufgrund der Bindungswirkung richtplanerischer Vorgaben für die Behörden rechtfertigen, Vorschriften zu erlassen, die den rechtsanwendenden Behörden einen

---

[114] Bemerkenswert ist in dieser Hinsicht der basellandschaftliche Revisionsentwurf (§ 114 Abs. 1 E RBG/BL [«Härtefall»]), der eine umfassende Ausnahmebestimmung nur für Sachverhalte des verdichtenden Bauens vorsieht («bei der Veränderung bestehender oder beim Wiederaufbau zerstörter Bauten und Anlagen») und als Ausnahmegrund genügen lässt, dass die Einhaltung der Bauvorschriften «für die Bauherrschaft mit erheblichen Nachteilen verbunden ist». Eine solche Bestimmung kann - bei entsprechender Auslegung - den Ausgangspunkt bilden für eine einzelfallorientierte Sonderordnung für die bauliche Nachverdichtung.

[115] Vgl. infra § 13 II.

[116] Vgl. Art. 17 Abs. 1 Satz 2 BauG/OW (Baugesetz vom 12. Juni 1994), wonach die Gemeinden «für bereits überbaute und für unüberbaute Bauzonen unterschiedliche Vorschriften aufstellen» können. - Vgl. auch § 357 Abs. 5 PBG/ZH, wonach «Bauvorschriften, die eine zweckmässige Anpassung bestehender Bauten und Anlagen an Vorschriften im überwiegenden öffentlichen Interesse nicht zulassen [...] durch Verordnung [und bis zu deren Erlass einzelfallweise] entsprechend gemildert werden [können]». Das angesprochene überwiegende öffentliche Interesse bezieht sich - wie aus der Entstehungsgeschichte der Bestimmung (im Zusammenhang mit dem Erlass des zürcherischen Energiegesetzes vom 19. Juni 1983) erhellt - zunächst auf das Energiesparen (vgl. dazu die allerdings lediglich exemplifikative Bestimmung von § 33a ABV/ZH; BEZ 1991 Nr. 11).

[117] Mit dem Gebot rechtsgleicher Behandlung liesse sich eine gesonderte baurechtliche Grundordnung für das verdichtende Bauen vereinbaren; eine solche könnte sich sogar auf die Rechtsgleichheit abstützen, sofern und soweit tatsächlich unterschiedliche Gegebenheiten vorliegen. Wo genau die "Grenze" gezogen wird, kann dabei weitgehend dem Ermessen des Planungsträgers anheimgestellt werden, hat doch das Gleichbehandlungsgebot bei Planungsmassnahmen, worunter sowohl die zonen- als auch die baurechtliche Behandlung der Grundstücke zu verstehen ist (BGE 116 Ia 195 E. 3b Kappel SO), bloss eine abgeschwächte Bedeutung (BGE 119 Ia 25 f. E. 1b m.H. Lignerolle VD); die Grenzziehung müsste allerdings klar bestimmt sein und die Voraussetzungen bezeichnen, unter denen ein Bauvorhaben unter die besondere baurechtliche Grundordnung fällt (z.B. Stichtag, Rahmen der bestehenden Überbauung [Gebiet, Umgebung, Baugrundstück], Grad der bestehenden Überbauung, Bauen in oder an Bestehendem usw.; vgl. auch infra § 13 II. 1. B.).

weiten Entscheidungsspielraum zugestehen, bei dessen Ausgestaltung sie dann freilich die richtplanerischen Vorgaben einzuhalten hätten[118].

---

[118] Vgl. supra § 4 III. 2. - Ein solches "Überspringen" der Nutzungsplanung erforderte wohl eine verstärkte "Demokratisierung" der auf planerische Gesamtsicht ausgelegten Richtplanung, um die Raumordnung nicht der Einzelfallbeurteilung durch Verwaltungsbehörden zu überantworten.

§ 13 Die Besitzstandsgarantie

Das verdichtende Bauen umfasst Massnahmen, die in einer durch bestehende Überbauung gekennzeichneten Umgebung getroffen werden. Das Bestehende ist dabei nicht bloss von tatsächlicher Bedeutung, indem es als planerische und architektonisch-gestalterische Gegebenheiten die tatsächlichen Handlungsspielräume im Hinblick auf die Einhaltung raumplanungs- und baurechtlicher Vorgaben einengt, sondern weist aufgrund der Besitzstandsgarantie auch erhebliche rechtliche Bedeutung auf. Dem unter früherem Recht Erstellten kommt im Verhältnis zu den Anordnungen der nunmehr geltenden Pläne und Bauvorschriften (§ 11 und § 12) eine besondere Stellung zu, die sich im wesentlichen darin äussert, dass der Anwendungsbereich von Anordnungen neuen Rechts und neuer Pläne die bestehenden Bauten grundsätzlich lediglich umgibt, in etwa so, wie das verdichtende Bauen auch in tatsächlicher Hinsicht um das Bestehende herum erfolgt[1]. - Der folgende Paragraph bestimmt zunächst den Begriff der Besitzstandsgarantie und deren Bedeutung für die bauliche Verdichtung (I. Allgemeines); eingehender behandelt werden sodann die Bestandesprivilegierung (II.) und deren Grenzen (III.).

I. Allgemeines

Im folgenden gilt es, den Begriff der Besitzstandsgarantie allgemein zu definieren und rechtlich zu qualifizieren (1.), bevor in einer groben Typologie nach dem Geltungsumfang unterschiedliche Arten von Besitzstandsgarantien zu differenzieren sind (2.). Schliesslich sind die Auswirkungen der Besitzstandsgarantie auf die bauliche Verdichtung in allgemeiner Weise darzustellen (3.).

1. Definition

Die Besitzstandsgarantie räumt dem Eigentümer einer altem Recht entsprechend erstellten und unter geltendem Recht widerrechtlichen[2] Baute[3] die Befugnis zur

---

[1] Dies gilt in übertragenem Sinne auch für bauliche Massnahmen im Gebäudeinnern, soweit die wesentlichen Merkmale der Bausubstanz unverändert bleiben und mithin nicht eine neubauähnliche Umgestaltung (z.B. Auskernung; zur Kasuistik vgl. LEUTENEGGER, S. 109 f.) vorliegt.

[2] Die Widerrechtlichkeit muss sich dabei aus der Änderung der Rechtsgrundlagen (bzw. deren Auslegung, vgl. RB 1988 Nr. 75: geänderte Gestaltungsanforderungen aufgrund gewandelter Wertvorstellungen) ergeben und darf nicht durch einen Wandel des Sachverhalts bedingt sein (vgl. BEZ 1989 Nr. 13 E. 4b; a.M. KAPPELER, Änderungen, S. 37 Fn. 21). - Ist eine Abweichung vom nunmehr geltenden Recht Gegenstand einer Ausnahmebewilligung, so liegt keine Widerrechtlichkeit und damit auch keine Besitzstandssituation vor (vgl. BEZ 1983 Nr. 13); Be-

Wahrung des Gebäudebestandes und zur Vornahme bestimmter baulicher Massnahmen am Bestehenden ein[4]. In ihrem Kerngehalt stützt sich die Besitzstandsgarantie auf bundesverfassungsrechtliche Grundlagen[5] wie die Eigentumsgarantie (Art. 22ter BV)[6], den Grundsatz der Nichtrückwirkung der Gesetze[7] oder den Vertrauensgrundsatz[8]. Die auf das Raumplanungs- und Baurecht ausgerichtete Ausgestaltung erfolgt im kantonalen Recht als in einem weiteren Sinne verstandene übergangsrechtliche Bestimmungen[9], als besondere Ausnahmevorschriften[10] oder als Regeln über die Wirkung der Nutzungspläne und Bauvorschriften[11].

2. Typologie

Bei der Besitzstandsgarantie ist anhand ihrer Auswirkungen die blosse Bestandeswahrung von der erweiterten Besitzstandsgarantie (Bestandesprivilegierung) zu unterscheiden.

Während das Bundesrecht lediglich den wirtschaftlichen Wert des Bestandes der Baute und deren bestandesgemässer Nutzung sowie die Vornahme bestande-

---

    stand und Veränderung solcher Bauten beurteilen sich demnach gleich wie bei zonen- und bauvorschriftsgemässen Gebäuden.

[3] Die Besitzstandsgarantie kann auch nicht-bauliche Nutzungen erfassen, für welche Investitionen erforderlich waren (vgl. RB 1993 Nr. 51 m.H.).

[4] Dank der Besitzstandsgarantie darf eine gemäss bisherigem Recht erworbene (und auch tatsächlich ausgeübte, vgl. BVR 1994, 111 E. 3c Interlaken BE) Rechtsposition (frz. «situation acquise») auch unter neuerdings geltendem Recht aufrechterhalten (und u.U. weiterentwickelt) werden, obwohl sie diesem nicht entspricht (vgl. RHINOW/KRÄHENMANN, Nr. 122 B. XIII.). Die Besitzstandsgarantie ist m.a.W. auf die Fortführung, gegebenenfalls auf die Fortentwicklung des Vorhandenen gerichtet (vgl. MÜLLER Peter, S. 211). - Da die Baubewilligung, die in aller Regel den formellen Rahmen für die Anwendung des Raumplanungs- und Baurechts auf Bauten und Anlagen bildet, Vorgänge, und nicht blosse Zustände erfasst, bleiben bestehende Bauten von Rechtsänderungen (mangels formeller "Rechtsanwendungsgelegenheit") zunächst unbehelligt: die Besitzstandsgarantie ist insoweit demnach an sich entbehrlich; anders verhält es sich indes bei der - bewilligungspflichtigen - Veränderung bestehender Bauten.

[5] Zufolge des verfassungsmässigen Ranges der Besitzstandsgarantie sind neue restriktive Bestimmungen auf Bauten, die nach altem Recht bewilligt worden sind, nur unter den allgemeinen Voraussetzungen für die Einschränkung verfassungsmässiger Rechte anzuwenden, d.h. mitunter wenn überwiegende öffentliche Interessen es verlangen und soweit der Grundsatz der Verhältnismässigkeit gewahrt bleibt (RHINOW/KRÄHENMANN, Nr. 122 B. XIII.).

[6] Vgl. «Eigentumsbestandesgarantie» (MÜLLER Georg, Kommentar Art. 22ter BV, N. 17), HALLER/KARLEN, N. 874, ZAUGG, Kommentar Art. 3 BauG/BE, N. 1; ZBl 83 (1982) 448 E. 3a.

[7] Vgl. BGE 113 Ia 122 E. 2a Vernier GE sowie HALLER/KARLEN, N. 874.

[8] Vgl. «Vertrauensschutzprinzip» (MÜLLER Georg, Kommentar Art. 22ter BV, N. 17), GRISEL, S. 398, RHINOW/KRÄHENMANN, Nr. 74 B. XIV. a., KÖLZ, S. 191 («intertemporalrechtlich bedeutsamer Vertrauenstatbestand»).

[9] Vgl. z.B. § 357 Abs. 1 PBG/ZH.

[10] Vgl. z.B. § 112 f. E RBG/BL sowie § 81 PBG/TG.

[11] Vgl. z.B. Art. 3 BauG/BE, Art. 80 LATC/VD.

serhaltender Massnahmen schützt[12], ermöglicht die erweiterte Besitzstandsgarantie nach Massgabe kantonalrechtlicher[13] Ausgestaltung zusätzliche bauliche Massnahmen (wie Nutzungsänderung, Umbau oder Erweiterung) an widerrechtlich gewordenen Bauten[14].

Die kantonalrechtlichen Besitzstandsgarantien finden ihre äussersten Grenzen[15] einerseits dort, wo sie wichtigen öffentlichen Interessen der Raumplanung zuwiderlaufen[16], und anderseits an den Vorschriften des Umweltschutzrechts, dessen bundesrechtlicher Grundsatz der Sanierungspflicht für Anlagen, die den Umweltschutzvorschriften nicht genügen, auch unabhängig von jedwelchem baurechtlichem Vorgang Platz greift (Art. 16 Abs. 1 USG). Damit ist die Interessenabwägung zwischen Wahrung des Besitzstandes und Durchsetzung des Rechts[17] zugunsten des letzteren schon von Gesetzes wegen vorgenommen. Die teilweise Gleichsetzung der Vornahme baulicher Massnahmen an bestehenden Bauten und Anlagen mit deren Neuerrichtung (vgl. Art. 2 Abs. 4 LRV[18], Art. 2 Abs. 2[19] und

---

[12] PFISTERER Martin, S. 81. - Nach BGE 113 Ia 124 E. 3c Vernier GE ist es immerhin nicht willkürlich, Umbaumassnahmen, welche das Bauvolumen, die äussere Erscheinung und die Nutzung im wesentlichen unverändert lassen («resteraient semblables»), allein gestützt auf die bundesverfassungsrechtliche Besitzstandsgarantie (und in Analogie zu Art. 24 Abs. 2 RPG) zuzulassen. - Bestand, Unterhalt und zeitgemässe Erneuerung der Bauten werden z.T. auch kantonalrechtlich ausdrücklich garantiert (vgl. Art. 3 BauG/BE, § 178 f. PBG/LU, § 34bis PBG/SO, § 112 f. E RBG/BL, § 68 BauG/AG, § 81 Abs. 1 PBG/TG, Art. 80 al. 1er LATC/VD). Unter den Begriff der Erneuerung fallen dabei bauliche Ersatzmassnahmen, solange sie «den baulichen Bestand und angestammten Gebrauch eines Gebäudes erhalten» (SCHMID-LENZ, S. 66; vgl. auch etwa LGVE 1992 III Nr. 13 E. 2).

[13] Art. 3 Abs. 4 BauG/BE sieht «für besondere Fälle des Gemeindebaurechts» die Möglichkeit kommunaler Vorschriften zur Besitzstandsgarantie vor, welche diese nach Massgabe der Verhältnisse erweitern oder beschränken (vgl. ZAUGG, Kommentar Art. 3 BauG/BE, N. 8). Auch die zürcherischen Gemeinden sind befugt, für Kernzonen (und nunmehr wohl auch für Quartiererhaltungszonen) Vorschriften zu erlassen, welche Umbau und Ersatz baurechtswidriger Bauten abweichend von den entsprechenden kantonalrechtlichen Bestimmungen ordnen (RB 1987 Nr. 80 E. a).

[14] Die besitzstandsgarantierte Rechtsposition bildet dabei den Ausgangspunkt für bauliche Entwicklungsmöglichkeiten, ohne dass das Bestehende dem geltenden Recht entsprechend auszugestalten wäre. Es werden m.a.W. «Veränderungen gestützt auf einen bisherigen Zustand erlaubt [...], die für sich allein betrachtet mit der im betreffenden Zeitpunkt massgebenden Ordnung der Bodennutzung nicht vereinbar wären» (JAGMETTI, Kommentar Art. 22quater BV, N. 76).

[15] Eine etwas weniger weit gezogene Begrenzung besteht bereits von kantonalen Rechts wegen aufgrund von Sicherheitsanforderungen (vgl. supra § 9 I. 2.), denen auch bestehende Bauten genügen müssen.

[16] Vgl. BGE 113 Ia 122 E. 2a Vernier GE: «aller à l'encontre des exigences majeures de l'aménagement du territoire».

[17] Vgl. zur Problematik der Interessenabwägung infra 3. A.

[18] Umbau, Erweiterung und Instandstellung, jeweils sofern die Voraussetzungen von lit. a (bzgl. zu erwartender Emissionen) und/oder lit. b (bzgl. aufzuwendender Kosten) zutreffen.

[19] Vollständige Zweckänderung, Vornahme wesentlicher Umbauten sowie wesentlicher Erweiterungen bestehender Anlagen (vgl. supra § 12 I. 3. A. a. bb. aaa.).

Art. 31 LSV[20]) und den sich daraus ergebenden Folgen für die umweltschutzrechtlichen Anforderungen unterstreicht die besitzstandsfeindliche Ausgestaltung des Umweltschutzrechts. Auch der Grundsatz der gleichzeitigen Sanierung von sanierungsbedürftigen[21] Anlagen mit deren für Lärm- oder Luftbelastung erheblichem[22] Umbau oder entsprechender Erweiterung (Art. 18 Abs. 1 USG)[23] erfährt nur insoweit geringfügige Abweichungen im Sinne einer beschränkten Bestandeswahrung, als Art. 8 Abs. 1 LSV die Begrenzung der Lärmemissionen bei einfach geänderten ortsfesten Anlagen auf die neuen oder geänderten Anlageteile beschränkt (während die bestehenden und unveränderten Anlageteile dagegen in den Schranken der allgemeinen Sanierungspflicht gemäss Art. 16 Abs. 1 USG einstweilen Bestandesschutz[24] geniessen). Umbau und Erweiterung beschleunigen mithin die Sanierung von Anlagen, die ansonsten erst innert Frist (vgl. Art. 10 LRV und Art. 17 LSV) auszuführen wäre: die Besitzstandsgarantie (sogar in der Form der blossen und dazu noch zeitlich beschränkten Bestandeswahrung) wird danach durch jene baulichen Massnahmen gänzlich beseitigt, die sie im Bereich des Raumplanungs- und Baurechts (insbesondere in ihrer erweiterten Form der Bestandesprivilegierung) überhaupt erst wirksam werden lassen.

3. Die Auswirkungen der Besitzstandsgarantie auf die bauliche Verdichtung

Die Besitzstandsgarantie wirkt im Hinblick auf die bauliche Verdichtung sowohl hindernd oder zumindest retardierend (A.) als auch fördernd (B.). Während sie die Vornahme von Massnahmen des verdichtenden Bauens als Einzelvorgänge begünstigt, verzögert oder verhindert sie die Durchsetzung grossräumigerer

---

[20] Wesentliche Änderungen von Gebäuden mit lärmempfindlichen Räumen (vgl. supra § 12 I. 3. A. a. bb. bbb.).

[21] Massgeblich sind die materiellen Sanierungsvorschriften (Art. 7 ff. LRV und Art. 13 ff. LSV gestützt auf Art. 16 Abs. 2 USG). Das Mass der konkreten Sanierung kann dabei erst aufgrund einzelfallweiser Beurteilung durch die Vollzugsbehörde festgesetzt werden (vgl. SCHRADE, Kommentar Art. 18 USG, N. 10).

[22] Vgl. BGE 115 Ib 455 E. 4c m.H. Hasle BE und 115 Ib 471 f. E. 6e und 6f m.H. Schmitten FR, wonach «wesentliche[...], für die Lärmbelastung erhebliche[...] Änderungen» bzw. «hinreichend bedeutende[...] umweltwirksame[...] Änderung[en]» vorausgesetzt sind.

[23] Die Begriffe «Umbau» und «Erweiterung» sind - wie im übrigen auch derjenige der «Errichtung» von Bauten - in ihrer umweltschutzrechtlichen Bedeutung nicht deckungsgleich mit den entsprechenden Begriffen des Raumplanungs- und Baurechts (vgl. SCHRADE, Kommentar Art. 18 USG, N. 11 ff., und ETTLER, Kommentar Art. 25 USG, N. 14). Der Tatbestand des Art. 18 USG umfasst Änderungen, die Mehremissionen verursachen und solche, die zumindest überwiegend umweltschutzfremden Zwecken (m.a.W. nicht der Sanierung einer Anlage) dienen, in einem ausreichend engen Zusammenhang mit sanierungsbedürftigen Anlageteilen stehen und in deren Rahmen die vorgezogene Sanierung zumutbar (d.h. günstiger als eine nachträgliche Sanierung) ist (SCHRADE, Kommentar Art. 18 USG, N. 13).

[24] Vgl. die Regelungen von Art. 10 f. LRV und Art. 13 ff. LSV. Darüber hinaus kann der Bestandesschutz allenfalls auf Art. 17 USG (unter Beachtung von Art. 18 Abs. 2 USG) abgestützt werden.

Vorgaben. Im Ergebnis führt sie daher zu einer Schwächung planerisch koordinierter baulicher Nachverdichtung zugunsten baulicher Einzelmassnahmen[25].

A) Die Verzögerung der Wirkung geänderter Pläne oder Bauvorschriften

Der Zweck der Besitzstandsgarantie besteht in der Gewährleistung der Übergangsgerechtigkeit[26] bei der Anwendung neuerdings geltenden Rechts auf unter altem Recht entstandene Sachverhalte. Die bestehende, nunmehr gegebenenfalls widerrechtliche Baute bleibt vom neuen Recht im wesentlichen[27] unberührt und lebt gewissermassen unter altem Recht weiter (Bestandeswahrung). Damit wird die Wirksamkeit neuen Rechts insbesondere in weitgehend überbauten Gebieten verzögert[28], was letztlich dazu führen kann, dass die Besitzstandsgarantie (als eigentlich übergangsrechtliches Instrument) faktisch dauernde[29] (und kraft erweiterter Besitzstandsgarantie sogar entwicklungsfähige) Ausnahmen von nunmehr geltenden Anordnungen sanktioniert, ohne dass die Voraussetzungen für entsprechende Ausnahmebewilligungen vorzuliegen hätten[30]. Die Festlegung des Anwendungsbereichs der Besitzstandsgarantie hat diesen Zusammenhängen

---

[25] Die typische Interessenkonstellation ist hiebei dadurch gekennzeichnet, dass der Bauwillige regelmässig nur solche bauliche Massnahmen zu treffen beabsichtigt, die eine gesteigerte Nutzung erlauben, während dem Gemeinwesen an der Durchsetzung der planerischen Vorgaben und der baurechtlichen Vorschriften gelegen ist, wofür zumeist weitreichendere Massnahmen erforderlich wären (Anpassung der gesamten Baute, evtl. Neubau), deren Durchführung jedoch desto unwahrscheinlicher wird, je mehr Mittel für Einzelmassnahmen aufgewendet werden.

[26] PFISTERER Martin, S. 109 f. - Die Bedeutung der Besitzstandsgarantie geht aber insoweit über die eigentliche Übergangsgerechtigkeit hinaus, als ihre Geltung keiner zeitlichen Beschränkung unterworfen ist und mithin nicht nach Ablauf einer Übergangsfrist dahinfällt.

[27] Vgl. aber nebst umweltschutzrechtlicher Sanierungspflichten sicherheitspolizeilich begründete Unterhalts- und (daraus abzuleitende) Anpassungspflichten (z.B. § 226 Abs. 1 Halbsatz 2, § 228 Abs. 1 sowie § 358 PBG/ZH [Verbesserungen an besitzstandsgeschützten Bauten zur Beseitigung erheblicher polizeilicher Missstände]; desgl. Art. 21 Abs. 1 und 2 sowie Art. 25 Abs. 1 BauG/BE, § 145 Abs. 1 PBG/LU, § 143 Abs. 1 und 3 PBG/SO, § 104 Abs. 1 E RBG/BL, § 52 Abs. 1 Satz 2 BauG/AG sowie § 75 PBG/TG).

[28] Diese Verzögerungswirkung kann sich insbesondere dann auf eine lange Zeitdauer erstrecken, wenn Massnahmen zur Werterhaltung (wie sie schon im Rahmen der Besitzstandsgarantie als Bestandeswahrung ohne weiteres zulässig sind) oder zur baulichen Weiterentwicklung des Bestehenden getroffen werden. - Die hinausgeschobene Verwirklichung des neuen Rechts ist immerhin nicht durchwegs blosse Auswirkung der Besitzstandsgarantie, sondern kann bei besonderen planerischen Anordnungen auch eine der Voraussetzungen für die Gewährung der Bestandesprivilegierung darstellen (vgl. etwa § 101 Abs. 2 PBG/ZH: «wenn die Baulinie in absehbarer Zeit nicht durchgeführt werden soll»).

[29] Die Besitzstandsgarantie geht unter mit dem Ablauf der Lebensdauer einer Baute sowie mit der Vornahme einschneidender Umgestaltungen oder Nutzungsänderungen (vgl. BEZ 1989 Nr. 13 E. 4b); der Schutz unter altem Recht getätigter Investitionen währt m.a.W. ebenso lange wie für baurechtsgemässe Bauten (vgl. ZBl 83 [1982] 449 E. 4b).

[30] Dies ruft Bedenken hervor «hinsichtlich der rechtsgleichen Behandlung von Neubau und Umbauvorhaben [...]; denn die Ausdehnung des Bestandesprivilegs auf eine neubauähnliche Umgestaltung würde dem Eigentümer eines solchen Objekts einen sachlich nicht gerechtfertigten Vorzug gegenüber dem Ersteller eines Neubaus gewähren» (BEZ 1992 Nr. 14 E. b).

Rechnung zu tragen, soll die Besitzstandsgarantie die Wirksamkeit der Raumplanung und des Baurechts im überwiegend überbauten Gebiet nicht weitgehend vereiteln[31].

B) Die Förderung von Massnahmen der baulichen Nachverdichtung

Die über die reine Bestandeswahrung hinausreichenden Befugnisse (d.h. die Bestandesprivilegierungen) ermöglichen nach Massgabe der kantonalrechtlichen Ausgestaltung der Besitzstandsgarantie bauliche Massnahmen wie Umbauten, Erweiterungen und Nutzungsänderungen bei möglichster Wahrung der für die bestehende Baute getätigten Investitionen[32]. Indem Bauten, selbst wenn sie nunmehr widerrechtliche Eigenschaften aufweisen, unter Beibehaltung des Bestehenden baulich und nutzungsmässig weiterentwickelt werden können, ist die erweiterte Besitzstandsgarantie ferner geeignet, die Vornahme von Massnahmen des verdichtenden Bauens zu fördern. Immerhin soll die erweiterte Besitzstandsgarantie regelmässig auch zu einer (im Vergleich mit der blossen Bestandeswahrung) verbesserten Verträglichkeit mit dem neuerdings geltenden Recht beitragen, indem allfälligen Mängeln der bestehenden Baute durch die Ausgestaltung der beabsichtigten baulichen Massnahmen (z.B. mittels Bedingungen oder Auflagen[33]) im Sinne der neurechtlichen Vorschriften oder Festlegungen begegnet werden soll[34].

---

[31] Eine allzu grosszügige Bemessung des Anwendungsbereichs der Besitzstandsgarantie führte letztlich dazu, «dass die bauliche Anpassung an das neue Recht in überbauten Gebieten weitgehend verunmöglicht würde, was dem öffentlichen Interesse zuwiderliefe» (BEZ 1992 Nr. 14 E. b). Anderseits besteht in einer solchen Perpetuierung altrechtlicher Bauten ja gerade der Sinn der Besitzstandsgarantie (vgl. MÜLLER Peter, S. 211). Die «Versteinerung» der Rechtsordnung ist nach KÖLZ (S. 193) dadurch zu vermeiden, dass bei entsprechendem öffentlichem Interesse statt Besitzstandsgarantien sorgfältig angepasste Übergangsfristen zur Anwendung gelangen.

[32] Zweck der Besitzstandsgarantie bildet der Schutz von Investitionen, die im Vertrauen auf die geltende Rechtsordnung getätigt worden sind (RB 1993 Nr. 51 m.H; BEZ 1989 Nr. 1 E. 2a, ZBl 83 [1982] 449 ff. E. 4; vgl. auch KÖLZ, S. 193). Daraus ergibt sich, dass durch die Besitzstandsgarantie die «sinnvolle Weiterverwendung vorhandener Bausubstanz» gefördert werden soll (ZAUGG, Kommentar Art. 3 BauG/BE, N. 1; BEZ 1992 Nr. 12 E. b).

[33] Vgl. etwa § 357 Abs. 4 PBG/ZH oder § 81 Abs. 2 PBG/TG. Solche Nebenbestimmungen sind indessen auch ohne ausdrückliche gesetzliche Grundlage zulässig, sofern sie in einem ausreichenden Sachzusammenhang stehen mit dem Regelungszweck des Gesetzes oder mit einem darauf abgestützten öffentlichen Interesse («disposizione accessoria [...] connessa allo scopo della legge o a un interesse pubblico basato sulla stessa» [BGE 117 Ib 176 E. 3 Cavergno TI]). Durch Auferlegen von Nebenbestimmungen kann oft erst die Bewilligungsfähigkeit von Bauvorhaben bejaht werden; es erweist sich diesfalls als der weniger weitgehende und damit dem Grundsatz der Verhältnismässigkeit besser entsprechende Eingriff als die Ablehnung des Baugesuchs.

[34] Dieser Gesichtspunkt erhält insbesondere dort Gewicht, «wo die anderweitige Beseitigung stark störender Besitzstände auf lange Sicht hinaus als ausgeschlossen erscheint» (PFISTERER Martin, S. 108 f.). - Massnahmen zur Verbesserung des bestehenden Zustands (vgl. § 357 Abs. 4 PBG/ZH) dürfen allerdings nur bezüglich solcher Bauten oder Anlagen angeordnet werden, die von einer Änderung unmittelbar betroffen sind. Ansonsten können entsprechende Anordnungen

II. Die Bestandesprivilegierung

Es ist darzustellen, für welche Massnahmen des verdichtenden Bauens die raumplanungs- und baurechtlichen Erleichterungen kraft Bestandesprivilegierung grundsätzlich in Frage kommen. Zunächst ist allgemein zu erläutern, wie weit die Veränderungen nach Art und Umfang gehen dürfen, bis sie nicht mehr als bauliche Massnahmen an Bestehendem, sondern als Neubautätigkeit zu qualifizieren sind, womit die Geltendmachung der Besitzstandsgarantie mangels hinreichenden baulichen Bestandes nicht mehr zu rechtfertigen und das geltende Recht somit umfassend[35] einzuhalten wäre (1.). Des weiteren gelangen die möglichen Rechtsfolgen der Bestandesprivilegierung für die einzelnen nachverdichtungsrelevanten Tatbestandsmerkmale zur Darstellung (2.).

1. Die Abgrenzung der baulichen Veränderungen an Bestehendem vom Neubau

Die Abgrenzung zum Neubau stellt sich für die Nutzungsänderung einerseits (A.) und die Massnahmen der Erweiterung und des Umbaus bestehender Bauten anderseits (B.) in unterschiedlicher Art und Weise. Für beide Fälle trifft jedoch zu, dass schon die Definition der verschiedenen Massnahmen der baulichen Änderung bestehender Bauten nur in Wechselwirkung mit der an sie geknüpften rechtlichen Regelung möglich ist[36].

A) Nutzungsänderungen

Die Nutzungsänderung[37] bestehender Bauten von der Errichtung neuer Gebäude abzugrenzen, erweist sich solange als unproblematisch, als sie sich in baulichen Massnahmen eindeutig untergeordneter Bedeutung äussern. Kann dies nicht ohne weiteres bejaht werden, wird m.a.W. nicht nur die Nutzungsart geändert, sondern gehen bauliche Massnahmen damit einher, die sich über das in Frage stehende Bauvorhaben hinaus auswirken, so stellen sich mit Blick auf die Einhaltung der Bauvorschriften dieselben Abgrenzungsfragen wie bei Umbau und Erweiterung. Deren Beurteilung dürfte durch die Nutzungsänderung (nach Massgabe ihrer Tragweite) ihrerseits durchaus in dem Sinne beeinflusst werden,

---

nur gestützt auf allgemeine Vorschriften betreffend Unterhalt und Anpassung ergehen (z.B. § 358 PBG/ZH; vgl. RB 1986 Nr. 101 E. b).

[35] Wird ein Bauvorhaben als Neubau gewürdigt, so unterliegt es vollumfänglich und «mit Einschluss der Umgebungsgestaltung» den geltenden Vorschriften (BGE vom 18. Januar 1990 E. 3c/bb Winterthur ZH in ZBl 91 [1990] 357, wo die Besitzstandsgarantie für Parkplätze auf dem Grundstück einer im Zweck vollständig zu ändernden Baute verneint worden ist).

[36] KAPPELER, Änderungen, S. 33 f.

[37] Vgl. auch den Begriff der «bewerbungsmässigen Änderung (Zweckänderung)», der dadurch gekennzeichnet ist, dass «die im Gebäude ausgeübte Tätigkeit ändert» (KAPPELER, Änderungen, S. 35, vgl. sodann LEUTENEGGER, S. 112 ff.).

dass selbst bauliche Massnahmen, die für sich genommen von der Besitzstandsgarantie gedeckt wären, aufgrund der insgesamt weitergehenderen Veränderung von Zweck, Erscheinung und Auswirkungen der Baute nicht mehr besitzstandsgeschützt zu behandeln wären, sondern die Baute als Ganzes rechtlich einem Neubau gleichkäme. Hinsichtlich des Schutzes der Umgebung vor zusätzlichen Einwirkungen, welche durch die Nutzungsänderung verursacht werden, bestimmt sich die Abgrenzung in jedem Falle anhand der Umweltschutzgesetzgebung.

B) Umbauten und Erweiterungen

Umbauten und Erweiterungen umfassen bauliche Massnahmen an bestehenden Bauten, welche (anders als die blosse Nutzungsänderung) die Bausubstanz unmittelbar betreffen[38], sei es innerhalb (Umbau[39]) oder ausserhalb der bestehenden Gebäudehülle (Erweiterung[40]). Erreichen diese Massnahmen eine gewisse Auswirkungsintensität und im Verhältnis zum unverändert Bestehenden ein bestimmtes Ausmass, so stellt sich die Frage, ob überhaupt noch von einem baulichen Bestand auszugehen ist, der als Besitzstand gewertet werden kann[41], oder ob die baulichen Massnahmen in ihren Auswirkungen einer neubauähnlichen Umgestaltung altrechtlicher Bauten und Anlagen gleichkommen, auf welche die Besitzstandsgarantie keine Anwendung findet, da sie im wesentlichen etwas Neues entstehen lassen[42]. Dies ist bei baulichen Massnahmen anzunehmen, wenn

---

[38] KAPPELER (Änderungen, S. 34): «am Gebäude als solchem».

[39] Bei einem Umbau wird «das Verhältnis der Innenräume unter sich oder zur Aussenwelt verändert, ohne dass das Gebäude dadurch seinen bisherigen Charakter verliert» (KAPPELER, Änderungen, S. 34, vgl. auch LEUTENEGGER, S. 106 ff.); es handelt sich um eine «opération tendant à modifier la répartition interne des volumes construits ou l'affectation de tout ou partie de ces volumes sans que le gabarit de l'ouvrage soit augmenté» (BOVAY, S. 146; MATILE et al., Kommentar Art. 80 LATC/VD, N. 2.1: «sans accroissements extérieurs et sans que, en elle-même, l'affectation de nouveaux locaux soit contraire au règlement»). Bsp.: Dach- oder Untergeschossausbau, geschossweise oder geschossübergreifende Änderung der Raumaufteilung, Änderung der Erschliessung des Gebäudeinnern usw.

[40] Darunter ist die Vergrösserung des vorhandenen Bauvolumens zu verstehen, welche im wesentlichen durch Anbau oder Aufbau erfolgt (vgl. dazu LEUTENEGGER, S. 110 ff.; BOVAY [S. 147]: «toute augmentation du volume extérieur d'un bâtiment ou toute adjonction d'un élément extérieur nouveau») oder durch Massnahmen wie etwa die Unterkellerung oder die Änderung der Bedachung. Zufolge Erweiterung «[v]erliert nur an den Extremitäten des Gebäudes befindlicher Gebäudeteil seinen bisherigen Charakter» (KAPPELER, Änderungen, S. 34), nicht jedoch das Gebäude als Ganzes.

[41] M.a.W., ob die baulichen Änderungen gemessen am Bestehenden noch von «untergeordneter Bedeutung» sind (ZBl 83 [1982] 450 E. 4b). - Das waadtländische Recht trifft eine ergebnisbezogene Unterscheidung, indem bauliche Änderungen («transformation» und «agrandissement») zulässig sind, soweit sie keine «atteinte sensible au développement, au caractère ou à la destination de la zone» hervorrufen (Art. 80 al. 2 phrase 1ère LATC/VD).

[42] ZAUGG, Kommentar Art. 3 BauG/BE, N. 3, PFISTERER Martin, S. 203, BOVAY, S. 148. - Ausgehend von der Zwecksetzung der Besitzstandsgarantie als «Schutz der im Vertrauen auf die alte Ordnung getätigten Investitionen» (vgl. supra I. 3. B. [eingangs]) könnte auch das Ver-

die durch sie geschaffene «innere Einteilung und Organisation oder Konstruktion des Gebäudes nicht mehr als Verbesserung oder Anpassung des Vorhandenen verstanden werden können und damit das Bisherige nicht mehr erkennen lassen»[43], wenn m.a.W. die Identität der bestehenden Baute nicht gewahrt bleibt[44].

Nicht in allgemeiner Weise abschliessend beantworten lässt sich dabei die Frage nach dem Bezugsrahmen der Identität: Das quantitative[45] und qualitative (d.h. bauliche und funktionelle)[46] Unterordnungsverhältnis[47] der Erweiterung dürfte jedoch regelmässig auf deren Auswirkungen hinsichtlich der unmittelbar betroffenen bestehenden Baute zu beziehen sein. Für die Abgrenzung der Erweiterung von der neubauähnlichen Umgestaltung (der bestehenden Baute) sind damit nur solche baulichen Massnahmen rechtserheblich, die mit dem Bestehenden körperlich verbunden sind[48] und soweit sie dieses verändern[49]. In besonderen Sachlagen

---

hältnis der für die baulichen Massnahmen anfallenden Aufwendungen (evtl. unter Einbezug des Anlagewerts des Bestehenden) zu den Kosten für einen vergleichbaren Neubau als Kriterium für die Abgrenzung zur neubauähnlichen Umgestaltung herangezogen werden; dabei ist immerhin zu beachten, dass bei einem Neubau i.d.R. grössere Sachwerte geschaffen werden (vgl. ZBl 83 [1982] 451 E. 4e), was Anpassungen an das geltende Recht leichter vertretbar erscheinen lässt.

[43] BEZ 1992 Nr. 14 E. a, 1989 Nr. 1 E. 2a, 1987 Nr. 5 E. 4a. Beispiele für neubauähnliche Umgestaltungen finden sich in BEZ 1989 Nr. 1 (vollständige Änderung der Inneneinteilung [Ersetzung der Zwischenwände, Umgestaltung des Grundrisses], tiefgreifende Änderung der Aussenansicht [bzgl. Fensteranordnung und Dachgestaltung]) oder in BEZ 1993 Nr. 22 (Vergrösserung der Nutzfläche um mehr als zwei Drittel durch Aufstockung eines bisher eingeschossigen Gebäudes). - Dem Vergleich der Nutzfläche (oder des Rauminhalts) der bestehenden mit jener (bzw. jenem) der geplanten Baute, wie er für das Bauen ausserhalb der Bauzone entscheidend sein mag (MÜLLER Thomas, S. 119), darf innerhalb der Bauzone m.E. nicht ausschlaggebende Bedeutung zukommen, zumal da das Bauen dort dem Zonenzweck entspricht.

[44] Die Beurteilung dieser Frage erfordert wohl - analog der Beurteilung des Anwendungsbereichs von Art. 24 Abs. 2 RPG - «eine wertende Gesamtbetrachtung aller die Identität einer Baute bestimmenden Faktoren [...], die stets in ihrem Zusammenwirken zu würdigen sind» (BGE vom 27. Mai 1992 E. 3c/bb Scuol GR). - Werden verschiedene, konstruktiv voneinander unabhängige oder zeitlich gestaffelt bauliche Änderungen (worunter evtl. auch Nutzungsänderungen, vgl. supra A.) vorgenommen, so ist aufgrund einer Gesamtwürdigung zu entscheiden, ob noch von einer Besitzstandssituation auszugehen ist oder ob im Ergebnis eine neubauähnliche Umgestaltung vorliegt (RB 1991 Nr. 69).

[45] Dies beurteilt sich nach der Flächenausdehnung bzw. nach dem Bauvolumen der Erweiterung gemessen an der bisherigen Baute (RB 1980 Nr. 136, vgl. auch BEZ 1993 Nr. 22 E. a).

[46] BEZ 1987 Nr. 17 E. 4b, 1985 Nr. 4 E. 2a, 1983 Nr. 4 E. 6a.

[47] Vgl. etwa RDAF 1992, 487 (m.H.) Givrins VD: «on ne saurait raisonnablement qualifier d'agrandissement un accroissement sans rapport aucun - quantitativement mais aussi fonctionnellement - avec le bâtiment existant» (vgl. auch MATILE et al., Kommentar Art. 80 LATC/VD, N. 4.2).

[48] Dies ist in BGE 113 Ib 224 E. 5 Hundwil AR (betreffend Art. 24 Abs. 2 RPG) indes offen gelassen worden. - Dass ein Erweiterungsvorhaben mit der bestehenden Baute eine bauliche Einheit bildet, ist aber als notwendige (allerdings nicht ausreichende) Voraussetzung für die Anwendung der Bestandesprivilegierung zu erachten, da diese vom Bestehenden ausgeht (vgl. BEZ 1992 Nr. 12 E. a, RB 1986 Nr. 99 und Nr. 101 sowie RB 1984 Nr. 111 E. a).

[49] Wird eine bestehende Baute im Rahmen der Errichtung einer vergleichsweise grossen Ergänzungsbaute nur geringfügig angepasst, so liegt - auf die bestehende Baute bezogen - keine neu-

dürfte es sich allerdings auch rechtfertigen, von der körperlichen Verbindung angesichts ausgesprochen engen funktionellen Zusammenhangs verschiedener Bauten abzusehen und den Bezugsrahmen für die Identität der baulichen Situation betriebsspezifisch oder parzellenbezogen zu bestimmen[50].

Die mitunter heikle Abgrenzung von Erweiterung und Umbau einerseits und neubauähnlicher Umgestaltung anderseits ist rechtlich insofern folgenschwer, als allenfalls anbegehrte bauliche Massnahmen bei versagter Bestandesprivilegierung auf den Weg der Ausnahmebewilligung verwiesen sind[51]. Dass die betreffenden baulichen Massnahmen an einer bestehenden Baute vorgenommen werden sollen, vermag allein nicht ohne weiteres besondere Verhältnisse, wie sie für die Erteilung von Ausnahmebewilligungen vorausgesetzt werden, zu begründen[52], und dies desto weniger, je tiefgreifender die Veränderungen am Bestehenden ausfallen bzw. je mehr das Vorhandene gegenüber dem Neuen in den Hintergrund tritt.

Eine neubauähnliche Umgestaltung sollte m.E. im Interesse der baulichen Verdichtung schon aus dieser Überlegung heraus nicht leichthin angenommen werden[53]. Das Wahrnehmen von Erweiterungs- oder Umbaumöglichkeiten darf - von ausserordentlichen Fällen abgesehen - nicht mit Hinweis auf die rechtsdogmatische Begründung der Besitzstandsgarantie (Schutz rechtmässig getätigter Investitionen) als rechtsmissbräuchlich bezeichnet oder angesichts des allgemeinen und abstrakten Interesses an der Einhaltung des geltenden Rechts ohne weiteres untersagt werden, es sei denn, nachbarliche oder konkrete öffentliche Interessen würden dadurch unzulässig beeinträchtigt. Dies zu verhindern, ist jedoch auch Aufgabe der Interessenabwägung[54]. Sie vermag damit den Gegensatz zwischen neubauähnlicher Umgestaltung und Erweiterung bzw. Umbau etwas zu entschärfen, indem der Interessenlage im Einzelfall im Rahmen der Ausübung des behördlichen Ermessens- und Beurteilungsspielraums bei der Festsetzung

---

bauähnliche Umgestaltung vor (RB 1986 Nr. 66); der beschränkte bauliche Zusammenhang der Gebäude relativiert das Erfordernis des quantitativen Unterordnungsverhältnisses der ergänzenden baulichen Massnahmen.

[50] Vgl. etwa BEZ 1983 Nr. 4 (bzgl. mehrerer Fabrikhallen), BEZ 1985 Nr. 4 und BEZ 1983 Nr. 16 (bzgl. landwirtschaftlicher Gebäude).

[51] RB 1989 Nr. 76.

[52] Das Bauen an Bestehendem kann immerhin die Wirkung anderer Ausnahmegründe verstärken und sich dadurch als mittelbar dispensrelevant erweisen. - Vgl. sodann § 37 Abs. 1 lit. b PBG/LU, wonach der «Umbau bestehender reglementswidriger Bauten» ausdrücklich als für das Vorliegen "wichtiger Gründe" typischer Sachverhalt gilt. Eine darauf gestützte Ausnahmebewilligung muss indes gesamthaft zu einer erheblichen Verbesserung der Verhältnisse führen und darf keine unzulässige Mehrausnützung entstehen lassen.

[53] So auch BEZ 1987 Nr. 5 E. 4a insbes. bzgl. An- und Aufbauten, die für sich genommen den planerischen und bauvorschriftsmässigen Vorgaben entsprechen. - Vgl. auch WIPFLI, S. 376.

[54] Vgl. infra III.

der konkreten baulichen Nutzungsmöglichkeiten Rechnung getragen werden kann.

2. Die Bestandesprivilegierung für die nachverdichtungsrelevanten Tatbestandsmerkmale

Für die Definitionen der einzelnen bestandesprivilegierten Tatbestände kann zunächst auf Umschreibungen zu Art. 24 Abs. 2 RPG verwiesen werden[55], wenngleich zu beachten ist, dass das durch die Abweichung auf dem Spiele stehende raumplanerische Interesse im einen Falle in der Einhaltung von Nutzungs- und/oder Bauvorschriften in bereits überbauter Umgebung besteht, im anderen Falle (Art. 24 RPG) aber die "summa divisio" des Raumplanungsrechts (d.h. die grundlegende Scheidung von Baugebiet und Nichtbaugebiet) betrifft. Dieser kategoriale und nicht bloss graduelle Unterschied ist sicher bei der Interessenabwägung, möglicherweise aber auch schon bei der Begriffsbestimmung zu berücksichtigen[56]. Was ausserhalb der Bauzone über das im Rahmen der Besitzstandsgarantie Zulässige hinausgeht (und dies schon unabhängig von jeder Interessenabwägung), kann sich innerhalb der Bauzone (und insbesondere im überbauten Gebiet) als mit den Zielen der Raumplanung durchaus verträglich erweisen[57].

In der Folge wird die Bestandesprivilegierung der nachverdichtungsrelevanten Tatbestandsmerkmale der Nutzungsänderung (A.), des Umbaus (B.) und der Erweiterung (C.) dargestellt. Es ist hier darauf hinzuweisen, dass die verschiedenen Tatbestandsmerkmale in der Praxis schon bei vergleichsweise bescheidenen

---

[55] Danach umfasst die «teilweise Änderung» Umbauten, Anbauten und Erweiterungen, soweit das äussere Bild (Grösse, Gestaltung, Proportionen) und die innere Ausstattung erlauben, Geändertes und Unverändertes «auf ein und dieselbe Stufe zu setzen» (EJPD/BRP, Erläuterungen RPG, Art. 24 N. 36), sowie Zweckänderungen, die «nicht wesentlich neue Nutzungsmöglichkeiten eröffnen» (ibid., N. 39). Insgesamt ist durch teilweise Änderungen die Identität (im Sinne der «Wesensgleichheit», vgl. BGE 108 Ib 55 [E. 3c] Meiringen BE) des Bauwerks (nach Umfang, Erscheinung und Bestimmung) im wesentlichen zu wahren, und es dürfen keine wesentlich neuen Auswirkungen auf Nutzungsordnung, Erschliessung oder Umwelt geschaffen werden (ibid., N. 35, vgl. BGE 118 Ib 499 E. 3a m.H. Alpnach OW); die baulichen Massnahmen nach Art. 24 Abs. 2 RPG sind auf Substanzerhaltung ausgerichtet (BGE 110 Ib 143 [E. 3b] Landschlacht TG). - Vgl. SCHÜRMANN/HÄNNI, S. 168, und zur Kasuistik MÜLLER Thomas, S. 121 ff. und S. 129 ff.

[56] Die Begriffe der Erneuerung, der teilweisen Änderung und des Wiederaufbaus sind bundesrechtliche Begriffe (EJPD/BRP, Erläuterungen RPG, Art. 24 N. 32), dies gilt jedoch nur für Baustandorte ausserhalb der Bauzone.

[57] Nach SCHMID-LENZ (S. 64) ist «festzuhalten, dass namentlich auf städtischem Gebiet bestehende Bauten im Sinne des RPG (Art. 6 und Art. 15) immer zielkonform sind; das Mass ihrer Baurechtswidrigkeit ist daher von vornherein geringer als bei vergleichbaren Tatbeständen ausserhalb der Bauzone. [... Zudem spricht] die Nutzungsverdichtung innerhalb des Siedlungsgebiets als wichtiges Ziel des Raumplanungsgesetzes [...] gegen eine engherzige Anwendung der Besitzstandsgarantie»; dies bedeutet u.a. (S. 65): «Wenn schon der Bund die Kantone ermächtigt, in dem nicht für Siedlungszwecke vorgesehenen Gebiet teilweise Änderungen [usw.] bestehender Bauten [...] zu gestatten, dann sollten kantonale und lokale Varianten der Besitzstandsgarantie innerhalb der Bauzonen nicht zurückfallen».

Vorhaben der Nachverdichtung in unterschiedlichen Kombinationen vorliegen können[58], sich dabei gegenseitig bedingen und (in ihren Auswirkungen verstärkend oder abschwächend) beeinflussen. Damit drängt es sich auf, die einzelnen Massnahmen nicht nur getrennt zu beurteilen, sondern vorab das Ergebnis in gesamthafter Betrachtung daraufhin zu überprüfen, ob eine ausreichende Identität mit dem Bestehenden gewahrt bleibt oder vermittels was für Anordnungen diese sichergestellt werden könnte.

A) Die Nutzungsänderung

Unter einer Nutzungsänderung ist ein baurechtlich relevanter[59] Vorgang zu verstehen, durch welchen eine Baute oder ein Teil davon einer neuen Bestimmung bzw. einer von der bisherigen abweichenden Nutzungsart zugeführt wird. Nutzungsänderungen sind regelmässig, aber durchaus nicht begriffsnotwendigerweise, von mehr oder weniger weitreichenden baulichen Massnahmen begleitet.

Die Nutzungsänderung ist vorab dort besitzstandserheblich, wo sie Bauten betrifft, deren Widerrechtlichkeit darin besteht, dass die bisherige Nutzungsart nicht der nutzungsplanerisch vorgesehenen entspricht; die für die Zulässigkeit einer Bestandesprivilegierung entscheidende Frage nach der Veränderung der Auswirkungen auf die Umgebung beurteilt sich bei Nutzungsänderungen vornehmlich nach der Art der Nutzung, während es auf deren bauvorschriftswidrige räumliche Ausdehnung kaum ankommt[60].

Als unbedenklich erweist sich die Nutzungsänderung hin zu einer zonengemässen Nutzungsart; die Besitzstandsgarantie kommt dabei (jedenfalls bezüglich der Nutzung) gar nicht zum Zuge. Anders verhält es sich bereits, wenn die Nutzungsänderung lediglich einer Verbesserung in Richtung der vorgeschriebenen Nutzungsordnung entspricht. Vorbehältlich besonderer Interessen, die im Einzelfall, wenn schon bauliche Massnahmen mit bestandeserhaltender Wirkung getroffen werden, die vollumfängliche Übereinstimmung mit der Nutzungs-

---

[58] Vgl. z.B. BEZ 1992 Nr. 30, wo die durch Umbaumassnahmen (Einziehen nichttragender Zwischenwände und Anpassung von Fenstern im Erdgeschoss an das Fassadenbild der Obergeschosse) ermöglichte Umnutzung gewerblicher Arbeits- und Lagerräume in Büros umstritten war, wobei die eine wie die andere Nutzungsart zu den geltenden Wohnanteilsvorschriften in Widerspruch stand.

[59] Vgl. etwa § 309 Abs. 1 lit. b PBG/ZH, Art. 1 Abs. 1 lit. a BauG/BE («wesentliche[...] Zweckänderung»), § 184 Abs. 1 lit. b PBG/LU («nicht zonenkonforme Nutzungsänderungen») oder Art. 68 lit. b RATC/VD («changement de destination de constructions existantes»).

[60] In ZBl 83 (1982) 453 E. b wird für die Nutzungsänderung allerdings auch die «Belastung der Nachbarschaft und der weiteren Umgebung [u.a.] hinsichtlich der beanspruchten Fläche» als erheblich erachtet. - Nutzungsänderungen an bauvorschriftswidrigen Bauten, welche der für die betreffende Zone vorgeschriebenen Nutzungsart hingegen entsprechen, sind im Sinne neuer Abweichungen (vgl. etwa § 357 Abs. 1 Satz 2 PBG/ZH) auf den Weg der Ausnahmebewilligung zu verweisen. Eine Bestandesprivilegierung kann mangels Sachzusammenhangs zwischen bestehender Widerrechtlichkeit und beabsichtigter zonenwidriger Nutzungsänderung nicht in Frage kommen.

ordnung gebieten, sind entsprechende Nutzungsänderungen grundsätzlich[61] positiv zu beurteilen, zumal da sie eine Annäherung an das geltende Recht und damit regelmässig eine Verbesserung gegenüber der bestehenden Situation bewirken[62].

Für das zürcherische Recht träfe diese Sichtweise nach dem Wortlaut von § 357 Abs. 1 Satz 1 PBG/ZH nur insoweit zu, als sich die bestehende Baute «für eine zonengemässe Nutzung nicht eigne[t]», während im übrigen für neue oder weitergehende Abweichungen kraft § 357 Abs. 1 Satz 2 PBG/ZH auf die Ausnahmebewilligung zu verweisen wäre. So zu verfahren erwiese sich aber selbst bei Bauten, die einer zonengemässen Nutzung grundsätzlich zugänglich sind, als unverhältnismässig, da eine entsprechende Nutzungsänderung immerhin eine Annäherung an das neuerdings geltende Recht bewirkt (zu welcher der Eigentümer aufgrund der Besitzstandsgarantie ansonsten nicht zu verpflichten wäre) und angesichts der gesetzlich vorgesehenen Möglichkeit, bei für eine zonengemässe Nutzung ungeeigneten Bauten eine zonenwidrige Nutzung (auch ohne Ausnahmebewilligung) durch eine andere (zumindest nicht weitergehend) zonenwidrige zu ersetzen, und dies selbst wenn die Zonenwidrigkeit keine Milderung erfährt[64]. Wird eine bestehende Baute, die für eine zonengemässe Nutzungsart geeignet wäre, jedoch einer anderen, mindestens gleichermassen ausgeprägt zonenwidrigen Nutzung zugeführt, so ist für diese «neue Abweichung» (im Sinne von Satz 2 des § 357 Abs. 1 PBG/ZH) eine Ausnahmebewilligung zu verlangen. Die Unterscheidung nach der Eignung der bestehenden Baute für zonengemässe Nutzungen erscheint mit Blick auf die Zumutbarkeit der Anpassung an das neuerdings geltende Recht bei alledem als insgesamt durchaus sachgerecht.

Entsprechende Überlegungen sind wohl auch bei der Anwendung der Bestandesprivilegierung nach dem Recht anderer Kantone angebracht. So verlangt etwa

---

[61] Vermag die nicht zonengemässe Nutzungsänderung eine konkrete Verbesserung der baulichen Situation herbeizuführen, so ist dies stärker zu gewichten als das abstrakte Interesse an der Planverwirklichung, es sei denn, diese würde bezüglich anderer Parzellen vereitelt oder ungünstig präjudiziert, so dass etwa nachbarliche Interessen beeinträchtigt würden (vgl. ZBl 80 [1979] 587 E. 2d/aa).

[62] PFISTERER Martin, S. 177. – Anders etwa RB 1984 Nr. 77 (zu § 357 Abs. 2 i.d.F. vom 7. September 1975), wonach der Bestand anderweitig nicht nutzbarer Gebäulichkeiten die Änderung zu einer wiederum zonenwidrigen Nutzung mit Hinweis auf die praktisch unbeschränkte Fortsetzung des baurechtswidrigen Zustandes und den möglichen Anspruch auf Umbau und Erweiterung nicht zu rechtfertigen vermag.

[63] Die Beurteilung der Eignung einer bestehenden Baute für eine zonengemässe Nutzungsart verlangt nach einer umfassenden Gesamtbetrachtung, die vorab die Bausubstanz, die Architektur und innere Struktur sowie Lage und Umgebung der Baute zu berücksichtigen und ferner dem baulichen Aufwand zur Ermöglichung einer zonengemässen Nutzung sowie dessen Verhältnis zu den für die beabsichtigte nicht-zonengemässe Nutzung erforderlichen Investitionen Rechnung zu tragen hat (vgl. BEZ 1992 Nr. 30 E. 1); bei gewerblichen Nutzungen ist die Eignung betriebsspezifisch zu ermitteln (BEZ 1990 Nr. 9 E. 5d).

[64] Vgl. WOLF/KULL, N. 253. Die vorbehaltenen überwiegenden öffentlichen oder nachbarlichen Interessen vermögen nicht zu bewirken, dass die Zonenwidrigkeit unter das Mass dessen zu vermindern wäre, was kraft Bestandeswahrung ohnehin in Kauf zu nehmen ist.

das thurgauische Recht⁶⁵, die bestehende Baute den geltenden Vorschriften soweit möglich, sinnvoll und zumutbar anzupassen. Die Nutzungsänderungen sind in diesem Sinne auf eine zonengemässe Nutzungsart auszurichten; sie sollten zumindest nicht eine gegenteilige Entwicklung herbeiführen⁶⁶. Eine ähnliche Zielsetzung, wenn auch ausgeprägter immissionsschutzbezogen, verfolgt der basellandschaftliche Revisionsentwurf⁶⁷, der die Veränderungsrichtung lediglich dadurch bestimmt, dass die Einwirkungen auf die Nachbarschaft (nach Art und Umfang) nicht zunehmen.

B) Der Umbau

Unter dem Begriff des Umbaus sind jene baulichen Massnahmen zu verstehen, durch die eine bestehende Baute ohne Veränderung der Gebäudehülle⁶⁸ mit der Absicht umgestaltet wird, das vorhandene Bauvolumen zweckmässiger zu nutzen⁶⁹, indem das Verhältnis der Innenräume untereinander (z.B. durch das Niederreissen von Zwischenwänden) und/oder deren Benutzbarkeit (z.B. durch das Anbringen von Gebäudeöffnungen wie Fenster, Türen, Lukarnen) verändert wird.

Bei unter altem Recht erstellten Bauten, deren Widerrechtlichkeit in einer zonenfremden Nutzung besteht, kann die durch Umbau verbesserte Raumaufteilung⁷⁰ oder vergrösserte Nutzfläche gegebenenfalls ermöglichen, neben bestehenden zonenwidrigen nunmehr auch zonengemässe Nutzungen vorzusehen, womit die Baute insgesamt der Nutzungsordnung besser entspräche. Gewinnbringend ist ein solches Vorgehen freilich nur dann, sich die verschiedenen Nut-

---

⁶⁵ § 81 Abs. 2 PBG/TG.

⁶⁶ Vgl. dazu etwa den negativen Vorbehalt verstärkter Widerrechtlichkeit nach aargauischem und bernischem Recht (§ 69 Abs. 1 BauG/AG [mit der weiteren negativen Voraussetzung, dass «keine besonderen Nutzungsvorschriften entgegenstehen»] bzw. Art. 3 Abs. 2 BauG/BE). Nach bernischem Recht werden Nutzungsänderungen unter den Begriff des Umbaus subsumiert und bei Vorliegen der entsprechenden Voraussetzungen zugelassen (BVR 1986, 401 ff., vgl. auch SCHMID-LENZ, S. 63); a.M. ZAUGG (Kommentar Art. 3 BauG/BE, N. 2), dem gemäss die Besitzstandsgarantie keinen Anspruch auf Nutzungsänderung begründet und der Wechsel von einer zonenfremden zu einer anderen (allenfalls auch weniger ausgeprägt) zonenfremden Nutzung einer Ausnahmebewilligung bedarf.

⁶⁷ § 112 E RBG/BL.

⁶⁸ Die Umbaumassnahmen mögen äusserlich erkennbar sein, dürfen aber weder zu einer wahrnehmbaren Ausdehnung des Gebäudevolumens noch zu einer grundlegenden Änderung des Gebäudecharakters führen (vgl. KAPPELER, Änderungen, S. 34). Da nicht nur der Betrag des Bauvolumens, sondern auch dessen kubische Anordnung grundsätzlich bestehen bleiben muss (vgl. ZAUGG, Kommentar Art. 83 BauG/BE, N. 12), ist auch die Gestaltung der Gebäudehülle im wesentlichen beizubehalten.

⁶⁹ Die beabsichtigte Nutzungssteigerung wird erreicht durch zweckmässigere Organisation des vorhandenen Nutzungspotentials (z.B. durch Änderung der Raumaufteilung) oder durch das "Erschliessen" bisher nicht oder nur ineffizient realisierten Nutzungspotentials (z.B. durch Ausbau bestehender Dach- oder Untergeschosse).

⁷⁰ Z.B. durch Konzentration der zonenwidrigen Nutzung in einem bestimmten Gebäudeteil.

zungsarten untereinander grundsätzlich vertragen (in immissionsschutzrechtlicher sowie in gestalterischer und bautechnischer Hinsicht). Die Abgrenzung zur neubauähnlichen Umgestaltung dürfte sich dabei oft als besonders schwierig erweisen. Es liegt daher nahe, zur Entschärfung der Unterscheidung etwa so zu verfahren, dass an die zu erreichende Zonengemässheit desto höhere Anforderungen zu stellen sind, je umfassender die Umbaumassnahmen die bestehende Baute verändern und je mehr zusätzliches Nutzungspotential geschaffen bzw. einer effektiven Nutzung zugänglich gemacht wird.

Besteht die Widerrechtlichkeit der vorhandenen Baute darin, dass sie einzelnen Bauvorschriften nicht entspricht, so wirkt sich ein Umbau aufgrund der Beschränkung der entsprechenden baulichen Massnahmen auf das Gebäudeinnere in aller Regel nicht anders aus als die blosse Erneuerung der Baute[71]. Geht es dabei aber um diesen Kernbereich der Besitzstandsgarantie, so lässt sich die Ablehnung der Umbaumassnahmen nur bei Vorliegen besonderer Gründe rechtfertigen.

C) Die Erweiterung

Der Begriff der Erweiterung umfasst bauliche Massnahmen zur Vergrösserung bestehender Bauten, die jenseits der Gebäudehülle, mit dieser jedoch körperlich verbunden vorgenommen werden, so dass die neuen Gebäudeteile an das Bestehende anschliessen. Die Erweiterung unterscheidet sich vom Umbau somit vorab dadurch, dass sie die bestehende Baute nicht durchgreifend erfasst, sondern etwas Neues anfügt, das lediglich an den Schnittstellen Änderungen am Vorhandenen bedingt[72], damit das Hinzugefügte mit dem Bestehenden «baurechtlich eine Einheit bildet»[73]. Letzteres ist insbesondere dann nicht der Fall, wenn der Erweiterungsbau «konstruktiv selbständig» und unabhängig von der bestehenden Baute benutzbar ist[74]; daran vermag auch eine allfällige funktionelle Zuordnung zur bestehenden Baute nichts zu ändern, denn eine solche ist nur bezüglich solcher Gebäude denkbar, die baulich in keiner Weise miteinander verbunden sind.

Während die Erweiterung zonenwidrig genutzter Bauten ungeachtet der Art und der räumlichen Anordnung der Erweiterungsmassnahmen zu einer ausschliesslich betragsmässigen Vergrösserung der Widerrechtlichkeit führt und sich daher einzig nach dem Ausmass der Erweiterung beurteilt (a.), ist deren

---

[71] Umbaumassnahmen bewirken i.d.R. eine Zunahme des Liegenschaftswertes, was zur Beibehaltung der Bauten (und damit zur Perpetuierung deren Widerrechtlichkeit) beiträgt.

[72] Im Verhältnis zum Umbau ist die Erweiterung sowohl ein "aliud" (indem sie etwas Neues hinzufügt) als auch ein "minus" (indem sie die bestehende Bausubstanz nur an bestimmten Schnittstellen betrifft und nicht primär deren Veränderung bezweckt) und ein "plus" (insofern, als die Massnahme aufgrund der Vergrösserung des Bauvolumens i.d.R. augenfälliger ist).

[73] BEZ 1992 Nr. 12 E. a.

[74] BEZ 1992 Nr. 12 (rückwärtig an ein bestehendes Wohnhaus gebautes Lager- und Garagengebäude mit selbständiger Umfassungsmauer und eigenem Zugang).

räumliche Anordnung bei bauvorschriftswidrig gewordenen Bauten insofern von Bedeutung, als sich die Erweiterung im Erscheinungsbild der Baute äussert und ihre Auswirkungen mit Rücksicht auf die volumetrischen und kubischen Verhältnisse zu würdigen sind (b.). Für beide Fälle gilt jedoch gleichermassen, dass die Erweiterung als solche - unter Vorbehalt von Ausnahmebewilligungen - den geltenden Vorschriften entsprechen muss[75].

a) Die Erweiterung zonenwidrig genutzter Bauten

Für die Zulässigkeit baulicher Massnahmen zur Erweiterung bestehender Bauten, die nicht zonengemäss genutzt werden, kann grundsätzlich auf das Verhältnis neu geschaffener Nutzflächen oder Bauvolumen gemessen am Bestehenden abgestellt werden[76], wobei für den Entscheid im Einzelfall die konkrete Beeinträchtigung der Nutzungsordnung, die Bedürfnisse des Bauherrn[77], die Interessen der Nachbarn und die mit der Erweiterung allenfalls zu erzielende Verminderung von Immissionen oder andere Verbesserungen der Siedlungsqualität in die Beurteilung einzubeziehen sind. Eine durchwegs restriktive Handhabung der Bestandesprivilegierung für Erweiterungen könnte zu sachwidrigen Ergebnissen führen[78] und widerspräche dem Grundgedanken der Besitzstandsgarantie (und letztlich auch dem Gebot der haushälterischen Bodennutzung), die sinnvolle Weiterverwendung vorhandener Bausubstanz (und zwar auch teilweise widerrechtlich gewordener) grundsätzlich zu fördern[79].

b) Die Erweiterung von Bauten, die den Bauvorschriften nicht entsprechen

Bei der Beurteilung baulicher Erweiterungsmassnahmen an Bauten, die den Bauvorschriften nicht entsprechen, ist - so sie grundsätzlich möglich sind[80] - einerseits nach der Tragweite der künftigen Bauvorschriftswidrigkeit insgesamt

---

[75] Es kann daher insofern von einer "unechten" Anpassungspflicht gesprochen werden (KAPPELER, Änderungen, S. 66 Fn. 52), als sie nur die geänderten Gebäudeteile erfasst (vgl. Art. 8 Abs. 1 LSV); dies im Gegensatz zur "echten" Anpassungspflicht, welcher im Sinne einer Sanierung das gesamte Gebäude unterliegt (vgl. Art. 8 Abs. 2 LSV; Art. 18 Abs. 1 USG).

[76] Vgl. z.B. RB 1980 Nr. 136.

[77] Diese sind namentlich bei gewerblichen Nutzungen zu beachten, denn zur Erhaltung rentabler Betriebe «reichen der blosse Fortbestand und die blosse Erneuerung des Bestehenden vielfach nicht aus, sondern es können unter Beachtung entgegenstehender Interessen Anpassungen an zeitgemässe Bedürfnisse in Form von angemessenen baulichen und betrieblichen Erweiterungen erforderlich sein» (BEZ 1987 Nr. 17 E. 4b).

[78] Vgl. BEZ 1983 Nr. 4 E. 6a sowie BEZ 1987 Nr. 17 E. 4b i.f. - So kann der Ausschluss der Erweiterung zonenwidrig genutzter Bauten dazu führen, dass z.B. die Anpassung eines Gewerbebetriebes in einem Gebäude, das sich für eine zonengemässe Nutzung kaum eignet, verhindert oder erheblich erschwert wird, obgleich die Erweiterung möglicherweise mit einer Verbesserung der baulichen und/oder umweltschutzrechtlichen Situation einherginge.

[79] BEZ 1993 Nr. 22 E. b; noch a.M. KAPPELER, Änderungen, S. 66 m.H.

[80] Dies ist z.B. nach § 34bis PBG/SO und § 113 E RBG/BL nicht der Fall; auch das luzernische Recht ist eher zurückhaltend, indem es laut § 179 Satz 2 PBG/LU u.a. Erweiterungen nur «ausnahmsweise» gestattet (vgl. LGVE 1992 III Nr. 13).

und anderseits nach deren Auswirkungen unter Berücksichtigung der räumlichen Anordnung der beabsichtigten baulichen Massnahmen im Verhältnis zur bestehenden Widerrechtlichkeit zu fragen. Als entscheidend erweist sich somit der sachliche und räumliche Zusammenhang zwischen den raumplanungs- und baurechtlich erheblichen Interessen, welche durch die Erweiterung gegebenenfalls beeinträchtigt werden, und dem Schutzzweck der Bauvorschriften[81], zu denen die bestehende Baute in Widerspruch geraten ist. Dabei sind grundsätzlich drei Konstellationen denkbar, die bezüglich der Erweiterungsmöglichkeiten mit zunehmender Zurückhaltung zu beurteilen sind: weitgehend unbedenklich sind Erweiterungen, die zur bestehenden Widerrechtlichkeit in ausgesprochen lockerem Zusammenhang stehen, indem sie etwa keinerlei räumliche Berührungspunkte aufweisen[82]; wenig problematisch sind Erweiterungen allenfalls auch dann, wenn ihre allfällige Bauvorschriftswidrigkeit durch das besitzstandsgarantierte Bestehende gedeckt ist[83]; eine eigentliche Verschärfung der Bauvorschriftswidrigkeit ist dann zu gewärtigen, wenn die Erweiterung in engem sachlichem und räumlichem Zusammenhang steht zur Widerrechtlichkeit, indem sie diese ausdehnt[84]. Eine solche weitere Überschreitung des baurechtlich Zulässigen ist auf den Weg der Ausnahmebewilligung zu verweisen[85]. Dies ist sodann desto eher anzunehmen, je selbständiger die Erweiterungsbaute ausgestaltet und je weniger sie mit dem Bestehenden körperlich verbunden wird.

III. Die Grenzen der Bestandesprivilegierung

Die baulichen Massnahmen im Rahmen der Bestandesprivilegierung sind - selbst wenn sie sich dem Grundsatze nach unter die einschlägigen Tatbestandsmerkmale subsumieren lassen - nur unter gewissen negativen Voraussetzungen zulässig und ansonsten auf die blosse Bestandeswahrung beschränkt. Die im folgenden dargestellten negativen Vorbehalte verfolgen im wesentlichen dasselbe Ziel: es

---

[81] Es ist m.a.W. zu untersuchen, inwiefern die Erweiterung den Schutzbereich jenes öffentlichen oder nachbarlichen Interesses berührt, das schon durch die bestehende Bauvorschriftswidrigkeit zumindest mittelbar betroffen wird (vgl. BEZ 1987 Nr. 5 E. 4c sowie MATILE et al., Kommentar Art. 80 LATC/VD, N. 6.3).

[82] Z.B. Anbau an ein Gebäude, das die vorgeschriebenen Abstände auf der Anbauseite (anders als auf den übrigen Gebäudeseiten) einhält (§ 133 Abs. 3 PBG/LU verlangt allerdings auch für solche Konstellationen eine Ausnahmebewilligung).

[83] Dies ist dann der Fall, wenn die Erweiterung die volumetrischen Gegebenheiten des Bestehenden übernimmt, d.h. ein Gebäude etwa längs eines unterschrittenen Abstandsbereichs verlängert wird, sei es bündig mit der bauvorschriftswidrigen Gebäudeseite, sei es zurückversetzt auf den vorschriftsgemässen Baubereich; gleich verhält es sich, wenn ein abstandswidriger Gebäudeteil aufgestockt wird, ohne dass sich dies hinsichtlich der maximalen Gebäudehöhe wahrnehmbar auswirkte.

[84] Eine solche Ausdehnung kann etwa die Vergrösserung einer Baute in einen bereits ungenügenden Abstandsbereich hinein darstellen.

[85] Vgl. ausdrücklich § 357 Abs. 1 Satz 2 PBG/ZH.

geht darum, die Bestandesprivilegierung so zu beschränken, dass die bauliche Entwicklung der raumplanerischen Nutzungsordnung nicht nachgerade zuwiderläuft. Die Voraussetzung des Ausbleibens einer die Widerrechtlichkeit verstärkenden Wirkung der bestandesprivilegierten baulichen Massnahmen (1.) bezieht sich unmittelbar auf diese Zielsetzung, während sie im Rahmen einer Interessenabwägung (2.) in einen grösseren Zusammenhang gefasst wird, woraus sich für das verdichtende Bauen teilweise unterschiedliche Auswirkungen ergeben (3.).

1. Der negative Vorbehalt verstärkter Widerrechtlichkeit

Die gemäss erweiterter Besitzstandsgarantie an sich zulässigen baulichen Massnahmen an bestehenden Bauten dürfen unter diesem Vorbehalt nur insoweit getroffen werden, als sie die Widerrechtlichkeit der Baute insgesamt nicht verstärken[86] bzw. wesentlich verstärken[87]. Unzulässig sind demnach solche bauliche Massnahmen, die öffentliche oder nachbarliche Interessen, die in den Schutzbereich der bereits verletzten Norm fallen, weiter beeinträchtigen[88].

2. Der negative Vorbehalt überwiegender entgegenstehender Interessen

Bauliche Massnahmen im Rahmen der Bestandesprivilegierung sind danach nur soweit zulässig, als sich das Interesse des Bauwilligen mit den öffentlichen und nachbarlichen Interessen verträgt oder sich allenfalls als gewichtiger erweist. Dies zu ermitteln bildet Gegenstand einer Interessenabwägung, wobei die vorbehaltenen Interessen bald überwiegen[89] und sich bald bloss als wesentlich[90] erwei-

---

[86] Vgl. Art. 3 Abs. 2 BauG/BE. - § 34bis PBG/SO ist strenger, indem er unabhängig davon, ob die zu erwartenden Einwirkungen gesamthaft übermässig sind, verlangt, dass die «Immissionen auf die Nachbarschaft nicht zunehmen»; ähnlich Art. 80 al. 2 phrase 2 LATC/VD, wonach «[l]es travaux ne doivent pas aggraver [...] les inconvénients [...] pour le voisinage» (vgl. BOVAY, S. 149 [«ne doivent pas aggraver l'atteinte à la réglementation en vigueur»] und insbes. Fn. 229, ferner MATILE et al., Kommentar Art. 80 LATC/VD, N. 6.4 und 6.5); § 112 E RBG/BL schliesslich verlangt für Änderungen an zonenwidrig gewordenen Bauten, dass die Einwirkungen auf die Nachbarschaft (an sich ebenfalls unabhängig vom bestehenden Immissionsmass) «gleich bleiben oder reduziert werden».

[87] § 69 Abs. 1 BauG/AG, § 81 Abs. 1 PBG/TG.

[88] Vgl. ZAUGG, Kommentar Art. 3 BauG/BE, N. 3 (mit Beispielen), BVR 1990, 219 E. 5. - Für eine Interessenabwägung bleibt kein Raum: wird durch die Änderung einer widerrechtlichen Baute ein durch das Raumplanungs- und Baurecht geschütztes Rechtsgut weiter verletzt (d.h. immerhin mehr als bloss minimal beeinträchtigt), so muss dies zur Verweigerung des Bauvorhabens führen. Der Grundsatz der Verhältnismässigkeit ist dabei nach RB 1986 Nr. 100 (zu § 357 Abs. 1 PBG/ZH i.d.F. vom 7. September 1975 [«keine weitere Verschlechterung»]) nur zur individualisierend-fallspezifischen Auslegung des Begriffs der "Verletzung" heranzuziehen.

[89] § 357 Abs. 1 Satz 1 PBG/ZH, § 34bis PBG/SO. - Überwiegende Interessen sind wohl auch dort vorbehalten, wo für die Zulässigkeit bestandesprivilegierter baulicher Massnahmen verlangt wird, dass im Ergebnis bei absoluter (statt vergleichsweiser) Betrachtung keine übermässigen Einwirkungen auf die Nachbarschaft zu gewärtigen sind (vgl. § 178 PBG/LU).

[90] § 179 PBG/LU. Die Vornahme bestandesprivilegierter baulicher Massnahmen an bauvorschriftswidrigen Bauten wird im luzernischen Recht nur als besonderer Fall der Ausnahmebewilligung erfasst (vgl. bzgl. des Umbaus auch § 37 Abs. 1 lit. b PBG/LU).

sen müssen, um bestandesprivilegierte bauliche Massnahmen auszuschliessen bzw. zu beschränken. Zu gewichten sind dabei sämtliche betroffenen öffentlichen und privaten Interessen[91]; dazu gehören sowohl die allgemeinen Zielsetzungen des Raumplanungs- und Baurechts (wie die haushälterische Nutzung des Bodens[92] oder die Schaffung und Erhaltung wohnlicher und ästhetisch ansprechender Siedlungen) als auch im eigentlichen Sinne baupolizeiliche Interessen (wie die Feuersicherheit oder die Gewährleistung befriedigender Erschliessungsverhältnisse) und schliesslich konkrete nachbarliche Interessen (betreffend den Schutz vor Immissionen siedlungsökologischer[93] oder ideeller[94] Natur)[95].

3. Gegenüberstellung der Folgen für das verdichtende Bauen

Die soeben dargestellten negativen Vorbehalte bezüglich bestandesprivilegierter baulicher Massnahmen setzen unterschiedliche Massstäbe für die zulässige Beeinträchtigung betroffener Interessen. Während der negative Vorbehalt verstärkter Widerrechtlichkeit auf die Differenz der Beeinträchtigungen mit bzw. ohne die in Frage stehenden baulichen Massnahmen abstellt und somit zunächst einen bloss relativen Massstab setzt, verlangt der negative Vorbehalt überwiegender entgegenstehender Interessen eine zwar fallspezifische, jedoch immerhin an objektivierten Massstäben orientierte Interessenabwägung. Eine gewisse (zusätzliche) Beeinträchtigung entgegenstehender Interessen erscheint dabei durchaus denkbar; äussert sich diese als neue oder weitergehende Widerrechtlichkeit, so ist sie den Voraussetzungen für die Erteilung einer entsprechenden Ausnahmebewilligung zu unterwerfen[96]. Das bauliche Ergebnis darf die aus dem zu bestimmenden objektivierten Massstab abzuleitenden Anforderungen jedenfalls

---

[91] In LGVE 1992 III Nr. 13 E. 3 wird mit dem öffentlichen Interesse an der Durchsetzung des geltenden Rechts argumentiert, was m.E. wenig überzeugt, liegt doch das Wesen der Besitzstandsgarantie (und damit auch der Bestandesprivilegierung) gerade darin, von der Durchsetzung des geltenden Rechts bzgl. bestehender Bauten abzusehen. - Eine differenzierte Beurteilung ist bei der Vornahme bestandesprivilegierter Massnahmen angebracht, die sondernutzungsplanerischen Festlegungen widersprechen oder (bei deren Fehlen in Gebieten mit Sondernutzungsplanungs-Pflicht) widersprechen könnten (DIGGELMANN, Ergänzungsband ZH, S. 21).

[92] Vgl. etwa BEZ 1989 Nr. 10 E. 4c. - Soweit die Bestrebungen zu rationeller Bodennutzung raumplanerischen und allenfalls auch anderen Anliegen der Allgemeinheit entsprechen, treten sie als im öffentlichen Interesse liegend zu den privaten Interessen der Grundeigentümer hinzu und verstärken sie (BVR 1992, 497 E. 5 Biel/Bienne BE).

[93] Z.B. Beeinträchtigung der Belichtungs- und Besonnungsverhältnisse (vgl. BEZ 1993 Nr. 20 E. 5 und BEZ 1987 Nr. 5 E. 4c).

[94] Z.B. Einblick in ein Gebäude (vgl. BEZ 1993 Nr. 20 E. 5).

[95] Als Referenzgrundlage sind dabei etwa die Festlegungen der baurechtlichen Grundordnung beizuziehen (vgl. DIGGELMANN, Ergänzungsband ZH, S. 24).

[96] Vgl. ausdrücklich § 357 Abs. 1 Satz 2 PBG/ZH; insoweit kann nicht von einer Privilegierung baulicher Massnahmen an Bestehendem im Vergleich zu solchen in Neubausituationen gesprochen werden.

nicht unterschreiten[97]. Ein solcher Massstab fehlt hingegen beim negativen Vorbehalt verstärkter Widerrechtlichkeit, so dass auch unbefriedigende bauliche Situationen auf dem bestehenden siedlungsqualitativen Niveau weiterentwickelt werden können, soweit keine zusätzlichen Abweichungen von der baulichen Nutzungsordnung zu verzeichnen sind und die Situation insgesamt nicht gerade untragbar und damit sanierungsbedürftig wird. Das Abstellen auf die bestehende Widerrechtlichkeit entspricht einem statischen Verständnis der Besitzstandsgarantie, wonach die nunmehr vorliegende Widerrechtlichkeit einer unter altem Recht rechtmässig erstellten Baute und deren Auswirkungen als durch die damalige Bewilligung ohne weiteres gedeckt gelten, so dass sie bei der Beurteilung von Massnahmen des verdichtenden Bauens ausser Betracht bleiben und diese betreffend Widerrechtlichkeit mithin gesondert zu würdigen sind[98]. Die Interessenabwägung erlaubt demgegenüber eine umfassendere und flexiblere Betrachtungsweise, die vermehrt auf das bauliche Gesamtergebnis in seinem städtebaulichen Kontext abstellt und somit auch die bestehenden Beeinträchtigungen öffentlicher und/oder nachbarlicher Interessen berücksichtigt[99] und nicht von vornherein als besitzstandsgeschützt anerkennt.

---

[97] Bei Bedarf besteht die Möglichkeit, zu diesem Zweck besondere Anordnungen vorzusehen (vgl. etwa § 357 Abs. 4 PBG/ZH).

[98] Zu einer (durch die einzelfallweise Interessenabwägung relativierten, aber dennoch) objektivierten und ergebnisbezogenen Angleichung der baulichen Zustände kommt es dabei nicht, was letztlich zu Lasten jener Bauten wirkt, die nur eine vergleichsweise geringfügige Widerrechtlichkeit aufweisen.

[99] Daraus ergibt sich, dass bestandesprivilegierte bauliche Massnahmen desto zurückhaltender zu beurteilen sind, je störender sich die Widerrechtlichkeit der bestehenden Baute bereits ohne die beabsichtigte Änderung auswirkt.

III. Teil
Die Anwendung des verdichtungsrelevanten Raumplanungs- und Baurechts

Der III. Teil der vorliegenden Arbeit behandelt die Anwendung des im I. und II. Teil dargestellten verdichtungsrelevanten Raumplanungs- und Baurechts auf den Einzelfall. Es ist einerseits aufzuzeigen, wo auf der Stufe der Rechtsanwendung noch Handlungsspielräume vorliegen, die im Sinne der baulichen Verdichtung ausgeschöpft werden können, und wie weit diese Handlungsspielräume reichen; anderseits ist darzulegen, auf welche Weise und inwieweit die Durchsetzung rechtlicher und raumplanerischer Vorgaben in den Dienst der baulichen Verdichtung gestellt werden kann. Der 1. Abschnitt untersucht somit das rechtliche Dürfen der Bauwilligen sowie der rechtsanwendenden Behörden, während der 2. Abschnitt eine mögliche Straffung der Rechtsanwendung durch rechtliches Müssen der an sich bloss Bauberechtigten und der von baulichen Massnahmen Betroffenen erörtert.

1. Abschnitt
Die verdichtungsrelevante Ausrichtung der rechtlichen und planerischen Vorgaben im Rahmen der Rechtsanwendung

Nachdem im I. und II. Teil die Raumplanungs- und Baugesetzgebung auf Regelungsmöglichkeiten zugunsten des verdichteten bzw. des verdichtenden Bauens auf den Stufen der Rechtssetzung und der Plansetzung hin untersucht wurden, gilt es hier nun, die Möglichkeiten deren inhaltlichen Ausrichtung im Rahmen der Rechtsanwendung auszuloten. Dabei ist die Rechtsanwendung mittels einseitiger Verwaltungsakte (Verfügungen) von jener zu unterscheiden, welche konsensuale Elemente aufweist. Die baurechtlichen Bewilligungen als einseitige Rechtsanwendungsakte werden in § 14 unter dem Gesichtspunkt der baulichen Verdichtung behandelt; den projektbezogenen Sonderinstrumenten wird sodann trotz ihrer wesensmässigen Nähe zu den Ausnahmebewilligungen aufgrund ihrer besonderen Bedeutung für die bauliche Verdichtung ein eigener Paragraph (§ 15) gewidmet. Die durch konsensuale Elemente gekennzeichnete Rechtsanwendung bildet Gegenstand von § 16.

§ 14 Die Baubewilligungen

Mit der Erteilung oder Verweigerung der Baubewilligung schliesst das nichtstreitige baurechtliche Verwaltungsverfahren. Die erteilte Baubewilligung bildet als Endentscheid das Ergebnis der umfassenden Subsumption des beabsichtigten Sachverhalts (des Bauvorhabens) unter die Tatbestandsmerkmale der einschlägigen Rechtssätze und der grundeigentümerverbindlichen planerischen Festlegungen[1]. Sobald rechtskräftig, ermächtigt sie den Bauwilligen, sein Bauvorhaben in der bewilligten Form auszuführen.

Dem Endentscheid mit der umfassenden Beurteilung betreffend das "Ob" und das "Wie" der beabsichtigten Baute können Vorentscheide über bestimmte, oftmals das gesamte Bauvorhaben in besonderem Masse präjudizierende Baueigenschaften vorangehen[2]. Insbesondere bei umfangreichen und zumindest teilweise umstrittenen Bauvorhaben, wie sie gerade auch im Rahmen der baulichen Verdichtung anzutreffen sind, lässt sich dadurch das Projektierungsrisiko wirksam vermindern, indem heikle, für das Bauvorhaben als Ganzes jedoch grundlegende Fragen vorab überprüft werden können, ohne dass das Projekt schon in allen seinen Teilen bewilligungsreif vorzuliegen hätte[3].

Soll der Vorentscheid im Sinne eines Teilentscheids über die vorgelegten und beurteilten Sachfragen im Baubewilligungsverfahren bezüglich des gesamten Bauvorhabens nicht nur der Baubewilligungsbehörde[4], sondern auch beschwer-

---

[1] Vgl. BGE 114 Ib 315 E. 3a Morschach SZ: «Das Baubewilligungsverfahren dient [...] der Abklärung, ob Bauten und Anlagen der im Nutzungsplan ausgedrückten räumlichen Ordnungsvorstellung entsprechen». Es geht dabei aber meist nicht nur um «blossen Vollzug, sondern um eine eigenständige weitere Konkretisierung des raumplanerischen Ordnungs- und Abstimmungsauftrags» (KARLEN, Planungspflicht, S. 125 m.H.).

[2] Vgl. § 323 f. PBG/ZH, Art. 32 Abs. 4 BauG/BE und Art. 42 BewD/BE («generelle Baubewilligung»), § 199 PBG/LU, § 124 E RBG/BL, § 62 BauG/AG, § 98 PBG/TG, Art. 119 LATC/VD («autorisation préalable d'implantation», die nebst der eigentlichen Situierung der Bauten auch deren Volumen, Gebäudehöhe oder Nutzungsart betreffen kann [BOVAY, S. 65]). Untersuchungsgegenstand des Vorentscheidverfahrens bildet dabei ein konkretes, mehr oder weniger detailliert ausgearbeitetes Bauvorhaben, und nicht eine abstrakte Rechtsfrage (vgl. etwa BVR 1995, 64).

[3] Mit Blick auf die bauliche Verdichtung ist insbesondere dort eine Rationalisierung des Projektierungsaufwandes und eine Straffung des Bewilligungsverfahrens zu erreichen, wo nur Abweichungen von einzelnen Bauvorschriften erforderlich sind und die Ausarbeitung besonderer nutzungsplanerischer Grundlagen sowie die Inanspruchnahme besonderer Instrumente der Rechtsanwendung entbehrlich erscheinen.

[4] Diese kann auf die vorwegentschiedenen Punkte eines Bauvorhabens regelmässig nicht mehr zurückkommen; dies gilt grundsätzlich auch für Rechtsmittelbehörden (vgl. BOVAY, S. 67 m.H.), zumindest soweit sich das Vorentschiedene und die beschwerdefähigen Fragen nicht gegenseitig bedingen oder wesentlich beeinflussen.

deberechtigten Dritten entgegengehalten werden können[5], so sind die für Baubewilligungen gültigen Verfahrensregeln schon im Vorentscheidverfahren zu beachten[6]. Wird nicht so verfahren, muss kraft Anspruchs auf rechtliches Gehör des betroffenen Dritten gelten, dass die Bewilligungsbehörde in der Beurteilung der vorentschiedenen Frage auf entsprechende Einwendungen Dritter hin noch frei und somit auch dem Gesuchsteller gegenüber nicht an den Vorentscheid gebunden ist[7]. Durch diese bundesrechtlichen Vorgaben erfährt das Rechtsinstitut des Vorentscheids freilich eine wesentliche verfahrensmässige Entwertung[8]. Seine Anwendbarkeit ist jedoch schon in sachlicher Hinsicht beschränkt, denn Vorabentscheidungen schliessen die allenfalls erforderliche Berücksichtigung und Abwägung aller massgebenden Interessen regelmässig aus und widersprechen damit der Planungspflicht, welche die Einbeziehung der räumlichen Auswirkungen aller Vorhaben gebietet, die den Lebensraum nachhaltig betreffen[9].

Der vorliegende Paragraph behandelt im folgenden, inwieweit ordentliche (I.) bzw. Ausnahmebewilligungen (II.) inhaltlich auf die bauliche Verdichtung ausgerichtet werden können. Die beiden Bewilligungsarten sind dabei rechtlich zu qualifizieren und auf die Möglichkeiten hin zu untersuchen, im Rahmen der Rechtsanwendung auf verdichtungsrelevante Regelungsbedürfnisse einzugehen.

I. Die ordentliche Baubewilligung

Eine Beurteilung der Verdichtungsrelevanz der ordentlichen Baubewilligung (2.) setzt deren Definition und rechtliche Qualifizierung voraus (1.).

---

[5] Diese Unterscheidung kann nach neuester bundesgerichtlicher Rechtsprechung indes nicht aufrechterhalten werden, da ein «baurechtlicher Vorentscheid über ein ausschreibungspflichtiges Bauprojekt, welche[r] nur für die Behörden und den Gesuchsteller verbindlich und anfechtbar sein soll», bundesrechtswidrig ist, soweit betroffene Dritte ihre Rechte nicht gemäss Art. 33 Abs. 3 RPG wahrnehmen können (BGE vom 9. September 1992 E. 2b m.H. Zürich in ZBl 95 [1994] 70). «Die Erteilung eines verbindlichen Vorentscheids setzt nicht anders als diejenige einer Baubewilligung voraus, dass die Bewilligungsbehörde die allfälligen Einwendungen der beschwerdeberechtigten Dritten kennt» (BGE 120 Ib 52 E. 2b Wilchingen SH). - Das Rechtsinstitut des Vorentscheids ohne Verbindlichkeit für Dritte hält vor dem Bundesrecht aber stand, soweit nicht Bestimmungen mit raumplanerischer Funktion (vgl. dazu BGE 118 Ib 30 f. Herisau AR) in Frage stehen; Art. 33 Abs. 3 RPG ist diesfalls von vornherein nicht anwendbar (RB 1994 Nr. 92).

[6] Dies sehen die kantonalrechtlichen Regeln z.T. ausdrücklich (z.B. § 324 Abs. 2 Satz 1 PBG/ZH, § 199 Abs. 4 PBG/LU, § 62 Abs. 2 BauG/AG) oder implizit (vgl. für das bernische Recht ZAUGG, Kommentar Art. 32 BauG/BE, N. 9, sowie für das waadtländische Recht BOVAY, S. 67) vor. Nach KUTTLER (Beitrag, S. 4) müssen verbindliche Zusicherungen der Behörden allgemein in einem Verfahren ergehen, «welches den betroffenen Bürgern die Wahrung ihrer Rechte erlaubt, d.h. es hat in geeigneter Weise eine Auflage mit Einsprachemöglichkeit zu erfolgen».

[7] Vgl. BGE vom 9. September 1992 E. 2b Zürich in ZBl 95 (1994) 70.

[8] Vgl. dazu den kritischen Diskussionsbeitrag von KAPPELER (in ZBl 95 [1994] 72 ff.).

[9] Vgl. KUTTLER, Beitrag, S. 5.

1. Definition und rechtliche Qualifizierung

Ordentliche Baubewilligungen sind materiell feststellende und formell rechtsgestaltende Verwaltungsakte[10]. Sie stellen einerseits lediglich fest, dass ein bestimmtes Bauvorhaben den einschlägigen v.a. raumplanungs-, bau- und umweltschutzrechtlichen Vorschriften und planerischen Festlegungen entspricht[11], verleihen dem Adressaten aber anderseits erst das Recht, sein Grundstück bewilligungsgemäss baulich zu nutzen, aktualisieren m.a.W. auf dem Grundstück kraft rechtlicher Vorgaben grundsätzlich vorhandene bauliche Nutzungsmöglichkeiten und erklären eine bestimmte Überbauungsabsicht als zulässig[12]. Die Baubewilligungspflicht bezweckt, der Behörde die Möglichkeit zu verschaffen, ein «Bauprojekt vor seiner Ausführung auf die Übereinstimmung mit der raumplanerischen Nutzungsordnung und der übrigen einschlägigen Gesetzgebung zu überprüfen»[13].

Auf die Erteilung der ordentlichen Baubewilligung besteht, sofern die einschlägigen Rechtssätze und planerischen Festlegungen eingehalten werden, ein durchsetzbarer Anspruch[14]. Diese klare und für die Bauwilligen an sich komfortable Rechtslage veranlasst grundsätzlich dazu, Bauvorhaben anzustreben, welche den rechtlichen Vorgaben möglichst umfassend entsprechen, um das Recht auf die Erteilung einer Baubewilligung in Anspruch nehmen zu können. Für das zuständige Gemeinwesen ist daraus die Forderung abzuleiten, Rechtssätze und planerische Festlegungen so auszugestalten, dass sie - soweit sich dies mit den massgeblichen öffentlichen Interessen verträgt - den Bedürfnissen und Absichten der Bauwilligen entsprechende Nutzungsmöglichkeiten vorsehen.

---

[10] HALLER/KARLEN, N. 537; dazu ausführlich FRIES, S. 38 ff. sowie BOVAY, S. 23 ff.

[11] Der bundesverfassungsrechtliche Koordinationsgrundsatz (vgl. BGE 118 Ib 76 E. 2c Lommiswil SO, 117 Ib 39 f. E. 3e Kloten ZH, 116 Ib 56 E. 4a Egg/Oetwil a.S. ZH) gebietet eine Ausdehnung der Kontrolle auf alle Rechtsbereiche, die mit dem Bauvorhaben «in einem derart engen Sachzusammenhang stehen, dass sie nicht getrennt und unabhängig voneinander angewendet werden dürfen». Bestimmt das kantonale Recht das Baubewilligungsverfahren als sog. Leitverfahren (vgl. z.B. § 134 Abs. 2 und Abs. 3 [insbes. lit. a] PBG/SO; § 64 BauG/AG und § 36 ff. ABauV/AG), so wird aus der Baubewilligung gleichsam eine koordinierte Gesamtbewilligung.

[12] Die Baubewilligung ist «en quelque sorte le dernier maillon de la chaîne des mesures d'aménagement du territoire» (BOVAY, S. 27; vgl. sodann auch S. 29).

[13] BGE 119 Ib 226 E. 3a Ingenbohl SZ; schon von Bundesrechts wegen bewilligungspflichtig ist eine Massnahme, wenn damit «so wichtige räumliche Folgen verbunden sind, dass ein Interesse der Öffentlichkeit oder der Nachbarn an einer vorgängigen Kontrolle besteht» (S. 226 f.).

[14] So ausdrücklich z.B. § 320 PBG/ZH; vgl. auch SCHÜRMANN, S. 65. - Der Grundsatz der Verhältnismässigkeit kann die Erteilung einer Baubewilligung auch für Vorhaben nahelegen, die nicht vollständig gesetzeskonform sind, soweit die Mängel durch entsprechende Nebenbestimmungen behoben werden können (vgl. HALLER/KARLEN, N. 559, GOOD-WEINBERGER, S. 67 f.).

2. Verdichtungsrelevanz

Der blosse Kontrollcharakter der ordentlichen Baubewilligung beschränkt die Möglichkeiten einer inhaltlichen Ausrichtung der rechtlichen Vorgaben anlässlich der Rechtsanwendung auf die Konkretisierung des Rechts auf einen bestimmten Sachverhalt. Die für die Ausgestaltung von Bauvorhaben entscheidenden Gestaltungsspielräume werden durch Rechtssetzung und Planfestsetzung begrenzt und bestimmt[15] und bei der Projektierung schliesslich mehr oder weniger ausgeschöpft; über die ordentliche Baubewilligung kann inhaltlich darauf kein Einfluss genommen werden[16]. Entspricht ein Bauvorhaben geltendem Recht, so ist es der Baubewilligungsbehörde mithin verwehrt, das Ausschöpfen von Verdichtungsmöglichkeiten zu veranlassen oder zu siedlungsplanerisch vorteilhaften baulichen Massnahmen anzuregen. Solche raumplanerische Chancen können im Rahmen ordentlicher Baubewilligungen nicht eingebracht werden; dass die entsprechenden Chancen wenigstens nicht gerade vertan werden, lässt sich unter den einschlägigen Voraussetzungen gegebenenfalls mittels Planungssicherungsmassnahmen erreichen.

II. Die Ausnahmebewilligung

Die Ausnahmebewilligung ist im folgenden zunächst begrifflich zu definieren und rechtlich zu qualifizieren (1.), bevor deren Anwendung näher erläutert wird (2.), um schliesslich eine Beurteilung des möglichen Beitrags der Ausnahmebewilligungen zur baulichen Verdichtung zu erlauben (3.).

1. Definition und rechtliche Qualifizierung

Die Ausnahmebewilligung ist als Begriff einerseits "von innen heraus" zu bestimmen (A.) und anderseits "gegen aussen hin" von anderen Instrumenten der Anwendung des Raumplanungs- und Baurechts abzugrenzen (B.). Die rechtliche Qualifizierung der Ausnahmebewilligung (C.) ergibt sich sodann im wesentlichen aus der Charakterisierung des vorausgesetzten Tatbestandes und aus der Elastizität der Koppelung von Tatbestand und Rechtsfolge.

A) Definition

Die Ausnahmebewilligung ist ein einseitiger Verwaltungsakt, der sich - anders als die ordentliche Baubewilligung - nicht bloss formell rechtsgestaltend auswirkt, sondern auch materiell vom ansonsten geltenden Recht abweicht, indem

---

[15] Dies gilt regelmässig in besonderem Masse für den Regelungsgegenstand der baulichen Dichte.
[16] Vgl. etwa BGE 114 Ib 315 E. 3a Morschach SZ: «[Das Baubewilligungsverfahren] bezweckt einzelfallweise Planverwirklichung, soll aber nicht selbständige Planungsentscheide hervorbringen».

er dieses im Rahmen seiner Anwendung weiterentwickelt und an einen besonderen Einzelfall anpasst[17]. Besondere Bedeutung kommt der Ausnahmebewilligung mithin bezüglich jener Vorschriften zu, die den Bewilligungsbehörden keinen Entscheidungsspielraum überlassen und ihnen somit verunmöglichen, der konkreten Situation stets vollauf gerecht werdende Entscheide zu treffen[18].

Ausnahmebewilligungen dürfen dabei von vornherein nur unter bestimmten Voraussetzungen erteilt werden[19]. Sie bedürfen sowohl für das "Ob" als auch für das "Wie" einer gesetzlichen Grundlage[20], sind nur in wirklichen Sonderfällen zulässig[21], dürfen nicht das Gesetz selbst ändern[22], müssen sich dem Zweck des Gesetzes nach Massgabe der davon betroffenen Interessen unterwerfen[23] und dürfen sich insgesamt[24] nicht zuungunsten des Gesuchstellers auswirken[25].

B) Abgrenzungen

Die Ausnahmebewilligungen im hier verstandenen Sinne sind einerseits zu unterscheiden von den Sonderbestimmungen[26] (a.), die für besondere, jedoch typi-

---

[17] So nennt MACHERET (Dérogation, S. 558) die Ausnahmebewilligung im öffentlichen Baurecht ein «élément indispensable de flexibilité» angesichts der «multitude des règles de police des constructions [qui] forment [...] un ensemble législatif détaillé et rigoureux» in einem Sachgebiet «où les évolutions techniques sont rapides, où les situations concrètes et les intérêts en jeu varient à l'infini». Die Ausnahmebewilligung soll die allgemein gehaltenen Bestimmungen im Einzelfall verfeinern (vgl. RHINOW/KRÄHENMANN, Nr. 37 B. I., GOOD-WEINBERGER, S. 42 f.).

[18] FRITZSCHE/BÖSCH, S. 149.

[19] Vgl. zum Ganzen etwa BOVAY, S. 169 ff.

[20] So dürfen etwa nach waadtländischem Recht Ausnahmebewilligungen nur erteilt werden «dans les limites autorisées par la loi, les règlements et les plans» (Art. 6 al. 2 LATC/VD).

[21] Die Ausnahmebewilligungen dienen der Rechtsanwendung «angesichts beachtlich atypischer Einzelfallgestaltung» (VALLENDER, S. 64).

[22] Der Grundsatz der Gewaltentrennung verlangt, dass die Ausnahmebewilligungen «nicht als - offensives - Werkzeug der Rechtsfortbildung eingesetzt werden, [...] sondern [...] sich - defensiv - darauf beschränken, Härten, Unbilligkeiten und Unzulänglichkeiten der Allgemeinordnung zu verhüten» (BEZ 1986 Nr. 4 E. b); vgl. auch BGE 112 Ib 53 E. 5 SH. - Vgl. indes auch BGE 108 Ia 79 E. 4a Lausanne VD: «L'exception pourra même devenir la règle pour un type de situations particulières dans lesquelles l'application du principe général conduirait à des résultats que le législateur ne peut avoir voulus»; die Ausnahmebewilligungspraxis liesse diesfalls gleichsam in Abänderung des Gesetzes eine gewohnheitsrechtliche Sonderbestimmung entstehen.

[23] Zu wahren ist dabei sowohl der Zweck der zu derogierenden Norm als auch derjenige der baulichen Nutzungsordnung insgesamt (vgl. GOOD-WEINBERGER, S. 34 m.H. sowie S. 115 f.).

[24] Es ist immerhin möglich, dass Erleichterungen (kompensationshalber) mit Erschwerungen gekoppelt werden (vgl. VALLENDER, S. 66 m.H.), erfolge dies mit Teilentscheiden oder in Nebenbestimmungen.

[25] Zum Ganzen: IMBODEN/RHINOW und RHINOW/KRÄHENMANN, Nr. 37 B. II. und III., EJPD/BRP, Erläuterungen RPG, Art. 23 N. 4 ff.

[26] Nach anderer Terminologie: «Spezialermächtigungen» (vgl. HALLER/KARLEN, N. 726, FRITZSCHE/BÖSCH, S. 148, GOOD-WEINBERGER, S. 23, sowie DIGGELMANN et al., Siedlungserneuerung, S. 90 ff.), «von einer schematischen Regelung abweichende Spezialregelung», deren (engere) Tatbestände mit besonderen Rechtsfolgen verknüpft werden (VALLENDER, S. 64) oder

sche Sachverhalte spezielle Regelungen vorsehen[27], und anderseits vom projektbezogenen Sonderinstrumentarium (b.), bei welchem das Element der Besonderheit nicht die tatsächlichen Verhältnisse, sondern die Ausgestaltung der beabsichtigten Überbauung betrifft.

a) Von den Sonderbestimmungen

Liegt die Besonderheit der Verhältnisse in den unzweckmässigen und nicht beabsichtigten Auswirkungen einer Vorschrift selber, erweist sich sodann deren Anwendung für typische, mehrfach auftretende Situationen als unangebracht, so obliegt es dem Gesetzgeber, die betreffenden Erlasse zu ändern und/oder für bestimmte Fälle zu verfeinern. Die Ausnahmebewilligung kann in solchen Fällen nicht in allgemeiner Weise Abhilfe schaffen; sie darf nicht zu einer systematischen Korrektur unbefriedigender Vorschriften eingesetzt werden[28].

Die Verfeinerung bestimmter Vorschriften mit Blick auf einerseits besondere, anderseits aber falltypische Sachverhalte nähert sich desto mehr der Schaffung eigentlicher Sonderbestimmungen (leges speciales)[29], je detaillierter Tatbestandsmerkmale und Rechtsfolgen festgelegt werden[30]. Die typenspezifische Verfeinerung der Abweichungen von allgemeinen Vorschriften stellt mithin nicht eine Weiterentwicklung der Ausnahmebestimmungen, sondern eine solche der baurechtlichen Grundordnung dar[31].

«Spezialregelung für die Konkretisierung einer unvollständigen planerischen Ordnung im Rahmen des Baubewilligungsverfahrens» (KARLEN, Planungspflicht, S. 128 m.H. [zu Art. 24 RPG]).

[27] Vgl. z.B. § 100, § 301 Abs. 2, § 302 Abs. 3 PBG/ZH, Art. 45 Abs. 3 und Art. 55 BauV/BE, § 133 PBG/LU, § 20 (insbes. Abs. 2), § 29 f., § 56bis, § 57 Abs. 2 lit. b Ziff. 2, § 62 Abs. 1 Ziff. 2 KBV/SO, § 115 ff. E RBG/BL, § 55 Abs. 3 BauG/AG, § 72 Abs. 3 PBG/TG.

[28] Vgl. BGE 117 Ia 146 E. 4 Segl/Sils i.E. GR, 117 Ib 134 E. 6d Zürich sowie 107 Ia 216 (E. 5) Lauterbrunnen BE.

[29] Dabei kann und muss die allgemeine Regelung - anders als bei der Anwendung allgemeiner Ausnahmebestimmungen, wo sich der Inhalt der konkreten ausnahmsweisen Anordnung in erster Linie nach dem Zweck der derogierten Norm richtet - nach Massgabe der Verselbständigung des Normzwecks der Sonderbestimmung nur noch beschränkt als Auslegungshilfe herangezogen werden (DIGGELMANN et al., Siedlungserneuerung, S. 93).

[30] Diese Differenzierung ist m.E. durchaus von Bedeutung (a.M. offenbar MÜLLER Thomas, S. 155), dürfte der Nachweis der Voraussetzungen für eine Ausnahmebewilligung (insbes. angesichts des behördlichen Beurteilungsspielraums bei der Auslegung unbestimmter Rechtsbegriffe und unter Berücksichtigung der bundesgerichtlichen Rechtsprechung, die das Anführen «genereller» und mithin wohl auch typischer Gründe ausschliesst, BGE 117 Ia 146 E. 4 Segl/Sils i.E. GR, 117 Ib 134 E. 6d Zürich, 107 Ia 216 [E. 5] Lauterbrunnen BE) doch regelmässig schwieriger zu erbringen sein als für klar umgrenzte Sonderbestimmungen.

[31] Vgl. VALLENDER, S. 69. - Von Fall zu Fall zu entscheiden ist wohl die Frage, ob von solchen besonderen Vorschriften Abweichungen kraft allgemeiner Ausnahmebestimmung noch zuzulassen sind (vgl. dazu auch BGE 89 I 522 [E. 3] Lachen SZ). Zu verneinen ist dies m.E. jedenfalls insoweit, als sich eine neuerliche Ausnahmebehandlung nur auf solche Gründe zu stützen vermöchte, die bereits zur Schaffung der lex specialis führten und bezüglich derer die Abwägung der Interessen an einer einheitlichen gegenüber jenen an einer anpassbaren Regelung schon gesetzlich vorgezeichnet ist.

Durch Sonderbestimmungen (insbesondere des kommunalen Rechts) lässt sich zudem ein allfälliges Spannungsverhältnis zwischen einer restriktiven baurechtlichen Grundordnung einerseits und einer abschliessend kantonalrechtlichen Regelung der Ausnahmebewilligungen[32], auf welche angesichts der Strenge der baurechtlichen Grundordnung zahlreiche Bauvorhaben angewiesen sind, entschärfen[33]. Für die bauliche Verdichtung können sich Sonderbestimmungen dort als besonders zweckmässig erweisen, wo ein Bauvorhaben nur einzelne, dafür typische Abweichungen erfordert, sich die Erstellung eines Sondernutzungsplans mithin nicht aufdrängt, anderseits aber auch keine besonderen Verhältnisse in dem Sinne vorliegen, wie sie für die Erteilung eigentlicher Ausnahmebewilligungen verlangt werden.

b) Vom projektbezogenen Sonderinstrumentarium

Die projektbezogenen Sonderinstrumente kennzeichnen sich durch ein konzeptionell einheitliches Bündel von Sonderbestimmungen oder durch eine Regelung, die unter bestimmten Voraussetzungen zu von der baurechtlichen Grundordnung abweichenden baulichen Massnahmen ermächtigt. Namentlich in letzterer Ausgestaltung kommen projektbezogene Sonderinstrumente der eigentlichen Ausnahmebewilligung nahe, zumal da sich die letzten Endes anzuwendende bauliche Nutzungsordnung ebenfalls erst im Rahmen der Rechtsanwendung anlässlich des Bewilligungsverfahrens herausbildet; sie unterscheiden sich von der eigentlichen Ausnahmebewilligung indes dadurch, dass sie nicht die raumplanungs- und baurechtliche Bewältigung besonderer tatsächlicher Verhältnisse bezwecken, sondern der Ermöglichung erhöhten qualitativen Anforderungen genügender Überbauungen dienen[34].

C) Die rechtliche Qualifizierung

Durch die dem besonderen Einzelfall angepasste Rechtsanwendung mittels Ausnahmebewilligung wird die derogierte Norm weder formell noch auch nur materiell geändert[35], sondern lediglich so angewendet, wie sie angesichts des im Einzelfall vorliegenden besonderen Sachverhalts vernünftigerweise anzuwenden ist, um dem Normzweck möglichst zu entsprechen[36]. Die Ausnahmebewilligung

---

[32] Vgl. etwa für das zürcherische Recht GOOD-WEINBERGER, S. 93 ff.

[33] DIGGELMANN et al., Siedlungserneuerung, S. 80.

[34] Aufgrund dieser besonderen Zwecksetzung und der sich daraus ergebenden hervorragenden Bedeutung für die bauliche Verdichtung wird dem projektbezogenen Sonderinstrumentarium ein eigener Paragraph (§ 15) gewidmet.

[35] Vgl. MÜLLER Peter (S. 213): «Auszugehen ist davon, dass die Befugnis, Dispense zu erteilen, [ausser in den Fällen ansonsten unzumutbarer Härte] keine Durchbrechung des gesetzten Rechts, sondern vielmehr dessen Vervollkommnung im Einzelfall anstrebt».

[36] Dazu sind Ausnahmebewilligungen bei Bedarf mit Nebenbestimmungen zu versehen, die ferner dadurch zur Rechtfertigung von Ausnahmebewilligungen beitragen können, dass sie nachteilige Auswirkungen auf schutzwürdige öffentliche oder private Interessen abwenden oder verringern.

schafft mithin nicht neues Recht, sondern wendet bestehendes mit Rücksicht auf besondere Verhältnisse sachgerecht an, sei es mit dem Zweck der Ermöglichung besserer baulicher Lösungen[37], sei es zur Vermeidung ungerechtfertigter Härtefälle[38].

Ob in einem konkreten Fall Verhältnisse vorliegen, welche die Erteilung einer Ausnahmebewilligung rechtfertigen, ist eine Rechtsfrage[39], die durch Auslegung der einzelnen Tatbestandsmerkmale der Ausnahmebestimmung abschliessend beantwortet und auf dem Rechtsmittelwege überprüft werden kann. Dass die einschlägigen Voraussetzungen mit unbestimmten Gesetzesbegriffen umschrieben werden[40], bei deren Auslegung der rechtsanwendenden Behörde ein weiter Beurteilungsspielraum zusteht, ändert nichts an der Qualifizierung des "Ob" als Rechtsfrage.

Als Ermessensfrage erweist sich dagegen die Frage nach dem Inhalt, dem "Wie" der Ausnahmebewilligung[41]. Die Ausgestaltung der konkreten Anordnungen wird von den Ausnahmebestimmungen in keiner Weise vorgegeben; einzigen Beurteilungsmassstab bildet die konkrete Fall-Gerechtigkeit «als individualisierende Zumessung von Rechtsfolgen»[42]. Während die Voraussetzungen für die Erteilung einer Ausnahmebewilligung nur entweder gegeben sind oder aber gerade nicht, ermöglicht der Ermessensentscheid bezüglich des Inhalts der Ausnahmebewilligung, den konkreten Verhältnissen als «dem Sonderfall entsprechende Rechtsfolge»[43] angemessen Rechnung zu tragen. - [44]

---

[37] Das Ziel der Ausnahmebewilligung besteht darin, «durch Flexibilität im Einzelfall Lösungen einer Bauaufgabe zu ermöglichen, die zwar dem gesetzten Recht nicht vollumfänglich entsprechen, dessen Zielsetzung aber besser als ein baurechtskonformes Projekt erfüllen» (MÜLLER Peter, S. 214); desgl. HALLER/KARLEN, N. 709, FRITZSCHE/BÖSCH, S. 150, GOOD-WEINBERGER, S. 15 f., S. 31 f. und S. 108 ff. [zu § 220 Abs. 1 lit. b PBG/ZH i.d.F. vom 7. September 1975], sowie bereits VOLLENWEIDER, S. 178, wonach «anstelle der gesetzlichen schlechten oder indifferenten oder bloss guten Lösung [...] die materiell rechtswidrige bessere [soll] gesetzt werden können». - In BEZ 1986 Nr. 4 E. b wird dagegen erklärt: «Es liegt im Wesen der Ausnahmebewilligung, dass sie nicht "besseren" Lösungen, womit gewöhnlich wirtschaftlich lohnendere gemeint sind, zum Durchbruch verhelfen, sondern Unbilligkeiten vermeiden soll»; anders noch BEZ 1981 Nr. 26 E. 3, sodann auch BEZ 1988 Nr. 42 E. 4b (geschlossene Fassadenflucht zur Verhinderung der Ausbreitung von Lärmemissionen auf die hofseitigen Räumlichkeiten der projektierten Baute und auf bestehende Wohngebäude).

[38] Vgl. etwa HALLER/KARLEN, N. 709, oder SCHÜRMANN, S. 179.

[39] HALLER/KARLEN, N. 713, IMBODEN/RHINOW und RHINOW/KRÄHENMANN, Nr. 37 B. IV.; ZBl 79 (1978) 395 f. Vgl. auch EJPD/BRP, Erläuterungen RPG, Art. 23 N. 9 (m.H.), wo daraus der Anspruch abgeleitet zu werden scheint, «dass Sonderfällen Rechnung getragen wird und dass das rechtsgleich und willkürfrei geschieht».

[40] Die «vom Gesetzgeber kaum geleitete Tatbestandsumschreibung zur Ausnahmenrechtfertigung» verlangt von der Rechtsanwendungsbehörde die Ausarbeitung einer motivierten «fallbezogenen Regel» (VALLENDER, S. 68).

[41] HALLER/KARLEN, N. 714; so auch bereits BGE 97 I 140 E. 3 (m.H.) Malans GR.

[42] IMBODEN/RHINOW, Nr. 66 B. II. g und III.

[43] IMBODEN/RHINOW, Nr. 66 B. III.

Obschon die Koppelung von Tatbestand und Rechtsfolge unelastisch ausgestaltet ist, so dass bei Vorliegen der Tatbestandsmerkmale eine ersuchte Ausnahmebewilligung zu gewähren ist[45], halten Rechtsprechung und Lehre daran fest, dass auf die Erteilung einer Ausnahmebewilligung grundsätzlich kein Anspruch bestehe[46]. Unter strengen Voraussetzungen[47] ist ein solcher allenfalls aus Art. 4 BV abzuleiten[48].

2. Die Anwendung der Ausnahmebewilligungen

Während sich die erforderlichen Eigenschaften der Voraussetzungen für die Erteilung von Ausnahmebewilligungen (A. Tatbestand) recht genau bestimmen lassen, können bezüglich der Ausgestaltung des Inhalts von Ausnahmebewilligungen (B. Rechtsfolge) nur allgemeine Aussagen gemacht werden.

---

[44] Die rechtliche Qualifizierung der sich im Einzelfall stellenden Fragen ist v.a. für die Überprüfungsbefugnis von Rechtsmittelinstanzen von Bedeutung; die CCR/VD bestimmt ihre Kognition zudem danach, ob die zu überprüfende Ausnahmebewilligung von der Vorinstanz erteilt oder verweigert worden ist (vgl. BOVAY, S. 172 m.H.).

[45] Indem (wie z.B. in § 220 Abs. 1 PBG/ZH) auf eine Kann-Formulierung verzichtet wird zugunsten einer "Ist zu"-Formulierung, wird «klargestellt, dass die Bewilligungsbehörde mit der Erteilung einer Ausnahmebewilligung keinen "Gnadenakt" vollbringt; vielmehr hat sie bei Vorliegen der entsprechenden Voraussetzungen unter Anwendung pflichtgemässen Ermessens die Ausnahmebewilligung zu erteilen, wobei ihr bei der Beurteilung, mit welchen konkreten Abweichungen den "besonderen Verhältnissen" am besten Rechnung getragen werden kann, [...] ein erheblicher Ermessensspielraum verbleibt» (DIGGELMANN, Ergänzungsband ZH, S. 25). Sind die Voraussetzungen des § 220 PBG gegeben, besteht nach FRITZSCHE/BÖSCH (S. 151) ein Anspruch auf Erteilung einer Ausnahmebewilligung.

[46] Vgl. zum Ganzen GOOD-WEINBERGER, S. 44 ff.

[47] Verlangt wird eine vom Gesetz abweichende Praxis, welche die Behörden beizubehalten beabsichtigen; vorbehalten bleiben überwiegende entgegenstehende öffentliche oder private Interessen (vgl. GRISEL, S. 414 sowie S. 363 f.). Anderseits ist die Erteilung von Ausnahmebewilligungen abzulehnen, wenn diese untragbare Folgen zeitigten, wobei «auch die Notwendigkeit zur Gleichbehandlung analoger Fälle von Bedeutung sein» kann (ZAUGG, Kommentar Art. 26/27 BauG/BE, N. 7b).

[48] Vgl. BGE 112 Ib 54 (E. 5 m.H.) SH, wo (allerdings zur Ablehnung einer Ausnahmebewilligung) erklärt wird, «[i]m Zusammenhang mit der Prüfung der Frage einer Ausnahmebewilligung komm[e] sodann dem Gleichbehandlungsgebot von Art. 4 BV erhebliches Gewicht zu». Nach IMBODEN/RHINOW (Nr. 37 B. IV. i.f. m.H.) kann die Rechtsgleichheit «die Erteilung einer Ausnahmebewilligung zwingend verlangen»; eher ablehnend dagegen GRISEL (S. 414): «[L]'attribution d'une autorisation exceptionnelle en raison de l'égalité de traitement compromettrait dans presque tous les cas un intérêt public prépondérant; elle est donc exclue en principe». Zudem gehe i.d.R. der Grundsatz der Gesetzmässigkeit demjenigen der Gleichbehandlung vor, was insofern nicht zu überzeugen vermag, als die Ausnahmebewilligung ja keinen Gesetzesverstoss darstellt, sondern eine einzelfallgerechte Anpassung des Rechts an besondere Verhältnisse.

A) Der Tatbestand

Die einschlägigen Bestimmungen knüpfen die Erteilung von Ausnahmebewilligungen an das Vorliegen «besonderer»[49] bzw. «ausserordentlicher»[50] Verhältnisse oder wichtiger Gründe, welche die Anwendung der ansonsten geltenden Rechtssätze und planerischen Festlegungen als unverhältnismässig[51], d.h. nicht durch ein ausreichendes Interesse gerechtfertigt[52] erscheinen lassen[53]. Verlangt sind besondere Verhältnisse, deren unangemessene rechtliche Behandlung der Gesetzgeber zu verantworten hat, deren Regelung er bei Erlass der zu derogierenden Norm nicht bedacht hat oder mit deren Vorkommen er möglicherweise auch gar nicht rechnen musste[54]. Wesentlich ist, dass die Anwendung der Vorschrift dann, wenn tatsächlich besondere Verhältnisse vorliegen, zu einem stossenden, vom Gesetzgeber nicht gewollten Ergebnis führen würde, welches einen übermässigen (da unzweckmässigen) Eingriff in die Interessen des

---

[49] § 220 Abs. 1 PBG/ZH, Art. 26 Abs. 1 BauG/BE.

[50] § 138 Abs. 1 PBG/SO sowie § 67 Abs. 1 KBV/SO, § 67 Abs. 1 lit. b BauG/AG, § 79 Ziff. 1 PBG/TG.

[51] Es ist eine «am Verhältnismässigkeitsprinzip orientierte[...] Abwägung im Einzelfall» vorzunehmen (HALLER/KARLEN, N. 728; vgl. auch FRITZSCHE/BÖSCH, S. 149, VALLENDER, S. 64), um «unzweckmässige [...] Auswirkungen von nicht auf das konkrete Problem abgestimmten Normen» zu vermeiden (WOLF/KULL, N. 248). - Von den untersuchten kantonalen Ausnahmebestimmungen lässt einzig der basellandschaftliche Revisionsentwurf (§ 114 Abs. 1 E RBG/BL) das Vermeiden erheblicher Nachteile für die Bauherrschaft (mithin ein zunächst subjektives Kriterium, immerhin objektiviert durch das Marginale «Härtefall») als Ausnahmegrund genügen - allerdings nach dem Wortlaut nur bei der Veränderung bestehender Bauten, während bei Neubauten gegebenenfalls kantonale (wie z.B. § 115 f. E RBG/BL) oder kommunale Sonderbestimmungen zur Anwendung gelangen (§ 114 Abs. 2 E RBG/BL). Die ausserordentlichen Verhältnisse, bei deren Vorliegen «die Anwendung der Bauvorschriften eine unzumutbare Härte bedeuten würde», stellen nach luzernischem Recht einen «wichtigen Grund» im Sinne von § 37 Abs. 1 PBG/LU dar.

[52] Vgl. BGE 99 Ia 138 (E. 7a) Bagnes VS.

[53] Zuhanden der kommunalen Planungsbehörden ist festzuhalten, dass von den in ihren Erlassen vorgesehenen Vorschriften grundsätzlich nur unter den Voraussetzungen der kantonalrechtlichen Bestimmungen abgewichen werden kann (vgl. ausdrücklich z.B. § 37 Abs. 1 PBG/LU, § 67 Abs. 1 BauG/AG), es sei denn, das kommunale Recht sehe selber Sonder- oder eigentliche Ausnahmebestimmungen vor (vgl. z.B. BEZ 1985 Nr. 23 E. 2b [Spezialausnahmebestimmung für Kernzone] sowie die ausdrückliche Ermächtigung in § 37 Abs. 3 PBG/LU). Dies muss den kommunalen Gesetzgeber dazu veranlassen, allfällige kantonale Bauvorschriften nur mit Zurückhaltung zu verschärfen, zumal da das Zusammenspiel der Strenge einer Regelung und der Möglichkeit von Abweichungen im Rahmen der Verhältnismässigkeit staatlicher Eingriffe sowohl bei der Rechtssetzung (vgl. z.B. [freilich zu einem ganz anderen Sachbereich] BGE 117 Ia 486 E. 3g/bb Vermummungsverbot BS) als auch bei der Rechtsanwendung zu beachten ist (vgl. z.B. BGE 118 Ib 598 E. 4a Wallisellen ZH).

[54] «"Besondere Verhältnisse" sind Situationen, die wesentlich von den tatsächlichen Voraussetzungen abweichen, welche der Gesetzgeber im Auge gehabt hat. Es handelt sich somit um Sachverhalte, die der Gesetzgeber bei richtiger Voraussicht anders normiert haben würde» (BEZ 1990 Nr. 40 E. 4b); sie sind nach E. 4c des zitierten Entscheides von vornherein nicht anzunehmen, solange baurechtsgemässe Lösungen möglich sind (selbst wenn dadurch nachteilige Auswirkungen auf die Gestaltung zu gewärtigen sein sollten).

Grundeigentümers darstellte. Die Besonderheit der Verhältnisse kann dabei sowohl das Baugrundstück (insbesondere dessen Form, Lage oder Topografie) als auch das Bauvorhaben (namentlich bezüglich dessen Zweckbestimmung oder Gestaltung) betreffen[55]. Nicht erforderlich ist, dass die besonderen Verhältnisse ihrem Wesen nach nur in zahlenmässig beschränkten Fällen auftreten können[56].

Die Besonderheit der Verhältnisse beurteilt sich des weiteren nicht nur nach den Eigenschaften des Sachverhalts, sondern auch mit Blick auf die Bedeutung der zu derogierenden Vorschrift[57]. Dabei fällt insbesondere in Betracht, auf welche Weise und mit welcher Intensität die Norm, von der abgewichen werden soll, entgegenstehende Interessen wahrnimmt. Die Wahrung solcher öffentlicher[58] oder nachbarlicher[59] Interessen ist gegen das Interesse des Bauwilligen

---

[55] BEZ 1984 Nr. 8; vgl. auch VALLENDER, S. 66 m.H., GOOD-WEINBERGER, S. 28 f. m.H., sowie FRITZSCHE/BÖSCH (S. 150), welche die «Schwierigkeiten der konkreten architektonischen Bauaufgabe» anführen oder ZAUGG (Kommentar Art. 26/27 BauG/BE, N. 4b), wonach die Ausnahmegründe mit den «Besonderheiten des Baugrundstücks oder des Bauvorhabens zusammenhängen» müssen (vgl. auch BVR 1994, 113 E. 4a); vgl. sodann die Aufzählung in Art. 85 al. 1er LATC/VD. - Keine besonderen Verhältnisse vermögen indes besondere Überbauungsabsichten zu begründen (z.B. «volonté de réaliser des constructions en habitat groupé», RJN 1990, 169 f. in BR/DC 1992, 13), und zwar vorab dann nicht, wenn eine Überbauung unter Beachtung der geltenden Vorschriften möglich ist.

[56] RB 1981 Nr. 126, wonach es «für die Auswirkungen des Strassenverkehrs geradezu typisch ist, dass sie nicht nur einzelne, sondern regelmässig eine Vielzahl von Grundstücken treffen», gesundheitspolizeiliche Anliegen dürfen aber für eine Ausnahmebewilligung «nicht allein deshalb ausser Betracht fallen, weil sie in einer Vielzahl von Fällen auf dem Spiel stehen». Nach GOOD-WEINBERGER (S. 31) sind diesfalls an das Vorliegen eines Ausnahmegrundes allerdings hohe Anforderungen zu stellen. - Gemäss bundesgerichtlicher Rechtsprechung vermögen jene Gründe, die sich in genereller Weise praktisch immer anführen lassen, keine Ausnahmesituation abzugeben. Dieser Auffassung kann ohne weiteres beigepflichtet werden, wo in der Tat allgemeine Überlegungen, z.B. rein wirtschaftliche Interessen (vgl. BGE 107 Ia 215 [E. 5] Lauterbrunnen BE, wirtschaftliche Schwierigkeiten, die der Bauwillige selber zu verantworten hatte) ins Spiel gebracht werden sollten; sie vermag m.E. aber dort nicht zu überzeugen, wo besondere - und nicht dem Gesuchsteller anzulastende - örtliche Verhältnisse, wenngleich sich diese nicht bloss auf engem Raum vorfinden mögen, zu berücksichtigen wären (vgl. aber z.B. BGE 117 Ib 125 ff. Zürich [Strassenverkehrslärm], wo als nicht willkürlich erkannt wurde, auf der Wohnanteilspflicht zu beharren, falls in den betroffenen Räumen mit Schallschutzfenstern die Lärm-Immissionsgrenzwerte eingehalten werden können, obschon deren Einbau vorderhand nicht erzwungen werden kann [S. 133 f. E. 6c, Art. 20 Abs. 1 USG]). Bei alledem dürfte aber der Entscheidungsablauf im Raumplanungs- und Umweltschutzrecht nicht umgangen werden. So muss eine Divergenz zwischen bundesrechtlichen Lärmschutzvorschriften und kommunalen Nutzungsvorschriften durch planerische Anpassungen gelöst werden (Festlegung von Empfindlichkeitsstufen, Um-/Auszonungen), denen nicht durch ausdehnende Auslegung der Ausnahmevorschriften vorgegriffen werden darf (BEZ 1991 Nr. 28 E. 3f und 3h [Fluglärm]; ähnlich BGE 117 Ib 134 E. 6e Zürich).

[57] Vgl. ZAUGG, Kommentar Art. 26/27 BauG/BE, N. 4c, VALLENDER, S. 67 m.H., GOOD-WEINBERGER, S. 29, 37 f. und S. 57 f. - Die verlangten besonderen Verhältnisse können somit auch «in Wesen, Sinn und Form der Vorschrift liegen» (Baudirektion ZH, Hinweise, S. 8).

[58] Für die Interessenabwägung fallen freilich nur öffentliche Interessen ins Gewicht, die sich realistischerweise noch verwirklichen lassen, was z.B. durch bereits bestehende Überbauung vereitelt sein kann; in einem solchen Fall eine an sich zweckmässige Ausnahmebewilligung abzulehnen, wäre unverhältnismässig (vgl. z.B. BEZ 1984 Nr. 8 m.H.).

nach einzelfallweiser Korrektur der angesichts des konkreten besonderen Sachverhalts unangemessenen Auswirkungen des Rechts abzuwägen[60]. Die entgegenstehenden öffentlichen oder nachbarlichen Interessen dürfen sich jedoch nur auf das beziehen, was unter Einhaltung der Vorschriften nicht anginge, was m.a.W. durch die Gewährung einer Ausnahmebewilligung erst ermöglicht wird[61], denn bezüglich des vorschriftsgemäss Zulässigen ist die Interessenabwägung bereits durch Rechtssetzung und Planfestsetzung vorgenommen. In die Interessenabwägung mit einzubeziehen ist indes eine mögliche Multiplizierung der Wirkung einzelner Abweichungen gestützt auf das Gebot der rechtsgleichen Behandlung[62].

Das gerade für die bauliche Verdichtung wesentliche Interesse des Bauwilligen an einer möglichst effizienten baulichen Nutzung seines Grundstücks wird in der Rechtsprechung bisher nur sehr leicht gewichtet[63], was angesichts der Zwecksetzung

---

[59] Die Wahrung der nachbarlichen Interessen, die gemäss zürcherischem Recht (§ 220 Abs. 3 Halbsatz 1 PBG/ZH) nicht unzumutbar bzw. nach luzernischem Recht (§ 37 Abs. 4 PBG/LU) nur unwesentlich mehr als durch vorschriftsgemässe Überbauung benachteiligt werden dürfen, ist wohl nach bernischem Recht angesichts der Möglichkeit des Lastenausgleichs (Art. 30 BauG/BE, v. infra § 17 II.) weniger stark zu gewichten. Soweit die Entschädigung Beeinträchtigungen nachbarlicher Interessen abgilt, fallen diese für die Interessenabwägung ausser Betracht (vgl. Art. 26 Abs. 2 BauG/BE); es sind mithin bloss solche nachbarliche Interessen zu gewichten, die entweder nicht so wesentlich sind, als dass sie nur gegen Lastenausgleich beeinträchtigt werden dürften (vgl. ZAUGG, Kommentar Art. 30/31 BauG/BE, N. 12), oder die durch den Lastenausgleich nicht vollwertig abgegolten werden können (Art. 26 Abs. 2 BauG/BE). - Die nachbarlichen Interessen sind i.d.R. jedenfalls soweit zu wahren, dass eine bauliche Nutzung auf dem betroffenen Grundstück (und zwar ohne ihrerseitige Ausnahmebewilligung) nicht verunmöglicht wird. - Vgl. zum Ganzen BOVAY, S. 173 m.H.

[60] BGE 99 Ia 138 (E. 7a) Bagnes VS. - Vgl. für das zürcherische Recht andeutungsweise § 220 Abs. 2 PBG sowie BEZ 1981 Nr. 26 E. 4 und 5; desgl. (und ausdrücklich) § 37 Abs. 2 Satz 2 PBG/LU und § 67 Abs. 1 lit. a BauG/AG; wohl ebenso das bernische (vgl. ZAUGG, Kommentar Art. 26/27 BauG/BE, N. 7) und das waadtländische Recht bzgl. der «dérogations de minime importance», soweit das kommunale Recht eine entsprechende gesetzliche Grundlage vorsieht (Art. 85 al. 1er LATC/VD: Notwendigkeit einer «solution particulière» einerseits und Ausbleiben von «inconvénients majeurs» für die Umgebung anderseits).

[61] Vgl. ZAUGG, Kommentar Art. 26/27 BauG/BE, N. 6. Für die Interessenabwägung von Bedeutung ist ferner, ob durch eine allfällige Ausnahmebewilligung gerade die im Schutzbereich der zu derogierenden Vorschrift stehenden Interessen konkret betroffen werden.

[62] Vgl. z.B. BGE 112 Ib 408 f. E. 6b Allschwil BL (zu Bewilligung nach Art. 24 Abs. 1 RPG). - Von vornherein mit der Gefahr künftiger Rechtsumgehung zur Erlangung einer Ausnahmebewilligung durch Gleichbehandlung zu argumentieren (vgl. BGE 117 Ia 147 [E. 4] Segl/Sils i.E. GR), kann m.E. grundsätzlich nicht angehen, da allfällige missbräuchliche Begehren immer noch im Rahmen des Bewilligungsverfahrens abgewiesen werden können.

[63] Vgl. z.B. BGE 107 Ia 216 (E. 5) Lauterbrunnen BE, 92 I 106 (E. 3b) Kölliken AG, wonach «auf alle Fälle grösste Zurückhaltung zu üben [ist] bei der ausnahmsweisen Bewilligung höherer als der sonst zulässigen Ausnützungsziffern», insbes. wenn ohnedies gebaut werden kann; BEZ 1984 Nr. 8 (kein Anspruch auf maximale Ausnützung von Grundstücken), BVR 1983, 185 f. (keine Ausnahmebewilligung für Ideallösung), BVR 1981, 271 (intensives Ausnützungsstreben ist kein wichtiger Grund; vgl. schon VOLLENWEIDER, S. 180). - Vgl. dagegen auch BGE 108 Ia 81 f. E. 4e Lausanne VD, wo die Verweigerung einer Ausnahmebewilligung als unhaltbar bezeichnet wurde, weil damit die rationelle Nutzung eines Gebäudeteils verhin-

zung der Ausnahmebewilligung zur Ermöglichung einer besseren Überbauung[64] erstaunen muss. Diese Zwecksetzung wird allerdings auch dort sehr zurückhaltend beurteilt[65], wo öffentliche Interessen durch kompensatorische Ausnahmebewilligungen gefördert werden könnten[66]. Der unter diesem Gesichtspunkt grundsätzlich vorhandene Entwicklungsspielraum verdiente m.E. gerade auch mit Blick auf das verdichtete und noch ausgeprägter auf das verdichtende Bauen grössere Beachtung, indem Ausnahmebewilligungen mit kompensatorischen Elementen dazu beitragen können, den allfälligen Widerstreit zwischen rechtlicher Zulässigkeit und sachlich gerechtfertigter Zulassungswürdigkeit von Bauvorhaben zu entschärfen, wobei sich sogar mehrwertabschöpfende Wirkungen erzielen liessen[67].

B) Die Rechtsfolge

Die Bestimmung des Inhalts von Ausnahmebewilligungen, d.h. dessen, was anstelle des Vorschriftsgemässen für einen besonderen Einzelfall gelten soll, erfolgt nach pflichtgemässem Ermessen[68] der Behörde. Dies ermöglicht eine gewisse Flexibilisierung der Rechtsanwendung[69] und erlaubt, der Wechselwirkung zwischen Art und Umfang der Besonderheit der Verhältnisse und dem darauf zu stützenden Inhalt der Ausnahmebewilligung im einzelnen angemessen Rechnung zu tragen. Es lässt sich mithin ein sachgerechtes und stufenloses Eingehen auf

---

dert würde, obschon die Erscheinung des Gebäudes dadurch unverändert bliebe; ähnlich kann es sich etwa verhalten, wenn eine effiziente Nutzung bestehenden Bauvolumens durch einzelfallweise Abweichung von Nutzungsziffern ermöglicht werden kann (vgl. STRITTMATTER/GUGGER, S. 48).

[64] Vgl. supra 1. C. - Vgl. sodann § 79 Ziff. 1 i.f. PBG/TG («wenn durch die Abweichung eine bessere Lösung im Sinn der Raumplanung erreicht werden kann»).

[65] Vgl. dazu etwa die Hinweise auf die zürcherische Praxis bei GOOD-WEINBERGER, S. 99 f. - Immerhin ansatzweise anders das luzernische Recht, welches die «Verbesserung des Ortsbildes oder der Siedlungsqualität» als wichtigen Grund für die Erteilung von Ausnahmebewilligungen anerkennt (§ 37 Abs. 1 lit. c PBG/LU); vgl. dazu auch ZAUGG, Kommentar Art. 26/27 BauG/BE, N. 5 Lemma 9 und 13.

[66] Vgl. z.B. BEZ 1981 Nr. 34 E. 5b (Erhaltung eines schutzwürdigen Gebäudes), BGE 89 I 522 (E. 3) Lachen SZ (sozialer Wohnungsbau).

[67] Vgl. den Vorschlag der «Mehrwertumlagerung in Form von Gemeinwerk- und Qualitätsauflagen (Realleistungen)» im Bericht «Bausteine zur Bodenrechtspolitik» (EJPD [Hrsg.], S. 213 ff.); vgl. auch STRITTMATTER/GUGGER, S. 105 ff., sowie MICHEL, S. 91 f.

[68] BGE 97 I 140 E. 3 Malans GR; HALLER/KARLEN, N. 714.

[69] Mit der Flexibilisierung geht allerdings eine verminderte Voraussehbarkeit des Inhalts von Ausnahmebewilligungen einher sowie mit fortschreitendem Instanzenzug materiell zurückhaltendere Überprüfung der Anordnungen in einem allfälligen Rechtsmittelverfahren (wobei für Verfügungen, die sich auf das RPG bzw. seine kantonalen und eidgenössischen Ausführungsbestimmungen [dazu BGE 118 Ib 31 E. 4b Herisau AR] stützen, immerhin mindestens eine volle Überprüfung auf dem Beschwerdeweg gewährleistet ist [Art. 33 Abs. 2 und Abs. 3 lit. b RPG]). Der erschwerten Voraussehbarkeit kann zudem durch bindende Vorentscheide (vgl. § 14 eingangs) oder durch bloss informative Stellungnahmen der Behörden abgeholfen werden.

Situationen erzielen[70], auf welche die Gesetzgebung nicht passt. Die Ausübung des behördlichen Ermessens hat dabei stets einer situationsgerechten Weiterführung des Normzwecks des zu derogierenden Erlasses zu entsprechen[71], was den Entscheidungsspielraum der Bewilligungsbehörde einschränkt[72]. Es gilt, den Gedanken und die Regelungsabsicht des Gesetzgebers sinngemäss weiterzuführen[73] und jene Anordnung zu treffen, die der Gesetzgeber für solche Fälle bzw. für den vorliegenden besonderen Fall mutmasslich getroffen hätte oder vernünftigerweise hätte treffen müssen. Dass er es nicht getan hat, ist selbst dann vom Gesetzgeber zu verantworten, wenn die besonderen Verhältnisse nicht vorhergesehen werden konnten oder mussten. Die Besonderheit der Verhältnisse auf dem Hintergrund der allgemeinen gesetzlichen Regelung ist jedenfalls nicht dem Bauwilligen "anzulasten"; diesem Umstand ist bei der Ausgestaltung des Inhalts von Ausnahmebewilligungen gebührend Rechnung zu tragen. Die Ausnahmebewilligung muss dabei ihrerseits verhältnismässig sein: sie darf von der Vorschrift nur soweit abweichen, als dies die Berücksichtigung der besonderen Verhältnisse erfordert[74].

3. Die Verdichtungsrelevanz

Die Möglichkeiten des Einsatzes von Ausnahmebewilligungen für die bauliche Verdichtung werden zunächst an deren heutiger Ausgestaltung untersucht (A.), bevor dies unter Berücksichtigung bestimmter Entwicklungstendenzen geschieht (B.).

---

[70] Die Besonderheit der Verhältnisse muss immerhin ein gewisses Ausmass aufweisen. Die Geringfügigkeit einer verlangten Abweichung führt somit nicht zu einer entsprechenden Anpassung der Voraussetzungen für eine Ausnahmebewilligung (BEZ 1990 Nr. 40 E. 4a).

[71] Vgl. supra 1. C. sowie HALLER/KARLEN, N. 729, MACHERET, Dérogation, S. 562, IMBODEN/RHINOW und RHINOW/KRÄHENMANN, Nr. 37 B. III. c., vgl. auch EJPD/BRP, Erläuterungen RPG, Art. 23 N. 7: «Ausnahmebewilligungen dürfen [...] den Grundwertungen des Gesetzes nicht zuwiderlaufen». - Vgl. sodann § 220 Abs. 2 Halbsatz 1 PBG/ZH, § 37 Abs. 2 Satz 1 PBG/LU, § 67 Abs. 1 lit. a BauG/AG.

[72] Eine Begrenzung des Entscheidungsspielraums im Sinne einer rechtsgleichen Behandlung der Grundeigentümer wird auch etwa darin erblickt, dass das Abweichen von baubeschränkenden Vorschriften nicht zu einer Überschreitung der zulässigen baulichen Nutzung (§ 37 Abs. 2 Satz 3 PBG/LU, vgl. sodann KAPPELER, Ausnützungsziffer, S. 55 f., HUBER Felix, Ausnützungsziffer, S. 220 ff.) bzw. der sog. Vergleichsprojekts (vgl. § 251 Abs. 2 PBG/ZH i.d.F. vom 7. September 1975, dazu RB 1993 Nr. 44 E. a/aa) führen darf.

[73] HALLER/KARLEN, N. 729, FRITZSCHE/BÖSCH, S. 149; vgl. ZBl 83 (1982) 175, BEZ 1986 Nr. 4 E. b. - Bei den «dérogations de minime importance» gemäss Art. 85 LATC/VD äussert sich dies sodann darin, dass für bestimmte Abweichungen (z.B. von Grenzabständen oder Nutzungsziffern) die derogierten Vorschriften bezogen auf die jeweils relevante nachbarliche Umgebung insgesamt eingehalten werden müssen («doivent dans la même zone, être respectées sur un ensemble formé par la parcelle en cause et une ou des parcelles voisines»).

[74] Die Frage ist mithin nicht bloss, wieviel an Abweichung noch mit dem Zweck der Vorschrift zu vereinbaren ist, sondern auch wieviel notwendig ist, um den Zweck unter den besonderen Verhältnissen zu erreichen (BEZ 1985 Nr. 23 E. 2c und 2d).

A) De usu lato

Die bauliche Verdichtung als raumplanerische Strategie lässt sich nicht in Anwendung einzelfallbezogener Ausnahmebewilligungen realisieren. Zwecks Ermöglichung des verdichteten Bauens entspräche das Erteilen von Ausnahmebewilligungen nicht der verlangten Fortführung einer Regelung angesichts besonderer Verhältnisse, sondern der Zulassung einer von der baurechtlichen Grundordnung abweichenden Überbauungsart[75]. Mag auch der Gewährung von Abweichungen von mehreren Vorschriften grundsätzlich nichts entgegenstehen[76], so darf sich deren Summierung jedenfalls nicht solcherart auswirken, dass das Bauvorhaben insgesamt mit der baurechtlichen Grundordnung nicht mehr zu vereinbaren wäre[77].

Die Zulassung von Massnahmen des verdichtenden Bauens kraft Ausnahmebewilligung ist sodann unter Berücksichtigung dessen zu beurteilen, was an baulichen Änderungen an rechtswidrig gewordenen Bauten gestützt auf die Besitzstandsgarantie zulässig ist. Die baulichen Nutzungsmöglichkeiten sollten im Ergebnis deckungsgleich ausfallen; die für die Erteilung von Ausnahmebewilligungen vorausgesetzten besonderen Verhältnisse verlieren dabei zugunsten kongruenter und der Gleichbehandlung verpflichteter Rechtsanwendung[78] etwas an Bedeutung, zumal da die Nutzungsmöglichkeiten bezüglich der sogar bereits rechtswidrigen Bauten kraft Besitzstandsgarantie an keine weiteren besonderen Verhältnisse geknüpft sind.

Immerhin gilt freilich auch für das verdichtende Bauen, dass regelmässig auftretenden Abweichungsbedürfnissen durch Gesetzgebung und Planung, und nicht durch das Erteilen von Ausnahmebewilligungen zu begegnen ist[79]. In komplizierten und uneinheitlichen Sachlagen läuft die Verfeinerung der raumplanungs- und baurechtlichen Festlegungen und Vorschriften allerdings Gefahr, zu ausgewiesenen und insgesamt planungsverträglichen Baubedürfnissen in Widerspruch zu geraten[80]. Wo damit zu rechnen ist, dass von den differenzierten

---

[75] Aufgrund räumlicher, gestalterischer und erschliessungstechnischer Implikationen «ist das verdichtete Bauen nicht ein Ausnahmetatbestand gegenüber einer oder mehreren Bauvorschriften, sondern [...] ein Abweichen von der Bauweise für ein bestimmtes Gebiet [...]. Der klassische Baudispens kann und darf deshalb nicht zum Behelf für das verdichtete Bauen werden» (LENDI, Verdichtetes Bauen, S. 318).

[76] Dabei ist allerdings jede Abweichung einzeln sowie deren Summe einer sorgfältigen Interessenabwägung zu unterwerfen (vgl. MACHERET, Dérogation, S. 565 Fn. 13).

[77] Vgl. ZAUGG, Kommentar Art. 26/27 BauG/BE, N. 2. Das Bauprojekt muss demnach «im wesentlichen zonenkonform» bleiben (ZAUGG, Kommentar Art. 19/20 BauG/BE, N. 18). Für Weitergehendes ist auf die Sondernutzungsplanung zu verweisen.

[78] Vgl. auch DIGGELMANN et al., Siedlungserneuerung, S. 88.

[79] Vgl. BGE 117 Ia 146 E. 4 Segl/Sils i.E. GR, 117 Ib 134 E. 6d Zürich, 112 Ib 53 E. 5 SH sowie BGE 107 Ia 216 (E. 5) Lauterbrunnen BE; vgl. auch DIGGELMANN et al., Siedlungserneuerung, S. 92.

[80] Vgl. GOOD-WEINBERGER, S. 13 ff. m.H., MÜLLER Peter, S. 213, sowie BEZ 1986 Nr. 4 E. b.

Regelungen im Einzelfall wiederum abgewichen werden muss, wäre mit einer Verfeinerung der rechtlichen Grundlagen nichts gewonnen.

B) Unter Berücksichtigung bestimmter Entwicklungstendenzen

Auszugehen ist von der Einsicht, dass raumplanerische Festlegungen und baurechtliche Vorschriften, je konkreter und bindender sie im Hinblick auf räumliche Zielvorstellungen ausgestaltet sind, desto eher Gefahr laufen, Bauvorhaben zu verhindern oder zu erschweren, welche den allgemeinen Zielsetzungen der Planung entsprechen oder sich zumindest mit ihnen vereinbaren liessen[81]. Zur Behebung des Dilemmas bietet sich einerseits die weitere Verfeinerung der rechtlichen Grundlagen an und anderseits - gerade umgekehrt - deren Ausstattung mit Entscheidungsspielräumen, welche von den rechtsanwendenden Behörden auch im Rahmen der ordentlichen Baubewilligungen zielgerichtet auszuschöpfen sind; schliesslich kann eine verstärkt ergebnis- statt voraussetzungsbezogene Ausnahmebewilligung in Frage kommen[82]. Danach wäre die Ausnahmebewilligung vermehrt in den Dienst der Ermöglichung insgesamt überlegener baulicher Lösungen zu stellen, so dass bei liquider Interessenlage und entsprechend deutlichem Interessengefälle[83] eine Ausnahmebewilligung angebracht wäre, selbst wenn keine im eigentlichen Sinne besonderen Verhältnisse vorliegen[84].

Ein solcherart kompensatorisches Element bei der Ausnahmebewilligung ist - wie die «dérogation de minime importance» des waadtländischen Rechts[85] ansatzweise zeigt - sogar auch bei weniger eindeutiger Interessenlage denkbar. Die Kompensation erfolgt diesfalls in räumlicher Hinsicht, indem die derogierten Bestimmungen bezüglich einer gewissen Umgebung eingehalten werden müssen[86], während sie zur Ermöglichung insgesamt besserer baulicher Lösungen auch thematisch erfolgen und durchaus unterschiedliche Baueigenschaften erfas-

---

[81] Vgl. MÜLLER Peter, S. 212 f.

[82] Vgl. als Ansatz § 49 Abs. 2 lit. e PBG/ZH, wonach die kommunale Baugesetzgebung Anordnungen zur erleichterten Nutzung von Sonnenenergie vorsehen kann, worunter allenfalls auch die ausnahmsweise Zulassung von Abweichungen von der baurechtlichen Grundordnung fallen könnte (vgl. auch WOLF/KULL, N. 238).

[83] Dies festzustellen, verlangt nach umfassender Interessenabwägung, welche das Bauvorhaben einer Gesamtwürdigung unterwirft, wie sie für grösserräumige Gesamtüberbauungen im Rahmen projektbezogener Sonderinstrumente typisch ist (vgl. DIGGELMANN et al., Siedlungserneuerung, S. 98).

[84] Ansätze zu solchen Regelungen sind vereinzelt durchaus vorhanden (vgl. z.B. § 37 Abs. 1 lit. c PBG/LU: «Verbesserung des Ortsbildes oder der Siedlungsqualität» als «wichtige Gründe»; vgl. auch das zürcherische Brandstattrecht [§ 307 PBG/ZH], welches - als besondere Besitzstandsbestimmung - grundsätzlich auch einen vergrösserten Wiederaufbau gestattet, wenn durch die «Änderung eine Verbesserung des bisherigen Zustandes herbeigeführt wird»).

[85] Art. 85 insbes. al. 2 LATC/VD.

[86] Vgl. Art. 85 al. 2 LATC/VD: «doivent dans la même zone, être respectées sur un ensemble formé par la parcelle en cause et une ou des parcelles voisines».

sen kann[87]. Die Kompensation bleibt somit nicht auf die durch die Ausnahmebewilligung unmittelbar betroffenen Interessen beschränkt, wie dies bei der Anordnung kompensatorischer Nebenbestimmungen aufgrund des Erfordernisses eines rechtsgenüglichen Sachzusammenhangs[88] der Fall ist, sondern erstreckt sich auf einen gesamthaften Ausgleich der Interessen auch unter verschiedenen Überbauungsmerkmalen[89].

Eine derartige Ausweitung des Entscheidungsspielraums kommt insbesondere dem verdichtenden Bauen entgegen, da dort der Projektierungsspielraum bezüglich einzelner Überbauungsmerkmale durch den baulichen Bestand empfindlich eingeschränkt sein kann. Unzulässig blieben kompensatorische Ausnahmebewilligungen allerdings insoweit, als sie eigentlichen planerischen Entscheiden gleichzusetzen wären; die Planungspflicht[90] bildet mithin die äusserste Grenze

---

[87] Nach vorherrschender Rechtsauffassung (vgl. stellvertretend etwa DIGGELMANN et al., Siedlungserneuerung, S. 16) ist es jedoch nicht zulässig, ohne dass besondere Verhältnisse vorlägen auch bloss geringe Abweichungen zu gestatten, die durch besondere gestalterische und/oder funktionale Baueigenschaften "wettgemacht" werden. - Vgl. in diesem Zusammenhang aber etwa § 17 Abs. 2 BauNVO/D ([deutsche] Verordnung über die bauliche Nutzung der Grundstücke [Baunutzungsverordnung] vom 23. Januar 1990), wonach eine Überschreitung des Nutzungsmasses zulässig ist, wenn sie namentlich durch Umstände ausgeglichen ist oder durch Massnahmen ausgeglichen wird, «durch die sichergestellt ist, dass die allgemeinen Anforderungen an gesunde Wohn- und Arbeitsverhältnisse nicht beeinträchtigt, nachteilige Auswirkungen auf die Umwelt vermieden und die Bedürfnisse des Verkehrs befriedigt werden».

[88] Vgl. BGE 117 Ib 176 E. 3 Cavergno TI («connessa allo scopo della legge o a un interesse pubblico basato sulla stessa»), 97 I 141 (E. 4) Malans GR, RB 1993 Nr. 47 m.H. («sachbezogen», «enger sachlicher Zusammenhang»); vgl. auch BOVAY (S. 164 m.H.): «rapport de connexité relativement étroit avec le projet: l'autorité ne peut assortir son autorisation de clauses accessoires étrangères aux dispositions visées par la procédure de permis de construire et au but d'intérêt public du droit de la police des constructions»; innerhalb dieser Leitplanken kann der Inhalt der Nebenbestimmungen aber durchaus auch verdichtungsrelevant ausgestaltet werden: so könnte z.B. eine Abstandsunterschreitung durch das Auferlegen der Verpflichtung zu einer bestimmten Gestaltung des Umschwungs in ihren Auswirkungen gelindert werden, oder es liesse sich die Überbauung von Anteilen an Grün- und Freizeitflächen durch die Schaffung von Ausgleichsflächen kompensieren (vgl. WÜRMLI et al., S. 84 f.).

[89] So könnte z.B. die Abstandsunterschreitung zulasten eines Nachbarn durch eine für diesen besonders schonende Erschliessung (z.B. Überdeckung der oder Verzicht auf Abstellplätze im Grenzbereich) oder eine Verbesserung der Immissionssituation auf dem nachbarlichen Grundstück (z.B. durch eine vorgelagerte Baute) kompensiert werden. - Vgl. auch die in einem öffentlichen Interesse liegenden und sich auf einen weiteren Kreis von Betroffenen erstreckenden Beispiele im Bericht «Bausteine zur Bodenrechtspolitik» (EJPD [Hrsg.], S. 213): behindertengerechte Ausstattung von Wohnungen, Erstellung von Gemeinschaftsanlagen (z.B. Spielplätze, Gruppenräume); diese Realleistungen sind dort freilich vorab zur Kompensation von durch das Bauen realisierten Mehrwerten bestimmt.

[90] Vgl. zu deren Abgrenzung von der Anwendung des Art. 24 RPG die bundesgerichtliche Rechtsprechung, welche auf die Ausdehnung und die räumlichen Auswirkungen der baulichen Massnahmen abstellt (vgl. z.B. BGE 119 Ib 178 E. 4 m.H. Saint-Oyens VD: «dimensions et [...] incidence sur la planification locale», 114 Ib 315 E. 3a Morschach SZ; BGE 116 Ib 139 E. 4a und 4b Wangen-Brüttisellen ZH: «Bauten und Anlagen, die ihrer Natur nach nur in einem Planungsverfahren angemessen erfasst werden können [..., da sie] ein ganz erhebliches Regelungsbedürfnis mit sich [bringen] (Einfügung in die bestehende Nutzungsordnung, Erschliessung, Lage der Gebäude)»). Die Planungspflicht ist zudem (insbes. bei emissionsträchtigen Bauvor-

für mittels Ausnahmebewilligungen zu gewährende bauliche Nutzungsmöglichkeiten. Als Instrument für eine verbreiterte Anwendung des verdichteten Bauens kommt die Ausnahmebewilligung somit nicht in Frage; sie kann indes dort wirksam Abhilfe schaffen, wo Massnahmen des verdichteten oder insbesondere des verdichtenden Bauens ansonsten an einzelnen Vorschriften scheitern müssten.

---

haben) desto eher zu bejahen, je dichter besiedelt das betroffene Gebiet ist und je grösser die zu erwartenden Nutzungskonflikte sind (vgl. BGE 119 Ib 441 E. 4b Seewen SO). Zur Tendenz zu einer verstärkt auf die konkreten planerischen Gegebenheiten ausgerichteten Abgrenzung siehe KARLEN, Planungspflicht, S. 128 ff. - Innerhalb der Bauzone dürfte die Planungspflicht zurückhaltender zu beurteilen sein, da das Bauen dort - im Gegensatz zur Sachlage im Anwendungsbereich des Art. 24 RPG - grundsätzlich dem Zonenzweck entspricht (HALLER/KARLEN, N. 245 f.).

§ 15 Die projektbezogenen Sonderinstrumente

Der folgende Paragraph über die projektbezogenen Sonderinstrumente behandelt eine Gruppe von Instrumenten des Raumplanungs- und Baurechts[1], die zwischen Planung und Rechtsanwendung anzusiedeln sind[2] und - sofern in der baurechtlichen Grundordnung vorgesehen - eine dazu alternative bauliche Nutzungsordnung zur Verfügung stellen. Es gilt nachfolgend zunächst, diese heterogene Gruppe von Instrumenten rechtlich zu qualifizieren und mithin ihre gemeinsame Behandlung zu rechtfertigen (I.). Die gesetzlichen Ausgestaltungen der projektbezogenen Sonderinstrumente werden sodann auf verdichtungsrelevante Entscheidungsspielräume hin untersucht (II.), um ihre Bedeutung für die bauliche Verdichtung beurteilen zu können (III.).

I. Allgemeines

Im folgenden sind Begriff (1.) und Zwecksetzung (2.) der projektbezogenen Sonderinstrumente zu umschreiben.

1. Definition

Der Begriff des projektbezogenen Sonderinstruments setzt sich zusammen aus den Elementen der Projektbezogenheit (A.) und der Eigenschaft als Sonderinstrument (B.).

A) Die Projektbezogenheit

Als projektbezogen werden die in der Folge darzustellenden Instrumente bezeichnet, da sie innerhalb des raumplanerischen Entscheidungsablaufs der Rechtsanwendung auf konkrete Bauvorhaben zuzuordnen sind. Sie schieben sich gewissermassen zwischen die Nutzungsplanung und die einzelfallweise Rechtsanwendung, indem sie unter bestimmten quantitativen und qualitativen Voraussetzungen an die Projektierung eines Bauvorhabens gewisse Abweichungen von der baurechtlichen Grundordnung zulassen. Ähnlich den Sondernutzungsplänen gestatten sie, konzeptionell (mithin nicht im eigentlichen Sinne ausnahmsweise)

---

[1] § 69 ff. PBG/ZH (Arealüberbauung; desgl. § 39 Abs. 1 KBV/SO sowie § 50 Abs. 1 Sätze 2 und 3 BauG/AG [sodann § 21 ABauV/AG]); Art. 75 BauG/BE (Gestaltungsfreiheit bei gemeinsamer Projektierung); § 51 E RBG/BL (Ausnahmeüberbauung nach einheitlichem Plan); für das thurgauische Recht vgl. etwa Art. 18 und Art. 18bis BauR/Frauenfeld TG (verdichtete Bauweise bzw. Nachverdichtung, gestützt auf § 12 Abs. 2 Ziff. 8 PBG/TG bzw. § 90 aBauG/TG [vgl. daneben § 109 aBauG/TG, Arealüberbauung]).

[2] In etwa ähnlich einzustufen wären wohl auch die von ZUPPINGER (S. 51 f.) vorgeschlagenen «cahiers de charge».

auf besondere tatsächliche Verhältnisse, Baubedürfnisse oder -absichten einzugehen, ohne dass es dazu - anders als bei der Sondernutzungsplanung, und damit insofern ähnlich der Ausnahmebewilligung - eines besonderen Planungsschrittes bedürfte[3]. Trotz ihrer Projektbezogenheit stehen die Instrumente nach der jeweiligen kantonalrechtlichen Ausgestaltung mit der Zonenplanung in engem Zusammenhang: so können etwa die Bestimmungen über die Arealüberbauung des zürcherischen Rechts nur dort Anwendung finden, wo die kommunale Zonenplanung dies vorsieht, sei es allgemein, zonen- oder gebietsweise[4]; das bernische Recht begrenzt den Anwendungsbereich der Gestaltungsfreiheit bei gemeinsamer Projektierung durch die zonenplanerische Bezeichnung von Ausschlussgebieten[5] sowie von Zonen mit Planungspflicht, in denen die Gestaltungsfreiheit schon von Gesetzes wegen nicht in Anspruch genommen werden kann[6].

B) Die Eigenschaft als Sonderinstrument

Als Sonderinstrument wird das hier zu qualifizierende Rechtsinstitut deshalb bezeichnet, weil es sich - obgleich ein Instrument der Rechtsanwendung - weder der ordentlichen Baubewilligung noch der Ausnahmebewilligung widerspruchsfrei zuordnen lässt und zudem ungeachtet der formellen Projektbezogenheit materiell einen planerischen Aspekt aufweist, indem es regelmässig ein grösseres Gebiet[7] erfasst, das im Sinne einer Gesamtüberbauung nach einer einheitlichen architektonischen Konzeption überbaut werden soll[8].

---

[3] Vgl. ZAUGG, Kommentar Art. 75 BauG/BE, N. 6; § 51 Abs. 1 E RBG/BL sieht die Ermöglichung von Ausnahmeüberbauungen nach einheitlichem Plan ausdrücklich «im Baubewilligungsverfahren» vor.

[4] § 69 Satz 1 PBG/ZH (unter dem Gliederungstitel vor § 66 [«Weitere Festlegungen der Bau- und Zonenordnung»]). Bei HALLER/KARLEN (S. 77) wird die Arealüberbauung unter dem Titel «Planerische Instrumente für besondere Verhältnisse und Bedürfnisse» als besonderes Institut der Bau- und Zonenordnung behandelt. - Dasselbe gilt für die in den Art. 18 und 18bis (z.T. i.V.m. Art. 31) BauR/Frauenfeld TG vorgesehenen besonderen baulichen Nutzungsmöglichkeiten für bestimmte Zonentypen, womit deren Anwendungsbereich (als «Bauvorschriften», vgl. Gliederungstitel vor Art. 12 BauR/Frauenfeld TG) letztlich ebenfalls im Rahmen der Zonenplanung festgesetzt wird.

[5] Art. 75 Abs. 4 lit. b BauG/BE (vgl. dazu ZAUGG, Kommentar Art. 75 BauG/BE, N. 2 Lemma 3 und 4).

[6] Art. 75 Abs. 4 lit. a BauG/BE, wonach die Gestaltungsfreiheit überdies für besondere Bauten und Anlagen (nach Art. 19 f. BauG/BE) ausgeschlossen ist, womit aber wohl andere Bauvorhaben als etwa die unter den Titel «Besondere Bauten und Anlagen» (vor Art. 19 BauV/BE) fallenden Terrassenüberbauungen (Art. 23 BauV/BE) oder Teppichüberbauungen (Art. 29 lit. d BauV/BE, vgl. ZAUGG, Kommentar Art. 19/20 BauG/BE, N. 18) gemeint sein dürften.

[7] Vgl. dazu infra III. 1. A. a. (zur Mindestfläche des Beizugsgebiets).

[8] Die einheitliche und umfassende Baueingabe (§ 73 Abs. 1 PBG/ZH, desgl. Art. 75 Abs. 1 BauG/BE [«gemeinsame Projektierung»] und § 51 Abs. 1 E RBG/BL [«nach einheitlichem Plan»]) bezieht sich auf ein Gebiet mit einer gewissen Mindestgrösse (vgl. § 69 Satz 2 PBG/ZH, § 51 Abs. 2 E RBG/BL; nach bernischem Recht muss das Areal eine zusammenhängende Fläche bilden, die bei Überbauung nach baurechtlicher Grundordnung mehreren Bauten Platz böte [vgl. ZAUGG, Kommentar Art. 75 BauG/BE, N. 3]; Art. 18 Abs. 3 BauR/Frauenfeld

Von einer Ausnahmebewilligung ist dabei nicht auszugehen[9], da eine Überbauung nach projektbezogenem Sonderinstrument keine besonderen Verhältnisse voraussetzt und von der baurechtlichen Grundordnung allenfalls abweichende Bewilligungsinhalte zumindest in den Grundzügen gesetzlich bestimmt sind und mithin nicht ausschliesslich behördlichem Ermessen unterliegen[10]. Als ordentliche Baubewilligungen sind die projektbezogenen Sonderinstrumente jedoch bloss in formeller Hinsicht ohne weiteres anzusprechen, können doch danach bewilligte Bauvorhaben erheblich von der baurechtlichen Grundordnung abweichen[11]. Den projektbezogenen Sonderinstrumenten am nächsten kämen ergebnisbezogene, kompensatorisch ausgestaltete Ausnahmebewilligungen[12]; gemein haben diese beiden Arten der Rechtsanwendung das Erfordernis, dass das Bauvorhaben, bewilligt aufgrund einer umfassenden Gesamtwürdigung kompensatorischen Charakters, auch vollumfänglich verwirklicht wird[13].

2. Der Zweck

Die projektbezogenen Sonderinstrumente gewähren eine Ausweitung des architektonischen Gestaltungsspielraums mit dem Ziel, Überbauungen hervorzubringen, die dem nach baurechtlicher Grundordnung Zulässigen insgesamt überlegen sind oder m.a.W. erhöhten qualitativen Anforderungen genügen[14]. Dies rechtfer-

---

TG legt für die verdichtete Bauweise keine Mindestfläche fest, sondern bestimmt eine zonenweise unterschiedliche Mindestzahl von zu erstellenden Nutzungseinheiten, das Beizugsgebiet für Nachverdichtungsmassnahmen ist des weiteren einzelfallweise festzulegen, soll jeweils aber zumindest «Baugruppen oder Quartierteile» umfassen [Art. 18bis Abs. 4 Satz 1 BauR/Frauenfeld TG]).

[9] So verhält es sich - obschon in § 51 Abs. 1 E RBG/BL der Begriff «Ausnahmen» verwendet wird - auch nach basellandschaftlichem Recht gemäss Revisionsentwurf, insbesondere zumal da die zulässigen Abweichungen gemäss Abs. 2 der Bestimmung in den Zonenvorschriften vorzusehen sind.

[10] Siehe infra II. - Die bernische Regelung (Art. 75 Abs. 1 und 2 BauG/BE) bestimmt allerdings nur die Art der möglichen Abweichungen, während die gestützt auf § 72 Abs. 1 PBG/ZH oder § 51 E RBG/BL im Rahmen der Zonenplanung zu erlassenden Bauvorschriften die zulässigen Abweichungen auch dem Umfange nach begrenzen. Letzteres gilt auch für die verdichtete Bauweise nach Art. 18 BauR/Frauenfeld TG (vgl. insbes. Abs. 2 - 4 dieser Bestimmung sowie Art. 31; anders für die Nachverdichtungsmassnahmen, vgl. Art. 18bis Abs. 2 Satz 3 und Abs. 4 lit. d BauR/Frauenfeld TG).

[11] Unter diesem Gesichtspunkt liesse sich das projektbezogene Sonderinstrument als Instrument im Rahmen des ordentlichen Baubewilligungsverfahrens allenfalls mit einer gebündelten Anwendung von Sonderbestimmungen (vgl. supra § 14 II. 1. B. a.) gleichzusetzen.

[12] Siehe supra § 14 II. 2. A. und 3. B.

[13] Eine Etappierung der Bauarbeiten ist in beschränktem Ausmasse immerhin möglich (z.B. nach § 328 PBG/ZH, längstens zweijährige Unterbrechung der Bauarbeiten [darüberhinaus wäre auf den privaten Gestaltungsplan als Sondernutzungsplan statt Baubewilligung auszuweichen, vgl. DIGGELMANN, Ergänzungsband ZH, S. 32]; vgl. auch § 39 Abs. 1 lit. b KBV/SO, Ausführung gleichzeitig oder mindestens gruppenweise in Etappen).

[14] So fordert etwa § 71 PBG/ZH eine besonders gute Gestaltung sowie zweckmässige Ausstattung und Ausrüstung von Bauten, Anlagen sowie Umschwung und § 39 Abs. 1 lit. a KBV/SO «architektonisch und wohnhygienisch gute, der baulichen und landschaftlichen Umgebung an-

tigt die auf Abweichungen von der baurechtlichen Grundordnung beruhenden weitergehenden baulichen Nutzungsmöglichkeiten[15]. Die besonderen Qualitäten sollen sich dabei in der Überbauung selber[16], in deren Einordnung in die Umgebung[17] sowie in ihrem Beitrag zur erwünschten siedlungsplanerischen Entwicklung insgesamt[18] äussern, wobei die einzelnen gesetzlichen Ausgestaltungen verschiedene Akzentsetzungen aufweisen[19].

Die projektbezogenen Sonderinstrumente sind ausdrücklich auf die bauliche Verdichtung ausgerichtet[20] oder zumindest auch dafür einsetzbar[21]. Das verdich-

---

gepasste Überbauung[en]», während das bernische Recht für die gestalterischen Gesichtspunkte lediglich im Rahmen der Interessenabwägung (Art. 75 Abs. 2 lit. c BauG/BE) auf die Ästhetik-Generalklausel verweist (vgl. BVR 1994, 303 [E. 4] Wattenwil BE).

[15] Diese bilden (nach BGE 99 Ia 153 E. 6 Schaffhausen) insofern Zweck von Gesamtüberbauungen, als deren Sinn darin liegt, «eine von den Baubedingungen der allgemeinen Bauzonen abweichende Überbauung mit in der Regel stärkerer Ausnutzungsmöglichkeit zu gestatten».

[16] Dies zeigt sich an den qualitativen Erfordernissen, welche etwa nach § 71 Abs. 1 und 2 PBG/ZH die kubische Gliederung und den architektonischen Ausdruck der Gebäude, die Anlage von Freiflächen, die Wohnhygiene und Wohnlichkeit der Überbauungen sowie deren Ausrüstung mit technischen Einrichtungen betreffen; im gleichen Sinne setzt § 21 Abs. 2 BauG/AG unter lit. b eine gute architektonische Gestaltung der Bauten und der Freiräume voraus und enthält unter lit. e - g Anforderungen an Heizungs- und Entsorgungsanlagen, Freizeit- und ökologische Ausgleichsflächen sowie betreffend das behindertengerechte Bauen; § 39 Abs. 1 lit. a KBV/SO verlangt u.a. architektonisch und wohnhygienisch gute Überbauungen, während gemäss § 51 Abs. 1 E RBG/BL eine hohe Wohnqualität anzustreben ist. Vgl. des weiteren Art. 18 Abs. 2 lit. e - g sowie Art. 18bis Abs. 3 und 4 BauR/Frauenfeld TG.

[17] Die Anforderungen beziehen sich hiebei auf die Einfügung der Überbauungen in die bauliche und landschaftliche Umgebung (vgl. § 71 Abs. 2 PBG/ZH, § 39 Abs. 1 lit. a KBV/SO, § 21 Abs. 2 lit. c ABauV/AG sowie § 51 Abs. 1 E RBG/BL) und bisweilen auf die Erschliessung (vgl. § 71 Abs. 2 PBG/ZH und insbes. § 21 Abs. 2 lit. d und Abs. 3 ABauV/AG); vgl. auch Art. 18 Abs. 2 lit. b - d sowie Art. 18bis Abs. 4 lit. a und c BauR/Frauenfeld TG.

[18] Dabei geht es darum, abwechslungsreicher gestaltete und wohnlichere Siedlungen sowie die verdichtete Bauweise mit grosszügig gestalteten Aussenräumen zu ermöglichen und in einem weiteren Sinne die haushälterische Bodennutzung zu fördern (ZAUGG, Kommentar Art. 75 BauG/BE, N. 1, sowie BVR 1991, 410 [E. 4c] Bern und 1994, 301 f. E. 3b Wattenwil BE). Die "Ausnahmen" nach § 51 Abs. 1 E RBG/BL sind ausdrücklich «im Sinne der verdichteten Bauweise» zu erteilen. Des weiteren bezwecken die Arealüberbauungen des aargauischen Rechts nach § 21 Abs. 2 lit. a ABauV/AG sowie die verdichtete Bauweise nach Art. 18 und die Nachverdichtung nach Art. 18bis (jeweils Abs. 1) BauR/Frauenfeld TG die haushälterische Nutzung des Bodens.

[19] Für die Arealüberbauung nach zürcherischem Recht etwa standen zumindest in ihrer ursprünglichen Ausgestaltung (i.d.F. vom 7. September 1975) die kleinerräumigen Auswirkungen der erhöhten Qualitätsanforderungen im Vordergrund («Es liegt [ihr] das planerische Motiv zugrunde, den Baupolizeibehörden die rechtliche Handhabe zu bieten, eine von den normalen abweichende, differenziertere Bauweise zuzulassen und gleichzeitig an die bauliche Gestaltung, die Einordnung in die Umgebung und die Wohnqualität in verschiedener Beziehung erhöhte Anforderungen zu stellen», ZBl 76 [1975] 204), während etwa das bernische Recht mit der Gestaltungsfreiheit v.a. siedlungsplanerisch relevante Ziele verfolgt, aus denen auf die konkreten Anforderungen an die einzelnen Überbauungsmerkmale Rückschlüsse zu ziehen sind.

[20] Vgl. § 51 Abs. 1 E RBG/BL oder Art. 18 und Art. 18bis BauR/Frauenfeld TG.

[21] Vgl. für das zürcherische Recht: FRITZSCHE/BÖSCH, S. 17 (zum möglichen Abweichungsrahmen: § 72 Abs. 1 PBG/ZH); für das bernische Recht: ZAUGG, Kommentar Art. 75 BauG/BE, N.

tete bzw. verdichtende Bauen lässt sich demzufolge rechtlich durchaus als Sachverhalt erfassen, der sich vollumfänglich im Rahmen der Rechtsanwendung abwickeln lässt.

II. Die Verdichtungsrelevanz projektbezogener Sonderinstrumente

Im folgenden geht es um die Darstellung der verdichtungsrelevanten Abweichungsmöglichkeiten von der baurechtlichen Grundordnung, die sich im Rahmen projektbezogener Sonderinstrumente verwirklichen lassen. Es werden zunächst Art und Umfang des Abweichungsrahmens beschrieben (1.), die jeweiligen Gestaltungsspielräume sodann mit jenen der Sondernutzungsplanung verglichen (2.) und schliesslich auf die Möglichkeit weiterer (ausnahmsweiser) Abweichungen hin untersucht (3.).

1. Der Abweichungsrahmen

Für den Rahmen zulässiger Abweichungen von der baurechtlichen Grundordnung wird bald eine unmittelbar anwendbare kantonalrechtliche Regelung getroffen[22] und bald mehr oder weniger weitgehend auf das kommunale Recht verwiesen[23]. Die Ausdehnung des Abweichungsrahmens (und damit das Ausmass des Projektierungsspielraums) ergibt sich somit einerseits (und u.U. einzig) aus kantonalen Vorschriften, die den zuständigen Behörden angesichts der Vielfalt denkbarer Verhältnisse und Überbauungsabsichten einen weiten Entscheidungsspielraum zugestehen, wobei dessen Ausmass betreffend Art und Umfang möglicher Abweichungen durchaus unterschiedlich ausgestaltet sein kann, und anderseits aus kommunalen Vorschriften, für die das kantonale Recht sowohl inhaltlich, d.h. bezüglich der Art und des Umfangs zulässiger Abweichungen, als auch bezüglich des Detaillierungsgrades[24] der Regelungen unterschiedliche ge-

---

1, mit der Einschränkung, dass gemäss Art. 75 Abs. 2 lit. a BauG/BE die Verdichtung lediglich im Sinne einer Nutzungskonzentration bei kompensationsweiser Freihaltung eines Teils des Beizugsgebietes für grosszügig gestaltete Aussenräume erfolgt, während für die Erhöhung des Masses der zulässigen baulichen Nutzung für das gesamte Beizugsgebiet auf die Nutzungsplanung zu verweisen ist.

[22] Vgl. Art. 75 Abs. 1 BauG/BE; als subsidiäre bauliche Nutzungsordnung vgl. auch § 21 Abs. 4 ABauV/AG.

[23] Vgl. § 69 und § 72 Abs. 1 und 2 PBG/ZH, § 39 Abs. 1 KBV/SO, § 51 E RBG/BL, § 50 Abs. 1 Sätze 2 und 3 BauG/AG (konkretisiert sodann durch § 21 Abs. 1, 4 und 5 ABauV/AG) sowie Art. 75 Abs. 3 BauG/BE (für weitergehende Gestaltungsfreiheit).

[24] So verlangt etwa das zürcherische Recht für Arealüberbauungen besondere Bauvorschriften (vgl. das Marginale zu § 72 PBG/ZH), welche die entsprechenden Vorschriften der baurechtlichen Grundordnung ersetzen, während der Detaillierungsgrad für die Regelung der weitergehenden Gestaltungsfreiheit des bernischen Rechts (Art. 75 Abs. 3 BauG/BE) dem kommunalen Gesetzgeber überlassen bleibt (ob dabei Regelungen zulässig wären, welche sowohl die Beurteilung der Voraussetzungen als auch die Rechtsfolgen im wesentlichen behördlichem Ermessen anheimstellten, ist allerdings fraglich). Die kommunalrechtlichen Regelungen der

setzliche Spielräume vorsehen kann. Mit Art (A.) und Umfang (B.) der gestützt auf projektbezogene Sonderinstrumente zulässigen Abweichungen von der baurechtlichen Grundordnung befassen sich die folgenden Ausführungen.

A) Art der Abweichungen

Die in Anwendung projektbezogener Sonderinstrumente zulässigen Abweichungen können nach Massgabe der jeweiligen kantonalrechtlichen Regelung unterschiedliche Bereiche von Bauvorschriften betreffen[25]. Während etwa kommunalrechtliche Regelungen nach basellandschaftlichem Recht gemäss Revisionsentwurf für die Ausnahmeüberbauung nach einheitlichem Plan grundsätzlich Abweichungen jedwelcher Bauvorschriften vorsehen können[26], sofern sie «im Sinne der verdichteten Bauweise»[27] erfolgen, beschränken das zürcherische und das bernische Recht den Abweichungsrahmen für Arealüberbauungen bzw. solche nach Gestaltungsfreiheit von vornherein auf bestimmte Arten von Bauvorschriften[28] und nehmen gewisse andere Bauvorschriften ausdrücklich von der Möglichkeit abweichender Regelung aus[29]. Eine gewisse Beschränkung des Abweichungsrahmens nach der Art der zu derogierenden Vorschriften dürfte sich

---

Arealüberbauungen können nach aargauischem Recht auf das beschränkt bleiben, was abweichend vom subsidiären kantonalen Recht (nach § 21 Abs. 4 ABauV/AG) gelten soll.

[25] In Frage kommen grundsätzlich sämtliche Arten quantitativer Bauvorschriften (d.h. namentlich Nutzungsziffern, Abstandsvorschriften, Bestimmungen betreffend Bauweise oder Volumetrie der Gebäude [z.B. hinsichtlich deren Länge oder Geschosszahl]). Die qualitativen Anordnungen sind derweil im Rahmen projektbezogener Sonderinstrumente angesichts deren Zwecksetzung eher zu verschärfen.

[26] Die Aufzählung in Abs. 1 des § 51 E RBG/BL ist exemplifikativen Charakters («unter anderem»). - Die umfassende Regelungszuständigkeit gesteht das kantonale Recht auch den aargauischen Gemeinden grundsätzlich zu (vgl. § 21 Abs. 1, 4 und 5 ABauV/AG), mit der verbindlichen Vorgabe allerdings, allfällige Nutzungsziffern für Arealüberbauungen zu erhöhen (§ 50 Abs. 1 Satz 2 BauG/AG). Das solothurnische Recht enthält ebenfalls nur hinsichtlich der Nutzungsziffern eine kantonalrechtliche Vorgabe (§ 39 Abs. 1 KBV/SO), welche das kommunale Recht kraft § 133 Abs. 1 PBG/SO (wiederholt in § 1 Abs. 2 KBV/SO) aber in allgemeiner Weise an die detaillierten kantonalrechtlichen Bauvorschriften (vgl. § 16 ff. KBV/SO und die Anhänge II und IV zur KBV/SO), so dass die - mangels anderslautender Regelung - grundsätzlich umfassend zulässigen besonderen Vorschriften nur im kantonalrechtlichen Rahmen von der baurechtlichen Grundordnung abweichen dürfen.

[27] § 51 Abs. 1 E RBG/BL.

[28] Die Umschreibung der Arten von Bauvorschriften, die im Rahmen projektbezogener Sonderinstrumente grundsätzlich derogiert werden können, erfolgt mittels Generalklausel (vgl. § 72 Abs. 1 PBG/ZH bzw. Art. 75 Abs. 3 BauG/BE) oder durch Aufzählung (vgl. Art. 75 Abs. 1 BauG/BE). - Die Ausführungen dazu in BVR 1991, 410 E. 4c Bern betreffend die eng begrenzten Abweichungsmöglichkeiten im Rahmen der Gestaltungsfreiheit, wonach die «Grenz- und Gebäudeabstände der Bauten gegen aussen, die Gebäudehöhen und Geschosszahlen» - unter Vorbehalt allfälliger Ausnahmebewilligung - jedenfalls zu beachten seien, sind mit Blick auf Abs. 3 des Art. 75 BauG/BE, welcher die Gemeinden (vorbehältlich Art. 75 Abs. 2 BauG/BE) zur Schaffung einer weitergehenden Gestaltungsfreiheit ermächtigt, m.E. in dieser Weise nicht durchwegs zutreffend.

[29] Vgl. § 72 Abs. 2 PBG/ZH bzw. Art. 75 Abs. 2 lit. a BauG/BE.

allerdings gemäss Revisionsentwurf auch nach basellandschaftlichem Recht (und sinngemäss wohl auch nach geltendem aargauischem Recht) bereits von kantonalen Rechts wegen ergeben, sobald die Abweichungen aufgrund ihrer Auswirkungen drohen, die in der Zonenplanung enthaltenen raumplanerischen Grundentscheidungen aus den Angeln zu heben[30].

B) Umfang der Abweichungen

Der Umfang möglicher Abweichungen ergibt sich bald aus der Zonenplanung, welche in den betreffenden Bauvorschriften oder in einer einzigen Sonderbestimmung festhält, was für Überbauungen nach projektbezogenem Sonderinstrument (im Unterschied zu solchen nach baurechtlicher Grundordnung) gilt, und ist bald einer unmittelbar anwendbaren kantonalrechtlichen Bestimmung zu entnehmen.

Soweit das kantonale Recht für die Möglichkeit des Bauens nach projektbezogenem Sonderinstrument der Sache nach auf die nachfolgenden Planungsträger verweist, obliegt es auch diesen, den Abweichungsrahmen betragsmässig zu begrenzen[31]. Der Gestaltungsspielraum bezüglich des zulässigen Umfangs von Abweichungen ist dabei regelmässig keinen kantonalrechtlichen Vorgaben unterworfen[32]. Wird das Aufstellen detaillierter Sonderbestimmungen nicht ausdrücklich verlangt[33], so dürfte es auch zulässig sein, die Festlegung der konkreten Inhalte von Abweichungen in Ausübung des behördlichen Ermessens im Rahmen der Rechtsanwendung vorzusehen. Die Überbauungsmerkmale sind diesfalls so festzusetzen, dass sie den tatsächlichen und rechtlichen Gegebenheiten der zu überbauenden Grundfläche sowie der verfolgten Bauabsicht angemessen erscheinen. Kann die inhaltliche Ausgestaltung des projektbezogenen Sonderinstruments solcherart individualisierend vorgenommen werden[34], so eröffnen sich gegebenenfalls Gestaltungsspielräume, die ein Eingehen auf die konkreten

---

[30] Das Kriterium der «guten Einfügung in die landschaftliche und bauliche Umgebung» (§ 51 Abs. 1 E RBG/BL, vgl. auch § 21 Abs. 2 lit. c ABauV/AG) ist zu diesem Zweck über die Ästhetik der Überbauung hinaus auch auf deren Nutzungsstruktur und Nutzungsmass zu beziehen.

[31] Vgl. z.B. Art. 17 Abs. 3 - 6 BZO/Zürich, Art. 26 Abs. 3 BZO/Birmensdorf ZH, Ziff. 32 BZO/Geroldswil ZH, Art. 26 BZO/Langnau am Albis ZH, Art. 20 BZO/Niederhasli ZH (insbes. Abs. 3, wonach die arealinternen Abstände «unter Vorbehalt einwandfreier wohnhygienischer und feuerpolizeilicher Verhältnisse keinen Mindestmassen unterliegen»).

[32] Für das solothurnische Recht vgl. immerhin § 133 Abs. 1 PBG/SO; die Nutzungsziffern dürfen dabei nach § 39 Abs. 1 KBV/SO in einem von den Gemeinden in ihren Reglementen «zu bestimmenden Mass überschritten werden [...] (Bonus)».

[33] Vgl. etwa Art. 75 Abs. 1 («frei bestimmt») und Abs. 3 BauG/BE.

[34] Insofern ähnlich der Ausgestaltung des Inhalts von Ausnahmebewilligungen; das projektbezogene Sonderinstrumentarium zeichnet sich immerhin durch eine deutlichere inhaltliche Ausrichtung aus und rechtfertigt daher eher das Gewähren ganzer Bündel von Abweichungen, die zudem nicht durch besondere tatsächliche Verhältnisse veranlasst zu sein brauchen.

Verhältnisse erlauben, wie dies ansonsten nur im Rahmen der Sondernutzungsplanung der Fall ist.

2. Vergleich mit der Sondernutzungsplanung

Die Anwendung projektbezogener Sonderinstrumente stellt keinen nutzungsplanerischen Vorgang dar, sondern geschieht im Rahmen einer bestehenden und anders als bei der Sondernutzungsplanung in keiner Weise veränderten baurechtlichen Grundordnung. So ist die Nutzungsart von Bauvorhaben nach projektbezogenem Sonderinstrument bereits durch den Zonenplan bestimmt und kann mithin nicht Gegenstand besonderer Regelung bilden[35], wie dies bei der Sondernutzungsplanung der Fall ist. Eine Nutzungsdurchmischung lässt sich daher mit projektbezogenen Sonderinstrumenten nicht herbeiführen, wenn sie nicht schon kraft Zonenplanung vorgesehen ist. Mit dem Zweck der projektbezogenen Sonderinstrumente erscheint immerhin durchaus als verträglich, zulässige oder vorgeschriebene Nutzungsanteile innerhalb des von einem Gesamtvorhaben erfassten Gebietes frei und allenfalls parzellenübergreifend zu verteilen. Dadurch können siedlungsqualitative Ziele gefördert und Nutzungsanteile, die parzellenbezogen nicht effizient zu realisieren wären, addiert und im Ergebnis wirkungsvoller umgesetzt werden. In Zonen gemischter Nutzungen kann sich zudem durch nichtproportionale Erhöhung des Masses der einzelnen Nutzungsarten eine Umverteilung des Verhältnisses der Nutzungsanteile untereinander ergeben. Des weiteren können Nutzungsverschiebungen bei unterschiedlicher Zonenzugehörigkeit der von einem nach projektbezogenem Sonderinstrument zu erstellenden Bauvorhaben erfassten Fläche[36] eine von der baurechtlichen Grundordnung abweichende räumliche Anordnung der Nutzungsarten bewirken.

Eine Erhöhung des Nutzungsmasses kann dagegen regelmässig sowohl durch Sondernutzungsplanung als auch durch die Anwendung projektbezogener Sonderinstrumente erfolgen[37]. Die rechtsverbindlichen sondernutzungsplanerischen Festlegungen bewirken bei entsprechender inhaltlicher Ausgestaltung aber eine effektivere Ausrichtung der Bautätigkeit auf die bauliche Verdichtung als die projektbezogenen Sonderinstrumente[38], die den Bauwilligen als Alternative zur baurechtlichen Grundordnung zur Verfügung gestellt werden und deren bauliche

---

[35] Vgl. etwa die ausdrückliche Bestimmung in Art. 75 Abs. 2 lit. a BauG/BE.
[36] Vgl. § 72 Abs. 3 PBG/ZH.
[37] Die Gestaltungsfreiheit nach bernischem Recht lässt gemäss Art. 75 Abs. 2 lit. a BauG/BE (vgl. auch ZAUGG, Kommentar Art. 75 BauG/BE, N. 3 Lemma 4) allerdings keine Erhöhung des Nutzungsmasses bzgl. des gesamten Beizugsgebietes zu, sondern sieht die Kompensation der Nutzungskonzentration in einem Teilraum des Projektgebiets durch Schaffung von Freiräumen vor (vgl. Art. 75 Abs. 2 lit. b BauG/BE).
[38] Die Sondernutzungsplanung geht den projektbezogenen Sonderinstrumenten, welche letztlich Bestandteil der baurechtlichen Grundordnung bilden, ohnehin vor (vgl. ZAUGG, Kommentar Art. 75 BauG/BE, N. 2 Lemma 3).

Nutzungsmöglichkeiten auch nicht voll ausgeschöpft zu werden brauchen, es sei denn, ein Nutzungsverzicht verstiesse gegen die Zwecksetzung des projektbezogenen Sonderinstruments. Es ist zudem davon auszugehen, dass die Bauvorschriften für die projektbezogenen Sonderinstrumente die bauliche Verdichtung desto zurückhaltender angehen, je weniger scharf sie lokalisiert sind und je weniger ausgeprägt sie mithin im einzelnen auf örtliche Verhältnisse eingehen können[39]. Anders verhält es sich freilich bei projektbezogenen Sonderinstrumenten, deren inhaltliche Ausgestaltung individualisierend, d.h. auf den Einzelfall ausgerichtet, und unter Auslassung der Schaffung besonderer Bestimmungen erfolgt[40]. Es eröffnen sich diesfalls bezüglich der möglichen Anordnungen Gestaltungsspielräume, wie sie für die Sondernutzungsplanung typisch sind[41].

3. Die Abweichungsmöglichkeiten von projektbezogenen Sonderinstrumenten ihrerseits

Die Zulässigkeit solcher Abweichungen ist nach Massgabe der Art der zu derogierenden Anordnung eines projektbezogenen Sonderinstruments unterschiedlich zu beurteilen. Soweit sich der Inhalt von Bewilligungen nach projektbezogenen Sonderinstrumenten einzelfallweise nach behördlichem Ermessen bestimmt, ist das Eingehen auf besondere Verhältnisse und/oder besondere Überbauungsabsichten und -bedürfnisse ohne weiteres möglich, ja geradezu geboten. In dieser Hinsicht und unter diesen Voraussetzungen unterscheiden sich die projektbezogenen Sonderinstrumente nicht von Ausnahmebewilligungen. Anders dürfte es sich verhalten, soweit im Rahmen projektbezogener Sonderinstrumente besondere Bauvorschriften aufgestellt werden, deren Zweck gerade darin besteht, von der baurechtlichen Grundordnung abweichende und dieser dadurch qualitativ überlegene Überbauungen zu ermöglichen. Kollidieren bestimmte Überbauungsabsichten im Einzelfall mit solchen besonderen Bauvorschriften, so ist für die Erteilung von Ausnahmebewilligungen an das Vorliegen besonderer Verhältnisse ein betont strenger Massstab anzulegen[42], während für

---

[39] So müssen etwa die besonderen Bauvorschriften für die Arealüberbauungen nach zürcherischem Recht für eine zumindest gebietsweise (vgl. § 69 Satz 1 PBG/ZH) Anwendung geeignet sein.

[40] So nach Art. 75 Abs. 1 (und evtl. Abs. 3) BauG/BE («frei bestimmt»).

[41] Bei den projektbezogenen Sonderinstrumenten fallen die Handlungsspielräume bei der Projektierung konkreter Bauvorhaben an, während sie bei der Sondernutzungsplanung nur bei der Festsetzung des Plans vorhanden sind, bei dessen Realisierung jedoch nur noch im Rahmen des sondernutzungsplanerischen Projektierungsspielraums (siehe supra § 6 II. 3. B.).

[42] Vgl. GOOD-WEINBERGER, S. 123 f. m.H. - Angesichts besonderer Bauvorschriften und Festlegungen, die eigens für das projektbezogene Sonderinstrument ergehen, ist es auch denkbar, Abweichungen davon oder weitere Abweichungen von der baurechtlichen Grundordnung ausdrücklich auszuschliessen (vgl. etwa Art. 18 Abs. 4 BauR/Frauenfeld TG, wonach die gegenüber der baurechtlichen Grundordnung erhöhten Ausnützungsziffern für die verdichtete Bauweise durch Sondernutzungs- oder Arealüberbauungspläne nicht zusätzlich erhöht werden dürfen).

Abweichungen von allgemeinen Vorschriften der baurechtlichen Grundordnung (z.B. betreffend Raumausrichtung, innere Erschliessung, Abstände oder Volumetrie) die üblichen Voraussetzungen für Ausnahmebewilligungen zu verlangen sind[43]. Sind somit Abweichungsgründe, die bereits bei der Ausarbeitung besonderer Vorschriften für projektbezogene Sonderinstrumente berücksichtigt worden sind, im Hinblick auf die Gewährung von Ausnahmebewilligungen regelmässig ausser Betracht zu lassen[44], so ist demgegenüber die Schwelle der Besonderheit der Verhältnisse bei jenen Abweichungen nicht allzu hoch anzusetzen, die - indem sie eine allgemeine Vorschrift derogieren - zu einer besseren Erreichung der Zwecksetzung projektbezogener Sonderinstrumente beitragen.

III. Die Anwendbarkeit und Eignung projektbezogener Sonderinstrumente für die bauliche Verdichtung

Der mögliche Beitrag projektbezogener Sonderinstrumente zur baulichen Verdichtung beurteilt sich nicht bloss nach der inhaltlichen Ausgestaltung, wie sie innerhalb des Abweichungsrahmens getroffen wird[45], sondern auch nach bestimmten quantitativen und qualitativen Anwendungsvoraussetzungen. Diese sind im folgenden mit Blick auf die bauliche Verdichtung im allgemeinen (1.) sowie für das verdichtende Bauen im besonderen (2.) darzustellen.

1. Die Anwendbarkeit für die bauliche Verdichtung im allgemeinen

Die Anwendbarkeit projektbezogener Sonderinstrumente für die bauliche Verdichtung[46] bestimmt sich einerseits nach quantitativen Voraussetzungen bezüglich des Beizugsgebiets (A.) und anderseits nach den qualitativen Anforderungen an die Bauvorhaben (B.). Die im Rahmen projektbezogener Sonderinstrumente verlangte regelmässig parzellenübergreifende Konzeption von Gesamtüberbau-

---

[43] Vgl. BVR 1991, 410 E. 4c Bern, wonach Grenz- und Gebäudeabstände der Bauten gegen aussen, Gebäudehöhen und Geschosszahlen usw. «- allenfalls unter Vorbehalt der Ausnahmebewilligung - zu beachten» sind, womit die Möglichkeit von Ausnahmebewilligungen von den Vorschriften der baurechtlichen Grundordnung grundsätzlich bejaht wird. Ausgeschlossen bleiben Abweichungen von solchen Vorschriften, die schon nach der Regelung für das projektbezogene Sonderinstrument selber ausdrücklich nicht derogiert werden dürfen (vgl. Art. 75 Abs. 2 BauG/BE, der kraft Art. 75 Abs. 3 Satz 2 BauG/BE auch für die kommunale Ausgestaltung der Gestaltungsfreiheit verbindlich ist). - Die allgemeine Verweisung auf die Regelbauweise in Art. 18 Abs. 1 Satz 1 BauR/Frauenfeld TG entfaltet m.E. keine solche Ausschlusswirkung für weitere Abweichungen, sondern erfasst mit der Regelbauweise wohl auch deren besondere und allgemeine Ausnahmebestimmungen (§ 79 f. PBG/TG).

[44] Anders zu verfahren, vertrüge sich nicht damit, dass die verlangte Abweichung eben gerade nicht vorgesehen ist, obschon eine entsprechende Ausgestaltung des projektbezogenen Sonderinstrumentes grundsätzlich möglich gewesen wäre.

[45] Siehe supra II.

[46] Als gebaute Beispiele vgl. die Siedlungen Prowoba, Unterägeri ZG (LISCHNER, S. 54 ff.) und Chriesmatt, Dübendorf ZH (ibid., S. 74 ff.).

ungen, die besonderen qualitativen Anforderungen zu genügen hat, lässt diese Instrumente als Mittel zur rechtlichen Abwicklung qualitativer baulicher Verdichtungen grundsätzlich als sehr geeignet erscheinen[47].

A) Das Beizugsgebiet

Die quantitativen Voraussetzungen bezüglich des Beizugsgebiets betreffen dessen Mindestfläche (a.) und dessen räumliche Anordnung (b.).

a) Die Mindestfläche

Die projektbezogenen Sonderinstrumente kommen nur zum Einsatz, sofern das Beizugsgebiet eine bestimmte Mindestfläche aufweist, die in etwa erlaubt, den Abweichungen von der baurechtlichen Grundordnung eine gewisse Regelmässigkeit zu verleihen. Die Ausdehnung der Mindestfläche ist entweder betragsmässig festzulegen[48] oder ergibt sich aus quantitativen Anforderungen an die Gesamtüberbauung, seien diese nach der baurechtlichen Grundordnung[49] oder nach projektbezogenem Sonderinstrument[50] zu bemessen. Für das verdichtete Bauen entscheidet im wesentlichen der Betrag der Mindestfläche über die Anwendbarkeit projektbezogener Sonderinstrumente, während beim verdichtenden Bauen der räumlichen Anordnung des Beizugsgebiets gleichermassen bestimmende Bedeutung zukommt.

b) Die räumliche Anordnung

Das Beizugsgebiet muss aus zusammenhängenden Grundstücken gebildet werden[51] und eine für die Überbauung geeignete Arrondierung aufweisen[52]. Das

---

[47] Vgl. DIGGELMANN, Ergänzungsband ZH, S. 26.
[48] Vgl. § 69 Satz 2 PBG/ZH und § 51 Abs. 2 E RBG/BL (je mit Verweisung auf die Vorschriften zum Zonenplan).
[49] Vgl. für die bernische Recht das Erfordernis, dass nach baurechtlicher Grundordnung auf der zur Anwendung der Gestaltungsfreiheit bestimmten Grundfläche zwei oder mehrere Hauptgebäude erstellt werden könnten (ZAUGG, Kommentar Art. 75 BauG/BE, N. 3 Lemma 2); gemäss BVR 1994, 302 f. E. 4 Wattenwil BE muss die gemeinsam projektierte Überbauung auch im Ergebnis aus mindestens zwei Bauten bestehen, die immerhin «durch optisch klar abgesetzte, den einzelnen Häusern untergeordnete Zwischentrakte verbunden [... oder ...] gestaffelt und in der Tiefe versetzt oder [...] terrassenförmig aneinander[gebaut werden dürfen]».
[50] Vgl. Art. 18 Abs. 3 BauR/Frauenfeld TG, wonach die Gebäudegruppen in verdichteter Bauweise eine Mindestanzahl Wohneinheiten bzw. gewerblicher Betriebsräume aufzuweisen haben; vgl. sodann für die Nachverdichtung die einzelfallweise Festlegung des Beizugsgebietes («Baugruppen oder Quartierteile») gemäss Art. 18bis Abs. 4 Satz 1 BauR/Frauenfeld TG.
[51] Vgl. § 39 Abs. 1 KBV/SO; ZAUGG, Kommentar Art. 75 BauG/BE, N. 3 Lemma 1.
[52] Das Beizugsgebiet muss mit Blick auf das einheitliche Gestaltungskonzept der Gesamtüberbauung optisch eine gewisse Geschlossenheit aufweisen; dies ist - ungeachtet der Aufhebung von § 7 Abs. 2 ABV/ZH - wohl weiterhin auch nach zürcherischem Recht zu verlangen. Dass das Beizugsgebiet etwa durch Gewässer, ökologische Ausgleichsflächen oder Waldflächen, aber auch durch Verkehrsflächen (z.B. Strassen oder Eisenbahnlinien) durchschnitten wird, ist dabei nicht von vornherein auszuschliessen; diese (zunächst) "zäsurbildenden" Elemente müs-

Ausscheiden ausreichender Beizugsflächen für projektbezogene Sonderinstrumente ist bei der baulichen Nachverdichtung im Vergleich zum verdichteten Bauen dadurch erschwert, dass sich Zusammensetzung und Arrondierung der Mindestfläche in bereits überbauter Umgebung an bestehenden Siedlungsstrukturen (d.h. etwa bestehende Überbauung, Erschliessung, Parzellarordnung, Eigentumsverhältnisse) ausrichten müssen und ohne Berücksichtigung möglicherweise unterschiedlicher Verfügbarkeiten der einzelnen Grundstücke für bauliche Massnahmen kaum zweckmässig erfolgen können. Diesem Erschwernis kann - abgesehen vom Verzicht auf eine betragsmässige Festsetzung zugunsten einer Umschreibung der baulichen Ausgangslage bzw. des gemäss projektbezogenem Sonderinstrument zu erreichenden Überbauungsergebnisses - dadurch abgeholfen werden, dass die Mindestflächen zonen- oder gebietsweise abgestuft festgelegt werden; dabei kann dem bestehenden Überbauungsgrad sowie den übrigen räumlichen Verhältnissen angemessen Rechnung getragen werden[53]. Des weiteren wäre zu erwägen, auch öffentliche Räume (etwa Verkehrs- oder Verbindungsflächen, Plätze sowie Grundstücksteile des Umschwungs öffentlicher Bauten und Anlagen) der Beizugsfläche anzurechnen, soweit sich zwischen ihrer Ausgestaltung und den Bauvorhaben nach projektbezogenem Sonderinstrument funktionale oder gestalterische Wechselwirkungen ergeben, die sich zu einer Verbesserung der Siedlungsqualität insgesamt einsetzen lassen.

B) Die qualitativen Anforderungen

Die qualitativen Anwendungsvoraussetzungen für die projektbezogenen Sonderinstrumente verlangen für das zulässige Ausschöpfen des Abweichungsrahmens, dass die Gesamtüberbauungen qualifizierte Eigenschaften aufweisen, wie sie sich aus der Zwecksetzung der projektbezogenen Sonderinstrumente ergeben[54]. Wird die bauliche Verdichtung in Anwendung projektbezogener Sonderinstrumente vorgenommen, so geht damit quasi per definitionem ein Beitrag an eine qualitative Siedlungsentwicklung einher, wie dies im Sinne einer haushälterischen Nutzung des Bodens ja ohnedies zu verlangen ist.

2. Die Anwendbarkeit für das verdichtende Bauen im besonderen

Die Nachverdichtungstauglichkeit der projektbezogenen Sonderinstrumente ist im folgenden zunächst anhand des Anpassungsbedarfs der Anwendungsvoraussetzungen an die Verhältnisse beim verdichtenden Bauen zu erörtern (A.). Die Anpassung der Anwendungsvoraussetzungen vermag jedoch das Dilemma hin-

---

sen allerdings in die Gesamtkonzeption des projektbezogenen Sonderinstruments eingebunden werden.
[53] Vgl. ansatzweise etwa Art. 17 Abs. 2 BZO/Zürich, Ziff. 312 BZO/Geroldswil ZH, Art. 25 BZO/Langnau am Albis ZH oder Art. 19 Abs. 2 BZO/Niederhasli ZH.
[54] Vgl. supra I. 2.

sichtlich der Anwendungseignung projektbezogener Sonderinstrumente für die bauliche Nachverdichtung nicht zu beseitigen: Dass die Abweichungsmöglichkeiten in aller Regel bereits der baurechtlichen Grundordnung zu entnehmen sind, erweist sich einerseits als verfahrensmässiger Vorteil (ordentliche Baubewilligung, keine planerischen Zwischenschritte), enthält aber anderseits den Nachteil, dass beim Erlass der betreffenden generell-abstrakten Normen (insbesondere, wenn sich diese nicht bloss auf ein bestimmtes Gebiet beziehen, sondern zonenweise oder sogar allgemein gelten sollen) nicht oder höchstens in sehr beschränktem Masse auf die konkrete Situation und Bauabsicht betreffend die einzelnen Teile des Beizugsgebiets eingegangen werden kann[55], weshalb für einzelne Vorhaben der baulichen Nachverdichtung gleichwohl nicht um Ausnahmebewilligungen oder die Sondernutzungsplanung herumzukommen ist. Diese Sachlage kann nach einer gesonderten Instrumentierung für das verdichtende Bauen verlangen (B.). Schliesslich ist auf Schwierigkeiten hinzuweisen, die sich bei der baulichen Weiterentwicklung bereits nach projektbezogenen Sonderinstrumenten erstellter Überbauungen einstellen können (C.).

A) *Die Anpassung der Anwendungsvoraussetzungen an die Verhältnisse beim verdichtenden Bauen im allgemeinen*

Solche Anpassungen drängen sich für die quantitativen Anwendungsvoraussetzungen (auch abgesehen von Mindestfläche und räumlicher Begrenzung des Beizugsgebiets) ohne weiteres auf, und zwar zunächst betreffend den baulichen Zustand der einbezogenen Grundstücksflächen (a.) und als Auswirkung davon (sowie aufgrund der im Vergleich zum verdichteten Bauen erschwerten tatsächlichen Verhältnisse) auch betreffend die qualitativen Anforderungen (b.).

a) Die Anpassung der Bestimmungen über das Beizugsgebiet

Für Massnahmen des verdichtenden Bauens stehen die projektbezogenen Sonderinstrumente nur zur Verfügung, sofern deren Beizugsgebiet auch bereits überbaute Grundstücke umfassen darf. Ist dies gesetzlich so vorgesehen[56], kann sich die Mindestfläche vorbehältlich anderslautender Bestimmungen auch ausschliesslich aus überbauten Grundstücken zusammensetzen.

Weist ein mögliches Verdichtungsgebiet gestreute Eigentumsverhältnisse auf, wie dies im überbauten Gebiet regelmässig der Fall sein dürfte, so ist dadurch das Aufbringen eines ausreichenden Beizugsgebiets für projektbezogene Son-

---

[55] Beim verdichtenden Bauen fällt dies besonders ins Gewicht, weil sich dabei im Einzelfall Abweichungen aufdrängen können, die sich aus planerischen Überlegungen nicht generell-abstrakt gewähren lassen.

[56] Vgl. § 71 Abs. 3 PBG/ZH (im Ergebnis gleich: § 39 Abs. 1 KBV/SO: «Quartiererneuerungen, die ein zusammenhängendes Gebiet erfassen»); für das bernische Recht siehe ZAUGG, Kommentar Art. 75 BauG/BE, N. 3 Lemma 1 und 3.

derinstrumente (selbst bei nach Massgabe der Zonenzuweisung reduzierter Mindestfläche) allein schon aufgrund der unterschiedlichen Verfügbarkeit der Grundstücke für bauliche Massnahmen zumindest erschwert. Abhelfen könnte dem allenfalls eine Regelung, wonach die baulichen Nutzungsmöglichkeiten gemäss projektbezogenen Sonderinstrumenten auch für einzelne verdichtende Bauvorhaben - und damit unter Verzicht auf ein grösserräumiges bauliches Konzept sowie eine entsprechende einheitliche Baueingabe - in Anspruch genommen werden können, sofern und soweit das sich aus Bestehendem und Verändertem zusammensetzende Gesamtergebnis den qualitativen Anforderungen genügt[57], was anhand einer umfassenden Gesamtwürdigung[58] zu ermitteln ist.

b) Die Anpassung der qualitativen Anforderungen

Die Anrechnung bereits überbauter Grundstücke an das Beizugsgebiet steht grundsätzlich unter der qualitativen Voraussetzung, dass die Überbauung als Ganzes den Anforderungen entspricht, wie sie sich aus der Zwecksetzung der projektbezogenen Sonderinstrumente ergeben[59]. Das Abstellen auf das bauliche Gesamtergebnis als Bewertungsobjekt bedeutet, dass einzelne bauliche Massnahmen (etwa bereits errichtete Bauteile), welche den qualitativen Anforderungen nicht vollumfänglich genügen, die Bewilligungsfähigkeit von Vorhaben nicht verhindern, solange das Gesamtergebnis die qualitativen Anforderungen erfüllt und das teilweise Ungenügen nicht zu einem ausgeprägten Ungleichgewicht oder zu einer spürbaren Beeinträchtigung der gesamten Überbauungssituation führt. Der Beurteilungsmassstab für die Qualität des baulichen Gesamtergebnisses, das sich aus Bestehendem und Verändertem bzw. Hinzugefügtem zusammensetzt, ist dabei unter Berücksichtigung verschiedener Parameter fest-

---

[57] Vgl. DIGGELMANN et al. (Siedlungserneuerung, S. 97 f., "gesamtüberbauungsartige Vergünstigungen für Einzelvorhaben"): «Sie sollen es den Baubewilligungsbehörden ermöglichen, weitgehende Vergünstigungen gegenüber der Regelbauweise in bezug auf Abstände, Geschosszahl, Gebäudelänge oder Ausnützung auch für Umbauvorhaben an einzelnen Bauten gewähren zu können: Die Voraussetzung des Einbezugs eines grösseren Perimeters zur Sicherstellung eines überzeugenden Gesamtkonzepts entfällt».

[58] Diese richtet sich im wesentlichen nach dem Zweck der baulichen Nachverdichtung (vgl. etwa Art. 18bis Abs. 1 und 2 BauR/Frauenfeld TG: «haushälterische Nutzung des Bodens», «Erhaltung und Verbesserung der Stadtstrukturen»; «Vergrösserung der Wohn- oder Arbeitsflächen», «Durchmischung des Quartiers») und berücksichtigt die Auswirkungen auf die Nachbarschaft und die weitere Umgebung (vgl. z.B. Art. 18bis Abs. 3 und 4 [insbes. lit. a und c] BauR/Frauenfeld TG). Als Beurteilungsmassstab für die Gesamtwürdigung können zudem kleinräumige richtplanerische Vorgaben herangezogen werden (vgl. DIGGELMANN et al., Siedlungserneuerung, S. 98).

[59] Vgl. ausdrücklich § 71 Abs. 3 Halbsatz 2 PBG/ZH. Auch das solothurnische Recht unterscheidet in § 39 Abs. 1 KBV/SO hinsichtlich der qualitativen Anforderungen an Überbauungen gemäss projektbezogenen Sonderinstrumenten grundsätzlich nicht nach Arealüberbauungen und Quartiererneuerungen. - Ist das Qualitätserfordernis im Rahmen der baulichen Möglichkeiten nach projektbezogenem Sonderinstrument nicht zu erfüllen, so ist gegebenenfalls der Einsatz der Sondernutzungsplanung zu prüfen.

zulegen. Dabei ist in erster Linie den Gestaltungsspielräumen Rechnung zu tragen, wie sie angesichts der konkreten Verhältnisse und des Anteils des in die Projektierung einbezogenen Bestehenden vorliegen. Des weiteren sind die Auswirkungen der baulichen Massnahmen auf das Bestehende zu bewerten, unterscheiden sich diese doch sehr wesentlich je nachdem etwa, ob sich das Bauvorhaben auf Ergänzungsbauten (z.B. Verbindungsbauten oder freistehende Neubauten) beschränkt oder ob das Bestehende (durch Umbau, Erweiterung oder Nutzungsänderung) unmittelbar erfasst wird. Von Bedeutung ist sodann die qualitative Bewertung der bestehenden Bauten. - [60]

B) Die gesonderte Instrumentierung

Diese Vorgehensweise führt zu projektbezogenen Sonderinstrumenten, die unmittelbar auf die konkreten Regelungsbedürfnisse des verdichtenden Bauens ausgerichtet werden können. Soll gezielt eine bauliche Nachverdichtung ermöglicht werden, die über einzelne und voneinander unabhängige Massnahmen hinausgeht, so kann dafür etwa ein durch den oder die Bauwilligen unter Mitwirkung des Gemeinwesens zu erstellendes Verdichtungskonzept[61] eine geeignete Grundlage bilden, auf welches sich die Behörden bei der Erteilung der erforderlichen Baubewilligungen stützen[62]. Das Verdichtungskonzept legt dabei einerseits die qualitativen Anforderungen an die beabsichtigten baulichen Massnahmen fest und enthält andererseits die dazu erforderlichen (und dadurch gerechtfertigten) Anpassungen der rechtlichen Vorgaben. Die inhaltliche Ausgestaltung dieses projektbezogenen Sonderinstruments ist gesetzlich nur sehr zurückhaltend vorgezeichnet[63] und liegt damit weitestgehend in der Zuständigkeit der Bewilligungsbehörden und der Bauwilligen, wobei immerhin das Beizugsgebiet von der

---

[60] Schliesslich drängt sich eine weitere Relativierung des Beurteilungsmassstabs mit Blick auf die erweiterte Besitzstandsgarantie rechtswidrig gewordener Bauten auf, gestützt worauf Massnahmen der baulichen Verdichtung auch auf bescheidenerem Qualitätsstand zuzulassen sind (vgl. supra § 13 III.).

[61] Vgl. Art. 18bis Abs. 4 BauR/Frauenfeld TG. Dieses Instrument lässt sich weder als Richt- noch als Nutzungsplan bezeichnen: indem es die Nachverdichtungsmassnahmen und die dazu erforderlichen Abweichungen von der baurechtlichen Grundordnung aufführt, trägt es (obgleich freilich projektbezogen) sondernutzungsplanerische Züge; soweit es die Auswirkungen der Nachverdichtung zum Gegenstand hat, lässt es sich mit einem Verträglichkeitsbericht im weitesten Sinne (oder mit einem Sozialbericht im Sinne von § 193 PBG/ZH) vergleichen.

[62] Diese Vorgehensweise trägt Merkmale konsensualen Verwaltungshandelns (vgl. infra § 16 III.). Die unmittelbare Geltungskraft des verwaltungsrechtlichen Vertrages wird dem Verdichtungskonzept jedoch nicht zugedacht, wird es doch den Betroffenen im Beizugsgebiet lediglich mitgeteilt und ihrer Stellungnahme ausgesetzt (Art. 18bis Abs. 5 BauR/Frauenfeld TG).

[63] Vgl. für die Gewährung einer erhöhten baulichen Nutzung immerhin die Verweisung auf die Qualitätsanforderungen an die verdichtete Bauweise (Art. 18bis Abs. 4 Satz 4 i.V.m. Art. 18 Abs. 2 BauR/Frauenfeld TG); eine weitere Konkretisierung wäre zudem durch entsprechend ausgestaltete richtplanerische Vorgaben zu erreichen (vgl. auch etwa DIGGELMANN et al., Siedlungserneuerung, S. 98 f.).

Exekutiven festzulegen ist[64]. Diese bedeutende Delegation der Regelungsbefugnisse[65] erscheint angesichts der klaren Definition der überhaupt in Frage kommenden baulichen Massnahmen[66] und deren Zwecksetzung[67] sowie der detaillierten Darlegungspflicht[68] als zulässig und mit Blick auf die Vielfalt der Sachverhalts-Konstellationen beim verdichtenden Bauen auch als zweckmässig.

C) Die bauliche Nachverdichtung bereits nach projektbezogenen Sonderinstrumenten erstellter Überbauungen

Die Massnahmen des verdichtenden Bauens an bereits im Rahmen projektbezogener Sonderinstrumente erstellten Überbauungen können sowohl in quantitativer (a.) als auch in qualitativer Hinsicht (b.) auf Hindernisse stossen.

a) Schwierigkeiten in quantitativer Hinsicht

Die Frage, ob und wieweit Massnahmen des verdichtenden Bauens an einer nach projektbezogenem Sonderinstrument erstellten Überbauung in quantitativer Hinsicht zulässig sind, stellt sich dann, wenn das Mass der zugelassenen baulichen Nutzung durch die bestehende Überbauung bereits erreicht (der nutzungsmässige Abweichungsrahmen im Verhältnis zur baurechtlichen Grundordnung m.a.W. ausgeschöpft ist) oder gar überschritten wird. Ihre Beantwortung hängt davon ab, ob das nach projektbezogenem Sonderinstrument zulässige Nutzungsmass mit der baulichen Dichte, wie sie in der baurechtlichen Grundordnung vorgesehen ist, gekoppelt[69] oder im Verhältnis zu dieser verselbständigt ist[70]. Im ersteren Fall ist eine Nachverdichtung von vornherein nur im Zuge einer

---

[64] Art. 18bis Abs. 4 Satz 1 BauR/Frauenfeld TG.
[65] Sie ist hinsichtlich des Spielraums bei der Ausgestaltung der baulichen Nutzungsordnung in etwa mit der Gestaltungsfreiheit des bernischen Rechts vergleichbar, wobei Art. 75 BauG/BE jedoch festhält, welche Überbauungsmerkmale frei bestimmt werden können (und unter welchen Voraussetzungen).
[66] Art. 18bis Abs. 2 und 4 BauR/Frauenfeld TG («Um-, An-, Vor-, Auf- und Verbindungsbauten»; «Schliessen von Baulücken»).
[67] Art. 18bis Abs. 1 und 2 BauR/Frauenfeld TG («haushälterische Nutzung des Bodens», «Erhaltung und Verbesserung der Stadtstrukturen»; «Vergrösserung der Wohn- oder Arbeitsflächen», «Durchmischung des Quartiers»).
[68] Art. 18bis Abs. 4 (insbes. lit. a - c) BauR/Frauenfeld TG.
[69] Vgl. Art. 75 Abs. 2 lit. a BauG/BE; anders wohl (aber nicht ausdrücklich) das basellandschaftliche Recht gemäss Revisionsentwurf.
[70] Vgl. etwa die auflageweise Sicherung des im wesentlichen unveränderten Bestandes der Überbauung (§ 73 Abs. 2 PBG/ZH bzgl. baulicher Nutzung des Areals [lit. a] und der Zweckerhaltung qualitätsrelevanter Einrichtungen der Überbauung [lit. b]) zur Gewährleistung der gesamthaft gewürdigten qualitativen Eigenschaften des ursprünglichen Vorhabens, gestützt auf die ein höheres Nutzungsmass zugestanden wurde. Eine Rückkopplung an die sich verändernde baurechtliche Grundordnung ist dabei indes nicht ausgeschlossen: so sind z.B. die durch Änderung der Definition der anzurechnenden Geschossfläche bei der Ausnützungsziffer (Wegfall des Einbezugs der Aussenwandquerschnitte, vgl. § 255 Abs. 1 i.f. PBG/ZH mit dessen Fassung

Erhöhung der baulichen Dichte im Rahmen der baurechtlichen Grundordnung möglich, kann dann aber diesbezüglich nicht verweigert werden. Im letzteren Fall der verselbständigten baulichen Dichte der Gesamtüberbauungen muss eine Nutzungserhöhung im Rahmen der baurechtlichen Grundordnung immerhin aus siedlungsplanerischen Gründen regelmässig zu einer Neubeurteilung des nach projektbezogenem Sonderinstrument zulässigen Nutzungsmasses führen[71]; eine zonenplanerische Aufzonung wirkt sich sodann auf den Massstab dessen aus, was in qualitativer Hinsicht an besonderer konzeptioneller und/oder gestalterischer Leistung noch verlangt werden darf, nachdem die zu verdichtende Überbauung auf das bisher kraft projektbezogenen Sonderinstruments erhöhte Nutzungsmass in quantitativer Hinsicht nicht mehr "angewiesen" ist[72]. Wo sich die qualitativen Anforderungen an Überbauungen nach projektbezogenem Sonderinstrument aufgrund eines betragsmässig beschränkten Abweichungsrahmens und entsprechend begrenzter baulicher Gestaltungsmöglichkeiten gesamthaft nicht erfüllen lassen[73], ist für Massnahmen der baulichen Nachverdichtung vorab auf die Sondernutzungsplanung[74] zu verweisen.

b) Schwierigkeiten in qualitativer Hinsicht

Die Besonderheit der qualitativen Beurteilung von Massnahmen des verdichtenden Bauens im Rahmen von Überbauungen, die bereits ursprünglich nach projektbezogenem Sonderinstrument erstellt wurden, besteht darin, dass diese damals aufgrund der umfassenden Gesamtwürdigung eines Überbauungskonzepts bewilligt wurden. Erfassen nun bauliche Massnahmen der Nachverdichtung lediglich einzelne Bauten[75] oder Baumerkmale[76], so kann damit gegebenenfalls eine Beeinträchtigung des gestalterischen Gleichgewichts der Gesamt-

---

vom 7. September 1975) bewirkten Ausnützungsreserven jedem einzelnen Grundstück einer Arealüberbauung im Ausmass der jeweiligen Aussenwandquerschnitte zuzuweisen und können dort baulich genutzt werden (BEZ 1992 Nr. 35 E. 3b).

[71] Dies folgt schon aus dem Verhältnismässigkeitsgrundsatz, dem auch allfällige Nebenbestimmungen unterliegen (nebst deren besonderem Erfordernis des ausreichenden Sachzusammenhangs mit der Ausgestaltung des Bewilligungsinhalts).

[72] Eine Erhöhung des Nutzungsmasses kraft Änderung der baurechtlichen Grundordnung führt gemäss RB 1989 Nr. 71 E. 2a zu einer "Ablösung" allfälliger Arealüberbauungszuschläge, womit die Grundlage für Auflagen zur Sicherung der Überbauungsqualität (§ 73 Abs. 2 PBG/ZH, sog. Arealüberbauungsreverse) nachträglich ohne weiteres dahinfällt. Die Gewährleistung einer gegebenenfalls vorhandenen hohen Siedlungsqualität kann u.U. durch Festlegungen im Rahmen einer Quartiererhaltungszone erfolgen (KEISER, S. 15).

[73] Umgekehrt sind nachträgliche Änderungen für Teile von Arealüberbauungen i.a. zulässig, «sofern mit der Änderung die Voraussetzungen für die Bewilligung der Arealüberbauung gesamthaft erfüllt bleiben» (RB 1987 Nr. 69).

[74] Vgl. DIGGELMANN et al., Siedlungserneuerung, S. 96.

[75] Z.B. Erstellung von Verbindungsbauten oder freistehenden Ergänzungsbauten sowie tiefgreifendere Umgestaltungen oder erhebliche Erweiterungen einzelner Gebäude.

[76] Z.B. Fassaden- oder Dachgestaltung, Anordnung und Grösse von Balkonen oder Gebäudeöffnungen.

überbauung sowie des abgestimmten funktionalen Zusammenwirkens der Bauten untereinander bzw. mit den Erschliessungsanlagen und den technischen Einrichtungen verbunden sein. Soweit die besonderen qualitativen Anforderungen dadurch unterschritten werden[77], fällt die sachliche Rechtfertigung für die im Vergleich zur baurechtlichen Grundordnung erweiterten baulichen Nutzungsmöglichkeiten dahin. Bei qualitativ hochstehenden Gesamtüberbauungen ist dieser Wechselwirkung bei der Vornahme von Massnahmen des verdichtenden Bauens mit Nachdruck Rechnung zu tragen, selbst wenn der Abweichungsrahmen in quantitativer Hinsicht durch das Bestehende noch nicht ausgeschöpft ist.

Bestehende Gesamtüberbauungen nach projektbezogenen Sonderinstrumenten können allerdings auch aus Bauepochen stammen, deren Gestaltungsgrundsätze als überholt gelten, womit eine durchgreifende Veränderung des baulichen Bestandes im Sinne einer Verbesserung der Siedlungsqualität sowohl der Überbauung selber als auch deren Umgebung als geradezu wünschenswert erscheinen kann. Die sich in diesem Zusammenhang bisweilen stellenden Fragen dürften dahin gehen, ob die im Rahmen projektbezogener Sonderinstrumente zulässigen baulichen Massnahmen die gegebenenfalls erforderlichen funktionalen und/oder gestalterischen Korrekturen im Hinblick auf die nach zeitgemässen Auffassungen zu beurteilenden qualitativen Anforderungen überhaupt zu bewirken vermögen. Kann davon nicht ausgegangen werden, so ist eine bauliche Nachverdichtung allenfalls mittels Überführung der Gesamtüberbauung in einen Sondernutzungsplan mit entsprechenden Festlegungen zu ermöglichen[78].

Bei der Bestimmung der qualitativen Anforderungen an zu verdichtende Gesamtüberbauungen ist immerhin nicht ausser acht zu lassen, dass auch aus heutiger Sicht unbefriedigend konzipierte Überbauungen kraft Besitzstandsgarantie in ihrem Bestand weitestgehend gewährleistet sind und sich aufgrund der Bestandesprivilegierung gegebenenfalls weiterentwickeln und ausbauen lassen, ohne dass wie bei den projektbezogenen Sonderinstrumenten qualifizierte Anforderungen an Funktionalität und Gestaltung der Gesamtüberbauung zu erfüllen wären. Den Bewilligungsbehörden fällt demnach die (zugegebenermassen anspruchsvolle) Aufgabe zu, die Kongruenz der Möglichkeiten zur baulichen Nachverdichtung sicherzustellen[79], so dass die Bestandesprivilegierung zugun-

---

[77] Die Anforderungen, wie sie in allgemeiner Weise an Bauten zu stellen sind, mögen dabei durchaus erfüllt sein.

[78] Diese Subsidiärmöglichkeit besteht freilich in allgemeiner Weise, d.h. auch bei Überbauungen, die nicht nach projektbezogenem Sonderinstrument erstellt worden sind (vgl. auch DIGGELMANN et al., Siedlungserneuerung, S. 96 f.).

[79] Dies verlangt nach einer Praxis, die dem Satz der relativen Gleichheit entspricht, wonach Gleiches (bauliche Massnahmen im Rahmen und mit Bezug zu bestehender Überbauung) nach Massgabe seiner Gleichheit gleich und Ungleiches nach Massgabe seiner Ungleichheit

sten baulicher Massnahmen im Rahmen der baurechtlichen Grundordnung an rechtswidrig gewordenen (und nicht bloss zeitgemässen Überbauungsvorstellungen nicht mehr entsprechenden) Bauten einerseits und die Nachverdichtungsmöglichkeiten aufgrund von Abweichungen von der baurechtlichen Grundordnung anderseits, die sich durch besondere funktionale oder gestalterische Qualitäten rechtfertigen, in einem ausgewogenen Verhältnis zueinander stehen.

(rechtswidrig gewordene bzw. rechtmässige, jedoch unzeitgemäss gewordene Überbauung) ungleich zu behandeln ist.

§ 16 Konsensuale Systeme zur Festsetzung baulicher Nutzungsordnungen

Der nachstehende Paragraph versucht - ausgehend von bestehenden Regelungen und mit Blick auf Lösungsansätze de lege ferenda -, die Möglichkeiten des Einsatzes konsensualer Regelungssysteme zur Erweiterung des Gestaltungsspielraums im Rahmen des Raumplanungs- und Baurechts zu ermitteln. Auf kurze allgemeine Ausführungen zu Verhandlungselementen bei der Ausgestaltung raumplanungs- und baurechtlicher Festsetzungen (I.) folgen eingehendere Darstellungen eigentlicher konsensualer Instrumente wie der nachbarlichen Vereinbarungen (II.) und der verwaltungsrechtlichen Verträge (III.). - [1]

I. Allgemeines

Im folgenden sind die Instrumente der konsensualen Festsetzung baulicher Nutzungsordnungen zunächst unter den Verhandlungselementen innerhalb des Raumplanungs- und Baurechts zu positionieren (1.). Es ist sodann das Erfordernis des Vorliegens von Verhandlungsspielräumen für konsensuale Nutzungsordnungen zu erörtern (2.) schliesslich deren Verdichtungsrelevanz in allgemeiner Weise darzustellen (3.).

1. Die Positionierung konsensualer Nutzungsordnungen im Raumplanungs- und Baurecht

Verhandlungselemente im weitesten Sinne sind auf allen Stufen des raumplanungs- und baurechtlichen Entscheidungsablaufs auszumachen, als dessen Handlungsträger namentlich die Behörden (mit ihrer Entscheidungsbefugnis), die Bürger (in Wahrnehmung ihrer politischen Rechte), die Bauwilligen (als projektgestaltende Bauträger) und die von den projektierten Bauten Betroffenen (in Ausübung ihres Rechts auf Anhörung sowie ihres Einsprache- bzw. Beschwerderechts) auftreten. Die Verhandlungselemente finden sodann bereits zu Beginn des Planungsprozesses - allerdings mit geringer Durchschlagskraft - als Mitwirkung der Bevölkerung (und damit insbesondere auch der von den Planungsmassnahmen Betroffenen)[2] Eingang in die Festsetzung der Raumpläne, so

---

[1] Die Thematik des konsensualen Verwaltungshandelns auf dem Gebiet des Raumplanungs- und Baurechts ist damit indessen weder abschliessend behandelt noch auch nur systematisch und umfassend angegangen.

[2] Vgl. schon Art. 4 (insbes. Abs. 2) RPG.

dass die Behörden zumindest ³ haben. Verhandlungselemente prägen sodann in besonderem Masse den Vorgang der Sondernutzungsplanung und sind schliesslich auch der Rechtsanwendung auf den Einzelfall nicht fremd, die sich in einer Verfügung (Baubewilligung) äussern mag, «deren Inhalt aber bis zu einem gewissen Grad durch Verhandlungselemente bestimmt werden kann»[4]. Der vorliegende Paragraph behandelt (unter Ziff. II. und III.) nur jene Verhandlungselemente, welche unmittelbar auf den Einzelfall anzuwendende Anordnungen beinhalten, wie dies auf nachbarliche Vereinbarungen und verwaltungsrechtliche Verträge zutrifft. Diese Instrumente sind dabei insofern unterschiedlich zu positionieren, als der verwaltungsrechtliche Vertrag sowohl das beteiligte Gemeinwesen als auch dessen Vertragspartner unmittelbar bindet, während nachbarliche Vereinbarungen für Nichtbeteiligte (worunter i.d.R. etwa auch das Gemeinwesen) nicht ohne weiteres verbindlich sind[5].

2. Das Erfordernis von Verhandlungsspielräumen

Für konsensuale Nutzungsordnungen ist nur dort Raum, wo ein Verhandlungsspielraum vorliegt, wo m.a.W. für die an einer Vereinbarung Beteiligten in den Schranken der zwingenden Gesetzgebung verschiedene Handlungsalternativen bezüglich des Abschlusses[6] sowie des Inhalts[7] von Abmachungen zur Verfügung stehen. Das Raumplanungs- und Baurecht stellt dabei einen weitgehend ge-

---

[3] BRP/EJPD, Erläuterungen RPG, Art. 4 N. 10. - Vgl. auch HUSER, Informations- und Mitwirkungspflicht nach Artikel 4 Raumplanungsgesetz, in: Infoheft Raumplanung Nr. 3-4/1993, S. 10 ff. sowie MICHEL, S. 87 f. - Zu den Möglichkeiten eines Ausbaus des Mitwirkungsverfahrens zur frühzeitigen Erfassung und Bewältigung von Interessenkonflikten u.a. durch Verhandlungselemente siehe auch: LINDER/LANFRANCHI/SCHNYDER/VATTER, Mitwirkungsverfahren und -modelle, Vorschläge für eine Mitwirkungspolitik des Bundes nach Art. 4 RPG, Materialien zur Raumplanung (Hrsg. EJPD/BRP), Bern 1992.

[4] RICHLI, S. 386.

[5] Zur allseitigen Verbindlichkeit bedarf es vielmehr einer gesetzlich vorgesehenen Sanktionierung, durch welche die Vereinbarung - auch nach Massgabe der übrigen Gesetzgebung - gleichsam zu einer verfügungsmässigen Anordnung im Rahmen einer Baubewilligung wird, in die das Vereinbarte inhaltlich überführt wird.

[6] Um Vertragsfreiheit im privatrechtlichen Sinne handelt es sich hiebei allerdings nicht, ist doch die Partnerwahlfreiheit durch die tatsächlichen Verhältnisse und die rechtlichen Regelungen weitgehend eingeschränkt (Nachbarn bzw. Gemeinwesen), während die Abschlussfreiheit seitens des Gemeinwesens nur unter Einhaltung der rechtsstaatlichen Grundsätze wahrgenommen werden darf.

[7] Die Inhaltsfreiheit, die auch im Privatrecht nur soweit besteht, als kein zwingendes Recht Platz greift, stösst im Bereiche des öffentlichen Rechts freilich noch eher an die Schranken unveränderlichen Rechts oder besteht überhaupt nur für von der Normierung eigens ausgesparte Sachbereiche. Das Handeln der Verwaltung ist «grundsätzlich und integral dem Erfordernis des öffentlichen Interesses und der pflichtgemässen Handhabung ihrer Entscheidungsgewalt unterworfen. [... D]ie administrative Willenserklärung [hat sich] im Rahmen des vorgegebenen Rechtsganzen zu halten [...] - mag dieses auch in gewissen Fällen sehr weitmaschig abgesteckt sein» (RHINOW, Handlungsformen, S. 320).

schlossen geregelten Bereich des öffentlichen Rechts dar[8]. Der Grundsatz der Gesetzmässigkeit der Verwaltung unterwirft die Ausgestaltung der einzelnen Rechtsverhältnisse den auf sie anzuwendenden Normen, so dass Verhandlungsspielräume vorab dort zu suchen sind, wo die rechtliche Regelung der Bewilligungsbehörde verschiedene Entscheidungsalternativen überlässt. Nachbarliche Vereinbarungen (an denen das Gemeinwesen zunächst nicht beteiligt ist) können den behördlichen Entscheidungsspielraum grundsätzlich insoweit wahrnehmen (und damit der Bewilligungsbehörde entziehen), als die in Frage stehenden Regelungen auch (und womöglich in erster Linie) nachbarliche Interessen betreffen und keine unverzichtbaren öffentlichen Interessen beeinträchtigt werden. Für den Umfang von Verhandlungsspielräumen für verwaltungsrechtliche Verträge ist wesentlich, dass das Gemeinwesen daran als Vertragspartei beteiligt ist und im Rahmen einer umfassenden allfälligen Raumordnungspolitik Gegenstände verschiedener Sachbereiche in eine verwaltungsvertragliche Regelung eingebracht werden können, wodurch sich gegebenenfalls eine Erweiterung der räumlichen Handlungsmöglichkeiten letztlich zugunsten aller Beteiligten erzielen lässt. Die zur Erweiterung des Verhandlungsspielraums heranzuziehenden Gegenstände müssen mit dem Vertrags-Hauptpunkt immerhin einen gewissen sachlichen Zusammenhang aufweisen[9]. Weisen die verschiedenen Sachbereiche je eigene Entscheidungsspielräume auf, so kann der verwaltungsrechtliche Vertrag als Instrument dienen, um die relative Unvorhersehbarkeit der verschiedenen Entscheide und ihres Zusammenwirkens durch ein koordiniertes Vorgehen einzugrenzen, was wiederum durchaus im Interesse aller daran Beteiligten liegen dürfte.

Verhandlungsspielräume eignen sich letztlich aber nur dann für konsensuale Regelungen, wenn sich die Beteiligten mehr oder weniger "d'égal à égal" begegnen[10]. Des weiteren darf ein wirklicher Interessenausgleich nicht ausgeschlossen

---

[8] Es ist immerhin darauf hinzuweisen, dass raumplanerische Massnahmen durchaus von Privaten initiiert und (unter mehr oder weniger weitreichender Beteiligung des Gemeinwesens) ausgearbeitet werden können; dies gilt etwa für Parzellarordnungsmassnahmen (vgl. z.B. § 130 Abs. 1 und § 160a PBG/ZH) oder für Sondernutzungspläne (vgl. supra § 6 II. [eingangs]). - Auf privatrechtlicher Ebene sodann können namentlich Vereinbarungen über die gemeinsame Errichtung von Überbauungen oder betreffend die (gegebenenfalls servitutarisch gesicherte) vertragliche Festlegung von Baubeschränkungen getroffen werden.

[9] Aufgrund der konsensualen Festlegung des Inhalts verwaltungsrechtlicher Verträge ist jedoch ein enger Sachzusammenhang, wie er für die Auferlegung von Nebenbestimmungen verlangt wird, nicht zu fordern. Ein mittelbarer Zusammenhang mit einem Bindeglied öffentlichen Interesses kann m.E. ausreichen, um auch Gegenstände ausserhalb des Raumplanungs- und Baurechts in eine verwaltungsvertragliche Regelung einzubeziehen. - Vgl. auch etwa BONK, Kommentar § 56 VwVfG, N. 20 ff.

[10] Die Stärke der Ausgangsposition ist dabei abhängig von den Handlungsalternativen, die den Verhandlungsbeteiligten zu Gebote stehen; i.d.R. handelt es sich hiebei um die Möglichkeiten im Rahmen der einseitigen Rechtsanwendung durch Verfügung. Deren möglicher Inhalt und allfällige diesbezügliche Unwägbarkeiten bestimmen im wesentlichen das Interesse der Ver-

sein, wie dies etwa dann der Fall ist, wenn das Gemeinwesen gewichtige öffentliche Interessen wahrzunehmen hat, die von vornherein nicht zur verhandlungsweisen Disposition gestellt werden dürfen.

3. Die Verdichtungsrelevanz konsensualer Nutzungsordnungen

Die Verdichtungsrelevanz konsensualer Festlegung baulicher Nutzungsordnungen besteht generell darin, dass die Beteiligten ihre jeweiligen Absichten betreffend die Ausgestaltung baulicher Nutzungsmöglichkeiten auf den konkreten Sachverhalt bezogen aufeinander abstimmen können. Die Abstimmung erfolgt idealerweise so, dass im Ergebnis insgesamt und für jeden der Beteiligten einzeln betrachtet eine vorteilhafte Lösung erzielt werden kann, als sich in Anwendung der gesetzlich vorgesehenen baulichen Nutzungsmöglichkeiten verwirklichen liesse.

Im nachbarlichen Bereich[11] lässt sich eine Erhöhung des Masses der baulichen Nutzung bzw. eine Erweiterung des architektonischen Gestaltungsspielraums dadurch erwirken, dass jene Vorschriften, die vorab das nachbarliche Verhältnis betreffen, durch eine unter den Nachbarn vereinbarte Nutzungsordnung abgelöst werden. Der Nutzungskonflikt, welcher an sich durch die betreffenden Vorschriften geregelt ist, wird dabei mittels Verlagerung[12] oder Koordinierung[13] der jeweiligen Interessen der Beteiligten einvernehmlich gelöst.

Für die in Form verwaltungsrechtlicher Verträge[14] getroffenen Vereinbarungen zwischen Bauwilligen und Gemeinwesen gilt sinngemäss dasselbe. Die Koordinierung kann dabei immerhin umfassender erfolgen, indem sie neben der quantitativen und qualitativen Baugestaltung weitere räumliche sowie funktionale oder zeitliche Faktoren erfasst. Im Hinblick auf die Verwirklichung erweist sich die einvernehmliche Vorgehensweise von Gemeinwesen und Bauwilligen als effizient, weil und soweit sich dadurch Interessenkonflikte[15] vorwegnehmen lassen

---

handlungsbeteiligten an der einvernehmlichen Ausgestaltung einer baulichen Nutzungsordnung.

[11] Vgl. dazu infra II.

[12] Z.B. abgestimmte Ausrichtung der Wohn- oder Arbeitsräume, damit auf das Anbringen von Fenstern im Bereich verringerter Abstände (ein- oder gegenseitig) verzichtet werden kann.

[13] Z.B. Zusammenbau von Nebenbauten (wie Garagen oder Gartenbauten) oder gemeinsame Erstellung von Nebeneinrichtungen (wie Zugangswege oder Fahrzeug-Abstellplätze).

[14] Vgl. dazu infra III.

[15] Das "Interessenclearing" (vgl. RICHLI, S. 384 m.H.) hat zunächst die Interessen des Bauwilligen und jene des Planungsträgers zu erfassen; es dürfte sich sodann als der Akzeptanz vertraglicher Regelung dienlich erweisen, allfällige Interessen am Vertrag nicht unmittelbar Beteiligter (vorab soweit diese als Betroffene einsprache- und/oder beschwerdeberechtigt sind) mit einzubeziehen, mag dies den Verhandlungsvorgang auch erschweren (und damit gegebenenfalls verlängern).

und deren Bereinigung nicht auf dem Rechtsweg ausgefochten werden muss[16]. Die frühzeitige und mehrschichtige Interessenkoordinierung erlaubt insbesondere in atypischen Fällen oder bei komplexen Sachverhalten, nach Massgabe des zur Verfügung stehenden Verhandlungsspielraums ideale Lösungsmöglichkeiten anzustreben[17], was sich namentlich in verdichtungsrelevanter Effizienz auswirken kann. Die beförderliche Durchführung des vertraglich Vereinbarten durch den Bauwilligen ist sodann einerseits aufgrund der im Vergleich zur behördlich getroffenen, bestenfalls auf eine umfassende Interessenabwägung abgestützte Verfügung höheren Akzeptanz eines gemeinsam erreichten Verhandlungsergebnisses[18] zu erwarten und kann anderseits gemäss entsprechenden vertraglichen Bestimmungen[19] nötigenfalls auch durchgesetzt werden[20].

II. Die nachbarliche Vereinbarung

In den folgenden Ausführungen ist die nachbarliche Vereinbarung zunächst begrifflich zu definieren und damit rechtlich zu qualifizieren (1.), worauf der Kreis der an ihr zu beteiligenden Rechtssubjekte zu bestimmen ist (2.); und schliesslich sind die Anwendungsmöglichkeiten nachbarlicher Vereinbarungen insbesondere mit Blick auf deren Verdichtungsrelevanz darzustellen (3.).

---

[16] Das Ergreifen von Rechtsmitteln verlängert zum einen die Dauer der Rechtsanwendungsverfahren und weist zudem den sachlichen Nachteil auf, dass von einem bereits gefällten behördlichen Entscheid auszugehen ist, im Grundsatz andere Lösungen mithin kaum aufgegriffen werden können.

[17] Vgl. MAURER, S. 34 m.H., BONK, Kommentar § 54 VwVfG, N. 44. - Dieses Anliegen gewinnt angesichts der «Tendenz zum Einzelfall», welche sachgerechte allgemeine Regelungen erschwert, an Bedeutung (PFENNINGER, S. 80 m.H.).

[18] Vgl. auch die Aufzählung weiterer rechtstheoretischer und rechtspraktischer Gründe für die Verwendung von Verhandlungselementen bei RICHLI (S. 388 f.) sowie PFENNINGER (S. 80 f.).

[19] Z.B. Ersatzvornahme, "Konventionalstrafe", Aus- oder Umzonungen, Enteignung usw. bei nicht fristgemäss erfolgender Vertragserfüllung. Die Voraussetzungen für die Zulässigkeit solcher Durchsetzungsmittel hinsichtlich Gesetzmässigkeit und Verhältnismässigkeit sind dabei aufgrund deren einvernehmlichen Festlegung weniger strengen Massstäben zu unterwerfen, als dies für deren verfügungsweise Auferlegung (z.B. im Rahmen von Baupflichten, vgl. infra § 18) zu fordern wäre.

[20] Die Begründung für vertragliches Verwaltungshandeln kann auch gerade darin liegen, dass die Nichterfüllung eingegangener Verpflichtungen unter Verzicht auf den Erhalt der Gegenleistung ausgeschlossen werden soll (vgl. HÄFELIN/MÜLLER, N. 865 sowie RHINOW, Rechte, S. 13 f.; vgl. [für das Subventionswesen] Art. 16 Abs. 2 i.f. SuG). Nach GIACOMINI (in ZBl 94 [1993] 240 ff. [insbes. Fn. 18]) ist vertragliches Verwaltungshandeln angezeigt, soweit «die Verwaltung bezüglich eines zu schaffenden Rechtsverhältnisses auf die Zustimmung des Bürgers angewiesen ist und ihrerseits ein Interesse an der Verwirklichung [...] dieser Beziehung besitzt». Dafür ist das Raumplanungs- und Baurecht m.E. ein typisches Beispiel, sind es doch letztlich weitgehend die Privaten, welche die in einem öffentlichen Interesse angestrebte Raumordnung verwirklichen (vgl. etwa auch KREBS, Verträge, S. 86 und S. 88).

1. Definition

Die nachbarliche Vereinbarung ist ein zwei- oder mehrseitiges Rechtsgeschäft unter Grundeigentümern, welches aufgrund und nach Massgabe entsprechender Ermächtigungsbestimmungen[21] für gewisse Sachfragen statt der ansonsten anwendbaren Vorschriften des Raumplanungs- und Baurechts zur Anwendung kommt. Von den (dadurch subsidiarisierten) Vorschriften der baurechtlichen Grundordnung wird somit nicht im Sinne einer Ausnahmebewilligung[22] für eine bestimmte bauliche Massnahme aufgrund besonderer Verhältnisse abgewichen, sondern in Anwendung einer für die betroffenen Grundstücke allgemein geltenden, auf eine Vereinbarung gestützten Regelung. Da die Abmachungen zwischen den Grundeigentümern und ohne Beteiligung des Gemeinwesens getroffen werden, wird das Rechtsverhältnis nach gewissen kantonalrechtlichen Regelungen privatrechtsanalogen Modalitäten unterworfen[23], während nach anderen die Einbettung der vereinbarten Teilordnung in die umfassende (und unbestrittenermassen öffentlich-rechtliche) bauliche Nutzungsordnung als entscheidender erscheint[24]. Wird die nachbarliche Vereinbarung danach inhaltlich zu einem Bestandteil der Baubewilligung[25], so wirkt sie selbst ohne Ausgestaltung als

---

[21] Die Ermächtigungsbestimmungen (z.B. § 270 Abs. 3 PBG/ZH, § 123 PBG/LU, § 26 und § 31 KBV/SO, § 97 E RBG/BL, § 47 Abs. 2 BauG/AG [unter Vorbehalt kommunalen Rechts], § 65 PBG/TG) dienen als gesetzliche Grundlage, deren die zuständige Behörde in allgemeiner Weise bedarf, wenn sie Baubewilligungen erteilt (und umso mehr, wenn diese in Abweichung gesetzter Vorschriften ergehen, und selbst wenn diese Abweichungen von den Betroffenen ausdrücklich nicht als behördliche Eingriffe empfunden werden); vgl. dazu RDAF 1986, 56: «A défaut des bases légales que postule[...] la possibilité de procéder par voie de convention [...], l'accord des propriétaires voisins ne saurait fonder la municipalité à autoriser l'édification d'un projet implanté dans les espaces dits réglementaires». - Vgl. sodann IMBODEN/RHINOW (Nr. 3 B. II.), wonach privatrechtliche Vereinbarungen nur getroffen werden können, «wenn das öffentlichrechtliche Gesetz selbst einen Spielraum offenlässt» oder die zu derogierenden Vorschriften «ausschliesslich privatrechtlicher Natur sind» (welches letzteres im Kernbereich des Baurechts kaum und im Raumplanungsrecht überhaupt nicht der Fall sein dürfte).

[22] Vgl. für das bernische Recht aber Ziff. 10.7.6 MBR/BE.

[23] So werden etwa (wie nach § 123, § 128 und § 131 Abs. 3 PBG/LU oder § 47 Abs. 2 BauG/AG) öffentlich beurkundete Vereinbarungen verlangt, die z.B. nach solothurnischem Recht oder gemäss basellandschaftlichem Revisionsentwurf zudem als Dienstbarkeit ins Grundbuch einzutragen sind (vgl. § 26 Abs. 1 und wohl auch § 31 KBV/SO bzw. § 97 Abs. 2 E RBG/BL). Dadurch werden aber weder die Vereinbarungen selber noch die derogierten Normen privatrechtlich (vgl. PIOTET, S. XXXI).

[24] So verzichten das zürcherische Recht (§ 270 Abs. 3 PBG/ZH, vgl. dazu WOLF/KULL, N. 189 ff.) und offenbar zunächst auch das bernische Recht (vgl. ZAUGG, Kommentar Art. 12 BauG/BE, N. 12) auf Formvorschriften, während das thurgauische Recht (§ 65 PBG/TG) wie auch die Musterformulierungen zu Ziff. 10.7.6 MBR/BE die schriftliche Zustimmung des Nachbarn verlangen; der Anmerkung im Grundbuch (§ 65 Satz 2 PBG/TG; nach § 321 Abs. 1 und 2 PBG/ZH als Nebenbestimmung [vgl. BEZ 1992 Nr. 34 E. 8c]) kommt dabei einzig deklaratorische Bedeutung zu.

[25] Soll die Vereinbarung für die betroffenen Grundstücke allgemeine (von einem einzelnen Baubewilligungsverfahren unabhängige) Geltung erlangen, so ist sie (analog zur rechtsgeschäftlichen Aufhebung oder Abänderung privatrechtlicher gesetzlicher Eigentumsbeschränkungen,

dingliches Recht erga omnes (und kann m.a.W. auch etwaigen Rechtsnachfolgern entgegengehalten werden).

2. Die Beteiligten

Als Beteiligte sind die Nachbarn als Träger der nutzungsordnungsgestaltenden Vereinbarung (A.), gegebenenfalls die davon Betroffenen (B.) sowie - in einem weiteren Sinne - die Behörden (C.) anzusprechen.

A) Die Nachbarn

Nachbarliche Vereinbarungen werden zwischen zwei oder mehreren Eigentümern aneinander anstossender Grundstücke abgeschlossen. Die Vertragspartner treffen für die in besonderem Masse im nachbarlichen Verhältnis wahrnehmbaren Auswirkungen von Bauten als davon unmittelbar und qualifiziert Betroffene untereinander eine einvernehmliche Regelung. Sie machen damit von ihrem durch gesetzliche Eigentumsbeschränkungen[26] begrenzten, durch die Ermächtigung zu nachbarlichen Vereinbarungen aber wieder erweiterten Eigentumsrecht Gebrauch und erwirken auf diese Weise auch öffentlichrechtlich relevante Vorteile für die bauliche Nutzung ihres Grundeigentums.

B) Die Betroffenen

Um Einsprache- und/oder Beschwerderisiken gegen gestützt auf nachbarliche Vereinbarungen ergehende Baubewilligungen zu vermindern, kann sich die Ausdehnung des Kreises der Beteiligten auf weitere von den baulichen Auswirkungen der nachbarlichen Regelung Betroffene empfehlen, wobei dadurch der Verhandlungsvorgang freilich meist erschwert werden dürfte[27]. Eine Ausweitung des Kreises der zu Beteiligenden wäre sodann unabdingbar, wollte man die Möglichkeiten von Vereinbarungen auch für Regelungsgegenstände vorsehen, deren Auswirkungen zwar nicht geradezu allgemeine öffentliche Interessen, jedoch immerhin nachbarliche Interessen in einem über die unmittelbar anstossen-

---

vgl. Art. 680 Abs. 2 ZGB) durch öffentliche Beurkundung und Eintragung in das Grundbuch in die Form einer Grunddienstbarkeit zu kleiden (vgl. BGE 116 II 419 ff.).

[26] Diese ergeben sich vorab aus der Raumplanungs- und Baugesetzgebung; nachbarrechtliche Vorschriften des vorbehaltenen kantonalen Privatrechts können durch entsprechende Verweisung in der Ermächtigungsbestimmung für nachbarliche Vereinbarungen Bedeutung erlangen (vgl. z.B. die Art. 79 ff. EGzZGB/BE kraft Verweisung in den Musterformulierungen zu Ziff. 10.7.6 MBR/BE [jeweils Abs. 1 Satz 2]).

[27] Die Ausgestaltung der Beteiligung sollte dabei Art und Ausmass von der nachbarlichen Vereinbarung betroffener Interessen Dritter Rechnung tragen: sie könnte vom Zustimmungserfordernis bis zum blossen Anspruch auf Anhörung anlässlich der Bewilligungserteilung reichen. - Die Beteiligungsart zeitigt in der Folge freilich auch Auswirkungen auf die Einsprache- bzw. Beschwerdeberechtigung gegen gestützt auf nachbarliche Vereinbarungen erteilte Baubewilligungen; die Legitimation dürfte bei erteilter Zustimmung zu Vereinbarungen Dritter bzgl. kraft dadurch sanktionierter Anordnungen jedenfalls als rechtsmissbräuchlich dahinfallen.

den Grundstücke hinausreichenden Gebiet betreffen. Zu einer Ausweitung des räumlichen Anwendungsbereichs nachbarlicher Vereinbarungen darf der Beizug weiterer Betroffener als an der Vereinbarung zu Beteiligende indes nicht führen[28]: die vereinbarten Regelungen müssen räumlich und sachlich auf einzelne nachbarliche Bereiche beschränkt bleiben und dürfen insbesondere keine gebiets- oder quartierweise Abänderung der baulichen Nutzungsordnung bewirken[29].

C) Die Behörden

In einem weiteren Sinne als Beteiligte anzusprechen wäre auch die Behörde, der anlässlich des Baubewilligungsverfahrens die Überprüfung der Einhaltung des gesetzlichen Ermächtigungsrahmens zufällt. Soweit dessen Umschreibung unbestimmte Gesetzesbegriffe aufweist[30], obliegt der Bewilligungsbehörde sodann insofern eine nutzungsordnungsgestaltende Aufgabe, als sie den Ermächtigungsrahmen auf konkrete Vereinbarungen hin zu konkretisieren hat. Des weiteren ist sie verpflichtet, bei Vereinbarungen, die in ihren Auswirkungen über das unmittelbare Anstösserverhältnis hinausreichen, die Ausdehnung des Kreises der Zustimmenden zu überprüfen, um sicherzustellen, dass alle Betroffenen ihre Interessen nach Massgabe ihrer Sachnähe in angemessener Weise wahrnehmen konnten. Die Behörde ist zudem angehalten, die Vereinbarungen auf ihre Verträglichkeit mit den öffentlichen Interessen sowie denen jener "Betroffenen" hin zu untersuchen, die an der Vereinbarung mangels ausreichender Sachnähe nicht beteiligt sind oder als Nicht-Grundeigentümer - obgleich womöglich betroffen[31] - für eine Beteiligung von vornherein nicht in Frage kommen; schliesslich hat die Behörde sodann allfälligen besonderen virtuellen Interessen (z.B. künftiger Bewohner oder Benützer) Rechnung zu tragen.

---

[28] Die Beteiligung Betroffener ist daher wohl i.d.R. auf ein Zustimmungserfordernis zu beschränken; ausgeschlossen wäre hiebei, dass sich die Betroffenen ihrerseits bauliche Vorteile einräumen lassen.

[29] Dies liefe auf eine Umgehung der Bestimmungen über die Sondernutzungsplanung oder die projektbezogenen Sonderinstrumente hinaus (etwa durch mehrseitige nachbarliche Vereinbarungen).

[30] Vgl. z.B. den Vorbehalt des Ausbleibens einer Beeinträchtigung «wesentliche[r] öffentliche[r] und private[r] Interessen» (§ 123 Abs. 1 PBG/LU) oder den «Vorbehalt einwandfreier wohnhygienischer und feuerpolizeilicher Verhältnisse» (§ 270 Abs. 3 PBG/ZH, vgl. dazu WOLF/KULL, N. 183 ff. sowie DIGGELMANN, Ergänzungsband ZH, S. 27; werden die kantonalrechtlichen Mindestabstände [§ 270 Abs. 1 und 2 und § 271 PBG/ZH] eingehalten, so gelten die genannten Voraussetzungen ohne weiteres als erfüllt [vgl. BEZ 1990 Nr. 28]; sie sind somit nur zu überprüfen, wenn die nachbarliche Vereinbarung nicht bloss verminderte Grenz-, sondern auch verminderte Gebäudeabstände vorsieht [BEZ 1995 Nr. 17]). - Denkbar ist grundsätzlich auch eine betragsmässige Begrenzung des Ermächtigungsrahmens.

[31] Z.B. Mieter, Pächter, Inhaber beschränkter dinglicher Rechte.

3. Die verdichtungsrelevanten Anwendungsmöglichkeiten

Nachfolgend ist darzustellen, welche Regelungsgegenstände einer Festlegung durch nachbarliche Vereinbarung zugänglich sind und wie weit dies gegebenenfalls zutrifft (B.). Diesen Ausführungen gehen allgemeine Erläuterungen zur Verdichtungsrelevanz nachbarlicher Vereinbarungen voraus (A).

A) Die Verdichtungsrelevanz

Die Verdichtungsrelevanz nachbarlicher Vereinbarungen richtet sich zunächst nach derjenigen des im Einvernehmen von der baurechtlichen Grundordnung abweichend festgelegten Regelungsgegenstandes: insofern kann auf die Ausführungen zu den betreffenden Bauvorschriften verwiesen werden[32]. Als entscheidend erweist sich sodann das Verhältnis der durch Vereinbarung getroffenen Regelungen zu den übrigen, unverändert geltenden quantitativen Bauvorschriften. Allfällige Nutzungsziffern etwa sind grundsätzlich weiterhin einzuhalten, da ihr Zweck (ungeachtet der Ausgestaltung der weiteren quantitativen Bauvorschriften) gerade in der Begrenzung der baulichen Dichte besteht; wird dieser Zweck hingegen mit anderen unmittelbar baubeschränkenden Vorschriften und letztlich durch deren Zusammenwirken verfolgt, so stellt sich die Frage, ob für das erlaubte Nutzungsmass auf die gesetzliche (gewissermassen subsidiär geltende) Nutzungsordnung abzustellen oder von der vereinbarten Regelung auszugehen ist. Zugunsten der ersteren Vorgehensweise wird (etwa im Zusammenhang mit Näherbaurechten) angeführt, nachbarliche Abstandsvereinbarungen beträfen ausschliesslich die Anordnung der Bauten im Verhältnis zu Grundstücksgrenzen oder benachbarten Gebäuden und liessen die Bemessung der zulässigen baulichen Nutzung unberührt[33]. Der Verzicht auf Nutzungsziffern manifestiert anderseits, dass die Einheitlichkeit der baulichen Dichte nicht geradezu unabdingbar ist und - bedingt durch die Anwendung der anderen unmittelbar baubeschränkenden Vorschriften auf unterschiedliche tatsächliche Verhältnisse - ohnehin mit einer gewissen Ungleichmässigkeit der Überbauung zu rechnen ist. Die baulichen Nutzungsmöglichkeiten sollten m.E. daher nicht auf das der baurechtlichen Grundordnung entsprechende Mass beschränkt werden[34], es sei denn, die Ermächtigungsbestimmung für die nachbarliche Vereinbarung verlange dies ausdrücklich.

Der Gewährleistung in wohn- und arbeitshygienischer sowie in sicherheitspolizeilicher Hinsicht befriedigender baulicher Zustände dient einerseits, dass für die nachbarlicher Vereinbarung nicht ausdrücklich zugänglichen Regelungsgegenstände die entsprechenden Bauvorschriften grundsätzlich uneingeschränkt

---

[32] Vgl. supra § 7 ff.
[33] Vgl. DIGGELMANN, Ergänzungsband ZH, S. 27.
[34] Etwa durch Bezugnahme auf das sog. Vergleichsprojekt (nach § 251 Abs. 2 PBG/ZH i.d.F. vom 7. September 1975), wie dies in BEZ 1996 Nr. 12 E. 4b/cc (obiter dictum) vertreten wird.

einzuhalten sind und anderseits dass die nachbarlichen Vereinbarungen dort, wo sie zulässig sind, unter dem Vorbehalt der Erfüllung der erwähnten Anforderungen an die Siedlungsqualität stehen. Lässt sich unter Berücksichtigung dieser Vorgaben mittels nachbarlicher Vereinbarung eine Erhöhung der baulichen Nutzungsmöglichkeiten erzielen, so rechtfertigt es sich m.E. nicht, diese aufgrund einer zu errechnenden (und nicht als Nutzungsziffer sofort erkennbaren) Vorschrift zu unterbinden.

Die Wirkung nachbarlicher Vereinbarungen auf die bauliche Verdichtung dürfte allerdings oft über das hinausgehen, was aufgrund der vereinbarten betragsmässigen Abweichung von der subsidiär geltenden baurechtlichen Grundordnung zu erwarten wäre. Indem durch die Vereinbarung die Grundstücksgrenzen bis zu einem gewissen Grade ausser acht gelassen werden und auf nachbarschützende Aspekte der konsensual derogierten Bauvorschriften zumindest teilweise (und i.d.R. wohl gegenseitig) verzichtet wird, erlaubt sie - zumal wenn die Beteiligten ihre Bauabsichten aufeinander abstimmen - eine Optimierung der baulichen Nutzungsmöglichkeiten im nachbarlichen Bereich[35].

Nicht mehr eingegangen wird im folgenden auf jene Arten von Vereinbarungen, welche auf die blosse räumliche Verschiebung baulicher Nutzungsmöglichkeiten beschränkt sind und mithin insgesamt keine Erhöhung der baulichen Dichte zulassen. Die Verdichtungsrelevanz von Vereinbarungen, welche die Nutzungsübertragung im allgemeinen[36] oder die Übertragung von Anteilen bestimmter Nutzungsarten[37], den Nutzungstransport innerhalb eines von einer Baulandumlegung oder der Sondernutzungsplanung erfassten Gebietes[38] oder die Verlegung von Pflicht-Abstellplätzen auf ein in der Nähe gelegenes Drittgrundstück[39] betreffen, erschöpft sich in der effizienteren Verteilung der Nutzungsmöglichkeiten auf die einbezogenen Grundstücke. Die nachfolgend behandelten Arten nachbarlicher Vereinbarungen können dagegen sowohl eine Ausdehnung architektonischer Gestaltungsspielräume als auch eine Erhöhung der baulichen Dichte ermöglichen, soweit die quantitativen Bauvorschriften dies erlauben.

B) Die nachbarlicher Vereinbarung zugänglichen Bauvorschriften

Nachbarliche Vereinbarungen können sich nur auf solche Regelungsgegenstände erstrecken, die - obschon möglicherweise öffentlichrechtlich bestimmt - vorab den nachbarlichen Bereich betreffen. Die hinsichtlich der Berechtigung von

---

[35] Für dieses begrenzte Anwendungsgebiet lassen sich mitunter ähnliche Ziele verfolgen, wie sie mittels Sondernutzungsplanung auch für weiträumigere Beizugsgebiete angestrebt werden können.
[36] Vgl. supra § 7 III. 2. B. b.
[37] Vgl. infra § 18 II. 2. A. b.
[38] Vgl. supra § 7 III. 3.
[39] Vgl. supra § 9 III. 2. B.

Nachbarn zur Erhebung der staatsrechtlichen Beschwerde gegen Baubewilligungen vom Bundesgericht entwickelte Unterscheidung[40] der Bauvorschriften, die ausschliesslich öffentlichen Interessen[41], von jenen, die «auch oder in erster Linie dem Schutz der Nachbarn dienen»[42], kann zur Frage nach dem Vorliegen als dispositiv zu qualifizierender Normgehalte und damit von Verhandlungsspielräumen gewisse Hinweise liefern, obschon die hier interessierende Abgrenzung eigentlich zwischen den «auch» und den «in erster Linie» nachbarschützenden Bauvorschriften zu ziehen wäre. Auch letztere betreffen in ihrem Zusammenwirken und in der Summe ihrer Anwendung - abgesehen von allgemeinen ordnungspolizeilichen Überlegungen - schliesslich konkrete öffentliche Interessen an einer angemessenen baulichen Dichte, einer funktionstüchtigen und ästhetisch ansprechenden Siedlungsgestaltung und damit letzten Endes an einer geordneten Besiedlung des Landes; in der Anwendung auf den Einzelfall sind ihre Auswirkungen jedoch räumlich eng begrenzt und für einen bestimmten Kreis Betroffener ungleich stärker wahrnehmbar als für die Allgemeinheit. Soweit diese Vorschriften das nachbarliche Verhältnis ausgestalten, sollten sie grundsätzlich eigentlich der Disposition der betroffenen Grundeigentümer unterworfen werden

---

[40] Vgl. BGE 118 Ia 234 E. 1a (m.H.) Küsnacht ZH, 117 Ia 20 E. 3b Appenzell AI, 112 Ia 88 ff. ZG, 106 Ia 62 ff. Ingenbohl SZ; vgl. zusammenfassend SCHÜRMANN/HÄNNI, S. 454 f. m.H., MEYLAN, S. 283 m.H, sowie ZAUGG, Kommentar BauG/BE, Einleitung, N. 89 m.H. - Ein eindeutiges Unterscheidungskriterium bleibt das Bundesgericht dabei allerdings schuldig; so ist letztlich unerfindlich, weshalb den Abstellplatz-Vorschriften im Gegensatz zu Vorschriften über die (wohl auch strassenmässige) Erschliessung keine nachbarschützende Funktion zukommen soll. Gemäss BGE vom 24. Oktober 1995 E. 2c Küsnacht ZH besteht der Zweck von Abstellplatz-Vorschriften darin, «die Strassen und Trottoirs vom ruhenden Verkehr freizuhalten und dadurch einen ungehinderten Fahrzeug- und Fussgängerverkehr zu gewährleisten»; dass sie mit Blick auf Immissionsschutz und Erschliessungsverhältnisse (beides Gegenstand nachbarschützender Vorschriften) sehr wohl auch nachbarrelevant sind, wird dabei verkannt.

[41] Gemäss BGE 112 Ia 90: Vorschriften über die ästhetische Einordnung und über die Schaffung und Anordnung von Abstellplätzen. - Bzgl. gestalterischer Vorschriften anders indes z.B. die Rechtsprechung des bündnerischen Verwaltungsgerichts, wie aus einem BGE vom 4. Juli 1979 E. 3c Chur GR (in ZBl 81 [1980] 27) hervorgeht, wobei eine mögliche erhebliche Wertverminderung des nachbarlichen Grundstücks geltend zu machen ist. Nachbarschützender Charakter kommt den Gestaltungsvorschriften gemäss BGE 112 Ia 415 f. E. 1b/bb Gerra Gambarogno TI des weiteren dann zu («tendono anche a protegere gli interessi privati dei vicini»), wenn einzig sie erlauben, Art und Mass der zulässigen baulichen Nutzung zu umschreiben («uniche [norme] che si applicano ad un progetto [...] e che consentono soprattutto di definire le dimensioni massime delle costruzioni»). Nach MEYLAN (S. 285) tragen Gestaltungs- und Einordnungsvorschriften zur «hygiène de l'habitat» bei, die begrifflich auszuweiten ist auf «certaines valeurs immatérielles, telle que la sauvegarde d'un environnement harmonieux»; insoweit kommt ihnen danach nachbarschützende Bedeutung zu.

[42] Gemäss BGE 112 Ia 90: immissionsbeschränkende Nutzungsvorschriften, Vorschriften über die Erschliessung und die Baudichte (vgl. auch BGE vom 24. Oktober 1995 E. 2b Küsnacht ZH [bzgl. Gebäudeabstände] sowie BGE 106 Ia 63 [E. 2] Ingenbohl SZ, wonach der Zweck der Nutzungsziffern [Beschränkung der Baukuben im Verhältnis zur Parzellenfläche] «nicht nur im allgemeinen öffentlichen Interesse [liegt], sondern [...] auch den Nachbarn eine Sphäre rechtlich geschützter Interessen [gewährt]»). Sondernutzungspläne, die mindestens z.T. nachbarschützende Bestimmungen enthalten (können), dienen sodann als Ganzes auch privaten Interessen (BGE 117 Ia 20 E. 3b Appenzell AI).

können. Dabei wäre den Betroffenen auch zuzugestehen, dass sie auf die nachbarschützende Wirkung entsprechender Vorschriften ganz oder teilweise verzichten könnten, um den Vereinbarungsspielraum zu erweitern. Dass dafür in Frage kommende Regelungen Gegenstand öffentlichrechtlicher Bestimmungen bilden, hindert nicht von vornherein jede Möglichkeit für nachbarliche Abmachungen, kann doch das öffentliche Recht durchaus auch dispositiven Charakter aufweisen[43]. Das Konstrukt der sog. Doppelnorm[44], deren privatrechtlicher Aspekt erst nachbarliche Abmachungen ermögliche, ist daher m.E. zumindest in hier interessierender Hinsicht entbehrlich und verengt den Blick auf einen verbreiteten Einsatz nachbarlicher Vereinbarungen[45]. Ein solcher ist als Ausdruck des Verhältnismässigkeitsgrundsatzes ohne weiteres mit dem öffentlichen Recht verträglich, soweit er die Erreichung des öffentlichrechtlichen Zwecks nicht beeinträchtigt[46].

Unter dieser Rücksicht ist de lege ferenda eine Ausweitung der Anwendungsmöglichkeiten für nachbarliche Vereinbarungen über die Abstandsvorschriften (a.) und über die Verteilung von Nutzungsziffern und -anteilen[47] hinaus ohne weiteres denkbar. So könnten m.E. die volumetrischen Vorschriften, welche hinsichtlich der Gewährleistung einer ausreichenden Belichtung, Besonnung und Belüftung der Nachbargebäude sowie betreffend die optische und gefühlsmässige Wahrnehmung der Baumassen mit den Abstandsvorschriften in engem sachlichem Zusammenhang stehen[48], beschränkt nachbarlichen Vereinbarungen zugänglich gemacht werden (b.). Dies wäre ferner für die effizientere (gemeinsame oder zeitlich gestaffelte) Nutzung von Nebeneinrichtungen (c.) ins Auge zu fassen.

---

[43] Vgl. BGE 90 I 211 (E. 4b) Lachen SZ. Desgl. KUTTLER (Problematik, S. 269): «Auch wenn eine öffentlich-rechtliche Regelung Raum für privatrechtliche Abmachungen lässt, so führt dies nicht notwendigerweise dazu, ihr auch privatrechtlichen und daher gemischten Charakter zuzuerkennen» (desgl. LIVER, S. 29, noch anders IMBODEN, S. 189a).

[44] Vgl. HÄFELIN/MÜLLER, N. 214 ff., IMBODEN/RHINOW sowie RHINOW/KRÄHENMANN, Nr. 3 B. I., GRISEL, S. 114; eher ablehnend LIVER, S. 28 f.

[45] Schon das geltende Recht verzichtet folgerichtigerweise auf die Doppelnorm-Eigenschaft, wenn es z.B. um die Nutzungsübertragung (vgl. supra § 7 III. 2. B. b.) oder um die Verlagerung vorgeschriebener Nutzungsanteile (vgl. infra § 18 II. 2. A. b.) geht, wobei in beiden Fällen klarerweise öffentlichrechtliche Regelungen zur Disposition gestellt werden.

[46] KUTTLER, Problematik, S. 269.

[47] Vgl. supra § 7 III. 2. B. b. bzw. infra § 18 II. 2. A. b.

[48] So werden die Grenz- und Gebäudeabstände z.T. in Abhängigkeit von den tatsächlichen Gebäudehöhen (und nicht bloss von den zonentypischen Geschosszahlen oder Gebäudehöhen) und ab gewissen Ausmassen gegebenenfalls unter Berücksichtigung der tatsächlichen Gebäudelängen (Mehrlängenzuschläge) festgelegt (vgl. supra § 8 II. 2. E.).

a) Die Abstandsvereinbarungen

Die baugesetzliche Ermächtigung zur Einräumung sog. Näherbaurechte[49] erlaubt es den Eigentümern anstossender Grundstücke, die Stellung der Bauten im Verhältnis zur gemeinsamen Parzellengrenze mit verbindlicher Wirkung für die Baubewilligungsbehörden abweichend von der baurechtlichen Grundordnung[50] zu bestimmen[51]. Die Abweichung darf dabei bald nur die Verteilung der (betragsmässig unveränderten) Grenzabstände betreffen (aa.), bald auch deren Betrag erfassen, wodurch sich die nachbarliche Vereinbarung auch auf den Gebäudeabstand auswirkt (bb.).

aa) Vereinbarungen über die Verteilung der Grenzabstände auf anstossende Grundstücke

Die Befugnis zu einer einvernehmlichen Anpassung der Verteilung der Grenzabstände auf anstossende Grundstücke ist als Minus auch in den Ermächtigungen zur betragsmässigen Änderung der Abstände[52] enthalten, stellt gemäss gewissen kantonalrechtlichen Regelungen indes die einzige konsensual zu erzielende Abweichungsmöglichkeit dar[53] und bildet nach anderen Gegenstand subsidiärer

---

[49] Vgl. § 270 Abs. 3 PBG/ZH, § 123 PBG/LU, § 26 und § 31 KBV/SO, § 97 E RBG/BL, § 47 Abs. 2 BauG/AG (kommunales Recht vorbehalten), § 65 PBG/TG. Das bernische Recht verweist in Art. 12 Abs. 2 BauG/BE für die Abstandsvorschriften in allgemeiner Weise auf das kommunale Recht (vgl. daher auch Ziff. 10.7.6 MBR/BE).

[50] Nach zürcherischem Recht kann sowohl von den kommunalen Abständen als auch vom kantonalrechtlichen Mindestabstand (§ 270 Abs. 1 PBG/ZH) abgewichen werden (BEZ 1992 Nr. 34 E. 8b, WOLF/KULL, N. 181 und N. 186 f. [zum Grenzbau]); dasselbe gilt nach § 123 PBG/LU, § 26 KBV/SO und § 97 E RBG/BL für die kantonalrechtlichen Abstände nach § 122 Abs. 1 - 3 PBG/LU (davon ausgenommen sind jedoch die Mehrlängenzuschläge, Abs. 5), nach §§ 22 - 25 KBV/SO und deren Anhang II bzw. nach § 93 Abs. 3 und 4 E RBG/BL. - Wird die Stellung der Bauten bei entsprechendem öffentlichem Interesse durch Sondernutzungspläne oder besondere Anordnungen im Rahmen von Erhaltungszonen (vgl. supra § 11 II. 2. A.) zwingend festgelegt, bleibt freilich kein Spielraum für nachbarliche Vereinbarungen (vgl. DIGGELMANN, Ergänzungsband ZH, S. 18 und S. 27). Dasselbe Ergebnis ist dort ohne weiteres zu erreichen, wo die Möglichkeit nachbarlicher Vereinbarungen nicht schon von kantonalen Rechts wegen vorgesehen ist (vgl. z.B. das bernische oder waadtländische Recht) bzw. durch kommunales Recht ausgeschlossen werden kann (vgl. z.B. § 47 Abs. 2 BauG/AG).

[51] Betreffen die Vereinbarungen Grundstücke (nach Nutzungsart oder -mass) unterschiedlicher Zonenzugehörigkeit, so stellen sich u.U. dieselben Fragen wie bei der Nutzungsübertragung über Zonengrenzen hinweg (vgl. BGE 119 Ia 118 ff. E. 3c [m.H.] und E. 3e Baden AG; vgl. sodann supra § 7 III. 2. B. b.).

[52] Vgl. sogleich bb.

[53] So nach basellandschaftlichem Recht gemäss Revisionsentwurf (§ 97 Abs. 4 E RBG/BL) und nach bernischem Recht (vgl. ZAUGG, Kommentar Art. 12 BauG/BE, N. 12; vgl. aber auch Ziff. 10.7.6 MBR/BE, wonach unter Berücksichtigung der Bedeutung des Gebäudeabstandes für die Siedlungskonzeption auch eine Verringerung des Gebäudeabstandes auf ein bestimmtes Mindestmass grundsätzlich denkbar ist, vgl. Abs. 2 zu Variante II der Musterformulierungen bei Ziff. 10.8 MBR/BE); soweit durch nachbarliche Vereinbarungen im Rahmen des kantonalen Privatrechts weitergehende Abmachungen getroffen werden könnten, wären diese aufgrund des Vorrangs des öffentlichen Rechts erst durch baurechtliche Ausnahmebewilligung auf konkrete Bauvorhaben anwendbar (vgl. ZAUGG, Kommentar Art. 12 BauG/BE, N. 13b).

Bestimmungen⁵⁴, die zur Anwendung gelangen können, wenn die Tatbestandsmerkmale für eine weitergehende Ermächtigung zu nachbarlichen Vereinbarungen nicht vollumfänglich vorliegen. Die Näherbaurechte, welche sich ausschliesslich auf die Verteilung der vorgeschriebenen und betragsmässig unveränderten Grenzabstände beziehen, sind in ihren Auswirkungen auf das nachbarliche Verhältnis beschränkt und führen lediglich eine Lockerung der Bindung baulicher Massnahmen an die Parzellarordnung herbei. Da durch solche Näher- (in extremis: Grenz-)baurechte der belastete Grundeigentümer verpflichtet wird, auf seinem Grundstück einen entsprechend erweiterten Grenzabstand einzuhalten, erschöpft sich die Verdichtungsrelevanz solcher Abmachungen in der Vergrösserung des architektonischen Gestaltungsspielraums⁵⁵. Etwas anders verhält es sich immerhin, wenn das belastete Grundstück bereits überbaut ist und eine "Grenzabstandsreserve" aufweist, die es sich nicht durch Anbau an das bestehende Gebäude auszuschöpfen lohnt, die auf dem anstossenden Grundstück jedoch sinnvoll baulich ausgenützt werden kann, sei es im Rahmen eines Neubaus oder zur Ermöglichung einer lohnenswerten Erweiterung eines bestehenden Gebäudes.

bb) Vereinbarungen über den Betrag der Abstände

Die nachbarlichen Vereinbarungen, welche sich nicht nur auf die Anordnung der Bauten im Verhältnis zu den Grundstücksgrenzen, sondern auch auf die Stellung benachbarter Bauten zueinander beziehen⁵⁶, schaffen zum einen auch betreffend

---

⁵⁴ Vgl. § 128 im Verhältnis zu § 123 und § 131 (für ein- und zweigeschossige Wohnzonen) PBG/LU oder § 26 im Verhältnis zu § 31 (für Doppel- und Reihenhäuser sowie An- und Nebenbauten) KBV/SO. - Für das zürcherische Recht ist grundsätzlich davon auszugehen, dass einseitig gewährte Näherbaurechte - vorbehältlich späterer Gegenseitigkeit - den Gebäudeabstand unberührt lassen (vgl. BEZ 1992 Nr. 34 E. 8c; als subsidiäre Regelung ist etwa § 274 Abs. 1 PBG/ZH [Gebäudeabstand gegenüber bestehenden Gebäuden, vgl. supra § 12 II. 2. B.] analog heranzuziehen).

⁵⁵ Auf dem berechtigten Grundstück kann sich allerdings eine Erhöhung der baulichen Nutzungsmöglichkeiten ergeben, sofern keine Nutzungsziffern zu beachten sind und die übrigen baubeschränkenden Vorschriften keine umfassende, alle Gebäudemasse und Abstände bestimmende Nutzungsordnung bewirken (vgl. BGE 119 Ia 119 E. 3d Baden AG).

⁵⁶ Die Ermächtigungsbestimmung für solche nachbarliche Vereinbarungen findet sich für das zürcherische Recht in § 270 Abs. 3 PBG/ZH, der sich - obschon unter dem Gliederungstitel «Grenzabstände von Nachbargrundstücken» (vor § 269) aufgeführt - auch auf den Betrag der Gebäudeabstände beziehen kann (vgl. BEZ 1993 Nr. 5, Baudirektion ZH, Hinweise, S. 10 sowie WOLF/KULL, N. 179 [zu den möglichen Auswirkungen auf die Bauweise vgl. N. 186 f.]), es sei denn, ein bloss einseitiges Näherbaurecht lasse die Beibehaltung des Betrags der Grenzabstände vermuten (vgl. BEZ 1992 Nr. 34 E. 8c), wobei der Zweitbauende allerdings ohne weiteres den reduzierten Gebäudeabstand gemäss § 274 Abs. 1 PBG/ZH (vgl. dazu supra § 12 II. 2. B.) beanspruchen kann und von ihm auch keine Abrückungserklärung im Sinne von § 274 Abs. 2 PBG/ZH verlangt werden darf (BEZ 1995 Nr. 17); der zürcherischen Regelung nachempfunden ist offenbar jene des thurgauischen Rechts (§ 65 PBG/TG; Botschaft, S. 33), während die Baugesetzgebungen der Kantone Luzern, Solothurn und Aargau nach unterschiedlichen Gesichtspunkten beschränkte Möglichkeiten zu nachbarlichen Vereinbarungen über Gebäudeabstände kennen (vgl. § 123 kraft Verweisung in § 131 Abs. 3 PBG/LU [nur in ein- und zweige-

das Nutzungsmass erweiterte architektonische Gestaltungsspielräume (gerade auch für verdichtungsrelevante bauliche Massnahmen), zeitigen zum andern aber im Vergleich zu den Vereinbarungen über die Verteilung der Grenzabstände augenfälligere Auswirkungen auf die Siedlungsstruktur[57] und auf gewisse nachbarliche[58] oder für einen grösseren Kreis von Betroffenen erhebliche Interessen[59]. Sie sollten daher nicht uneingeschränkt der Disposition der Privaten überlassen, sondern zur Wahrung des in siedlungsökologischer und sicherheitspolizeilicher Hinsicht Unabdingbaren zumindest behördlicher Überprüfung[60] unterzogen werden. Wohl gestützt auf solche Überlegungen sind die Abweichungsmöglichkeiten im Rahmen nachbarlicher Vereinbarungen bisweilen schon von Gesetzes wegen (d.h. durch die Ermächtigungsbestimmungen) begrenzt, sei es hinsichtlich der Ausgestaltung der zu vereinbarenden Regelung[61], sei es bezüglich des Anwendungsbereichs[62].

Während die Festsetzung und Verteilung der Grenzabstände regelmässig das Verhältnis verschiedener Grundeigentümer zueinander betrifft[63], was für einvernehmliche Abweichungen von der baurechtlichen Grundordnung eine Vereinbarung als zwei- oder mehrseitiges Rechtsgeschäft voraussetzt, sind die Gebäudeabstände auch innerhalb ein und desselben Grundstücks für dessen bauliche Nutzung von Bedeutung. Eine diesbezügliche Vereinbarung fällt dabei aber grundsätzlich ausser Betracht[64]; dennoch muss auf einem Grundstück mindestens das möglich sein, was über die Grundstücksgrenzen hinweg vereinbart werden

---

    schossigen Wohnzonen), § 31 KBV/SO [nur Zusammenbau bei Doppel- und Reihenhäusern sowie An- und Nebenbauten] bzw. § 20 Abs. 3 Satz 2 ABauV/AG [keine Gebäudeabstandsabweichungen gegenüber Mehrfamilienhäusern, worunter indes Reihenhaus- und Terrassenüberbauungen und dergl. ausdrücklich nicht fallen, § 20 Abs. 4 Satz 2 ABauV/AG]).

[57] D.h. etwa bzgl. des Siedlungsbildes oder der Körnung der Baumasse.

[58] Insbes. Belichtung, Besonnung, Belüftung nachbarlicher Gebäude, Sichtschutz, Lärmimmissionen, Gestaltung von Gebäudezwischenräumen bzw. Freiräumen.

[59] Z.B. Umgebungsgestaltung, Durchsichten, Siedlungsbelüftung, verkehrserschliessungsbedingte Lärmimmissionen.

[60] Vgl. die ausdrücklichen Vorbehalte bzgl. Wohnhygiene und Feuerpolizei oder bzgl. der Wahrung der wesentlichen öffentlichen und privaten Interessen in § 270 Abs. 3 PBG/ZH bzw. § 123 PBG/LU. Nach § 20 Abs. 3 Satz 1 ABauV/AG wird sodann die Wahrung architektonischer Anforderungen vorbehalten.

[61] Nach § 31 KBV/SO kann nur der Zusammenbau vereinbart werden (für Doppel- oder Reihenhäuser, An- oder Nebenbauten).

[62] Vgl. z.B. § 123 Abs. 1 PBG/LU (ein- und zweigeschossige Wohnzonen) oder § 47 Abs. 2 Satz 2 BauG/AG sowie § 20 Abs. 3 Satz 2 ABauV/AG (Ausschluss von Abstandsvereinbarungen, welche Mehrfamilienhäuser beträfen). Damit soll wohl die Zahl jener Betroffenen gering gehalten werden, die an der Vereinbarung in keiner Weise mitwirken können (z.B. Mieter).

[63] Selbst wenn das Eigentum an benachbarten Grundstücken in einer Hand vereinigt ist, ist schon aufgrund der Möglichkeit unterschiedlicher Rechtsnachfolgen auf die formrichtige Vereinbarung allfälliger Anpassungen der Grenzabstände (analog den Verträgen zur Begründung von Eigentümerdienstbarkeiten, vgl. Art. 733 ZGB) nicht zu verzichten.

[64] Sie drängt sich aber immerhin dann auf, wenn zwischen die Gebäude bzw. die projektierten Gebäudestandorte nachträglich eine Grundstücksgrenze gelegt werden soll.

darf. Unter den entsprechenden sachlichen Voraussetzungen können daher die Gebäudeabstände innerhalb von Grundstücken durch einseitigen Entscheid des Grundeigentümers verändert werden[65].

b) Vereinbarungen über die Volumetrie von Bauten

Wie die Abstandsvorschriften verfolgen auch die volumetrischen Vorschriften sowohl wohn- und arbeitshygienische und in einem weiteren Sinne siedlungsökologische Zwecke zugunsten der unmittelbaren Umgebung als auch allgemeine ordnungspolizeiliche und gestalterische Zwecke[66]. Bezüglich der letzteren Normzwecke verbieten sich angesichts des Verhältnismässigkeitsgrundsatzes allzu unnachgiebige Regeln[67], denn schon unterschiedliche topografische Verhältnisse, Grundstücksgrössen oder architektonische Gestaltungen der Gebäude (z.B. hinsichtlich Bedachung, Fassadengliederung, Geschosshöhe, Anordnung der Geschosse im Verhältnis zum gewachsenen Boden usw.) bringen der Erscheinung nach innerhalb einer gewissen Bandbreite uneinheitliche Gebäudehöhen (und - i.d.R. weniger augenfällig - Gebäudelängen) hervor; in ordnungspolizeilich-gestalterischer Hinsicht liegt mithin ein gewisser Handlungsspielraum vor.

Dasselbe trifft m.E. auch bezüglich der Bedeutung der entsprechenden Vorschriften für das nachbarliche Verhältnis zu: soweit Abstandsvereinbarungen (insbes. betreffend Gebäudeabstände) zulässig sind, ist der siedlungsökologische Aspekt quantitativer Bauvorschriften bezogen auf das nachbarliche Verhältnis konsensualer Disposition ausgesetzt. Höher- oder Längerbaurechte gestützt auf nachbarliche Vereinbarung brächten diesbezüglich mithin nichts Neues, sondern verlagerten lediglich den z.T. bereits nach geltendem Recht zugestandenen Handlungsspielraum auf andere Regelungsgegenstände, welche dazu noch namentlich mit den Gebäudeabständen in besonders enger sachlicher Wechselwirkung stehen.

Mag auch das Vorliegen von Verhandlungsspielraum für Höher- oder Längerbaurechte im wesentlichen auf gleiche Weise hergeleitet werden wie für Abstandsvereinbarungen, so ergeben sich namentlich für allfällige Höherbaurechte bezüglich deren Umfang gewisse Unterschiede: die im Vergleich zu den Abstandsvorschriften erhöhte Gestaltungsrelevanz der Gebäudehöhenbegrenzungen sowie die grundsätzlich allseitigen (wenngleich nicht auf alle Seiten gleich ausgeprägten) Auswirkungen der Gebäudehöhen im Gegensatz zu lediglich zwei-

---

[65] Es bedarf dazu «auch keiner besonderen Erklärung zuhanden der Baubehörde» (BEZ 1993 Nr. 5), bis das Grundstück aufgeteilt werden soll (WOLF/KULL, N. 182); vgl. auch § 20 Abs. 3 ABauV/AG.

[66] Vgl. supra § 8 I. 3. B. und C.

[67] Vorzubehalten sind immerhin jene Fälle, wo der Sache nach und räumlich präzise bestimmbare öffentliche Interessen auf dem Spiele stehen, die sich nur durch strenge Vorschriften sicherstellen lassen (z.B. Aussichtsschutz durch Höhenkoten).

seitigen (auf den nachbarlichen Bereich beschränkten) Auswirkungen der Abstände zwingen zu inhaltlichen und verfahrensmässigen Anpassungen. So wäre etwa der Verhandlungsspielraum im Hinblick auf die Siedlungsgestaltung einerseits sowie die Wahrung wohn- und arbeitshygienisch angemessener Verhältnisse anderseits betragsmässig zu beschränken, sei es absolut, relativ zur dispositiven vorgeschriebenen Gebäudehöhe oder zu vorgeschriebenen oder vereinbarten Grenz- oder Gebäudeabständen. Die Festlegung eines Abweichungsrahmens erlangt zudem dort besondere Bedeutung, wo der Kreis der an einer Vereinbarung zu Beteiligenden nach Massgabe deren Betroffenheit auszuweiten ist und im Zuge davon die Gefahr einer gebietsweisen faktischen Revision der baurechtlichen Grundordnung durch mehrseitig eingeräumte Höher- und/oder Längerbaurechte besteht.

c) Die vereinbarte gemeinsame Erstellung und Nutzung von Nebeneinrichtungen (insbesondere von Fahrzeug-Abstellplätzen)

Die Erstellung und der effiziente Betrieb von Nebeneinrichtungen (Fahrzeug-Abstellplätze, Spiel- und Erholungsflächen, Kehrichtplätze usw.) betreffen verschiedene private, nachbarliche sowie teilweise untereinander widerstreitende öffentliche Interessen. So gilt es etwa für die Fahrzeug-Abstellplätze, namentlich zwischen dem unmittelbaren[68] Interesse an einer bedarfsgerechten Anzahl Abstellplätzen zur Vermeidung von Verkehrsbehinderungen einerseits und einer sparsamen Verwendung grundsätzlich überbaubarer oder als Freifläche sinnvoll nutzbarer Grundstücksteile für blosse Parkierungszwecke anderseits einen angemessenen Ausgleich herbeizuführen. Diese widerstreitenden (sowohl öffentlich als auch privat bedeutsamen) Interessen zusammenzuführen, bezwecken beispielsweise Bestrebungen, dieselben Abstellflächen für zeitlich auseinanderliegende Parkierungsbedürfnisse verschiedener Benützer zu verwenden[69].

Die Möglichkeiten der Behörde, das Verhalten der Benützer, das für die Bemessung des Bedarfs von entscheidender Bedeutung ist, durch besondere einseitige Anordnungen im Rahmen der Baubewilligung zu beeinflussen (und damit eine verminderte Anzahl an Abstellplätzen zu gestatten bzw. vorzuschreiben), sind beschränkt. Die Auferlegung entsprechender Anordnungen als Nebenbestimmung (Auflage) ist nur zulässig, soweit sie das Verhalten des Baugesuchstellers selber (und nicht etwa dasjenige von Dritten [z.B. Mietern, Arbeitnehmern, Kunden oder Rechtsnachfolgern] oder Behörden) betreffen[70]. Als zulässig

---

[68] Als mittelbare, d.h. in einem weiteren Sinne bedeutsame Interessen wären v.a. umweltschutzrechtliche (Luftreinhaltung, Lärmschutz) und solche der Verkehrssicherheit sowie allenfalls ästhetische Überlegungen anzuführen.

[69] Vgl. Art. 17 Abs. 2 lit. a BauG/BE und Art. 54 Abs. 1 BauV/BE (Möglichkeit der Mehrfachnutzung als Reduktionsgrund für die Anzahl Abstellplätze).

[70] Vgl. IMBODEN/RHINOW und RHINOW/KRÄHENMANN, Nr. 39 B. II. Vgl. auch BGE 119 Ib 490 f. E. 7b Schwerzenbach ZH (desgl. BEZ 1992 Nr. 10 E. 3c), sodann supra § 9 III. 2. A. b.

kann ferner die Verminderung der Abstellplatzzahl auf dem Wege konsensualen Verwaltungshandelns gelten[71]. In Weiterentwicklung solcher Ansätze erscheinen Nutzungsvereinbarungen zwischen Betreibern und unmittelbaren[72] oder mittelbaren[73] Benützern von Abstellflächen zu deren Verringerung durch Steigerung der Nutzungseffizienz als durchaus denkbar und sinnvoll, zumal da sie auch den Behörden als Anhaltspunkte für die Festlegung der erforderlichen Anzahl an Abstellplätzen dienen können. Die Wirkung der Mehrfachnutzung von Abstellflächen wäre damit jedenfalls regelmässig zuverlässiger abzuschätzen, indem nicht mehr nur auf das zu erwartende Verhalten der Benützer abzustellen wäre, sondern sich eine kraft Vereinbarung unter den beteiligten Grundeigentümern verbindliche Nutzungsordnung heranziehen liesse.

Bei ausreichend leistungsfähigen Anlagen könnten sinngemässe Vereinbarungen über die Mehrfachnutzung anderer Arten von Nebeneinrichtungen (wie Spiel- und Erholungsflächen, Kehrichtplätze usw.)[74] gleichermassen zu einer Erhöhung der Nutzungsdichte führen, indem die ansonsten zur Erstellung entsprechender Anlagen benötigten Grundstücksflächen nunmehr für eine eigentliche bauliche Nutzung oder zur Schaffung von Räumen mit vorteilhaften Auswirkungen auf die Siedlungsqualität (z.B. Gärten, Biotope, Flächen für Spiel, Freizeit und Begegnung usw.) zur Verfügung stehen.

III. Der verwaltungsrechtliche Vertrag

Im folgenden gilt es zunächst zu umschreiben, auf welche Art der verwaltungsrechtlichen Verträge sich die anschliessenden Ausführungen beziehen (1.). Schon aus den Mitwirkungsmöglichkeiten der an solchen Verträgen Beteiligten sowie der davon Betroffenen (2.) lassen sich gewisse Rückschlüsse ziehen auf die Zulässigkeit vertraglichen Verwaltungshandelns im Bereich des Raumplanungs- und Baurechts. Auf ebendiese Frage ist schliesslich unter dem Blickwinkel der Verdichtungsrelevanz näher einzutreten (3.).

---

[71] Dies ist z.B. im zürcherischen Massnahmenplan Lufthygiene vom 25. April 1990 (Zürcher Amtsblatt vom 25. Mai 1990, S. 945 ff.) unter Abschnitt III. Ziff. 1 lit. c ausdrücklich enthalten als Auftrag an bestimmte kantonale Verwaltungsbehörden, Massnahmen «zum Abbau bestehender Beschäftigtenparkplätze» auf dem Verhandlungswege zu erwirken.

[72] Z.B. Grundeigentümer als Eigenbenützer.

[73] Z.B. Inhaber vertraglicher Weisungsbefugnisse gegenüber unmittelbaren Benützern (z.B. Vermieter, Arbeitgeber).

[74] Das zürcherische Recht etwa weist in § 223 PBG/ZH ausdrücklich auf unter den Grundeigentümern zu schliessende Vereinbarungen betreffend Erstellung, Betrieb und Unterhalt von Gemeinschaftswerken hin. Das gemäss § 222 PBG/ZH für die Verpflichtung hiezu erforderliche öffentliche Interesse kann wohl u.U. auch darin bestehen, besonders effizienten und flächensparenden Lösungen zum Durchbruch zu verhelfen; aus eigenem Antrieb der betroffenen Grundeigentümer können entsprechende Vereinbarungen freilich auch unabhängig vom Vorliegen besonderer öffentlicher Interessen geschlossen werden.

1. Definition

Die hier unter dem Titel der verwaltungsrechtlichen Verträge erfolgenden Ausführungen beziehen sich auf das konsensuale Verwaltungshandeln betreffend das Rechtsverhältnis zwischen dem Gemeinwesen und einzelnen Privaten[75]. Durch solche verwaltungsrechtliche Verträge wird der Grundsatz der Gesetzmässigkeit der Verwaltung tangiert, der das Verwaltungsrechtsverhältnis zwischen Gemeinwesen und Privaten an sich umfassend beherrscht; so kann mit der zu einer Relativierung gesetzlicher Regelungen und Vorgaben tendierenden[76] Ausschöpfung allfälliger Verhandlungsspielräume durch verwaltungsrechtliche Verträge eine Beeinträchtigung der Rechtssicherheit[77] sowie eine Erschwerung rechtsgleicher Behandlung der Bürger einhergehen, was gewisse Korrekturen im Sinne der Rechtsstaatlichkeit bedingt. Die Zulassung konsensual erzielter Nutzungsordnungen kann anderseits zu einer effizienteren Ausgestaltung des Gesetzmässigkeitsgrundsatzes beitragen, indem die gesetzgeberischen und planerischen Massnahmen des Gemeinwesens (im Sinne des Verhältnismässigkeitsgrundsatzes) sachlich und räumlich auf Bereiche konzentriert werden können, wo das Zustandekommen von Vereinbarungen nicht zu erwarten ist, wo es unverzichtbare öffentliche Interessen wahrzunehmen gilt oder wo nach Massgabe der Empfindlichkeit des Baustandorts (gemäss Ausdehnung, Lage, Topografie, Verhältnis zur bestehenden baulichen und landschaftlichen Umgebung) für allfällige Vereinbarungen bestimmte inhaltliche Leitplanken zu setzen sind.

2. Die Beteiligten

Das verwaltungsrechtliche Vertragsverhältnis im Raumplanungs- und Baurecht sitzt unter Umständen rittlings über verschiedenen Vorgängen zur rechtlichen Ausgestaltung der räumlichen Ordnung: es kann zonenplanerische bzw. sondernutzungsplanerische Fragen sowie solche der Rechtsanwendung auf den Einzelfall erfassen. An diesen Vorgängen sind Personengruppen beteiligt (Bauwillige bzw. Grundeigentümer, Betroffene und andere Private, Gemeinwesen), die in verschiedenerlei Zusammensetzungen (die Privaten etwa als Bevölkerung, als Stimmbürger oder als Betroffene) und in unterschiedlichen Funktionen auftreten (z.B. als Mitwirkungs- bzw. Mitbestimmungsberechtigte bei der Planung oder als Beschwerdeberechtigte im Planungs- und/oder Baubewilligungsverfahren). Die Zuständigkeitsordnung und die Mitwirkungsmöglichkeiten der Beteiligten

---

[75] Unter diesem, auf die Rechtsnatur der Vertragspartner abstellenden Gesichtspunkt können solche Vertragsverhältnisse als subordinativ bezeichnet werden (vgl. HÄFELIN/MÜLLER, N. 856 ff.: «subordinationsrechtliche Verträge»).

[76] Vgl. RICHLI, S. 393.

[77] Die Voraussehbarkeit behördlicher Entscheidungen wird allerdings schon durch die Tendenz von der konditionalen hin zur finalen Gesetzgebung erschwert (vgl. VALLENDER, S. 71 [zit. in § 9 II. 2. B. d.]).

sind bei konsensualem Verwaltungshandeln weitmöglichst zu beachten[78]: die Interessenwahrnehmung soll nicht beschnitten, sondern vielmehr auf Interessenausgleich und -koordinierung ausgerichtet werden, mit dem Ziel, dass alle Beteiligten im Verhältnis zu einer als einheitliche Entscheidungsgrundlage dienenden Minimallösung einen Nutzen davontragen[79].

Im folgenden werden die Vertragsparteien dargestellt (A.), wobei den Rahmenbedingungen für das Vorgehen des Gemeinwesens besondere Bedeutung zufällt. Da verwaltungsrechtliche Verträge im Bereiche des Raumplanungs- und Baurechts erhebliche Drittwirkungen aufweisen, ist die Stellung der Betroffenen besonders zu beachten (B.).

A) Die Vertragsparteien

Durch den verwaltungsrechtlichen Vertrag wird ein Verwaltungsrechtsverhältnis mittels zwei- oder mehrseitigen Rechtsgeschäfts verbindlich geregelt. Gegenseitig berechtigt und verpflichtet werden dadurch Private (a.) und Gemeinwesen (b.), die sich dabei grundsätzlich gleichberechtigt gegenüberstehen, wenngleich dem Gemeinwesen - bei entsprechender gesetzlicher Grundlage - die Möglichkeit des einseitigen Verwaltungshandelns zu Gebote steht, sollte eine Vereinbarung nicht zustande kommen oder sich als inhaltlich nicht annehmbar erweisen. Bei dieser Rechtslage der subsidiären Handlungsmöglichkeit des Gemeinwesens erscheint es als gerechtfertigt, dieses zur Einlassung in von interessierten Privaten angehobene Vertragsverhandlungen zu verpflichten, es sei denn, es liege keinerlei Verhandlungsspielraum vor oder die begründbare Minimalposition des Gemeinwesens (unterhalb welcher der Verzicht auf eine vereinbarte Lösung angesichts der Interessenlage insgesamt als günstiger erscheint) sei durch eine Vereinbarung aller Wahrscheinlichkeit nach nicht zu übertreffen. Die Verweigerung der Einlassung wäre dabei im Sinne einer Verfügung der allfälligen Beschwerdeführung interessierter Privater auszusetzen[80]. Eine solche Verpflichtung des Gemeinwesens zur Einlassung in Vertragsverhandlungen liesse sich etwa aus dem dazu komplementären und seinerseits aus Art. 4 BV abgeleiteten Anspruch

---

[78] RHINOW, Handlungsformen, S. 320.

[79] RICHLI, S. 394 (m.H.). Der Interessenausgleich soll nicht nur durch eine ideale Aufteilung (im Sinne eines Kompromisses), sondern auch durch eine "Vergrösserung des Kuchens" herbeigeführt werden (vgl. FISHER/URY, Das Harvard Konzept [engl. «Getting to Yes»], 8. A., Frankfurt/Main, New York 1989, S. 86 ff.).

[80] Vgl. BGE 101 Ib 310 E. 2, wo einer behördlichen Feststellung, die den Vertragsabschluss scheitern liess, Verfügungscharakter zugemessen wurde. - Vgl. auch RHINOW, Handlungsformen, S. 309 f. - Eine "sanftere" und im Hinblick auf eine konsensual zu erzielende Lösung wohl oft erfolgversprechendere Vorgehensweise besteht allenfalls im Einsetzen eines Mittlers, der von den Parteien bestimmt oder akzeptiert wird und Verhandlungen anregen und fördern kann (zum Mittlerverfahren vgl. KÄGI-DIENER Regula, Koordinative Verfahrensmodelle - Leitverfahren und Mittlerverfahren, in: AJP/PJA 1995, S. 698 ff.).

auf rechtliches Gehör[81] entwickeln und entspräche der Sache nach auch dem Grundsatz der Ausrichtung des Verwaltungshandelns auf eine möglichst wirksame Wahrnehmung öffentlicher Interessen[82].

a) Der Private

Als private Vertragspartei kommt in Frage, wer bei einseitiger Rechtsanwendung Empfänger einer behördlichen Entscheidung (insbes. einer Verfügung) wäre. Bezieht sich ein verwaltungsrechtlicher Vertrag auf die planerische und baurechtliche Bewältigung eines grösseren Vorhabens, so können auf privater Seite auch mehrere natürliche und/oder juristische Personen als Vertragsparteien beteiligt sein und gegebenenfalls auch untereinander gegenseitige Leistungen mit Auswirkungen auf den öffentlichrechtlichen Vertragszweck vereinbaren.

b) Das Gemeinwesen

Das Gemeinwesen weist als Vertragspartei gewisse Besonderheiten auf, die sich aus seiner Stellung als juristische Person des öffentlichen Rechts ergeben. So ist die Entscheidfindung des Gemeinwesens an Zuständigkeitsregeln (aa.) und an inhaltliche Vorgaben gebunden (bb.).

aa) Der Grundsatz der Zuständigkeitsgemässheit

Das kantonale Recht und die Organisationsgesetzgebung des betreffenden Gemeinwesens bestimmen anhand des in Frage stehenden raumplanungs- und baurechtlichen Regelungsgegenstandes, welcher Art von Behörde welcher Stufe die Entscheidbefugnis zusteht. Für das konsensuale Verwaltungshandeln ist diese Zuständigkeitsordnung zu beachten, um einem hauptsächlichen Kritikpunkt am verwaltungsrechtlichen Vertrag mit quasi-gesetzgeberischer Funktion[83] konsequent begegnen zu können. Überlegungen der Verwaltungspraktikabilität[84] sprechen sodann dafür, die Kompetenzen gesetzgeberischer Behörden nicht durchwegs als materielle Gestaltungszuständigkeiten vorzusehen, sondern vermehrt als Delegations- und/oder Genehmigungskompetenzen[85]. Allfälligen Defiziten

---

[81] Zum Meinungsstand betreffend Geltungsbereich und Tragweite des Anspruchs auf rechtliches Gehör vgl. BGE 121 I 232 f. E. 2c und 2d.

[82] Vgl. RHINOW, Handlungsformen, S. 320.

[83] Vgl. dazu bzgl. des Planungsvertrags nach deutschem Recht: BONK, Kommentar § 54 VwVfG, N. 72.

[84] Eine effiziente Verhandlungsführung ist nur denkbar mit einer personell zahlenmässig bescheidenen Vertretung des Gemeinwesens (aus dem sachlich zuständigen Verwaltungszweig oder als Kommission der Legislativen), die mit den nötigen Verhandlungsmandat ausgestattet wird.

[85] Als Beispiel kann etwa die Kompetenzzuweisung betreffend die Sondernutzungsplanung an die Gemeindeexekutiven nach § 25 Abs. 2 BauG/AG angeführt werden, die gemäss § 21 Abs. 2 Satz 2 BauG/AG durch die Zonenplanung beschränkt werden kann (z.B. durch Ausschlussgebiete für Abweichungen von der baurechtlichen Grundordnung oder die nähere Ausgestaltung von Voraussetzungen und Umfang möglicher Abweichungen).

demokratischer Mitwirkung wäre schliesslich abzuhelfen, indem die Beteiligung des Bürgers vermehrt von der technisch detaillierten Nutzungsplanung auf die konzeptionelle Ebene der Zieldiskussion im Rahmen der kommunalen oder noch kleinräumigeren Richtplanung verlagert würde.

bb) Die inhaltlichen Vorgaben

Die vertraglich vereinbarten Regelungen müssen aus der Sicht des Gemeinwesens gewissen inhaltlichen Vorgaben entsprechen: sie dürfen dem Gemeinwesen insbesondere nicht verunmöglichen oder erheblich erschweren, seinen gesetzlichen Verpflichtungen (namentlich aus übergeordnetem Recht) nachkommen zu können. Wo die gesetzliche Ordnung Regelungsspielräume ausspart oder eröffnet, obliegt es dem Gemeinwesen, in erster Linie die Interessen der Gesamtheit der Öffentlichkeit wahrzunehmen. Dies birgt allerdings die Gefahr, dass einzelne Interessen von Betroffenen unter Druck geraten und von der Einigung zwischen den Vertragsparteien zerrieben werden. Soweit es sich dabei um Interessen beschwerde- und mithin beteiligungsberechtigter Dritter[86] handelt, kann es ohne weiteres diesen überlassen werden, ihre Interessen zu wahren. Die Interessen nicht-beteiligungsberechtigter Dritter angemessen zur Berücksichtigung zu bringen, ist hingegen Aufgabe des Gemeinwesens, dessen Verhandlungsspielraum dadurch eingeschränkt wird. Das Gemeinwesen darf danach insbesondere keiner weitergehenden Beeinträchtigung der Interessen nicht-beteiligungsberechtigter Dritter zustimmen, als wie sie sich bei einschneidender, aber noch pflichtgemässer Ausübung von Ermessens- und/oder Beurteilungsspielräumen ohnehin ergeben könnte: das einvernehmliche Verwaltungshandeln, an welchem sie sich nicht beteiligen können, darf den Dritten somit nicht zum Nachteil gereichen.

B) Die Betroffenen

Die verwaltungsrechtlichen Verträge, welche Bauvorhaben oder planerische Anordnungen zum Gegenstand haben, erschöpfen sich ihren Auswirkungen nach nicht in der tatsächlichen und rechtlichen Beziehung der Vertragsparteien untereinander, sondern erfassen auch Interessen Dritter, die am betreffenden Verwaltungsrechtsverhältnis zunächst nicht beteiligt sind. Obschon sich das Verwaltungshandeln nicht an sie richtet, können sie durch dessen Auswirkungen der Sache nach betroffen[87] sein wie durch eine Verfügung[88], gegen die ihnen gegebenenfalls die Beschwerdeberechtigung[89] zusteht. Trifft dies im Einzelfall nicht

---

[86] Vgl. infra B.
[87] Das deutsche Recht verlangt für die Wirksamkeit eines verwaltungsrechtlichen Vertrages, «der in Rechte eines Dritten eingreift», dessen schriftliche Zustimmung (§ 58 VwVfG; bzgl. des Baurechts vgl. BONK, Kommentar § 58 VwVfG, N. 11, zur Problematik der Regelung vgl. auch etwa MAURER, S. 26).
[88] RHINOW, Handlungsformen, S. 310.
[89] Zu den entsprechenden Voraussetzungen vgl. BGE 117 Ia 19 f. E. 3b m.H. Appenzell AI.

zu, d.h. liegt keine rechtsgenügliche Betroffenheit des Dritten vor, so ist die Wahrung der betreffenden Interessen Aufgabe des Gemeinwesens im Rahmen der Wahrnehmung der öffentlichen Interessen. Würden die beeinträchtigten Interessen hingegen zur Beschwerde berechtigen, so verlangt der Grundsatz der im Vergleich zum einseitigen Verwaltungshandeln insgesamt mindestens gleichwertigen Rechtsschutzes, dass dem betroffenen Dritten Mittel an die Hand gegeben werden, die es ihm erlauben, seine Interessen im Ergebnis mindestens ebenso wirksam zu verteidigen, wie dies durch Beschwerdeführung gegen eine Verfügung möglich wäre.

Ein gesamthaft zumindest gleichwertiger Rechtsschutz der Betroffenen kann etwa durch deren Beteiligung am Verhandlungsvorgang unter entsprechender Einschränkung der Beschwerdebefugnis gegen das Verhandlungsergebnis erreicht werden[90]. Art und Umfang der Einbeziehung in den Verhandlungsvorgang beurteilen sich nach Massgabe der Betroffenheit[91] der Interessen durch mögliche Verhandlungsergebnisse. Inhaltlich gehen die Möglichkeiten der Interessenwahrung durch die Betroffenen danach weiter als bei der Beschwerdeführung, die einzig darauf abzielen kann, eine Verfügung zu Fall zu bringen[92]. Auch mit Blick auf den Grundsatz des insgesamt wenigstens gleichwertigen Rechtsschutzes erscheint als durchaus gerechtfertigt, dem Betroffenen den Zugang zum Rechtsweg angesichts seiner nach angemessener Beteiligung erfolgten Zustimmung - Willensmängel vorbehalten - zumindest hinsichtlich des betreffenden Regelungsgegenstandes zu versperren. Eine Beschwerdeerhebung nach gültig erteilter Zustimmung müsste als widersprüchliches und letztlich rechtsmissbräuchliches Verhalten gelten, es sei denn, es ergäben sich aus Regelungsgegenständen, für welche eine Zustimmung vorliegt, im Zusammenhang mit anderen, ohne Beteiligung des Betroffenen vereinbarten Regelungen erhebliche Auswirkungen auf die Stellung des Betroffenen, die nicht vorherzusehen waren und mithin von der erteilten Zustimmung nicht erfasst werden.

---

[90] Vgl. dazu etwa PFENNINGER, S. 84.

[91] Entscheidend dafür ist etwa die Art der betroffenen Interessen, die Eingriffsintensität oder die räumliche und/oder sachliche Nähe zum Regelungsgegenstand; zur Abstufung «beteiligungsrelevanter Betroffenheit» und zu den diesen Stufen zuzuordnenden «betroffenheitsadäquaten Partizipationsrechten» vgl. UEBERSAX Peter, Betroffenheit als Anknüpfung für Partizipation, Diss. Basel 1991, S. 121 ff. bzw. S. 131 ff. - Die beteiligungsberechtigten Dritten sind etwa dort zur Teilnahme am Verhandlungsvorgang zuzulassen oder anzuhalten, wo es um Fragen geht, die ihre Interessen so erheblich betreffen könnten, dass sich daraus eine Beschwerdeberechtigung herleiten liesse; - immerhin auch dort nur, soweit ihr Interesse reicht (vgl. etwa BGE 116 Ia 194 f. E. 1b Kappel SO).

[92] Das frühzeitige konstruktive Geltendmachen der Interessen im Rahmen des Verhandlungsvorgangs kann sich sodann dahingehend auf dessen Ergebnis auswirken, dass ausgewogenere, rücksichtsvollere, gegebenenfalls aber auch originellere oder gewagtere Vereinbarungen zustande kommen, indem sich etwa aus der besonderen Sachkenntnis der Betroffenen heraus Lösungsansätze ergeben können, die zunächst nicht bedacht wurden.

3. Die verdichtungsrelevanten Anwendungsmöglichkeiten

Die Frage nach den zulässigen Anwendungsmöglichkeiten verwaltungsrechtlicher Verträge ist einerseits am Erfordernis der Gesetzmässigkeit der Verwaltung zu messen, anderseits aber auch mit Blick auf die Vertragsfreiheit des Privaten anzugehen. Nach allgemeinen Ausführungen (A.) sind die einzelnen Stufen der Rechtsgestaltung und -anwendung im Raumplanungs- und Baurecht auf Regelungsspielräume hin zu untersuchen (B.) und für deren Ausschöpfung allfällige inhaltliche Schranken aufzuzeigen (C.).

A) Allgemeines

Der Grundsatz der Gesetzmässigkeit verlangt für das Verwaltungshandeln in aller Regel eine gesetzliche Grundlage, die desto klarer und eindeutiger sein muss, je schwerer ein Eingriff in Freiheitsrechte der Bürger ausfällt[93]; «handelt es sich [...] nicht um einen schweren Eingriff, so gilt das Erfordernis der gesetzlichen Grundlage schon als erfüllt, wenn sich der [...] Entscheid ohne Willkür auf eine solche stützen lässt»[94]. Wo vom Gesetz ausdrücklich vorgesehen, sind verwaltungsrechtliche Verträge selbstredend zulässig; unzulässig sind sie hingegen dort, wo «das Gesetz eine abschliessende Ordnung trifft [[95]] oder vertragliche Regelungen ausdrücklich [[96]] oder nach seinem Sinn und Zweck [[97]] aus-

---

[93] Ein schwerer Eingriff (in die hier v.a. interessierende Eigentumsgarantie) ist i.d.R. dann anzunehmen, wenn ein bisheriger oder künftig denkbarer bestimmungsgemässer Gebrauch eines Grundstücks verunmöglicht oder wesentlich erschwert wird (vgl. z.B. BGE 119 Ia 366 E. 3b Retschwil LU und 115 Ia 336 E. 2a Wädenswil ZH [Zuweisung von Bauzonen-Grundstücken in eine Nichtbauzone], 121 I 120 E. 3b/bb Rorschacherberg SG [Aufhebung eines Sondernutzungsplans], 118 Ia 387 f. E. 4a Basel [Denkmalschutzmassnahme], 118 Ia 172 E. 3b Speicher AR [zur Eigentumsbeschränkung durch Auszonung hinzutretender, als nicht unerheblich bezeichneter zusätzlicher Eingriff in die Rechtsstellung des Eigentümers durch die Unsicherheit bei bedingten planerischen Festlegungen]).

[94] Vgl. BGE vom 9. September 1992 E. 1c m.H. Zürich in ZBl 95 (1994) 67 (trotz Eigentumsbeschränkung verbleibende Möglichkeit des bestimmungsgemässen Bauens).

[95] Eine solche liegt in Sachbereichen mit «konsequenter Durchnormierung» vor (BRÜHSCHWILER-FRÉSEY, S. 200 m.H.) oder m.a.W., wenn das Gesetz für vertragliche Regelungen keinen «Raum lässt» (vgl. BGE 103 Ia 34). Vgl. dazu auch ausführlich AGVE 1981, 220 E. e/bb m.H., wonach die Gemeinden auch im Raumplanungs- und Baurecht «darauf angewiesen [sind], gewisse Probleme in Ergänzung zur gesetzlich geregelten Ordnung durch öffentlich-rechtliche Verträge mit Privaten zu lösen. Freilich ist dieser Weg dort verschlossen, wo das positive Recht eine bestimmte Materie aus Rücksicht auf die betroffenen öffentlichen und privaten Interesse, die Rechtssicherheit, die Gleichheit und den verfassungsmässigen Schutz Privater zwingend und abschliessend ordnet und Ausdruck des Grundsatzes der Gewaltenteilung und des Vorbehalts wichtiger Regelungsbefugnisse in der Hand eines demokratisch besonders legitimierten Organs [...] ist, es sei denn, das Gesetz selber lasse ausdrücklich oder stillschweigend Spielraum für eine vertragliche Regelung». Auch nach LGVE 1987 III Nr. 37 sind Abmachungen in einer durch Gesetz oder Reglement geordneten Frage ausgeschlossen, bzw. reichen als Grundlage für öffentlich-rechtliche Eigentumsbeschränkungen nicht aus.

[96] Vgl. BGE 105 Ia 209 (E. 2a) Birmenstorf AG, 103 Ia 512 E. 3a Thun BE, ZBl 85 (1984) 65.

schliesst»⁹⁸. Für die Frage nach der Zulässigkeit verwaltungsrechtlicher Verträge ist dabei zu berücksichtigen, dass das Legalitätsprinzip, welches dem Bürger zum einen Gestaltungsmöglichkeiten gewährleistet und ihn zum andern vor Übergriffen des Staates zu schützen bezweckt, den Regelungsspielraum des Gemeinwesens auch durchaus zu Lasten des Bürgers einschränkte, wollte man das vertragliche Verwaltungshandeln in rigider Weise diesem Erfordernis unterwerfen, welches eigentlich auf das einseitige Verwaltungshandeln zugeschnitten ist.

Auch hinsichtlich des Inhalts vertraglicher Vereinbarungen ist das Erfordernis gesetzlicher Grundlage nicht so streng zu handhaben, wie dies für das einseitige Auferlegen von Verpflichtungen an den Bürger durch Verfügung gälte⁹⁹ oder auf das Festsetzen von Nebenbestimmungen zuträfe: bedürfen schon letztere bloss eines engen sachlichen Zusammenhangs mit einem Gesetzeszweck oder mit einem durch Gesetz begründeten öffentlichen Interesse¹⁰⁰, so muss für vertraglich zugestandene Leistungen der Privaten ausreichen, dass sie sich - und zwar auch bloss mittelbar - auf eine gesetzliche Grundlage zurückführen lassen¹⁰¹; zwingenden Vorschriften dürfen die Festlegungen dabei freilich nicht widersprechen¹⁰². In seiner Funktion zugunsten der Gewaltentrennung bezieht sich das Erfordernis gesetzlicher Grundlage des Verwaltungshandelns auf die Verankerung der durch die vertraglichen Leistungen wahrzunehmenden Interessen als öffentliche Aufgaben¹⁰³.

---

⁹⁷ MOOR, II, S. 260. Dabei ist entscheidend, «ob Verhandlungselemente im jeweiligen Zusammenhang sinnvoll [sind] oder einen nicht hinzunehmenden Fremdkörper [darstellen]» (RICHLI, S. 395).

⁹⁸ HÄFELIN/MÜLLER, N. 858.

⁹⁹ MOOR, II, S. 262.

¹⁰⁰ BGE 117 Ib 176 E. 3 Cavergno TI. - Die Ziele und Grundsätze der Raumplanung (Art. 1 und Art. 3 RPG) sind als gesetzliche Grundlagen mangels Bestimmtheit allerdings nicht ausreichend (vgl. RAMISBERGER, S. 271).

¹⁰¹ RHINOW, Rechte, S. 11, ZWAHLEN, S. 542a: nicht mehr und nichts anderes als «ce qu'exige et justifie le but des règles à appliquer»; ZBl 85 (1984) 65 E. 2a/aa, 82 (1981) 362 f. E. 3. - Vgl. auch MAURER (S. 32), wonach «die Einwilligung des betroffenen Bürgers die gesetzliche Grundlage entbehrlich macht»; gerade gegenteiliger Auffassung: BRÜHSCHWILER-FRÉSEY, S. 234 f. m.H. sowie ZBl 87 (1986) 412 und BGE 105 Ia 210 E. 2b Birmensdorf AG, wonach «das Gemeinwesen beim Abschluss eines öffentlichrechtlichen Vertrages gleichermassen an das materielle Recht gebunden ist, wie wenn es eine Verfügung erlassen würde, und [...] es von den Bürgern namentlich keine Leistungen fordern kann, für welche eine gesetzliche Grundlage nicht gegeben ist». - In einem BGE vom 26. März 1985 Ostermundigen BE (in BVR 1985, 323 ff.) erklärte das Bundesgericht dann jedoch, der Private könne sich «gegenüber dem Gemeinwesen rechtsgeschäftlich ohne weiteres zu Leistungen verpflichten, die ihm das Gemeinwesen mangels gesetzlicher Grundlage durch einseitigen Hoheitsakt nicht hätte auferlegen können». Die Zustimmung des Privaten bewirkt, dass die Berufung auf das Fehlen einer ausreichenden gesetzlichen Grundlage, soweit nicht geradezu unverzichtbare Freiheitsrechte betroffen sind, als widersprüchliches Verhalten am Verbot des Rechtsmissbrauchs scheiterte.

¹⁰² BGE 103 Ia 512 E. 3a Thun BE; es verlangt dies der Gesetzesvorrang.

¹⁰³ MOOR, II, S. 262. - Aus dem Grundsatz der Gewaltentrennung für die gesetzliche Grundlage verwaltungsrechtlicher Verträge abzuleiten, sie müsste in etwa jene Bestimmtheit aufweisen,

Bei der Beurteilung der Zulässigkeit verwaltungsrechtlicher Verträge darf ob der Bedeutung des Erfordernisses gesetzlicher Grundlage für das behördliche Handeln nicht vergessen gehen, dass die Rechtsgrundlage der vertraglichen Leistungen in der übereinstimmenden gegenseitigen Willenserklärung besteht[104]. Wohl verfügt dabei das Gemeinwesen aufgrund seiner Bindung an das Recht eigentlich nur bei Ermessensbestimmungen und unbestimmten Gesetzesbegriffen[105] sowie allenfalls bei weit gefassten Normen über Verhandlungsspielraum für vertragliche Lösungen[106]; auf der anderen Seite steht jedoch die Vertragsfreiheit des Privaten[107], deren Ausübung die Grenzen des Verwaltungshandelns im Rahmen des vertraglichen Gebens und Nehmens ausdehnen kann[108]. Wie weit diese Ausdehnung reichen darf, ist nur beschränkt in allgemeiner Weise zu be-

---

wie sie für die Delegation von Rechtssetzungsbefugnissen gefordert wird (vgl. RICHLI, S. 395), mag angehen, soweit es um Vereinbarungen auf der Stufe der Plansetzung und der Rechtssetzung geht, wird aber m.E. dem Umstand nicht gerecht, dass verwaltungsrechtliche Verträge auch bloss die Festlegung einer Regelung für einen bestimmten Sachverhalt betreffen können (wobei dort die Übereinstimmung mit der übergeordneten Planung sowie den Zielen und Grundsätzen der Raumplanung als gesetzliche Grundlage ausreichen dürfte).

[104] MOOR (II, S. 260): «Le fondement juridique des prestations contractuelles est la commune volonté des parties». Soweit dieser Konsens eine gesetzliche Grundlage für die vertraglichen Leistungen entbehrlich macht, verlangt der Grundsatz der Gesetzmässigkeit in seiner Funktion als Schutz der individuellen Autonomiesphäre des Bürgers, dass seine Zustimmung rechtsstaatlichen Regeln entsprechend zustande kommt: die Verhältnismässigkeit der vertraglichen Leistungen, die Wahrung öffentlicher Interessen sowie die Fairness in der Verhandlungsführung werden damit gewissermassen zu den gesetzlichen Grundlagen bzw. Rahmenbedingungen des verwaltungsrechtlichen Vertrags (vgl. MOOR, II, S. 262, BRÜHSCHWILER-FRÉSEY, S. 217 f.; vgl. ferner PFENNINGER, S. 82 [zu den informellen Kooperationen]). Es verhält sich somit gleich wie bezüglich der Unbestimmtheit von Normen, wo verfahrensrechtliche Garantien, welche etwa die Beteiligung der betroffenen Privaten am Gesetzesvollzug vorsehen, mit Blick auf den Grundsatz des Gesetzesvorbehalts bei Eingriffen in Individualrechte kompensatorisch wirken können (BGE 113 Ib 64 E. 3c Olten SO, AGVE 1993, 183 E. 3b/bb/aaa m.H.).

[105] RICHLI (S. 404) nennt sie «die eigentlichen Einfallstore für Verhandlungslösungen». KREBS (Verträge, S. 88): «Wo die gesetzliche Vorzeichnung des Verwaltungshandelns Gestaltungsspielräume zur Befriedigung individueller Bedürfnisse offenlässt, bieten sich Rechtsformen konsensualen Handelns besonders an».

[106] Bei alledem ist jedoch auch zu beachten, dass der Gesetzesvorbehalt (als Teilgehalt des Gesetzmässigkeitsgrundsatzes) verlangt, dass jede «in ein Individualrecht eingreifende Norm einen optimalen Grad der Bestimmtheit aufweist und nicht unnötig wesentliche Wertungen der Gesetzesanwendung überlässt» (AGVE 1993, 182 E. 3b/bb/aaa m.H.).

[107] MAURER (S. 33): «Nimmt man den Bürger als gleichberechtigten Vertragspartner und als Verfahrenssubjekt ernst, dann müssen auch *seine* rechtlichen Möglichkeiten und *seine* Freiheiten einbezogen werden. Die Vertragsfreiheit des Bürgers beschränkt sich nicht auf den privatrechtlichen Bereich sondern erstreckt sich auch auf den öffentlich-rechtlichen Bereich. In Ausübung seiner Freiheitsrechte kann er im Vertragswege auch der Verwaltung gegenüber Zugeständnisse machen und Einschränkungen hinnehmen, wenn ihm das zur Erreichung bestimmter Vorteile auf der anderen Seite zweckdienlich erscheint». - Es findet mithin der (ansonsten für das Privatrecht typische) Grundgedanke der Tauschgerechtigkeit Eingang in ein Rechtsgebiet, das i.a. durch das Erfordernis ausreichender gesetzlicher Grundlage und die Ausrichtung auf die Wahrung öffentlicher Interessen gekennzeichnet ist.

[108] Vgl. MAURER, S. 33 f. und S. 37.

antworten[109] und muss für das weitere in jedem Bereich des Verwaltungsrechts gesondert untersucht werden. Neben der Ausgestaltung der gesetzlichen Regelung (nach Detaillierungsgrad, Vollständigkeit) sind dabei das Ausmass der Auswirkungen auf Dritte sowie die Möglichkeit der Gewährleistung rechtsgleicher Behandlung von entscheidender Bedeutung.

Die Zulässigkeit verwaltungsrechtlicher Verträge ist zwar nicht wie diejenige von Ausnahmebewilligungen an das Vorliegen besonderer Verhältnisse gebunden; inhaltlich gilt für vertragliche Vereinbarungen jedoch in gleicher Wiese wie für ausnahmsweise Abweichungen, dass sie dem Zweck der derogierten Normen nachleben oder m.a.W. eine «dem Sinne der Rechtsordnung entsprechende Regelung»[110] vorsehen. Immerhin darf von den Privaten aufgrund deren Zustimmung im öffentlichen Interesse unter Umständen mehr und anderes eingefordert werden, als durch unmittelbar auf eine gesetzliche Grundlage zu stützende Verfügung verlangt werden könnte[111].

B) Mögliche Anwendungsbereiche im Raumplanungs- und Baurecht

Das öffentliche Baurecht bildete seit Beginn der theoretischen Durchdringung des verwaltungsrechtlichen Vertrages durch die schweizerische Lehre einen seiner Anwendungsbereiche[112], und dies, obgleich es geradezu als Beispiel einer abschliessenden und zwingenden öffentlichrechtlichen Regelung galt[113]. Wäh-

---

[109] Vgl. MOOR (II, S. 261): «[L]e contrat est possible dès lors que la loi permet à l'autorité d'individualiser sa prestation propre au regard d'une contre-prestation qu'elle n'est pas en droit d'exiger unilatéralement», dies aber nur solange, als «le contrat [n'est pas] substitué à une décision qui, si elle était prise, excéderait des compétences que l'ordre juridique a voulu établir pour [...] limiter [les actes impératifs de l'administration]».

[110] FLEINER-GERSTER, S. 153.

[111] Vgl. HÄFELIN/MÜLLER, N. 867, sowie RHINOW (Handlungsformen, S. 307 [und S. 321]): «Der Verwaltungsvertrag findet [...] seine Rechtfertigung und Anwendung dort, wo wechselseitige Verpflichtungen eingegangen werden, der Private sich somit zu einer Leistungszusage hergibt, zu welcher ihn die Verwaltung auf einseitigem Wege unmittelbar nicht zwingen könnte»; desgl. MAURER (S. 37), wonach der Anwendungsbereich des Verwaltungsvertrages u.a. dort liegt, wo «im Rahmen eines grösseren Gesamtpaketes besondere Leistungen des Bürgers und damit seine Zustimmung erforderlich sind [oder wo] eine gleichwertige Alternative zur gesetzlich vorgesehenen Lösung erstrebenswert erscheint. Vor allem in diesem Zusammenhang ist auch bedeutsam, dass [...] der Regelungsbereich des Verwaltungsvertrages durch die Einwilligung des Bürgers gegenüber dem des Verwaltungsaktes erweitert werden kann». - Anders jedoch etwa LGVE 1987 III Nr. 37, wonach das Erfordernis der gesetzlichen Grundlage nicht durch Zustimmung der betroffenen Grundeigentümer ersetzt werden kann.

[112] IMBODEN, S. 187a ff.; ZWAHLEN, S. 540a ff. - Die Zulässigkeit verwaltungsrechtlicher Verträge wird dabei allerdings nur für marginale Gegenstände des Baurechts bejaht (so für aus dem Enteignungsvertrag entwickelte Vereinbarungen [IMBODEN, S. 187a f., ansonsten eher ablehnend], u.U. "conventions de précarité", "conventions en vue de réaliser le passage de chemins privés au domaine public", nicht jedoch "dérogations avec contre-partie" [ZWAHLEN, S. 541a ff.]). - Für das deutsche Recht vgl. BONK, Kommentar § 54 VwVfG, N. 71 ff., KREBS, Verträge, S. 78 ff.

[113] IMBODEN, S. 190a, ZWAHLEN, S. 540a.

rend die Zulässigkeitsvoraussetzungen für verwaltungsrechtliche Verträge in der Folge in Rechtsprechung und Lehre nur verhältnismässig geringfügigen Anpassungen unterworfen waren (dabei aber noch nicht als gefestigt gelten können)[114], durchlief das öffentliche Baurecht einen gewaltigen Wandel durch die Verfeinerung der Raumplanungs- und Baugesetzgebung sowie die zunehmende Verknüpfung mit anderen Sachbereichen, namentlich mit dem Umweltschutz[115]. Eine neuerliche Beurteilung der Anwendbarkeit verwaltungsrechtlicher Verträge im Hinblick auf die haushälterische Bodennutzung und eine umweltverträgliche bauliche Entwicklung drängt sich daher m.E. in grundsätzlicher Weise auf. Dabei ist einzelnen Eigenschaften des Raumplanungs- und Baurechts besondere Beachtung zu schenken: so sind die Raumpläne in aller Regel flächendeckend angelegt und bilden die Bauvorschriften ein umfassendes und detailliertes (für gewisse Bereiche immerhin mit Ermessens- und Beurteilungsspielräumen durchsetztes) Regelwerk, so dass Regelungsspielräume für vertragliche Vereinbarungen zunächst kaum auf der Hand liegen. Die demokratische Mitwirkung der Bürger bei der Plansetzung und bei der Rechtssetzung steht sodann der Möglichkeit entgegen, entsprechende Festlegungen vertraglich zu vereinbaren[116], es sei denn, dies wäre in einer "Delegationsnorm" ausdrücklich vorgesehen[117].

Im folgenden ist bezogen auf Nutzungspläne[118] und Bauvorschriften zu untersuchen, ob und wieweit die jeweiligen gesetzlichen Vorgaben «Raum lassen» für verwaltungsvertragliche Vereinbarungen über die Ausgestaltung der baulichen Nutzungsordnung (a). Des weiteren ist der verwaltungsrechtliche Vertrag als In-

---

[114] Vgl. die Übersichten bei HÄFELIN/MÜLLER, N. 857 ff., IMBODEN/RHINOW sowie RHINOW/KRÄHENMANN, Nr. 46 B. II. und IV., MOOR, II, S. 260 und GRISEL, S. 450 f.

[115] Vgl. z.B. ausdrücklich BGE 116 Ib 268 E. 4c Chigny VD.

[116] Die Raumplanung wird zudem in ihrer ganzen Entscheidungsfolge als auf hoheitlichem Handeln beruhend betrachtet (vgl. etwa JAGMETTI, Kommentar Art. 22quater BV, N. 7 und 21). - Entsprechende Vorbehalte fallen für verwaltungsrechtliche Verträge zur blossen Verwirklichung planerischer Festlegungen dahin: solche Vereinbarungen sind - wo nicht ausdrücklich oder sinngemäss ausgeschlossen - ohne weiteres zulässig (vgl. HÄFELIN/MÜLLER, N. 878).

[117] Vgl. RICHLI, S. 395.

[118] Die Richtplanung ist als Anwendungsgebiet verwaltungsrechtlicher Verträge schon deshalb auszuschliessen, weil die Privaten von ihr nicht unmittelbar betroffen sind und sich verbindliche Abmachungen des Planungsträgers mit einzelnen Privaten schlecht mit dem Koordinationszweck der Richtplanung vertrügen. Immerhin können verwaltungsrechtliche Verträge durch die erhöhte Voraussehbarkeit des Verhaltens der Privaten (mit Auswirkungen auf die tatsächlichen und rechtlichen Gegebenheiten sowie die absehbaren Nutzungskonflikte, vgl. Art. 4 Abs. 2 Halbsatz 1 RPV) wesentlich dazu beitragen, anlässlich der Grundlagenerhebung für die Richtplanung zur Beurteilung der möglichen Entwicklungen (Art. 4 Abs. 2 Halbsatz 2 RPV) und damit über die Grundzüge der anzustrebenden räumlichen Entwicklung (Art. 6 Abs. 1 RPG, Art. 4 Abs. 3 RPV) zuverlässigere Aussagen zu erlauben. - Kann die Richtplanung zwar nicht Gegenstand verwaltungsrechtlicher Verträge bilden, so eignet sie sich allerdings dazu, das Verhandlungsmandat der Behörden im Sinne der Begrenzung des Verhandlungsspielraums sowie dessen inhaltlicher Ausrichtung festzulegen.

strument zur Anwendung der baulichen Nutzungsordnung auf den Einzelfall darzustellen (b).

a) Die Ausgestaltung der Nutzungsordnung

Die Nutzungsplanung, welche unter Berücksichtigung der Ziele und Grundsätze der Raumplanung sowie aller übrigen massgebenden öffentlichen oder privaten Interessen[119] die Bodennutzung verbindlich ordnet, hat das entsprechende Planungsgebiet räumlich und grundsätzlich auch sachlich vollständig zu erfassen[120]. Die Festsetzung einer Nutzungszone aufzuschieben, ist daher nur dann zulässig, wenn planerisch bedingte Ungewissheiten[121] das Festsetzen von Zonen im Sinne von Art. 18 Abs. 2 RPG rechtfertigen, deren Nutzung noch nicht bestimmt ist oder in denen eine bestimmte Nutzung erst später zugelassen wird[122]. Auch durch Auferlegen von Sondernutzungsplanungs-Pflichten darf die Nutzungsordnung nur aus besonderen Gründen aufgeschoben werden[123]. Nebst diesen zonenplanerischen Anordnungen bewirken auch von Verwaltungsbehörden getroffene Planungssicherungsmassnahmen wie Planungszonen oder Bausperren eine befristete Durchbrechung des Grundsatzes der umfassenden Nutzungsplanung. Das einstweilige Offenhalten von Regelungsalternativen ist dem Raumplanungsrecht demnach durchaus nicht fremd; es unterwirft diesfalls bauliche Massnahmen in solchen Gebieten - unter Vorbehalt besonderer Anordnungen - vorderhand der strengen Regelung nach Art. 24 RPG.

---

[119] Vgl. BGE 117 Ia 307 E. 4b Flims GR, 116 Ia 232 (E. 3b) Kappel SO, 114 Ia 374 E. 5b m.H. Aesch BL. - Vgl. auch Art. 3 RPV.

[120] Vgl. z.B. JAGMETTI, Kommentar Art. 22quater BV, N. 27, wonach die Ordnung der Bodennutzung eine «"durchgehende Planung" als eine die Gesamtfläche einschliessende Ordnung» zum Ziel hat; vgl. auch SCHÜRMANN (S. 154): «flächendeckende, lückenlose Ordnung».

[121] Vgl. BGE 115 Ia 341 E. 6a Wädenswil ZH, 112 Ia 317 (E. 3b m.H.) TI (Die Aufschiebung der definitiven Zonenzuweisung ist nur zulässig bei Vorliegen von «ragioni inerenti alla pianificazione», dies bedeutet u.a.: «di regola non è contestabile che l'area posta a margine del territorio edificabile, prevista per un successivo azzonamento, sia attribuita alla zona residua con funzioni di riserva, allorché lo sviluppo urbano non è ancora chiaramente percepibile e sono dunque incerte le modalità pratiche e temporali dell'ulteriore inserimento in una delle diverse zone»).

[122] Vgl. § 65 PBG/ZH (Reservezone als Nichtbauzone ohne zonengemässe Nutzung), § 56 Abs. 1 lit. b PBG/LU (Übriges Gebiet mit subsidiärer Geltung der Vorschriften für die Landwirtschaftszone), § 27 PBG/SO (Reservezone als Nichtbauzone ohne zonengemässe Nutzung), § 21 Abs. 1 lit. f E RBG/BL (Nichtbauzone), § 35 Abs. 3 PBG/TG (Reservebauzone als Bauzone einer späteren Erschliessungsetappe im Gegensatz zur definitiven Bauzone; vgl. BGE 112 Ia 158 f. E. 2c und 2d Ermatingen TG zu § 21 aBauG/TG), Art. 51 LATC/VD (zone intermédiaire [inconstructible]); vgl. sodann den nicht in die Änderung des BauG/BE vom 22. März 1994 aufgenommenen Art. 85a gemäss Antrag des Regierungsrates vom 20. Oktober 1993 (Zone mit noch offener Nutzung als Teil der Bauzone).

[123] BGE 115 Ia 340 E. 5b Wädenswil ZH (Erfordernis des «wesentliche[n] öffentliche[n] Interesse[s]» an einer sorgfältigen Planung [und Gestaltung] der Überbauung», vgl. auch § 84 Abs. 1 PBG/ZH).

Der Grundsatz umfassender Nutzungsplanung ergibt sich einerseits aus sachlichen Überlegungen zugunsten einer kohärenten, aus einer Gesamtsicht heraus erfolgenden Planung[124] und anderseits aus der Ungewissheit über die Nutzungsmöglichkeiten, welche den Grundeigentümer als (zur Planung an sich) hinzutretende Eigentumsbeschränkung trifft. Die Unzumutbarkeit dieser Ungewissheit für einen nicht unerheblichen Zeitraum[125] erschiene m.e. aber in einem anderen Lichte, wenn dem Grundeigentümer Möglichkeiten zu Gebote stünden, den Inhalt der sein Grundstück betreffenden Nutzungsanordnungen mitzugestalten. - [126]

Im folgenden sind die nutzungsplanerischen Aufgaben der Dimensionierung und Anordnung der Bauzone (aa.), der Festlegung von Art (bb.) und Mass (cc.) der Nutzung sowie der Ausgestaltung der Bauvorschriften (dd.) daraufhin zu untersuchen, ob sie angesichts der raumplanungsrechtlichen Vorgaben aus dem ordentlichen Verfahren der Plansetzung ausgeklammert werden könnten und sich für vertragliche Vereinbarungen eigneten.

aa) Die Dimensionierung und Anordnung der Bauzone

Die Dimensionierung der Bauzone insgesamt sowie der einzelnen Bauzonenarten[127] ist den Planungsträgern im Grundsatz, relativiert allenfalls durch die Berücksichtigung der regionalen Verhältnisse[128], schon durch Art. 15 RPG weitgehend vorgegeben. Die verfassungsmässige Forderung nach «geordneter Besiedlung des Landes»[129] verbietet sodann eine allzu getreue Ausrichtung der Bauzo-

---

[124] Vgl. BGE 118 Ia 172 E. 3c Speicher AR; diesem Grundsatz widerspricht eine einzelfallweise Planung (KARLEN, Planungspflicht, S. 122 ff. m.H.). Die Nutzungsplanung etwa verlangt nach einer umfassenden Abwägung aller für die Nutzung des Bodens relevanten Interessen (BGE 120 Ia 231 E. 2b m.H. Pully VD). - Ist sichergestellt, dass die Nutzungsplanung einer Gemeinde als Ganzes den Anforderungen des RPG genügt, so darf auf Initiative hin allerdings auch einmal «für einen Teil des Gemeindegebiets oder sogar für eine einzelne Liegenschaft gesondert erfolgen» (BGE vom 4. Juni 1993 E. 7b Köniz BE in ZBl 95 [1994] 140).

[125] In BGE 118 Ia 165 ff. Speicher AR hervorgerufen durch die Unterwerfung einer Auszonung unter eine auflösende Bedingung. Gemäss MÜLLER Georg (Konflikte, S. 143) wird die Stellung des Grundeigentümers auch ohnedies schon «durch die Ungewissheit über die Beständigkeit der Raumordnung beeinträchtigt».

[126] Die deutsche Lehre und Rechtsprechung steht den sog. Planungsverträgen (als Vereinbarungen über Erlass, Änderung, Beibehaltung oder Aufhebung von vorbereitenden oder verbindlichen Bauleitplänen) ablehnend gegenüber, da das Fehlen eines Anspruchs auf Bauleitplanung (§ 2 Abs. 3 und 4 BauGB) eine diesbezügliche vertragliche Verpflichtung ausschliesst und die Planung überdies mit einem Abwägungsdefizit behaftet wäre (BONK, Kommentar § 54 VwVfG, N. 72 m.H.; differenzierend KREBS, Baurecht, N. 92 f. m.H.). Daran scheint § 1 Abs. 3 BauGB nichts zu ändern, wonach die Bauleitplanung nicht durchwegs umfassend, sondern vielmehr «sobald und soweit es für die städtebauliche Entwicklung und Ordnung erforderlich ist» zu erfolgen hat, womit eine flächendeckende Planungspflicht nicht postuliert ist (dazu KREBS, Baurecht, N. 89 f.).

[127] BGE 114 Ia 255 (E. 3e) m.H. Deitingen SO.

[128] BGE 118 Ia 158 E. 4d m.H. Bottmingen BL, 117 Ia 432 E. 4b m.H. Wiesendangen ZH, BGE vom 12. Dezember 1995 E. 7b Glattfelden ZH.

[129] Art. 22quater Abs. 1 BV.

nendimensionierung am Verhalten Privater, indem weder dem allgemeinen Baulandbedarf[130] noch den Überbauungsabsichten der Grundeigentümer[131] alleine ausschlaggebende Bedeutung zukommen kann. Es sind daher diesbezügliche vertragliche Vereinbarungen kaum denkbar.

Etwas anders als hinsichtlich der Bauzonendimensionierung verhält es sich m.E. bei der Frage nach der räumlichen Anordnung der Bauzonen. Stellt die binnen 15 Jahren zu erwartende Überbauung eine Voraussetzung für die Zuweisung eines Grundstücks in eine Bauzone dar (Art. 15 lit. b RPG), so erscheint es als mit den rechtlichen Grundlagen vereinbar und sachlich gerechtfertigt, das planerische Ermessen an der Verwirklichungswahrscheinlichkeit des Zonenzwecks auszurichten[132]; deren Abschätzung ist dabei desto zuverlässiger (und damit desto bedeutsamer), je verbindlicher die Nutzungszusage des Grundeigentümers ausfällt. Ist dieser bereit, sich durch verwaltungsrechtlichen Vertrag (bei Zuweisung seines Grundstücks in eine Bauzone oder dessen Belassung daselbst) zu einer zonenplangemässen baulichen Nutzung innert bestimmter Frist zu verpflichten, so ist es sinnvoll, dies bei der Bauzonenanordnung zu berücksichtigen und bei planerisch zumindest gleichwertigen Varianten sogar als ausschlaggebend zu anerkennen. Eine Einzonung dürfte allerdings nicht allein gestützt auf die Nutzungszusage des Grundeigentümers erfolgen, da dies die Gefahr der Vereitelung des Grundsatzes der Planung aus einer Gesamtsicht heraus bürge, kann doch die Summe der auf verbindliche Nutzungszusagen gestützten einerseits und der raumplanerisch gebotenen[133] Bauzonen-Zuweisungen an-

---

[130] Vgl. BGE 117 Ia 432 E. 4b Wiesendangen ZH, 117 Ia 438 f. E. 3f Dübendorf ZH, 116 Ia 333 f. E. 4c Stäfa ZH.

[131] Vgl. BGE 116 Ia 341 E. 3b/aa Tersnaus GR, 115 Ia 348 f. E. 5e m.H. Wädenswil ZH, BVR 1995, 77 E. 4c Safnern BE.

[132] Vgl. HÄFELIN/MÜLLER, N. 878, HALLER/KARLEN, N. 255. Die Verfügbarkeit für die Überbauung ist im Hinblick auf die Zuweisung von Land in eine Bauzone als Merkmal der Überbauungseignung (Art. 15 RPG) zu berücksichtigen. Dem Gemeinwesen ist (gemäss BASCHUNG Marius, Ortsplanung Gaiserwald, Gutachten zu Fragen der Auslegung von Artikel 15 RPG, Oktober 1991, S. 11 ff.) sogar zuzubilligen, nur solche Grundstücke den Bauzonen zuzuweisen, deren Eigentümer sich zur Überbauung innert des Planungshorizonts von Art. 15 lit. b RPG bereit erklären (vgl. auch STRITTMATTER/GUGGER, S. 75 ff., wonach durch die Einflussnahme des Gemeinwesens auf Zeitpunkt, Art und Intensität der Überbauung in Abstimmung privater und öffentlicher Interessen zur haushälterischen Nutzung des Bodens beigetragen werden kann). Grundstücke hingegen, «von denen zum vornherein feststeht, dass sie der Eigentümer in den nächsten 15 Jahren weder selbst überbauen noch Dritten zur Überbauung überlassen will, gehören grundsätzlich nicht in die Bauzone» (ZAUGG, Kommentar Art. 72 - 74 BauG/BE, N. 7a). Die Überbauungsabsichten der Grundeigentümer sind ferner etwa bei der Frage nach der Umteilung von Bauzonenland der zweiten Etappe in die erste Etappe von Bedeutung (vgl. z.B. § 42 Abs. 4 PBG/LU, wonach eine solche "Umetappierung" erfolgt, wenn eine zweckmässige Erschliessung sichergestellt ist und (lit. b) «mit dem Beginn der Bauarbeiten in absehbarer Zeit gerechnet werden kann».

[133] Z.B. weitgehend überbautes Gebiet (Art. 15 lit. a RPG), sinnvolle Arrondierung des Baugebiets, Verwirklichung rationeller Erschliessungsmöglichkeiten.

derseits eine überdimensionierte Bauzone ergeben[134]. Dem wiederum wäre durch (idealerweise ebenfalls vertraglich vereinbarte) kompensationsweise Aus- bzw. Nichteinzonungen beizukommen[135].

Bei diesen für die Siedlungsentwicklung grundlegenden Festsetzungen betreffend Ausdehnung und Anordnung der Bauzone kommt dem Grundsatz der demokratischen Mitwirkung bei der Plansetzung besonderes Gewicht zu, so dass der Gestaltungsspielraum für konsensuale Formen des Verwaltungshandelns nur bei entsprechender Ermächtigung durch die ordentliche Planungsbehörde oder unter Vorbehalt deren nachträglicher Genehmigung anzunehmen ist[136]. Zur Beurteilung der Ermächtigung bietet sich an, die hinsichtlich der Delegation von Rechtssetzungsbefugnissen entwickelten Grundsätze sinngemäss heranzuziehen[137], handelt es sich doch hier vom Gesichtspunkt der Gewaltentrennung aus um die Delegation von Planungsbefugnissen an Verwaltungsbehörden und interessierte Private. Unter Genehmigungsvorbehalt getroffene Vereinbarungen zwischen interessierten Grundeigentümern und etwa im ordentlichen Plansetzungsverfahren zur Antragstellung berufenen Behörden sodann sind mit Bezug auf die Gewaltentrennung von vornherein unbedenklich, zumal da sie die Letztentscheidungsbefugnis der für den Erlass von Nutzungsplänen an sich zuständigen Behörde wahren.

bb) Die Festlegung der Nutzungsart

Soweit die zulässige bauliche Nutzungsart nicht schon durch die bestehenden Nutzungen im bereits überbauten Gebiet, durch die ausschliesslich für gewisse Nutzungsarten[138] gegebene Eignung des Baulandes oder allenfalls durch richt-

---

[134] Vgl. zu dieser Problematik (in casu verursacht durch eine auflösend bedingte Plansetzung): BGE 118 Ia 173 f. (E. 3c) Speicher AR.

[135] Die Wechselwirkungen von Ein- und Auszonungsmassnahmen auf diese Weise "aufzufangen", entbindet aber nicht davon, dass die Planung möglicherweise auch in einem weiteren Umfang neu zu überprüfen ist (vgl. BGE 119 Ia 366 E. 1b Retschwil LU).

[136] Dadurch liesse sich wohl auch der u.a. bei KREBS (Baurecht, N. 93) geäusserte Einwand entkräften, wonach Planungsverträge dazu führten, dass der «gesetzlich offen strukturierte Planungsprozess durch [vertragliche] Vorwegbindung funktionslos wird». Auch den Bedenken bezüglich eines allfälligen Abwägungsdefizits könnte auf diese Weise begegnet werden.

[137] Vgl. dazu BGE 118 Ia 310 E. 2b m.H. Waffenverordnung SG; angewandt auf die im vorliegenden Zusammenhang interessierenden Verhältnisse: kein (ausdrücklicher) Ausschluss durch das kantonale Recht; Bezeichnung der betroffenen Gebiete (räumliche Beschränkung des Gestaltungsspielraums); Regelung der Anforderungen an die verwaltungsrechtlichen Verträge (Grundzüge der gegenseitigen Verpflichtungen, Verbindlichkeit der Nutzungszusage für allfällige Rechtsnachfolger, evtl. Fristen, Massnahmen bei Vertragsverletzungen etc.; inhaltliche Beschränkung des Regelungsspielraums). Bei der Beurteilung der Voraussetzungen ist auch die Natur des zu regelnden Gegenstandes und die Schwere des Eingriffs zu berücksichtigen (vgl. BGE 103 Ia 381 ff. E. 6 Numerus clausus BS).

[138] Land darf nur Nutzungsarten zugewiesen werden, für die es geeignet ist. Die Eignung bestimmt sich danach, ob «die Eigenschaften des betreffenden Gebiets den Anforderungen genügen, die aus der Sicht der dafür vorgesehenen Nutzung zu stellen sind», wobei den natürlichen Gege-

planerische Vorgaben¹³⁹ festgelegt ist und diese Aufgabe mithin zum kommunalen Autonomiebereich gehört, erscheint es als angängig, mittels Vereinbarung eine bestimmte Nutzungsart, die den Anliegen des Gemeinwesens und den Interessen des Privaten entspricht und zu deren Verwirklichung sich dieser vertraglich verpflichtet, einer anderen Nutzungsart mit ungewisser Verwirklichungswahrscheinlichkeit vorzuziehen. Der Regelungsspielraum ist dabei räumlich und sachlich nach Massgabe der Betroffenheit öffentlicher Interessen zu beschränken; er ist etwa dort enger zu bemessen, wo die öffentlichen Interessen an der Festlegung der Nutzungsart angesichts von Lage und Grösse des in Frage stehenden Gebietes besonders gewichtig sind (z.b. in Siedlungszentren, in der Nähe von Schutzobjekten, auf grösseren Industriebrachen, bei der Ansiedlung emissionsträchtiger Nutzungsarten und solcher, welche die räumliche Ordnung über ihre unmittelbare Umgebung hinaus erheblich beeinflussen, sowie allgemein bei ausgedehnten, für die Einzonung vorgesehenen Gebieten usw.).

Die Entlassung der betroffenen Grundstücke aus der umfassenden und unmittelbar grundeigentümerverbindlichen Planung könnte etwa durch Zuweisung in eine Bauzone zunächst unbestimmter Nutzungsart erfolgen. Soweit die hernach zu treffende vertragliche Vereinbarung Regelungsgegenstände erfasst, die der Planungspflicht unterliegen¹⁴⁰, sind für die Zulässigkeit entsprechender Festlegungen wohl wiederum die Voraussetzungen der Delegation von Rechtssetzungsbefugnissen sinngemäss heranzuziehen.

cc) Die Festlegung des Nutzungsmasses

Wie in aller Regel für die Festlegung der Nutzungsart verfügt der Planungsträger auch bei der Festsetzung des Nutzungsmasses über einen erheblichen Gestal-

---

benheiten, den Zielen und Grundsätzen der Planung sowie den Bedürfnissen der öffentlichen Infrastruktur Rechnung zu tragen ist (BGE 114 Ia 251 E. 5c St. Moritz GR, 113 Ia 450 E. 4c/ca Engelberg OW; die in diesen beiden Fällen betreffend Abgrenzung des Baugebiets vom Nichtbaugebiet entwickelten Kriterien dürften - zumindest sinngemäss - auch für die Abgrenzung verschiedener Nutzungszonen gelten). Zu berücksichtigen ist ferner die "umweltrechtliche Eignung zur Bauzone", wie sie aus Art. 24 Abs. 1 USG und Art. 29 LSV hervorgeht (vgl. NEFF, S. 131 ff.).

[139] Z.B. Bildung von Siedlungszentren, Gebiete für Wohn- oder gemischte Überbauung sowie für industrielle und gewerbliche Nutzungen oder öffentliche Bauten und Anlagen (§ 22 Abs. 1 und § 26 PBG/ZH für die kantonalen Teilrichtpläne und kraft Verweisung in § 30 Abs. 2 PBG/ZH auch für die regionalen Richtpläne).

[140] Die Frage, in welchen Fällen für bauliche Massnahmen planerische Grundlagen erforderlich sind und ob zur Delegation von Planungsbefugnissen somit überhaupt Anlass besteht, beurteilt sich nach Massgabe von Ausdehnung und räumlichen Auswirkungen der Bauten (vgl. BGE 119 Ib 178 E. 4 m.H. Saint-Oyens VD, 114 Ib 315 E. 3a Morschach SZ sowie BGE 116 Ib 139 E. 4a und 4b Wangen-Brüttisellen ZH: «Bauten und Anlagen, die ihrer Natur nach nur in einem Planungsverfahren angemessen erfasst werden können [..., da sie] ein ganz erhebliches Regelungsbedürfnis mit sich [bringen] (Einfügung in die bestehende Nutzungsordnung, Erschliessung, Lage der Gebäude)»).

tungsspielraum[141], dessen Wahrnehmung allerdings Auswirkungen auf Fragen der Nutzungsordnung zeitigen kann, die an sich abschliessend geregelt sind, woraus sich für den Regelungsspielraum Beschränkungen ergeben[142]. So beeinflusst die zulässige bauliche Dichte die Ausdehnung jener Fläche, die zur Deckung des zu erwartenden Baulandbedarfs als Bauzone ausgeschieden wird. Werden nun durch Vertrag bauliche Nutzungsmöglichkeiten festgesetzt, welche das übersteigen, was anlässlich der Dimensionierung der Bauzone für das in Frage stehende Gebiet veranschlagt wurde, so drängt sich aufgrund der dadurch ermöglichten Deckung von Baulandbedürfnissen ein Zurückkommen auf die Dimensionierung der Bauzone insgesamt oder einzelner Nutzungszonen auf. Hält sich ein allfälliger Angebotsüberhang in etwa in den Schranken dessen, was sich an Nutzungssteigerung auch aus der Anwendung von Sondernutzungsplänen oder projektbezogenen Sonderinstrumenten erzielen liesse, so wäre die Anpassung des Zonenplans aus Gründen der Verhältnismässigkeit jedoch wohl regelmässig unangebracht. Bedeutenderen Nutzungssteigerungen wäre indes - soweit schon bei der Planung mit einiger Gewissheit absehbar - bei der Dimensionierung der Bauzone zwingend Rechnung zu tragen. Selbst wenn die Möglichkeiten vereinbarter Nutzungssteigerungen im Einzelfall zurückhaltend zu beurteilen sind, wäre es m.E. aber immerhin zulässig, die Bauzone ("vorsorglich") restriktiver zu dimensionieren, als dies der Massstab des zu erwartenden Baulandbedarfs innert des Planungshorizonts von 15 Jahren vorsieht[143]. Für die Gewährleistung des Gleichgewichts von vereinbarten Nutzungssteigerungen und der Bauzonendimensionierung könnte sich eine Art Nutzungspotential-Clearing anbieten, das anders als die Registrierung von Nutzungsübertragungen[144] oder Nutzungstrans-

---

[141] Das übergeordnete Recht enthält nur vereinzelte Vorgaben betreffend die bauliche Dichte (so z.B. für die Zentrumszonen [vgl. § 51 PBG/ZH] und mittelbar für Kernzonen und Quartiererhaltungszonen nach zürcherischem Recht); die Vorgaben gemäss § 49a Abs. 1 PBG/ZH (für die minimalen Ausnützungsziffern) sowie gemäss dem Kreisschreiben vom 29. April 1993 (für die minimalen Baumassenziffern) haben insofern bloss beschränkte Bedeutung, als die Wahl der für die Zone zulässigen Geschosszahl dem Planungsträger anheimgestellt bleibt. Gebunden ist er immerhin an allfällige richtplanerische Vorgaben betreffend die anzustrebende bauliche Dichte (vgl. § 22 Abs. 1 PBG/ZH für den kantonalen Siedlungsplan und § 30 Abs. 2 und insbes. Abs. 3 PBG/ZH für die regionalen Richtpläne).

[142] Dass es sich mit verwaltungsrechtlichen Verträgen, die vor Inkrafttreten des RPG abgeschlossen worden waren, noch anders verhielt, scheint deren Gültigkeit grundsätzlich keinen Abbruch zu tun (vgl. z.B. BGE 108 Ia 116 ff. Villars-sur-Glâne FR).

[143] Vgl. BGE 116 Ia 334 E. 4c Stäfa ZH: «Die Dimensionierung der Bauzonenfläche auf 15 Jahre (Art. 15 lit. b RPG) will einen Massstab schaffen [...]: sie soll sich sowohl nach der privaten Bauentwicklung richten, als auch diese mit Rücksicht auf den Gesamtzusammenhang begrenzen, um eine ausgewogene Lösung zustande zu bringen». Auch die sog. Trendmethode schliesst eine differenzierte Betrachtung der zu erwartenden Bauentwicklung nicht aus, soweit sich dies nach umfassender Abwägung und Abstimmung aller räumlich wesentlichen Interessen und Gesichtspunkte sowie unter Berücksichtigung der lokal, regional oder überregional erwünschten Entwicklung rechtfertigt (vgl. BGE 116 Ia 341 f. E. 3b/aa Tersnaus GR).

[144] Die Nutzungsübertragung ist i.d.R. nur zwischen aneinander angrenzenden Grundstücken zulässig, die zudem der gleichen Zone angehören und den gleichen Nutzungsvorschriften unter-

porten[145] das gesamte Gebiet des Planungsträgers erfassen müsste. Gegenstand der Ausgleichung bildeten dabei bauliche Nutzungsmöglichkeiten und allfällige Ausgleichszahlungen für Mindernutzungen sowie eingeräumte Nutzungsrechte.

dd) Die Ausgestaltung der Bauvorschriften

Die baurechtliche Grundordnung enthält an sich eine abschliessende und unmittelbar grundeigentümerverbindliche Regelung über das Bauen. Gestaltungsspielraum für vertragliche Vereinbarungen ist allerdings schon dort auszumachen, wo die Bestimmungen die Konkretisierung des Vorgeschriebenen bzw. des Zulässigen behördlichem Ermessen anheimstellen[146], wo z.B. (wie etwa bei gestalterischen oder bei gewissen siedlungsökologischen Vorschriften) zunächst wenig konkrete Qualitätsziele gesteckt werden. Des weiteren ist denkbar, durch entsprechende Vereinbarungen gesetzlich an sich bloss subsidiär vorgesehene Lösungen im Einzelfall dem vorzuziehen, was in erster Linie vorgeschrieben ist und auch tatsächlich zu erfüllen wäre[147]. Vertragliche Vereinbarungen kommen m.E. aber auch in Frage, wenn es darum geht, verfeinernde Regelungen zu treffen oder verschiedene Bestimmungen zueinander in einen Zusammenhang zu setzen.

Bei der Ausarbeitung vereinbarter Bauvorschriften ist seitens des Gemeinwesens das Rechtsgleichheitsgebot besonders zu beachten. Der an sich vorhandene Regelungsspielraum kann dadurch allenfalls auf das eingeengt werden, was sich bei ähnlicher Ausgestaltung vergleichbarer Sachverhalte mit der Nutzungsplanung insgesamt vereinbaren lässt[148]. Das Gebot rechtsgleicher Behandlung ist in

---

stehen. Interzonale Nutzungsübertragungen sind nur aufgrund ausdrücklicher Gesetzesvorschrift zulässig (vgl. BGE 109 Ia 190 f. E. 3 Flims GR).

[145] Nutzungstransporte werden im Rahmen von Sondernutzungsplanungen oder Baulandumlegungen durchgeführt und bleiben auf das von den entsprechenden planerischen Massnahmen betroffene Gebiet beschränkt.

[146] Vgl. dazu die sog. Baudispensverträge des deutschen Rechts (KREBS, Verträge, S. 83 m.H.). - Nebst der vertraglichen Bestimmung des Inhalts von Ausnahmen (wobei es sich zweifellos um eine Frage der Ermessensbetätigung handelt, die sich am Zweck der derogierten Norm auszurichten hat; vgl. supra § 14 II. 2. B.) könnte u.U. auch die Frage, ob überhaupt von einer Vorschrift abgewichen werden darf, konsensual geklärt und damit vom Erfordernis objektiver Besonderheit der Verhältnisse losgelöst und durch die Möglichkeit der Einflussnahme der Betroffenen sowie durch allfällige kompensatorische Massnahmen zu deren Gunsten ersetzt werden.

[147] Vgl. dazu die sog. Garagen- und Stellplatzersatzverträge des deutschen Rechts (BONK, Kommentar § 54 VwVfG, N. 77 m.H., KREBS, Verträge, S. 83 m.H.).

[148] Die richtplanerischen Vorgaben sowie die grundlegenden Entscheidungen der Nutzungsplanung dürfen durch die gleichbehandlungsbedingte Multiplikation vereinbarter Regelungen nicht vereitelt werden. Soweit von Gesetzes wegen Beurteilungs- und/oder Ermessensspielräume vorliegen, sind die Leitplanken behördlicher Entscheidungen aber schon beim verfügungsmässigen Verwaltungshandeln weiter gesetzt, und die konkreten Anordnungen dürfen und müssen auf der gesamten Breite der Entscheidungsmöglichkeiten gesucht werden; das Gleichbehandlungsgebot kann dabei nur beschränkt als Richtschnur dienen.

seiner Wirkung nach Massgabe der Komplexität der zu vergleichenden Sachverhalte allerdings abgeschwächt: Bei vielschichtigen und vielfältig vernetzten Sachverhalten, wie sie gerade im Bereich des Raumplanungs- und Baurechts[149] anzutreffen sind, wird das Gleichbehandlungsgebot durch unterschiedliche Gewichtung einzelner Gesichtspunkte relativiert oder gar ausgeschaltet[150].

b) Die Anwendung der konsensualen Nutzungsordnung auf den Einzelfall

Die Anwendung des vertraglich Vereinbarten kann zunächst dadurch erfolgen, dass es als Inhalt in eine Baubewilligung überführt wird. Diese Vorgehensweise ist dort angezeigt, wo die Vereinbarung nur einzelne Teilbereiche der baulichen Nutzungsordnung regelt. Wo diese hingegen umfassend konsensual bestimmt wird, erscheint ein zusätzlicher formeller Akt der Rechtsanwendung durchaus entbehrlich. Der verwaltungsrechtliche Vertrag dient diesfalls nicht bloss der Absteckung des Projektierungsrahmens, sondern regelt das Rechtsverhältnis des Bauwilligen zum Gemeinwesen betreffend ein konkretes Bauvorhaben unmittelbar und abschliessend. Bei dieser Vorgehensweise ist es zweckmässig, die Projektierung parallel zu den Verhandlungen voranzutreiben, so dass bei Vertragsabschluss ein Projekt in "Bewilligungsreife" vorliegt, das durch die Zustimmung zur Vereinbarung, auf der es gründet, als sanktioniert gelten kann. Die parallele Vorgehensweise bietet für das Gemeinwesen (und nicht zuletzt auch für betroffene Dritte) die Möglichkeit, frühzeitig auf die Projektierung Einfluss zu nehmen, während sich für den Bauwilligen das Risiko nutzloser Projektierungsaufwendungen dadurch vermindern lässt, dass er die jeweilige Interessenlage von Gemeinwesen und/oder Dritten frühzeitig erkennen und darauf eingehen oder antworten kann[151].

Wo der verwaltungsrechtliche Vertrag die bauliche Nutzungsordnung sowohl ausgestaltet als auch unmittelbar auf den Einzelfall zur Anwendung bringt, kann

---

[149] Gerade in diesem Bereich fällt das Rechtsgleichheitsgebot zudem im wesentlichen mit dem Willkürverbot zusammen (vgl. z.B. BGE 121 I 249 E. 6e/bb Wangen-Brüttisellen ZH, 119 Ia 25 f. E. 1b m.H. Lignerolle VD, wonach sogar bei Güterzusammenlegungen, in deren Rahmen dem Gleichbehandlungsgebot [aufgrund der entstehenden Mehrwerte] ein grösseres Gewicht zukommt als in der Raumplanung allgemein («portée relative en matière d'aménagement du territoire [cf. ATF 116 Ia 195 consid. 3b, 114 Ia 257 consid. 4a]») und Art. 4 BV nicht verletzt ist, wenn die Ungleichheiten nicht gerade offensichtlich oder stossend sind («disparités [...] ne soient pas manifestes ou choquantes»).

[150] Vgl. RICHLI, S. 397 f.

[151] Das Rechtsschutzbedürfnis der Betroffenen kann mit einem solchen Verfahren zumindest materiell gewahrt werden: die qualifiziert Betroffenen, die am Verhandlungsvorgang nach Massgabe ihrer Interessen beteiligt werden, können in diesem Umfange positiv auf das Verhandlungsergebnis einwirken, statt dieses nur auf dem Beschwerdeweg zu Fall zu bringen. Die nicht beteiligten (da schwächer betroffenen) Dritten verfügen kraft schon Art. 33 Abs. 2 und 3 RPG über materiell zwar weniger weit gehende Rechtsbehelfe, mit denen sie allerdings die Aufhebung der Vereinbarung erwirken können, soweit sich diese ihnen gegenüber wie eine Verfügung oder wie ein Nutzungsplan auswirkt.

daraus für den Privaten ohne weiteres auch die Verpflichtung hervorgehen, bestimmte Bauten innert einer bestimmten Frist zu erstellen. Durch solche konsensual festgelegte Baupflichten[152] lässt sich die bauliche Entwicklung zuverlässiger voraussehen und steuern; die Erfüllung der Baupflichten kann das Gemeinwesen durch entsprechende Anordnungen[153] sicherstellen. Erste Ansätze, den verwaltungsrechtlichen Vertrag für derartige Zwecke dienstbar zu machen, finden sich zumindest in Entwürfen zu Revisionen von Raumplanungs- und Baugesetzen[154]. Die Verwaltungspraxis nimmt entsprechende Nutzungsverpflichtungen in Liegenschaften-Veräusserungsverträge auf[155] oder kleidet sie in Veräusserungsbeschränkungen[156], die im Zusammenhang mit der Vornahme nutzungsplanerischer Massnahmen ausbedungen werden.

---

[152] Vgl. dazu infra § 18.

[153] Z.B. Ersatzvornahme, Dahinfallen oder Änderung besonderer baulicher Nutzungsmöglichkeiten ohne Kostenfolge für das Gemeinwesen.

[154] Vgl. z.B. die verwaltungsrechtlichen Verträge gemäss § 43a E PBG/LU zur Sicherstellung der Verfügbarkeit von Bauland bei im ordentlichen Verfahren erfolgenden Ein- oder Umzonungen. Es sollte den Gemeinden damit die Möglichkeit an die Hand gegeben werden, der Baulandhortung entgegenzuwirken und ihren ortsplanerischen Handlungsspielraum zu vergrössern (Botschaft vom 3. Mai 1994 zur Teilrevision des PBG/LU). Die Bestimmung ist schliesslich jedoch nicht in das revidierte PBG/LU aufgenommen worden. - Vgl. auch die Infrastruktur- und Kaufrechtsverträge, durch die gemäss § 60bis E PBG/TG i.d.F. der Vorberatenden Kommission im Rahmen von Planungsmassnahmen hätten «Überbauungsverpflichtungen abgesichert und Planungsmehrwerte ausgeglichen werden» sollen; der Abschnitt IIIa. (Verfügbarkeit des Baulandes) hat in das revidierte PBG/TG indes keinen Eingang gefunden.

[155] Vgl. z.B. BIANCHI (S. 159 f.), wonach eine inhaltlich und zeitlich festgesetzte Grundstücksnutzung durch das veräussernde Gemeinwesen zum Gegenstand vertraglicher Verpflichtung gemacht werden kann.

[156] Vgl. z.B. die vertragliche Einräumung von Kaufs- und Vorkaufsrechten zugunsten des Gemeinwesens für den Fall ausbleibender Überbauung als Gegenleistung für die gewünschte Umzonung eines Grundstücks (RPG-NO Informationsblatt 2/92, S. 54 f. [Matzingen TG]); vgl. dazu auch: Raumplanungsamt des Kantons Bern, Musterkaufrechtsvertrag für Bauland, Arbeitshilfe für die Ortsplanung, Bern 1989.

2. Abschnitt
Die Durchsetzung verdichtungsrelevanter rechtlicher und raumplanerischer Vorgaben

Im folgenden sind Vorgehensweisen und rechtliche Instrumente zu erörtern, die dazu beitragen können, vorhandene bauliche Nutzungsmöglichkeiten auch ohne bzw. gegen den Willen der daraus Berechtigten bzw. der davon Betroffenen zu verwirklichen. Dabei soll die in § 17 dargestellte Ausgleichung baulicher Sondervorteile mögliche und an sich zu beachtende Einwendungen Betroffener unter Entschädigung der geltend gemachten Interessenbeeinträchtigung entkräften, während die in § 18 behandelte Baupflicht die kraft Nutzungsplanung zunächst bloss Berechtigten und nicht auch Verpflichteten zum Ausschöpfen der baulichen Nutzungsmöglichkeiten anhält. Nur am Rande sei hier erwähnt, dass freilich auch die Massnahmen der Parzellarordnung[1] und der Erschliessung[2] zur Verwirklichung der baulichen Nutzungsordnung beitragen. Ihre Wirkung ist jedoch nicht auf eine rechtlich verbindliche Durchsetzung der baulichen Nutzungsordnung gerichtet, sondern vielmehr auf deren Förderung mittels Vorkehrungen in tatsächlicher Hinsicht.

---

[1] Vgl. Art. 20 RPG. - Vgl. dazu KUTTLER, Parzellarordnungsmassnahmen im Dienste der Raumplanung, in: Mélanges André Grisel, Neuchâtel 1983, S. 523 ff.; vgl. sodann BGE 121 Ib 69 E. 4a Gempen SO, 118 Ib 502 E. 4c Alpnach OW.

[2] Vgl. Art. 19 RPG und insbes. Art. 21 f. RPV. - Vgl. sodann KUTTLER, Erschliessungsrecht und Erschliessungshilfe im Dienste der Raumordnung, in: ZBl 75 (1974) 69 ff.; LENDI, Die Funktion der Erschliessung in der Raumplanung und ihre rechtliche Bedeutung, in: Mélanges André Grisel, Neuchâtel 1983, S. 539 ff.

§ 17 Der Ausgleich baulicher Sondervorteile

Der vorliegende Paragraph enthält eine Darstellung von Methoden zur Ausgleichung von Nachteilen, die sich für die betroffene Umgebung aus der baulichen Verdichtung aufgrund gewährter Sondervorteile ergeben können. Behandelt wird mithin jene Art der Vorteilskompensation, die unter benachbarten Grundeigentümern das aus der Nutzungsplanung hervorgehende Interessengleichgewicht wiederherzustellen bezweckt, soweit dieses aufgrund baulicher Massnahmen, die zugunsten des einen und zu Lasten des andern Grundeigentümers über die baurechtliche Grundordnung hinausgehen, wesentlich gestört ist.

Die bauliche Verdichtung ist überdies regelmässig Folge solcher planerischer Massnahmen[1], welche den Ausgleichungstatbestand des erheblichen planungsbedingten Vorteils im Sinne von Art. 5 Abs. 1 RPG verwirklichen. Der kantonalrechtlich vorzusehende angemessene Mehrwertausgleich stellt jedoch nicht ein verdichtungsspezifisches Instrument dar, denn er ist - anders als die im vorliegenden Paragraphen darzustellenden Ausgleichungsmethoden unter benachbarten Grundeigentümern[2] - nicht an die Realisierung eines baulichen Sondervorteils im Sinne einer über die baurechtliche Grundordnung hinausgehenden und die Umgebung benachteiligenden baulichen Nutzungsmöglichkeit geknüpft und ebensowenig dazu bestimmt, zu duldende Beeinträchtigungen abzugelten. Der sog. Mehrwertausgleich zugunsten des Gemeinwesens betrifft vielmehr Vorteile, welche bereits durch die Nutzungsplanung an sich geschaffen werden (und dabei keinen zur Planung hinzutretenden Nachteil für Betroffene nach sich zu ziehen brauchen). Dieser Ausgleich kann durch Besteuerung[3] oder durch die (steuerlich

---

[1] Nebst den sog. Bewilligungsmehrwerten, die dem Grundeigentümer durch Gewährung eines baulichen Sondervorteils zuteil werden, sind im vorliegenden Zusammenhang namentlich die durch Um- oder Aufzonung entstehenden sog. Zonenmehrwerte zu nennen (EJPD/BRP, Erläuterungen, Art. 5 N. 13; HALLER/KARLEN, N. 520).

[2] Vgl. EJPD/BRP, Erläuterungen, Art. 5 N. 22.

[3] Die durchgehende grundsteuerliche Erfassung planungsbedingter Mehrwerte ist von vornherein nur mit einer monistisch ausgestalteten Grundstückgewinnsteuer möglich, welcher sowohl die Gewinne aus der Veräusserung privater als auch jene aus der Veräusserung von Geschäftsliegenschaften unterworfen sind, während letztere Veräusserungsgewinne beim dualistischen System der Ertragssteuer (mit Verrechnungsmöglichkeit bzgl. Betriebsverlusten) unterliegen. Nach Massgabe des nach dem Betrag des Grundstückgewinns progressiven und nach der Besitzesdauer degressiven Steuersatzes wird sodann stets nur ein Teil des sog. unverdienten Grundstückgewinns abgeschöpft; schliesslich kommt die Grundstückgewinnsteuer erst bei einer Handänderung zum Tragen: dies hat den Vorteil, dass sie zu einem Zeitpunkt anfällt, da die zu ihrer Begleichung nötigen Mittel vorhanden sind, hat aber auch zur Folge, dass andere Arten wirtschaftlicher Nutzung des Planungsmehrwertes unbesteuert bleiben (z.B. Überbauung, hypothekarische Belastung). - Vgl. zum Ganzen LOCHER, S. 14 f.

ihrerseits zu beachtende[4]) Erhebung von Vorzugslasten[5] oder eigentlicher Vorteilsabgaben[6] erreicht werden.

Solche eigens zur Abschöpfung planungsbedingter Mehrwerte geschaffene Vorteilsabgaben kennen bisher die Kantone Basel-Stadt[7] und Neuenburg[8]. Die baselstädtische Regelung sieht als Ausgleichungstatbestände Aufzonungen und weitere planerische Massnahmen vor, die eine bauliche Verdichtung erlauben; fällig werden die anlässlich der Erteilung einer Baubewilligung und dabei nach Massgabe der baulichen Realisierung des Mehrwertes auferlegten Abgaben bei Baubeginn. Der Mehrwertausgleich nach neuenburgischem Recht, welcher vorab die "Baulandverflüssigung" bezweckt, ist bezüglich der Ausgleichungstatbestände auf die Einzonung und die Zuteilung eines Grundstücks zu einer Zone im Sinne von Art. 18 Abs. 2 RPG beschränkt; planerische Massnahmen, die geeignet sind, eine bauliche Verdichtung auszulösen, werden somit nicht erfasst[9]. Die Abgabe, welche auf dem objektivierten Mehrwert - mithin unabhängig von dessen Realisierung durch den Grundeigentümer - erhoben wird, ist in zeitlicher Hinsicht unter Berücksichtigung des Baulandbedarfs und der Nutzungsmöglichkeiten sowie allfälliger vom Grundeigentümer geltend gemachter besonderer Umstände zu entrichten; spätestens bei der Grundstücksveräusserung aber wird sie fällig.

Dass ferner die Grundstückgewinnsteuer bei entsprechender Ausgestaltung für die Erfassung planungsbedingter Mehrwerte in Frage kommen kann, wurde schon früh erkannt[10]; nachdem die eigentlichen Vorteilsabgaben keine nennens-

---

[4] So sind Grundeigentümerbeiträge als wertvermehrende Aufwendungen gewinnmindernd anrechenbar. Bezüglich allfälliger Mehrwertabgaben ist sodann zu beachten, dass nicht bloss die geleistete Abgabe an sich, sondern auch der erfasste planungsbedingte Mehrwert (zumal da dieser bereits Teil des nicht weiter differenzierten "unverdienten" Grundstückgewinns bildet) von der Grundstückgewinnbesteuerung auszunehmen ist (LOCHER, S. 13).

[5] Solche Grundeigentümerbeiträge sind zur Abgeltung von Erschliessungs- oder Parzellarordnungsmassnahmen, d.h. als Preis wertvermehrender Leistungen des Gemeinwesens geschuldet (vgl. IMBODEN/RHINOW, Nr. 111 B. insbes. II. [zum «wirtschaftlichen Sondervorteil»]).

[6] Die Mehrwertabschöpfung kann - weitergehend als Grundstückgewinnsteuer oder Vorzugslast - alle vom Gemeinwesen ausgehenden Wertsteigerungen erfassen, nebst planungs- also auch etwa infrastrukturbedingte Mehrwerte (vgl. BGE 105 Ia 137 Basel). Zu verlangen ist immerhin ein Kausalzusammenhang zwischen den Vorkehren des Gemeinwesens und dem Mehrwert (vgl. EJPD/BRP, Erläuterungen, Art. 5 N. 17 und N. 20).

[7] § 8a HBG/BS (Hochbautengesetz vom 11. Mai 1939 [SGS 730.100], i.d.F. vom 16. Juni 1977); vgl. dazu PLATTNER Rolf, Das Stadtbasler Modell der Mehrwertabschöpfung, in: Mehrwertausgleich in der Raumplanung, VLP-Schriftenfolge Nr. 57, Bern 1992, S. 23 ff.

[8] Art. 33 ss. LCAT/NE (Loi cantonale sur l'aménagement du territoire du 2 octobre 1991 [RSN 701.0]); vgl. dazu PARRINO Francesco, Die Mehrwertabgabe im Kanton Neuenburg, in: Mehrwertausgleich in der Raumplanung, VLP-Schriftenfolge Nr. 57, Bern 1992, S. 39 ff.

[9] Vgl. PARRINO, S. 44 f.

[10] Im Bericht der Kommission für Mehrwertabschöpfung und Minderwertausgleich vom April 1977 an den Regierungsrat des Kantons Zürich wurde etwa vorgeschlagen, den grundstückgewinnsteuerrechtlichen Realisationsbegriff über den Wertzufluss zufolge Handänderung hinaus

werte Verbreitung gefunden haben, dürfte sich das Augenmerk der kantonalen Gesetzgebung - nicht zuletzt als Folge des Erlasses bundesrechtlicher Grundsätze zur Steuerharmonisierung[11] - wieder vermehrt auf eine dem Gesichtspunkt des Mehrwertausgleichs Rechnung tragende Ausgestaltung der Grundstückgewinnsteuer[12] richten. Eine eingehendere Darstellung der Instrumente zur Ausgleichung planungsbedingter Mehrwerte zugunsten des Gemeinwesens müsste sich somit vorab steuerrechtlichen und betriebswirtschaftlichen Fragen zuwenden[13] und würde den Rahmen der vorliegenden Arbeit sprengen.

Die im folgenden näher zu erörternden Methoden zur Vorteilskompensation beschränken sich demgemäss auf die Ausgleichung baulicher Sondervorteile oder m.a.W. auf den Interessenausgleich unter den Grundeigentümern. Die Ausgleichungsmethoden sind zunächst typologisch zu systematisieren und auf ihre Bedeutung für die bauliche Verdichtung hin zu untersuchen (I. Allgemeines). Es werden im weiteren Ausgleichungsinstrumente de lege lata dargestellt (II. Der Lastenausgleich) sowie die Weiterentwicklung der Enteignung nachbarlicher Abwehransprüche erörtert (III. Die Enteignung von Ansprüchen aus nachbarschützenden Bauvorschriften).

I. Allgemeines

Die grundsätzlich denkbaren Methoden zur Ausgleichung baulicher Sondervorteile werden im folgenden in den Grundzügen systematisiert (1.) und in ihrer Verdichtungsrelevanz dargestellt (2.).

---

    auf die bauliche Realisierung auszudehnen, da durch die Überbauung eines Grundstücks höhere Erträgnisse erzielt werden, worin sich eine Realisierung planungsbedingter Vorteile äussert (S. 67 f.). Den nämlichen Vorschlag (Ein- und Umzonung unter Vorbehalt baulicher Realisierung als grundstückgewinnsteuerrechtlichen Realisationstatbestand) enthielt der Bericht einer weiteren Kommission vom 16. März 1985 (S. 22). Der Vorschlag fand aber anlässlich der nachfolgenden Revisionen keinen Eingang in das zürcherische Steuergesetz.

[11] Vgl. insbes. Art. 12 Abs. 2 lit. e StHG (Bundesgesetz über die Harmonisierung der direkten Steuern der Kantone und Gemeinden vom 14. Dezember 1990, SR 642.14), wonach die Grundstückgewinnsteuer auf «erzielten Planungsmehrwerte[n]» auch ohne Veräusserung erhoben werden kann, wenn das kantonale Recht dies vorsieht.

[12] Vgl. etwa BRP (Hrsg.), Empfehlungen zur Gestaltung des Vorteilsausgleichs nach Artikel 5 Absatz 1 des Bundesgesetzes über die Raumplanung, Bern 1986.

[13] So kann sich etwa der Steuertatbestand der baulichen Realisierung des planungsbedingten Mehrwerts insofern als problematisch erweisen, als sich die Besteuerung auf Schätzungen abstützen muss und überdies zu einem Zeitpunkt anfällt, da der Grundeigentümer dadurch, dass er bauliche Massnahmen trifft, regelmässig bereits mit erheblichen Investitionen belastet ist; letzteres ist geeignet, die Überbauung zu verzögern und die Baulandhortung zu begünstigen, was aus raumordnungspolitischer Sicht unerwünscht ist (vgl. LOCHER, S. 20 f.).

1. Typologie

Sowohl das Privatrecht als auch die öffentlichrechtlichen baulichen Nutzungsordnungen gehen davon aus, dass ein gewisses Mass an durch das Bauen verursachten Beeinträchtigungen aus dem Eigentumsrecht fliessender Interessen hinzunehmen ist. Was darüber hinausgeht, ist hingegen entweder gänzlich unzulässig oder aber nur aufgrund eines besonderen Interessenausgleichs allenfalls zulassungsfähig: dieser Interessenausgleich bildet Gegenstand des vorliegenden Paragraphen.

Der Interessenausgleich kann in der Form des Realausgleichs oder durch geldmässige Entschädigung erfolgen. Der Vorrang gebührt dabei grundsätzlich dem Realausgleich, zumindest soweit dieser die Möglichkeit enthält, die bauliche Situation für die Betroffenen insgesamt zu verbessern. Für die Bestimmung zu erbringender "Sonderleistungen" für bauliche Sondervorteile bieten sich insbesondere konsensuale Formen der Festsetzung baulicher Nutzungsordnungen an[14]; entsprechende Anordnungen lassen sich auflageweise allenfalls auch im Rahmen von Baubewilligungen treffen[15]. Sofern und soweit ein Realausgleich nicht möglich ist (weil etwa beim Bauenden der erforderliche Gestaltungsspielraum nicht vorhanden ist), die Gewährung des baulichen Sondervorteils aber dennoch gerechtfertigt ist, kann durch den Geldersatz zumindest die wertmässige Beeinträchtigung betroffener Liegenschaften ausgeglichen werden.

2. Verdichtungsrelevanz

Die Verdichtungsrelevanz des Ausgleichs baulicher Sondervorteile liegt zunächst darin, dass die Ausgleichung je nach Art und rechtlicher Ausgestaltung geeignet ist, die Zulassungsfähigkeit (im Sinne der Zumutbarkeit für betroffene Dritte) von Bauvorhaben zu beeinflussen. Zusätzliche Gestaltungsspielräume vermögen weder der Lastenausgleich noch die Enteignung von Ansprüchen aus nachbarschützenden Bauvorschriften zu schaffen; letztere erlaubt dem Bauwilligen einzig, bauliche Nutzungsmöglichkeiten, die im konsensualen Regelungsspielraum gegebenenfalls enthalten sind, auch ohne die ansonsten erforderliche Zustimmung der Betroffenen in Anspruch zu nehmen, während ersterer lediglich Beeinträchtigungen ausgleicht, die sich aus der Wahrnehmung vorhandener Gestaltungsspielräume für betroffene Nachbarn ergeben.

Die Enteignung nachbarlicher Abwehransprüche ermöglicht das Erstellen von Bauten, welche durch die Geltendmachung der nachbarschützenden Vorschriften des öffentlichen oder des Privatrechts verhindert würden, derweil der Lastenausgleich für (vom Gemeinwesen immerhin bewilligte) bauliche Massnahmen Privater eine Folge, und nicht wie die Enteignung entgegenstehender nachbarli-

---

[14] Vgl. supra § 16.
[15] Vgl. supra § 14.

cher Abwehransprüche durch einen hoheitlich auftretenden Bauherrn[16] eine Voraussetzung für die Gewährung baulicher Sondervorteile bildet[17]. Für beide Ausgleichungsmethoden gilt, dass siedlungsplanerisch gerechtfertigte Sondervorteile trotz Beeinträchtigung nachbarlicher Interessen zulässig sind, sofern und soweit sich die Nachteile für die Betroffenen durch Zusprechung von Geldersatz ausgleichen lassen. Das "Entweder-Oder" bei der Interessenabwägung hinsichtlich der Zulässigkeit von Bauvorhaben wird dabei durch zusätzliche Entscheidungsvarianten entschärft, indem selbst nach umfassender Interessenabwägung verbleibenden Einwänden Betroffener zumindest wertmässig angemessen Rechnung getragen werden kann. Als verdichtungsrelevant kann sich in diesem Zusammenhang erweisen, dass Bauvorhaben dank dem wertmässigen Interessenausgleich weniger einer allfälligen nachbarlichen Abwehrhaltung angepasst zu werden brauchen und stattdessen den Interessen des Bauwilligen, insbesondere soweit diese letztlich in öffentlichem Interesse liegenden siedlungsplanerischen Zielsetzungen entsprechen, vermehrt zum Durchbruch verholfen werden kann.

II. Der Lastenausgleich

Nach einer Umschreibung der Funktion des Lastenausgleichs (1.) sind die Tatbestandsmerkmale zu erörtern (2.), deren Vorliegen für die Rechtsfolge der Entschädigung (3.) vorausgesetzt ist.

1. Funktion

Der Lastenausgleich[18] bezweckt, das Gleichgewicht unter den Nachbarn, das im Zuge der Nutzung eines durch entsprechende Bewilligung gewährten baulichen Sondervorteils durch den einen und aufgrund einer dadurch verursachten Beeinträchtigung der Interessen des anderen Nachbarn gestört worden ist, durch eine

---

[16] Die (formelle) Enteignung nachbarlicher Abwehransprüche besteht de lege lata für Immissionen aus öffentlichen Werken, die mit dem bestimmungsgemässen Betrieb des Werkes untrennbar verbunden sind und sich nicht oder nur durch unverhältnismässige Aufwendungen vermeiden lassen (vgl. BGE 114 II 236 E. 4a m.H. und 113 Ib 37 [E. 2] m.H. beide Zürich; HÄFELIN/MÜLLER, N. 1618), ansonsten der Betroffene auf die zivilrechtliche Unterlassungsklage nach Art. 679 ZGB zu verweisen ist. Anspruch auf eine Entschädigung hat der Betroffene ferner nur dann, wenn die Einwirkungen kumulativ «nicht voraussehbar waren, ihn in spezieller Weise treffen und einen schweren Schaden verursachen» (BGE 116 Ib 20 f. E. 3 Zürich, 119 Ib 356 ff. E. 5 m.H. Sâles FR). - Zur Abgrenzung formeller und materieller Enteignung bei übermässigen Lärmimmissionen vgl. BGE 120 Ib 87 ff. E. 5 Altendorf SZ.

[17] Der Lastenausgleich zielt an sich sogar vielmehr auf eine Verhinderung einer allzu largen Ausnahmepraxis durch Verteuerung von Sondervorteilen (LUDWIG, S. 314 f.).

[18] Art. 30 f. BauG/BE, Art. 166 LATeC/FR (Loi sur l'aménagement du territoire et les constructions du 9 mai 1983, RSF 710.1).

Ausgleichszahlung wiederherzustellen[19]. Der Anspruch auf Lastenausgleich ist die Entschädigung für eine der baurechtlichen Grundordnung widersprechende, aber dennoch rechtmässige Ausübung des Grundeigentums[20]. Geschuldet ist die Entschädigung dabei nur soweit, als die Beeinträchtigung über das hinausgeht, was nach Art und Umfang der Nutzung gemäss baurechtlicher Grundordnung ohnehin zu dulden wäre.

2. Die Tatbestandsmerkmale

Voraussetzung der Ausrichtung von Lastenausgleichszahlungen bilden in sachlicher Hinsicht die Nutzung eines Sondervorteils (A.) sowie das Vorliegen einer erheblichen Beeinträchtigung nachbarlicher Interessen[21] (B.).

A) Der Sondervorteil

Es ist danach zu fragen, worin sich der Sondervorteil äussert (a.), worauf er in rechtlicher Hinsicht gründet (b.) und durch welchen Vorgang er seine lastenausgleichsbedingende Wirkung entfaltet (c.).

a) Definition

Unter dem Begriff des Sondervorteils ist die Gewährung verbesserter baulicher Nutzungsmöglichkeiten durch wesentliche Abweichung von der baurechtlichen Grundordnung[22] oder von Sondernutzungsplänen, die ein grösseres Gebiet erfassen und dieses nicht in Teilgebieten differenziert und detailliert baurechtlich regeln, sondern eine eher allgemeine Nutzungsordnung beinhalten, zu verstehen[23]. Verbesserte bauliche Nutzungsmöglichkeiten sind anzunehmen, soweit die zugelassene Nutzung nach Art und Umfang den ansonsten geltenden Rahmen über-

---

[19] LUDWIG, S. 314, GYGI, S. 104 m.H. Die Eigentumsbeschränkungen durch Bauvorschriften sind u.a. deshalb entschädigungslos zu dulden, weil von den Nachbarn beim Bauen ihrerseits dieselbe Rücksichtnahme zu erwarten ist. Entfällt diese grundlegende Annahme aufgrund eines gewährten Sondervorteils, so wird die Frage einer Entschädigung (Lastenausgleich) aktuell oder es ist stattdessen im Sinne einer Kompensation die teilweise Entbindung des Betroffenen von seiner Verpflichtung zur Rücksichtnahme ins Auge zu fassen, sofern dies nicht mit öffentlichen Interessen in Widerspruch gerät.

[20] LUDWIG, S. 315 f.

[21] Art. 30 Abs. 1 BauG/BE, vgl. Art. 166 al. 1er LATeC/FR: «préjudice important aux propriétaires voisins».

[22] Darunter sind in diesem Zusammenhang die kommunalen und kantonalen Bauvorschriften zu verstehen, die für das betreffende Grundstück von Bedeutung sind; nicht dazuzurechnen sind Vorschriften des Bundesrechts, da die Abweichungen davon abschliessend bundesrechtlich geregelt sind (vgl. auch LUDWIG, S. 319).

[23] ZAUGG, Kommentar Art. 30/31 BauG/BE, N. 9. - Es können sich Abweichungen auch überlagern und kumulieren, indem z.B. ein Sondernutzungsplan wesentliche Abweichungen von der baurechtlichen Grundordnung enthält und vom Sondernutzungsplan seinerseits Ausnahmen gewährt werden (LUDWIG, S. 320).

schreitet[24]. Keine Sondervorteile ergeben sich aus der Änderung allgemeiner Nutzungsordnungen, die verbesserte Möglichkeiten baulicher Nutzung bewirken, selbst wenn diese etwa aus tatsächlichen Gründen nicht von allen Grundeigentümern gleichermassen ausgeschöpft werden können.

b) Die rechtlichen Grundlagen

Die rechtliche Verankerung der Sondervorteile findet sich in jenen Instrumenten, welche die baurechtliche Grundordnung gebietsweise derogieren, sowie in einzelfallweisen Abweichungen von der ansonsten geltenden baulichen Nutzungsordnung. Es kommen als rechtliche Grundlagen mithin vorab Sondernutzungspläne, projektbezogene Sonderinstrumente und Ausnahmebewilligungen in Frage[25]. Kein Sondervorteil liegt vor, wenn die entscheidende Behörde in Ausübung ihr zustehenden Ermessens unter mehreren zulässigen Lösungen die für den Bauenden günstigste wählt[26]. Ob die sondervorteilsbegründende baurechtliche Regelung durch den Bauwilligen (z.B. durch Gesuch um Dispensation von einzelnen Bauvorschriften) initiiert wurde oder vom Gemeinwesen (z.B. durch die Möglichkeit projektbezogener Sonderinstrumente) in allgemeiner Weise zur Verfügung gestellt oder (z.B. durch Festlegungen in einem verbindlichen Sondernutzungsplan) sogar vorgeschrieben wurde, ist für den Bestand eines Sondervorteils unerheblich[27]. Schliesslich begründet auch das bloss tatsächliche, möglicherweise sogar widerrechtliche Bestehen eines Sondervorteils einen Lastenausgleichsanspruch[28].

c) Die Auslösung des Lastenausgleichsanspruchs

Ausgelöst wird der Anspruch auf Lastenausgleich durch die Nutzung des Sondervorteils[29], sei es durch bauliche Massnahmen[30] oder durch Nutzungsände-

---

[24] ZAUGG, Kommentar Art. 30/31 BauG/BE, N. 10 (geringere Bauabstände, grössere Gebäudedimensionen, Überschreitung von Nutzungsziffern, Zulassung zonenwidriger Nutzungsarten). Bei einer Abweichung in der Überbauungsstruktur ist ein Sondervorteil aber schon ohne quantitative Nutzungserhöhung, die ja bei der Gestaltungsfreiheit ohnehin nicht zulässig ist (vgl. Art. 75 Abs. 2 lit. a BauG/BE), denkbar (vgl. BVR 1977, 79). - Für die Frage, ob ein Sondervorteil gegeben ist, sind alle für eine Überbauung wesentlichen Gesichtspunkte zu berücksichtigen. Den Erleichterungen können dabei Erschwernisse gegenüberstehen, welche die Vorteile der Sonderbauordnung aufheben oder gar zu einer Verschärfung der Anforderungen führen (LUDWIG, S. 318).

[25] LUDWIG, S. 316 f., ZAUGG, Kommentar Art. 30/31 BauG/BE, N. 10 f. - Vgl. Art. 30 Abs. 1 BauG/BE: «durch eine Ausnahmebewilligung, eine Überbauungsordnung oder sonstwie in wesentlicher Abweichung von den örtlichen Bauvorschriften», Art. 166 al. 1er LATeC/FR: «dérogation (art. 55 et 165 al. 2) ou [...] autorisation spéciale (art. 59)». - Soweit allfällige Beeinträchtigungen entschädigt werden können, gehen die behördlich anerkannten Interessen des Bauwilligen der Ausnahmebewilligung entgegenstehenden nachbarlichen Interessen vor.

[26] LUDWIG, S. 317 f.

[27] ZAUGG, Kommentar Art. 30/31 BauG/BE, N. 8.

[28] LUDWIG, S. 317.

[29] ZAUGG, Kommentar Art. 30/31 BauG/BE, N. 8.

rung[31]. Als bloss latent vorhandene Möglichkeit intensiverer Nutzung vermag ein Sondervorteil hingegen noch keinen Lastenausgleichsanspruch zu begründen. Erst die tatsächliche Verwirklichung (und z.B. nicht schon die wirtschaftliche Verwertung) eines Bau- oder Nutzungsänderungsvorhabens lässt einen Anspruch auf Lastenausgleich entstehen; es ist dabei auf das abzustellen, was effektiv realisiert wird, und nicht auf das, was an Sondervorteilen als bauliche Nutzungsmöglichkeit eingeräumt worden ist[32].

B) Die Beeinträchtigung nachbarlicher Interessen

Die Lastenausgleichs-Entschädigung steht jenem Nachbarn zu, der in seinen Interessen durch die Nutzung eines Sondervorteils unmittelbar betroffen ist. Sowohl an die Betroffenheit (a.) als auch an die Schwere der Beeinträchtigung (b.) sind dabei qualifizierende Anforderungen zu stellen.

a) Die Betroffenheit des Nachbarn

Der Sondervorteil muss sich zu Lasten des Nachbarn[33] auswirken, ihn mithin unmittelbar in seinen tatsächlichen[34] oder rechtlichen[35] Interessen treffen. Verlangt ist demnach ein Kausalzusammenhang[36] zwischen der baulichen Massnahme bzw. der Nutzungsänderung, die den Sondervorteil wirksam werden lässt, und der Beeinträchtigung nachbarlicher Interessen, die sich letztlich in einer

---

[30] Nach freiburgischem Recht (Art. 166 al. 1er LATeC/FR: «construire un bâtiment») stellt die bauliche Nutzung den einzigen ausgleichsbegründenden Vorgang dar, während das bernische Recht in Art. 30 Abs. 1 BauG/BE allgemeiner von der Nutzung eines Sondervorteils spricht.

[31] LUDWIG, S. 319 sowie S. 323 f.

[32] LUDWIG, S. 324.

[33] Analog zum gesetzlich umschriebenen Kreis der Leistungspflichtigen (Art. 30 Abs. 2 BauG/BE) wird auch der Kreis der Anspruchsberechtigten auf Grundeigentümer und Baurechtsinhaber begrenzt (ZAUGG, Kommentar Art. 30/31 BauG/BE, N. 5, LUDWIG, S. 323; nach freiburgischem Recht [Art. 166 al. 1er LATeC/FR] beiderseits nur Eigentümer), obschon sich dies aufgrund des Gesetzeswortlauts nicht aufdrängt und sich die Anspruchsberechtigung analog zur Aktivlegitimation nach Art. 679 ZGB ausdehnen liesse, wo «eine nicht bloss zufällige und momentane Beziehung zum Grundstück» ausreicht (BGE 109 II 309, 104 II 18). Für die Enteignung nachbarrechtlicher Ansprüche, welche als zwangsweise Errichtung einer Grunddienstbarkeit auf Duldung von Immissionen qualifiziert wird (BGE 116 Ib 6 f. E. 2b/aa m.H. Zürich, 106 Ib 244 E. 3 m.H. Flughafen Kloten ZH), kommt als Anspruchsberechtigter freilich wiederum nur der Eigentümer des belasteten Grundstücks als Träger des enteigneten dinglichen Rechts in Frage (HESS/WEIBEL, Kommentar Art. 5 EntG, N. 14).

[34] Z.B. durch vermehrte Lärmeinwirkungen, Erschütterungen usw. (positive Immissionen), durch Entzug von Aussicht oder Licht- und Sonneneinstrahlung (negative [privative] Immissionen), durch wahrnehmbare Veränderung des Quartiercharakters, durch erhöhte Einsehbarkeit, ästhetisch besonders störende Anblicke oder psychologisch ungünstige Einwirkungen (ideelle Immissionen).

[35] Z.B. durch eine Verminderung der an sich zulässigen baulichen Nutzungsmöglichkeiten etwa aufgrund der vorgeschriebenen Einhaltung zusätzlicher Abstände.

[36] ZAUGG, Kommentar Art. 30/31 BauG/BE, N. 5: «direkter ursächlicher Zusammenhang», LUDWIG, S. 325 f.

Wertverminderung des betroffenen Grundstücks äussert. Für den Lastenausgleich unerheblich sind indes Beeinträchtigungen, die auch ohne die Ausschöpfung eines Sondervorteils zu gewärtigen wären: dies gilt zunächst für die zonengemässen Einwirkungen und des weiteren für zonenwidrige, die nicht auf einen gewährten Sondervorteil zurückzuführen sind[37]. Drittursachen von Beeinträchtigungen (z.B. Drittbauten, topografische Verhältnisse) sind schliesslich ebenfalls angemessen zu veranschlagen; ergibt sich m.a.W. durch das Zusammenwirken verschiedener Ursachen eine Verstärkung der Beeinträchtigung, so darf dies nicht einzig dem Inhaber des Sondervorteils in Rechnung gestellt werden.

b) Die Erheblichkeit der Beeinträchtigung

Da es gilt, eine (durch Sondervorteil verursachte) zusätzliche Beeinträchtigung auszugleichen, ist das Ausmass des Sondervorteils an sich für die Frage nach der Erheblichkeit der Beeinträchtigung von vornherein nicht von Belang[38]; ebensowenig ist die absolute Beeinträchtigung massgeblich[39]. Abzustellen ist vielmehr einzig auf einen Vergleich der Beeinträchtigungen, die von einem konkreten, unter Ausschöpfung eines Sondervorteils verwirklichten Vorhaben ausgehen mit der für den Nachbarn (nach Lage, Dimensionierung und Zweckbestimmung) ungünstigsten baulichen Nutzungsmöglichkeit nach baurechtlicher Grundordnung (sog. «Schreckprojekt»)[40]. Diese Differenz stellt allerdings nur dann eine erhebliche zusätzliche Beeinträchtigung dar, wenn der Wert des betroffenen Grundstücks wesentlich vermindert wird[41]. Dieser Wert ist dabei unter Annahme der günstigsten, objektiv realisierbaren und vernünftigen Nutzung zu berechnen[42], wobei die Möglichkeit der Gewährung von Sondervorteilen für das beeinträchtigte Grundstück ausser acht zu lassen ist[43].

---

[37] LUDWIG, S. 326.
[38] LUDWIG, S. 324 und S. 331.
[39] LUDWIG, S. 327 f.
[40] BVR 1977, 79 f., LUDWIG, S. 327, ZAUGG, Kommentar Art. 30/31 BauG/BE, N. 12.
[41] ZAUGG, Kommentar Art. 30/31 BauG/BE, N. 12. Darunter ist wohl ein absoluter Betrag zu verstehen; den durch die Beeinträchtigung verursachten Wertverlust zum Wert der betroffenen Liegenschaft insgesamt in Beziehung zu setzen, wäre insofern nicht sachgerecht, als die Erheblichkeit der Beeinträchtigung damit allzu sehr von der Grösse der - allenfalls nur in Teilen betroffenen - Liegenschaft abhinge (vgl. LUDWIG, S. 325). - Wie bei der Beurteilung der Schwere von Eingriffen anlässlich der Frage nach dem Vorliegen materieller Enteignung ist insgesamt aber weniger auf die «Höhe der rechnerisch ermittelten Vermögenseinbusse als auf das Ausmass der wirtschaftlichen Beeinträchtigung durch Verlust von Befugnissen» abzustellen (MÜLLER Georg, Kommentar Art. 22ter BV, N. 56 m.H.).
[42] BVR 1977, 81.
[43] LUDWIG, S. 329.

3. Die Entschädigung

Die Lastenausgleichs-Entschädigung soll die Wertverminderung abgelten, welche durch die Nutzung eines Sondervorteils auf einem benachbarten Grundstück verursacht wird. Sie bemisst sich nach der Differenz der Verkehrswerte[44] des betroffenen Grundstücks mit und ohne die sondervorteilsbedingte zusätzliche Beeinträchtigung[45]. Bei dieser Gegenüberstellung sind freilich auch allfällige Vorteile[46] in Rechnung zu stellen[47], die dem ausgleichungsberechtigten Grundeigentümer[48] aus der Nutzung des Sondervorteils durch den ausgleichungspflichtigen Nachbarn erwachsen. Der Lastenausgleich braucht somit nicht immer nur ein Instrument des geldmässigen Nachteilsausgleichs darzustellen, sondern kann auch auf Festlegungen hinwirken, aus denen unter den Beteiligten eine Realkompensation hervorgeht[49].

III. Die Enteignung von Ansprüchen aus nachbarschützenden Bauvorschriften

Den Ausführungen zu Tatbestand (2.) und Rechtsfolge (3.) der Enteignung von Ansprüchen aus nachbarschützenden Bauvorschriften gehen einleitend einige allgemeine Erläuterungen voraus (1.).

---

[44] Verkehrswertvergleich (LUDWIG, S. 331). - Die Ermittlung des Verkehrswerts erfolgt unter Berücksichtigung besserer (v.a. baulicher) als der gegenwärtigen Verwendung des betroffenen Grundstücks, soweit eine solche nach den Umständen zu erwarten ist (ZAUGG, Kommentar Art. 30/31 BauG/BE, N. 14: «realisierbare bessere Verwendung», vgl. auch LUDWIG, S. 328). Bevorstehende Rechtsänderungen sind je nach dem Stand der Gesetzgebung ebenfalls zu berücksichtigen, da künftiges Recht Vorwirkungen auf den Verkehrswert zeitigen kann (LUDWIG, S. 330). - Vgl. auch BGE 121 Ib 469 ff. E. 4 Locarno TI.

[45] Führt eine zu erwartende Rechtsänderung dazu, dass ein bestimmtes Bauvorhaben nach Inkrafttreten des neuen Rechts der Gewährung eines Sondervorteils nicht mehr bedarf, so ist bei der Bemessung der Entschädigung dem Umstand, dass sich die Beeinträchtigung nur noch vorübergehend auf die Nutzung eines Sondervorteils zurückführen lässt, angemessen Rechnung zu tragen (LUDWIG, S. 330).

[46] Beispiele bei LUDWIG, S. 331.

[47] ZAUGG, Kommentar Art. 30/31 BauG/BE, N. 14, LUDWIG, S. 330 f.

[48] Ob die Vorteile auch einer breiteren Öffentlichkeit zugute kommen, ist dabei unerheblich (LUDWIG, S. 331).

[49] Andeutungsweise bei ZAUGG, Kommentar Art. 30/31 BauG/BE, N. 15. - Ein "Austausch" von Sondervorteilen ist dabei nach geltendem Recht nur im Rahmen nachbarlicher Vereinbarungen möglich; entsprechende Anordnungen ausgehend von jenen Behörden, welche zur Gewährung der ursprünglichen Sondervorteile zuständig sind, können u.U. immerhin auflageweise getroffen werden, sind de lege lata hingegen nicht vorgesehen.

1. Allgemeines

Es gilt im folgenden, die Funktion der Enteignung von Ansprüchen aus nachbarschützenden Bauvorschriften zu erörtern (A.) und die daran Beteiligten in ihrer jeweiligen Rechtsposition darzustellen (B.).

A) Funktion

Die Enteignung von Ansprüchen aus nachbarschützenden Bauvorschriften bezweckt die umfassende Ausgleichung entgegenstehender Interessen, wenn von üblicherweise geltenden Bestimmungen zugunsten bestimmter baulicher Vorgänge abgewichen wird. Sie rechtfertigt sich zunächst aufgrund eines Interessengefälles bei Errichtung und Betrieb von Bauten und Anlagen, die in überwiegendem öffentlichem Interesse stehen. Sie ist m.E. aber auch angebracht, wenn es darum geht, bei privaten Bauvorhaben, die mit gewichtigen öffentlichen Interessen in Einklang stehen und diese fördern, andere als nachgerade unverzichtbare Vetopositionen einzelner Betroffener zu beseitigen[50]. Solche Vetopositionen sind dort besonders wirkungsvoll, wo ein verwaltungsrechtlicher Vertrag zu seiner Gültigkeit der Zustimmung eines betroffenen Dritten bedürfte, die im konkreten Fall aber nicht beigebracht werden kann. Die Lähmung des verwaltungsrechtlichen Vertrages wäre diesfalls dadurch zu überwinden, dass die Vetoposition des Betroffenen gebrochen wird, indem ihm die Ansprüche aus nachbarschützenden Bauvorschriften, aus denen sich sein Zustimmungserfordernis ableitet, soweit als nötig enteignet werden[51].

Soweit es um mehrseitige nachbarliche Vereinbarungen geht und insbesondere um solche, die mehrere Stufen nach Art und Umfang unterschiedlicher Beteiligung umfassen, kann sinngemäss auf das zu den verwaltungsrechtlichen Verträgen Gesagte verwiesen werden. Die Enteignung von Ansprüchen aus nachbarschützenden Bauvorschriften könnte jedoch auch bei zweiseitigen nachbarlichen Vereinbarungen in Frage kommen. Die grundsätzliche Gleichstellung der Beteiligten erfordert diesfalls allerdings ein eindeutiges Interessenübergewicht seitens desjenigen, zu dessen Gunsten die Enteignung angehoben werden soll. Es muss ein ausgeprägtes Interessengefälle vorliegen, welches auch öffentliche Interessen

---

[50] Insoweit wird dann etwa bei nachbarlichen Vereinbarungen oder bei verwaltungsrechtlichen Verträgen mit Zustimmungserfordernis Dritter allerdings die Konsensualität des Verwaltungshandelns durchbrochen, was wiederum das Vorliegen eines ausgeprägten Interessengefälles voraussetzt.

[51] Es wird m.a.W. seine Zustimmung supponiert bzw. wird ihm das Recht abgesprochen, sich zur Abwehr von allenfalls beeinträchtigenden Einwirkungen auf die enteigneten nachbarschützenden Bestimmungen zu berufen; im Ausmass seiner Betroffenheit durch die Auswirkungen des verwaltungsrechtlichen Vertrages wird seinem Grundstück eine Grunddienstbarkeit auf Duldung der betreffenden Beeinträchtigungen auferlegt (vgl. BGE 116 Ib 16 f. E. 2b/aa m.H. Zürich, 106 Ib 244 E. 3 m.H. Flughafen Kloten ZH).

einbezieht, damit auf die Zustimmung des Nachbarn verzichtet werden darf und das Gemeinwesen quasi an seiner Statt in die Vereinbarung eintreten kann.

B) Die Beteiligten

Am Enteignungsverfahren wirken nebst der entscheidenden Behörde mit: der Enteigner (a.), der Entschädigungspflichtige (b.) sowie der Enteignete (c.).

a) Der Enteigner

Als Enteigner tritt regelmässig jene Körperschaft oder Anstalt des öffentlichen Rechts auf, der die Erfüllung einer bestimmten Aufgabe obliegt. Das Enteignungsrecht kann indessen auch an andere Personen des öffentlichen oder des Privatrechts[52] verliehen werden, welche eine bestimmte öffentliche Dienstleistung oder Aufgabe versehen. Eine solche Verleihung ist im hier behandelten Zusammenhang wohl in aller Regel nicht anzunehmen, es sei denn, der Begriff des öffentlichen Wohls bzw. Interesses werde auch auf allgemeine Handlungsanweisungen wie etwa die haushälterische Nutzung des Bodens ausgedehnt. Ansonsten muss das Gemeinwesen in seiner Verantwortung für den gesamten Vorgang der Raumplanung[53] auf Antrag interessierter Privater tätig werden.

b) Der Entschädigungspflichtige

Entschädigungspflichtig ist (sinngemäss wie beim Lastenausgleich) jener, zu dessen Gunsten sich die Enteignung auswirkt und der aus der Enteignung einen baulichen und damit im weitesten Sinne einen wirtschaftlichen Nutzen ziehen kann. Ermöglicht die Enteignung nachbarlicher Abwehransprüche Lösungen, die wesentlich auch der Allgemeinheit zugute kommen und einen wirkungsvollen Beitrag zur Förderung der Siedlungsqualität leisten[54], so dürfte wohl auch das Gemeinwesen anteilsmässig entschädigungspflichtig werden.

---

[52] Das private Unternehmen muss dabei «seiner Zwecksetzung und tatsächlichen Wirksamkeit nach dem öffentlichen Wohl dienen; die zu enteignende Sache muss sodann für das Unternehmen und seine Betätigung im Dienste des öffentlichen Wohles notwendig sein [, indem die Aufgaben ohne Enteignung] nicht zweckmässig oder nur mit einem unverhältnismässigen Mehraufwand ausgeführt werden könnten» (BGE 90 I 331 E. 3 Wil SG bei IMBODEN/RHINOW Nr. 126 B. I. c.). - Vgl. auch SCHÜRMANN (S. 46 m.H.), wonach bei «Enteignungen zugunsten Privater - die an sich zulässig sind, sofern die Vorkehr deutlich im öffentlichen Interesse liegt und die privaten nicht überwiegen -, [...] ein besonders strenger Massstab anzulegen» ist.

[53] Pflicht zur Planung «aus einer Gesamtsicht heraus [...] (vgl. Art. 2, 3 und 14 RPG)» (BGE 118 Ia 172 E. 3c Speicher AR).

[54] Dieser betragsmässig wohl äusserst schwierig zu beziffernde Beitrag kann behelfsweise veranschlagt werden als die Differenz zwischen den verbesserten baulichen Nutzungsmöglichkeiten für die begünstigten Grundeigentümer und dem gesamten Ausmass der Beeinträchtigung für die davon Betroffenen.

c) Der Enteignete

Wie beim Lastenausgleich und bei der Enteignung von Nachbarrechten kommen als Enteignete die Eigentümer zu belastender Grundstücke in Frage[55].

2. Tatbestandsmerkmale

Die Entziehung von Ansprüchen aus nachbarschützenden Bauvorschriften ist auch bei voller Entschädigung der Interessenbeeinträchtigung nur angängig, wenn bestimmte Voraussetzungen erfüllt sind, die im folgenden als Tatbestandsmerkmale behandelt werden. Zu erörtern sind dabei der Gegenstand der Enteignung (A.), die rechtlichen Grundlagen für den erweiterten Anwendungsbereich der Enteignung (B.), die Anforderungen an das öffentliche Interesse (C.) und schliesslich die Verhältnismässigkeit von Enteignungen (D.).

Insofern als Rechtsfolge der Enteignung die Entziehung des Rechts zur Geltendmachung nachbarlicher Abwehransprüche verstanden wird, bildet letztlich auch die Entschädigung eine Voraussetzung für das Eintreten der Rechtsfolge; die Entschädigung wird hier indes gesondert abgehandelt (unter Ziff. 3.).

A) Der Gegenstand der Enteignung

Ausgangspunkt für eine im darzustellenden Sinne verallgemeinerte Anwendbarkeit der Enteignung von Ansprüchen aus nachbarschützenden Bauvorschriften bildet die bundesgerichtliche Rechtsprechung zur Enteignung aus dem Grundeigentum hervorgehender Nachbarrechte (Art. 5 Abs. 1 EntG)[56]. Der Gegenstand der Enteignung wurde darin schon wiederholt über das hinaus ausgedehnt, was nach herrschender Lehre[57] Gegenstand nachbarrechtlicher Abwehransprüche bildet. Er umfasst nunmehr nebst der Abwehr positiver Immissionen[58], wie sie das Privatrecht[59] in Art. 684 i.V.m. Art. 679 ZGB vorsieht, auch den Anspruch auf Schutz vor negativen Immissionen[60], soweit diese nach Art. 686 ZGB vorbehaltener kantonalprivatrechtlicher Regelung unterliegen oder Gegenstand des kan-

---

[55] Vgl. supra II. 2. B. a.
[56] Gegenstand der Enteignung bildet dabei das «Recht des Nachbarn, sich gegen [...] übermässige Immissionen zu wehren» (HÄFELIN/MÜLLER, N. 1617). - «Diese Unterdrückung des Abwehranspruches ist nichts anderes als die - zwangsweise - Errichtung einer Grunddienstbarkeit auf dem Grundstück des Nachbarn zugunsten des Grundstücks des Werkeigentümers, deren Inhalt in der Pflicht zur Duldung der Immissionen besteht» (BGE 106 Ib 244 E. 3 m.H. Flughafen Kloten ZH; vgl. ferner BGE 116 Ib 16 f. E. 2b/aa m.H. Zürich [«zwangsweise Errichtung einer Dienstbarkeit»]).
[57] Vgl. die Übersicht in BGE 106 Ib 236 f. E. 3b/aa Ittigen BE; vgl. zum aktuellen Meinungsstand PIOTET, S. XXXVII f.
[58] Z.B. Luftverunreinigungen, Lärm oder Erschütterung.
[59] Die Immissionsschutzvorschriften der öffentlichrechtlichen Umweltschutzgesetzgebung begründen für die Privaten auch gegenüber den Verursachern keinerlei Ansprüche.
[60] Z.B. Entziehung von Licht, Sonne oder Aussicht.

tonalen oder kommunalen nachbarschützenden öffentlichen Rechts bilden[61]. Soweit solche öffentlichrechtlichen Vorschriften des Raumplanungs- und Baurechts zumindest auch der Wahrung privater Interessen dienen, gehören sie zu jenen Vorschriften, die den Gehalt und die Ausdehnung des Grundeigentumsrechts umschreiben[62]; wird davon unter Inkaufnahme erheblicher Beeinträchtigungen von Eigentümerpositionen zulässigerweise abgewichen, so steht den Betroffenen ein Entschädigungsanspruch zu. Öffentlichrechtliche Vorschriften, die ausschliesslich oder zumindest weit überwiegend die Wahrung der Interessen der Allgemeinheit bezwecken[63], können indes (anders als beim Lastenausgleich, wo z.B. auch ästhetische und andere ideelle Beeinträchtigungen einen Entschädigungsanspruch begründen können) nicht als Enteignungsgegenstand herangezogen werden, da sie den Betroffenen keinen Rechtsanspruch verleihen. Soweit aus solchen Vorschriften keine einsprache- oder beschwerdeweise geltend zu machende Abwehransprüche hervorgehen, gibt es auch nichts, was durch Enteignung zu entziehen wäre.

B) Die rechtlichen Grundlagen

Eingriffe in das Eigentumsrecht setzen schon von Verfassungs wegen eine gesetzliche Grundlage voraus (vgl. Art. 22ter Abs. 2 BV), welche desto klarer und eindeutiger ausgestaltet sein muss, je schwerwiegender die darauf zu stützenden Eigentumsbeschränkungen ausfallen[64]. Bei den hier in Frage stehenden Enteig-

---

[61] Als Enteignungsgegenstand wurde etwa auch das Recht anerkannt, sich gegen übermässige negative Immissionen zu wehren, die gestützt auf öffentlichrechtliche kantonale Bauvorschriften untersagt sind, soweit die betreffenden Bauvorschriften «auch den Privatinteressen der Nachbarn dienen» (BGE 106 Ib 238 E. 3b/bb Ittigen BE, 102 Ib 352 E. 3b Vaz/Obervaz GR [als obiter dictum: «liesse sich erwägen, ob»]). Diese Erweiterung des Enteignungsgegenstands auf die nachbarschützenden Bestimmungen des öffentlichen Baurechts ist m.E. der Unterstellung negativer Immissionen unter Art. 684 ZGB (vgl. MEIER-HAYOZ, N. 50 ff. zu Art. 684 ZGB, ZIMMERLI, S. 10) vorzuziehen, weil damit die Einheit der grundeigentumsrelevanten Rechtsordnung betont und zudem die Berechenbarkeit der Eigentümerposition aufgrund der in aller Regel detaillierteren Vorschriften des öffentlichen Baurechts erleichtert wird (ZIMMERLI [S. 10] ist dieser «erheblichen "Streckung" von Art. 5 EntG» gegenüber insbesondere angesichts der Uneinheitlichkeit des kantonalen öffentlichen Baurechts eher skeptisch eingestellt).

[62] Dabei ist es m.E. (entgegen ZIMMERLI, S. 10) durchaus sachgerecht, den Entschädigungsanspruch nach Bestand und Umfang ausgehend von der durch die kantonale Baugesetzgebung rechtlich u.U. unterschiedlich geschützten Eigentümerposition zu bestimmen, zumal da sich ein differenzierter und mithin uneinheitlicher Schutz der Eigentümerpositionen hinsichtlich der zu erduldenden Lärmimmissionen schon von Bundesrechts wegen ergibt (da zur Beurteilung der Spezialität von Lärmimmissionen nunmehr unmittelbar auf die nach Empfindlichkeitsstufen unterschiedlichen öffentlichrechtlichen Lärm-Immissionsgrenzwerte abzustellen ist, vgl. BGE 119 Ib 361 E. 5b/ee Sâles FR).

[63] Zur Abgrenzungsfrage vgl. supra § 16 II. 3. B.

[64] Vgl. BGE 118 Ia 387 f. E. 4a Basel (schwerer Eingriff durch Denkmalschutzmassnahme), 118 Ia 172 E. 3b Speicher AR (zur Eigentumsbeschränkung durch Auszonung hinzutretender unerheblicher zusätzlicher Eingriff in die Rechtsstellung des Eigentümers durch die Unsicherheit bei bedingten planerischen Festlegungen), 115 Ia 336 E. 2a Wädenswil ZH (schwerer Eingriff durch Zuweisung eines Grundstücks in eine Reservezone).

nungen von Ansprüchen aus nachbarschützenden Bauvorschriften spricht für klare gesetzliche Grundlagen der Umstand, dass der Zweck der Enteignung nicht an ein ohne weiteres als im öffentlichen Interesse stehend erkennbares Werk gebunden zu sein braucht, sondern auch allgemeinere raumplanerische und siedlungspolitische Ziele betreffen kann. Anderseits sind die Anforderungen an die gesetzliche Grundlage nicht allzu hoch zu schrauben, wenn für den Entschädigungsanspruch auch Eingriffsintensitäten genügen, die hinter dem zurückbleiben, was nach bundesgerichtlicher Rechtsprechung etwa für eine Entschädigung bei materieller Enteignung oder für eine solche bei Enteignung nachbarlicher Abwehransprüche verlangt wird[65]. Ausgehend von dieser Beurteilung der Schwere von Eigentumseingriffen erscheint es als ausreichend, aber auch notwendig, dass die grundsätzlich in Frage kommenden Anwendungsbereiche gesetzlich unzweideutig vorgegeben sind[66], während über die Zulässigkeit einer konkreten Enteignung ohnehin nur unter Berücksichtigung der weiteren Voraussetzungen des ausreichenden öffentlichen Interesses und der Verhältnismässigkeit des Eingriffs zu entscheiden ist. Die Enteignungen, wie sie hier erörtert werden, sind somit sinnvollerweise bloss im Grundsatz (als Möglichkeit) rechtlich zu verankern, sei es im Rahmen planerischer Massnahmen, sei es im Zusammenhang mit der gesetzlichen Ausgestaltung der Instrumente zur Rechtsanwendung.

Auf eine räumlich definierte rechtliche Grundlage stützt sich eine Enteignung, wenn sich das Enteignungsrecht aus der nutzungsplanerischen Zuweisung eines Grundstücks zu einer Zone ergibt, welche die Möglichkeit der Einräumung des Enteignungsrechts bereits als Bestandteil der zonenspezifischen Nutzungsordnung vorsieht[67]. Wird das auf diese Weise verleihbare Enteignungsrecht auf die Ansprüche aus nachbarschützenden Bauvorschriften erstreckt, so geht damit freilich eine gewisse Relativierung der baurechtlichen Grundordnung einher, indem Abweichungen von den Bauvorschriften - allerdings nur bei Vorliegen der Enteignungsvoraussetzungen - auch ohne eigentliche Ausnahmesituation zulässig würden.

---

[65] Vgl. z.B. BGE 119 Ib 128 E. 2b m.H. Seengen AG bzw. BGE 116 Ib 20 f. E. 3 Zürich und 119 Ib 356 ff. E. 5 m.H. Sâles FR; der Wertausgleich bricht dem Eingriff die Spitze, indem die Eigentumsbeeinträchtigung insgesamt nicht mehr gar so einschneidend wirkt.

[66] Entbehrlich ist eine entsprechende rechtliche Grundlage nur insoweit, als erweiterte bauliche Nutzungsmöglichkeiten bereits aus der baurechtlichen Grundordnung hervorgehen und mithin nicht im eigentlichen Sinne Sondervorteile darstellen. Bei dieser Sachlage ist indessen auch kaum von besonders schwerwiegenden (und insofern entschädigungsbedingenden) Eingriffen in die Eigentumsrechte der Nachbarn auszugehen.

[67] Vgl. z.B. Art. 128 Abs. 1 lit. a BauG/BE betreffend Zonen für öffentliche Nutzungen (nach Art. 77 BauG/BE) oder § 64 Abs. 4 PBG/LU betreffend Zonen für öffentliche Zwecke; anders das zürcherische Recht (§ 60 Abs. 1 PBG/ZH), wonach sich die Grundstücke bereits im Eigentum eines Trägers öffentlicher Aufgaben befinden müssen, bevor sie einer Zone für öffentliche Bauten zugewiesen werden können (WOLF/KULL, N. 27).

Eine instrumental definierte Verankerung der Enteignung liegt vor, wenn das Enteignungsrecht gestützt auf eine entsprechende Bestimmung im Rahmen von Planungs- oder Rechtsanwendungsinstrumenten verliehen werden kann[68]. Bei dieser Art räumlich zunächst nicht festgesetzter Grundlegung für die Enteignung müssten die Regelungen, welche den Einsatz konsensualer Formen des Verwaltungshandelns ermöglichen, dahingehend ergänzt werden, dass die Verweigerung erforderlicher Zustimmung unter bestimmten Voraussetzungen enteignet und durch die nötigen Anordnungen ersetzt werden kann.

C) Das öffentliche Interesse

Während der Lastenausgleich für die Entschädigung von Beeinträchtigungen ausschliesslich an die Nutzung eines baulichen Sondervorteils anknüpft[69], setzt jede Enteignung - so auch jene von Ansprüchen aus nachbarschützenden Bauvorschriften - das Vorliegen eines öffentlichen Interesses voraus, das durch die eigentumsbeschränkende Massnahme zumindest entscheidend gefördert werden kann. Leistet ein Bauvorhaben keinerlei oder einen nur wenig bedeutenden Beitrag zugunsten öffentlicher Interessen, so fällt eine Enteignung im Hinblick auf dessen Verwirklichung von vornherein ausser Betracht. Bei der Ermittlung der Interessenlage, die letzten Endes auch Förderung und Beeinträchtigung von Nutzungspositionen der Betroffenen berücksichtigen muss, sind daher zunächst die öffentlichen Interessen zu ermitteln.

Da das enteignungsbegründende öffentliche Interesse im vorliegenden Zusammenhang weder unmittelbar durch das Gemeinwesen noch durch einen eigens dazu ermächtigten Dritten[70] wahrgenommen zu werden braucht, sondern unterschiedlichsten baulichen Massnahmen Privater[71] zugrundeliegt, muss es ein besonderes Mass an Bestimmtheit aufweisen. Die vom Bauwilligen anbegehrte enteignungsweise Einschränkung der nachbarlichen Abwehrbefugnisse Betroffener muss danach sowohl auf die allgemeinen raumplanerischen und siedlungspolitischen Grundsätze ausgerichtet sein (a.), als auch zur Förderung konkreter planerischer Zielsetzungen beitragen (b.).

a) Die allgemeinen öffentlichen Interessen

Bauvorhaben, zu deren Gunsten die Geltendmachung von Ansprüchen aus nachbarschützenden Bauvorschriften enteignet wird, müssen zunächst mit den allge-

---

[68] Vgl. z.B. § 116 PBG/ZH betreffend den Werkplan.

[69] Vgl. supra II. 2. A. - Unerheblich bleibt dabei, ob der Sondervorteil auch für die Allgemeinheit von Nutzen ist (vgl. LUDWIG, S. 331); entscheidend ist einzig die Ausschöpfung eines Sondervorteils, erfolge diese nun rechtmässig, d.h. gestützt auf besondere planerische Festlegungen oder Bewilligungen oder bloss tatsächlich (vgl. LUDWIG, S. 317).

[70] Eine solche Ermächtigung besteht in der Übertragung des Enteignungsrechts; vgl. etwa Art. 3 Abs. 2 EntG.

[71] Zur Enteignung zugunsten Privater vgl. SCHÜRMANN, S. 206 sowie S. 46 (m.H.).

meinen Zielen und Grundsätzen der Raumplanung[72] in Einklang stehen und gerade durch die Möglichkeiten baulicher Nutzung, die sich aufgrund der Enteignung zusätzlich eröffnen, einen besonders wirkungsvollen Beitrag zur Siedlungsbegrenzung[73] und -konzentration[74] leisten. Diese sich gegenseitig ergänzenden und durchdringenden Grundsätze einer geordneten Besiedlung und einer zweckmässigen und haushälterischen Nutzung des Bodens[75] bilden - nötigenfalls in Verbindung mit siedlungspolitischen Anliegen[76] - ein gewichtiges öffentliches Interesse, zu dessen Wahrnehmung eigentumsbeschränkende Massnahmen grundsätzlich gerechtfertigt sind, und zwar unabhängig davon, ob es sich um staatliche Massnahmen der Raumplanung oder um private bauliche Massnahmen in deren Rahmen handelt.

b) Die planerisch lokalisierten öffentlichen Interessen

Die Ziele und Grundsätze der Planung sind zwar unmittelbar anwendbare Rechtssätze, die sich an alle mit Raumplanung befassten Behörden richten[77]; eine ausreichende Grundlage für bedeutendere Eingriffe in die Eigentumsrechte vermögen sie aber erst darzustellen, wenn ihre gegenseitige Abwägung mit einer gewissen Eindeutigkeit zur Bevorzugung bestimmter planerischer Anliegen und Massnahmen führt und sich diese Interessenlage überdies zumindest schwerpunktmässig räumlich festlegen lässt. Aufgrund der unmittelbaren Geltung der Ziele und Grundsätze der Planung kann es dabei ausreichen, diese Lokalisierung

---

[72] Die materiellen Planungsgrundsätze konkretisieren ihrerseits die öffentlichen Interessen an der Raumplanung und dienen mithin als Massstab für die Frage nach der Zulässigkeit raumplanerisch begründeter Eingriffe in Eigentümerpositionen (vgl. RAMISBERGER, S. 185).

[73] Vgl. Art. 22quater Abs. 1 BV, Art. 1 Abs. 1 Satz 1 und insbes. Art. 3 Abs. 3 Satz 1 RPG. - An Massnahmen zur Siedlungsbegrenzung im Sinne der Verhinderung des Entstehens überdimensionierter Bauzonen oder deren Verkleinerung besteht denn auch nach bundesgerichtlicher Rechtsprechung ein «erhebliches öffentliches Interesse» (BGE 115 Ia 386 f. E. 4 Wald ZH, 114 Ia 255 E. 3e Deitingen SO, 107 Ia 242 E. 3a Churwalden GR, 107 Ib 335 E. 2b m.H. Marthalen ZH).

[74] Das sog. Konzentrationsgebot steht nach bundesgerichtlicher Rechtsprechung hinter allen Regeln des RPG, welche die Nutzung des Bodens betreffen (insbes. Art. 1, 3, 15, 16), und ergibt sich schon aus dem verfassungsmässigen Auftrag der zweckmässigen Nutzung des Bodens und der geordneten Besiedlung nach Art. 22quater Abs. 1 BV (ausführlich BGE 116 Ia 336 f. E. 4a Büsserach SO; sodann 116 Ia 343 E. 4 Tersnaus GR).

[75] Vgl. Art. 22quater Abs. 1 BV, Art. 1 und 3 RPG. - Die von Georg MÜLLER (Kommentar Art. 22ter BV, N. 35 m.H.) geforderte Ausrichtung des öffentlichen Interesses an den Bestimmungen der BV ist damit gegeben.

[76] «Siedlungspolitische Massnahmen sind grundsätzlich mit der Eigentumsgarantie gemäss Art. 22ter BV vereinbar, wenn sie im Zielbereich von Art. 22quater BV liegen» (BGE 112 Ia 66 E. 3b m.H. Bever GR), und es kann an ihnen ein «gewichtiges öffentliches Interesse» (BGE 111 Ia 98 E. 2b Zürich) bestehen (z.B. an einer Durchmischung von Wohn- und Arbeitsnutzungen, des weiteren am Wohnungsbau, an der Schaffung von Arbeitsplätzen sowie von Versorgungseinrichtungen an gut erreichbarer Lage).

[77] Vgl. BGE 112 Ia 68 (E. 4 m.H.) Bever GR, wonach die Planungsgrundsätze «Normen darstellen, die für die mit Planungsaufgaben betrauten Behörden aller Stufen verbindlich sind».

in Richtplänen vorzunehmen, welche die erforderliche räumliche Schärfe aufweisen[78]. Im Interesse einer klareren Planung und der erhöhten Voraussehbarkeit von Entscheiden liegt es allerdings, die Gewichtung der Planungsziele und -grundsätze in der Nutzungsplanung zum Ausdruck zu bringen, sei es durch Ausscheidung bestimmter Zonentypen, sei es als inhaltliche Vorgabe für Teilgebiete, deren Nutzung (durch Sondernutzungsplanung oder unter Einsatz konsensualer Formen des Verwaltungshandelns) noch näher festzulegen ist. Ob das öffentliche Interesse schliesslich sticht, ist jedoch auch bei sachlich und räumlich genau bestimmtem öffentlichem Interesse nicht nur eine Frage seiner Gewichtigkeit, sondern auch eine solche der Verhältnismässigkeit.

D) Die Verhältnismässigkeit

Wie jede eigentumsbeschränkende Massnahme ist auch die Enteignung von Ansprüchen aus nachbarschützenden Bauvorschriften nur soweit zulässig, als sie sich zur Verfolgung eines im öffentlichen Interesse liegenden Ziels als geeignet[79], notwendig und in einem engeren Sinne verhältnismässig[80] erweist[81]. Der Eigentumseingriff dürfte dabei regelmässig unterhalb der Schwelle für die materielle Enteignung[82] bleiben, denn das Mittel der Enteignung von Ansprüchen aus nachbarschützenden Bauvorschriften wäre etwa zur Erreichung eines angestrebten Verdichtungsziels wohl nicht mehr geeignet (oder zumindest nicht mehr im engeren Sinne verhältnismässig), wenn dem Enteigneten die Möglichkeit ansonsten realisierbarer und sowohl wirtschaftlich wie gestalterisch sinnvoller baulicher Nutzung seines Grundstücks entzogen oder besonders stark eingeschränkt wird[83], wie dies für die Zusprechung einer Entschädigung aus materieller Enteignung verlangt ist. Verlangt ist des weiteren, dass die in einem engeren Sinne

---

[78] Die Festlegungen müssen räumlich soweit bestimmbar sein, dass sich für das Gros der Fälle einigermassen klar abzeichnet, ob sie darunter fallen oder nicht; Parzellenschärfe (kann und) muss nicht gefordert werden, denn bei Grenzfällen sollen weitere Kriterien in eine Interessenabwägung einbezogen werden können.

[79] Das Erfordernis der Geeignetheit gilt als erfüllt, wenn die eigentumsbeschränkende Massnahme einen «tauglich[en] Versuch, einen Beitrag zur Realisierung des Gesetzeszweckes zu leisten», darstellt (MÜLLER Georg, Kommentar Art. 22ter BV, N. 39; vgl. BGE 111 Ia 99 E. 2b Zürich, 110 Ia 172 f. E. 7b/aa passim Arlesheim BL).

[80] Vgl. hiezu SCHÜRMANN, S. 209 f., wonach das Opfer des Enteigneten «in keinem Missverhältnis zum Nutzen stehen [darf], den die Allgemeinheit mit der Enteignung erzielt».

[81] Für die Frage nach der Enteignungsentschädigung bei der Enteignung nachbarrechtlicher Ansprüche aufgrund unvermeidbarer Einwirkungen aus dem Betrieb öffentlicher Werke sind nebst den Enteignungsvoraussetzungen weitere Voraussetzungen zu beachten (vgl. infra 3.).

[82] Untersagung oder besonders starke Einschränkung des bisherigen oder eines voraussehbaren künftigen Gebrauchs des Grundeigentums, wobei «[u]nter besserer Nutzung eines Grundstückes [...] in der Regel eine in tatsächlicher und rechtlicher Hinsicht gegebene Möglichkeit der Überbauung zu verstehen [ist]» (BGE 119 Ib 128 E. 2b Seengen AG, 118 Ib 41 E. 2b m.H. Flims GR).

[83] Anders kann es sich immerhin verhalten, wenn die Schaffung einer Freifläche neben konzentrierter Überbauung den siedlungsplanerischen Vorstellungen und Zielsetzungen entspricht.

als vernünftige Ziel/Mittel-Korrelation[84] verstandene Verhältnismässigkeit gewahrt ist, sich m.a.W. das zwangsweise und mit Entschädigungsaufwand verbundene Vorgehen angesichts des in raumplanerischer und siedlungspolitischer Hinsicht Erreichbaren "lohnt"[85] und ferner in dem Sinne als notwendig erweist, dass das angestrebte Ziel auf andere - schonendere - Art und Weise nicht oder nur wesentlich schwerer zu erreichen wäre. Das Erfordernis der Notwendigkeit schliesslich setzt die obere und untere Begrenzung des Umfangs des Enteignungsgegenstandes nach Massgabe dessen, was zur Erreichung des gesetzten Zwecks unerlässlich ist.

3. Die Entschädigung

Die Beeinträchtigungen, welche dem Enteigneten daraus erwachsen, dass ihm verwehrt wird, seine Eigentümerposition gestützt auf nachbarschützende Bauvorschriften zu verteidigen, sind ihm nach dem Grundsatz der vollen Entschädigung (Art. 22ter Abs. 3 BV) im Umfange der gesamten Wertverminderung seines Grundstücks auszugleichen. Wie beim Lastenausgleich (wo immerhin eine «erhebliche Beeinträchtigung» vorausgesetzt wird[86]), sind an die zu entschädigenden Beeinträchtigungen keine weiteren Voraussetzungen[87] zu knüpfen als eine gewisse Eingriffsintensität. Letztlich geht es aber nicht um die Entschädigung übermässiger Einwirkungen, sondern vielmehr um die Entziehung bzw. Beschränkung von Eigentümerbefugnissen, allenfalls verbunden mit Einschränkungen in der Freiheit der Nutzungsentscheidung bezüglich der betroffenen

---

[84] Es ist hiebei danach zu fragen, «ob der Zweck der Massnahme so wichtig ist, dass die mit dem Eingriff in das Eigentum verbundenen Auswirkungen auf die Betroffenen in Kauf genommen werden müssen» (MÜLLER Georg, Kommentar Art. 22ter BV, N. 41). «Zu entscheiden ist dabei einerseits, wie weit planerische Eingriffe in das Privateigentum gehen dürfen, ohne die Eigentumsgarantie gemäss Art. 22ter BV zu verletzen, andererseits aber zugleich, wie weit sie gehen müssen, wenn sie zur Erreichung des Planungsziels tauglich und damit durch ein überwiegendes öffentliches Interesse gedeckt sein sollen» (BGE 112 Ia 68 f. E. 4 i.f. Bever GR).

[85] Für die Interessenabwägung erheblich sind das Ausmass eines möglichen Nutzungsgewinns, die zu erwartende Nachfrage für die dazugewonnene Nutzung, die Einsparung von Bauland am Siedlungsrand bzw. der siedlungsplanerische Wert freibleibender Flächen im Siedlungsinnern, der Betrag der zu erwartenden Erhöhung an Immissionen, die Art und das Ausmass der baurechtlichen Abweichungen sowie deren Zumutbarkeit für die Betroffenen, die Möglichkeiten der Wahrung nachbarlicher Interessen durch Auflagen (z.B. bzgl. Bepflanzung, Aussenraumgestaltung), die Möglichkeit der Teilhabe Betroffener an der Nutzungssteigerung (z.B. durch Zusammenbau, Grenzbau, Nutzungsrechte an Gemeinschaftsanlagen) und schliesslich die Möglichkeit, verbleibende Nachteile sachgerecht auszugleichen (zu letzterem vgl. MÜLLER Georg, Kommentar Art. 22ter BV, N. 48 i.f.).

[86] Vgl. Art. 30 Abs. 1 BauG/BE, desgl. Art. 166 al. 1er LATeC/FR («préjudice important»).

[87] Vgl. etwa die kumulativen Erfordernisse der Spezialität, der Schwere und der Unvorhersehbarkeit des Schadens bzgl. Entschädigungen aufgrund übermässiger Einwirkungen aus dem Betrieb öffentlicher Werke, insbes. Strassen und Eisenbahnlinien (BGE 119 Ib 356 ff. E. 5 m.H. Sâles FR, 117 Ib 18 f. E. 3b m.H. Genève-Cornavin; HESS/WEIBEL, Kommentar Art. 5 EntG, N. 15 ff.).

Grundstücke[88]. Wertvermehrende Vorteile aller Art, die dem Enteigneten aus der Verwirklichung der getroffenen Nutzungsordnung mittelbar zufallen[89] oder ihm unmittelbar zugesprochen werden[90], sowie die effektive Verminderung von Nachteilen mittels Realleistungen[91], sind dabei wie beim Lastenausgleich vollumfänglich anzurechnen und können somit dazu führen, dass von einer Entschädigung gänzlich abzusehen ist.

---

[88] Solche Einschränkungen können in einer Verminderung der baulichen Nutzungsmöglichkeiten oder in der Einbindung des betroffenen Grundstücks in eine grösserräumige Überbauungskonzeption bestehen.

[89] Z.B. die Teilhabe Enteigneter an einer gebietsweisen Nutzungserhöhung (z.B. durch Zusammenbau oder Grenzbau, die Einräumung von Nutzungsrechten an Gemeinschaftsanlagen; vgl. z.B. BGE vom 9. Oktober 1990 E. 6 Grand-Lancy GE: «possibilités accrues de construction») oder ein Wertzuwachs des Grundstücks durch die Aufwertung eines Siedlungsteils im Zuge gestalterischer, verkehrstechnischer, immissionsbezogener usw. Verbesserungen.

[90] Z.B. mittels Auflagen bzgl. Bepflanzung, Aussenraumgestaltung oder durch besondere Nutzungsanordnungen.

[91] Vgl. Art. 18 EntG (insbes. Abs. 2 mit dem Vorbehalt der Wahrung der Interessen des nichtzustimmenden Enteigneten); vgl. sodann etwa BGE 119 Ib 365 E. 6c/cc Sâles FR: «devoir d'ordonner des prestations en nature [in casu: Lärmschutzmassnahmen] lorsqu'[...] un tel mode d'indemnisation est propre à réparer, à tout le moins en partie, le préjudice subi par le propriétaire exproprié et qu'en même temps il permet de protéger efficacement le bien-être des personnes habitant le bâtiment exposé. [... L]'exproprié est tenu de contribuer à la réduction du dommage [... et] il doit accepter les formes de réparation qui, tout en sauvegardant ses intérêts, tendent aussi à la protection des intérêts de l'exproprian ou de tiers».

§ 18 Die Baupflicht

Die Baupflicht ist ein Mittel der Planverwirklichung und bezweckt als solches die Durchsetzung nutzungsplanerischer Festlegungen nötigenfalls gegen den Willen deren Adressaten. Im folgenden (I. Allgemeines, II. Die Ausrichtung der Baupflicht auf die bauliche Verdichtung) wird zunächst dargestellt, auf welche Weise und in welchem Umfange auf einer ersten Stufe der Durchsetzung blosse Nutzungsmöglichkeiten in verbindliche Handlungsanweisungen umgewandelt werden, und sodann die Durchsetzung zweiter Stufe als zwangsweise Vollziehung der Baupflicht erörtert (III. Die Vollstreckung der Baupflicht).

I. Allgemeines

Einleitend sind zunächst Definition und Funktion der Baupflicht zu umschreiben (1.); es sind sodann zwei Arten der Baupflicht zu unterscheiden (2.) und in ihrer Verdichtungsrelevanz zu würdigen (3.).

1. Definition und Funktion

Die Baufreiheit als Ausfluss der Eigentumsgarantie räumt dem Grundeigentümer die Befugnis ein, über die Verwendung seines Grundstücks in den Schranken der Nutzungsplanung sowie der grundeigentumsrelevanten Gesetzgebung selbständig zu befinden. Dabei steht ihm insbesondere die Initiative zur baulichen Nutzung seines Grundstücks zu[1]. Die Baupflicht stellt eine Einschränkung der so verstandenen Baufreiheit dar, indem sie dem Grundeigentümer einen mehr oder weniger bedeutenden Teil seiner Entscheidbefugnis entzieht[2]. Das gemäss Nutzungsplan Zulässige wird dabei vollumfänglich oder bis zu einem gewissen Umfange verbindlich; aus dem blossen Verbot des Überschreitens des Zulässigen[3]

---

[1] Dies war historisch gesehen durchaus nicht immer so: Die Baugesetzgebungen zahlreicher mittelalterlicher Städte enthielten Überbauungspflichten (vgl. CARLEN, S. 9 m.H. sowie S. 13).

[2] Die Baupflicht stellt demnach eine Eigentumsbeschränkung dar, die einer eindeutigen gesetzlichen Grundlage bedarf (BGE 113 Ib 326 E. 3d Küsnacht ZH). - Die Einschränkung der Entscheidbefugnis kann sich auf das "Ob", das "Wann" sowie auf das "Wieviel" (und zwar sowohl als Höchst- als auch als Mindestmass) einer Überbauung erstrecken. Der Begriff der Baupflicht wird hier mithin etwas weiter gefasst, als ihn etwa Georg MÜLLER (in Baupflicht, S. 168 f. m.H.) verwendet, der die Baupflicht umschreibt als «gesetzliche Regelung, wonach die Eigentümer baureife, noch nicht überbaute Grundstücke der vorgesehenen Nutzung zuzuführen haben».

[3] Der Nutzungsplan ist daher insofern als Negativplan zu betrachten, als er die Abwehr (qualitativ) unzulässiger und (quantitativ) übermässiger Bodennutzungen bezweckt (vgl. supra eingangs § 5). Eine Nutzungspflicht geht auch aus Art. 21 Abs. 1 RPG nicht hervor (SCHÜRMANN, S. 177). «Eine umfassende Pflicht zur zonenkonformen Überbauung aller

wird das Gebot, das Zulässige (mehr oder weniger umfassend) zu realisieren. Die Baupflicht verlangt vom Verpflichteten mithin ein bestimmtes Tun[4]; sie verbietet ihm m.a.W., auf eine näher zu bestimmende Grundstücksnutzung zu verzichten[5].

Die Funktion der Baupflicht kann im allgemeinen raumplanerischen Interesse der Planverwirklichung bestehen, wenn es etwa darum geht, der durch Baulandhortung verursachten Siedlungsausdehnung Einhalt zu gebieten und die Überbauung auf die Erschliessung der Baugrundstücke abzustimmen[6]. Sie kann jedoch auch konkretere, etwa architektonisch-ästhetische (z.B. Schliessen von Baulücken) sowie im Zuge von Massnahmen der Parzellarordnung sozialpolitische Ziele (insbes. Wohnbauförderung, vgl. Art. 9 WEG) betreffen[7].

2. Arten der Baupflicht

Die Baupflichten sind ihrem Gegenstand nach zu unterscheiden in unmittelbare (A.) und mittelbare (B.).

A) Die unmittelbare Baupflicht

Gegenstand der unmittelbaren Baupflicht bildet der Entscheid über das "Ob" einer Überbauung. Dem Grundeigentümer wird die entsprechende Entscheidbefugnis entzogen und jener Behörde übertragen, welche die Baupflicht anordnet. Der Verzicht auf die bauliche Nutzung des Grundstücks wird damit untersagt, und der Betroffene hat innert Frist die der Baupflicht entsprechenden Massnahmen zu treffen[8]. Wird der Verpflichtung nicht fristgerecht entsprochen, so kön-

---

Grundstücke innert einer bestimmten Frist hätte angesichts des damit verbundenen Investitionszwangs weitreichende Rückwirkungen auf [die] Wirtschaftsordnung. [...] Begrenzte Vorhaben [...] zur Verwirklichung der Planung aber wären denkbar» (JAGMETTI, Kommentar Art. 22quater BV, N. 30).

[4] Georg MÜLLER (Baupflicht, S. 173) bezeichnet die Einführung einer Baupflicht deshalb als «ungewöhnliche Änderung der Eigentumsordnung», hält sie jedoch als mit der Institutsgarantie vereinbar, da «der Zwang, eine Sache dazu zu gebrauchen, wofür sie bestimmt ist, das Eigentum als Rechtsinstitut nicht aushöhlt, und weil dem Eigentümer auch dann, wenn er nicht mehr über das «ob» der Nutzung entscheiden darf, genügend Möglichkeiten der freien Bestimmung über seine Rechte verbleiben, vor allem, weil er sein Grundstück jederzeit veräussern kann».

[5] Vgl. MÜLLER Georg, Baupflicht, S. 172.

[6] Die Baupflicht ist in diesem Sinne u.a. damit zu begründen, dass die «"Freiwilligkeit" der Planausschöpfung» raumplanerisch unerwünschte Unternutzungen (z.B. Baulücken) begünstigt und u.U. die «infrastrukturellen Vorleistungen des Gemeinwesens auf stossende Weise brachliegen» lässt (EJPD [Hrsg.], Bausteine, S. 191).

[7] Vgl. die Umschreibung des öffentlichen Interesses an der Baupflicht bei MÜLLER Georg, Baupflicht, S. 174 m.H. (sowie S. 169), sowie die Entwicklung des Begriffs des öffentlichen Interesses als Erfordernis für eigentumsbeschränkende Massnahmen insgesamt bei SCHÜRMANN, S. 42 ff. - Vgl. auch BGE 88 I 248 ff. (insbes. S. 254 E. II/2) GE.

[8] Diese Massnahmen können darin bestehen, das betroffene Grundstück zu überbauen oder zu diesem Zweck abzutreten (vgl. Art. 9 Abs. 1 WEG: Überbauung oder Zurverfügungstellung für Zwecke, die der Überbauung dienen).

nen zu Lasten des Verpflichteten Massnahmen ergriffen werden, die ihre Grundlage im allgemeinen Verwaltungsrecht finden oder anlässlich auflageweiser Anordnung einer Baupflicht festgesetzt werden. Angesichts des bedeutenden Eingriffs in die Verfügungsfreiheit des Grundeigentümers ist für die Auferlegung unmittelbarer Baupflichten eine klare gesetzliche Grundlage erforderlich[9], welche die Baupflicht mit raumplanerischen Vorgängen[10] und/oder bestimmten sozialpolitischen Zielsetzungen[11] sachlich in Zusammenhang setzt.

B) Die mittelbare Baupflicht

Die mittelbare Baupflicht belässt dem Grundeigentümer den Entscheid, ob und gegebenenfalls wann er sein Grundstück baulich nutzen will; sie setzt erst dort ein, wo es darum geht, den grundsätzlichen Entscheid für eine bauliche Nutzung nach Art und/oder Umfang zu konkretisieren. Wie die nutzungsbeschränkenden Eingriffe in die Eigentumsrechte bewirken auch die mittelbaren Baupflichten, dass - wenn überhaupt[12] - dann (höchstens bzw. mindestens) im festgesetzten Rahmen gebaut werden darf. Während die unmittelbar baubeschränkenden Vorschriften (sowie in ihren Auswirkungen auch gewisse technische Vorschriften) die Höchstgrenze baulicher Nutzung festlegen, ergibt sich aus der mittelbaren Baupflicht eine Mindestgrenze[13]: es soll damit sichergestellt werden, dass das an sich bloss Zulässige mindestens bis zu einem gewissen Umfange auch ausge-

---

[9] Vgl. BGE 113 Ib 326 E. 3d Küsnacht ZH.

[10] Diese Vorgänge betreffen etwa nutzungsplanerische Massnahmen wie die Einzonung (vgl. Art. 61 Abs. 1 und 3 EG/AR zum RPG [Gesetz über die Einführung des Bundesgesetzes über die Raumplanung, EG zum RPG vom 28. April 1985, bGS 721.1]) oder Zustände wie bereits «eingezontes» (vgl. Art. 42 Abs. 1 BauG/AI [Baugesetz vom 28. April 1985, GS 701]) oder «baureifes Land» (vgl. § 60ter Abs. 1 E PBG/TG [i.d.F. der Vorberatenden Kommission], welche Bestimmung in das revidierte PBG/TG indes keinen Eingang gefunden hat) oder Parzellarordnungsmassnahmen wie Baulandumlegungen (vgl. Art. 9 WEG, Art. 45 BUD/BE, § 20 BMG/BS [Gesetz über Bodenordnungsmassnahmen vom 20. November 1969, SG 712.100], Art. 37 DRF/JU [Décret sur les remaniements de fonds bâtis et non bâtis et les ajustements de limites du 6 décembre 1978, RSJU 701.81]).

[11] Diese Zielsetzungen erfahren in der Gesetzgebung unterschiedliche Konkretisierungsgrade, die vom allgemeinen Interesse an der Verfügbarkeit überbaubaren Landes (vgl. Art. 87 al. 1er LCAT/NE [Loi cantonale sur l'aménagement du territoire du 2 octobre 1991, RSN 701.0] oder § 60ter Abs. 1 E PBG/TG i.d.F. der Vorberatenden Kommission) bis zu besonderen siedlungsplanerischen (z.B. Altstadt- oder Quartiersanierung [vgl. Art. 45 BUD/BE]) oder sozialpolitischen Zwecken wie dem sozialen Wohnungsbau (vgl. Art. 138 al. 2 LATeC/FR [Loi sur l'aménagement du territoire et les constructions du 9 mai 1983, RSF 710.1], Art. 100 al. 2 LCAT/JU [Loi sur les constructions et l'aménagement du territoire du 25 juin 1987, RSJU 701.1]) oder der Industrie- und Gewerbebauförderung (vgl. Art. 138 al. 2 LATeC/FR) reicht.

[12] Der grundsätzliche Nutzungsentscheid kommt dem Eintreten einer aufschiebenden potestativen Bedingung gleich, welche die Baupflicht auslöst, wie dies für die (im Verhältnis zu Art. 16 USG vorgezogene) umweltschutzrechtliche Sanierungspflicht zutrifft, die aufgrund von Umbau oder Erweiterung einer sanierungsbedürftigen Anlage ausgelöst wird (Art. 18 USG).

[13] Die beiden Begrenzungsarten können sich einander soweit annähern, dass sie in ein und derselben Anordnung (z.B. in einer detaillierten sondernutzungsplanerischen Festsetzung) zu finden sind.

schöpft wird. Dass die mittelbare Baupflicht, indem sie dem Grundeigentümer die Nutzungsentscheidung belässt, im Vergleich zur unmittelbaren einen weniger einschneidenden Eingriff in die Eigentümerbefugnisse darstellte und daher weniger strengen rechtlichen Voraussetzungen zu unterwerfen sei, lässt sich in solch allgemeiner Weise nicht sagen, kann doch die Handlungsfreiheit des Grundeigentümers etwa durch detaillierte Anordnungen für das Bauen ebenso stark eingeschränkt werden wie durch eine unmittelbare Baupflicht, die dem Verpflichteten in der Art der Verwirklichung im wesentlichen freie Hand lässt.

3. Die Verdichtungsrelevanz

Von der Baupflicht als Durchsetzungsinstrument können von vornherein keine zusätzlichen verdichtungsrelevanten Gestaltungsspielräume ausgehen, die nicht schon der durchzusetzenden baulichen Nutzungsordnung innewohnen. Die Durchsetzung vorhandener baulicher Nutzungsmöglichkeiten stellt dann einen verdichtungsrelevanten Vorgang dar, wenn die Bauträger sich bietende Überbauungsmöglichkeiten ansonsten nicht ausschöpfen würden, womit insbesondere beim verdichtenden Bauen zu rechnen ist, sofern die Nutzungserhöhung den planerischen und bautechnischen Aufwand nicht lohnt.

Die unmittelbare Baupflicht dient dem Planungsgrundsatz der haushälterischen Nutzung des Bodens insofern, als sie gewährleisten soll, dass jenes Land, das einer Bauzone zugewiesen wurde, auch zweckentsprechend genutzt wird[14]. Damit kann der Baulandhortung entgegengewirkt werden, welche latent zu einer Ausdehnung der Siedlungsfläche tendiert, um der Baulandnachfrage zu genügen[15]. Wo sich eine Überbauungsreihenfolge nicht schon von selbst aus Überlegungen der "Besiedlungseffizienz" ergibt, kann die Baupflicht eine solche herbeiführen, die zugunsten einer geordneten Besiedlung von den Zufälligkeiten privater Nutzungsabsichten abstrahiert[16].

Diese Möglichkeit zeitlich-räumlicher Steuerung der Bautätigkeit geht der mittelbaren Baupflicht ab. Sie erweist sich für die bauliche Verdichtung dennoch als sehr bedeutsam, da sie bauliche Mindestnutzungen vorschreibt und damit die Nutzungsplanung auch "nach unten hin" verbindlich macht[17]. Es lässt sich damit

---

[14] Inwieweit dieser Zweck der unmittelbaren Baupflicht tatsächlich umzusetzen ist, hängt indes wesentlich von den Mitteln der Durchsetzung zweiter Stufe ab.

[15] Eine solche Vorgehensweise ist zwar unzulässig (vgl. BGE 116 Ia 333 E. 4c Stäfa ZH und die sich darauf beziehenden Anmerkungen in ZBl 92 [1991] 471), dürfte in der Praxis aber zumindest als Tendenz wohl immer wieder zu verzeichnen sein (vgl. etwa RFJ/FZR 1995, 158 Rossens FR).

[16] Diese Steuerungsfunktion reicht jedoch nur soweit, als es die finanziellen Möglichkeiten der betroffenen Grundeigentümer, welche durch die unmittelbare Baupflicht einem eigentlichen Investitionszwang ausgesetzt werden, zumutbarerweise erlauben.

[17] Das Erfordernis einer minimalen baulichen Nutzung ist wohl auch für die unmittelbare Baupflicht zu verlangen, denn deren Eignung zur Bekämpfung der Baulandhortung ist nur dann

das Nutzungspotential im Hinblick auf die Dimensionierung der Bauzonen weitaus zuverlässiger veranschlagen, als wenn nur auf das Zulässige abgestellt werden kann. Die mittelbare Baupflicht vermag demnach zu verhindern, dass Chancen, die sich aus der baulichen Nutzungsordnung ergeben, vertan werden; dass sie tatsächlich ergriffen werden (müssen), vermag die mittelbare Baupflicht allerdings nur in Verbindung mit einer unmittelbaren Baupflicht zu erreichen. Eine solcherweise umfassende Baupflicht stellt einen beträchtlichen Eingriff in die Eigentümerrechte dar[18] und wäre wohl für Fälle vorzubehalten, die eine besondere Interessenlage aufweisen und in denen dem Gemeinwesen daher nötigenfalls das Enteignungsrecht zustünde[19].

Die Mittel der Durchsetzung zweiter Stufe[20] sind für die verdichtungsrelevante Wirksamkeit der Baupflicht (und damit für deren Zulässigkeit unter dem Gesichtspunkt der Verhältnismässigkeit und dabei insbesondere der Geeignetheit) schliesslich auch von erheblicher Bedeutung. Als zweckmässig können grundsätzlich jene Vollstreckungsmassnahmen gelten, die im Ergebnis zu einer baulichen Nutzung im vorgesehenen Rahmen führen, sei es durch Vorkehrungen des baupflichtigen Grundeigentümers, die unter Androhung von Verwaltungszwang an die Hand genommen werden, sei es durch Ersatzvornahme. Wesentlich weniger zielgerichtet und für gewisse Sachverhalts-Konstellationen gar unzweckmässig[21] sind Vollstreckungsmassnahmen, die als Sanktionen nicht zum sachlich angestrebten Erfolg führen, sondern etwa die entschädigungslose Auszonung oder eine finanzielle Belastung durch Verwaltungsstrafe oder durch besondere steuerliche Veranlagung bewirken.

II. Die Ausrichtung der Baupflicht auf die bauliche Verdichtung

Im folgenden ist darzulegen, welchen Beitrag die Baupflichten zur baulichen Verdichtung zu leisten vermögen, wobei eine rationelle Verwendung ungenutz-

---

zu bejahen, wenn sie «zu einer wesentlich erhöhten Nutzung der Baulandreserven führt, also nicht bereits dadurch erfüllt ist, dass ein Grundstück bloss teilweise oder mit einer viel geringeren als der zulässigen Ausnützung überbaut wird» (MÜLLER Georg, Baupflicht, S. 175).

[18] Zur Zumutbarkeit von Baupflichten, bei denen die zulässige Bebauung weitgehend festgelegt ist vgl. MÜLLER Georg, Baupflicht, S. 175 f. (insbes. Fn. 45).

[19] Vgl. z.B. Art. 45 Abs. 1 BUD/BE mit Verweisung auf Art. 128 Abs. 1 lit. d BauG/BE, Art. 138 al. 2 LATeC/FR, Art. 100 al. 2 LCAT/JU.

[20] Die Vollstreckungsmassnahmen gelangen erst dann zur Anwendung, wenn der Baupflicht nicht fristgerecht entsprochen wird. Mit der freiwilligen pflichtgemässen Erfüllung ist dabei am ehesten dort zu rechnen, wo der grundsätzliche Bauentscheid des Grundeigentümers lediglich ausgedehnt werden muss, wie dies bei der mittelbaren Baupflicht der Fall ist.

[21] Z.B. Auszonung von Grundstücken in ansonsten überbauter Umgebung oder an besonders überbauungsgeeigneten Lagen etc.

ten[22] oder unternutzten[23] Baulandes anzustreben ist. Für die unmittelbare Baupflicht (1.) ist dabei nach der Art der zu initiierenden Bauvorgänge die Neubau- von der Weiterbaupflicht zu unterscheiden. Bei den mittelbaren Baupflichten (2.) sind sodann solche, die sich aus allgemein anwendbaren Bauvorschriften ergeben (2. A.), bei deren Anwendung auf Sachverhalte des verdichtenden Bauens allerdings die Besitzstandsgarantie zu beachten ist (2. B.), von solchen zu unterscheiden, die ausschliesslich für das Bauen in bereits weitgehend überbauter Umgebung in Frage kommen (2. C.). Abschliessend ist zu untersuchen, wie die Baupflichten mit der baulichen Nutzungsordnung zu verknüpfen sind (3.).

1. Die unmittelbare Baupflicht

Die unmittelbaren Baupflichten bezwecken de lege lata vorab die Erstellung von Neubauten (A.), obschon sie ihrer Funktionsweise nach allgemein dort besondere Bedeutung erlangen könnten, wo der Zeitpunkt der Durchführung baulicher Massnahmen - wie beim verdichtenden Bauen - in verschiedenerlei Hinsicht abgestimmt werden muss (B.).

A) Die Neubaupflicht

Die Neubaupflicht bezweckt[24], der Baulandhortung Einhalt zu gebieten. Eingezonte Planungsteilgebiete der Überbauung zuzuführen, drängt sich danach insbesondere dann auf, wenn die Nachfrage nach verfügbarem Bauland zu einer Ausdehnung der Bauzone zu führen droht, obschon im bestehenden Siedlungsgebiet noch Bauland- bzw. Nutzungsreserven vorhanden sind[25].

Sollte die Baupflicht in den Dienst der baulichen Verdichtung gestellt werden, so darf sie sich nicht auf das "Ob" der Nutzung beschränken, sondern muss im Sinne einer umfassenden Baupflicht auch ein Mindestmass baulicher Nutzung festlegen. Entsprechende Bestimmungen sind in den bestehenden Vorschriften

---

[22] Darunter ist der Verzicht auf die Nutzung von ausgeschiedenem Bauland zu verstehen (z.B. durch Hortung von Bauland in Erwartung einer Steigerung seines Verkehrswertes).

[23] Eine Unternutzung liegt vor, wenn (bei weitem) nicht solches oder nicht so viel gebaut wird, wie gestützt auf die bauliche Nutzungsordnung zulässig wäre (und in der Bedarfsabklärung veranschlagt ist).

[24] Eine weiter gefasste Zwecksetzung verfolgt die spezifische (auf Gemeinschaftsanlagen ausgerichtete) unmittelbare Baupflicht gestützt auf die § 222 ff. PBG/ZH, wonach «auch ausserhalb planungsrechtlicher Vorkehren durch Verfügung» die Erstellung usw. von Gemeinschaftswerken (z.B. Zugänge [§ 237], Fahrzeug-Abstellplätze [§ 245], Freizeitflächen [§ 248] oder Heizanlagen [§ 295]) verlangt werden kann, «wo ein öffentliches Interesse entgegenstehende private Interessen überwiegt» (§ 222 Abs. 1 PBG/ZH). Der haushälterischen Nutzung des Bodens dienen diese Bestimmungen immerhin damit, dass sie einen rationellen Betrieb der Nebeneinrichtungen anstreben.

[25] Vgl. BGE 116 Ia 331 ff. E. 4b und 4c Stäfa ZH.

indes kaum auszumachen[26]: diese beschränken sich regelmässig vielmehr darauf, den Grundeigentümer ausdrücklich[27] oder durch Rückschluss aus der Sanktionierung des Nutzungsverzichts[28] zu verpflichten, sein Grundstück zu überbauen oder für eine Überbauung zur Verfügung zu stellen. Das Mass der baulichen Nutzung kann sich immerhin aus Sonderbauordnungen ergeben, die im Zuge von Parzellarordnungsmassnahmen erlassen werden, welche letztere die auflageweise Festsetzung der Pflicht zur Erstellung von Gebäuden erst begründen[29]. Die Einbettung in die Parzellarordnungsmassnahmen rechtfertigt quantitative Vorgaben bezüglich der Baupflicht[30] schon allein aufgrund deren engen sachlichen Zusammenhangs[31] mit der Zwecksetzung der Parzellarordnungsmassnahmen[32].

---

[26] Vgl. immerhin § 72 Abs. 4 BauV/NW (Vollziehungsverordnung zum Gesetz über die Raumplanung und das öffentliche Baurecht, Bauverordnung vom 19. April 1990, NG 611.11), wonach es indes ausreicht, «das ungenutzte Land zu [...] mindestens 60 Prozent [...] zu überbauen», um der Rückzonung zu entgehen. Anordnungen solcher Art führen allerdings zur Duldung von Überbauungen, die u.U. der haushälterischen Nutzung des Bodens zuwiderlaufen (vgl. daher etwa STRITTMATTER/GUGGER [S. 83 f.], wonach die Baupflicht - welche sie nur gezielt, und nicht flächendeckend eingesetzt wissen wollen - erst als erfüllt gelten soll, wenn die baulichen Nutzungsmöglichkeiten auf dem betroffenen Grundstück vollständig ausgeschöpft sind).

[27] Vgl. Art. 9 Abs. 1 WEG (und zwar schon von Bundesrechts wegen, d.h. auch ohne kantonale Ausführungsgesetzgebung [SCHÜRMANN, S. 87]); § 20 Abs. 1 BMG/BS, Art. 42 Abs. 1 BauG/AI, Art. 61 Abs. 1 EG/AR zum RPG (Abs. 2 dieses Artikels lässt die vollständige Erschliessung als Erfüllung der Baupflicht genügen).

[28] Vgl. Art. 87 al. 1er LCAT/NE, Art. 138 al. 2 LATeC/FR sowie Art. 100 al. 2 LCAT/JU. Entspricht der Grundeigentümer der im öffentlichen Interesse liegenden Deckung gesetzlich bestimmter besonderer Nachfragen (etwa nach Sozialwohnraum oder nach Industrie- und Gewerbenutzraum), so kann er einer auf diese gesetzlichen Grundlagen abgestützten Enteignung entgehen. Diese Sachlage kommt in ihren Wirkungen einer unmittelbaren Baupflicht gleich. - Vgl. auch BGE 113 Ib 326 E. 3d Küsnacht ZH.

[29] Vgl. etwa Art. 45 Abs. 1 i.V.m. Art. 11 BUD/BE oder Art. 37 al. 1er DRF/JU. - Die Parzellarordnungsmassnahmen sehen ferner regelmässig Verpflichtungen betreffend die Erstellung der Erschliessungsanlagen bzw. deren Finanzierung durch die Grundeigentümer des Beizugsgebietes vor.

[30] Vgl. die (etwas zurückhaltendere) diesbezügliche Äusserung HÜBNERS (S. 196) zu § 20 Abs. 1 BMG/BS (Überbauung «entsprechend der gesetzlich zulässigen Ausnützung»): «Ob [der Eigentümer] auch zu einer von der Regelbauordnung abweichenden Nutzung oder gar zur gesetzlich höchstzulässigen Ausnützung im Sinne einer "Mindestausnützungsvorschrift" verpflichtet werden kann, lässt das Gesetz offen».

[31] Vgl. BGE 117 Ib 176 E. 3 Cavergno TI («connessa allo scopo della legge o a un interesse pubblico basato sulla stessa») sowie BGE 97 I 141 (E. 4) Malans GR.

[32] Diese beabsichtigen die Ermöglichung einer «rationelle[n] Überbauung» durch Umgestaltung der Grundstücke nach Form, Grösse und Gruppierung (Art. 7 WEG, vgl. auch Art. 42 BUD/BE [«zweckmässig überbaubare Grundstücke»], § 1 BMG/BS [Förderung einer «der Bauordnung gemässen Überbauung»], Art. 1er DRF/JU [«pour favoriser une utilisation rationelle des parcelles à des fins de construction»]). Eine Regelung, die nicht zu einer rationellen Überbauung (im Einklang mit Art. 1 und 3 RPG) führt, wäre letztlich als unzulässig zu erkennen (vgl. BGE 112 Ia 65 ff. Bever GR).

Die Verfassungsmässigkeit schon gesetzlich derweise umfassend ausgestalteter Baupflichten ist unter dem Aspekt der eigentumsrechtlichen Institutsgarantie[33] nicht ohne weiteres unbedenklich, wird doch die Breite der Entscheidungsmöglichkeiten bezüglich der Verwendung des Grundeigentums sehr wesentlich eingeschränkt. Eine gewisse Einengung des Entscheidungsspielraums ist angesichts des Verhältnismässigkeitsgrundsatzes anderseits geradezu geboten: als erheblicher Eingriff in die Eigentumsgarantie ist die Baupflicht nämlich nur soweit als geeignet zu rechtfertigen, als sie den damit verfolgten öffentlichen Interessen auch wirksam zum Durchbruch verhelfen kann[34]. Lässt man zudem - wie Rechtsprechung[35] und Lehre[36] vermuten lassen - die Möglichkeit der jederzeitigen Veräusserung des Grundstücks als Respektierung der Institutsgarantie genügen, so wären entsprechende gesetzliche Bestimmungen unter dieser Hinsicht wiederum eher als verfassungsmässig zu bezeichnen.

B) Die Weiterbaupflicht

Die unmittelbaren Baupflichten sind als Massnahmen zur Förderung der Überbauung[37] (und damit zur zweckgemässen Nutzung bisher ungenutzten Baulandes) auf das Erstellen von Neubauten ausgerichtet[38]. Die Parzellarordnungsmassnahmen, in deren Rahmen Baupflichten auferlegt werden können[39], sind in ihrer Anwendbarkeit zwar nicht auf unüberbaute Gebiete beschränkt[40], doch

---

[33] Vgl. MÜLLER Georg, Kommentar Art. 22ter BV, N. 12 ff. - Vgl. auch SCHÜRMANN (S. 35 m.H.), wonach die Institutsgarantie u.a. «die Übertragung zentraler Entscheidungsbefugnisse des Eigentümers an den Staat auf dem Wege genereller Normierung» verbietet; «ein Mindestmass von privater Verfügungs- und Nutzungsfreiheit über die Güter bleibt schlechthin unentziehbar».

[34] MÜLLER Georg, Baupflicht, S. 175 f. - Vgl. auch BGE 112 Ia 69 E. 4 i.f. Bever GR.

[35] Vgl. z.B. BGE 113 Ia 132 E. 6 GE: «Il n'y a pas d'atteinte à l'institution lorsque la possibilité d'acquérir la propriété privée, d'en jouir et de l'aliéner à nouveau est fondamentalement maintenue (ATF 103 Ia 418/419 consid. 3)».

[36] MÜLLER Georg, Baupflicht, S. 173 m.H., sowie SCHÜRMANN (S. 37 m.H.), wonach «im Nutzungszwang als solchem [...] keine Verletzung des Wesenskerns der Eigentumsgarantie» liegt.

[37] Vgl. die Gliederungstitel vor Art. 42 BauG/AI, Art. 61 EG/AR zum RPG und § 60ter E PBG/TG i.d.F. der Vorberatenden Kommission sowie das Marginale zu § 72 BauG/NW (Gesetz vom 24. April 1988 über die Raumplanung und das öffentliche Baurecht, Baugesetz, NG 611.1).

[38] Vgl. Art. 42 Abs. 1 BauG/AI («Unüberbautes [...] eingezontes Land»); Art. 61 Abs. 1 EG/AR zum RPG («Nichtbauland, das nach Inkrafttreten dieses Gesetzes im Rahmen einer Zonenplanrevision in die Wohnzone aufgenommen wird»); desgl. wohl auch - wenngleich nicht ausdrücklich - Art. 87 LCAT/NE.

[39] Art. 9 Abs. 1 WEG, Art. 45 Abs. 1 BUD/BE, § 20 Abs. 1 BMG/BS, Art. 37 al. 1er DRF/JU.

[40] Vgl. Art. 8 Abs. 1 WEG, Art. 119 Abs. 1 BauG/BE und Art. 6 BUD/BE, § 3 und § 15 BMG/BS (dazu allg. HÜBNER, S. 88 ff.). Die Baulandumlegung nach jurassischem Recht erfasst überbaute Grundstücke ebenso wie unüberbaute (Art. 1er DRF/JU); die Baupflicht (Art. 37 al. 1er DRF/JU) ist sogar ausschliesslich für Grundstücke vorgesehen, die einer Sanierung zugeführt werden sollen, wofür dem Gemeinwesen das Enteignungsrecht zusteht (Art. 100 al. 1er LCAT/JU).

dürften Auflagen betreffend unmittelbare Baupflichten bereits überbaute Grundstücke nur unter besonderen Voraussetzungen erfassen.

Die Besitzstandsgarantie als Bestandeswahrung räumt dem Grundeigentümer das Recht ein, rechtmässig erstellte Bauten in ihrem Zustand zu belassen, selbst wenn sie aufgrund von Rechtsänderungen widerrechtlich geworden sind. Eine Verpflichtung zur Vornahme baulicher Massnahmen besteht lediglich im Rahmen der Unterhalts- und Anpassungspflichten und soweit sie durch die umweltschutzrechtliche Sanierungspflicht geboten sind. Diese Verpflichtungen zur Durchführung baulicher Massnahmen sind darauf gerichtet, Gefährdungen qualifizierter öffentlicher Interessen (namentlich der Polizeigüter der öffentlichen Gesundheit und Sicherheit)[41] abzuwenden. Die dazu erforderlichen Massnahmen sind entweder im Einzelfall bedarfsgerecht festzulegen[42] oder ergeben sich sowohl im Grundsatz als auch dem Umfange nach aus der einschlägigen Gesetzgebung[43].

Derweise qualifizierte öffentliche Interessen der Gefahrenabwehr im weiteren Sinne lassen sich für die "lediglich" siedlungsplanerisch zu begründenden Weiterbaupflichten wohl regelmässig nicht beibringen. Eine Ausdehnung der Anpassungspflicht - ohne dass von der Eigentümerschaft her ohnehin bauliche Massnahmen ins Auge gefasst werden - auf quantitative Bauvorschriften und raumplanerische Festlegungen läuft bei detailliert quantifizierten Vorgaben Gefahr, als unverhältnismässige Massnahme vor der Eigentumsgarantie nicht standzuhalten, und dürfte bei nicht weiter quantifizierten Baupflichten an einer ausreichend bestimmten Differenz zwischen dem baulichen Bestand und der nunmehr zu verwirklichenden Nutzungsordnung und damit letztlich am Fehlen einer hinreichend klaren rechtlichen Grundlegung scheitern[44]. Eine detailliert quantifizierte unmittelbare Baupflicht[45], welche dem Grundeigentümer seine Entscheidbe-

---

[41] Eine darüber hinausgehende Regelung ist immerhin in den § 222 ff. PBG/ZH enthalten, welche eine gesetzliche Grundlage für eine auf Gemeinschaftsanlagen ausgerichtete unmittelbare Baupflicht bilden und deren Wortlaut eine Anwendung auf Sachverhalte des verdichtenden Bauens keineswegs ausschliesst (vgl. DIGGELMANN et al., Siedlungserneuerung, S. 142).

[42] Die Unterhalts- und die daraus abzuleitenden Anpassungspflichten betreffen jene Bauteile, von denen für Personen oder das Eigentum Dritter eine Gefährdung ausgeht (vgl. z.B. § 228 Abs. 1 PBG/ZH) oder die vermeidbare Einwirkungen verursachen (vgl. z.B. § 226 Abs. 1 PBG/ZH). Diese gesundheits- und sicherheitspolizeilich begründeten "Baupflichten" umfassen alle verhältnismässigen Vorkehrungen, die der Abwendung der Gefahr dienen.

[43] Vgl. Art. 16 ff. USG; sodann Art. 7 ff. LRV und Art. 13 ff. (und u.U. Art. 8) LSV sowie deren beider Anhänge.

[44] Die Baupflicht wäre diesfalls durch den Bestand der Baute zudem bereits erfüllt, so dass nichts Weiteres gefordert werden könnte.

[45] DIGGELMANN et al. (Siedlungserneuerung, S. 140) verstehen unter dem Begriff der «Weiterbaupflicht» eine besondere - nach der hier verwendeten Terminologie als quantifizierte bezeichnete - unmittelbare Baupflicht, «mittels derer der Eigentümer einer bereits bebauten Parzelle zur nachträglich vollständig bauordnungsgemässen Ausnützung seines Grundstücks gezwungen werden soll».

fugnisse im wesentlichen entzieht und einer zumindest teilweisen Aberkennung der Besitzstandsgarantie (im Sinne der Bestandeswahrung) gleichkommt[46], müsste als erhebliche Eigentumsbeschränkung unter dem Gesichtspunkt der Verhältnismässigkeit mit einer besonderen Interessenlage begründet werden können[47]. Schliesslich müssten die zusätzlichen baulichen Nutzungsmöglichkeiten, deren Ausschöpfung in einem öffentlichen Interesse liegt, einen gewissen Umfang aufweisen - ein Erfordernis, das sich über die Wirtschaftlichkeit von Massnahmen des verdichtenden Bauens für den verpflichteten Grundeigentümer letztlich wiederum auf die Verhältnismässigkeit der Baupflicht auswirkt[48].

Die Frage, ob die Erfüllung einer Weiterbaupflicht sinnvolle und lohnenswerte zusätzliche Nutzungsmöglichkeiten schafft, für welche auch eine entsprechende Nachfrage vorhanden ist, betrifft einen wesentlichen Gesichtspunkt des Erfordernisses der wirtschaftlichen Tragbarkeit[49] von Weiterbaupflichten. Diese hängt indessen nicht nur von quantitativen Nutzungskriterien ab, sondern bestimmt sich auch nach den für die fraglichen Massnahmen bereitzustellenden und zur Verfügung stehenden Mitteln. Die zeitliche Steuerung der Massnahmen des verdichtenden Bauens muss folglich die Investitionsplanung des Grundeigentümers berücksichtigen[50], welche sich nach Massgabe der Wahrnehmung öffentlicher Interessen gegebenenfalls auch durch finanzielle Unterstützung oder andere Förderungsmassnahmen seitens des Gemeinwesens beeinflussen liesse. Unter solchen Rahmenbedingungen erscheint eine quantifizierte unmittelbare Weiterbaupflicht nicht als rundweg ausgeschlossen, zumal da sie Massnahmen des verdichtenden Bauens, die schliesslich auch dem verpflichteten Grundeigen-

---

[46] Vgl. DIGGELMANN et al., Siedlungserneuerung, S. 141.

[47] Dabei wäre etwa besonders zu gewichten, ob die Weiterbaupflicht zur Erstellung selbständiger Nutzungseinheiten (Wohnungen, Gewerberäume) führt. Ist dies nicht der Fall, so kann dies die Verhältnismässigkeit einer Baupflicht belasten. Auch das öffentliche Interesse verliert an Gewicht, wenn es sich auf das abstrakte siedlungsplanerische Interesse an der Planverwirklichung reduziert und z.B. das sozialpolitisch motivierte Interesse an der Schaffung von Wohnungen (etwa durch an deren Stelle vorgenommene Luxusrenovierungen und Wohnungsvergrösserungen) schlimmstenfalls sogar behindert wird.

[48] Die Verhältnismässigkeit einer unter diesem Gesichtspunkt ansonsten eher zweifelhaften eigentumsbeschränkenden Massnahme ist eher zu bejahen, wenn Aufwand und Ertragsmöglichkeiten für den Betroffenen in einem wirtschaftlich vernünftigen Verhältnis stehen.

[49] Die wirtschaftliche Tragbarkeit bildet schon im Rahmen geltender Gesetzgebung eine Voraussetzung für (und damit eine Begrenzung von) Massnahmen, die in einem erweiterten Sinne auch als Baupflichten verstanden werden können (Massnahmen der Emissionsbegrenzung nach dem umweltschutzrechtlichen Vorsorgeprinzip [Art. 11 Abs. 2 i.f. USG]).

[50] In Analogie zu den etwa in § 72 Abs. 2 Ziff. 1 BauV/NW, Art. 42 Abs. 2 BauG/AI, § 60ter Abs. 3 lit. a und b E PBG/TG i.d.F. der Vorberatenden Kommission oder Art. 87 al. 2 LCAT/NE aufgeführten Ausnahmegründen sind auch gegen Weiterbaupflichten überwiegende private Interessen der Grundeigentümer denkbar, die einen (zumindest vorläufigen) Verzicht auf eine weitere Überbauung bzw. eine bauliche Verdichtung zu rechtfertigen vermögen. - Für die Investitionsplanung besonders gewichtig sind die umweltschutzrechtlich gebotenen Sanierungen, die innert Frist durchzuführen sind und die Verfügbarkeit der Mittel für bauliche Verdichtungen wesentlich beeinflussen (vgl. DIGGELMANN et al., Siedlungserneuerung, S. 141).

tümer zustatten kommen, zu initiieren vermag, und dies selbst wenn der Grundeigentümer die zusätzlichen baulichen Nutzungsmöglichkeiten von sich aus nicht wahrnimmt und auch keine umweltschutzrechtlichen Sanierungsmassnahmen anstehen, mit denen eine bauliche Nachverdichtung zu verbinden wäre.

2. Die mittelbare Baupflicht

Mittelbare Baupflichten, welche bauliche Massnahmen zwar nicht zu initiieren vermögen, bei feststehendem Nutzungsentscheid jedoch eine Unternutzung verhindern, sind in verschiedenen Arten von Bauvorschriften enthalten, von denen die einen vorab auf Neubausituationen zugeschnitten sind (A.) und bei einer Anwendung im Hinblick auf Massnahmen des verdichtenden Bauens aufgrund der Besitzstandsgarantie eine besondere Ausgestaltung erfahren (B.), während andere dagegen ausschliesslich in bereits weitgehend überbauter Umgebung zur Anwendung kommen (C.).

A) *Aus neubauorientierten Bauvorschriften und Festlegungen hervorgehende mittelbare Baupflichten*

Als mittelbare Baupflichten wirken Mindestnutzungsvorschriften (a.), Vorschriften über bestimmte Nutzungsanteile (b.), sodann gewisse sondernutzungsplanerische Festlegungen (c.) und schliesslich Vorschriften über die Erstellung von Nebeneinrichtungen (d.). Die Einhaltung der Vorschriften und Festlegungen wird im Rahmen des Baubewilligungsverfahrens überprüft und bildet somit Voraussetzung für die Bewilligungserteilung: das zu bewilligende Bauvorhaben muss sich demnach innerhalb eines durch das Höchst- und das Mindestzulässige begrenzten Rahmens halten, woraus im Ergebnis eine mittelbare Baupflicht folgt.

a) *Mindestnutzungsvorschriften*

Die nutzungsmässige Effizienz von Überbauungen wird durch Mindestnutzungsvorschriften[51] gewährleistet, indem Bauvorhaben nur zugelassen werden, wenn sie ein bestimmtes bauliches Nutzungsmass vorsehen[52]. Die Mindestnut-

---

[51] Vgl. insbes. die Mindestnutzungsvorschriften gemäss § 49 Abs. 2 lit. a i.f. PBG/ZH, § 36 Abs. 2 Ziff. 1 PBG/LU, § 35 Abs. 3 und § 37 Abs. 2 KBV/SO gestützt auf § 29 Abs. 2 PBG/SO; für das bernische Recht vgl. ZAUGG, Kommentar Art. 88/89 BauG/BE, N. 3 und N. 15, sowie Ziff. 9.1, 9.2 und 9.3 MBR/BE.

[52] Ähnliche Wirkungen können sodann aus Bestimmungen über die Bauweise hervorgehen, welche die geschlossene Bauweise oder eine bestimmte Zwischenform vorschreiben. Gleiches gilt im übrigen auch für Zonentypen, die (wie z.B. «zone d'habitations collectives» [vgl. MATILE et al., Kommentar Art. 48 LATC/VD, N. 1.6]) eine bestimmte Überbauungsart festlegen und andere, - d.h. möglicherweise auch weniger intensive - bauliche Nutzungen untersagen, sowie für betragsmässig (und somit als Koeffizienten wie die Mindestnutzungsziffern) festgesetzte Mindestüberbauungsflächen («surfaces bâties minimales» [MARTI, S. 154]). - Vgl. WOLF/KULL, N. 146, sowie EJPD (Hrsg.), Bausteine, S. 189, wo sogar eine bundesrechtliche Regelung in Betracht gezogen und dabei als gesetzestechnisch anspruchsvolle Massnahme bezeichnet wird.

zung kann dabei zonen- oder gebietsweise umfangmässig bestimmt[53] oder als zu realisierender Anteil an der auf einem bestimmten Grundstück zulässigen und angesichts der Gegebenheiten (wie Grösse, Form, Lage, Baubereich usw.) überhaupt möglichen baulichen Nutzung.

Nicht nur bezüglich des Umfangs der durch Mindestnutzungsvorschriften begründeten mittelbaren Baupflicht, sondern auch hinsichtlich deren Erfüllung kann besonderen Umständen des Einzelfalls Rechnung getragen werden, indem den Bauwilligen die Etappierung der Überbauung (d.h. die zunächst bloss teilweise Erfüllung der mittelbaren Baupflicht) zugestanden wird, sofern die Überbauung so ausgestaltet wird, dass die verbleibende Bauverpflichtung anlässlich einer späteren Überbauungsetappe ohne weiteres erfüllt[54] oder mittels Nutzungsübertragung[55] in siedlungsplanerisch sinnvoller Weise einer anderen Überbauung zur Verfügung gestellt werden kann. Die Anordnungen betreffend noch nicht ausgeschöpfte Nutzungsmöglichkeiten (bzw. teilweise nicht erfüllter Bauverpflichtungen) sind zur Sicherstellung ihrer späteren Durchsetzung als einzeln vollstreckbare Auflagen in die Baubewilligungen oder in verwaltungsrechtliche Verträge aufzunehmen. Als im Hinblick auf die haushälterische Nutzung des Bodens[56] geeignete Massnahme[57] erweist sich der Erlass von Mindestnutzungsvorschriften namentlich dann, wenn vor einer allfälligen Erweiterung der Bauzone die Überbauung der in ihrer Ausschöpfung aufgeschobenen

---

Vgl. auch den Auftrag an die Kantone, eine Mindestausnützung vorzusehen, wie er in Art. 15 Abs. 3 lit. b E ExpK RPG vorgeschlagen wird.

[53] Dies erfolgt zweckmässigerweise dort, wo es um die Überbauung grösserer noch unüberbauter Gebiete geht (vgl. WOLF/KULL, N. 147, WÜRMLI et al., S. 83). Vgl. z.B. § 72 BauV/NW, der für unüberbautes Land im Ausmass von über 3000m² eine (zudem unmittelbare) Baupflicht für 60% der zonenplangemässen Nutzungsmöglichkeiten festsetzt.

[54] Vgl. WOLF/KULL, N. 145, und ZAUGG, Kommentar Art. 88/89 BauG/BE, N. 3b und N. 15. Zu diesem Zweck wären Auflagen bzgl. der Plazierung der Bauten auf den Grundstücken denkbar, so dass spätere Anbauten, Verbindungs- oder Ergänzungsbauten nicht vereitelt werden.

[55] Vgl. supra § 7 III. 2. B. b.

[56] Zu diesem Zweck kann es sich aufdrängen, auch die Nutzungsart näher zu bestimmen (z.B. durch ein vorgeschriebenes Raumprogramm oder durch die Zweckbestimmung der zu schaffenden Nutzungseinheiten als Familienwohnungen oder als Gewerberäumlichkeiten, vgl. z.B. § 49a Abs. 3 PBG/ZH, um zu verhindern, dass der zu erstellende Nutzraum in verschwenderischer Weise "konsumiert" wird. Der Eingriff in die Eigentumsgarantie fällt ansonsten möglicherweise nicht genügend wirksam aus, um als geeignete und im engeren Sinne verhältnismässige Massnahme von einem ausreichenden öffentlichen Interesse gedeckt zu sein.

[57] Das Erfordernis der Geeignetheit ist als Faktor des Grundsatzes der Verhältnismässigkeit eine Zulässigkeitsvoraussetzung für Eigentumsbeschränkungen, als welche die Mindestnutzungsvorschriften wohl zu bezeichnen sind, obschon die Grundeigentümer durch die "Beschränkung" seiner Eigentümerbefugnisse (anders als bei den im eigentlichen Sinne nutzungsbeschränkenden Bauvorschriften) einen realen Gegenwert schaffen kann, was im übrigen für alle Baupflichten zutrifft.

Nutzungsreserven[58] innerhalb der betroffenen bestehenden Bauzone durchgesetzt werden kann.

b) Vorschriften betreffend Nutzungsanteile

Die Vorschriften, welche einen Anteil an der baulichen Nutzung (im Falle von Nutzungsziffern, soweit diese anzurechnen ist) bestimmten Nutzungsarten vorbehalten[59], bezwecken zunächst die Herbeiführung einer siedlungsplanerisch gegebenenfalls erwünschten Nutzungsdurchmischung[60] und/oder verfolgen sozialpolitische Anliegen, indem ertragsstärkere (und damit verdrängende) zugunsten ertragsschwächerer (und damit gefährdeter) Nutzungsarten zurückgebunden werden. Sie implizieren zudem insofern eine mittelbare Baupflicht, als die Ausschöpfung einer beabsichtigten (zumeist ertragsstärkeren) Nutzungsart nur zulässig ist, soweit die geförderte (und zumeist ertragsschwächere) Nutzungsart im verlangten Verhältnis zum gesamten Nutzungsmass realisiert wird[61]. Daraus ergibt sich - unter der Voraussetzung des grundsätzlichen Nutzungsentscheids - die Verpflichtung zur Erstellung bestimmten Nutzungsarten zuzuführender Geschossfläche[62] oder Baumasse[63] in einem festgesetzten Umfange; dabei handelt es sich gewissermassen um eine Mindestnutzungsvorschrift bezüglich der geförderten Nutzungsart im Verhältnis[64] zum gesamten Nutzungsmass, einschliesslich der vom Bauwilligen in erster Linie beabsichtigten Nutzungsart. Wird der Verpflichtung nicht entsprochen, so ist grundsätzlich auch auf die beabsichtigte Nutzungsart zu verzichten.

---

[58] Diese sind hier als Differenz der bisherigen Nutzung zur vorgeschriebenen Mindestnutzung oder gegebenenfalls zur höchstzulässigen Nutzung zu beziffern.

[59] Z.B. Wohn-, Erstwohnungs- oder Gewerbeanteile gestützt auf Bestimmungen wie § 49a Abs. 3 PBG/ZH, Art. 73 Abs. 1 BauG/BE, § 36 Abs. 2 Ziff. 25 und § 46 PBG/LU, § 22 Abs. 3 E RBG/BL, § 12 Abs. 2 Ziff. 3 PBG/TG. - Vgl. auch die vorgeschlagene Ermächtigungsnorm in Art. 15 Abs. 2 E ExpK RPG über Mindestanteile der Wohn- und Gewerbenutzung und Höchstanteile von Zweitwohnungen. - Vgl. weiter Ziff. 2 und Ziff. 3 lit. a VFP RPG.

[60] Vgl. auch etwa STRITTMATTER/GUGGER (S. 63 ff.), die anstelle der Differenzierung der Bauzone in verschiedene Bauzonentypen das gebietsweise Festlegen von Nutzungsanteilen für Wohnen, Arbeiten und Versorgen vorschlagen; vgl. auch MICHEL, S. 64 ff.

[61] Diese Wirkung geht einer Regelung ab, welche - wie die in BGE 112 Ia 65 ff. Bever GR untersuchte und kritisierte - lediglich den Anteil der nicht zu fördernden Nutzungsart beschränkt (vgl. z.B. auch § 36 Abs. 2 Ziff. 25 PBG/LU), damit den Verzicht auf die geförderte Nutzungsart aber nicht verhindert. Dies wiederum beeinflusst die Zweckmässigkeit (Geeignetheit) der Regelung mit Blick auf die Verhältnismässigkeit der damit verbundenen Eigentumsbeschränkung (vgl. BGE 112 Ia 68 f. E. 4 i.f. und 70 E. 5c Bever GR).

[62] Dabei ist i.d.R. von der anzurechnenden Geschossfläche auszugehen; vgl. indes z.B. Art. 27 BZO/Niederhasli ZH, wo die massgebliche Grundfläche mangels Nutzungsziffer eigens definiert werden muss, oder Ziff. 4.7.2 BZO/Wallisellen ZH, wonach (unter dem Regime der Baumassenziffer) auf die Gesamtnutzfläche (nach Ziff. 8.1) abzustellen ist.

[63] Vgl. z.B. Ziff. 212 und 226 BZO/Geroldswil ZH.

[64] Denkbar ist jedoch auch, dass durch die hier beschriebene Art mittelbarer Baupflicht ein bestimmter Mindestbetrag vorgeschrieben wird (vgl. z.B. Art. 62 Abs. 1 Gemeindebaugesetz von Segl/Sils i.E./GR vom 17./20. Februar 1989 in BGE 117 Ia 141 ff.).

Eine gewisse Milderung der eigentumsbeschränkenden Wirkung der mittelbaren Baupflicht aufgrund von Vorschriften betreffend Nutzungsanteile lässt sich durch die Übertragbarkeit der Nutzungsanteile erzielen, wie dies bezüglich des Nutzungsmasses durch die Nutzungsübertragung[65] erreicht wird. Es ginge hier allerdings nicht darum, für die massgebliche Grundfläche auch ungenutzte Teile (mit deren baulichen Nutzungsmöglichkeiten) anderer Grundstücke beizuziehen, sondern um eine eigentliche Verlagerung der geforderten Nutzungsart auf ein anderes Grundstück[66], auf welchem die vorgeschriebene Nutzungsart im ursprünglich auf dem Ausgangsgrundstück ("Spender"-Grundstück) vorgesehenen Umfange zusätzlich zu jenem auf dem Zielgrundstück ("Empfänger"-Grundstück) zu verwirklichen wäre[67]. Dies mildert die Wirkung der Nutzungsanteilsvorschrift auf dem Ausgangsgrundstück erheblich; für die bauliche Nutzung des Zielgrundstücks kann sich eine Nutzungsübertragung ebenfalls als durchaus sinnvoll erweisen, wenn z.b. erst das Zusammenfassen verschiedener Nutzungsanteile gleicher Nutzungsart deren effiziente bauliche Verwirklichung erlaubt[68]. Für die zulässige bauliche Nutzung auf dem Ausgangsgrundstück sind sodann unterschiedliche Regelungen denkbar, sei es, dass die mittelbare Baupflicht entfällt und der Bauwillige nur den Restanteil (in der beabsichtigten Nutzungsart) ausschöpfen muss oder darf, sei es, dass die mittelbare Baupflicht aufrechterhalten bleibt, jedoch von einer bestimmten Nutzungsart losgelöst wird[69].

c) Sondernutzungsplanerische Festlegungen

Die Sondernutzungspläne, welche die baurechtliche Grundordnung ergänzen oder abändern, stellen für den Bauwilligen in ihrem Beizugsgebiet regelmässig

---

[65] Vgl. supra § 7 III. 2. B. b.

[66] Dieses (in der Folge als "Zielgrundstück" bezeichnete) Grundstück müsste in der Umgebung des Ausgangsgrundstücks liegen, sollte der Normzweck der Nutzungsdurchmischung nicht vereitelt werden (vgl. dazu die Möglichkeit der Verlegung der Wohnanteilsfläche innerhalb des Gebäudes und des Strassengevierts [z.B. gemäss Art. 14 Abs. 2 und Art. 40 Abs. 2 BZO/Zürich oder Ziff. 3.4.2 und 4.7.3 BZO/Wallisellen ZH] bzw. auf angrenzende Grundstücke [z.B. gemäss Art. 13 Abs. 4 und Art. 14 Abs. 3 BZR/Luzern]; vgl. sodann die Ausführungen von RUF Jürg [in PBG aktuell Nr. 2/95, S. 31] zu einem BGE vom 20. Februar 1995 betreffend das Kriterium der «räumlichen Einheit» bei der Verlegung von Wohnflächenanteilen gemäss Art. 39e Abs. 5 BauO/Zürich).

[67] Da die Übertragung hier somit nicht die Nutzung in quantitativer, sondern in qualitativer Hinsicht betrifft, bedarf sie wie die Nutzungsübertragung über Zonengrenzen hinweg einer klaren gesetzlichen Grundlage (vgl. WOLF/KULL, N. 163 f.).

[68] Vgl. z.B. DIGGELMANN, Ergänzungsband ZH, S. 28.

[69] Bezüglich der Ausgestaltung der baulichen Nutzungsordnung auf dem Ausgangsgrundstück ist zu beachten, dass ein Verzicht auf die mittelbare Baupflicht dem Gebot der haushälterischen Nutzung des Bodens zuwiderlaufen kann, seine Beibehaltung unter anderer Nutzungsart indessen die Durchbrechung der angestrebten Nutzungsdurchmischung verschärft. Es dürften sich mithin gesetzliche Zwischenlösungen aufdrängen, die z.B. in einer umfangmässigen Beschränkung der Übertragbarkeit von Nutzungsanteilen bestehen könnten.

die verbindliche bauliche Nutzungsordnung dar[70]; ausnahmsweise Abweichungen vorbehalten[71], sind Bauvorhaben nur zu bewilligen, wenn sie den sondernutzungsplanerischen Festlegungen entsprechen. Nach Massgabe des Detaillierungsgrades dieser Festlegungen kann sich daraus eine mittelbare Baupflicht ergeben, indem z.B. eine gewisse Anzahl von Bauten vorgesehen ist, deren Abmessungen in Höchst- und Mindestwerten umschrieben sind und deren räumliche Anordnung[72] in den Grundzügen vorgegeben ist. Wohl muss der Sondernutzungsplan insgesamt einen gewissen Projektierungsspielraum offen halten[73], der jedoch nicht bei allen Festlegungen vorzuliegen braucht und somit als gewahrt gelten darf, solange eine Mehrzahl unterschiedlich ausgestalteter Bauvorhaben darin Platz finden kann. Den Sondernutzungsplänen dürfte dennoch in aller Regel eine bestimmte Vorstellung bezüglich der baulichen Dichte des Beizugsgebietes zugrunde liegen. Die "Untergrenze" des Projektierungsspielraums impliziert sodann ein Mindestnutzungsmass; ein Bauvorhaben, welches dieses unterschreitet, entspricht nicht dem Sondernutzungsplan und ist demzufolge grundsätzlich nicht bewilligungsfähig. Indem somit nur Vorhaben zu bewilligen sind, die ein gewisses Nutzungsmass erreichen, kommt diese Regelung einer mittelbaren Baupflicht gleich.- [74]

d) Vorschriften betreffend Nebeneinrichtungen

Die Erstellungspflicht betreffend Nebeneinrichtungen wie Fahrzeug-Abstellplätze[75], Freizeit- und Spielflächen usw.[76] ist insofern als mittelbare Baupflicht ausgestaltet, als die entsprechenden Anlagen im Zusammenhang mit der Vornahme anderer baulicher Massnahmen zu schaffen sind. Da die Nebeneinrichtungen einer Hauptbaute dienen, erfolgt ihre Dimensionierung und die Festle-

---

[70] Ausnahme bilden etwa die Sonderbauvorschriften des zürcherischen Rechts (vgl. § 81 Abs. 1 PBG/ZH), die eine alternative bauliche Nutzungsordnung zur Verfügung stellen (vgl. supra § 6 II. 3. A.).

[71] Vgl. supra § 6 II. 4.

[72] In diesem Zusammenhang sind auch die Vorschriften über die Bauweise zu erwähnen (vgl. supra § 8 I. 3. A. und II. 1.). Im weitesten Sinne bauverpflichtende Wirkungen sind bei vorgeschriebener geschlossener Bauweise sowie bei gewissen Zwischenformen anzunehmen, wenngleich die vorgeschriebene Mindestnutzung dabei zunächst nur an ein Überbauungsmerkmal geknüpft wird (und m.a.W. durch die Ausgestaltung der übrigen Überbauungsmerkmale u.U. vereitelt werden kann).

[73] Vgl. supra § 6 II. 3. B.

[74] Im Rahmen der Überbauungsordnung nach bernischem Recht können darüberhinaus unmittelbare Baupflichten zur Wiederherstellung von Bauten und Anlagen im Sinne von deren Rückversetzung in einen hinsichtlich des Siedlungsbild- und Landschaftsschutzes wertvolleren Zustand vorgeschrieben werden (vgl. ZAUGG, Kommentar Art. 88/89 BauG/BE, N. 17).

[75] Vgl. supra § 9 III. 2.

[76] Vgl. dazu etwa § 248 PBG/ZH, Art. 15 BauG/BE und Art. 42 - 48 BauV/BE, § 158 f. PBG/LU, § 148 PBG/SO und § 41 KBV/SO, § 54 BauG/AG, § 70 f. PBG/TG oder Art. 47 lit. f LATC/VD (Freizeit- und Spielflächen) sowie § 249 PBG/ZH und § 38 BBV I/ZH, § 43 KBV/SO oder § 74 PBG/TG (Kehrichtplätze).

gung ihrer Leistungsfähigkeit in Funktion von Art und Mass der Nutzung der Hauptbaute. Während die mittelbare Baupflicht gestützt auf die Nutzung der Hauptbaute regelmässig lediglich in ihrem Mindestumfang vorgegeben ist, kann sich bei den Fahrzeug-Abstellplätzen aus einer gesetzlichen Beschränkung ihrer Anzahl[77] oder aufgrund besonderer tatsächlicher Verhältnisse etwa in Verbindung mit umweltschutzrechtlichen Vorschriften auch umgekehrt eine Einschränkung der zulässigen Nutzung der Hauptbaute ergeben, indem deren Dimensionierung bescheidener und/oder deren Nutzungsart weniger betriebsam auszufallen haben. Die mittelbare Baupflicht für Nebeneinrichtungen kann sich bezüglich der Hauptbaute demnach auch als nutzungsmindernd auswirken, es sei denn, das gegenseitige Abhängigkeitsverhältnis von Hauptbauten und Nebeneinrichtungen werde gelockert oder teilweise durchbrochen.

B) Die Wirkung der Besitzstandsgarantie auf die aus neubauorientierten Bauvorschriften und Festlegungen hervorgehenden mittelbaren Baupflichten

Die mittelbaren Baupflichten kommen grundsätzlich dort zum Tragen, wo es um die Erstellung von Neubauten geht, es ist indes denkbar (und z.T. auch gesetzlich vorgesehen[78]), dass sie auch anlässlich der Vornahme baulicher Änderungen an bestehenden Bauten ausgelöst werden[79]. Soweit Geltung und Umfang der mittelbaren Baupflicht bei Massnahmen des verdichtenden Bauens nicht Gegenstand eigener gesetzlicher Regelung bilden, ist für die Anwendung der Baupflicht-Vorschriften die Besitzstandsgarantie von entscheidender Bedeutung[80].

Die Einhaltung mittelbarer Baupflichten ist ohne weiteres zu verlangen, sofern der für die Auslösung einer Baupflicht massgebliche Nutzungsentscheid eine Änderung betrifft, die nach Art und Ausmass einer neubauähnlichen Umgestaltung[81] von Bestehendem gleichkommt. Die Baute (als Ergebnis aller baulichen Massnahmen) weist diesfalls nicht mehr genügend Bestehendes auf, als dass der Bauwillige die Anpassung an die Bauvorschriften abwenden (und damit die Behebung der Rechtswidrigkeit aufschieben) könnte; umso weniger ist er somit von

---

[77] Vgl. supra § 9 III. 2. A. b.
[78] Vgl. supra § 12 I. 3. A. b. bb.
[79] Vgl. DIGGELMANN et al. (Siedlungserneuerung, S. 140): «[I]m Rahmen ohnehin vorzunehmender Sanierungsarbeiten an bestehenden Gebäuden [stellt sich] die Frage, ob nicht gleichzeitig gewisse Anpassungen in ausnützungsmässiger und/oder funktionaler Hinsicht vorgenommen werden sollten [...]. Werden aber solche Chancen nicht wahrgenommen, bleiben sie im Falle nachhaltig werterhaltender Sanierungen u.U. für Jahrzehnte vertan».
[80] Vgl. DIGGELMANN, Ergänzungsband ZH, S. 16 und S. 24. - Anders als in § 13 (supra), wo die Frage im Vordergrund steht, welche Massnahmen des verdichtenden Bauens an rechtswidrig gewordenen Bauten in Anwendung der Besitzstandsgarantie als Bestandesprivilegierung (und mithin ohne Behebung der Rechtswidrigkeit) vorgenommen werden dürfen, ist hier danach zu fragen, ob die Besitzstandsgarantie als Bestandeswahrung bei der Vornahme baulicher Änderungen einer mittelbaren Baupflicht entgegengehalten werden kann.
[81] Für den Begriff vgl. supra § 13 II. 1. insbes. B.

Baupflichten zu befreien, welche als bedingte Handlungsanweisungen gewissermassen eine im Verhältnis zu den allgemeinen Bauvorschriften qualifizierte Anpassung verlangen.

Bleiben die baulichen Änderungen hinter einer neubauähnlichen Umgestaltung zurück, d.h. liegen sie im Anwendungsbereich der Besitzstandsgarantie, so ist dieser das Interesse an der Verwirklichung der Baupflicht gegenüberzustellen. Zu was für einem Ergebnis diese Gegenüberstellung in concreto führt, lässt sich nur unter Berücksichtigung aller Umstände des Einzelfalls beurteilen; gewisse Hinweise lassen sich immerhin auch in allgemeiner Weise anbringen. So dürfte die mittelbare Baupflicht desto eher zum Zuge kommen, je enger der Sachzusammenhang zwischen der beabsichtigten baulichen Änderung und dem Gegenstand der Baupflicht ausfällt[82]. Ferner ist das Verhältnis der Änderung zu dem, was bestehen bleibt, auch bei baulichen Massnahmen unterhalb der Schwelle neubauähnlicher Umgestaltung von Bedeutung: die Besitzstandsgarantie kann danach desto weniger angerufen werden, je umfangreicher die vorgesehenen baulichen Änderungen ausfallen sollen. Die Auslösung der mittelbaren Baupflicht darf jedoch auch nicht übermässig erneuerungshemmend wirken; wie bei der (unmittelbaren) Weiterbaupflicht[83] ist folglich der Zweckmässigkeit und der Verhältnismässigkeit im Sinne technischer Machbarkeit und wirtschaftlicher Tragbarkeit angemessen Rechnung zu tragen[84]. Aus solchen Überlegungen heraus kann es sich auch einmal aufdrängen, die Begrenzung der baulichen Nutzung "nach oben" ausnahmsweise zu durchbrechen, wenn sich nutzungsmässig und

---

[82] Ist z.B. die Erweiterung einer bestehenden Baute durch einen Anbau beabsichtigt, so lässt es sich m.E. grundsätzlich rechtfertigen, gestützt auf eine mittelbare Baupflicht zu verlangen, dass die Anbaute so dimensioniert werde, dass eine allfällige Mindestnutzungsvorschrift eingehalten wird, es sei denn, dies wäre aus technischen, gestalterischen oder gebäudeorganisatorischen Gründen nicht sinnvoll. Besteht die beabsichtigte Änderung dagegen etwa in einer teilweisen Nutzungsänderung, mit welcher z.B. der Ausbau eines Untergeschosses einhergeht, so kann eine Anpassung an allfällige Mindestnutzungsvorschriften wohl nicht durchgesetzt werden, während die Anpassung an Vorschriften betreffend Nutzungsanteile durchaus in Frage käme.

[83] Vgl. supra 1. B.

[84] Es ist mitunter danach zu fragen, ob und inwieweit der einzelne Eigentümer angesichts der konkreten Verhältnisse auf seinem Grundstück überhaupt in der Lage ist, der Baupflicht nachzukommen, bzw. wieweit er auf die Mitwirkung anderer Grundeigentümer angewiesen wäre und wie es sich mit der Zumutbarkeit dieser Koordination (v.a. hinsichtlich des Zeitpunkts koordinierter baulicher Massnahmen) verhält. Zu berücksichtigen sind sodann die Zusatzkosten, welche durch Massnahmen in Erfüllung der mittelbaren Baupflicht anfallen und nicht im Rahmen der beabsichtigten oder vorgeschriebenen baulichen Massnahmen sinnvollerweise ohnehin aufzuwenden wären. Die Zumutbarkeit einer mittelbaren Baupflicht wäre zudem eher zu bejahen, wenn die Anpassungsfristen für die vorgeschriebenen Massnahmen zur Disposition stünden und aufwendigere Unterhaltsarbeiten sowie Sanierungen zur Wahrung des Investitionspotentials des Eigentümers nötigenfalls auch gegen seinen Willen aufgeschoben werden könnten, was jedoch zu Konflikten mit bundesrechtlichen Vorschriften führen kann (vgl. dazu auch DIGGELMANN et al., Siedlungserneuerung, S. 141).

letztlich siedlungsplanerisch sinnvolle Erweiterungen[85] anderswie nicht durchführen liessen oder der Aufwand nur auf diese Weise in ein vernünftiges Verhältnis zum Nutzen gesetzt werden kann. Ganz allgemein kann gestützt auf die Besitzstandsgarantie desto eher vom Umfang der mittelbaren Baupflicht Abstand genommen werden, je weniger diese auf die Gegebenheiten des Einzelfalls ausgerichtet ist[86].

C) *Aus zonenspezifischen Bauvorschriften und Festlegungen für überbautes Gebiet hervorgehende mittelbare Baupflichten*

Solche mittelbare Baupflichten ergeben sich aus bestimmten Vorschriften der baulichen Nutzungsordnung von Erhaltungszonen[87]. Um die Zielvorstellungen zu erreichen, welche entsprechenden Zonenzuweisungen zugrunde liegen und regelmässig auch den Gesichtspunkt der baulichen Dichte betreffen dürften, kommen mitunter zonenspezifische Bauvorschriften zum Einsatz, die - zumal da sie nicht als blosse Zulässigkeitsvorschriften ausgestaltet sind - mittelbar bauverpflichtende Wirkung entfalten[88] oder z.T. sogar als unmittelbare Baupflichten zu qualifizieren sind[89]. In ihrem Detaillierungsgrad entsprechen solche Festlegungen in etwa jenen, wie sie in Sondernutzungsplänen[90] enthalten sind; oft bewirken sie eine Höchst- und eine Mindestbegrenzung der baulichen Nutzung, nicht selten bilden die Festlegungen sogar zugleich sowohl Höchst- als auch Mindestnutzungsbeschränkungen[91]. Inwieweit die betreffenden Festlegungen nicht nur bei der Erstellung von Ersatzneubauten oder Ergänzungsbauten, sondern auch bei Massnahmen des verdichtenden Bauens zu beachten sind oder

---

[85] Z.B. durch Aufstockung um ein Geschoss, das sich auf den gesamten Gebäudegrundriss erstreckt, statt nur auf einen Teil davon; durch Anbaute, die als selbständige Nutzungseinheit verwendet werden kann, oder durch Nutzungsänderungen, die alle Räume erfassen, welche durch eine bestimmte Einrichtung (z.B. Warenlift) vertikal erschlossen werden.

[86] Die Berücksichtigung besonderer besitzstandsbegründender Verhältnisse ist demnach bei verallgemeinernden Vorschriften wie z.B. den Mindestnutzungsvorschriften eher angebracht als bei solchen, die - wie etwa die sondernutzungsplanerischen Festlegungen - z.T. eigens im Hinblick auf Besonderheiten bei der planerischen und gestalterischen Bewältigung bestimmter Bauaufgaben eingesetzt werden.

[87] Vgl. supra § 11 II. 2. sowie - was die dazugehörigen zonenspezifischen Bauvorschriften anlangt - § 12 II. 1.

[88] Vgl. z.B. die Profilerhaltungs- und Profilangleichungslinien gemäss Art. 28 f. BZO/Zürich, welche zur Gewährleistung einer bestimmten, dem Gebietscharakter angepassten baulichen Dichte bei Ersatzneubauten oder Umbauten vorschreiben, «den Kubus und das wesentliche äussere Erscheinungsbild der bestehenden Gebäude zu übernehmen» bzw. Gebäude oder Gebäudeteile «an der Struktur, der kubischen Erscheinung und der Traufhöhe der massgebenden Nachbargebäude zu orientieren».

[89] Vgl. z.B. die in Art. 46 Abs. 1 Satz 2 BZO/Zürich enthaltene Möglichkeit, zur Erhaltung der Quartier-, Strassen- und Platzbilder Ersatzbauten vorzuschreiben.

[90] Vgl. supra A. c.

[91] Häufig wird etwa für Ersatzbauten vorgeschrieben, dass Lage, Grundfläche oder Gebäudeprofil der Altbaute massgebend sind (vgl. RB 1994 Nr. 85 E. b).

m.a.W. ob der Umfang baulicher Massnahmen auch bei blosser Änderung bestehender Bauten an entsprechende Festlegungen anzupassen ist[92], muss dabei - sofern es sich nicht schon aus der Vorschrift selber ergibt - unter besonderer Berücksichtigung jenes gewichtigen öffentlichen Interesses beurteilt werden, welches die Ausscheidung von Erhaltungszonen und den Erlass zonenspezifischer Bauvorschriften bedingt hat.

3. Die Verknüpfung der Baupflichten mit der baulichen Nutzungsordnung

Die Verknüpfung mit der baulichen Nutzungsordnung muss für die unmittelbaren (A.) auf weitgehend andere Weise erfolgen als für die mittelbaren Baupflichten (B.), obgleich die Vorgehensweisen bezüglich der unmittelbaren Baupflichten z.T. sinngemäss auch auf die mittelbaren angewendet werden können.

A) Die unmittelbaren Baupflichten

Die unmittelbaren Baupflichten werden unabhängig von einer allfälligen Nutzungsentscheidung des Grundeigentümers wirksam. Sie werden durch Massnahmen der Zonenplanung[93] oder durch Parzellarordnungsmassnahmen[94] ausgelöst; in beiden Fällen geht der Handlungsanweisung an den betroffenen Grundeigentümer somit eine "Vorleistung" seitens des Gemeinwesens voran, die sowohl die Verwendbarkeit des Grundstücks an sich verbessert, als auch dessen Verkehrswert erhöht. Die Verpflichtung zum Bauen bzw. zur Abgabe des Grundstücks zu Bauzwecken kann danach als Forderung nach einer zweckgemässen "Gegenleistung" verstanden werden, deren Erfüllung sich letztlich immerhin auch zum Nutzen des verpflichteten Grundeigentümers auswirkt.

Die Betrachtungsweise der unmittelbaren Baupflicht als Leistungs- und Interessenaustausch lässt sie insbesondere als für vertragliche Vereinbarungen geeignet erscheinen, wobei sich der Vertragsinhalt durchaus auch auf weitere die Überbauung betreffende Festlegungen erstrecken kann. Wird die Baupflicht auf diese Weise als vertragliche Verpflichtung ausgestaltet, so verschiebt sich aufgrund des Einvernehmens der Beteiligten (namentlich durch das Einverständnis des Verpflichteten) auch der Massstab für das, was mit Blick auf den Grundsatz

---

[92] Die dadurch bewirkte Einschränkung der Besitzstandsgarantie lässt sich damit rechtfertigen, dass die Vorschriften und Festlegungen betreffend die Erhaltungszonen an sich schon auf das Bauen in weitgehend überbauter Umgebung zugeschnitten sind (und den allgemeinen Bestimmungen über die Besitzstandsgarantie somit als leges speciales vorgehen), wobei eine nochmalige Anpassung zugunsten des verdichtenden Bauens nur noch ausnahmsweise angehen könnte.

[93] Vgl. z.B. Art. 61 Abs. 1 und 3 EG/AR zum RPG (Einzonung) oder Art. 42 Abs. 1 BauG/AI («eingezontes Land»). - Grundsätzlich liessen sich unmittelbare Baupflichten auch an Aufzonungen (und dies sowohl in unüberbauten als auch in überbauten Gebieten) anknüpfen.

[94] Vgl. z.B. Art. 9 WEG, Art. 45 BUD/BE, § 20 BMG/BS oder Art. 37 DRF/JU.

der Verhältnismässigkeit des Verwaltungshandelns zur Durchsetzung der Baupflicht als zulässig gelten kann[95].

Auch soweit sich unmittelbare Baupflichten aus Enteignungsandrohungen ableiten[96], bietet sich konsensuales Verwaltungshandeln aus verschiedenen Überlegungen geradezu an. Zum einen ist der Zeitpunkt, zu dem die Voraussetzungen für eine Enteignung zur Verwirklichung der Nutzungsplanung[97] als gegeben gelten können, schwierig zu bestimmen. Das einseitige Verwaltungshandeln kann in solch schwer zu beurteilenden Situationen, da die Sachlage von zahlreichen Faktoren beeinflusst wird und sich auch kurzfristig ändern kann, leicht als unverhältnismässig ausser Betracht fallen, zumal da sich bezüglich ins Auge zu fassender Massnahmen sowohl die Notwendigkeit als auch die Geeignetheit und die Verhältnismässigkeit im engeren Sinne zumeist unschwer in Frage stellen lassen. Ein weiterer Grund für konsensuale Formen des Verwaltungshandelns liegt zumindest bei den sozialpolitisch begründeten Baupflichten darin, dass mit der Enteignungsandrohung oftmals die Möglichkeit der Gewährung von Subventionen oder anderer finanzieller Erleichterungen gekoppelt ist. Das konsensuale Vorgehen entspricht dem Austauschcharakter solcher Festlegungen, erleichtert die koordinierte Rechtsanwendung und ermöglicht dem Gemeinwesen, sich Leistungen versprechen zu lassen, die im Rahmen einseitigen Verwaltungshandelns nicht im gleichen Umfange verlangt werden könnten. Die Relativierung der Baupflicht, welche mit dem konsensualen Verwaltungshandeln einhergehen mag, darf angesichts der Unwägbarkeiten bei der einseitigen Durchsetzung der unmittelbaren Baupflicht wohl nicht allzu stark gewichtet werden.

B) Die mittelbaren Baupflichten

Die mittelbaren Baupflichten bedürfen als besondere Erscheinungsform der baubeschränkenden Vorschriften keiner eigentlichen Verknüpfung mit der baulichen Nutzungsordnung. In ihrem gesetzlich oder planerisch zu bestimmenden Geltungsbereich sind die mittelbaren Baupflichten im Rahmen des Baubewilligungsverfahrens wie die anderen raumplanungs- und baurechtlichen Festlegungen und Vorschriften zur Anwendung zu bringen, indem die zu bewilligenden Bauvorhaben daraufhin überprüft werden, ob sie mit den einschlägigen Vor-

---

[95] Vgl. sogleich infra III. - Die Folgen der Nicht- oder Schlechterfüllung des verwaltungsrechtlichen Vertrages werden zugunsten von Klarheit und Voraussehbarkeit der Rechtslage wohl dennoch mit Vorteil im Vertrag selber festgelegt.

[96] Vgl. z.B. Art. 45 Abs. 1 BUD/BE i.V.m. Art. 128 Abs. 1 lit. d BauG/BE, Art. 138 al. 2 LATeC/FR, Art. 87 al. 1er LCAT/NE oder Art. 100 al. 2 LCAT/JU.

[97] Vgl. z.B. Art. 138 al. 2 LATeC/FR («en cas de pénurie de terrains»), Art. 87 al. 1er LCAT/NE («lorsque l'offre des terrains équipés est insuffisante») oder Art. 100 al. 2 LCAT/JU («nécessité de maintenir et de construire des logements à loyers modérés»).

schriften (worunter auch allfällige Vorschriften betreffend mittelbare Baupflichten) übereinstimmen.

III. Die Vollstreckung der Baupflicht

Die Baupflicht stellt schon an sich eine Massnahme der Durchsetzung (im Sinne der angeordneten Verwirklichung bzw. der Vollziehung) dar, und zwar bezüglich der in Plänen und Bauvorschriften enthaltenen baulichen Nutzungsordnung[98]. Führt die Handlungsanweisung als solche[99] im Einzelfall nicht zur Erfüllung der auferlegten Verpflichtung, so stellt sich die Frage nach deren Durchsetzung auch gegen den Willen des betroffenen Grundeigentümers. Die in diesem Sinne zu verstehende Vollstreckung raumplanungs- und baurechtlicher Verpflichtungen als deren Durchsetzung zweiter Stufe wirft bezüglich der unmittelbaren (1.) ungleich heiklere Fragen auf als bezüglich der mittelbaren Baupflicht (2.). Schon die Frage, zu welchem Zeitpunkt zur Vollstreckung zu schreiten ist, lässt bei der unmittelbaren Baupflicht, wo die Initiierung vom Gemeinwesen ausgehen muss, schwierige Abgrenzungsfragen aufkommen, während bei der mittelbaren Baupflicht das durch den Bauwilligen in Gang gesetzte Baubewilligungsverfahren die Durchsetzung der Baupflicht zeitlich ohne weiteres festlegt.

Die zur Abwendung der Vollstreckung einer unmittelbaren Baupflicht verlangten Vorgänge können etwa im Einreichen eines Baugesuchs, in der Erteilung einer Baubewilligung, im Baubeginn[100] (wobei für jeden dieser Fälle die näheren Voraussetzungen festzulegen und Massnahmen zur Verhinderung von Missbräuchen vorzusehen sind) oder im Abschluss der im einzelnen massgeblichen Bauarbeiten[101] bestehen. Es sind ferner angemessene Fristen anzusetzen, binnen derer die Massnahmen zur Erfüllung der Baupflicht nach deren Auferlegung zu treffen sind[102].

---

[98] Die Nutzungsordnung wird in ihrer Geltungskraft insofern verstärkt, als sie nicht mehr bloss auf Initiative des Normadressaten (zumeist auf Baugesuch hin) zur Anwendung gelangt, sondern sowohl hinsichtlich des "Ob" als auch des "Wieviel" unabhängig von Handlungen und Absichten des Normadressaten zur Anwendung gebracht werden kann.

[99] Zur mehrschichtigen Bedeutung der Baupflicht vgl. MÜLLER Georg, Baupflicht, S. 180 f. (mit zahlreichen Hinweisen auch rechtspolitischer Natur). - Laut dem Bericht «Bausteine zur Bodenrechtspolitik» (EJPD [Hrsg.], S. 192) wäre der mutmassliche Hauptnutzen der Baupflicht «präventiver Natur» (desgl. etwa nach STRITTMATTER/GUGGER, S. 84).

[100] Vgl. z.B. Art. 45 Abs. 3 Satz 1 BUD/BE («unterbleibt die Überbauung»), § 20 Abs. 1 und insbes. Abs. 2 Satz 3 BMG/BS («falls mit der Überbauung nicht begonnen worden ist»), Art. 42 Abs. 1 BauG/AI («zu erschliessen sowie zu überbauen oder für Bauzwecke freizugeben») oder Art. 87 al. 1er LCAT/NE («ne construit pas»).

[101] Vgl. etwa Art. 61 Abs. 2 EG/AR zum RPG («gilt als überbaut, wenn [...] vollständig erschlossen») oder Art. 37 al. 1er DRF/JU («que la parcelle soit construite»).

[102] Vgl. Art. 45 Abs. 1 und 2 BUD/BE, § 20 Abs. 1 BMG/BS, Art. 42 Abs. 1 und insbes. Abs. 2 BauG/AI, Art. 61 Abs. 1 EG/AR zum RPG, § 60ter Abs. 1 und 2 E PBG/TG i.d.F. der Vorberatenden Kommission, Art. 87 al. 1er LCAT/NE sowie Art. 37 al. 1er et 2 DRF/JU.

1. Die Vollstreckung unmittelbarer Baupflichten

Die Massnahmen zur Vollstreckung unmittelbarer Baupflichten lassen sich unterteilen in solche, die eine tatsächliche Erfüllung der Baupflicht bewirken (A.), und solche, die dieses Ergebnis zumindest nicht unmittelbar herbeizuführen vermögen (B.). Dieser Unterschied in der "Zielstrebigkeit" der Durchsetzungsmassnahmen betrifft zunächst die tatsächliche Wirksamkeit unmittelbarer Baupflichten und beeinflusst sodann in entscheidender Weise auch die Zulässigkeit des Rechtsinstruments an sich: Ist eine Vollstreckung unter Einsatz im engeren Sinne verhältnismässiger Anordnungen nicht zu erreichen, so ist wohl an der Geeignetheit der konkret angeordneten Baupflicht zu zweifeln. Mit der Eigentumsgarantie zu vereinbaren sind die Vollstreckungsmassnahmen zudem nur insoweit, als die entsprechenden Regelungen ein Eingehen auf besondere Verhältnisse des Einzelfalls zulassen. Bei Vorliegen wichtiger Gründe (d.h. schutzwürdiger privater Interessen) müssen die Vollstreckungsmassnahmen unterbleiben[103] oder aufgeschoben werden[104], selbst wenn die Baupflicht dabei unerfüllt bleibt.

A) Die Ersatzvornahme

Die Ersatzvornahme ermöglicht die Durchsetzung der Baupflicht mit dem Ergebnis, dass die verlangte Überbauung, wenn auch nicht durch den eigentlich dazu Verpflichteten, sondern durch das Gemeinwesen bzw. einen von ihm mit der Aufgabe betrauten Dritten, so aber immerhin tatsächlich erstellt wird. Obgleich die verursachten Kosten schliesslich dem Baupflichtigen auferlegt werden[105], stellt die Ersatzvornahme für das Gemeinwesen eine aufwendige und riskante Vorgehensweise dar, zumal da zunächst die Mittel für die Überbauung aufzubringen sind und nicht von vornherein Gewissheit besteht, dass die dem baupflichtigen Grundeigentümer zu aufzuerlegenden Kosten auch eingebracht werden können. Dieses Risiko der Uneinbringbarkeit lässt sich selbst dann nicht vollumfänglich beseitigen, wenn zur Bestreitung der Kosten mittels Enteignung

---

[103] Vgl. z.B. Art. 42 Abs. 2 BauG/AI, Art. 87 al. 2 LCAT/NE oder § 72 Abs. 2 Ziff. 1 BauV/NW. - Wo entsprechende wichtige Gründe nicht ausdrücklich aufgeführt werden, sind sie im konkreten Einzelfalle den öffentlichen Interessen (so z.B. den in Art. 138 LATeC/FR oder in Art. 100 LCAT/JU erwähnten) gegenüberzustellen, die zur Rechtfertigung der Vollstreckungsmassnahmen geltend gemacht werden (vgl. MÜLLER Georg, Baupflicht, S. 175).

[104] Vgl. die Möglichkeiten der Fristerstreckung (Art. 42 Abs. 1 Satz 3 BauG/AI, Art. 61 Abs. 1 Satz 2 EG/AR zum RPG), insbes. bei ausgewiesenem Eigenbedarf oder bei allgemein wirtschaftlich bedingtem Rückgang der Nachfrage nach Bauland (vgl. Art. 42 Abs. 2 BauG/AI oder § 60ter Abs. 3 lit. a und b E PBG/TG i.d.F. der Vorberatenden Kommission).

[105] Eine solch massive finanzielle Belastung des Baupflichtigen geht wesentlich über das hinaus, was im Rahmen einer Ersatzvornahme üblicherweise an Kosten anfällt. Unter dem Gesichtspunkt der Verhältnismässigkeit ist sodann zu beachten, dass Ersatzvornahmen im gängigen Sinne zumeist zur Beseitigung eines polizeilichen Missstandes innerhalb des Verantwortungsbereichs des Pflichtigen dienen und mithin durch ein erhebliches öffentliches Interesse gerechtfertigt sind, während der Gesetzesvollzug im vorliegenden Zusammenhang kaum je gleichermassen dringend notwendig sein dürfte.

von Grundeigentum oder von Baurechten der Wert des Grundstücks herangezogen werden kann (wofür im übrigen eine entsprechende gesetzliche Grundlage zu verlangen wäre), denn die Baukosten können den Grundstückswert leicht übersteigen. Bedenken gegen die Ersatzvornahme erweckt auch der Umstand, dass das Gemeinwesen nicht darum herumkäme, mit allen damit verbundenen Risiken (z.B. hinsichtlich der wirtschaftlichen Entwicklung) auf dem Liegenschaftenmarkt aufzutreten.

B) Massnahmen, die nicht unmittelbar zum erstrebten Ergebnis führen

Die Vollstreckung von Baupflichten erfolgt dabei durch Androhung und Ausfällung von Nachteilen bei Nichtbefolgung der verlangten Handlungsweise (m.a.W. bei Nichterfüllung der Verpflichtung zum Bauen). Um die tatsächliche Verwirklichung einer Überbauung herbeizuführen, sind diese Massnahmen allerdings mit weiteren Vorkehrungen zu verbinden; es ist indes auch denkbar, dass das Gemeinwesen auf die Erfüllung der Baupflicht verzichtet, die an sich verlangte Überbauung gegebenenfalls gar untersagt und stattdessen andernorts erlaubt oder vorschreibt.

Hinsichtlich der Zulässigkeit der im folgenden zu beschreibenden Massnahmen gilt es zu beachten, dass sich bei zunehmend pönalem Charakter der Anordnungen deren Verhältnismässigkeit (Geeignetheit und Verhältnismässigkeit im engeren Sinne) vermindert, indem sich der sachliche Zusammenhang zwischen Ziel und Mittel lockert. Die Massnahmen laufen letztlich Gefahr, Wirkungen zu zeitigen, welche die erwünschte Bautätigkeit eher hindern als fördern. Unter diesen Gesichtspunkten sind nachstehend die Erhebung von Abgaben und die Auferlegung von Verwaltungsstrafen (a.), die Aus- bzw. Umzonung (b.) sowie die Enteignung (c.) als Vollstreckungsmassnahmen zu untersuchen.

a) Die Erhebung von Abgaben und die Auferlegung von Verwaltungsstrafen

Die Belastung des Eigentümers eines unüberbauten Grundstücks mit Baupflicht durch eine besondere (einmalige oder bis zur Erfüllung der Baupflicht wiederkehrende) Abgabe vermag die mit der Baupflicht bezweckte Überbauung des Grundstücks nicht allein zu erreichen; nur in Verbindung mit anderen Durchsetzungsmassnahmen ist sie geeignet, eine Überbauung zu veranlassen[106]. Wird die Abgabenerhebung nicht durch andere Massnahmen unterstützt, so kann die angestrebte Lenkungswirkung der Abgabe leicht vereitelt werden, denn die Überbauung stellt nur eine von mehreren möglichen Handlungsalternativen des Abgabepflichtigen dar: bei entsprechender Erwartungshaltung bezüglich des Bodenmarktes kann es sich sogar lohnen, die Abgabe einstweilen in Kauf zu nehmen und sie bei einer Veräusserung des Grundstücks auf den Verkaufspreis zu

---

[106] Vgl. MÜLLER Georg, Baupflicht, S. 177 (m.H.).

schlagen (und damit auf den Käufer zu überwälzen[107]). Wirtschaftlich weniger leistungsfähige Eigentümer anderseits, die finanziell kaum in der Lage sind, ihr Grundstück zu überbauen, werden durch die Erhebung einer Abgabe noch weiter davon entfernt und unter Umständen mittelbar dazu gezwungen, das Grundstück zu veräussern, womit dessen Überbauung aber auch weiterhin ungewiss bleibt. Dasselbe wie für die Abgabenerhebung lässt sich sinngemäss auch bezüglich der Ausfällung von Verwaltungsstrafen sagen[108]: deren Lenkungswirkung ist eher noch geringer, da sie als repressive Sanktion nur im Rahmen der Generalprävention auf die künftigen Handlungsweisen der Grundeigentümer Einfluss nimmt[109].

b) Die Aus- bzw. Umzonung

Durch die zonenplanerischen Massnahmen der Aus- oder Umzonung wird die rechtliche Qualität des betroffenen Grundstücks mit Auswirkungen auf dessen Überbaubarkeit verändert, und nicht der tatsächliche Vorgang der Überbauung veranlasst; dieser wird im Gegenteil - jedenfalls regelmässig bei einer Auszonung[110] - verhindert und im Falle einer Umzonung[111] zumindest erschwert oder verzögert. Die Zweckmässigkeit dieser Massnahmen ist demzufolge letztlich nur damit zu begründen, dass sie spürbare Eingriffe in die Eigentümerrechte nach sich ziehen[112] und durch die drohende Wertverminderung des Grundstücks zum Handeln veranlassen. Die Geeignetheit solcher Massnahmen ist zudem entscheidend davon abhängig, wie weit sie sich mit der baulichen Nutzungsordnung insgesamt vertragen. Gerade dort, wo sich das Auferlegen einer Baupflicht aus siedlungsplanerischer Sicht am ehesten rechtfertigt[113], sind Massnahmen, welche die baulichen Nutzungsmöglichkeiten (als Sanktion für die Nichterfüllung der Baupflicht und mithin ohne raumplanerische Veranlassung) vermindern oder beseitigen, unzweckmässig[114], wenn nicht gar rechtswidrig[115]. Denkbar und mögli-

---

[107] Dies führt zu einer Steigerung der Bodenpreise, welche mit der Baupflicht u.a. auch bekämpft werden sollte (vgl. MÜLLER Georg, Baupflicht, S. 168), und leistet auch keinerlei Beitrag zur Verhinderung der Baulandhortung.

[108] Vgl. MÜLLER Georg, Baupflicht, S. 177.

[109] Dies gilt insbesondere dann, wenn die Strafe (Busse) eine einmalige Massnahme darstellt und nicht wiederholt wird, bis die verlangte Verhaltensweise eintritt.

[110] Vgl. Art. 42 Abs. 3 BauG/AI und Art. 61 Abs. 4 EG/AR zum RPG.

[111] Vgl. Art. 20a E ExpK RPG, wonach nicht genutztes baureifes Land in der Bauzone einer Übergangszone (gemäss Art. 15a E ExpK RPG) zuzuweisen wäre, wenn es nicht fristgerecht der Überbauung zugeführt wird; eine ähnliche Vorgehensweise stellt die Rückzonung in die Bauzone der zweiten Etappe gemäss § 72 Abs. 1 BauV/NW dar.

[112] Vgl. MÜLLER Georg, Baupflicht, S. 177 f.

[113] M.a.W. wo eine Überbauung wie etwa zum Schliessen von Baulücken, zur sinnvollen Nutzung von "Schlüsselgrundstücken" oder ansonsten gut erschlossener Grundstücke besonders erwünscht ist.

[114] Es ist offensichtlich widersprüchlich, Land aufgrund von Eignung und Bedarf einer Bauzone zuzuweisen und zu erschliessen, dann aber - zur Durchsetzung eines Instruments, das die Überbauung fördern soll - auszuzonen. Es ergibt sich daraus zunächst eine weitere Baulandverknap-

cherweise sinnvoll sind diese Vollstreckungsmassnahmen (insbes. die Auszonung) somit nur am Siedlungsrand; als besonders untauglich dürften sie sich hingegen zur Vollstreckung von Weiterbaupflichten auf bereits überbauten Grundstücken erweisen, da die erwünschten baulichen Massnahmen strengeren Voraussetzungen unterworfen würden, während die bestehende Nutzung aufgrund der Besitzstandsgarantie grundsätzlich selbst ausserhalb der Bauzone aufrechterhalten bleiben kann.

Zumindest die Auszonung (u.U. aber auch die Um- bzw. Rückzonung) stellt ferner regelmässig einen enteignungsgleichen Sachverhalt dar, welcher grundsätzlich einen Entschädigungsanspruch begründet[116]. Diesen in allgemeiner Weise und von vornherein auszuschliessen[117], erscheint mit Blick auf Art. 22ter Abs. 3 BV als nicht unbedenklich und kann wohl nur die Bedeutung einer widerlegbaren Rechtsvermutung aufweisen, deren Zutreffen in concreto zu überprüfen bleibt[118]. Zu berücksichtigen ist dabei, dass der Eintritt des enteignungsgleichen Sachverhalts im Zusammenhang mit der Baupflicht weitgehend vom Verhalten des Betroffenen abhängt[119], während etwa eine materielle Enteignung einzig durch Entscheid des Gemeinwesens hervorgerufen wird[120].

c) Die Enteignung

Als schwerwiegendste Massnahme bezüglich der Beschränkung der Eigentümerrechte bleibt die Möglichkeit, das mit einer unmittelbaren Baupflicht belegte Grundstück dem Eigentümer bei ausbleibender Erfüllung durch Enteignung[121] zu

---

pung, und die ausgewiesene Baulandnachfrage muss folglich gezwungenermassen (durch Einzonung und Erschliessung) an einem anderen Ort gedeckt werden (vgl. auch MÜLLER Georg, Baupflicht, S. 178). - Eine Umzonung hat in dieser Hinsicht i.d.R. wohl weniger weitreichende Auswirkungen, führt aber gleichwohl zu einer Verschiebung von Nutzungen, zumal da die Dimensionierungsvorschriften nicht bloss die Bauzone als Ganzes, sondern auch die einzelnen Bauzonentypen erfassen.

[115] Vgl. dazu BIANCHI (S. 157): «La situation que pourraient entraîner des dézonages [...] paraît difficilement soutenable au regard du principe d'utilisation mesurée du sol et peu conforme à la définition de la zone à bâtir telle qu'elle figure à l'article 15 LAT».

[116] Vgl. MÜLLER Georg, Baupflicht, S. 178 (insbes. Anm. 56).

[117] Vgl. die appenzellischen Gesetze mit der identischen Sanktion «ohne Entschädigungsfolgen» (gilt als von Gesetzes wegen ausgezont [Art. 42 Abs. 3 BauG/AI] bzw. gilt als nicht eingezont [Art. 61 Abs. 4 EG/AR zum RPG]).

[118] Vgl. SCHÜRMANN, S. 51.

[119] Die Handlungsalternativen des Betroffenen können freilich durch tatsächliche Umstände (wie die zur Verfügung stehenden Mittel, die Nachfrage oder der eigene Bedarf) wesentlich eingeschränkt sein: ausschlaggebend bleibt letztlich dennoch seine Vorgehensweise.

[120] Das Vorliegen einer Bauabsicht des Betroffenen ist dabei für die Entschädigungsfrage weitgehend unerheblich (vgl. BGE 113 Ib 325 E. 3c/bb Küsnacht ZH).

[121] Vgl. Art. 45 Abs. 1 BUD/BE mit Verweisung auf Art. 128 Abs. 1 lit. d BauG/BE, Art. 138 al. 2 LATeC/FR, Art. 86 ss. LCAT/NE, Art. 100 al. 2 LCAT/JU. Vgl. auch KNAPP, N. 1659: «[I]l est concevable qu[e] la collectivité] procède à une expropriation ou à un remembrement de tels terrains, qu'elle fasse construire et rende au secteur privé les constructions réalisées et les terrains

entziehen, sofern eine ausreichend ausgeprägte Interessenlage gegeben ist[122]. Zur Vollstreckung von Weiterbaupflichten wäre eine Enteignung schon unter diesem Gesichtspunkt kaum zu rechtfertigen: die Eigentumsbeschränkung durch die Enteignung der gesamten Liegenschaft[123] stünde - von ausgesprochenen Ausnahmefällen abgesehen - in keinem vernünftigen Verhältnis zum Zusatznutzen, welcher aus der Verwirklichung von Massnahmen der baulichen Nachverdichtung hervorgehen könnte. Wird die Baupflicht auf einem enteigneten Grundstück nicht durch Ersatzvornahme erfüllt, so ist das enteignete Grundstück umgehend wieder in Privateigentum zu überführen[124], da sonst eine schleichende Verstaatlichung des Bodens droht, die sich mit der Institutsgarantie des Eigentums nicht vertrüge[125]. Schwierigkeiten - vornehmlich praktischer Art - ergeben sich aber auch aus der Veräusserung des Grundstücks[126], dessen Überbauung sich wiederum (nur) durch eine Baupflicht sichern lässt[127].

---

expropriés». - Zum gleichen Ergebnis ist über ein Kaufsrecht des Gemeinwesens im Falle der Nichterfüllung einer unmittelbaren Baupflicht zu gelangen (vgl. z.B. § 20 Abs. 2 - 4 BMG/BS oder § 60ter und § 60quater E PBG/TG i.d.F. der Vorberatenden Kommission).

[122] Vgl. z.B. die Voraussetzungen des neuenburgischen Rechts: «impossible ou difficile à l'excès d'exécuter les plans d'affectation dans leur contenu essentiel» (Art. 86 al. 1er LCAT/NE), «lorsque l'offre des terrains équipés est insuffisante» (Art. 87 al. 1er LCAT/NE), «surface d'au moins 3000m^2» (Art. 87 al. 3 LCAT/NE) und keine Ausschlussgründe («justes motifs tels que: le dégagement raisonnable d'un immeuble [...], l'usage du terrain pour des besoins personnels [...], le développement prévisible et proportionné d'une entreprise» etc. [Art. 87 al. 2 LCAT/NE]).

[123] Die Enteignung müsste sich dabei auf Grundstücke mit bestehenden Bauten und Benutzungsstrukturen erstrecken, in die möglicherweise nicht eingegriffen werden kann, ohne die Verbindlichkeiten Betroffener (z.B. Miet- oder Pachtverhältnisse, dingliche Rechte Dritter usw.) zu durchkreuzen und Entschädigungsforderungen auszulösen.

[124] Vgl. § 60quinquies Abs. 2 E PBG/TG i.d.F. der Vorberatenden Kommission (mit bedingtem Rückkaufsrecht des vormaligen Grundeigentümers) oder Art. 88 al. 2 LCAT/NE (mit Rückkaufsrecht des Gemeinwesens für den Fall der Nichterfüllung der Baupflicht durch den privaten Erwerber). Das jurassische Recht (Art. 100 s. LCAT/JU) lässt hingegen vermuten, dass das Grundstück im Eigentum des Enteigners bleibt (vgl. insbes. Art. 101 al. 2 LCAT/JU, welcher die Übertragung des Enteignungsrechts an den Bauenden vorsieht); dasselbe gilt wohl auch nach freiburgischem Recht (vgl. Art. 137 ss. LATeC/FR). - Vgl. sodann EJPD (Hrsg.), Bausteine, S. 191 sowie STRITTMATTER/GUGGER, S. 84 und S. 87 f.

[125] BGE 105 Ia 140 BS. - Vgl. auch BIANCHI, S. 158.

[126] Vgl. MÜLLER Georg, Baupflicht, S. 179. - Das Gemeinwesen muss dabei die ihm wenig angemessene Rolle des Grundstücksmäklers bzw. Zwischenhändlers übernehmen (vgl. hiezu § 20 Abs. 2 Sätze 4 und 5 BMG/BS, Art. 88 al. 3 LCAT/NE).

[127] Dabei bietet sich deren vertragliche Verknüpfung mit der Grundstücksveräusserung an (vgl. KREBS, Verträge, S. 78 f. sowie § 89 Abs. 3 Satz 1 BauGB, wonach enteignete Grundstücke an Personen veräussert werden, «die sich verpflichten, das Grundstück innerhalb angemessener Frist entsprechend den baurechtlichen Vorschriften oder den Zielen und Zwecken der städtebaulichen Massnahme zu nutzen»).

2. Die Vollstreckung mittelbarer Baupflichten

Die mittelbaren Baupflichten sind nicht im eigentlichen Sinne vollstreckbar, wie dies bei konkreten Anordnungen der Fall ist. Sie stellen zunächst eine bloss latente Handlungsanweisung dar, die erst auf Initiative des Bauwilligen aktuell wird. Die Durchsetzung einer allfälligen mittelbaren Baupflicht erfolgt im Rahmen des Baubewilligungsverfahrens derweise, dass ein Bauvorhaben, das der Ausschöpfungspflicht nicht Rechnung trägt, zu verweigern oder auf den Weg der Ausnahmebewilligung zu verweisen ist[128]. Die mittelbaren Baupflichten können sodann nur von Bauwilligen erfüllt werden; die damit verbundene Sanktion kann demzufolge nicht eine baupflichtgemässe Überbauung bewirken, sondern vermag bloss eine baupflichtwidrige zu verhindern.

---

[128] Die Anwendung der mittelbaren Baupflichten unterscheidet sich wesensmässig somit nicht von derjenigen anderer Bauvorschriften.

Sachregister

Sachregister

—A—

Abstandskompensation 118
Abstandsunterschreitung 212
Abstandsvereinbarung 286
Abstandsvorschriften
    Allgemeines 109
    Dispensation 118
    für das Aussenverhältnis 116
    für das Innenverhältnis 116
    nachverdichtungsspezifische 211
Addition 7
Additionsprinzip 9
alternative baurechtliche Nutzungsordnung 70; 262
anzurechnende Geschossfläche 88
Arealüberbauung 256; 260
Ästhetik-Generalklausel 152
Aufzonung 29; 190
Ausnahmebewilligung
    Begriff 240
    ergebnisbezogene 252
    Inhalt 249
    Verdichtungsrelevanz 250
    Voraussetzungen der Erteilung 241
    Zweck 243
Ausnahmeüberbauung nach einheitlichem Plan 260
Ausnützungsziffer 30; 88
Auszonung 355

—B—

Baubereich 109
Baubewilligung (ordentliche)
    Anspruch auf Erteilung 239
    Begriff 238
Baueinheit 7; 8
Bauentwicklungsgebiet 47
Baufreiheit 332
Baugestaltung
    Gesamtwirkung 156
    zeitlich gestaffelt erstellter Gebäude 202
bauliche Dichte 2; 42; 86
bauliche Verdichtung
    als raumplanerische Strategie 12; 27
    Begriff 4
    durch verdichtendes Bauen 5
    durch verdichtetes Bauen 5
    Koordinierungsbedarf 43
Baumassenziffer 89
Baumerkmale
    einordnungsrelevante 160
    gestaltungsrelevante 154
Baupflicht
    Begriff 332
    konsensual festgelegte 310; 351
    mittelbare 334; 342
    unmittelbare 333; 337
    Vollstreckung 352
baurechtliche Grundordnung 55
Bauvorschriften
    als Gegenstand verwaltungsrechtlicher Verträge 308
    Nachverdichtungsrelevanz 188
    qualitative (Begriff) 83
    quantitative (Begriff) 83
    Sondervorschriften für das verdichtende Bauen 205
Bauweise
    Allgemeines 106
    annähernd geschlossene 114
    geschlossene 113
    halboffene 114
Bauzonenanordnung 304
Bauzonendimensionierung 55; 170; 303; 307; 336
Beeinträchtigung 320; 330
Belichtung 128; 131
Belüftung 127
Besitzstandsgarantie 340; 347
    Auswirkungen auf die bauliche Verdichtung 218
    Begriff 215

besondere Verhältnisse 246
Besonnung 129; 132
Bestandesprivilegierung 221
Bestandeswahrung 216; 219; 340
Betroffener 280; 284; 295; 319
Biotopschutz 20

—D—

Delegationskompetenz 294
Dispensation
   subsidiärer Nutzungsarten 95
   von Gebäudeteilen 96; 210

—E—

Einordnung 157; 161; 164
   zeitlich gestaffelt erstellter Gebäude 204
Empfindlichkeitsstufe 137; 195; 199
Energieschöpfungs-Koeffizient 132
Enteignung von Ansprüchen aus nachbarschützenden Bauvorschriften 321
Enteigner 323
Entschädigung 330
Entschädigungspflichtiger 323
Erhaltungszone 32; 176; 205; 349
Ersatzneubau 349
Ersatzvornahme 353
Erschliessung, verkehrsmässige 141; 201
Erweiterung 10; 222; 229; 349

—F—

Fahrzeug-Abstellplätze 202
   als Gegenstand nachbarlicher Vereinbarung 290
   Beschränkung der Anzahl 146
   Ersatzabgabe 148
   Erstellungspflicht 145; 346
   Normbedarf 145
Fassadengestaltung 156
Firsthöhe 111
Flächenbeanspruchung 12

flächenmässig kleinstes umgebendes Rechteck 111; 122
Freiflächenziffer 92
Freigabe des Dach- und Untergeschossausbaus 210
Fruchtfolgeflächen 17
funktionale Verdichtung 3

—G—

Gebäudeabmessungen 111
Gebäudeabstand 109
Gebäudebreite 111
Gebäudehöhe 111
Gebäudelänge 111; 121
Gebietssanierung 183
Gesamtüberbauung 256
Geschosszahl 111
Gesetzmässigkeitsgrundsatz 276; 292; 297
Gestaltungsfreiheit bei gemeinsamer Projektierung 31; 256; 260
Gestaltungsvorschriften
   Begriff 150
   Verdichtungsrelevanz 152
   Verhältnis zu den quantitativen Bauvorschriften 162
Grenzabstand 109
Grenzbau 106
Grünflächenziffer 92

—H—

haushälterische Nutzung des Bodens
   Begriff 22
   Qualifizierung in rechtlicher Hinsicht 24
Höherbaurecht 289

—I—

Immission
   Aussenlärmimmission 136
   Innenlärmimmission 140
   negative 131; 324

Immissionsgrenzwert, Lärm- 138; 196; 198
Interessenabstimmung 277
Interessenabwägung 32; 232; 248; 316
Interessenausgleich 293; 314
Interessengefälle 322; 327

—K—

Kettenhaus 9
kompensatorische Elemente 249; 252
Konzentrationsprinzip 26; 56
Konzentrationszone 58; 177; 206
kubische Gliederung 155; 160
Kulturlandsicherung 30

—L—

Längerbaurecht 289
lärmbelastetes Gebiet 135; 198
lärmempfindliche Räume 135
Lärmschutz 135
    Änderung bestehender Bauten und Anlagen 195
    bauliche Massnahmen 139
    gestalterische Massnahmen 139
    Nachverdichtungsrelevanz 194
    Raumanordnung 139
Lastenausgleich
    Begriff 316
    Entschädigung 321
Lastengleichheit 200
Luftreinhaltung
    emissionsträchtige Anlage 199
    Nachverdichtungsrelevanz 199

—M—

massgebliche Grundfläche 97
massgebliche Umgebung 158
Massnahmenplanung 200
Mehrbeanspruchung von Verkehrsanlagen 194
Mehrfachnutzung 3; 291
Mehrhöhenzuschlag 120
Mehrlängenzuschlag 120

Mehrwertausgleich 312
Minderhöhenabschlag 116
Mindestnutzung 335
Mindestnutzungsvorschrift 342
Moor- und Moorlandschaftsschutz 20

—N—

Nachbar 280
nachbarliche Vereinbarung
    Arten 283
    Begriff 279
    über den Betrag der Abstände 287
    über die Verteilung der Grenzabstände 286
    Verdichtungsrelevanz 282
    Verhältnis zu Nutzungsziffern 282
nachbarschützende Bauvorschriften 284; 324
Näherbaurecht 286
naturnahe Flächen 19
Negativplanung 54
neubauähnliche Umgestaltung 222; 347
Neubaupflicht 337
Nutzungsänderung 221; 226
Nutzungsanteilsvorschrift 344
Nutzungsbonus 103
Nutzungsdurchmischung 182; 344
Nutzungsplanung 54; 302
Nutzungsreserven 55; 173
Nutzungsrichtplan 48
Nutzungstransport 31; 101
Nutzungsübertragung 98; 283; 343; 345
Nutzungsverlagerung 89
Nutzungsziffern
    abgestufte 93
    Begriff 86
    betragsmässige Festsetzung 93
    massgebliche Grundfläche 97
    nachverdichtungsspezifische Differenzierung 209
    Richtwerte 93
    Verdichtungsrelevanz 88
Nutzungszusage 304

Nutzungszuschlag 103

—O—

oberirdisches Bauvolumen 89
öffentliche Verkehrsmittel 141; 201
ökologischer Ausgleich 20

—P—

Planungsgrundsätze 24; 25
Planungspflicht 253
Planungswert 136; 196
Planverwirklichung 333
Plausibilisierung 51
Positivplanung 54
projektbezogenes Sonderinstrument
    Abweichungsrahmen 259
    Begriff 255
    Beizugsgebiet 265; 267
    Verdichtungsrelevanz 259
    Zweck 257; 268
Projektierungsspielraum 73; 188; 346

—R—

Realausgleich 315
Rechtsbeständigkeit 50
Rechtsschutz, gleichwertiger 296
Reihenhaus 9
Restnutzung 98
Richtplan (Mindestinhalt) 41
Richtplanung 41; 169
    kleinräumige 46
    kommunale 44
    regionale 44
    Verdichtungsrelevanz 49
Rodungsbewilligung 19

—S—

Sanierungspflicht 217
Schutzanordnung 20
Siedlungsausdehnung 12; 15; 335
Siedlungsbegrenzung 16; 328
Siedlungsgebiet 47

Siedlungsgebiet, überbautes (Begriff) 167
Siedlungskonzentration 23; 26; 56; 171
siedlungsökologische Vorschriften (Allgemeines) 126
Siedlungsqualität 83; 150
Siedlungsschwerpunkt 46; 177
Sonderbauvorschriften 71
Sondernutzungsplanung
    Abweichungsermächtigung mit Bezug auf die baurechtliche Grundordnung 67
    baupflichtähnliche Wirkung 345
    Begriff 62
    Etappierung 179
    Initiierung 65
    nachverdichtungsrelevante Überbauungsmerkmale 181
    Verhältnis zur Zonenplanung 64
Sondernutzungsplanungs-Pflicht 64; 75; 82
    nicht-zonenspezifische 78
    normative 77
    nutzungsplanerische 78
    zonenbegründende 79
Sondervorteil 317
Sparsamkeit der Bodennutzung 23
Spezialbauordnung 63

—T—

Tageslicht-Koeffizient 131
technische Vorschriften
    Begriff 124
    Nachverdichtungsrelevanz 193
Teppichsiedlung 9
Terrassenhaus 10
thermische Isolation 134
Trennung von Baugebiet und Nichtbaugebiet 15; 42

—U—

Überbauungsabsicht 304
Überbauungskonzept 256; 271

Sachregister 363

Überbauungsziffer 91
Umbau 222; 228
Umgestaltung, neubauähnliche 222; 347
Umzonung 138; 355

—V—

verdichtendes Bauen (Begriff) 7
verdichtetes Bauen (Begriff) 6
Verdichtungskonzept 269
Verdichtungszone 59
Verhandlungselement 274
Verhandlungsspielraum 275; 299
Versiegelungsziffer 91
verwaltungsrechtlicher Vertrag
   Begriff 291
   Beteiligte 292
volumetrische Bauvorschriften 111; 289
Vorentscheid 237
Vorsorgeprinzip 136

—W—

Walderhaltung 19
Wechselwirkung
   von Nutzungsdichte und Fahrzeug-Abstellfläche 144
   von Bauten und Umgebung 133
Weiterbaupflicht 339
Wertverminderung 320; 330
Widerrechtlichkeit 215; 232

—Z—

Zentrumsfunktion 178
zone de développement 60
Zone für verdichtetes Bauen 58
Zone mit Sondernutzungsplanungs-Pflicht 59
Zonenplanung 54; 169
   Grundzonen 59
   Grundzonen mit Sondernutzungsplanungs-Pflicht 79
   überlagernde Zonen 59
   überlagernde Zonen mit Sondernutzungsplanungs-Pflicht 81
Zonenüberlagerung 60; 81
Zonierung auf den Bestand 189
Zusammenbau 106
Zuständigkeitsordnung 294
Zweckmässigkeit der Bodennutzung 22

*In der gleichen Reihe
sind in den letzten zehn Jahren erschienen:*
*Publiés ces dix dernières années
dans la même collection:*

70. *Alfred Koller:* Der gute und der böse Glaube im allgemeinen Schuldrecht. XXV–260 S. (1985) 2. Aufl. (1989)

71. *Franz Werro:* La capacité de discernement et la faute dans le droit suisse de la responsabilité. Etude critique et comparative. XXIV–194 pp. 2e édition (1986)

72. *Fabienne Hohl:* Les accessoires et les droits de gage immobiliers. XXII–24 pp. (1986)   épuisé

73. *Martin Arnold*: Die privatrechtlichen Allmendgenossenschaften und ähnlichen Körperschaften. Art. 59. Abs. 3 ZGB. Nach dem Recht des Bundes und des Kantons Wallis. XXX–228 S. (1987)

74. *Markus Lustenberger:* Die fürsorgerische Freiheitsentziehung bei Unmündigen unter elterlicher Gewalt. (Art. 310/314a ZGB) XL–172 S. (1987)

75. *Pierre-André Jungo:* Die Umweltverträglichkeitsprüfung als neues Institut des Verwaltungsrechts. XXXIV–346 S. (1987)

76. *Beat Vonlanthen:* Das Kommunikationsgrundrecht «Radio- und Fernsehfreiheit». LVIII–550 S. (1987)

77. *Andres Baumgartner:* Fortführung eines Unternehmens nach Konkurseröffnung. In Hinblick auf den Widerruf des Konkurses. Ohne Widerruf des Konkurses zu Veräusserungszwecken. De lege ferenda. XXXVIII–214 S. (1987)

78. *Markus Berger:* Die Stellung Verheirateter im rechtsgeschäftlichen Verkehr. XXIV–240 S. (1987)

79. *Gieri Caviezel:* Das Finanzreferendum im allgemeinen und unter besonderer Berücksichtigung des Kantons Graubünden. XXXII–304 S. (1987)

80. *Franz Schenker:* Die Voraussetzungen und die Folgen des Schuldnerverzugs im schweizerischen Obligationenrecht. XXXVIII–364 S. (1988)   vergriffen

81. *Jean-Philippe Walter:* La protection de la personnalité lors du traitement de données à des fins statistiques. En particulier, la statistique officielle fédérale et la protection des données personnelles. XLIX–480 pp. (1988)   épuisé

82. *Stefan Mattmann:* Verantwortlichkeit bei der fürsorgerischen Freiheitsentziehung (Art. 429a ZGB). XL–254 S. (1988)

83. *Jörg Schmid:* Die öffentliche Beurkundung von Schuldverträgen. Ausgewählte bundesrechtliche Probleme. XLIII–306 S. (1988) 2. Aufl. (1989) vergriffen

84. *Peter Hänni:* Die Klage auf Vornahme einer Verwaltungshandlung. Rechtsvergleichende Untersuchung zur Stellung der Judikative und zu ihren Einwirkungsmöglichkeiten auf das Verwaltungshandeln. Dargestellt am Beispiel Frankreichs, Grossbritanniens, der Vereinigten Staaten von Amerika, der Bundesrepublik Deutschland und der Schweiz. XXX–287 S. (1988)

85. *Henri Torrione:* L'influence des conventions de codification sur la coutume en droit international public. XXIV–404 pp. (1989)

86. *Markus Lötscher:* Das Grundstück als Gegenstand von Grundpfandrechten. XXII–194 S. (1988) vergriffen

87. *Peter Derendinger:* Die Nicht- und die nichtrichtige Erfüllung des einfachen Auftrages. XLIV–228 S. (1988) 2. Aufl. (1990) vergriffen

88. *Bruno Stierli:* Die Architektenvollmacht. XXXII–280 S. (1988)

89. *Jean-Baptiste Zufferey-Werro:* Le contrat contraire aux bonnes mœurs. Etude systématique de la jurisprudence et de la doctrine relatives aux bonnes mœurs en droit suisse des contrats. XXXVI–416 pp. (1988) épuisé

90. *Anton Henninger:* Der ausserordentliche Güterstand im neuen Eherecht. LII–384 S. (1989) vergriffen

91. *Silvan Hutter:* Die Gesetzeslücke im Verwaltungsrecht. XLVIII–364 S. (1989) vergriffen

92. *Urs Tschümperlin:* Die elterliche Gewalt in bezug auf die Person des Kindes. (Art. 301 bis 303 ZGB). L–374 S. (1989)

93. *Nikolaus B. Senn:* Das Gegenrecht in der schweizerischen Bankengesetzgebung. XXVI–142 S. (1989)

94. *Gabi Huber:* Ausserordentliche Beiträge eines Ehegatten (Art. 165 ZGB). Innerhalb der unterhaltsrechtlichen Bestimmungen. XXX–358 S. (1990)

95. L'image de l'homme en droit. Das Menschenbild im Recht. Mélanges publiés par la Faculté de droit à l'occasion du centenaire de l'Université de Fribourg. Festgabe der Rechtswissenschaftlichen Fakultät zur Hundertjahrfeier der Universität Freiburg. XVIII–561 S. (1990) épuisé

96. *Thomas Schmuckli:* Die Fairness in der Verwaltungsrechtspflege. VIII–172 S. (1990)

97. *Erwin Dahinden:* Die rechtlichen Aspekte des Satellitenrundfunks. LII–358 S. (1990)

98. *Erich Rüegg:* Leistung des Schuldners an einen Nicht-Gläubiger. XXVII–156 S. (1990)

99. *Romeo Cerutti:* Der Untervertrag. 180 S. (1990)

100. *Nicolas Michel:* La prolifération nucléaire. Le régime international de non-prolifération des armes nucléaires et la Suisse. 320 pp. (1990)

101. *H. Ercüment Erdem:* La livraison des marchandises selon la Convention de Vienne. Convention des Nations Unies sur les contrats de vente internationale de marchandises du 11 avril 1980. XXX–294 pp. (1990)

102. *Heidi Pfister-Ineichen:* Das Vorrecht nach Art. 841 ZGB und die Haftung der Bank als Vorgangsgläubigerin. 288 S. (1991)

103. *Christian Bovet:* La nature juridique des syndicats de prêt et les obligations des banques dirigeantes et gérantes. Aspects de droit des obligations, de droit bancaire et de droit cartellaire. 320 pp. (1991)

104. *Paul Thalmann:* Die Besteuerung von Naturalbezügen und Vergünstigungen als Einkommen aus unselbständigem Erwerb. Mit vergleichenden Hinweisen auf das Einkommenssteuerrecht des United Kingdom. XLIV–232 S. (1991)

105. *Cornelia Stamm:* Der Betrag zur freien Verfügung gemäss Art. 164 ZGB. XXX–186 S. (1991)

106. *Claudia Schaumann:* Die heterologe künstliche Insemination. Verhältnis zwischen Samenspender und Samenvermittler. XLII–276 S. (1991)

107. *André Clerc:* Die Stiefkindadoption. XXXIV–186 S. (1991)

108. *Urs Zenhäusern:* Der internationale Lizenzvertrag. XXVIII–260 S. (1991)

109. *Patrik Ducrey:* Die Kartellrechte der Schweiz und der EWG im grenzüberschreitenden Verkehr. LXII–248 S. (1991)

110. *Hans-Ulrich Brunner:* Die Anwendung deliktsrechtlicher Regeln auf die Vertragshaftung. XXXIV–280 S. (1991)

111. *Mvumbi-di-Ngoma Mavungu:* Le règlement judiciaire des différends interétatiques en Afrique. 492 S. (1992)

112. *Martin Good:* Das Ende des Amtes des Vormundes. XXVII–228 S. (1992)

113. *Sergio Giacomini:* Verwaltungsrechtlicher Vertrag und Verfügung im Subventionsverhältnis «Staat-Privater». XXXIV–216 S. (1992)

114. *Gudrun Sturm:* Vormundschaftliche Hilfen für Betagte in Deutschland und in der Schweiz. XXX–172 S. (1992)

115. *Franco Pedrazzini:* La dissimulation des défauts dans les contrats de vente et d'entreprise. 292 pp. (1992)

116. *Jörg Schmid:* Die Geschäftsführung ohne Auftrag. LXX–616 S. (1992)

117. *Gion-Andri Decurtins:* Die rechtliche Stellung der Behörde im Abstimmungskampf. Information und Beeinflussung der Stimmbürger in einer gewandelten halbdirekten Demokratie. Mit vergleichenden Hinweisen auf das amerikanisch-kalifornische Recht. LXXVI–404 S. (1992)

118. *Thomas Luchsinger:* Die Niederlassungsfreiheit der Kapitalgesellschaften in der EG, den USA und der Schweiz. XXXVI–300 S. (1992)

119. *Lionel Harald Seeberger:* Die richterliche Erbteilung. XXX–334 S. (1992) 2. Aufl. (1993)

120. *Donggen Xu:* Le droit international privé de la responsabilité délictuelle. L'évolution récente internationale et le droit chinois. XXVIII–172 pp. (1992)

121. *Peter Hänni:* Rechte und Pflichten im öffentlichen Dienstrecht. Eine Fallsammlung zur Gerichts- und Verwaltungspraxis in Bund und Kantonen. XXXIV–314 S. (1993) 2. Aufl. (1993)

122. *Josette Moullet Auberson:* La division des biens-fonds. Conditions, procédure et effets en droit privé et en droit public. XXXV–373 pp. (1993).

123. *Markus Kick:* Die verbotene juristische Person. Unter besonderer Berücksichtigung der Vermögensverwendung nach Art. 57 Abs. 3 ZGB. XLVI–266 S. (1993)

124. *Alexandra Rumo-Jungo:* Die Leistungskürzung oder -verweigerung gemäss Art. 37–39 UVG. LIX–487 S. (1993)

125. *Gabriel Rumo:* Die Liegenschaftsgewinn- und die Mehrwertsteuer des Kantons Freiburg. L–388 S. (1993)

126. *Hannes Zehnder:* Die Haftung des Architekten für die Überschreitung seines Kostenvoranschlages. XXX–160 S. (1993) 2. Aufl. (1994)

127. *Pierre Tercier/Paul Volken/Nicolas Michel* (Ed./Hrsg.): Aspects du droit européen / Beiträge zum europäischen Recht. Hommage offert à la Société suisse des juristes à l'occasion de son assemblée générale 1993 par la Faculté de droit de l'Université de Fribourg / Festgabe gewidmet dem schweizerischen Juristenverein anlässlich des Juristentages 1993, durch die rechtswissenschaftliche Fakultät der Universität Freiburg. XIV–358 S. (1993)

128. *Franz Werro:* Le mandat et ses effets. Une étude sur le contrat d'activité indépendante selon le Code suisse des obligations. Analyse critique et comparative. LXVIII–438 pp. (1993)   épuisé

129. *Walter A. Stoffel:* Wettbewerbsrecht und staatliche Wirtschaftstätigkeit. Die wettbewerbsrechtliche Stellung der öffentlichen Unternehmen im schweizerischen Recht, mit einer Darstellung des Rechtes Deutschlands und Frankreichs sowie des Europäischen Wirtschaftsraums. L–326 S. (1994).

130. *Jean-Baptiste Zufferey:* La réglementation des systèmes sur les marchés financiers secondaires. Contribution dogmatique et comparative à l'élaboration d'un droit suisse des marchés financiers. XLIV–476 pp. (1994)

131. *Silvio Venturi:* La réduction du prix de vente en cas de défaut ou de non-conformité de la chose. Le Code suisse des obligations et la Convention des Nations Unies sur les contrats de vente internationale de marchandises. LII–400 pp. (1994)

132. *Erwin Scherrer:* Nebenunternehmer beim Bauen. XL–190 S. (1994)

133. *Benoît Carron:* Le régime des ordres de marché du droit public en droit de la concurrence. Etude de droit suisse et de droit comparé. XLIV–440 pp. (1994)

134. *Luc Vollery:* Les relations entre rapports et réunions en droit successoral. L'art. 527 chap. 1 CC et le principe de la comptabilisation des rapports dans la masse de calcul des réserves. XXX–390 pp. (1994)

135. *Stéphane Spahr:* Valeur et valorisme en matière de liquidations successorales. XXXIV–378 pp. (1994)

136. *Philipp Gmür:* Die Vergütung des Beauftragten. Ein Beitrag zum Recht des einfachen Auftrages. XXVIII–192 S. (1994)

137. *Mario Cavigelli:* Entstehung und Bedeutung des Bündner Zivilgesetzbuches von 1861. Beitrag zur schweizerischen und bündnerischen Kodifikationsgeschichte. XXVI–306 S. (1994)

138. *Jean-Claude Werz:* Delay in Construction Contracts. A Comparative Study of Legal Issues under Swiss and Anglo-American Law. XLIV–380 p. (1994)

139. *Fabienne Hohl:* La réalisation du droit et les procédures rapides. Evolution et réformes. XIV–524 pp. (1994)

140. *Philippe Meier:* Le consentement des autorités de tutelle aux actes du tuteur. Théorie générale: commentaire de l'art. 421 ch. 1, ch. 6 et ch. 8 et de l'art. 422 ch. 3 et ch. 5 CC. LVI–568 pp. (1994)

141. *Markus F. Vollenweider:* Die Sicherungsübereignung von Schuldbriefen als Sicherungsmittel der Bank. XXXII–212 S. (1994)

142. *Caspar A. Hungerbühler:* Die Offenlegung aus der Sicht des Unternehmens. Ein Beitrag zum schweizerischen Aktienrecht. XLIV–174 S. (1994)

143. *Jean-Benoît Meuwly:* La durée de la couverture d'assurance privée. L'échéance du contrat d'assurance et la prescription de l'article 46 alinéa 1 LCA. LXIV–468 pp. (1994)

144. *Burkhard K. Gantenbein:* Die Fusion von juristischen Personen und Rechtsgemeinschaften im schweizerischen Recht. XLIV–308 S. (1995)

145. *Peter Omlin:* Die Invalidität in der obligatorischen Unfallversicherung. Mit besonderer Berücksichtigung der älteren Arbeitnehmerinnen und Arbeitnehmer. LIV–352 S. (1995)

146. *Paul-Henri Moix:* La prévention ou la réduction d'un préjudice: les mesures prises par un tiers, l'Etat ou la victime. Aspects de la gestion d'affaires, de la responsabilité civile et du droit de l'environnement. LIX–494 pp. (1995)

147. *Philipp Dobler:* Recht auf demokratischen Ungehorsam. Widerstand in der demokratienahen Gesellschaft – basierend auf den Grundprinzipien des Kritischen Rationalismus. XLIV–244 S. (1995)

148. *Walter Grob:* Qualitätsmanagement. Sachverhalt und schuldrechtliche Aspekte. XL–218 S. (1995)

149. *Alois Rimle:* Der erfüllte Schuldvertrag. Vom Einfluss auf die Entstehung des Vertrages und weiteren Wirkungen der Vertragserfüllung. XXVI–178 S. (1995)

150. *Thomas Ender:* Die Verantwortlichkeit des Bauherrn für unvermeidbare übermässige Bauimmissionen. LXII–378 S. (1995)

151. *Yvo Biderbost:* Die Erziehungsbeistandschaft (Art. 308 ZGB). LXIX–503 S. (1996)

152. *Sandra Maissen:* Der Schenkungsvertrag im schweizerischen Recht. XXXII–196 S. (1996)

153. *Stefan Pfyl:* Die Wirkungen des öffentlichen Inventars (Art. 587–590 ZGB). XXVI–178 S. (1996)

154. *Hans Waltisberg:* Die Vereinigung von Liegenschaften im Privatrecht. XXXIV–258 S. (1996)

155. *Hanspeter Pfenninger:* Rechtliche Aspekte des informellen Verwaltungshandelns. Verwaltungshandeln durch informell-konsensuale Kooperation unter besonderer Berücksichtigung des Umweltschutzrechts. XLII–246 S. (1996)

156. *Alain Chablais:* Protection de l'environnement et droit cantonal des constructions. Compétences et coordination. XLVI–272 pp. (1996)

157. *Pierre-Alain Killias:* L'application de la législation cartellaire au droit des marques. Etude de droit suisse et de droit européen. XLVI–330 pp. (1996)

158. *Daniel Hunkeler:* Das Nachlassverfahren nach revidiertem SchKG. Mit einer Darstellung der Rechtsordnungen der USA, Frankreichs und Deutschlands. LXIV–332 S. (1996)

159. *Roman Sieber:* Die bauliche Verdichtung aus rechtlicher Sicht. XLVI–372 S. (1996)

UNIVERSITÄTSVERLAG FREIBURG SCHWEIZ
ÉDITIONS UNIVERSITAIRES FRIBOURG SUISSE